Die Hirlatzhöhle im Dachstein

„Gedruckt mit Unterstützung des
Bundesministerium für
Wissenschaft und Verkehr in Wien"

Wissenschaftliche Beihefte zur Zeitschrift „Die Höhle"

52

Die Hirlatzhöhle

im Dachstein

Redaktion:
Gottfried BUCHEGGER und Walter GREGER

unter Mitarbeit von
Harald POHL, Kurt SULZBACHER,
Günter STUMMER

HALLSTATT 1998

Herausgegeben von der „ARGE Hirlatzhöhlenbuch"

Titelbild:

„HALLE DES STAUNENS" im Westteil der Hirlatzhöhle
Foto: Walter GREGER

FÖRDERER

Die „ARGE Hirlatzhöhlenbuch" dankt allen nachstehenden Personen und Institutionen, die bis
zur Drucklegung durch finanzielle Förderung die Herausgabe dieser Monographie ermöglicht
haben:
Landeshauptmann Dr. Josef Pühringer
(Amt der oö. Landesregierung, Landeskulturdirektion)
Landesrat Dipl. Ing. Erich Haider
(Amt der oö. Landesregierung, Naturschutzabteilung)
Erika Schauberger
Bürgermeister Peter Scheutz
(Marktgemeinde Hallstatt)
Hans Ableitinger
(Morawa - Pressevertrieb)
EA - Generali
(Landesdirektion Oberösterreich)

Eigentümer, Herausgeber und Verleger
„ARGE Hirlatzhöhlenbuch"
Per Adresse Höhlenverein Hallstatt-Obertraun,
postlagernd, A-4820 Bad Ischl

Druck:
PYTHEAS Verlag und Graphikdienstleistungs - Gmbh
H- 1116 Budapest, Ozdi utca 22
ISBN 3-9500833-0-8

Zum Geleit

Die Höhlenwelt des Dachsteins ist uns durch die touristisch erschlossenen Schauhöhlen wohl vertraut. Weniger bekannt ist, daß seit vielen Jahrzehnten die Erkundung der „Unterwelt" kontinuierlich fortgesetzt wird. Die intensive Forschungstätigkeit hat die Längen der bekannten Höhlenteile gewaltig ansteigen lassen.

Seit 1949 wird die Hirlatzhöhle bei Hallstatt höhlenkundlich bearbeitet. Mehrere Forschergenerationen haben in zig-tausenden unter Tage verbrachten Stunden nicht nur ihren Abenteuertrieb gestillt, sondern jeden begangenen Höhlenteil penibel vermessen, sodaß uns heute Unterlagen über den Verlauf von mehr als 85 km dieses Höhlensystems vorliegen. Für die Speläologen war ein knappes Jahrhundert an Aktivitäten in der Hirlatzhöhle Verpflichtung und Herausforderung zur Erstellung einer umfaßenden Dokumentation dieses sich unter die längsten Höhlen Österreichs einreihenden Höhlensystems. Die „ARGE Hirlatzhöhlenbuch" hat mit dem vorliegenden Buch einen wichtigen Beitrag zur Beschreibung der unterirdischen Karstlandschaften Österreichs geleistet, denen - nicht zuletzt aufgrund der Bedeutung als Trinkwasserreservoirs - immense Bedeutung für die Allgemeinheit zukommt.

Ich gratuliere der „ARGE Hirlatzhöhlenbuch" zu ihrem ehrgeizigen Projekt und wünsche dem Buch viel Erfolg!

Dr. Josef Pühringer
Landeshauptmann

Dem Andenken an
Gustave ABEL
und
Othmar SCHAUBERGER
gewidmet

Inhaltsverzeichnis

Vorwort

Die großen Forschungserfolge im Dachsteinhöhlenpark vom Jahre 1910 lenkten erstmals in unserem Jahrhundert das speläologische Interesse gezielt auf den Dachstein. Durch die bedeutenden Entdeckungen in der Dachstein-Mammuthöhle lag allerdings der Schwerpunkt im Bereich der Schönbergalm. Obwohl ein erster, gescheiterter Vorstoßversuch in die Hirlatzhöhle bereits 1924 erfolgte und 1927 bis zum sperrenden Eingangssiphon vorgedrungen wurde, gelang der eigentliche Durchbruch mit schönen Forschungserfolgen erst im Jahre 1949. Trotzdem stand die Hirlatzhöhle bis 1983 mit damals rund 8 Kilometern Ganglänge in der „Hitliste" immer im Schatten der bis dahin längsten Höhle des Dachsteins, der Mammuthöhle.

Erst der abenteuerliche Durchbruch von Mitgliedern des Vereins für Höhlenkunde Hallstatt-Obertraun in die „Oberen Etagen" der Hirlatzhöhle im Dezember 1983 veränderte die höhlenkundliche Szene. Durch eine in der österreichischen Höhlenforschung noch nie dagewesene Dichte von Forschungseinsätzen mit jeweils erstaunlichen Neuentdeckungen kam es zu einem gewaltigen Anwachsen der Gesamtganglänge und einem vorher ungeahnten Einblick in das unterirdische Hinterland der großen Karstquellen Kessel und Hirschbrunn. Die Hirlatzhöhle entwickelte sich in Rekordzeit nicht nur zur längsten Höhle des Dachsteins, sondern auch Österreichs.

Daß diese stürmische Entwicklung die materielle und personelle Kapazität des Vereins für Höhlenkunde Hallstatt-Obertraun - noch dazu bei gleichzeitiger Entwicklung und Vorort-Erprobung eines modernen CAD-Systems für die Höhlendokumentation - völlig in Anspruch nahm, ist verständlich. Neben den vielen Einsätzen, der enormen Vermessungs- und Dokumentationsarbeit blieb kaum Zeit, diese auch international beachtlichen Ergebnisse in weiter verbreiteten Fachpublikationen eingehender zu präsentieren.

Zwei Ereignisse, die zentrale Stellung im Jubiläenreigen des „Dachstein-Höhlenjahres 1998/99" einnehmen, nämlich der 50jährige Bestand des Vereins für Höhlenkunde Hallstatt-Obertraun und der Rückblick auf 50 Jahre Hirlatzhöhlenforschung, ließen den schon oft geäußerten Wunsch nach einer fachlichen Monographie über die Hirlatzhöhle wieder wach werden. Aber ein derart großes Vorhaben schien einen kleinen Verein bei gleichzeitiger Weiterführung der Vereins- und Forschungsarbeit zu überfordern. Es wurde daher im Jahre 1996 - ganz im Sinne der Höhlenforschung als Teamarbeit - eine „ARGE Hirlatzhöhlenbuch" gegründet, die sich aus dem Verein Hallstatt-Obertraun, dem Verband österreichischer Höhlenforscher, dem Verein zur Förderung der Höhlenkunde in Österreich („Gustave-Abel-Vermächtnis") und der Karst- und höhlenkundlichen Abteilung des Naturhistorischen Museums zusammensetzt und durch Walter GREGER, Harald POHL, Günter STUMMER und Kurt SULZBACHER vertreten wird. Durch den Schulterschluß dieser kompetenten Partner war es schließlich möglich, die finanziellen und fachlichen Grundlagen für diese Monographie über „50 Jahre Hirlatzhöhlenforschung" zu schaffen.

Neben der Arbeit der Autoren wurden eine „Hirlatzhöhlendokumention" geschaffen, Archive gesichtet, die Bild- und Diaarchive sowie die Tourenbücher ehemaliger und jetzt in der Höhle aktiver Forscher durchstöbert und Literaturrecherchen durchgeführt. Schließlich sollten ja nicht nur die spektakulären Forschungen ab dem Jahre 1983 festgehalten werden, sondern auch die Leistungen der „Vorgänger" der Vergessenheit entrissen werden. Das zusammengetragene Material geht weit über den Umfang dieser Monographie hinaus, und es ist zu hoffen, daß es der ARGE gelingen wird, auch diese Materialien der Öffentlichkeit zugänglich zu machen.

Besonderes Augenmerk legte die Redaktion auf die Vielfalt der Beiträge. Alle Bereiche, auch die sehr mühsamen und oft trockenen Raumbeschreibungen[A], sollten enthalten sein. In vielen Artikeln werden Erfahrungen aus der Hirlatzhöhlenforschung eingehend behandelt, die es durchaus wert sind, auch in anderen Höhlenregionen beachtet zu werden. Eine exakte Forschungschronik soll darüber hinaus alle Fahrten und die Personen erfassen.

Neben den Repräsentanten der „ARGE Hirlatzhöhlenbuch", dem Redaktionsteam und den Autoren ist vor allem Christian MOOSLECHNER für seinen großen Einsatz beim Korrekturlesen zu danken, ebenso Erhard CHRISTIAN für seine fachliche Beratung.

Außerdem sei der Karst- und höhlenkundlichen Abteilung des Naturhistorischen Museums gedankt, die praktisch mit der gesamten „Mannschaft" jederzeit zur Verfügung stand, sowie allen Sponsoren, Förderern und Personen, die durch die Bereitstellung von Unterlagen zum Aufbau der Hirlatzhöhlendokumentation beigetragen haben.

Gedankt sei weiters Georg BÄUMLER, Thomas BEHREND, Gunter DIMT, Albert ERNEST, Herbert W. FRANKE, Peter JAHN, Ottokar KAI, Roland KALS, Peter KNOLL, LANDESVEREIN FÜR HÖHLENKUNDE IN OBERÖSTERREICH, Jörg OBENDORF und Brigitte TROTZL.

Die Redaktion freut sich, nach mühevoller Arbeit diese Monographie präsentieren zu können, ist sich aber bewußt, daß mit dem Buch nur eine Momentaufnahme des derzeitigen Forschungsstandes vorgelegt werden kann. Das zeigen auch die während der Endredaktion bekannt gewordenen Forschungserfolge, etwa in Richtung Tiefkar. Aus diesem Grund überreicht die Redaktion dieses Buch der nächsten in der Hirlatzhöhle forschenden Generation - als Nachschlagewerk, als Beispiel und als Motivation für ähnliche Projekte, damit auch künftige Forschungsergebnisse nicht nur in den Archiven lagern, sondern durch Veröffentlichung zugänglich werden.

Das Redaktionsteam, Juni 1998

[A] Die bei den Raumbeschreibungen, aber auch in den anderen Beiträgen dieses Buches verwendete Schreibweise von Höhlenteilen oder topographischen Namen ist auf den Seiten 286 - 287 genauer erläutert.

Höhlenforschers „kleine menschliche Schwäche"

Wir sind ein kleiner, aber guter Haufen,
Den kannst Du nirgendwo um gar nichts kaufen.
Wir, das sind die Forscher in den Dachsteinhöhlen.
Von denen möcht ich heut zum Thema was erzählen.

Wir alle, die zum gleichen Zweck zusammenkamen,
Ob bärtige Männer oder zarte Höhlen-Damen,
Wir haben eines, worum andere uns beneiden,
Des Forschers Neugier nennen wir's bescheiden.

Die Neugier, was die nächste Tour uns bringt,
Ob es zu kleinen oder großen Unternehmen zwingt.
Was wir auch angeh'n in des Berges finstrer Nacht
Hat unser Wissen um das Leben reich gemacht.

Es ist die Neugier, alles zu erfahren,
Wozu viel tausend Jahre nötig waren.
Es ist das, was uns immer wieder treibt
Und nicht die Frage, was davon dann bleibt.

Wir sahen Tropfsteinwunder groß und klein,
Wir fielen in so manches Wasserloch hinein,
Wir machten Bilder viel von unser'n Touren
Und waren froh, wenn wir zum Tageslicht
hochfuhren.

So ist die „kleine Schwäche", die man Neugier
nannte,
Die Feder, die sich immer spannte.
So ist es gut, so soll es bleiben,
Drum will ich heute dieses Sprüchlein schreiben.

Siegfried Johann Pramesberger, Juli 1997

Der Dachstein - Wiege und Zentrum der österreichischen Höhlenforschung

Immer wieder erweist sich das Dachsteinmassiv als ein wichtiges Zentrum, von dem entscheidende Impulse für Fortschritte der sportlich-touristischen Höhlenforschung, der Höhlendokumentation und der wissenschaftlichen Speläologie einschließlich der Karsthydrologie ausgehen. Erforschung und Bearbeitung der Hirlatzhöhle bei Hallstatt stellen einen der jüngsten Höhepunkte und Schwerpunkte einer Entwicklung dar, die es wohl berechtigt erscheinen läßt, der Frage nachzugehen, ob der Dachstein auch als die Wiege der österreichischen Höhlenforschung angesprochen werden kann (vgl. dazu Abb. 65, 66, 67).

Abb. 1: Ausschnitt aus dem Kupferstich von Hallstatt von Matthaeus MERIAN mit Einzeichnung der Karstquellen Kessel und Hirschbrunn aus dem Jahre 1649

Eine unmittelbare Beziehung der Bevölkerung des inneren Salzkammergutes, insbesondere jener von Hallstatt, nicht nur zu weiten, alm- und forstwirtschaftlich genutzten Teilen der Karsthochflächen des Dachsteins, sondern auch zu Erscheinungen des Karstphänomens selbst geht freilich viel weiter in die Vergangenheit zurück als zielbewußte, systematische karst- und höhlenkundliche Forschung. Im Umfeld der Hirlatzhöhle liegen jene zwei bedeutenden Karstquellen am Südufer des Hallstätter Sees, die seit jeher die besondere Aufmerksamkeit der einheimischen Bevölkerung erregt haben müssen, der Hirschbrunn-Quellbezirk (Kat.Nr. 1546/1) und der Kessel (Kat.Nr. 1546/2). Der Fund eines neolithischen Steinbeils in der Nähe des Kessels, die Aufzeichnung des Hofschreibers NUTZ über das Quellgebiet aus dem Jahre 1611 und das Vorhandensein eines bergmännisch gehauenen Quellstollens beim Hirschbrunn, der vor 1573 geschaffen worden sein dürfte [LEUTNER 1983], sind dafür hinlängliche Beweise.

Der Kessel, dessen karsthydrologischer Zusammenhang mit dem System der Hirlatzhöhle nach den jüngsten Forschungsergebnissen kaum mehr anzuzweifeln ist, ist ebenso wie der westlich benachbarte Hirschbrunn, dessen Wässer aus Bereichen des Dachsteinplateaus stammen, die östlich des Hirlatzstockes liegen, in alten Darstellungen häufig eingezeichnet. Der Kupferstich von Hallstatt von Matthaeus MERIAN, der 1649 in der „Topographia Austriae" und 1658 in der „Topographia Germaniae" enthalten ist, zeigt bereits das unterschiedliche Regime der beiden Karstquellen. Während die Kaskaden der Karstwässer des Hirschbrunn dem Hallstätter See zufließen, liegt die runde Schachtöffnung des Kessels - so wie das auch heute normalerweise der Fall ist - trocken (Abb. 1). Immerhin handelt es sich um eine der frühesten Abbildungen einer Karsterscheinung in Österreich [ILMING 1984] und um einen beeindruckenden Hinweis auf die den beiden Karstquellen zugemessene Bedeutung aus einer Zeit, in der sich topographische Darstellungen nahezu ausschließlich auf Siedlungen und Kulturgüter konzentrierten und nicht auf Naturerscheinungen achteten.

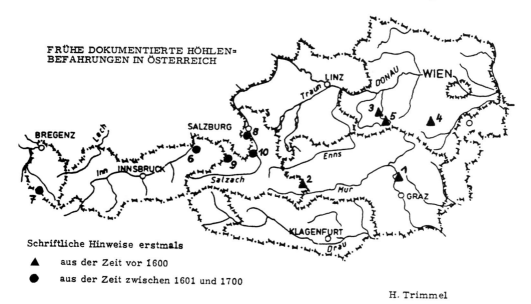

Abb. 2: Frühe dokumentierte Höhlenbefahrungen

Die Einzeichnungen betreffen:

1. Drachenhöhle bei Mixnitz (ab 1387)
2. Bischofsloch im Preber (1500)
3. Kartäuserhöhle bei Gaming (ab 1507)
4. Erzloch im Öhler und andere (um 1530)
5. Geldloch und Taubenloch im Ötscher (ab 1592)
6. Tischhoferhöhle bei Kufstein (ab1607)
7. Abgrundhöhle auf der Sulzfluh (1612)
8. Höhle im Park von Hellbrunn (1613)
9. Lamprechtsofen im Saalachtal (um 1650)
10. Scheukofen im Hagengebirge (um 1650)

Daneben sind verschiedene Höhlen, die nicht ausdrückliches Ziel eigens organisierter Begehungen waren, immer wieder in Grenzbeschreibungen und Urkunden erwähnt worden, in Befestigungsanlagen einbezogen gewesen (z.B. Höllturmhöhle bei Wöllersdorf, Niederösterreich; Puxerlueg bei Teufenbach, Steiermark) oder als Rastplätze oder Wasserstellen an Wegen und Wallfahrtsorten ständig besucht worden (z.B. Rosaliengrotte im Hemmaberg, Kärnten).

Der „Kessl" ist ebenso wie der „Krippstein" (Krippenstein) und „Das Deimel" (Däumelkogel) in der von Vincenzo CORONELLI entworfenen und 1692 in Venedig wohl nach der Vorlage von

Georg Matthäus VISCHER aus dem Jahre 1669 entstandenen Karte von Oberösterreich eingezeichnet. Sowohl den Schriftzug „Hirschbrunn" als auch den Namen „Kößl" findet man in der nach 1730 entstandenen Karte der Steiermark eingetragen, einem kolorierten Kupferstich im ungefähren Maßstab 1:470 000 [WAWRIK und ZEILINGER 1989].[A]

Auffallend ist die offenbar recht geringe Beachtung, die die Höhlen des Dachsteingebietes über den engsten lokalen Bereich hinaus damals gefunden haben. Daß den Sennern in dem vom 16. bis zum 18. Jahrhundert viel intensiver als heute almwirtschaftlich genutzen Bereich der Karsthochfläche nicht wenige Höhlen - oder zumindest deren eingangsnahe Teile - bekannt waren, wird unter anderem durch Felszeichnungen besonders im östlichen Teil des Dachsteinplateaus belegt. In den Veröffentlichungen, die sich mit der Geschichte der Speläologie in Österreich befassen, findet man die Namen etlicher Höhlen, die im 15. und 16. Jahrhundert bereits bekannt waren (Abb. 2), und manche von ihnen, wie die Drachenhöhle bei Mixnitz oder das Geldloch im Ötscher, waren in der frühen Neuzeit schon Ziele geplanter Expeditionen. Hinweise auf Höhlen im Dachsteingebiet scheinen zu fehlen - sie gehörten offenbar zur alltäglichen und selbstverständlichen Umwelt der lokalen Bevölkerung.

In der ersten Hälfte des 19. Jahrhunderts wurden die landschaftlichen Schönheiten des inneren Salzkammergutes entdeckt. Die Grundlagen für die Erkenntnis der naturwissenschaftlichen Bedeutung des Gebietes sind in der zweiten Hälfte des 19. Jahrhunderts vor allem durch die jahrzehntelange Forschungsarbeit von Friedrich SIMONY - für die Höhlenkunde aber auch durch Franz KRAUS - gelegt worden. Diese beiden Männer, deren Wirken von Wien ausging, können mit Fug und Recht als jene bezeichnet werden, die an der Wiege der modernen karst- und höhlenkundlichen Forschung im Dachsteingebiet und in den österreichischen Alpen im allgemeinen standen.

Von Friedrich SIMONY stammt die umfangreiche, durch viele Zeichnungen und Photos aus der Frühzeit der Photographie belegte geomorphologische und gletscherkundliche Dokumentation, zu der es kaum ein vergleichbares zeitgenössisches Gegenstück aus einem anderen ostalpinen Gebirgsmassiv gibt [SIMONY, 1889 - 1895]. Er hat darin nicht nur Karstformen und Höhlen beschrieben, sondern bereits nach seinem ersten Besuch in der Koppenbrüllerhöhle im Jahre 1869 auch die wissenschaftliche Diskussion über die von ihm erkannten genetischen Probleme des Dachsteinstockes in Gang gebracht. Seine Beobachtung jener Urgesteinsgerölle, die wir heute als „Augensteine" kennen, in der Höhle ist dafür ein Beispiel. Eine Erklärung für ihr Vorkommen versuchte der Wiener Geologe Eduard SUESS nach dem damaligen Wissensstand zu geben, indem er annahm, daß sie durch „Geysieren" aus rund 2000 Meter Tiefe in die Höhle gelangt sein könnten. Franz KRAUS greift diese Frage ebenfalls auf, vertritt aber bereits die Auffassung, daß die Augensteinkonglomerate - er selbst spricht von einem „Conglomerat,... das Quarz- und Iserinkörner enthält" [KRAUS 1894: 195] - im Koppental auf sekundärer Lagerstätte lägen.

Franz KRAUS verdanken wir auch die erste „Höhlenkarte des Salzkammergut" [KRAUS 1894, Tafel bei Seite 234], die mit 17 im Dachsteingebiet eingetragenen Höhlensignaturen bewußt machte, daß dieses Gebiet auch höhlenkundlich durchaus bedeutsam ist (Abb. 3). Die bei Franz KRAUS eingezeichneten Höhlen sind nur zum Teil mit jenen identisch, die SIMONY bespricht. Seine Höhlenverbreitungskarte kennt aber bereits das „Brandgrabenloch"

[A] Siehe Beitrag: Der Hirlatz im Kartenbild der Zeit

Hubert TRIMMEL

am Fuße der Hirlatznordwand, das ich am ehesten mit dem Eingangsteil der jetzigen Oberen Brandgrabenhöhle identifizieren würde.

Abb. 3: Ausschnitt aus der „Höhlenkarte des Salzkammergut" von Franz KRAUS (1894) mit Einzeichnung des Brandgrabenlochs bei Hallstatt (Nr. 34)

Über die eher langsame Umsetzung geographischer sowie karst- und höhlenkundlicher Erkenntnisse auf die touristische Ebene am Beginn des 20. Jahrhunderts kann man durch die Lektüre einer im Jahre 1908 - immerhin mehr als ein Jahrzehnt nach dem Erscheinen der großen Dachsteinmonographie von Friedrich SIMONY und der Höhlenverbreitungskarte von Franz KRAUS - erschienenen Auflage eines Reiseführers [BAEDEKER 1908: 150, 153-156] Aufschluß bekommen. Darin werden unter anderem die Besteigung des Krippensteins und des Hirlatz (über die Wiesalp) sowie der Besuch der Koppenbrüllerhöhle empfohlen - letztere mit dem Vermerk „zum Besuch Führer und Fackeln nötig" - und der Hirschbrunn erwähnt, der übrigens auch in der beigehefteten Karte im Maßstab 1:250 000 eingezeichnet ist. Weitere Karstformen oder andere Höhlen des Dachsteingebietes werden nicht genannt. Andererseits ist der Hinweis auf die Möglichkeit geführter Touren in die Koppenbrüllerhöhle nicht uninteressant, da ja erst um diese Zeit die ersten Forschungsvorstöße der Eisenbahner Georg LAHNER und Josef KLING aus Linz, gemeinsam mit Julius POLLAK aus Wels, in diese Höhle einsetzen.

Mit diesen Forschungsvorstößen in die Koppenbrüllerhöhle beginnt jene erste Welle von Expeditionen, die in kürzester Zeit zu ungeahnten Entdeckungen führte und den Ruf des Dachsteingebietes als Zentrum der alpinen Höhlenforschung endgültig begründete. Im Rückblick aus heutiger Sicht erweist sich insbesondere das Jahr 1910 mit einer schier unglaublichen Dichte von Ereignissen und Vorstößen in den Untergrund als jenes Jahr, in dem die zentrale Rolle, die das Dachsteingebiet in der modernen österreichischen Karst- und Höhlenkunde spielt, zum ersten Mal unter Beweis gestellt wurde.

Obwohl der Bau des Zugangsweges und die Arbeiten an den Weganlagen zur Erschließung der Koppenbrüllerhöhle als Schauhöhle, die die Ortsgruppe Linz-Urfahr des Touristenvereines „Die Naturfreunde" übernommen hatte, in vollem Gange war - die feierliche Eröffnung fand am 4. August 1910 statt -, unternahmen nach einer Erkundungsfahrt am 10. Juli 1910 die oberösterreichischen Höhlenforscher Josef KLING, Georg LAHNER und Julius POLLAK am 17. Juli 1910 den entscheidenden Versuch, über den Eingangsteil hinaus in jene Höhle einzudringen, die wir heute als „Dachstein-Rieseneishöhle" kennen. Am nächsten Vorstoß am 21. August 1910, bei dem es gelang, den Großen Eisabgrund im Tristandom zu überwinden und damit die Schlüsselstelle für die Erforschung dieser Höhle zu bezwingen, beteiligten sich auch Ing. Hermann BOCK und dessen Frau Hanna aus Graz.

Angesichts der beeindruckenden Entdeckungen rief der Verein für Höhlenkunde zu einer „Höhlenforscherwoche" auf, die vom 11. bis 18. September 1910 in Obertraun stattfand. Es war die erste derartige Veranstaltung in Österreich und ein durchschlagender Erfolg - sowohl im Hinblick auf die Beteiligung als auch im Hinblick auf Höhlenentdeckungen. Sie begann mit einer Expedition in die Dachstein-Rieseneishöhle, bei der im wesentlichen alle auch heute bekannten Teile dieser Höhle begangen und größtenteils vermessen wurden. Am 15. September entdecken und erforschen Alexander MÖRK, Lajos KRAUL und Hermann BOCK die Petrefaktenhöhle im Lahnfriedtal bei Obertraun. Am 17. September bricht eine größere Expedition zu einer 22-stündigen Höhlenfahrt auf, bei der von der Angeralpe aus rund vier Kilometer Gangstrecken der Dachstein-Mammuthöhle erforscht und vermessen werden. Einige Wochen später, am 22. Oktober 1910, folgt noch ein Forschungsvorstoß in die Dachsteinsüdwandhöhle, wie das schon im 19. Jahrhundert bekannte „Dachsteinloch" nun bezeichnet wird. Über alle diese Erfolge und über die wissenschaftlichen Ergebnisse der Fahrten werden ausführliche Berichte verfaßt und später in einem Sammelband veröffentlicht [BOCK, LAHNER, GAUNERSDORFER 1913].

Die für die damalige Zeit sensationellen Entdeckungen finden auch in der Öffentlichkeit große Aufmerksamkeit, und schon am 12. November 1910 beauftragt der oberösterreichische Landtag durch einstimmigen Beschluß den Landesausschuß, „der im Interesse des Fremdenverkehrs wünschenswerten Erschließung der im Dachsteingebiete entdeckten Eishöhlen seine volle Aufmerksamkeit zuzuwenden; zu diesem Behufe mit allen zur Mitwirkung berufenen Faktoren, insbesondere dem oberösterreichischen Verein für Höhlenkunde und dem Landesvereine zur Hebung des Fremdenverkehres das erforderliche Einvernehmen zu pflegen und dem Landtage hierüber seinerzeit Bericht zu erstatten, eventuell Antrag zu stellen". Dem Antrag liegt ein von Hermann BOCK verfaßtes Erschließungsprojekt zugrunde, das Erschließungskosten von 9900 Kronen vorsieht. Der Landtagsbeschluß beinhaltet allerdings keine Verpflichtung des Landes zu einer Förderung der Arbeiten, und der Berichterstatter, der Abgeordnete VESCO, bittet laut Protokoll der Landtagssitzung sogar, den „Antrag, der ja nichts kostet und keinerlei Verbindlichkeiten in sich birgt, deshalb annehmen zu wollen" [Anonym 1911b].

Hubert TRIMMEL

Mit der Durchführung des „Ersten österreichischen Speläologenkongresses" in Hallstatt vom 7. bis 10. September 1911 erwies sich das Dachsteingebiet neuerlich als Zentrum der österreichischen Höhlenforschung: Die Grundlagen der Organisation der Höhlenforschung in der österreichischen Reichshälfte der damaligen österreich-ungarischen Monarchie mit einem Dachverband und regionalen Vereinen und Sektionen wurden bestätigt und der Antrag angenommen, die Aufgaben der Speläologie genau zu umschreiben. Aus heutiger Sicht erscheint besonders bemerkenswert, daß schon damals in einer Resolution „an die hohe k.k. Regierung die dringende Aufforderung" gerichtet wurde, „dem Schmucke der Höhlen und der merkwürdigen Höhlenfauna ähnlichen Schutz zu schaffen wie den Alpenpflanzen, insbesondere aber durch Verbot oder mindestens Beschränkung des Handels mit Tropfsteinen und Vertretern der Höhlenfauna dem bisherigen Vandalismus Einhalt zu tun" [Anonym 1911a].

Am 10. und 11. September 1911 gelang in der Dachstein-Mammuthöhle die Entdeckung des sogenannten „Neuen Teils" mit „Dom der Vereinigung" und „Paläotraun", die zu weitreichenden Überlegungen zur Frage des Alters und der Entstehung der Höhlen Anlaß gab. Von da an konzentrierte sich die karst- und höhlenkundliche Forschung im Dachsteingebiet immer stärker auf den Bereich des „Dachsteinhöhlenparkes". Es ist nicht Aufgabe dieses Berichtes, die Details der weiteren Forschungsgeschichte darzulegen, über die es eine Fülle umfangreicher Veröffentlichungen gibt; wohl aber ist darauf hinzuweisen, daß der Dachstein seit damals immer wieder zum Mittelpunkt sowohl der praktisch-forschungsmäßigen als auch der wissenschaftlichen Karst- und Höhlenforschung geworden ist.

Nach dem Ersten Weltkrieg war es unter anderem das Untersuchungsprogramm zur Frage des Höhlenklimas und der Eisbildung in der Dachstein-Rieseneishöhle, das Vorbildcharakter hatte [u.a. SAAR 1956] und die Durchführung von Vergleichsstudien bis zum gegenwärtig laufenden, mit modernsten Methoden und Geräten in Zusammenarbeit mit der Dachsteinhöhlen-Verwaltung durchgeführten höhlenklimatischen Meßprogramm der Karst- und höhlenkundlichen Abteilung des Naturhistorischen Museums Wien ermöglichte.

An der Dachstein-Mammuthöhle entzündeten sich, sobald nach einem Besuch der Höhle im Anschluß an die Tagung des damaligen Hauptverbandes der deutschen Höhlen- und Karstforscher im Ausseerland im Jahre 1932 die Frage nach der Bedeutung des Gebirgsdrucks in der Speläogenese aufgeworfen worden war [BIESE 1933], die Diskussionen über jene Vorgänge und Kräfte, die an der Entwicklung alpiner Karsthöhlen maßgeblich beteiligt sind oder waren. Schließlich kam es dabei zur Erkenntnis, daß erst genaue Kenntnisse über tatsächliche Ausdehnung und Verlauf der Höhlenstrecken fachlich begründete Analysen und Aussagen ermögliche.

Die von einer Gruppe Wiener Höhlenforscher nach dem Zweiten Weltkrieg begonnene und von mehreren „Generationen" von Speläologen weitergeführte Neuvermessung der Dachstein-Mammuthöhle setzte damals auch international neue Maßstäbe in der Exaktheit von Höhlenplänen und in deren Reichtum an Detailinformationen. Erstmals entstand als Endergebnis jahrzehntelanger Arbeiten ein „Höhlenatlas" [STUMMER 1980]. Von den seinerzeitigen Erfahrungen im Dachstein führt ein direkter Weg zu den modernen Methoden der Höhlendokumentation, die in erster Linie im Zuge der Forschungen in der Hirlatzhöhle entwickelt worden sind. Als stolzes Ergebnis der unendlich mühsamen Kleinarbeit, die am Anfang dieser Entwicklung stand, ist wohl auch das anschauliche, von den Höhlenführern der

Dachsteinhöhlen erarbeitete, maßstabsgetreue Modell der Dachstein-Mammuthöhle im Höhlenmuseum auf der Schönbergalpe anzusehen.

Wer die Bedeutung des Dachsteingebietes als Zentrum der österreichischen Höhlenforschung würdigen will, darf neben den Forschungsschwerpunkten „Dachsteinhöhlenpark" bei Obertraun und „Hirlatzhöhle" bei Hallstatt nicht die engen Verbindungen der Höhlenkunde zu den vielseitigen Aspekten der karstkundlichen Spezialuntersuchungen übersehen, die im Dachsteinstock erfolgen oder erfolgt sind. Sie reichen von der Karsthydrologie [u.a. BAUER 1989] über Aufnahmen der Karstvegetation [u.a. MAIER 1994] bis zur Geschichte der almwirtschaftlichen Nutzung [u.a. MANDL 1996], um nur einige willkürlich ausgewählte Beispiele aus neuerer Zeit zu nennen.

Nicht zuletzt ist auch auf die Rolle des Dachsteins als regionales, nationales und internationales Schulungs- und Ausbildungszentrum zu verweisen. Seit der Einführung der staatlichen Höhlenführerprüfung in Österreich im Jahre 1929 haben die meisten Prüfungsveranstaltungen in Obertraun und im Dachsteinhöhlenpark stattgefunden. Sie waren von Anfang an von Ausbildungsveranstaltungen umrahmt, die seit der Durchführung der Prüfungen in der Kompetenz der österreichischen Bundesländer (nach 1975) in Form von Kursen abgehalten werden, die der Verband österreichischer Höhlenforscher organisiert. Schulungsveranstaltungen und Symposien tragen ebenso wie studentische Exkursionen österreichischer und deutscher Universitäten dazu bei, die fachliche Bedeutung des Dachsteingebietes, seiner Karstlandschaft und seiner Höhlenwelt zu unterstreichen.

Die vorliegende Monographie über die Hirlatzhöhle, die einen wichtigen Abschnitt der speläologischen Forschung im Dachstein dokumentiert, ist zweifellos ein weiterer wesentlicher Beitrag dazu, das Dachsteingebiet auch für die Zukunft als Zentrum der österreichischen Karst- und Höhlenforschung auszuweisen.

Höhlen im Dachstein und der Höhlenforscher Gustave ABEL - eine Wechselbeziehung

Einleitung

Große Quellen und Höhlen prägen den Karst im inneren Salzkammergut. Am Nordrand des Dachsteinstockes, im Bereich der Gemeinden Hallstatt und Obertraun, entströmen zur Schneeschmelze und bei langanhaltenden Niederschlägen der Koppenbrüllerhöhle, dem Waldbach-Ursprung, dem Kessel und dem Hirschbrunn gewaltige Wassermassen. Den Einheimischen waren diese Naturereignisse schon immer genau bekannt. Ihnen war und ist der Zusammenhang von Schneeschmelze oder Regenfällen am Dachsteinplateau mit dem „Gehen" des Brüllers und dem Anschwellen des Hirschbrunns verständlich. Die Kunde von diesen Naturwundern, von den Höhlen und den Riesenquellen drang allerdings nur langsam über den Bereich des Hallstätter Sees in die Welt hinaus. Es waren immer einzelne Persönlichkeiten, die davon Kunde gaben. Einige haben diese Naturwunder nur als Reiseziele gepriesen, andere haben jedoch mit ihren Berichten eine wichtige Rolle für neue Erkenntnisse auf dem Gebiet der Karst- und Höhlenkunde im Dachsteingebiet gespielt. So sind Friedrich SIMONY ab 1840 die ersten naturwissenschaftlich-höhlenkundlichen Studien im Dachsteingebiet zu danken [MAIS 1997; SIMONY 1865; SPETA u. AUBRECHT 1996], schließlich hat Franz KRAUS in der zweiten Hälfte des 19. Jahrhunderts die systematische Höhlenerfassung in diesem Gebiet eingeleitet, und den vereinsmäßig organisierten Höhlenforschern ist bereits 1910 der Durchbruch in die großen Höhlensysteme des Dachsteins gelungen. Von diesen Pionieren der ersten Stunde sind u.a. Hermann BOCK, Georg LAHNER, Alexander MÖRK und Rudolf SAAR zu nennen. Nach 1945 haben vor allem Othmar SCHAUBERGER und Gustave ABEL von der praktischen, aber auch von der theoretischen Seite her Kameraden in den Höhlenvereinen des Salzkammergutes wesentliche Impulse vermittelt. Insbesondere Gustave ABEL hat ein breiteres Publikum über die Besonderheiten dieser Karstregion informiert. Der Karst des Dachsteingebietes, vor allem aber die in den Veröffentlichungen festgehaltenen Ergebnisse speläologischer Forschung haben die fachliche Entfaltung des Höhlenforschers Gustave ABEL wesentlich beeinflußt. Vielfach stammen von hier Grundlagen, die ihm als Vergleichsbasis und Hintergrund für die eigenen Forschungen gedient haben. Deshalb sei hier auf ihn und auf seine Beziehung zum Dachsteingebiet eingegangen.

Gustave ABELS erste Kontakte zum Dachsteingebiet

Gustave ABEL war noch nicht mit dabei, als im Jahr 1910 der „Verein für Höhlenkunde in Österreich" eine Forschungswoche in Obertraun durchführte, bei der die Teilnehmer von der Schönbergalm aus in die Dachstein-Rieseneishöhle und von der Angeralm aus in die Labyrinthe der Dachstein-Mammuthöhle vorstießen, doch er vertiefte sich in die Veröffentlichung über diese bedeutenden Forschungen. Die damalige Forscherriege des 1907 in Graz gegründeten Vereines präsentierte schon im Jahr 1913 das bemerkenswerte Buch „Höhlen im Dachstein". Dieses Werk ist einerseits wegen seines fachlich fundierten Inhalts bemerkenswert, andererseits aufgrund der künstlerischen Ausstattung durch Alexander von MÖRK. Als Verfasser scheinen Hermann BOCK, Gustav GAUNERSDORFER und Georg LAHNER [1913] auf, die die Forschungsgeschichte festgehalten haben, Beschreibungen der Höhlen anfertigten, aber auch eingehende fachliche Beiträge, etwa zum Höhleneis und zur Höhlenbildung, lieferten. Gleichzeitig dokumentiert dieses Werk, daß an den damaligen Vorstößen nicht nur „auswärtige" Forscher, sondern auch versierte Einheimische teilnahmen. Beim Einsatz in der Rieseneishöhle waren es zwar nur drei ortsansässige Träger, an der ersten Tour in die Mammuthöhle hingegen nahm schon Josef BINDER aus Obertraun teil, dann auch der Obertrauner Lehrer Karl REISENAUER und etliche andere Mitarbeiter aus Hallstatt, Bad Aussee und Bad Ischl. Damit stieß die Erforschung der Dachsteinhöhlen in eine neue Dimension vor, in die der Akzeptanz durch die Einheimischen und der Mitarbeit ortsansässiger Interessenten.

Das Werk „Höhlen im Dachstein" stellte eine jener Grundlagen dar, auf denen Gustave ABEL sein höhlenkundliches Wissen aufbauen konnte. Besonders prägend wirkte auf ihn die

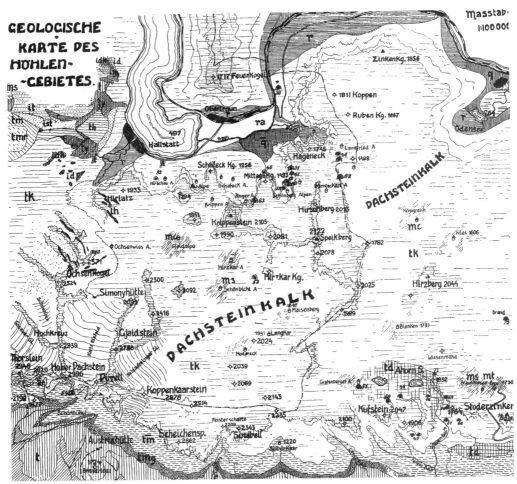

Abb. 4: Geologische Karte des Höhlengebietes aus „Höhlen im Dachstein" von H. BOCK, G. LAHNER und G. GAUNERSDORFER

kartenmäßige Festlegung der Forschungen in der „Geologischen Karte des Höhlengebietes" (auch als „Karte des Dachstein-Höhlengebietes" bezeichnet), in der die Karte von Franz KRAUS [1894] und die Höhlenliste direkt fortgesetzt wurde (Abb. 4). Auch der „Übersichtsplan der Höhlen auf der Schönbergalm", den SAAR [1921] als Höhlenverlaufskarte von den damals bekannten Höhlen gezeichnet hat (im „Grundriß der Theoretischen Speläologie" von Georg KYRLE [1923] als Beilage erschienen), war für seine eigenen Höhlenkarten ein Vorbild.

Gustave ABEL als Pionier der Entwicklung des Höhlenkatasters

Mit dem Beginn der Forschungserfolge im Dachstein kam es in Österreich zu einer wachsenden Flut von Informationen über Höhlen, die es in den Griff zu bekommen galt. Im Rahmen der damaligen fachlichen Dachorganisation der Höhlenforscher, dem Hauptverband deutscher Höhlenforscher, konnte als erster Schritt zwar ein einheitlicher Frage- und Bestandsbogen eingeführt werden, doch war man von einer systematischen räumlichen Erfassung weit entfernt. Um sie zu erreichen, begannen die österreichischen Höhlenvereine und das Speläologische Institut - von Georg KYRLE in Wien geleitet - in den 30er Jahren mit Vorarbeiten zu einem Höhlenkataster. 1934 wurden in Salzburg eine Besprechung der bestehenden Höhlenverzeichnisse angesetzt, bei der verschiedene Vorschläge auf ihre Verwendbarkeit geprüft werden sollten. Es gab seit Jahren gute regionale Listen, so etwa aus dem Klassischen Karst oder für die Höhlen Salzburgs, und eine Fülle von Vorschlägen. Einige lehnten sich an politische Gliederungen an. Ganz außergewöhnlich jedoch war der von Gustave ABEL ausgearbeitete Vorschlag. Als junger und wißbegieriger, der Natur und den Höhlen zugewandter Mensch nützte Gustave ABEL seine Zeit nicht nur für die Arbeit in den Höhlen, sondern auch zum Lesen, Lernen und zum Besuch von Kursen. So regte er als gründlicher Kenner von Höhlen für das Höhlenverzeichnis an, die Höhlengebiete nicht mit politischen, sondern mit naturräumlichen Linien zu umgrenzen. In den derart geschaffenen Teilgebieten bzw. Gebirgsgruppen sollten die Höhlen aufgelistet werden. Als Vorlage dafür diente ihm eine Gliederung der Alpen von GERBERS aus dem Jahr 1901. Den einzelnen Gebirgsgruppen ordnete Gustave ABEL vierstellige Kennziffern zu, die den Richtlinien der damals aufkommenden Dezimalklassifikation folgten.

Bei der „Katastertagung 1934" wurden alle Vorschläge besprochen, insbesondere das richtungsweisende Konzept von Gustave ABEL. Es war als recht gut befunden worden, doch es konnte damals nicht verwirklicht werden. Schuld daran waren die schlechte wirtschaftliche Lage Österreichs, der Tod von Georg KYRLE (1937) und die anschließende Hegemonie des Dritten Reiches, welches nach 1938 alle höhlenkundlichen Zuständigkeiten und Entscheidungen nach Deutschland verlagerte.

Im Dritten Reich konnte die vereinsmäßige Höhlenforschung nicht mehr frei ausgeübt werden, doch es fanden sich Nischen und vertretbare Alternativen zur offiziellen Linie, die nunmehr vom Reichsbund für Karst- und Höhlenforschung sowie der „Forschungsstätte für Karst- und Höhlenkunde in der Forschungs- und Lehrgemeinschaft ‚Das Ahnenerbe'" unter SS-Leitung vorgegeben war. Trotzdem arbeitete Gustave ABEL weiter an seinem Ordnungssystem, in das er alle eigenen Unterlagen und die des Höhlenvereines in Salzburg einarbeitete. Dabei dehnte er schließlich das Kennziffernsystem auf die ganze Erde aus. Naturgemäß entstanden so unterschiedlich große Einheiten, die im Umkreis von Salzburg eher klein waren und mit zunehmender Entfernung an Größe zunahmen. ABEL konspirierte (1943), obwohl er in die Forschungslinie des „Ahnenerbes" als Höhlenphotograph einbezogen war, mit anderen österreichischen Kameraden, um einen eigenen, außerhalb des „Ahnenerbes" stehenden Kataster nach seinen Grundsätzen aufzubauen.

Eine genaue Gliederung seines Katasters hat Gustave ABEL leider nie in endgültiger Form zusammengestellt. Er machte jedoch Ende der 70er Jahre dem Autor seine Unterlagen mit allen Konzepten, erhaltenen Aussendungen, Listen und Einzeichnungen in eine Kartenserie 1:75 000 voll zugänglich. Daraus resultierte eine erste Übersicht [MAIS 1984].

Als nach dem Krieg die Höhlenvereine ihre freie Arbeit wieder aufnehmen konnten, stand der Aufbau eines einheitlichen Höhlenkatasters - das aktuelle Thema des Jahres 1934 - wieder zur Diskussion. Nachdem sich die Höhlenvereine 1949 auf der Schönbergalm zum Verband österreichischer Höhlenforscher zusammengeschlossen hatten, faßten sie auch eine Grundsatzentscheidung über das Höhlenverzeichnis [SCHAUBERGER u. TRIMMEL 1953]. Es folgte die verbale und kartographische Festlegung der „Gebirgsgruppengliederung für das österreichische Höhlenverzeichnis und für das Höhlenverzeichnis der Bayerischen Alpen" [TRIMMEL (Red.) 1961, 1962], die den Grundgedanken von Gustave ABEL folgte. Die Gebietsgrenzen wurden eingehend diskutiert, gegebenenfalls verändert und schließlich bindend festgelegt. Die Reinzeichnung der Karte (1961) und die exakte verbale Umgrenzung hat Hubert TRIMMEL [1962] besorgt.

An diesen Arbeiten nahm Gustave ABEL jedoch praktisch keinen Anteil mehr, da in Salzburg bereits die nächste Generation die Führung des Höhlenkatasters übernommen hatte. Für sich selbst behielt ABEL sein System bei und stellte seine Gliederung nicht mehr um. Im Zuge der Aufarbeitung seines Nachlasses, der von seinem Schwiegersohn, Herrn Harald POHL, der Karst- und höhlenkundlichen Abteilung des Naturhistorischen Museums überlassen worden ist, wird an einer Zusammenstellung der „Katastereinteilung von G. ABEL" gearbeitet, um sie einerseits für die weitere Bearbeitung des Nachlasses selbst nützen zu können, andererseits, um sie als historischen Beitrag zur speläologischen Dokumentation Österreichs zu veröffentlichen. Das gesamte von Gustave ABEL mit Akribie und Sorgfalt zusammengetragene Material (Briefe, Pläne, Bücher, Negative auf Glasplatten und Filmen, Fotos und Katasterunterlagen) ist eine Fundgrube, deren Sichtung mit großer Vorsicht vorzunehmen ist. Es wird in seiner Gesamtheit als „Material G. ABEL" an der Karst- und höhlenkundlichen Abteilung verwahrt. Die Aufarbeitung erfolgt nach Maßgabe der Möglichkeiten mit dem Ziel, das Material der speläologischen Forschung zur Verfügung zu stellen. Für die monographische Darstellung der Hirlatzhöhle in diesem Buch stammen Glasnegative aus der Sammlung ABELS.

Die unterschiedliche Gliederung nach der „Katasterführung G. ABEL" (= GA) und der Einteilung für das „Österreichische Höhlenverzeichnis" (= ÖHV) wird hier am Beispiel des Dachsteingebietes gegeben. Die Umgrenzungen ABELS entstammen seinen Eintragungen in den Karten 1:75 000, die Benennungen sind einer vorhandenen Liste entnommen. Das Dachsteinmassiv ist von ABEL als Teil der Salzkammergut Alpen (mit der Nummer GA 1600) in fünf Abschnitte gegliedert (1611-1615). Für das Österreichische Höhlenverzeichnis erfolgte die Gliederung in Dachstein (Katastergruppe 1540) und Grimming (1550), wobei die Gruppe Dachstein, stärker als bei ABEL, in neun Gruppen gegliedert ist (1541-1549), der Grimming in drei (1551-1553, siehe Abbildungen 5 und 6).

Kennziffern und Bezeichnung von Katastergruppen

1. Nach der Gliederung Gustave ABELS (1934 u. später)

	1475	Tennengebirge
1600	Salzkammergut Alpen	
	1611	Dachsteinstock - Hoher Dachstein
	1612	Gosauerstock - Bischofsmütze
	1613	Kammergebirge - Kammspitze
	1614	Dachsteinstock - Plassen
	1615	Grimmingzug - Großer Grimming (ehem. 1614)

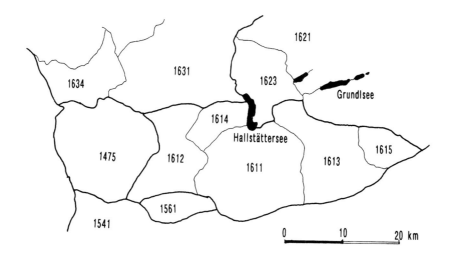

Abb. 5: Katastergruppeneinteilung von Gustave ABEL

2. Nach der Gliederung für das Österr. Höhlenverzeichnis des Verbandes österr. Höhlenforscher (1961/62)

1511	Tennengebirge		
1500	Westliche Salzkammergut Alpen		
	1540	Dachstein	
		1541	Gosaukamm
		1542	Schwarzkogelgruppe
		1543	Hoher Dachstein und südliche Vorlagen
		1544	Am Stein und Miesberge
		1545	Kammergebirge
		1546	Hirlatz (Hierlatz)
		1547	Krippenstein - Dachsteinhöhlenpark
		1548	Hirzberg - Hinterbergerzug
		1549	Koppengebirge
	1550	Grimming	

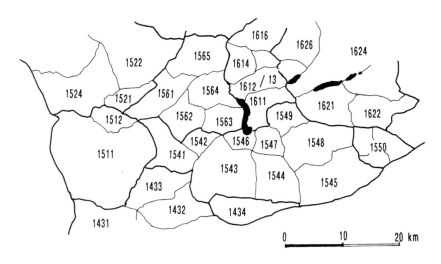

Abb. 6: Gliederung nach dem Österreichischen Höhlenverzeichnis

Gustave ABEL als Höhlenforscher und Vortragender

Abb. 7: Gustave ABEL

Gustave ABEL stammte nicht aus Salzburg oder dem Salzkammergut. Er kam im französischen Metz am 8. November 1901 zur Welt. Mit den Eltern kam er nach Salzburg, wo die Familie auch ansässig wurde. Er erlernte das Schlosserhandwerk, fand an der Welt der nahe liegenden Berge Gefallen und schloß sich, aus dem Arbeitermilieu kommend, dem Touristenverein „Die Naturfreunde" an. 1926 akzeptierte ihn der Salzburger Höhlenverein als neues Mitglied, betraute ihn ab 1930 mit der Funktion des Fahrtenwartes und in der Kriegszeit mit der Aufgabe des Obmann-Stellvertreters. Danach leitete er den Verein bis 1960 als Obmann. In der Zeit seiner intensiven Vereinsarbeit war er unermüdlich mit Neuforschungen, Kontrollbegehungen, Vermessungen und Dokumentationen beschäftigt. Sein Interesse galt aber nicht nur der praktischen Erforschung der Höhlen, sondern auch den naturwissenschaftlichen Sparten der Höhlenkunde. Die Freude am Erleben, am Sehen und am Neues-wissen-Wollen war eine wesentliche Triebfeder seines Tuns.

In die Höhlenforschung brachte ABEL seine Interessen, gepaart mit zäher Kondition, Bewegungstalent und ausgezeichneter Befahrungstechnik, ein. Seine Art der Vermessung von Höhlen ergab gute, anschaulich gezeichnete Höhlenpläne, die auch beim Planzeichner

Walter CZOERNIG kritische Billigung fanden. Sein „er-lesenes" und „er-kurstes" Wissen, das praktisch alle Zweige der Höhlenkunde umfaßte, setzte er für seine Berufung ein. So arbeitete er sich etwa in die Fledermauskunde ein und führte Beringungen und systematische Beobachtungen durch. Er beteiligte sich an verschiedenartigsten Forschungsaktionen, bei denen er stets die Photographie als Mittel zur Dokumentation, aber auch zur Vermittlung der Schönheiten der unterirdischen Welt an andere einsetzte. Auf den eigenen Bildern - mit Langzeitbelichtung - hat er sich oftmals als Beleuchter oder hagerer Größenvergleich selbst abgebildet. Mit seinen Fotos illustrierte er Berichte über neue Ergebnisse der Höhlenforschung, die in vielen Zeitungen und Fachorganen erschienen. Gustave ABEL wuchs auch in eine seit Alexander von MÖRK bestehende Tradition des Höhlenvereins Salzburg hinein, im Lichtbild einem breiten Publikum die Höhlen zugänglich zu machen. Für diese Vorträge fertigte er Diapositive an, die er auch colorierte. Mit diesen Lichtbilder-Vorträgen sprach Gustave ABEL erfolgreich weite Kreise an und wurde zu vielen Vorträgen und Vortragsreisen eingeladen. Er organisierte auch Höhlentouren, etwa in die Eisriesenwelt, in die Dachsteinhöhlen und zu anderen Höhlenzielen im In- und Ausland. Dadurch hatte er bereits vor 1938 große Bekanntheit erlangt, an die er nach 1945 wieder anschließen konnte. Vorträge über seine Fahrten führten ihn im Sinne der Volksbildung wieder hinaus ins Land. Sein Publikum bestand aus allen Gesellschaftsschichten, und er verstand es, es individuell anzusprechen und zu faszinieren. Viele Menschen, besonders aber Schüler, denen er in den Schulen über Höhlen- und Länderkunde erzählen konnte, gewannen durch ihn einen Zugang zur ernsthaften Auseinandersetzung mit der Natur. Auf diese Weise baute er Sympathien für die Welt der Höhlen auf, denen Höhlenvereine so manches Mitglied verdankten. Bei seinen zahlreichen Tagungs- und Kongreßbesuchen im Ausland wurde er nicht nur als Einzelperson geehrt, sondern durch ihn auch die gesamte österreichische Höhlenforschung. Gustave ABEL besaß in Höhlenforscherkreisen einen klingenden Namen, der mit den Forschungs-erfolgen in der Eisriesenwelt, Eiskogelhöhle, Tantalhöhle und vielen anderen Höhlen in Verbindung steht.

Gustave ABELS Höhlenkameraden im Salzkammergut

Gustave ABEL unternahm viele Höhlenfahrten mit Kameraden anderer Höhlenvereine und pflegte gute kameradschaftliche Kontakte, von denen jene zu Othmar SCHAUBERGER und den Höhlenforschern im Bereich Hallstatt und Obertraun hervorgehoben seien.

Othmar SCHAUBERGER (vgl. S. 79 ff.) war, wie Gustave ABEL, im Herbst 1901 zur Welt gekommen. Als Bergingenieur bei den österreichischen Salinen hatte SCHAUBERGER beruflich in Bad Ischl, Hallstatt, Bad Aussee und Hallein zu tun. Seine Aufenthalte in Hallein zwischen 1933 bis 1938 nutzte er zu vielen Fahrten mit den Kameraden des Salzburger Höhlenvereins. Der tiefste Teil der Eisriesenwelt erhielt deshalb den Namen SCHAUBERGER-Grund. Gustave ABEL und Othmar SCHAUBERGER standen jahrzehntelang in freundschaftlicher und fachlicher Verbindung. SCHAUBERGER beendete etwa einen Brief an ABEL vom 25. März 1961 mit folgenden Worten:

> „Da Du nach einer Operation wieder kriechst und ich auch noch, wenn schon langsam, krieche, könnten wir doch in der Ischler oder Hallstätter Gegend wieder einmal eine gemeinsame Kriecherei veranstalten, was meinst Du dazu? Herzlich grüßt Dich ..."

Beide hatten den Wunsch, mit anderen Höhlenforschern in Kontakt zu treten und ihnen ihr Wissen zu vermitteln, damit sie ohne fremde Hilfe ordentliche Forschungen durchführen konnten. Sie waren dabei erfolgreich, wie aus der Arbeit verschiedener Gruppen und Vereine oder wenigstens aus deren Koexistenz in den Höhlengebieten des Salzkammergutes zu erkennen ist.

Gustave ABEL hat im Laufe der Jahre eine besonders intensive Beziehung zum Bereich Hallstatt und zum Dachstein bekommen. Durch seine kameradschaftlichen Kontakte lernte er die Höhlen des Gebietes bald kennen. Als die Forschungen im Echerntal begannen, legte er 1947 das erste Katasterblatt für die Hirlatzhöhle an. Er versah es mit dem Namen „Hirlatzwandloch" und der Nummer (GA) 1611/100 (Abb. 9). Als sich dieses Loch zur Höhle gemausert hatte, konnte er Ende Februar 1951 an der Erforschung des KULISSENGANGES teilnehmen. Dabei machte er eine kleine Serie von Fotos und entging knapp einem Unfall. Danach verliefen die Beziehungen zum Gebiet wieder ruhiger. 1960 und 1961 organisierte er die damals recht aufsehenerregenden Tauchgänge von Walter TISCH und Gustav PAPACEK in den Kessel und die Koppenbrüllerhöhle; dabei unterstützten auch Karl und Roman PILZ die Forscher.

Nachdem sich Gustave ABEL aus dem Salzburger Höhlenverein zurückgezogen hatte, widmete er sich ganz der Höhlenabteilung am Haus der Natur. Dort gestaltete er den Höhlen-Schauteil mit seinen vielen Vitrinen und verschiedenartigen Dioramen. Es entstand schließlich die größte museale Höhlenschau in einem österreichischen Museum. Heute ist davon nichts mehr zu sehen, da sie neuen Konzepten des Hauses weichen mußte. Im Rahmen des „Gustave-ABEL-Vermächtnis" wird jedoch eine Dokumentation dieser Räume erfolgen. Über seine museale Tätigkeit und die Ambitionen seiner Tochter Yvonne, verehelichte POHL, lernte er zu Beginn der 70er Jahre eine ganze Reihe junger Höhlenforscher aus dem Salzkammergut kennen. Als die Kontakte intensiver wurden, lud er sie, da er damals von Salzburg aus die Grabungen in der Schlenkendurchgangshöhle bei Vigaun vorbereitete, zur Mitarbeit ein. Zudem unternahm er mit ihnen so manche Tour. 1972 konnte Norbert LEUTNER den Katasterbereich Dachstein in ABELS Unterlagen durchforsten, worauf die Forschungen im Zagelauerloch und der Schönberghöhle ihren Anfang nahmen. An den Erkundungen in der schwer erreichbaren Schönberghöhle, die 1974 erstmals von Siegfried GAMSJÄGER und Ferdinand WINTERAUER begangen wurde, nahm ABEL sehr regen Anteil. Er war sogar bei der zweiten Forschungstour als Begleiter dabei, und seine Höhlenfreunde bauten eigens für ihn eine kühne „Seilbahn" in den Höhleneingang, damit der fast 75jährige den Eingangsteil besuchen konnte. Ihm zu Ehren erhielt der erste große Raum den Namen „Gustave-ABEL-Halle". Welche Wertschätzung die Mitglieder des Höhlenvereins Hallstatt-Obertraun dem Senior Gustave ABEL entgegenbrachten, ist daraus zu ersehen, daß sie ihn 1972 zum Ehrenmitglied des Vereins ernannten. Aber auch österreichweit wurden seine Verdienste anerkannt. So erhielt er anläßlich der Jahrestagung des Verbandes österreichischer Höhlenforscher in Schladming im August 1986 als einer der ersten gemeinsam mit seinen Höhlenforscherkameraden Roman PILZ, Othmar SCHAUBERGER und France HABE den „Goldenen Höhlenbären", das Ehrenzeichen für Verdienste um Österreichs Höhlenforschung.

Als die Ausseer Höhlenforscher für den 9. und 10. Oktober 1976 zum 75. Geburtstag von Franz HÜTTER und Othmar SCHAUBERGER auf die Loserhütte luden, war dies gleichzeitig ein Fest für die gleichaltrigen Kameraden Karl PILZ und Gustave ABEL. Damals und bei nachfolgenden Jubiläen war zu erkennen, daß die Gefeierten sich ihrer Verdienste bewußt waren und Freude daran hatten, geehrt zu werden. Noch mehr freuten sie sich darüber, in den jungen Kameraden jene Begeisterung für die Höhlen zu erkennen, die sie selbst gehabt hatten. Sie wußten, daß sie ihre Ideale erfolgreich an die nächste Generation weitergegeben hatten, und die vielen nach ihnen und deren Erfolge bis zum heutigen Tag bestätigen dies.

Schluß

Diese Zeilen wollen einen kurzen Rückblick auf ABELS Verdienste um die Höhlenforschung im Dachsteingebiet geben. Es lassen sich die unterschiedlichsten Wechselbeziehungen zwischen dem Gebiet mit seinen Höhlen und den einzelnen Forscherpersönlichkeiten erkennen. Es sollte auch keine monographische Würdigung einer einzelnen Person erfolgen, sondern bei der Darstellung des Wirkens eines Höhlenkameraden darauf hingewiesen werden, daß alle karst- und höhlenkundlichen Arbeiten entsprechende Wurzeln und vielfältige Verzweigungen besitzen. Erfolge beruhen zwar auf Einzelpersonen, aber auf Einzelpersonen, die es verstanden haben, nicht nur allein zu arbeiten, sondern im wechselnden Zusammenwirken mit anderen in einem Team. Aus solchen Teams wurde die Persönlichkeit von Gustave ABEL herausgehoben, stellvertretend für alle anderen, die wohl ebenso ihre Leistungen erbracht und ihre Begeisterung für Höhlen auf andere übertragen haben.

Höhlen am Nordwestrand des Dachsteinmassivs

Es sollen hier einige der vielen Höhlen des Hirlatzplateaus und des Abschnittes zwischen dem östlich davon gelegenen Zwölferkogel (1982 mNN) und dem westlich gelegenen Grünkogel (1914 mNN), die Besonderheiten aufweisen oder mit der Hirlatzhöhle in Zusammenhang stehen, angeführt werden. Eine Aufzählung bzw. Beschreibung aller Höhlen würde aber den Rahmen sprengen. Alle 93 zur Zeit bekannten Höhlen im Katastergebiet 1546 (Hirlatz) und einige von 1543 (Hoher Dachstein und südliche Vorlagen) sind in diesem Kapitel anhand einer Liste bzw. auch im beiliegenden Plan (Detailausschnitt: Hirlatzalm) angeführt. Die nachfolgenden 6 Gebietsbereiche dienen zur besseren Übersicht für den Leser (Abb. 135 bis 137).

Bereich Hirlatzplateau

Das verkarstete Plateau des Hirlatzstockes liegt in durchschnittlich 1900 m Seehöhe. Seine drei Gipfel, der Vordere Hirlatz (1934 mNN), der südlich davon gelegene Mittlere Hirlatz (1985 mNN) und der Hintere Hirlatz (1972 mNN), sind kaum höher als das Plateau. Etwa in der Mitte zwischen Vorderem Hirlatz und dem südwestlich gelegenen Feuerkogel (1964 mNN) fällt ein mit Dolinen, Schächten und Höhlenruinen durchsetzter, 200 m breiter Graben nach Nordwesten ab. Es sind dies die Hohe und Niedere Eisgrube, welche in die steilen Wandabbrüche der Hirlatzwand übergehen.

Auf dem Plateau findet man einige kleinere Horizontalhöhlen (Hirlatzalmloch, Gesamtlänge: 57 m, Feuerkogel-Durchgangshöhle, Gl.: 86 m, Hirlatzalmhöhle, Gl.: 88 m, Hirlatz-Tropfsteinhöhle, Gl.: 118 m, Feuerkogelhöhle, Gl.: 191 m), die Gesamtlängen von 20 bis 190 m und Tiefen bis zu 30 m aufweisen. Geprägt wird aber das Plateau durch Schächte, die zumeist eine Tiefe von 25 bis 60 m aufweisen (Willyschlot, - 27 m, Dr. Schaubergerschacht, - 28 m, Feuerkogelhöhle, - 30 m, Versturzbodenschacht, - 42 m, Rauhreifeiskeller, - 44 m, Eisschacht nördlich des Hinteren Hirlatz, - 52 m, Eva-Schacht, - 60 m) und deren Sohlen größtenteils verstürzt oder mit einem Eis- oder Schneepfropfen verschlossen sind. Auch der zur Zeit tiefste Schacht, die Hirlatz-Eishöhle (1680 mNN, Kat. Nr: 1546/85), deren Einstieg sich in der Hohen Eisgrube befindet, macht hier keine Ausnahme. Bei einer derzeit vermessenen Gesamtlänge von 353 m erwartet den Forscher in einer Tiefe von 236 m wiederum ein Versturz.

Gleich im Eingangsbereich trifft man auf Eis, das zur Namengebung beitrug. Über kurze Schachtstufen und zwei Engstellen kommt man zu einem 50-m-Schacht, der nach unten hin immer großräumiger wird, bis man auf einem nicht allzu vertrauenerweckenden, hängenden Versturzboden (14 x 25 m) steht. Ausgeprägte Bankungen formen den Schacht. Unterhalb des hängenden Versturzes bildet dieser einen senkrechten Zylinder mit ca. 15 m Durchmesser. Von hier an ist auch mit größerer Nässe zu rechnen, da mehrere Gerinne in den Schacht münden und sich als Sprühregen oder Wasserfall bemerkbar machen. Die Weiterforschung im Bodenversturz auf 236 m Tiefe bedarf daher einer gründlichen Vorbereitung [MÜLLER 1995: 9 ff.].

Der Feuerkogel mit seiner Westwand stand schon immer im Blickfeld der Hallstätter Höhlenforscher. Die vom gegenüberliegenden Grünkogel gesichteten Höhlenportale in der Feuerkogelwestwand wurden schließlich 1993 zum Forschungsziel. Hervorzuheben dabei sind die beiden Feuerkogelwestwandhöhlen mit ihrem reichen Tropfsteinschmuck und ihrer ausgesetzten Lage, die einen luftigen Zustieg erfordert. Nicht zuletzt die Nähe zum SCHWABENLAND in der Hirlatzhöhle trieb die Forschung voran.

Die Kleine Feuerkogelwestwandhöhle (1794 mNN, Kat. Nr.: 1546/81) weist eine Gesamtlänge von 226 m und eine Niveaudifferenz von 34 m auf. Die Große Feuerkogelwestwandhöhle (1790 mNN, Kat. Nr.: 1546/80) konnte auf eine Länge von 1027 m und auf eine Tiefe von 141 m erforscht werden. Dabei zeigte sich, daß die tagfernsten Teile der Höhle nur mehr 250 m von den höchstgelegenen Teilen der Hirlatzhöhle entfernt sind, aber ein Weiterkommen trotz intensiver Bemühungen nicht möglich war [ACHLEITNER 1995: 5].

Die Feuerkogel-Durchgangshöhle (1929 mNN, Kat. Nr.: 1546/20) wurde 1986 von Anton ACHLEITNER und Walter GREGER entdeckt. Sie befindet sich am Ostnordosthang des Feuerkogels. Sowohl Eingang A als auch Eingang B liegen in einer Doline, die sich unweit des Gipfelgrates befindet.

Der von Eingang A kommende kurze, aber sehr enge Schluf geht nach einem 3-m-Abstieg in den großräumigeren Teil über, der von Eingang B durch eine Engstelle und einen 5-m-Canyonabstieg leichter zu erreichen ist. In der Höhle können schöne Sinterbildungen bzw. an den Canyonwänden zahlreiche Megalodonten (Kuhtrittmuscheln) beobachtet werden. Durch die korrosiven Vorgänge bei der Höhlenbildung wurden auch Spaltenfüllungen angeschnitten. An deren Basis, überdeckt von roten Mergelkalken, wurden von Karl GAISBERGER fossile Sinterbildungen entdeckt, unter anderem vermutlich ein liegender Tropfstein [PAVUZA 1995: 14].

Da durch den mikropaläontologischen Befund der roten Mergelkalke ein mindestens jurassisches Alter dieser Sinterbildungen gesichert ist, wurde versucht, über die stabilen Isotope Kohlenstoff-13 und Sauerstoff-18 Hinweise auf Bildungsbedingungen und eventuelle spätere Überformungen zu erhalten. Überraschenderweise zeigte der liegende Tropfstein Werte, die jenen des - rein marin entstandenen - Dachsteinkalkes entsprachen. Einige andere Sinterproben aus dem Bodenschutt hingegen lagen im typischeren Bereich von Höhlensintern, sind aber mit einiger Sicherheit in einem wärmeren Klima entstanden (Mündl. Mitt. von Herbert W. FRANKE). Eine absolute Altersangabe ist aber derzeit noch nicht möglich.

Auch das beobachtete Phänomen beim Tropfstein harrt noch einer endgültigen Deutung. Verschiedene Hinweise deuten darauf hin, daß unter tropischen und subtropischen Bedingungen möglicherweise Bodenkarbonat entsteht, das die entsprechenden Isotopenwerte aufweisen kann [COLEMAN u. FRY 1991: 175 f.]. Veränderungen während der Diagenese sind ebenfalls möglich [DICKSON u. COLEMAN 1980: 107 ff.].

Trotz dieses noch nicht befriedigend geklärten Phänomens wird aber die Existenz einer - wenngleich kurzen - Verkarstungsphase an der Wende Trias/Jura auch im Dachsteingebiet analog zum kürzlich dokumentierten Beispiel aus dem Karwendel (Tirol) recht wahrscheinlich [SATTERLEY, MARSHALL u. FAIRCHILD 1994: 935 f.].

Bereich Zwölferkogel

Der Zwölferkogel (1982 mNN) schließt östlich an den Hirlatzstock an, nur durch einen großen Graben - den sogenannten Schoßlahngang - getrennt. Die Ostseite des Zwölferkogels fällt mit der Gelben Wand bis zur 900 m hoch gelegenen Hirschaualm (F26, 835 mNN) ab. In dieser Gelben Wand ist es die schwer zugängliche Hoffnungshöhle (1063 mNN, Kat. Nr.: 1546/10), die in den Blickpunkt rückte, da ihr Endpunkt nur mehr 100 m vom MÄRCHENGANG der Hirlatzhöhle entfernt ist. Leider wurde durch eine unschliefbare und bewetterte Spalte der weiteren Erforschung eine Grenze gesetzt.

Zu erwähnen ist auch noch der Rabenkeller (954 mNN, Kat. Nr.: 1546/9), der sich am Südende des Hirschaualmkessels befindet. Sein 17 m breites und 20 m hohes Eingangs-portal ergibt vor allem im Winter ein imposantes Bild und ist von weitem sichtbar. Schon Friedrich MORTON interessierte sich für den Rabenkeller und besuchte ihn des öfteren für seine höhlenbotanischen Arbeiten [MORTON 1956].

Der Zwölferkogel bzw. Hirlatzstock wird an der südlichen Seite durch die Seichenklamm und die markante Bärengasse begrenzt.

Bereich Grünkogel

Westlich des Hirlatzstockes erhebt sich der Grünkogel (1895 mNN), durch eine große Störungslinie, die von der Bärengasse über die Wiesalm und Herrengasse bis hinab zum Tiergarten führt, vom Hirlatzstock getrennt.

Der Grünkogel-Windschacht (1829 mNN, Kat. Nr.: 1543/86, Gl.: 704 m) wurde 1984 von Peter SEETHALER entdeckt und war in den Jahren 1984, 1986 und 1987 immer wieder Ziel von Forschungen. 1994 kam es zur weiteren Erforschung bis in eine Tiefe von 270 m. Zu den westlichen Teilen der Hirlatzhöhle besteht eine Niveaudifferenz von ca. 295 m. Es besteht die berechtigte Hoffnung, im Grünkogel-Windschacht (Abb. 8) noch tiefer vorzudringen und der Hirlatzhöhle im Bereich zwischen SAHARA (1200 mNN) und UNTERTISCHKATHEDRALE (1325 mNN) näherzukommen. Der Eingang des Grünkogel-Windschachtes liegt 250 m südöstlich des Grünkogelgipfels. Man erreicht ihn vom Wiesberghaus (1873 mNN) aus durch die Große Schmalzgrube, weiter einem Jagdsteig in Richtung Grünkogel folgend zu einer ausgeprägten Karstgasse, an deren tiefster Stelle man eine Dolinenlandschaft betritt. Von dort quert man an einem Wandfuß nach Norden und gelangt zur 3 x 8 m großen Einstiegsdoline.

An der Sohle der Einstiegsdoline öffnet sich ein 1 x 1 m großer Höhleneingang, der in einen 50° steilen Gang und anschließend in einen 22 m tiefen, steinschlaggefährdeten Schacht übergeht. Nach einem kurzen horizontalen Höhlenteil trifft man auf die eigentliche Schachtzone, die mit mehreren kurzen und einigen größeren Abstiegen in die Tiefe führt. Die Abstiege werden immer wieder durch sehr enge Schlufstellen unterbrochen. Der folgende Canyon „Konstante Humanität" wird nach unten zu zusehends lehmiger. Nach dem 38 m tiefen Doppelbrückenschacht folgt man 2 bis 3 m breiten und 1 bis 2 m hohen Schichtfugengängen bis zum Beginn eines 10-m-Schachtes (1560 mNN), der das derzeitige Forschungsende darstellt. Im gesamten Höhlenbereich konnten immer wieder schöne Einlagerungen von Megalodonten beobachtet werden.

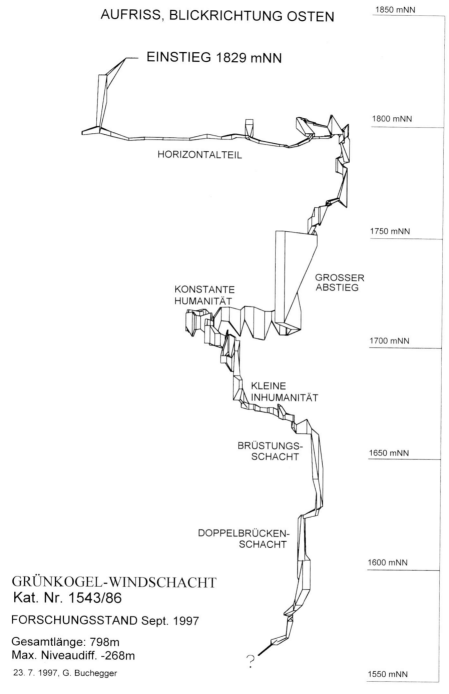

AUFRISS, BLICKRICHTUNG OSTEN

EINSTIEG 1829 mNN

1850 mNN

1800 mNN

HORIZONTALTEIL

1750 mNN

GROSSER
ABSTIEG

KONSTANTE
HUMANITÄT

1700 mNN

KLEINE
INHUMANITÄT

BRÜSTUNGS-
SCHACHT

1650 mNN

DOPPELBRÜCKEN-
SCHACHT

1600 mNN

GRÜNKOGEL-WINDSCHACHT
Kat. Nr. 1543/86

FORSCHUNGSSTAND Sept. 1997

Gesamtlänge: 798m
Max. Niveaudiff. -268m

23. 7. 1997, G. Buchegger

?

1550 mNN

Abb. 8: Aufriß des Grünkogel-Windschachtes

Die Eiskarhöhle (1761 mNN, Kat. Nr.: 1543/91, Gl.: 749 m) wurde bei der Hallstätter Forschungswoche 1990 von Peter SEETHALER entdeckt und befindet sich 400 m südsüdwestlich des markanten Tiergartenloches [SEETHALER 1991: 18 ff.].

Der Zustieg führt vom Wiesberghaus zur Schmalzgrube und folgt dem auf der 1780 mNN Höhenlinie liegenden Steig ca. 500 m westwärts. 150 m vor Erreichen des Grünkogel-Osthangs steigt man von oben in ein kleines Kar, an dessen östlicher Begrenzung das 1,5 x 1,5 m große, nach Westen gerichtete Portal in eine kleine Felsbank von 2 m Höhe hineinführt.

Der anfänglich horizontale Teil mit ausgeprägten röhrenartigen Gängen wird von einem in mehreren Schachtstufen 243 m in die Tiefe führenden Schachtteil abgelöst. Die Weiterforschung mußte in einem anschließenden 30 m langen, verlehmten Horizontalgang aufgegeben werden.

Bereich Schachtzone Bärengasse bis Tiergartenloch

An der bereits erwähnten Störungslinie sind einige mächtige Schächte angelegt, an deren oberen Ende in der Bärengasse der Bärengassenwindschacht (1823 mNN, Kat.Nr.: 1543/69, Gl. 900 m, Niveaudifferenz: - 687 m) liegt.

Entdeckt wurde die Höhle 1979 bei einer Expedition von Mitgliedern des „Bristol Exploration Club" aus England. Bei Forschungen bis zum Jahre 1983 wurde eine Tiefe von 490 m erreicht. Im Sommer 1985 kam man bei einer neuerlichen Tour bis auf 687 m Tiefe. Der Endpunkt befindet sich an einem Lehmsumpf.

Die schmale Tagöffnung zum Bärengassenwindschacht liegt unweit des Weges, der vom Wiesberghaus zur Gjaidalm führt, etwas südlich der Bärengasse. Ihre schmalen und hohen Canyonpassagen, mit zahlreichen kürzeren Abstiegen, werden von einer Folge großräumiger und tiefer Schächte unterbrochen. Der tiefste Abstieg ist mit 125 m der Ben-Dors-Schacht mit einem Durchmesser von etwa 8 m. Zum überwiegenden Teil verlaufen die raumbestimmenden Klüfte parallel zur Störung der Bärengasse. In den tagfernsten Partien sind Lehmablagerungen anzutreffen. Die Wasserführung des Objektes nimmt nach unten hin ständig zu [PFARR u. STUMMER 1988: 84].

Der Einstieg in die Orkanhöhle (1813 mNN, Kat. Nr.: 1546/35, Gl.: 1572 m) befindet sich an einer nach Nordwesten abfallenden Felsstufe im Anstieg zum Großen Laubeck-Kogel (1969 mNN). Entdeckt wurde die Höhle im Jahre 1986 von einer englischen Forschergruppe. Von Hallstätter Forschern wurde sie bis in eine Tiefe von 350 m befahren. Leider wurden von der englischen Forschergruppe, außer einer Planskizze, die auf eine Tiefe von 754 m hinweist, bis jetzt keine näheren Angaben übermittelt.

Der Jägerschacht (1691 mNN, Kat. Nr.: 1546/31, Gl.: 1380 m) wurde im Sommer 1986 von der oben erwähnten englischen Forschergruppe entdeckt.

Der Zugang erfolgt von der untersten Hütte in der Wiesalm (1670 mNN) in nordöstlicher Richtung. 80 m von der Hütte entfernt liegt hinter Latschen versteckt der unscheinbare Eingang. Der Eingangsbereich fällt von Anfang an in etlichen Windungen canyonförmig ab. Etwa 100 m hinter dem Eingang wird nach einer kurzen Kriechstelle eine kleine Halle erreicht. Hier beginnt auch die eigentliche Schachtzone bis zu einer Tiefe von 585 m.

Die Magnumhöhle (1672 mNN, Kat. Nr.: 1546/38) wurde 1986 ebenfalls von Mitgliedern einer englischen Forschergruppe entdeckt. Nur 10 Gehminuten von der Wiesalm in Richtung Tal entfernt, befindet sich der unscheinbare und Richtung Westen geöffnete Eingang.

Später wurde noch ein zweiter Zugang entdeckt. An beiden Eingängen kann man im Hochsommer eine Temperatur von nur 1°C messen. Ein eisiger Wind ist noch 30 m vom Eingang entfernt spürbar. Nach Angaben der Entdecker soll die Schachthöhle in einer Tiefe von 400 m in einem Siphon enden.

Am unteren Ende dieser großen Störungslinie treffen wir auf das Tiergartenloch (1505 mNN, Kat. Nr.: 1543/3), das durch seine Größe im Dachsteingebiet einzigartig und vom Wanderweg 601 knapp oberhalb der Tiergartenhütte in wenigen Minuten zu erreichen ist.

Wer sich erstmalig in den gewaltigen Kessel abgeseilt hat, ist unbekannt. Mit Sicherheit geht aber die Kenntnis des Tiergartenloches bereits auf das Mittelalter zurück, als die umliegenden Almen noch bestoßen wurden (Abb. 138).

Erst wenn man auf der Sohle steht, kann man die gewaltigen Dimensionen des fast kreisrunden Kessels von durchschnittlich 105 bis 140 m Durchmesser erfassen. Die Sohle ist mit Schuttmassen und kleineren und größeren Felsblöcken bedeckt, am tiefsten Punkt setzt zwischen Felsblöcken ein Höhlengang an, der aber nach wenigen Metern von Eis verschlossen ist [LEUTNER 1976].

Unter den zahlreichen Karstquellen, die in diesem Bereich des Dachsteinplateaus entspringen, ist der am Fuße des Ursprungkogels gelegene Waldbach-Ursprung zu erwähnen (948 mNN, Kat. Nr.: 1543/1). Dieser liegt unweit des von Hallstatt auf den Dachstein führenden Wanderweges 601 und ist durch einen kurzen „Abstecher" zu erreichen. Er bietet bei Schneeschmelze oder nach starken Regenfällen, wenn er seine größte Aktivität erreicht, das immer wieder fesselnde Naturschauspiel der aus einer Felsnische hervorbrechenden und in weißschäumenden Kaskaden zu Tal stürzenden Wassermassen.

Die vermutlich erste informative Befahrung wurde im Februar 1929 durch die beiden Hallstätter Karl PILZ und Johann POLLREICH unternommen. Erst am 24.10.1948 erfolgte die zweite Befahrung durch die Hallstätter Höhlenforscher Karl PILZ, Siegfried PILZ und Wilhelm SCHNÖLL unter der Führung von Othmar SCHAUBERGER, wobei aber auf Grund des hohen Wasserstandes nur eine Teilvermessung durchführt werden konnte. Erst bei der vierten Befahrung am 5. März 1949, an der Othmar SCHAUBERGER, Wilhelm SCHNÖLL und Walter UNTERBERGER beteiligt waren, wurde die Vermessung der Höhle vervollständigt (Abb. 141, 142) [SCHAUBERGER 1973].

Der scheinbar unpassierbare Einstieg in den Waldbach-Ursprung erfolgt zwischen verkeiltem Blockwerk einige Meter senkrecht hinab bis in eine kleine Halle. Ab hier folgt man dem 110 m langen Wassergang, der eine mittlere Neigung von 23° hat, abwärts bis zum Wasserspiegel des Siphons (Normalwasserstand). Auf Grund der bisher gesammelten Informationen kann ein Zusammenhang der Hirlatzhöhle mit dem Waldbach-Ursprung angenommen werden, da der im westlichen Teil der Hirlatzhöhle gelegene DONTENCANYON eine Hauptrichtung nach Nordwesten aufweist, am tiefsten Punkt des ausgeprägten Staubereiches im WILDEN WESTEN (Siphon: 1050 mNN) liegt und somit eine aktive Entwässerung (Entfernung 1600 m) in Richtung Waldbach-Ursprung (Wasserspiegel 905 mNN) darstellt.

Bereich Echerntal

An der Südseite des Hallstätter Echerntales steht man vor der mächtigen, rund 900 m hohen, steil aufragenden Nordwand des Hirlatz, an deren Fuß sich der Eingang der Hirlatzhöhle (870 mNN, Kat. Nr.: 1546/7) befindet. Der Parkplatz im hinteren Echerntal ist der Ausgangspunkt für einen Besuch der Hirlatzhöhle. Nach einem kurzen Stück entlang der Forststraße kommt man beim Simonydenkmal vorbei. Einige Meter danach wendet man sich nach links und geht, einem Jagdsteig folgend, steil bergan bis zu einem Geröllfeld am Wandfuß der Nordwand. Nach Überquerung desselben steht man ca. 5 m unter dem Eingangsportal, das über eine Leiter erreicht wird. Etwas tiefer liegen die Untere, Mittlere und Obere Brandgrabenhöhle. Die Obere Brandgrabenhöhle hängt unmittelbar mit dem NORDSIPHON der Hirlatzhöhle zusammen. Die drei Höhlen sind vom sogenannten Pulverturm im Echerntal über das ausgetrocknete Bachbett des Brandbaches, dem man fast bis zum Wandfuß folgt, zu erreichen.

Die kleinste der drei Höhlen ist die Untere Brandgrabenhöhle (618 mNN, Kat. Nr.: 1546/5). Sie weist eine Gesamtlänge von 54 m auf und wurde 1973 vermessen. Der kluftartige Eingang mündet nach einer kurzen Stufe in die Kugelsteinhalle. Im weiterführenden ellipsenförmigen Gang kommt man zu einem kleinen Versturz, der in einer bewetterten und unschliefbaren Schichtfuge endet, die mit der Mittleren Brandgrabenhöhle in Verbindung steht.

Die Mittlere Brandgrabenhöhle (664 mNN, Kat. Nr.: 1546/11) liegt etwas über der Unteren Brandgrabenhöhle und wurde von den beiden Hallstätter Forschern Gottfried BUCHEGGER und Peter SEETHALER entdeckt. Der Eingang wurde nach mehrtägigen Grabungen freigelegt. Die Erforschung ergab bisher eine Gesamtlänge von 503 m.

Die 1346 m lange Obere Brandgrabenhöhle (725 mNN, Kat. Nr.: 1546/6) wurde 1969 aufgrund ihrer besonderen naturwissenschaftlichen Bedeutung unter Schutz gestellt. Infolge der talnahen Lage dürfte sie schon seit längerer Zeit bekannt sein. Franz KRAUS, ein Pionier der österreichischen Höhlenforschung, erwähnte sie schon im neunzehnten Jahrhundert [KRAUS 1894: 234]. Im Jahre 1920, bei einem sogenannten „Jahrhunderthochwasser", traten aus allen Höhlenportalen und Klüften gewaltige Bäche aus und verwandelten den umliegenden Waldbereich in einen großen Quellbezirk. Wenige Jahre später wurde die Obere Brandgrabenhöhle von Matthias KIRCHSCHLAGER erstmals bis zum heutigen Endsiphon befahren.

Die Begehung der Höhle über 7 kleine Seen bis zum Endsiphon sollte nur in den Wintermonaten durchgeführt werden, da die vorhin erwähnte Gefahr durch Hochwasser besonders zu beachten ist. 1981 wurde durch eine Rufverbindung und einen Färbeversuch der Zusammenhang zwischen Oberer und Mittlerer Brandgrabenhöhle nachgewiesen.

Bereich Kessel und Hirschbrunn-Quellbezirk

Zwischen Hallstatt und Obertraun befinden sich am südlichen Ende des Hallstätter Sees der Hirschbrunn-Quellbezirk und die Karstquelle des Kessels. Die älteste Aufzeichnung über das Quellgebiet stammt aus dem Jahre 1611. Der Reiseschriftsteller J. A. SCHULTES schrieb in seinem Reisebericht „Reisen durch Oberösterreich in den Jahren 1794, 1795, 1802, 1803, 1804 und 1808" über das Schauspiel des hervorquellenden Hirschbrunns seine Eindrücke nieder. Nachfolgend ein Teilausschnitt aus seinem VI. Brief „Hallstatt und seine Umgebungen" [Schultes 1809: 99-101].

„Ich will Sie zuerst zum Hirschbrunnen führen, und zum Kessel. Wir wollen um 1 Uhr hinfahren; er liegt am nördlichen Ufer des Sees, an der Schattenseite. Wir setzen uns am Hirschbrunnen hier an den Löchern nieder, die lose Felsenblöcke am Seeufer zu bilden scheinen, und sehen den Fischen zu, wie sie in der Mittagsstille spielen. - Hören sie nichts brummen? Es tobt etwas da in den Löchern unter uns. Es war doch so stille, wie wir herkamen. Und nun kommt es immer näher und stärker. Es poltert stärker! Weilen Sie nicht zu lange, und lassen Sie uns fliehen! Es naht die Stunde des Berggeistes, es geht auf 2 Uhr. In rauschenden Strömen stürzt er jetzt schäumend hervor aus den Löchern, die Felsen auf denen wir saßen, hat er schon überflutet. Dort, auf 20 Klafter im See hinein, sprudelt es auch aus den Tiefen empor.

Und der Kessel dort fließt auch über. Wenn Sie hier weilen wollen bis nach 3 Uhr, so werden Sie diesen unterirdischen Aufruhr sich legen sehen; die Ströme werden wieder versiegen, und wir sitzen in wenigen Stunden wieder so trocken hier, wie wir um 1 Uhr saßen.

Wollen Sie mit mir diese periodischen Brunnen näher betrachten, und sich das Räthsel erklären, das sie springen macht? Wir wollen zuerst zu den 2 Kesseln gehen. Der untere ist grösser; ein trichterförmiges Felsenloch von 15 Klaftern in der Weite. Eine Felsenwand mit senkrecht eingestürzten Schichten umgibt ihn in einer Höhe von beyläufig 12 Klaftern. Ungefähr eine Klafter oben sehen Sie ein Loch von einigen Füssen im Durchmesser. Kaum 500 Schritte davon war an der Wiese der Hirschbrunn; ein Haufen von Felsblöcken, die Löcher bilden, welche voll Wasser, und dem Kessel ähnlich sind. Zu dem oberen Kessel, der kaum 2 Fuß im Durchmesser hat, wollen wir nicht hinauf gehen; er ist zugedeckt, damit das Vieh, das am Abhange weidet, nicht hineinfalle.

Obschon diese Löcher theils in und an dem See (wie der Hirschbrunnen) theils nahe am See, einige Klafter von demselben entfernt liegen (wie der Kessel, nur 120 Schritte vom Ufer); so dürfen Sie doch nicht eine Ebbe und Fluth im See annehmen, wie einige wollen, und glauben, daß das Wasser durch diese Löcher, wie durch communicirende Röhren, bey der Fluth überströme.

Um dieses Phänomen sich zu erklären, müssen Sie sich mit mir 1400 Klafter über diese Löcher erheben. Dort werden Sie am Dachsteine, über dem Hierlats, und weit über dem Krippenstein und dem Küfel, weit über dem Rauhenkogel und Zwölferkogel zwischen deren Fuß diese Löcher am See liegen, das Reservoir dieser Springsprunnen an einem großen Glätscher und einer Menge von Schneefeldern finden. Dieser Umstand und die Jahreszeit und Tageszeit, wann diese Brunnen springen, oder vielmehr, wann diese natürlichen Wasserbehälter überfluthen, die letzte Hälfte des Junius nämlich, Julius und die erste Hälfte des August, von 2-3 Uhr nachmittags, werden Ihnen am besten diese Räthsel erklären.

In dieser Jahreszeit, so wie zu dieser Tageszeit, ist die Hitze am größten. Es ist eine ungeheure Menge Schnees und Eises auf den Schneefeldern der Alpen, und am Glätscher des Dachsteines geschmolzen von Sonnenaufgang bis gegen 3 Uhr. Nach 2 Uhr wird es aber schon kühl auf den Alpengipfel, das Eis am Glätscher wird wieder grünlich, es erstarrt; es schmilzt nur wenig Schnee mehr; es sinkt nur wenig geschmolzenes Wasser mehr durch die Klüfte des Berges, um unten an seinem Fuße herauszuquellen, oder vielmehr herausgedrückt zu werden durch das täglich nachsinkende Wasser. Es ist kein Zweifel, daß nicht das aufgethaute Eis- und Schnee-Wasser es ist, das in die Klüfte dieser rissigen Kalkgebirge einsinkt, und das bereits vorhandene Wasser in den unterirdischen Wasserbehältern dieses Berges herausdrückt; so wie man nicht zweifeln kann, daß es eine Menge solcher Wasserbehälter in den Bergen umher giebt. Beweise für letztere sind nicht nur die vielen und starken Quellen, die Sie überall auf diesen Bergen finden, und die so schnell zu Bächen anwachsen, welche die häufigen prachtvollen Wasserfälle bilden; es sind es besonders die vielen Löcher, die Sie in den Regionen des Krummholzes nahe an der Schneegrenze hier finden."

Später waren es Friedrich SIMONY, Friedrich MORTON, Matthias KIRCHSCHLAGER sowie Gustave ABEL bis hin zur heutigen Höhlenforschergeneration, die sich mit den periodisch aktiven Karstquellen auseinandersetzten. Beide Karstquellen wurden 1978 auf Grund ihrer naturwissenschaftlichen Bedeutung unter Schutz gestellt (Abb. 139, 140, 143, 144).

Der Hirschbrunn (513 mNN, Kat. Nr.: 1546/1) ist die größte mehrerer Quellen, die knapp oberhalb des Hallstätter Sees entspringen. Sein Hauptaustritt liegt unterhalb der Landesstraße (Lawinenüberdachung) von Hallstatt nach Obertraun. Hauptsächlich zur Zeit der Schneeschmelze oder nach starken Regenfällen auf der Hochfläche des Dachsteins treten am frühen Nachmittag aus vielen Spalten des Bachbettes und der Umgebung Quellwässer aus, die sich über mehrere Erosionskolke in den See ergießen. Das vom Dachsteinplateau unterirdisch abfließende Wasser macht sich nach rund 4 Stunden durch Ansteigen des Wasserspiegels des Hirschbrunns bemerkbar [LEUTNER 1983].

Der Quelltopf des Hirschbrunns wurde beim Straßenausbau verschüttet und somit unzugänglich gemacht. 1983 wurde er auf Betreiben des Hallstätter Höhlenvereins und der Oberösterreichischen Höhlenschutzwache wieder freigelegt. Anschließend war der Hirschbrunn immer wieder Ziel von Tauchvorstößen. 1989 waren es Achim BAYER und Michael MEYBERG, die in 7 Tauchgängen den Gangverlauf bis in eine Tiefe von 40 m erforschten [MEYBERG 1991]. Bei einer aufwendigen Tauchexpedition von 13. bis 20. Dezember 1996 gelang es Thomas BEHREND und Sandro MADEO, auf eine Tauchtiefe von 72 m abzutauchen (Schriftl. Mitt. von Thomas BEHREND).

Etwa 400 m südöstlich des Hirschbrunns und unweit der Straße gelegen, entspringt die Karstquelle des Kessels (513 mNN, Kat. Nr.: 1546/2). Der Kessel ist zumeist bis 3 m unter seiner Felsumrandung mit klarem Wasser gefüllt. Bei langandauernden Regenfällen oder Schneeschmelze auf dem Dachsteinplateau fungiert der Kessel genauso wie der Hirschbrunn, nur etwas stärker zeitverzögert, als Überlauf. Die oft braunen Wassermassen ergießen sich vom Kessel in ein sonst ausgetrocknetes Bachbett, das zum Hallstätter See führt. Der rund 4 m Durchmesser aufweisende Kessel-Quelltopf wurde bisher auf eine Tiefe von 65 m unter das Niveau des Hallstätter Sees betaucht. Eine genaue Nachvermessung am 20.7.1996 ergab, daß der Seespiegel des Hallstätter Sees und das Wasserniveau des Hirschbrunn und des Kessel bei Niederwasser ident sind (508,29 mNN).

1951 wurde in Zusammenarbeit mit der örtlichen Feuerwehr ein erfolgloser Auspumpversuch unternommen. Der Wasserspiegel sank lediglich um 2,5 cm, blieb aber anschließend konstant [SCHAUBERGER 1952].

Ein erstmaliger Tauchversuch wurde 1960 von Salzburger Forschern unter der Leitung von Gustave ABEL durchgeführt. In den folgenden Jahren gab es weitere Tauchversuche unter der Leitung des damaligen Hallstätter Vereinsobmanns Norbert LEUTNER, aber erst 1981 gelang es Hans Joachim SCHWARZ, in der Gerhard-ZAUNER-Halle den Kessel bis auf seinen Grund auf 65 m Tiefe zu betauchen. In diesem Jahr konnte auch der Zusammenhang mit dem „Alten Kessel" nachgewiesen werden. Der „Alte Kessel" (543 mNN, Kat. Nr.: 1546/3) ist über einen Wanderweg einige Meter oberhalb des Quelltopfes zu erreichen und führt als Schacht 32 m bis zur Wasseroberfläche in die Tiefe. Der Kessel ist im Gegensatz zum Hirschbrunn weit seltener und nur bei sehr starkem Niederschlag oder bei der Schneeschmelze aktiv. Dies wurde auch auf Grund der Forschungen im damit zusammenhängenden östlichsten Teil der Hirlatzhöhle festgestellt (HIRSCHAULABYRINTH, DONNERBACH). Daraus kann man schließen, daß der DONNERBACH mit seinem Endpunkt DOSENFRASS zum Hirschbrunn und das um etwa 50 m höher liegende HIRSCHAULABYRINTH zum Kessel entwässert.

Am 6. Juli 1997 konnte ein besonderes Ereignis beobachtet werden. Durch die hohe Schneelage auf dem Dachsteinplateau und nach ca. 15-stündigem, sehr starkem Regen bis in hohe Berglagen stürzten große Wassermassen ins Tal. Als die Kesselquelle das Wasser aus dem Berginneren nicht mehr bewältigen konnte, wurde der „Alte Kessel" nach langer Zeit wieder aktiv, im umliegenden Waldbereich wurde die verheerende Kraft des Wassers sichtbar.

Es ist jedenfalls besonders empfehlenswert, die beiden Karstquellen, oder auch den Waldbach-Ursprung im Hallstätter Echerntal im Frühjahr bei Schneeschmelze bzw. nach starken Regenfällen zu beobachten.

Nachstehend soll ein vereinfachtes Katasterblatt eine Übersicht sämtlicher Höhlen im Katastergebiet 1546 zeigen.

Höhlenverzeichnis Hirlatz (Teilgruppe 1546)

Umgrenzung:

Echerntal - Hallstätter See - Traun östlich aufwärts bis zur Köhler Brücke - Miesenbach - Höllgraben - Niedere Schafeck Alm - Bergheim Krippenbrunn - Krippeneck - Gjaidalm (Schilcherhaus) - Seichenklamm - Bärengasse - Wiesalpe - Herrengasse - Tiergarten Hütte - markierter Steig zum Alten Herd - Waldbach - Echerntal.

Teilgruppeninformationen:

ÖK 96
Anzahl der Höhlen: 93
Höchste Erhebung: Zwölferkogel 1982m
Talniveau: Hallstätter See 508m
Gestein: Dachsteinkalk

Legende:

Kat. Nr.: Die Katasternummer besteht aus einer vierstelligen Kennziffer und durch Schrägstrich getrennte fortlaufende Höhlennummer. Die vierstellige Kennziffer definiert die kleinste naturräumliche Einheit. Diese Teilgruppen sind durch ständige, nach gleichbleibenden Gesichtspunkten erfolgende Unterteilung größerer Einheiten entstanden.

Die Umgrenzung dieser Teilgruppen ist anhand der Österreichischen Karte 1:50 000 eindeutig festgelegt. Innerhalb der Grenzen einer Teilgruppe vergibt der Katasterführer für jede neue Höhle die nächste freie Nummer.

Folgendes Teilungsschema ist festgelegt:

1000	Großeinheit	(Nördliche Kalkalpen)
1500	Hauptgruppe	(Westliche Salzkammergutalpen)
1540	Untergruppe	(Dachstein)
1546	Teilgruppe	(Hirlatz)
1546/001	Erste Höhle in dieser Gruppe	

E: Grundsätzlich kann eine Höhle nur mit einer Katasternummer belegt sein. Besitzt daher eine Höhle mehrere, oft weit voneinander getrennte Eingänge, so sind diese Eingänge mit Kleinbuchstaben gekennzeichnet (z. B. a,b).

Name: Beim Höhlennamen hat ein in der Bevölkerung geläufiger Name Priorität. Existiert ein solcher nicht, obliegt es in der Regel dem Entdecker, einen Namen zu prägen. Dabei sollte der Vorzug den von der Topographie abgeleiteten Namen gegeben werden. Weiters können auch Informationen über Höhlentyp und Höhleninhalt in den Namen einfließen. Der Name einer Höhle und seine ihr zugeordnete Katasternummer sind unveränderliche Kerninformationen des Höhlenverzeichnisses.

RW und **HW**: Rechtswert und Hochwert eines Höhleneinganges im Bundesmeldenetz. Das österr. Bundesmeldenetz besteht aus sechsstelligen Ziffern.

mNN: Lage des Einganges bezogen auf Normalnull (= Seehöhe)

Katasterliste 1546

Kat.Nr.	E	NAME	RW	HW	mNN
1546/001		HIRSCHBRUNN	474525	267600	0513
1546/002		KESSEL	474907	267439	0513
1546/003		ALTER KESSEL	474991	267440	0541
1546/004		WINKLERBERGHÖHLE			0675
1546/004		Schergenloch = WINKLERBERGHÖHLE 1546/004			
1546/005		UNTERE BRANDGRABENHÖHLE	472646	267605	0622
1546/006		OBERE BRANDGRABENHÖHLE	472573	267444	0716
1546/007	a-b	HIRLATZHÖHLE	472448	267266	0870
1546/007	a	Haupteingang Hirlatzhöhle			
1546/007	b	Oberer Eingang Hirlatzhöhle			
1546/008		ENTTÄUSCHUNGSHÖHLE			1150
1546/009		RABENKELLER	474650	266400	0954
1546/010		HÖHLE IN DER NIEDEREN GELBEN WAND	474182	266659	1061
1546/010		Hoffnungshöhle = HÖHLE IN DER NIEDEREN GELBEN WAND			
1546/011		MITTLERE BRANDGRABENHÖHLE	472651	267565	0664
1546/012		HÖHLE AM WALDBACHECK	473300	267500	1165
1546/013		SCHAFECKHÖHLE	476800	266700	1120

1546/014		BÄRENHÖHLE IN DER GELBEN WAND			1520
1546/015		HÖHLE AM HOCHDÜRREN	471600	266050	1550
1546/016		WIESALMSCHACHT			1705
1546/017		SCHILCHERSCHACHT	475300	264700	1825
1546/018		HIRLATZALMLOCH	472288	265941	1908
1546/019		HIRLATZALMHÖHLE	472308	265907	1918
1546/020	a-b	FEUERKOGEL-DURCHGANGSHÖHLE	472411	266223	1929
1546/021	a-b	HIRLATZ-TROPFSTEINHÖHLE			1860
1546/021	a	Haupteingang Hirlatz-Tropfsteinhöhle	472721	266191	1863
1546/021	b	Oberer Eingang Hirlatz-Tropfsteinhöhle			1860
1546/022		HIRLATZ-EISSCHACHT	472813	266015	1882
1546/023		VERSTURZBODENSCHACHT	472775	266071	1878
1546/024		DR. SCHAUBERGER-SCHACHT			1855
1546/025		EVA-SCHACHT	472853	266082	1856
1546/026		WILLISCHACHT			1910
1546/027		KLEINE-BRUDER-HÖHLE	472773	266136	1865
1546/028		HOHE EISGRUBEN-SCHACHT			1820
1546/029		LATSCHENKLUFT			1940
1546/030		SCHLUND I	472350	265100	1910
1546/031		JÄGERSCHACHT	472303	265041	1691
1546/032	a-b	FEUERKOGELHÖHLE			1905
1546/032	a	NO gelegener Eingang Feuerkogelhöhle	472423	266094	1902
1546/032	b	SW gelegener Eingang Feuerkogelhöhle	472424	266074	1903
1546/033		TIEFKARHÖHLE	474400	265100	1735
1546/034		JÄGERWARTHÖHLE			1695
1546/035		ORKANHÖHLE	472791	264838	1813
1546/035		Piratenhöhle = ORKANHÖHLE			
1546/036		SCHÖNBÜHELSCHACHT			1730
1546/037		BLOSSKOGELSCHACHT			1550
1546/038		MAGNUMHÖHLE	472050	265448	1672
1546/039		SCHWEMMERKOGELHÖHLE			1800
1546/040		SCHWEMMLEITEN-HALBHÖHLE			1210
1546/041		UNTERE CANYONHÖHLE			1280
1546/042		SCHLOTHÖHLE			1000
1546/043		KLUFTFUGENHÖHLE	473241	267502	1168
1546/044		GOLDLOCH-HALBHÖHLE			0565
1546/045	a-b	AUALMHÖHLE	475700	266400	
1546/045	a	Unterer Eingang Aualmhöhle			1230
1546/045	b	Oberer Eingang Aualmhöhle			1270
1546/046		CANYONHÖHLE	475500	266500	1400
1546/047		SCHICHTFUGENHÖHLE	475600	266600	1380
1546/048		SCHLÜSSELLOCHHÖHLE	475600	266350	1310
1546/049	a-c	DURCHGANGSHÖHLE AM HIRLATZ			1890
1546/050		FLACHDECKENHÖHLE			1910

1546/051		ZWÖLFERKOGELHÖHLE			1740
1546/052		KÜFELSCHACHT			1700
1546/053		BIERLOCH			0685
1546/054		KLEINE SUPERHÖHLE			1310
1546/055		GROSSE SUPERHÖHLE			1295
1546/056		SCHLUFHÖHLE IN DER SEEWAND			1315
1546/057		RAUHREIFEISKELLER	472555	266029	1873
1546/058		EISKEGELLOCH	472481	266137	1892
1546/059		SATTELHÖHLE			1840
1546/060		SINTERKELLER			1850
1546/061		SCHÖNWIESELSCHACHT			1640
1546/062		SCHÖNWIESELLOCH			1650
1546/063		KUGELSTEINSCHACHT			1660
1546/064		KREUZKLUFTHÖHLE			1655
1546/065		NEBELBEERENHÖHLE			1750
1546/066		UNTERES WANDELNLOCH			1840
1546/067		OBERES WANDELNLOCH			1860
1546/068		SCHICHTPAKETHÖHLE			1870
1546/069		SCHWEMMLEITEN-GRABENHÖHLE			1420
1546/070		RAUHER KOGEL HÖHLE			1670
1546/071		KUHSCHÄDELLOCH			1740
1546/072		ZIEGENFALLE			1700
1546/073		ABRISSPALTE AM RAUHER KOGEL			1650
1546/074		SCHNEESTUFENSCHACHT			1870
1546/075		SCHWERTKARRENHÖHLE			1880
1546/076		GIPFELBLICKSCHACHT			1900
1546/077		PARABELHÖHLE			1880
1546/078		FEUERKOGELSCHACHT			1930
1546/079		VERBORGENE HÖHLE			
1546/080	a-b	FEUERKOGELWESTWANDHÖHLE	471850	266420	1790
1546/081		KLEINE FEUERKOGELWESTWANDHÖHLE			1794
1546/082		BERBERITZENHÖHLE			0975
1546/083	a-c	ZIRBENBANDHÖHLE	474900	265980	1785
1546/084		LEHMNISCHE	471920	265940	1780
1546/085		HIRLATZ-EISHÖHLE	472572	266622	1681
1546/086		SPIEGELSECHS	471931	265931	1784
1546/087		DOMDOM	472580	266491	1755
1546/088		SCHNEEGARAGE	472578	266520	1732
1546/089		ZWIEZACH	472540	266592	1709
1546/090		TRAUMPARTIE	472513	266548	1732
1546/091		TRIEBTÄTERHÖHLE			1850
1546/092		STEINRUTSCHE	472726	266242	1841
1546/093		STEINESCHLUCKER	472733	266249	1835

Zur Etymologie des Namens Hirlatz

Unter den Bergnamen am Nordrand des Dachsteinplateaus zählt die Bezeichnung „Hirlatz" zweifellos zu den auffallendsten. Eine Erklärung stößt in der Tat auf große Schwierigkeiten, die verschiedenen Deutungsversuche können allesamt nicht sonderlich überzeugen.

Auch wenn als früheste urkundliche Erwähnung das Jahr 1551 genannt wird [Urbar der Herrschaft Wildenstein im OÖ Landesarchiv, SCHIFFMANN 1935, PFEFFER 1947], so erscheint es bei der mehr als 4000jährigen Geschichte Hallstatts dennoch naheliegender, die Wurzeln dieses seltsamen Namens bereits in grauer Vorzeit zu suchen, prägt doch gerade die steil aufstrebende Hirlatzwand unübersehbar das dem Salzberg südlich benachbarte Echerntal.

Der Hirlatz, ein heiliger Berg?

Die bergmännische Salzgewinnung in Hallstatt ist zumindest seit der ausgehenden Bronzezeit (1300 - 800 v. Chr., Urnenfelderkultur) durch Werkzeugfunde eindeutig belegt. Bei den Trägern der nachfolgenden älteren Eisenzeit (800 - 400 v. Chr., Hallstattkultur) handelte es sich wahrscheinlich um illyrische Stämme aus dem Südosten Europas, deren Umwelt zweifellos unter griechischem Einfluß gestanden ist. Ähnlich wie das (ehemals erst den in der nachfolgenden La-Tène-Zeit von Westen her eingewanderten Kelten zugeschriebene) Wort „hal" für Salz bereits auf die Illyrer zurückgehen dürfte (es stimmt mit dem griechischen $\alpha\lambda\sigma$, ausgespr. ‚hals', überein), kann vielleicht auch die Urform der Bezeichnung Hirlatz von ältestem Sprachgut bzw. aus den mystischen Vorstellungen dieser frühesten Epoche abgeleitet werden.

Interessant ist in diesem Zusammenhang eine Äußerung des Wiener Prähistorikers Moriz HOERNES (1852 - 1917), den KRACKOWIZER [1898] wie folgt zitiert:

> „Griechischen Ursprungs ist aller Wahrscheinlichkeit nach auch der Name des nächst Hallstatt aufragenden Hierlatz, der nach einer verbürgten Mittheilung des evangelischen Seniors und Pfarrers in Gmunden, J. F. KOCH, in früherer Zeit ‚Hierlitz' genannt wurde, welche Benennung ganz ungezwungen aus den griechischen Worten $\iota\epsilon\rho o\sigma$ $\lambda\iota\vartheta o\sigma$, gespr. ‚hieros lithos', heiliger Stein, hergeleitet werden kann. Dieser Name mag der bekannten Thatsache seine Entstehung verdanken, daß die von den Illyriern als Gottheit verehrte Sonne, nachdem sie für die nächsten Anwohner ein Vierteljahr hindurch unsichtbar gewesen, zu Anfang des Februar wieder über jenem Berge emportaucht."

Die Sonne spielte in jener noch uhrenlosen Epoche im Geistesleben der Menschen sicherlich eine überragende Rolle, und die einfühlsamen, der Naturverbundenheit einstiger Bewohner Rechnung tragenden Gedankengänge KOCHS sind nicht so ohne weiteres von der Hand zu weisen.

Im übrigen hat auch Friedrich MORTON [1953] auf zwei Hallstätter Stundenberge hingewiesen, den Sechserkogel im Massiv des Sarsteins und den Zwölferkogel im Südosten des Hirlatz. Bezogen auf den Salzberg (Turmkogel) mit seinem uralten Gräberfeld, erscheint das lebenspendende Gestirn zur Zeit der Sommersonnenwende über dem Sechserkogel jenseits des Hallstätter Sees und steht zu Mittag genau über dem Zwölferkogel - zwei Zeitmarken also, nach denen sich der ganze Tagesablauf richten konnte.

Spätere Verballhornungen durch nachströmende anderssprachige Völkerschaften wie Kelten, Römer, Germanen und Slawen mögen in der Folge wesentlich dazu beigetragen haben, daß die Anfänge im Laufe der bewegten Lokalgeschichte allmählich in Vergessenheit gerieten.

Versuch einer slawischen Deutung

So ließ sich auch Konrad SCHIFFMANN (1871-1941), Direktor der Studienbibliothek in Linz und insbesondere als Verfasser des grundlegenden, dreibändigen Werkes über die historischen Ortsnamen von Oberösterreich sowie der vierbändigen Ausgabe „Die mittelalterlichen Stiftsurbare des Erzherzogtums Österreich ob der Enns" (1912-1925) untrennbar mit der Heimatkunde verbunden, von eher sachlichen Argumenten leiten.

Bereits 1922 finden wir in seinem Buch „Das Land ob der Enns" zwei sprachwissenschaftlich interessante Erklärungsversuche des Bergnamens Hirlatz. Der Autor beklagt dabei zunächst das Fehlen alter Belege, und es liegt die Vermutung nahe, daß ihm damals das Urbar der Herrschaft Wildenstein (1551) mit den Bezeichnungen Hieläzberg und Hiellätz (für die Alm) noch nicht vorgelegen ist. SCHIFFMANN [1922] schreibt dazu folgendes (gekürzt):

> „Man könnte an den Genetiv des Personennamens Heralt[A] denken, der mit Metathesis (Lautumstellung) Herlat(e)s lauten würde. Beispiele für ähnliche Bildungen kommen in Hessen vor: Findlos aus Findolts, Rudlos aus Rudolfs usw. Im übrigen könnte Herlats auch durch Schwächung erst aus Herlots entstanden sein. Das e in Herlat(e)s ist ein geschlossenes (vergl. die Schreibungen Hörmann für Hermann, Hörweg für Heerweg), konnte daher leicht zu i werden.
>
> Wenn nun auch die soeben vorgetragene Erklärung gewiß im Bereich des Möglichen liegt, da ja z. B. in der Steiermark tatsächlich ein Heroltsberg[B] vorkommt [ZAHN 1893: 261], so darf doch nicht verschwiegen werden, daß slawische Herkunft des seltsamen Namens wahrscheinlicher ist. Da nämlich neben der heute üblichen Form Hierlatz auch die Aussprache Hierlitz bezeugt ist [KRACKOWIZER 1898, Bd. I: 406, Anm. 7], so wird wohl an ein slaw. Jelitz-, das Deminutivum zu jela (Tanne), zu denken sein. Zur Prothese des h vergl. mundartlich hiazt für jetzt, zur Form des Suffixes (Nachsilbe) steierm. urk. Prolaz, Prolayz, Prolatzwant neben Prelicz, Prolicz [ZAHN 1893: 283ff.], zur Schreibung Hir, Hier für Hie vergl. Irdning zu urk. Jedenich."

Vergl. dazu auch tschech. jedlicka = kleine Tanne und die abgeleiteten Familiennamen Jelitzka, Jedliczka, Jadlitschka, Jerlitschka.

Sämtliche Überlegungen SCHIFFMANNS bezüglich Herkunft des Namens Hirlatz sind zweifelsohne von recht hypothetischer Natur. Immerhin gab es aber in Kärnten einen ähnlich

---

[A] Vergl. Herold als histor. Bezeichnung für den mittelalterlichen Hofbeamten, Turnieraufseher, Boten und Verkünder; seit dem 14.Jh. bezeugt. Spätmhd. heralt. Aus gleichbedeut. afrz. héralt (franz. héraut) entlehnt. Geht auf altgerm. (afränk.) hari(o)wald („im Heere waltend, Heeresbeamter) zurück. Im Mittelalter beliebter Vorname; latinisiert: heraldus. Auch in nord. Harald enthalten. Verändert zu Hierold (Öst.), Herholz, Höhrold u. a. Mit Metathese zu frk.-thür. Herl(e)t, bair. Hörl(dt) oder Hierl (Öst.), erweitert zu Hierlein, Hierlmeier. Beisp.: Erzbischof Heraldo, Salzburg, um 955; in Liegnitz 1491 >Petern dem herlat<; in Würzburg 1343 Herold Hock, in Hamburg 1251 Haroldus.

[B] Soll bei St. Johann im Saggautal, SW von Leibnitz, liegen; in ÖK Bl. 207 jedoch nicht verzeichnet.

Erhard FRITSCH mit Beitrag Norbert LEUTNER

klingenden windischen Namen für das Ferlacher Horn (1847 mNN) in den Karawanken. Der Berg hieß früher Harloutz. 1910 berichtete die Zeitschrift „Der Naturfreund" in einer kurzen Notiz über seine offizielle Umbenennung, ältere Karten weisen ihn ebenfalls unter dieser Benennung aus. Heute wird er im Slowenischen Atlas 1:50 000 (Bl. 57) als Grlovec bezeichnet, und in der ÖK Bl. 211 heißt er Gerloutz.

Bedenken bei einigen slawischen Ableitungen äußert Konrad SCHIFFMANN später in seinen „Lebenserinnerungen". [vergl. BERGER 1941/42] Darin bekennt er ganz offen, sich „mangels eigener slavistischer Kenntnisse" bei der Zusammenstellung der Ortsnamen für sein Buch „Das Land ob der Enns" ganz auf MIKLOSICH [1852-1875, 1886] und KAEMMEL [1879] verlassen zu haben, wodurch neben deren richtigen auch manch falsche Etymologien übernommen wurden. Auch den Hirlatz betreffend, finden wir bald eine völlig andere Meinung.

Erste urkundliche Aufzeichnungen

Welche Fortschritte durch Heranziehen neuer Quellen und damit bei der Erklärung der Namen im allgemeinen gewonnen werden konnten, zeigt dann ein Vergleich mit SCHIFFMANNS Historischem Ortsnamen-Lexikon, dessen erster Band 13 Jahre später erschienen ist und das nach Fertigstellung im Jahre 1940 - kurz vor seinem Tod am 12. März 1941 - auf insgesamt 1685 Seiten (!) eine ungeheure Fülle an Einzeldaten wiedergibt.

Beim Stichwort „Hierlatz" wurde wohlweislich auf einen Deutungsversuch verzichtet, lediglich im dritten, dem Ergänzungsband, finden wir auf Seite 231 den Vermerk „Wahrscheinlich nach einem ehemaligen Besitzer von Almböden, S. HIEDANZ" [SCHIFFMANN 1940: Bd. 3].

Die angeführten urkundlichen Erwähnungen beziehen sich mit einer Ausnahme auf die Urbare Wildenstein und betreffen in erster Linie die Hirlatzalm: 1551 - Hiellätz, Urbar Wildenstein: f. 47; 1563 - Hielatz in der Län bey Halstat zunechst dem Waldtpach, Urb. Wildenst.: f. 196; 1665 - beym Hieläz, Urb. Wildenst.: f. 350; 1700 - Hieläz Albm, Urb. Wildenst.: f. 120 und ebenfalls 1700 - der Hielaiz, Urb. Wildenst.: f. 118.

Lediglich dreimal genannt wird der Hirlatzberg: 1551 - Hielätzperg, Urbar Wildenst.: f. 44 [PFEFFER 1947, schreibt wohl irrtümlich Hielätzberg]; 1563 - Hielatzperg, Urbar Wildenst.: f. 192 und 1605 - Zieloß. Waldbuch Ebensee: f. 5.

Es erscheint unwahrscheinlich, daß sich seither noch andere Autoren eingehender mit der Etymologie des Namens Hirlatz beschäftigt haben. Die eingesehene Literatur ergab diesbezüglich keine neuen Aspekte. Der Leser wird weder bei POPELKA [1923] in seinem Aufsatz über Bergnamen im Dachsteingebiet fündig noch bei KRANZMAYER [1968], dessen lesenswerte Arbeit mit dem verheißungsvollen Titel „Die Bergnamen Österreichs" zwar einen weiten Bereich erfaßt, ob ihrer Kürze aber nicht ins Detail geht und somit keine allzu großen Erwartungen erfüllen kann.

Alles nur Hypothese?

Auf dem germanischen s-Stamm *hailiz*, dessen Bedeutung nicht sicher bestimmbar ist, beruhen das altengl. *hael* und altisl. *heill*, was jeweils mit „günstiges Vorzeichen, Glück, Gesundheit" übersetzt werden kann. Vergleicht man das ahd. *heilag* sowie vor allem mhd. *heilec* - heilig - mit der ersten urkundlichen Schreibung *hiellätz* für Hirlatz, so drängt sich sofort die Erinnerung auf an J. F. KOCH mit seiner aus dem Griechischen abgeleiteten Theorie vom „heiligen Stein"!

Zwei unterschiedliche Kulturen zwar, aber es war ohne Zweifel für alle hier seßhaften Menschen ein günstiges Omen und ein freudiges Ereignis, wenn die Sonne nach der langen winterlichen Schattenperiode wieder über den Spitzen der umliegenden Berge höherzusteigen begann. Der herannahende Frühling weckte die Sehnsucht nach Licht und Wärme, stellte Gesundheit und Wohlergehen in Aussicht. War der Hirlatz vielleicht doch ein „heiliger" Berg? Man könnte schon fast daran glauben!

Weder laut- noch sachgeschichtlich überzeugend erscheint dagegen der Gedanke einer Ableitung vom ahd. *hiruz, hirez* für Hirsch. Das gleichbedeutende mhd. *hirz* ist in ein paar Ortsbezeichnungen bis heute unverändert erhalten geblieben (Hirzberg, Hirzkar, Hirzkarkogel usw.), warum hätte es gerade in unserem Fall von *hiruz* über *hirz* zu *hiellätz* und weiter zum neuzeitlichen Hirlatz mutieren sollen?

Ebenfalls fragwürdig, weil nur auf einem weitreichenden Gleichklang der Worte beruhend, wäre ein Versuch, die Herlitze (Horlitze, Hörlitze, Horlicke, Herlske oder auch Dirlitze) - im Althochdeutschen arliz- oder erlizbaum bzw. harlezboum - mit der heutigen Bezeichnung Hirlatz in Verbindung zu bringen. Der vielleicht besser unter den Namen Kornelkirsche oder Gelber Hartriegel (*Cornus mas* L.) bekannte Strauch kommt zwar im Salzkammergut vereinzelt vor, scheidet aber schon aufgrund seiner Vorliebe für sonnige, trockene Hänge als Namensgeber für die schattig-kalten Hirlatzwände mit Sicherheit aus! Frühe Funde seiner eßbaren Früchte stammen übrigens bereits aus den Pfahlbauten am Attersee.

Nicht vorenthalten möchte ich die zwar etwas ins Skurrile ableitenden Ausführungen zum Hirlatz von Margarete RADA [1955], aber es steckt vielleicht dennoch ein Körnchen Wahrheit darin. In ihrer mit viel Akribie zusammengestellten, fast 400 Seiten umfassenden Dissertation über die Ortsnamen des Salzkammergutes lesen wir nach Wiederholung der bereits von SCHIFFMANN [1940] genannten urkundlichen Erwähnungen (bei RADA allerdings ohne Hinweis auf die Urbare) und der Feststellung „Eine überzeugende Deutung ist nicht zu finden" auf Seite 195 folgendes:

> „An das Wort Hornisse als Personennamen ist aus dialektgeographischen Gründen kaum zu denken. Zwar nennt man die Hornisse im östlichen Südmähren ‚hiənitsa' und ganz alt auch in der nördlichen Oststeiermark ‚hiənus' neben allgemeinerem ‚huənaus', doch liegen diese Gebiete mit ihrem -iə - in Hornisse vom Salzkammergut schon sehr weit entfernt. Mundartliche Aussprache: in hialåts."

Die Überlegungen von SCHIFFMANN und RADA sind nun insofern auf einen gemeinsamen Nenner zu bringen, als sie von Eigennamen ausgehen. Rufnamen sind so alt wie die Menschheit selbst. Irgendwann einmal hat es zweifellos einen - möglicherweise slawischen - Vorfahren gegeben, der erstmals sein Weidevieh am Hirlatz oben gesömmert hat. Wann dies geschehen ist und wie immer dieser frühe Almbauer auch genannt worden sein mag[c], geriet wohl allmählich im Laufe der vielen geschichtlichen Wirren für immer in Vergessenheit und hat sich wie überhaupt der Anbeginn einer Weidewirtschaft - mangels schriftlicher Überlieferung - im Dunkel der Jahrhunderte verloren.

---

[c] Als die Rufnamen etwa seit dem 12. Jh. nicht mehr ausreichten, wurde ein „Zu"-Name angefügt, aus dem sich allmählich unsere Familiennamen entwickelt haben, ein Prozeß, der in den großen Städten zu Beginn des 15. Jh. im wesentlichen abgeschlossen war, in den Alpen aber durch Verwendung von Hausnamen bedeutend länger dauerte.

Erhard FRITSCH mit Beitrag Norbert LEUTNER

Aber vielleicht lebt sein einstiger Name - natürlich in abgewandelter Form - auch heute noch weiter, verborgen hinter der Bezeichnung *hiellätz,* so, wie ihn erstmals die Bewohner des 16. Jahrhunderts in ihrer Sprache zu Papier brachten. Den Urbeginn werden wir nie mehr ergründen können, haben doch allein die letzten vierhundert Jahre für weitere Veränderungen ausgereicht; dialektunkundige k. k. Kartographen mögen das Ihre dazu beigetragen haben, daß schließlich unsere heutige amtliche Schreibweise „Hirlatz" entstanden ist.

„Hier schau, hier lat´s!"

So nehmen wir denn abschließend Zuflucht in die Welt der Sagen, ins Reich der Zwerge und Riesen, der Geister, Gespenster, Hexen, Teufel und armen Seelen, aber auch der verborgenen, ungehobenen Schätze. „Um alles menschlichen Sinnen Ungewöhnliche, was die Natur eines Landstriches besitzt, sammelt sich ein Duft von Sage ...", schrieben schon die Brüder GRIMM in ihrem Vorwort zu den „Deutschen Sagen". Auch der unverständliche Bergname des Hirlatz wurde zum Auslöser einer solchen Erzählung, und durch ihre genaue Ortsangabe dokumentiert sie vielleicht sogar Anspruch darauf, als Wirklichkeit verstanden und geglaubt zu werden!?

Bereits Georg J. KANZLER [1881] hat mit wenigen Worten auf eine namenskundlich bemerkenswerte Sage vom Hirlatz hingewiesen, Maria REISENBICHLER aus Hallstatt hat sie von ihrem Großvater erzählt bekommen und 1926 niedergeschrieben. Natürlich fehlt sie (in verkürzter Form) auch nicht bei Adalbert DEPINY [1932:53] in seinem „Oberösterreichischen Sagenbuch". Da sie gleichzeitig drei dem Höhlenforscher geläufige Lokalnamen - das GOLDLOCH (Goldlochstollen), die HIRSCHAU und den HIRLATZ - zu erklären versucht, soll sie dem Leser nicht vorenthalten und außerdem vor dem Vergessenwerden bewahrt bleiben:

> „In der Hallstätter Gegend lebte vor langer Zeit ein armer Jäger mit Namen Korvinian, dessen ganzes Sehnen darauf ging, wie er zu Geld und Reichtum kommen könnte. An einem heißen Sommertag war er wieder im Walde südlich des Sees und träumte von den Schätzen im Inneren der umliegenden Berge. Plötzlich stand ein kleines, feuerrotes Männchen vor ihm, das beide Hände voll glänzender Goldkörner hatte und dem doch kein einziges entfiel. Schon wollte sich der Jäger auf das Männlein stürzen, als es lauthals lachte und rief: ,Du kannst sie mir nicht nehmen, aber wenn du still schweigst und mir nachgehst, zeig ich dir, wo du die Goldkörner finden kannst.'
>
> Gleich darauf rannte es fort, so schnell, daß ihm der Jägersmann kaum folgen konnte. Im weiten Bogen gings hinauf zur nahen Alm, und das Männchen rief: ,Hier schau! Hier schau!' Es blieb aber nicht stehen, sondern lief weiter den langgestreckten Bergrücken entlang, sah sich erneut um und rief dem keuchenden Korvinian zu: ,Hier lat´s, hier lat´s!' (Hier liegt es). Dann stand es einen Augenblick still und lief, nun aber noch viel schneller, fast denselben Weg wieder zurück auf einen Felsenspalt zu, in dem es verschwand.
>
> Korvinian, dem der Schweiß nur so in Bächen von der Stirn rann, fand sich schließlich vor einer Höhle wieder, die er noch nie zuvor gesehen hatte. Auf den Knien kroch er hinein und raffte schnell einige Hände voll des glitzernden Sandes vom Boden auf in seinen Hut. Dann stieg er zur Alm hinauf, um den Sand zu waschen. Wohl waren ein paar Goldkörner darunter, aber Reichtum war es noch lange keiner.

Als er etwas später zusammen mit den Sennern und mit geeignetem Werkzeug tiefer in den Berg gehen wollte, um nach Gold zu graben, sprudelte Wasser hervor und hinderte sie, ihr Werk fortzusetzen. Die Höhle, aus der damals das Bächlein entsprang, heißt seither das ‚GOLDLOCH', die Alm ist die ‚HIERSCHAUALM' und der Bergrücken der ‚HIERLATZ'."

Der Hirlatz im Kartenbild der Zeiten

Eine kartographiegeschichtliche Betrachtung

Obwohl Begehungen des Dachsteinplateaus - durch Streufunde[A] erhärtet - bereits in der Bronzezeit stattgefunden haben und Almwirtschaft zumindest seit dem Mittelalter auf Teilen der Hochfläche nachgewiesen werden konnte, blieb die Kenntnis dieser höchsten Gebirgslandschaft Oberösterreichs bis ins 17. und 18. Jahrhundert auf den Kreis der engsten Umwohner beschränkt.

Auch wenn Franz Joachim von KLEYLE (1775 - 1854), Sekretär und enger Mitarbeiter Erzherzog Karls, 1814 berichtet, daß noch zu seiner Zeit die Überquerung des „Stein" als „gewöhnlicher Communications-Weg" für den Warenaustausch - Loden gegen Salz - zwischen Schladming und Hallstatt galt, besaß die Allgemeinheit offenbar nur unklare Vorstellungen von der tatsächlichen Höhe und Ausdehnung des gesamten Bergstockes. In den ältesten Landkarten Oberösterreichs kommt dies deutlich zum Ausdruck.

Der Dachstein - eine Terra incognita

Sowohl die südorientierte Oberösterreich-Karte des vielseitig begabten Nürnberger Wissenschafters und Künstlers Augustin HIRSCHVOGEL (1503 - 1553) aus dem Jahre 1542 (nur als Nachstich, 1583, von Gerard de JODE und in der 2. Auflage des Atlaswerkes „Speculum Orbis Terrarum", 1593, von Cornelis de JODE überliefert) als auch die bloß fragmentarisch erhaltene Darstellung des Erzherzogtums Österreich (1545, Nachdrucke 1570, 1583 sowie im ersten Österreichatlas „Typi chorographici Provin: Austriae...", 1561) aus den Händen von Wolfgang LAZIUS (1514 - 1565) haben so gut wie keinen Bezug zum Dachstein.

Während HIRSCHVOGEL seine Karte bereits am Hallstätter See enden läßt, besteht der Dachstein bei LAZIUS aus namenlosen, willkürlich aneinandergereihten Bergen, von denen einer die Dreiländergrenze trägt. Die Darstellung der Salzkammergutseen einschließlich des „Kucheltals" (Gosautal) ist von der Wirklichkeit noch weit entfernt. Reprod. der HIRSCHVOGEL-Karte bei MARKS [1955], DÖRFLINGER [1977, 1983]; Ausschnitt der LAZIUS-Karte bei OBERHUMMER u. WIESER [1906], PFEFFER [1947], BERNLEITHNER [1969].

Die von Johannes KEPLER (1571 - 1630) begonnene Mappierung Oberösterreichs wurde 1616 von dem aus Augsburg gebürtigen Israel (nicht Issak!) HOLTZWURM und nach dessen Tod (1617) von seinem Bruder Abraham fortgeführt. 1628 in Regensburg fertiggestellt, erschien die Karte 1662 in BLAEUS (gespr.: blau) „Atlas Maior" in verkleinerter Ausführung, etwa im Maßstab 1:380 000. Sie enthält bereits die „Salis Fodinae", die „Salzquellen" bei „Halstat", die Bezeichnung „Waldbach" und den „Kripnstein". Nach wie vor gleicht der

---

[A] Besonders im östlichen Teil, z. B. auf der Planken-, Landfried- und Handleralm. Im Nordwesten ein Lappenbeil 1888 bei der Tropfwand am Weg zur Tiergartenhütte, ca. 1100 mNN; Vollgriffschwert im Juli 1893 nordwestlich des Däumelkogels in ca. 1750 mNN und 1974 eine Lanzenspitze bei der Schmalzhöhe im Südwesten des Wiesberghauses, ca. 1900 mNN, alle aus dem 11. bis 13. Jh. v. Chr. (klimabegünstigte Phase der Spätbronzezeit).

Dachstein selbst mehr einer Ansammlung von Maulwurfshaufen als einem Gebirge! Reprod. bei KRECZI [1947], DÖRFLINGER [1977, 1983], Teilansicht bei PFEFFER [1947].

Die älteste „Dachsteinkarte"

Die erste einigermaßen zuverlässige Darstellung des Dachsteingebietes lieferte der in Wenns im Pitztal geborene, kurzzeitig als Priester in der Pfarre Leonstein (OÖ) tätige Georg Matthäus VISCHER (1628 - 1696). Seine aus 12 Blättern bestehende Karte von Oberösterreich, die 1669 etwa im Maßstab 1:145 000 erschien, erlebte 1762 eine zweite Auflage (4 Blätter von C. A. SCHANTZ), eine dritte folgte im Jahre 1808, die vierte 1826. Als Neudruck erschien sie 1923 zusammen mit VISCHERS Topographie von Oberösterreich (Erstausgabe 1674).

Unter den zahlreich aufscheinenden Bergnamen der VISCHER-Karte finden wir erstmals auch die Bezeichnung „Der Hielatz", weiters die Karstquellen „Kössl" und „Hiersbrun"[B], den „Zwölferkogl", „Das Deimel" (Däumelkogel), den „Gosach See", „Cammer See" (Hinterer Gosausee) sowie den (1284 erbauten) „Ruedolphsturm" am „Hallberg". Die höchsten Spitzen im Süden werden jedoch lediglich als „Schneeberg" ausgewiesen. Teilreprod. bei PFEFFER [1947] und LEHR [1971], SCHLOSSAR [1908/09], STRASSMAYR [1923].

Die Karte VISCHERS blieb mehr als ein Jahrhundert lang die Grundlage aller weiterer Kartenwerke, so für die Atlanten des venezianischen Minoritenpaters Vincenzo CORONELLI (1650 - 1718), dessen Oberösterreich-Karte aus dem Jahre 1692 jedoch einige Ungereimtheiten aufweist, für den Deutschen Johann Baptist HOMANN (1664 - 1724) und den Augsburger Matthäus SEUTTER (1678 - 1756 oder 57). Einen Ausschnitt der Oberösterreich-Karte von SEUTTER (1713) mit Eintragung von „Hirschbrunn"[C] und „Kößl" bringen POTOCKA u. STADLER [1989].

Kampf um die „Ständische Karte" (18. Jh.)

Der spürbar in Erscheinung tretende Mangel an zuverlässigen Karten gab schließlich in Wien den Anstoß zur 1. oder (Theresianisch) - Josephinischen Landesaufnahme (Militär-aufnahme), bei der fast die gesamte Monarchie in der kurzen Zeit von 1763/64 - 1787 kartiert wurde. In Oberösterreich dauerten die Arbeiten (unter Leitung von Major NEU) von 1769 - 1772, das erst anno 1779 erworbene Innviertel folgte 1780 (Oberst SEEGER). Die Aufnahme wurde zumeist mittels Meßtisch, allerdings ohne einheitliche Triangulation, im traditionellen

---

[B] Erste datierbare Erwähnung des Hirschbrunns am 9. Nov. 1611 durch Johann NUTZ, Amtsverweser des Hallstätter Hofschreibamtes von 1594 bis 1615, in Zusammenhang mit einem Depotfund. [KIRCHSCHLAGER 1974, FRITSCH 1974] Seine älteste bildliche Darstellung befindet sich am linken Rand einer Pergamentmalerei im Waldbuch des Salzamtes Gmunden, 1630 - 1634, (Nat. Bibl. Wien, Hs. 7897). Reprod. bei HOFFMANN [1952], MARKS [1966] und PRILLINGER [1978]. Hirschbrunn und Kessel zusammen erstmals nach einem Kupferstich von Matthäus MERIAN in „Topographia Provinciarum Austriacarum" (1649) und „Topographia Germaniae" (1658). Sie zählen zu den frühesten Abbildungen eines Karstphänomens in Österreich [ILMING 1984].

[C] Anlage des Hirschbrunn-Quellstollens, der heute direkt auf Seespiegelniveau liegt, vermutlich noch vor dem Aufstau infolge Errichtung der Steeger Klause, die Thomas SEEAUER, 1511, zugeschrieben wird (verbessert 1564 - 73). An seinem Eingang in der 2. Hälfte des 19. Jh. Münzfund aus der Zeit des römischen Kaisers Severus Alexander (222 - 235 n. Chr.); event. Überrest des genannten Depotfundes.

Erhard FRITSCH

Militärmaßstab 1 Wiener Zoll : 400 Wiener Klafter = 1:28 800[D] durchgeführt; das aus über 3300 Sektionen bestehende Werk war ausschließlich für den militärischen Gebrauch bestimmt.

Erst nach langwierigen Verhandlungen durften fünfzig Stück der sogenannten „(Land)ständischen Karte" - einer auf ein Drittel (1:86 000) verkleinerten und (statt als Grundriß) in Perspektivmanier ausgeführten Darstellung von Oberösterreich - mit Genehmigung von Kaiser Joseph II. an die regierenden Stände in Linz ausgeliefert werden. Diese 1781 von Carl SCHÜTZ (1745 - 1800) und F. MÜLLER auf der Basis von 64 handgezeichneten Sektionen der Josephinischen Landesaufnahme angefertigte „Mappa von dem Land ob der Enns" erschien 1787 in 12 Blättern und verzeichnet am Dachstein u. a. das „Hillatsgebürg", den „Hirschbrun" und „Kößl", den „Diren B." und - gleich dahinter - die „Schlaminger Alben", das „Ewige Eiss" und „Schnee-Gebürg" mit dem „Door Stein". Von Hirschbrunn und Kessel sind auch Tuschezeichnungen aus den Jahren 1791 und 1792 erhalten, angefertigt von Daniel KESSLER (gest. 1808), Bergmeister und Kupferstecher in Ischl. Reprod. bei MORTON [1954] sowie URSTÖGER [1984, 1994].

Auf Nachfolgedarstellungen zu Beginn des 19. Jh., denen die „Ständische Karte" zugrundelag, u. a. von Joseph Marx Freiherr v. LIECHTENSTERN (1765 - 1828), dem k. k. Hauptmann E. v. GREIPEL (6 Blätter, Maßstab ca. 1:200 000, 1809), von Ludwig SCHMIDT (1812) oder J. WALCH (1805), braucht nicht weiter eingegangen werden.

Erste Forstkarten und Höhenmessungen

Neue Erkenntnisse brachte die Schaffung der Salzkammergut-Waldkarte der Österreichischen Salinen, 1794 - 1804 [SCHRAML 1934/36] durch die Waldmeister Josef PRAUCHINGER (ab 1777 Leiter des Ischler Waldamtes, gest. 1805) und German KRALL (Leiter des Ebenseer Waldamtes von 1793 bis zu seinem Tode 1823) sowie den Bergmeister und Markscheider Michael MOOSHAMMER (1812 - 1820/21 in Hallstatt tätig, gest. 1825). Die 1804 gesetzten Grenzmarksteine ermöglichten nunmehr die genaue Scheidung der privaten und ärarischen Grundstücke und Wälder im oberösterr. - steirischen Grenzgebiet. Ihre Höhenmessungen wurden noch 1820 vom Generalstab als richtig bezeichnet [STEINER 1820], für den Dachstein konnten 9448 Wiener Fuß (= 2986,5 mNN) ermittelt werden [PFEFFER 1947].

Auch Friedrich SIMONY (1813 - 1896), der um 1840 erstmals ins Dachsteingebiet kam, rühmte bei seinen Forschungen sowohl MOOSHAMMERS „Geometrische Karten des k. k. obderennsischen Salzkammergutes" (Maßstab 1:7200) als auch die „Wunderbaldinger´schen Forstkarten[E] des Salzkammergutes" 1:20 000 (1840 - 1850). Sie waren offenbar nicht so ohne weiteres zugänglich, denn SIMONY bedankte sich 1895 in seinem bekannten Dachsteinwerk ausdrücklich bei den zuständigen Herren im k. k. Ackerbauministerium in Wien und in der k. k. Forst- und Domänendirection Gmunden für die Möglichkeit zur Einsichtnahme.

[D] 1 Klafter (°) = 72 Zoll (") = 6 Fuß ('), 1 Fuß = 12 Zoll. Umrechnung ins metrische System örtlich (und zeitlich) etwas verschieden: 1 Wiener Klafter = 1,8966 m; 1 Wiener Fuß = 0,3161 m; 1 Wiener Zoll = 0,0263416 m. 2,6 cm der Karte entsprachen somit 758,6 m in der Natur.

[E] Maximilian Edler von WUNDERBALDINGER, k. k. Forstrat in Gmunden. Wirkte ab 1829 als Waldmeister des Hallamtes Aussee, 1841 Bergrat, in Würdigung seiner Verdienste um die Waldwirtschaft mit dem Franz-Josef-Orden ausgezeichnet. Abbildg. bei SCHRAML, Bd. 3 [1936], Taf. IV.

Aus der ersten Hälfte des 19. Jahrhunderts verzeichnete Hans COMMENDA [1891: 568, 569] in seiner Landeskundlichen Bibliographie u. a. noch die „Hauptkarte über die zu den drei k. k. obderenserischen Salzkammergut-Verweserämtern Ebensee, Ischl und Hallstatt gehörigen Waldungsbezirke", eine Handzeichnung der Sudhüttenmeisters-Tochter Josefa POHL, die Sr. Majestät Kaiser Franz I. gewidmet war (1828?) und Michael SCHMALNAUERS Waldkarten aus den Jahren 1833/34 im Maßstab 1:115 200. Da sie allesamt nicht verfügbar waren, können darüber keine näheren Angaben gemacht werden.

Aus der mit topographischen Namen fast schon überladenen „Charte des k. k. Salz-kammergutes mit seinen nächsten Umgebungen", einer farbigen Zeichnung aus dem Jahre 1845 ohne Autorennennung (1 Blatt, Sign. II 62, im OÖ. Landesarchiv), ist die bereits sehr neuzeitliche Schreibweise „Hierlatz A." ersichtlich.

Ebenfalls aus der Zeit vor 1850 stammt eine von F. KEIL (Salzburg) gezeichnete Übersichtskarte von Ischl und Umgebung im Maßstab 1:200 000. Namentlich genannt wird der Kessel, der Hirlatz Kgl. ist mit 6196 Fuß kotiert; umgerechnet mit der entsprechenden Wiener Maßeinheit (= 0,3161 m) ergibt sich ein Wert von 1958,56 mNN (OÖ. Landesarchiv Linz, Sign. II 65).

Der berühmte Franziszeische Kataster

Im Vermessungswesen keineswegs untätig geblieben waren inzwischen die militärischen Stellen. Bereits 1806 hatte man unter Kaiser Franz I. mit der Triangulierung zur 2. oder Franziszeischen Landesaufnahme begonnen. Sie erfolgte wie die Josephinische ebenfalls im Maßstab 1:28 800, wobei Ober- und Niederösterreich, kartiert zwischen 1809 und 1819, 160 Sektionsblätter umfaßte.

Die Ergebnisse wurden ab 1811 länderweise als „Spezialkarte" 1:144 000 und als „Generalkarte" 1:288 000 veröffentlicht; ein homogenes Kartenwerk kam jedoch dabei nicht zustande. Als man 1869, nach über 60 Jahren, die Arbeiten abbrach, war die „Spezialkarte" noch immer nicht komplett, Nieder- und Oberösterreich lagen jedoch schon seit 1823 (Ausgabebeginn 1813) zur Gänze in Form von 31 Kupferstich-Sektionen 1:144 000 vor („Karte des Erz-Herzogthums Österreich ob- und unter der Enns").

Als Beispiel für eine auf der Franziszeischen Landesaufnahme basierenden Karte seien die beiden Blätter „Das Salzkammergut in Ober Oesterreich" im Maßstab 1:57 600 des Linzer Katastralmappen-Archivars Alois Johann Baptist SOUVENT (1794 - 1864) genannt, erschienen 1840 in Wien. Seine fast schon modern anmutende Darstellung des Dachsteins zeigt im Norden der „Wies Alm" den „Hirlats-Kog." (etwa an der Stelle des heutigen Hinteren und Mittleren Hirlatz), den Bereich nördlich des Namens „Hirlats" (mit Almhütten-Signatur) bezeichnet SOUVENT aber seltsamerweise als „Thurm Kog."; selbstverständlich präsent sind die altbekannten Karstquellen „Kessel" und „Hirschbrunn". Reprod. bei PFEFFER [1947].

Parallel mit der 2. Landesaufnahme begann 1816/17 die Katastralvermessung 1:2880. Sie erfolgte in Oberösterreich von 1823 bis 1830, wobei eine mehr als 7000 Blätter zählende Mappensammlung entstand, die im OÖ. Landesarchiv verwahrt wird. Das Gesamtwerk - der Franziszeische Kataster - umfaßt sogar 164 357 Blätter!

Während der Hohe Dachstein (Erstbesteigung 1832 durch Peter GAPPMAYER aus Filzmoos) bereits 1822 anläßlich der steirischen Katastral-Vermessung mit 1581,69 Klafter = 2999,6 m Höhe (heute 2995 mNN) eingemessen worden war, gelang dies beim Torstein

(Erstbesteigung im August 1819 durch den kaiserlichen Jäger Jakob BUCHSTEINER aus Schladming) erst ein Jahr später. Bis zu diesem Zeitpunkt noch als höchster Dachsteingipfel angesehen, wurde nun seine Höhe mit 1552,22 Klafter = 2943,7 mNN errechnet (heute gelten 2948 mNN).

Verwirrende alte Höhenangaben

Es ist eigentlich verwunderlich, daß SENONER [1850] mehr als 25 Jahre nach der Katastral-Vermessung in seiner „Zusammenstellung der bisher gemachten Höhenmessungen" bei der er sich auf MUNKE [1830], BAUMGARTNER [1832], WEIDMANN [1841], SCHMIDL [1842] und Arbeiten von SIMONY aus den Jahren 1847 und 1849 bezieht, nur für den Torstein die 1823 amtlich ermittelte Höhe von 9313,32 Fuß (= 2943,9 mNN) angegeben hat. Die übrigen Vergleichswerte für die beiden höchsten Dachsteingipfel weichen mehr oder weniger von den damaligen offiziellen Zahlen ab.

Nach der Aufstellung SENONERS hat SIMONY mit 9330 Fuß (= 2949,2 mNN) für den Torstein sogar dessen heute gültige Höhenkote lediglich um einen Meter verfehlt. Eine zweifelsohne beachtenswerte Leistung! Etwas mehr daneben ging es beim Hohen Dachstein, den SIMONY mit 9500 Fuß (= 3002,95 mNN) erstmals zum Dreitausender stempelte.

Aus dem Hirlatzgebiet liegt uns, abgesehen von der bereits genannten KEIL-Karte (mit 6196 Fuß = 1958,56 mNN für den „Hirlatz Kgl."), noch eine fast gleichlautende Seehöhe von SIMONY [1850] vor, nämlich 6190 Fuß. SENONER [1850] gibt dagegen nach F. C. WEIDMANN [1841] nur 5874 Fuß an, was 1856,77 mNN entsprechen würde.

Unklar bleibt in allen Fällen, welcher der drei Hirlatzgipfel jeweils gemeint war, denn in manchen Karten (so in der 75 000er der 3. Landesaufnahme) wurde überdies der Feuerkogel als Mittlerer Hirlatz bezeichnet! Heute gilt nach der ÖK Blatt 96 der Mittlere Hirlatz mit 1985 mNN als höchste Erhebung dieses Bergstockes, gefolgt vom Zwölferkogel mit 1982 mNN.

Für letzteren hatte WEIDMANN [1841] viel zu niedrige 5976 Fuß (= 1889 mNN) vermerkt. Auf der „Wiesalpe" galten einst 5286 Fuß (= 1670,9 mNN), bezogen auf die „Jodlerhütte" (Wiesalm, heute 1689 mNN), als richtig, die Ochsenwieshöhe war mit 6261 Fuß (= 1979,1 mNN) gegenüber 1990 mNN ganz gut getroffen. Für die jetzt nur mehr in der AV-Karte mit 1855 mNN kotierte „Ochsenwiesalpe" lesen wir 5808 Fuß (= 1835,9 mNN).

Die Lithographie - Revolution im Kartendruck

Bereits wenige Jahre nach Erfindung des Flachdruckverfahrens der Lithographie (Steindruck) durch Alois SENEFELDER (1771 - 1834) in den Jahren 1796/97 war es möglich geworden, Zeichnungen aller Art (bald auch färbig) einfacher und damit vor allem billiger herzustellen als früher im Tiefdruck mittels Kupferstich. Inzwischen war auch die strenge Geheimhaltung von Landkarten durch die Militärs gefallen, und der im 19. Jahrhundert allmählich einsetzende Salzkammergut-Tourismus brachte einen wachsenden Bedarf an guten Karten mit sich. Aus der Kartenvielfalt dieser Zeit können hier nur mehr einige wenige genannt werden:

In einer 1867 in Wien herausgegebenen „Karte der Umgebung von Salzburg und Ischl", zusammengestellt von Vinzenz SCHUSTER, taucht nördlich des „Hirlats K."

überraschenderweise wieder der „Thurm K." auf, so, wie ihn schon seinerzeit SOUVENT 1840 wohl irrtümlich vom Salzberg hierher verlegt hatte.

Sehr aufschlußreich in Bezug auf eingetragenes Namensgut ist die als Kopie in den Archiven der Linzer und Hallstätter Höhlenforscher aufbewahrte „Bestandskarte vom k. k. Wirtschaftsbezirke Goisern" nach dem Stande zu Anfang des Jahres 1886 im Maßstab 1:20 000. Diese oder ähnliche Zeichnungen könnten der knapp 30 Jahre später erschienenen Alpenvereinskarte des Dachsteins Pate gestanden haben, das Gros der Lokalnamen ist in beiden Werken zu finden, Feuerkogel und Hinterer Hirlatz sind allerdings in der Bestandskarte gegenüber heute vertauscht. Südlich des Zwölferkogels finden wir nur eine spärliche, aber nichtsdestotrotz besonders unterschiedliche Bezeichnung, unterschiedlich auch zu jener vortrefflichen, zwischen den beiden Weltkriegen entstandenen Österreich-Karte 1:25 000, deren Herausgabe 1959 bedauerlicherweise eingestellt werden mußte.

1876 - Vom Klafter zum metrischen System

An die Franziszeische Landesaufnahme schloß sich 1869 nahtlos die 3. oder Franzisko-Josephinische Landesaufnahme an, die bereits 1887, also innerhalb von nur 18 Jahren, für das gesamte, damals einschließlich Bosnien und Herzegowina über 670 000 km² große Staatsgebiet vom (1839 gegründeten) Wiener Militärgeographischen Institut vollendet werden konnte. Obwohl erst am 1. Jänner 1876, fast ein Jahr nach Unterzeichnung der „Meterkonvention", in Österreich eingeführt, wurde für die Aufnahmesektionen bereits der metrische Maßstab von 1:25 000 verwendet, erstmals kam es nun auch zu systematischen Höhenmessungen mittels Präzisionsnivellements.

Die von den Meßtischblättern abgeleitete Spezialkarte 1:75 000 erschien 1873 bis 1889 in 752 Blättern, reproduziert in Heliogravüre (Schwarzdruck, Geländedarstellung in Schraffen, Höhenlinien mit 100 m Äquidistanz). Großen Wert legte man auch auf die exakte Schreibung der Toponyme. Zwischen 1885 und 1914 kam es im Zuge der Reambulierung zu einer Neuauflage von 247 Blättern, Anfang des 20. Jh. erfolgte auf photolithographischem Wege die Veröffentlichung der Originalaufnahmen 1:25 000.

Die Beschriftung der 75 000er-Karte war zumindest im Dachsteinbereich äußerst dürftig gehalten und erinnert in dieser Hinsicht stark an die gegenwärtig erhältliche Ausgabe des Blattes 96 (Bad Ischl) der ÖK 1:50 000. Namentlich bezeichnet finden wir nur den Rauhen Kogel, den Zwölferkogel sowie Vorderen und Hinteren Hirlatz, letzteren an Stelle des Feuerkogels der heutigen Karten. Die etwa um die Jahrhundertwende aufgelassene und heute im Gelände so gut wie verschwundene Hirlatzalm war wohl damals noch eingetragen, gänzlich vermissen wir aber den schon 1669 in der VISCHER-Karte angegebenen Kessel; allein Hirschbrunn und Hirschau Alm fanden Berücksichtigung.

Die „Geographische Karte des ob der ennsischen Salzkammerguts", herausgegeben von Johann Bapt. STEINER im Jahre 1899, verzeichnet ebenso den Namen Hirlatz wie eine Anzahl weiterer, leider nicht datierter Karten, die im OÖ. Landesarchiv aufbewahrt werden, darunter eine originelle Ausgabe von Hallstatt und Aussee im Maßstab 1:50 000 von H. WOLFSGRUBER (Gmunden, Selbstverlag), hergestellt im k. k. Militärgeograph. Institut in Wien (OÖLA - Sign. II 63d). Der Wald wird mit unzähligen Bäumchen dargestellt, das Kartenbild ist umrahmt von Ansichten aus dem oberösterreichisch-steirischen Salzkammergut. Beschriftet sind der „Hirschbrunn", die „Hirlatz A." und der „Hirlatz" (1933 mNN).

Erhard FRITSCH

Interessant auch eine aus zwei Blättern (Nord und Süd) bestehende Reliefkarte des Salzkammergutes 1:100 000, geschaffen durch den k. u. k. Major d. Res. Gustav Edler von PELIKAN, gedruckt vom Militärgeographischen Institut in Wien und herausgegeben im Verlag Hermann KERBER, Salzburg (OÖLA - Sign. II 63c). Es werden sowohl Vorderer als auch Hinterer Hirlatz unterschieden, ersterer ist mit 1933 mNN kotiert, letzterer mit 1959 mNN. Ausdrücklich genannt wird auch die Hirlatzalm. Aufgrund eines handschriftlichen Vermerkes in einem Antiquariats-Exemplar (Nordblatt) dürfte die Karte aus der Zeit um 1905 stammen.

100 Jahre geologische Kartierung

Auf der topographischen Grundlage des Kartenwerkes der 3. Landesaufnahme brachte die 1849 in Wien gegründete staatl. Geolog. Reichsanstalt im letzten Jahrzehnt des 19. Jahrhunderts erstmals geologische Spezialkarten mit mehrfarbigem Gesteinsüberdruck heraus. Die Darstellung des nördlichen Dachsteinrandes ist auf dem (querformatigen) Blatt „Ischl und Hallstatt" (Zone 15, Kol. IX der „Spezialkarte der Österr.-ungar. Monarchie" im Maßstab 1:75 000) aus dem Jahre 1905 ersichtlich. Seine geologische Neuaufnahme erfolgte zwischen 1880 und 1884, ergänzt war sie durch eine rund 60 Seiten umfassende Erläuterung. Als östliche Fortsetzung gab es ab 1916 das Blatt „Liezen" (Zone 15, Kol. X).

Obwohl in ihrer Lesbarkeit durch die starke Geländeschraffur vielfach etwas beeinträchtigt, bildete diese geologische Kartenserie dennoch fast 50 Jahre lang einen unverzichtbaren Arbeitsbehelf. 1954 brachte die auf Basis der vortrefflichen Alpenvereinskarte aus dem Jahre 1915 bzw. 1924 als Wissenschaftliches Alpenvereinsheft Nr. 15 erschienene Geologische Karte der Dachsteingruppe einen weiteren Fortschritt, der allein schon durch den größeren Maßstab (1:25 000) gegeben war. Ortwin GANSS, Friedrich KÜMEL und Erich SPENGLER haben der 1936 bis 1940 aufgenommenen Karte mehr als 80 Seiten textliche Information hinzugefügt, die Beiträge „Hochkarst und Höhlenbildung am Dachstein" sowie „Haselgebirge (Hallstätter Salzberg)" stammen von Othmar SCHAUBERGER.

1982 gab die Geolog. Bundesanstalt in Wien das Blatt 96 (Bad Ischl) der ÖK 1:50 000 als geologische Karte heraus, wodurch der nördliche Dachsteinrand im gleichen Bereich wie die Grundkarte, also zwischen Plassen und Ödensee bzw. Taubenkogel im Süden, erneut abgedeckt war.

ÖK 1:50 000 - ein Produkt der Zwischenkriegszeit

Kaum zehn Jahre nach Beendigung der 3. Landesaufnahme, deren Ergebnis - die Spezialkarte 1:75 000 - beachtliche internationale Anerkennung gefunden hatte, gab die Forderung der militärischen Stellen nach detaillierteren Karten, insbesondere für die operativ wichtigen Grenzgebiete, den Anstoß zur 4. oder auch „Präzisionsaufnahme" genannten Landesvermessung (1896 - 1915). Die kartierten Gebiete lagen jedoch zumeist außerhalb unseres heutigen Territoriums.

Nach dem 1. Weltkrieg und dem Zerfall der Monarchie übernahm das neu gegründete Bundesamt für Eich- und Vermessungswesen die Nachfolge des einstigen Militärgeographischen Institutes. Da in Österreich nur die alten Karten 1:75 000 der 3. Landesaufnahme zur Verfügung standen, setzte man staatlicherseits ab 1919 die von den

Kriegswirren unterbrochene Präzisionsaufnahme - zunächst in touristisch bedeutsamen Gebieten - fort (5. Landesaufnahme).

Das Bundesvermessungsamt begann mit der Veröffentlichung sowohl der Aufnahmeblätter 1:25 000 als auch mit der Herausgabe einer Österreichischen Karte 1:50 000. Zurückgehend auf das „Budapester Abkommen" der Mittelmächte vom Dezember 1917, gelangte nun als einheitliche geodätische Grundlage anstelle der bisherigen Polyederabbildung die Gauß-Krüger-Projektion in 3°-Meridianstreifen, bezogen auf den Nullmeridian von Ferro, zur Anwendung.

Etwa ein Viertel des österreichischen Bundesgebietes konnte im Zeitraum zwischen 1919 und 1938 neu kartiert werden. Dann beendete der Ausbruch des 2. Weltkrieges jede weitere eigenständige Vermessungstätigkeit.

1945 wurden die Arbeiten zunächst in bescheidenem Umfang wieder aufgenommen, doch schon bald gelangten modernste Mittel zur Anwendung, seit 1950 konnte auch die Aerophotogrammetrie systematisch in die (inzwischen 6.) Landesvermessung einbezogen werden.

Um die Fertigstellung der ÖK 50 möglichst rasch abzuschließen, stellte man 1959 die Herausgabe der ausgezeichneten Kartenblätter 1:25 000 ein. Während das Salzkammergut zur Gänze damit abgedeckt war (Neuaufnahmen aus den Jahren 1924 bis 1935, mit Nachträgen aus den Fünfzigerjahren), mußte im östlichen Teil von Oberösterreich, etwa im Reichraminger Hintergebirge, noch lange Zeit mit der völlig unzureichenden Provisorischen Ausgabe der ÖK 1:50 000 das Auslangen gefunden werden. Es handelte sich dabei um eine Schraffenkarte mit grünem Waldaufdruck, die nach 1945 als Übergangslösung für alle noch nicht neu aufgenommenen Gebiete durch Vergrößerung der alten, z. T. jedoch nachgeführten 75 000er-Karte (3. Landesaufnahme!) geschaffen wurde.

Ein Vergleich lohnt sich

Für höhlenkundliche Zwecke stehen heute vom Dachsteingebiet die in ihrer reichhaltigen Beschriftung unübertroffene Alpenvereinskarte 1:25 000 und eine in dieser Hinsicht sehr mangelhafte Vergrößerung der ÖK auf 1:25 000 zur Verfügung. Da letztere lediglich auf photomechanischem Wege hergestellt wird, sind keine zusätzlichen Toponyme ersichtlich. In selteneren Fällen wird auch noch die alte, mit gewissen Einschränkungen aber nach wie vor gut brauchbare 25 000er-Karte der Zwischenkriegszeit (z. B. ÖK 96/3) benützt.

Während sich die in der Alpenvereinskarte fehlende Eintragung der Gemeindegrenzen für den Benützer eher selten nachteilig auswirkt, ist jedoch die seit einigen Jahren in der Höhlenforschung übliche Lagefixierung der Eingänge mittels Rechts- und Hochwert nur bei Verwendung neuerer ÖK-Ausgaben mit Bundesmeldenetz-Eindruck möglich.

Leider hat die ÖK (im konkreten Fall das Blatt 96) gegenüber den Ausgaben der Zwischenkriegsaufnahme (1927 - 1935) stark an Aussagewert verloren. Zahlreiche Höhenkoten wie auch viele topographische Bezeichnungen sind seit der Aufnahme 1979 verschwunden (Niedere und Hohe Eisgrube Hirlatzalm, Schmalzgrube, Küfelkuchel, Kastboden, Niedere und Hohe Gelbe Wand, Rauher Kogel, Schwemmleiten sowie Goldloch, um nur einige zu nennen). Das mag durchaus seine Gründe haben, ändert aber nichts an der Tatsache, daß ohne Zuratziehen der AV-Karte eine ganze Reihe von Lokalnamen nicht mehr auffindbar ist.

Auf die gebietsweise unterschiedliche Namensgebung (und auch Höhenkotierung) in den genannten Karten wurde bereits hingewiesen, örtlich finden wir auch beachtliche Differenzen in der Darstellung des Oberflächenreliefs, wobei von Fall zu Fall entschieden werden muß, welche Karte der Wirklichkeit besser entspricht. In älteren Ausgaben der Alpenvereinskarte sind mehrfach Fehler bei der Eintragung von Wegmarkierungen zu beobachten. Bei Zugangsbeschreibungen oder Lageangaben sollte daher, um möglichen Mißverständnissen vorzubeugen, keinesfalls die Angabe der benützten Karte unterlassen werden. Einige Beispiele aus dem Hirlatzgebiet seien abschließend gegenübergestellt:

AV-Karte	ÖK 96/3; ÖK 96 (1966)	ÖK 96 (1979)
Brennten-Kg. (1932 m)	Küh Laubeck (1931 m)	Wandeln (1930 m)
Kl. Laubeck-Kg. (1955 m)	Wandl Riedel; Pkt.1954 (unbezeichnet)	P. 1954 (unbezeichnet)
Wandeln (1939 m)	Wandeln (1938 m)	unbezeichnet
Gr.Laubeck-Kg. (1969 m)	ident; Pkt.1969 m (unbezeichnet)	unbezeichnet
nur Höhlensignatur	Goldloch	unbezeichnet

Forschungsgeschichte von 1949 bis 1962

Der Hirlatz bei Hallstatt

Die am weitesten nördlich gelegenen Teile des gewaltigen Dachsteinstocks werden als Hirlatzberge oder nur als Hirlatz bezeichnet. Das Gestein besteht überwiegend aus gebanktem Dachsteinkalk (Triasformation) mit einigen Einlagerungen (Spaltenfüllungen). Diese liasischen Kalke (Hirlatzfazies) haben überregionale Bedeutung erlangt. Das Hochkarstplateau hat mehrere Erhebungen, die knapp an die 2000-m-Höhenlinie heranreichen. Getrennt sind die Hirlatzberge nach Süden gegen das zentrale vergletscherte Dachsteinmassiv durch ausgeprägte Störungen, welche als Bärengasse, Wiesalm und Herrengasse bekannt sind. Im Osten zieht sich eine glazial überformte Senke aus dem Tiefkar über den Kastboden und den fast senkrecht abbrechenden Einschnitt des Küfels hinunter in den von düsteren Wänden umgebenen Hirschaukessel.

Eine weltentrückte Gegend

Einzige Alm des zentralen Hirlatzgebietes war die an der Wende zum 20. Jahrhundert aufgelassene karge und entlegene Hirlatzalm (1930 mNN, nur mehr drei Gebäudereste übrig) am Südostfuß des Feuerkogels (1964 mNN). Der letzte Auftrieb erfolgte kurz vor dem Ersten Weltkrieg. Im Almboden befinden sich einige dolinenartige Vertiefungen, welche als Wasserstellen bzw. Proviantkeller genutzt wurden. An ihren Rändern finden wir Bürstling-Horste, am Grund gedeihen u.a. Alpen-Kratzdistel und Tauern-Eisenhut. Die weißlich-gelben und dunkelblauen Blütenstände werden an sonnigen Tagen von unzähligen Insekten umschwirrt. Das mit Alpenrosen vergesellschaftete Latschengestrüpp dringt teilweise bis ins Almzentrum vor, dazwischen liegen alpine Kalk-Magerrasen mit Hainsimse, Rasenschmiele und Silberdistel; die kargen felsigen Standorte werden dominiert von Alpen-Straußgras und Horst-Segge. In den Borstgrasmatten gedeiht die Berg-Nelkenwurz, seltener treten auch Alpendost, Große Brennessel und Weißer Germer auf. Buckelwiesen - in kleine Höcker aufgelöste Grundmoränen mit dünner Humusdecke - fehlen auf der Hirlatzalm ebenso wie die Alpenampfer-Flur [ROITHINGER 1996].

Ein zumindest fünfstündiger Aufstieg dorthin war einst unvermeidbar und touristischer Besuch seit jeher selten. Daran hat sich bis heute nicht viel geändert. Als weitere Unterkünfte für eine Wanderung auf das Hirlatzplateau kamen darüber hinaus nur noch die Wiesalm, die inzwischen längst verschwundenen Hütten auf der Ochsenwies und - bereits ziemlich im Osten - die Gjaidalm in Frage. Der jetzige Besucher wird in erster Linie das Wiesberghaus als Stützpunkt wählen, das vom Oberfeld (Seilbahn) bequem in 1,5 Stunden erreichbar ist.

Steine, nichts als Steine!

Ganz in der Nähe der 1551 erstmals urkundlich genannten Hirlatzalm befindet sich die klassische Fundstelle des meist intensiv rot gefärbten Hirlatzkalkes (Jura: Lias), auf dessen Reichtum an Petrefakten, insbesondere Brachiopoden (Armfüßler), bereits Friedrich SIMONY im Jahre 1850 hingewiesen hat. Eingehend beschrieben wurde er jedoch erst 1886 von G. GEYER.

Zahlreiche Schächte, kleinere Höhlen und Höhlenruinen sind ein besonderes Kennzeichen des Hirlatzplateaus. Dazu kommen noch Dolinen, vegetationslose, glattgeschliffene Gesteinspakete und Karstmulden mit eingeschwemmtem Humus. Markante Störungslinien und Bruchzonen haben das Gestein teilweise zerrissen. Ein Großteil der unruhig wirkenden Hochfläche ist mit dichtem Latschengestrüpp überzogen. Vereinzelt sind Bergahorn und Zirbelkiefer anzutreffen.

Die steil abbrechenden Wände des Hirlatz haben schon seit urdenklichen Zeiten für die Bildung ausgedehnter Schutthalden an seinem Fuß gesorgt. In den von dichter Vegetation bedeckten Blockhalden des Echerntals findet der Kundige stellenweise Gravierungen in Form von Jahreszahlen, Buchstaben, Initialen und Zeichnungen unterschiedlichen Alters.

Fast jeder Wanderer kennt zwar den steinernen Obelisken (Simonystein) am Beginn des Aufstieges zur Hirlatz- bzw. Brandgrabenhöhle. Nur wenige wissen jedoch, daß er 1907 - im gleichen Jahr wie die Tiergartenhütte - von der AV-Sektion Austria an Stelle eines 1905 durch Sturm zerstörten hölzernen Pavillons errichtet wurde. Seine Inschrift erinnert an die Eröffnung des 12,1 km langen Reitweges zur Simony-Hütte am 9. September 1890.

Herrscher über das Tal

Die Hirlatznordwestwand prägt auch ganz entscheidend das Bild des uralten Bergmannsortes Hallstatt. Gelegentlich waren Steinschläge aus den steilen Flanken des Hirlatz für beträchtlichen Schaden verantwortlich, so 1801 und 1802, als vom Waldbacheck herabstürzende Felsmassen ein Haus und die Vesperbildkapelle zerstörten. Ein dritter beschädigte 1824 zwei Salzzillen (Abb. 135).

Im Winter schickt der Berg immer wieder gewaltige Lawinen zu Tal. 1944/45 mußte durch die riesige „Schoßlahn" ein 52 m langer Tunnel gegraben werden, 1956 hielt sich ein 40 m langer Schneestollen an der gleichen Stelle bis Ende April. Ein weiterer Abgang ist aus dem Jahre 1981 in Erinnerung, wohl der letzte, denn im Jahr darauf wurde die 225 m lange Lawinengalerie fertiggestellt.

Der mächtige Hirlatz sorgt im Winter aber auch noch für weiteres Ungemach: sein Schatten beschert um diese Zeit manchen Bewohnern des Echerntales bis zu 129 sonnenlose Tage, beim „Lacknerwirt" (ehemaliges Gasthaus „Simonywarte") sind es deren 99.

Und wenn schließlich einmal der gefürchtete Brandbach „geht" (Brandgrabenhöhle!), wie beim Jahrhunderthochwasser von 1920, schwillt auch der Waldbach zu einem alles mit sich reißenden Strom an. Gottseidank kommen derartige Überschwemmungen nicht allzu oft vor.

Anstiege auf den Hirlatz

Aus der Sicht des Bergsteigers liegen alle Hirlatzgipfel im Schatten der klassischen Dachsteinanstiege, allerdings zu Unrecht, den praktisch von überall bietet sich ein überwältigender Blick zum nahen Dachsteingletscher und teilweise hinunter zum fjordartigen Hallstätter See.

Der kürzeste Weg in diese fast völlig unberührte und vielfach extrem stark verkarstete Wildnis - der Sattel südlich des Zwölferkogels heißt bezeichnenderweise „Arschlochwinkel" - beginnt bei der mit Moränenablagerungen bedeckten Senke der Wiesalm (1689 m) unterhalb des Wiesberghauses (1872 m). Die Zustiege von der Nordseite her (Küfel, über die „Leiter", übers Waldbacheck und der „Sulzsteig" quer durch die Hirlatzwand hinauf zur Eisgrube) sind heute größtenteils verfallen und von Ortsunkundigen meist nur schwer zu finden. Eine

Anstiegsvariante, der „Graf-Schandor-Steig", führte östlich des Brandgrabens empor und traf in ca. 1120 m Seehöhe auf den „Sulzsteig".

Bei diesem kühnen, mit Eisenzapfen versicherten Pfad durch die Hirlatzwand handelte es sich höchst wahrscheinlich um einen Jagd- bzw. Treibersteig, der vermutlich erst gegen Ende des 19. Jahrhunderts angelegt wurde. Ein ähnlicher Steig führt übrigens auch durch die Seewand zur Höhe (Briefl. Mitt. von Karl WIROBAL). Diese mühevollen Steilanstiege von Norden sind nur versierten Bergsteigern und Gebietskennern vorbehalten. Wer dann auf einer dieser Anhöhen steht, kann sich kaum vorstellen, daß sich unter seinen Füßen eines der größten Höhlensysteme unserer Erde verbirgt.

Ebenfalls wenig bekannt sein dürfte, daß 1946 auf der Herbstmesse in Wien bereits das Modell für eine Seilbahn auf den Hirlatz zu sehen war! Ihr Ausbau bis zum Gletscher sollte in einer späteren Etappe folgen. Die beiden anderen von Architekt Kronfuß gleichzeitig vorgestellten Erschließungsprojekte - die Seilbahn zur Eishöhle und zur Gjaidalm - sind ja bekanntlich inzwischen längst verwirklicht worden.

Die Entdeckung der Hirlatzhöhle

Als im Jahre 1910 die großartigen Entdeckungen in der Dachstein-Rieseneishöhle und der Mammuthöhle gelangen, konzentrierte sich vorerst das höhlenkundliche Interesse auf den Dachsteinhöhlenpark nahe der Schönbergalm.

Aber nicht viel später durchstreiften Einheimische auch zunehmend das Gebiet ihrer engeren Heimat. Höhlenobjekte wie Kessel, Hirschbrunn, Tiergartenloch oder Brandloch waren schließlich schon lange bekannt, und jeder Bergsteiger kam zwangsläufig auch mit einem der vielen Karstobjekte im Dachsteingebirge in Berührung.

Das auffällige Portal der Hirlatzhöhle, rund 400 m über dem Talboden am Fuße der Hirlatzwand, ist besonders gut vom Hallstätter Echerntal aus zu erkennen. Der ellipsenförmige Höhleneingang in sieben Meter Wandhöhe beschäftigte schon lange die Phantasie einiger junger Hallstätter. Es war also nur mehr eine Frage der Zeit, bis dieses Portal näher untersucht wurde.

Der erste Aufstiegsversuch wurde im Jahre 1924 durch Georg LACKNER - den Vater des späteren gleichnamigen Mitentdeckers - und dessen Bruder Fritz unternommen. Die beiden scheiterten an der senkrechten Wand.

Die drei damals noch recht jungen Hallstätter Johann HÖLL, Matthias KIRCHSCHLAGER und Karl MITTERHAUSER unternahmen im Jahre 1927 den nächsten Versuch. Vom Tal aus schleppten sie einen Baumstamm als Aufstiegshilfe bis unter das gähnende Portal und kletterten darauf zum Eingang. Die drei Männer konnten etwa dreißig Meter weit bis zu einem Siphon vordringen, der noch längere Zeit ein großes Hindernis darstellen sollte.

Der Höhleneingang muß auch den berühmten Geschichtsforscher und Höhlenbotaniker Friedrich MORTON inspiriert haben. Es ist auffällig, daß er ein frei erfundenes Höhlenabenteuer einiger junger Burschen in eine Höhle verlegt, deren Zugangsbeschreibung ziemlich genau dem der Hirlatzhöhle entspricht. Allerdings erschien dieses Buch bereits im Jahre 1921, also lange vor dem ersten registrierten Erforschungsversuch [MORTON 1921]. MORTON war zwar damals Verwalter der Dachsteinhöhlen, vermutlich aber selbst niemals in der Hirlatzhöhle.

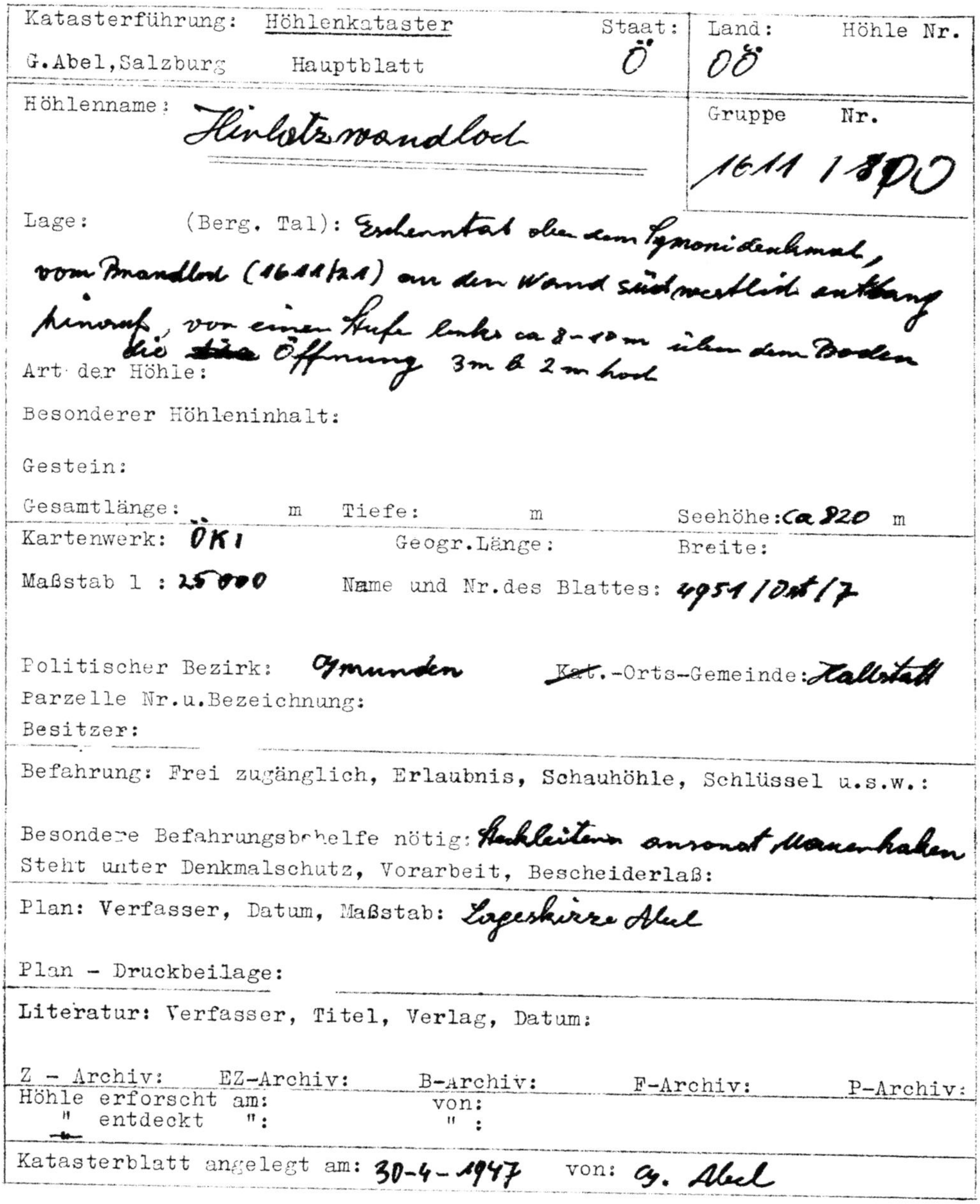

Katasterführung: Höhlenkataster	Staat:	Land:	Höhle Nr.
G.Abel,Salzburg Hauptblatt	*Ö*	*OÖ*	

Höhlenname: *Hirlatzwandloch*

Gruppe   Nr.

1611 / 1800

Lage: (Berg. Tal): *Echerntal über dem Symonidenkmal,*
vom Mandloch (1611/21) an der Wand südwestlich entlang
hinauf, von einer Stufe links ca 8-10 m über dem Boden
~~die~~ *Öffnung 3m & 2 m hoch*

Art der Höhle:

Besonderer Höhleninhalt:

Gestein:

Gesamtlänge: m Tiefe: m   Seehöhe: *ca 820* m

Kartenwerk: *ÖK1*   Geogr.Länge: Breite:

Maßstab 1 : *25000*   Name und Nr.des Blattes: *4951/Ost/7*

Politischer Bezirk: *Gmunden*   Kat.-Orts-Gemeinde: *Hallstatt*
Parzelle Nr.u.Bezeichnung:
Besitzer:

Befahrung: Frei zugänglich, Erlaubnis, Schauhöhle, Schlüssel u.s.w.:

Besondere Befahrungsbehelfe nötig: *Hochleitern armrat Mauerhaken*
Steht unter Denkmalschutz, Vorarbeit, Bescheiderlaß:

Plan: Verfasser, Datum, Maßstab: *Lageskizze Abel*

Plan - Druckbeilage:

Literatur: Verfasser, Titel, Verlag, Datum:

Z - Archiv: EZ-Archiv: B-Archiv: F-Archiv: P-Archiv:
Höhle erforscht am: von:
    " entdeckt ":   " :

Katasterblatt angelegt am: *30-4-1947*   von: *Gy. Abel*

Abb. 9:   Erstes Katasterblatt über die Hirlatzhöhle von Gustave ABEL aus dem Jahre 1947

Auf jeden Fall geriet der Ersteigungsversuch nicht in Vergessenheit. Doch dann kam die Zeit der Arbeitslosigkeit, der Inflation und bald darauf der 2. Weltkrieg. Erst nach Kriegsende setzten die Forschungen erneut ein. Einige hoffnungsvolle Nachwuchsforscher waren aus dem Krieg nicht zurückgekommen, und aus den jungen Hallstättern von einst waren mittlerweile durch Leid und Entbehrungen gereifte Männer geworden.

Der damals schon sehr bekannte Höhlenforscher Gustave ABEL aus Salzburg kam 1947 nach Hallstatt. Er war es, der am 30. April des gleichen Jahres erstmals ein Katasterblatt anlegte, worin er das Portal als „Hirlatzwandloch" mit der Katasternummer 1611/100 bezeichnete. Die Meereshöhe wurde etwas zu niedrig mit ca. 820 mNN angegeben. Als Befahrungshilfe führt er „Steckleitern, ansonsten Mauerhaken" an.

Seit dem letzten Versuch waren mittlerweile über zwei Jahrzehnte vergangen. Am 9. Juli 1949 stiegen erneut einige Mitglieder der im Jahr zuvor gegründeten Sektion Hallstatt/Obertraun des Landesvereines für Höhlenkunde in OÖ zum „Hirlatzwandloch" auf. Es waren dies Matthias KIRCHSCHLAGER, Karl PILZ, Othmar SCHAUBERGER, Leopold UNTERBERGER und Franz VOCKENHUBER.

Statt eines Steigbaumes hatte man eine Leiter mitgebracht, die nach unten mit zwei Baumstämmen verlängert wurde. Wieder zwang der vollständig geschlossene Eingangssiphon die Männer zur Umkehr. Außerdem gab es wegen der unerlaubt abgeschnittenen Lärchen vom zuständigen Förster eine saftige Rüge (Abb. 14).

Es war übrigens die Zeit, zu der auf der nahen Schönbergalm die Gründung des Verbandes österreichischer Höhlenforscher erfolgte, wozu auch der spätere Hofrat Othmar SCHAUBERGER und Gustave ABEL einen maßgeblichen Beitrag leisteten.

Am 26. November 1949 wurde erstmals das „Brandloch", die heutige Obere Brandgrabenhöhle, befahren. Sozusagen am Rückweg wollte man die vom sommerlichen Befahrungsversuch zurückgelassene Leiter ins Tal mitnehmen.

Also stiegen Georg LACKNER, Karl PILZ und Franz VOCKENHUBER an diesem schönen Spätherbsttag nochmals zum „Hirlatzwandloch" auf. Wie die heutigen Begeher nahmen die Männer nicht den direkten Weg entlang der Wand, sondern querten in der Höhe der heutigen Oberen Brandgrabenhöhle nach rechts an den Rand des Lawinengrabens, um dann über steile Serpentinen die Höhe des Portals zu erreichen.

> „Eigentlich wollten wir die Leiter schon abbauen. Aber dann packte mich einfach die Neugier, weil deutlicher Luftzug zu uns herunter strich. Nun überlegte ich nicht mehr lange und stieg zum Portal hoch. Den folgenden, niederen Gang kannte ich ja schon. Zu meiner Überraschung war das bisher sperrende Wasser gänzlich verschwunden. Ich kroch, am Bauch liegend, nach vorne und schob einen größeren Stein zur Seite. Der Luftzug wurde nun so heftig, daß die Karbidlampe verlosch. Ich kroch noch einige Meter in der Finsternis weiter und griff plötzlich über meinem Kopf mit der Hand in das Leere. Der Luftzug war verschwunden, ich konnte mich aufrichten und die Lampe entzünden. Vor mir lag eine geräumige Halle." (Mündl.Mitt. von Karl PILZ an den Verfasser)

Karl PILZ, damals 48 Jahre alt, rief nach seinen beiden jüngeren Kameraden. Gemeinsam drangen sie nun rund 250 m weit in den Berg vor. Sie kamen bis zur LEHMHALLE, die dann später zur KARL-PILZ-HALLE umbenannt werden sollte.

Der 26. November 1949 gilt heute als offizieller Tag der Entdeckung der Hirlatzhöhle [SCHAUBERGER 1950]!

Die Kunde davon verbreitete sich wie ein Lauffeuer unter der Bevölkerung. Noch am selben Abend saß man lange beim Stammtisch im „Strandcafé". Das Lokal von Karl PILZ, direkt am Hallstätter See gelegen, sollte für mehrere Forschergenerationen der bevorzugte Treffpunkt werden. An diesem 26. November 1949 wurden bereits die Pläne für die nächste Tour geschmiedet.

Schon eine Woche später, am 3. Dezember, wurde erneut zur Höhle aufgestiegen. Neben den drei Entdeckern Georg LACKNER, Karl PILZ und Franz VOCKENHUBER waren noch Matthias KIRCHSCHLAGER, Hans MADLBERGER, Othmar SCHAUBERGER und Hans URSTÖGER mit von der Partie.

Wieder ging es durch den engen Eingangsschluf, die anschließende JAUSENHALLE und den schönen WENDELGANG. In der VIERTORHALLE wurden alle möglichen Fortsetzungen untersucht, doch nur eine davon führte bergwärts. Bereits eine knappe Stunde nach dem Einstieg standen alle sechs Forscher erneut in der LEHMHALLE, dem Umkehrpunkt der Vorwoche.

Diese große Halle mit dem verheißungsvollen, aber vorerst noch unerreichbaren Loch unter der 9 m hohen Decke endet scheinbar in südlicher Richtung. Nur das enge SCHLUFFLABYRINTH führte hier an der Sohle weiter in den Berg. Immer wieder zwang es die Forscher in die Horizontale, und die Rucksäcke mußten mit dem Fuß nachgezogen werden. Mehrmals ging es in eine Sackgasse, oder man kam in den gleichen niedrigen Gangteil zurück. Einmal blieb Karl PILZ in einer dieser verwinkelten Engstellen stecken. Alle Bemühungen zur Selbstbefreiung blieben erfolglos.

„Zuerst hatten wir noch unseren Spaß daran, als Karl nicht mehr freikam. Zu guter Letzt mußte ich mich selbst bis auf das Hemd ausziehen, um in die Engstelle vorzudringen. Dann wickelte ich Karl ein Bergseil um die Füße, und wir zogen ihn gemeinsam heraus." (Mündl. Mitt. von Georg LACKNER)

Nun beschloß man, einfach dem Luftzug nachzugehen. Man folgte einem engen Gang, welcher endlos erschien und stark an ein ausgetrocknetes Bachbett erinnert. Endlich wurde es wieder etwas geräumiger, und man betrat nach einem kurzen Aufstieg eine Halle. Weil es gerade um die mitternächtlichen Stunde war, wurde der Raum als MITTERNACHTSHALLE bezeichnet.

Nach einer kurzen Rast ging es vorerst halbwegs horizontal weiter, dann in leichter Kletterei ein Stück aufwärts. Diese Stelle wurde später als PLATTEN-SCHRÄGAUFSTIEG bezeichnet. Am höchsten Punkt setzt ein abwärts führender Gang mit einem besonders schönen Profil an. Dieser Höhlenteil mit glattem Lehmboden wurde spontan GOTISCHER GANG genannt. Kurz darauf tat sich ein Abgrund auf, den man an diesem Tag ohne Zusatzausrüstung nicht mehr bezwingen konnte. An dieser Stelle, rund 700 m tief im Inneren des Berges, wurde umgekehrt (Abb. 46).

Wäre damals um 4 Uhr früh ein Mensch in Hallstatt unterwegs gewesen, er hätte sich zweifellos über die sechs Lichter gewundert, die scheinbar aus der winterlichen Hirlatzwand herabgeschwebt kamen. Die müden Forscher aber waren mit Stolz und Genugtuung erfüllt. Sie hatten soeben rund 600 m Neuland erkundet, und „ihre" Höhle war nun an die 900 m lang. Seit Entdeckung der Mammuthöhle rund vierzig Jahre zuvor war dies der größte Erfolg der Höhlenforschung im Dachsteingebirge.

In den ersten Wintermonaten des Jahres 1950 begann man, in der Werkstatt von Karl PILZ einige Holz- und Eisenleitern zusammenzubauen. Es war inzwischen jedem Forscher klar, daß die Höhle noch weiterführen würde. Im April 1950 transportierte man einige der selbst angefertigten Leitern zum Portal. Bei der Gelegenheit wurde gleich eine vermeintliche Höhlenöffnung westlich der Hirlatzhöhle erkundet. Diese scheinbare Höhle erwies sich aber nur als 2 m tiefer Ausbruch.

An zwei Wochenenden im Mai wurde eine 7 m lange Eisenleiter direkt unter dem Portal angebracht, um den Zustieg zu vereinfachen. Die Endmontage erfolgte im September, wobei anschließend der Versuch gemacht wurde, den Eingangssiphon zu erweitern. Der Erfolg war gering, und so blieb vorerst der Besuch der Höhle auf die kältere Jahreszeit beschränkt.

Deshalb wurde erst am 12. November 1950 ein neues Unternehmen gestartet. Vorerst wurden einige Sicherungsarbeiten durchgeführt. Dann gelang der Aufstieg aus der LEHMHALLE (KARL-PILZ-HALLE) in den höher gelegenen Gangteil. Auch hier setzt wieder ein niedriger, meist lehmiger Höhlenast mit labyrinthartigem Charakter an, der sich bergwärts nach einem Schachtabstieg mit dem SCHLUFFLABYRINTH vereinigt. Dieses neuentdeckte OBERE SCHLUFFLABYRINTH erwies sich in der Folge als der bequemere Weg ins Hinterland (Abb. 53).

Vierzehn Tage später, am 25. November 1950, erfolgte abermals ein Leiterntransport bis zur KARL-PILZ-HALLE. Auch der Eingangsbereich konnte etwas erweitert werden.

Der 16. und 17. Dez. 1950 waren dann wieder denkwürdige Tage in der Hirlatz-höhlenforschung! Neben Matthias KIRCHSCHLAGER, Hans MADLBERGER, Karl PILZ und Franz VOCKENHUBER beteiligen sich erstmals noch vier „Hirlatzneulinge", nämlich der bekannte Alpinist Walter GÜNTHER, Franz PILZ, Friedl PILZ und Franz STRAUBINGER. Der Aufstieg zur Höhle erfolgte in tiefem Neuschnee bei Lawinengefahr. Diesmal hatten die acht beteiligten Forscher genügend Leitern mit, um den Abstieg im GOTISCHEN GANG zu bewältigen. Auf eine 7-m-Stufe folgten noch zwei weitere Senkrechtabstiege von 10 und 12 m. Dann stand man an der Sohle eines mächtigen Tunnels, der sich nach zwei Seiten fortsetzte.

Die Männer beschlossen nach einer kurzen Rast, in zwei Vierergruppen vorzustoßen und nach einer festgelegten Zeit wieder an den Ausgangspunkt zurückzukehren. Vier Forscher gingen in westliche Richtung, vorbei an der eindrucksvollen STEINERNEN ORGEL bis zum Riesenversturz in der TRÜMMERHALLE .

Die zweite Gruppe marschierte in östlicher Richtung los und erreichte durch eine versturzbedeckte, 200 m lange Tunnelstrecke den oberen Teil der imposanten RIESENKLAMM. Deutlich hörte man am Grund das Wasser gurgeln, ein Abstieg mußte aus Zeitgründen unterbleiben.

Jedem Teilnehmer war nun klar, daß man mit der Entdeckung dieses riesigen Tunnels erst jetzt das eigentliche HAUPTSYSTEM erreicht hatte! Der Weg bis dorthin wurde daher fortan als ZUBRINGER bezeichnet. Der neu entdeckte großräumige Teil wurde HAUPTSYSTEM (heute ALTER TEIL) benannt, wobei wiederum zwischen ÖSTLICHEM und WESTLICHEM BLOCKTUNNEL unterschieden wurde.

1951

Am 5./6. Jänner 1951 fand bereits die nächste Tour statt. Der Aufstieg mit Kletter- und Drahtseilen, Strick- und Holzleitern erfolgte im Schneesturm. Den Eingang verschlossen mächtige Eiszapfen, und in der Höhle selbst herrschte bei den Engstellen extreme Wetterführung. Ziel war der Abstieg in die imposante RIESENKLAMM, welcher auch rasch gelang. Von der Sohle aus wurde eine 14 m hohe Wand erstiegen, und die sechs Forscher konnten im Anschluß daran noch erstmals bis zum SANDTUNNEL vordringen. (Heute wird die eindrucksvolle RIESENKLAMM in halber Wandhöhe gequert). Unter Leitung von Othmar SCHAUBERGER erfolgte eine genaue Vermessung vom EINGANG bis zur WENDELHALLE.

Damit hatte die Hirlatzhöhle eine erforschte Länge von rund 2,2 km erreicht.

Eine besondere Arbeitsleistung erbrachten am 17. Februar 1951 Walter GÜNTHER, Franz PILZ und Karl PILZ. In mehreren Etappen wurde eine von „Schorsch" LACKNER konstruierte Wettertür durch den Schnee transportiert und knapp hinter dem Höhleneingang eingebaut. Bei dieser Gelegenheit gelang Karl PILZ die Entdeckung der SCHMETTERLINGSKAMMER, eines kleinen Seitenteils westlich vor dem EINGANGSSIPHON.

Am 26./27. Februar 1951 war ein kleines Team unterwegs, bestehend aus Gustave ABEL, Walter GÜNTHER und Franz PILZ. Ihnen gelang die Entdeckung des KULISSENGANGES, eines bizarren Seitenteils vor der BRÜCKENHALLE. Es war die erste Hirlatztour Gustave ABELS, wobei der bekannte Höhlenforscher fast verunglückte, als ihn ein abrutschender Versturzblock mitriß. Gottseidank blieb es bei einigen Quetschungen und Hautabschürfungen.

> „Nach 18 Stunden geht es durch die sturmdurchtoste Öffnung an den Tag zurück, wo gerade der Morgen graut. Im Schnee stapfen wir nach Lahn hinunter, wo Karl PILZ mit dem Feldstecher bereits nach uns Ausschau hält. Im ‚Strandcafé' verwandeln sich die ‚Höhlenmenschen' wieder in normale Bürger." (Auszug aus einem unveröffentlichten Bericht von Gustave ABEL)

Am 3./4. März 1951 kam es zur ersten Gemeinschaftstour von Mitgliedern der kurz zuvor gegründeten Sektion Hallstatt-Obertraun mit dem Landesverein für Höhlenkunde in Oberösterreich und dem Landesverein für Höhlenkunde in Salzburg. Von den Linzern besuchten Fritz FOSTL, Ernst HUEMER, Oskar MEINDL, Franz SCHIMPELSBERGER, Felix SEISER und Karl TROTZL zum ersten Mal die Hirlatzhöhle. Auch für Roman PILZ, den Betriebsleiter der Dachsteinhöhlen, war dies die erste Bekanntschaft mit der Höhle. Von den Salzburgern waren Rudolf GINZINGER und Alfred KOPPENWALLNER dabei (Abb. 16).

Wegen der zahlreichen Teilnehmer konnten vier Gruppen gebildet werden. So wurde das SCHLUFFLABYRINTH vermessen und photographiert, und einige der Engstellen wurden erweitert. Nach neunzehn Stunden erfolgte der Ausstieg.

Vierzehn Tage später, am 25./26. April 1951, war wieder eine Hallstätter Mannschaft unterwegs. Diesmal versuchten die vier Männer, den senkrechten Aufstieg in der TRÜMMERHALLE zu bewältigen. In rund 15 m Höhe mußte aus technischen Gründen vorerst aufgegeben werden, nur zwei Meter unter der sichtbaren Fortsetzung. Anschließend wurde noch im ÖSTLICHEN BLOCKTUNNEL eine Fortsetzung erkundet.

Am 6. Oktober erfolgte eine genaue Vermessung vom EINGANG bis zur WENDELHALLE. Die Leitung hatte Othmar SCHAUBERGER inne, und wer jemals das „Vergnügen" hatte, mit dem späteren Chefgeologen der „Österreichischen Saline" das Maßband zu halten, der vergaß dies nie mehr in seinem Leben! Damals entstand die Steigerungsfolge „genau, genauer, SCHAUBERGER".

Die restliche Mannschaft, welche sich SCHAUBERGERS Zugriff entziehen konnte, schleppte ein graues Leinenzelt bis zum Beginn des HAUPTSYSTEMS (ALTER TEIL) und stellte es dort auf.

Vom 27.-29. Dezember 1951 erfolgte erstmals eine dreitägige Weihnachtsexpedition, welche in den folgenden Jahren zur Tradition werden sollte.

Den erstklassigen Kletterern Walter GÜNTHER, Hans MADLBERGER, Karl PILZ, Josef STRAUBINGER und Franz VOCKENHUBER glückte auf Anhieb der Aufstieg zur Gangfortsetzung oberhalb der TRÜMMERHALLE. Die Anbringung der Leitern (15 m senkrecht, 5 m schräg) nahm alleine zehn Stunden in Anspruch. Der GRAUE GANG wurde erstmals befahren und anschließend der teilweise Aufstieg in die gewaltige SCHACHTHALLE durchgeführt. Nach dieser außergewöhnlichen Leistung bot sich das kurz zuvor aufgestellte Zelt im BLOCKTUNNEL ideal zur Nächtigung an (Abb. 26, 27).

Ende des Jahres 1951 wies die Hirlatzhöhle eine erkundete Länge von 2,6 km auf. Vermessen aber waren davon lediglich 323 m.

1952

Die noch junge Sektion Hallstatt-Obertraun zählte Anfang des Jahres 1952 insgesamt 30 Mitglieder. Obmann war der Fachschullehrer Matthias KIRCHSCHLAGER, dessen Stellvertreter der Geologe Othmar SCHAUBERGER. Als Kassier fungierte Franz VOCKENHUBER, Tourenleiter und Zeugwart war Karl PILZ.

Im Frühjahr 1952 gelangte die Hirlatzhöhle unfreiwillig in die Schlagzeilen der Presse.

Der Sierninger Forscher Franz SCHIMPELSBERGER, der damals zu der eingeschlossenen Gruppe gehörte, erzählt:

„Am Samstag, dem 29. März 1952, in der Früh stiegen die drei Hallstätter Walter GÜNTHER, Karl PILZ und Josef STRAUBINGER mit uns neun Sierningern zur Höhle auf. Mit Edith POTREBUJES nahm auch eine Frau an der Expedition teil. Weitere Forscher aus Ebensee und Hallstatt folgten mittags nach. Leider mußten wir feststellen, daß der Siphon im Eingangsbereich eine Eisdecke trug und nur einen 25 cm breiten Spalt zum Durchrutschen offen ließ. Der Versuch, am Bauch über das Eis kriechend, den Rucksack sowie das übrige Material vor sich herschiebend, durchzukommen, gelang den ersten zwei Kameraden. Aber dann passierte das Malheur. Karl PILZ als drittem in der Reihe wurden sein Gewicht und seine Konstitution, sie war für den schmalen Durchschlupf und die Eisdecke zu ausgeprägt, zum Verhängnis. Er brach plötzlich ein, und der Entdecker der Hirlatzhöhle nahm ein unfreiwilliges Vollbad. Die Kameraden zogen ihn zwar sofort aus dem eiskalten Wasser, doch mußte er mangels Reservebekleidung unverzüglich den Weg ins Tal antreten.

Die bereits in der JAUSENHALLE wartenden Forscher schoben eine Leiter über die zerbrechliche Eisdecke, wodurch die restliche Mannschaft halbwegs trocken in die Höhle gelangen konnte.

Wir gingen nun zu unserem Biwakplatz im HAUPTSYSTEM (ALTER TEIL), der 1500 m vom Höhleneingang entfernt liegt. Nach einigen Schritten in nur durch unsere Karbidlampen erhellter Dunkelheit glitzerte uns blankes Eis entgegen, das wir auf dem Weiterweg überschreiten mußten. Unsere Gruppe hatte aber bald den Biwakplatz erreicht, und wir nahmen eine Stärkung zu uns. Nach kurzer Rast stießen wir zu jener Stelle vor, an der die Silvesterexpedition 1951 eine 15 m hohe Holzleiter aufgestellt hatte. Das Ganze gestaltete sich sehr schwierig. Das weitere Vordringen in das Neuland (200 m) brachte eine beschwerliche Kletterei und Kriecherei mit sich, bis wir wieder in einem gewaltigen Dom, der heutigen SCHACHTHALLE, standen. Da es für uns kein Weiterkommen gab und wir auch schon einige Stunden unterwegs waren, kehrten wir zu unserem Biwakplatz zurück, hoffend, daß die Kameraden aus Ebensee und Hallstatt bereits eingetroffen waren. Aber leider waren sie nicht da!

Nach kurzer Rast begaben wir uns in den abwärts führenden, 200 m langen BLOCKTUNNEL. Es gelang leider kein Vorstoß in das Neuland. Wir waren nun schon 20 Stunden unterwegs und kehrten hundemüde in das Biwak zurück. Von den

Kameraden keine Spur! An der Feuerstelle wurde der letzte Rest des mitgebrachten Brennholzes angezündet, um sich beim Ausruhen mit heißem Tee warmzuhalten.

Allmählich begannen die Flammen zu flackern und warfen unsere Schatten an die Wände. Der Rauch des Feuers stieg langsam zur Decke empor und breitete sich dort aus, aber er zog nicht ab. War der Siphon zu? Hatte er sich mit Wasser gefüllt? Daher das Ausbleiben unserer Kameraden! Die Situation fiel nur einigen von uns auf, aber es wurde nicht darüber gesprochen. Ich wandte mich wieder dem Jausenbrot und der Teetasse zu. Das Bedürfnis nach Schlaf nahm mir jeden Gedanken an irgendeine Gefahr, die uns bedrohen könnte. Wir legten uns hin und schliefen, einige bleiben am Feuer und dösten vor sich hin, andere widmeten sich einem Flascherl Schnaps bis zum Aufbruch in Richtung Höhlenausgang.

Beruhigend war es zu wissen, daß Karl PILZ mit den anderen Kameraden uns helfen würde. Wie wir später erfuhren, gab es einen Föhneinbruch, und durch die vermehrte Wasserzufuhr fanden die Ebenseer Forscher am späten Nachmittag des Samstags den Eingangsbereich verschlossen vor. Gemeinsam mit den Hallstättern wurde beschlossen, am Sonntag in aller Herrgottsfrüh aufzubrechen und den Siphon passierbar zu machen. Mit 11 Wassereimern wurde in mühevoller Arbeit - es wurden 1200 Eimer Wasser in einer Personenkette aus dem Berginneren geschöpft - der Wasserspiegel um 20 cm abgesenkt. Weiters wurden noch Bretter verlegt, um ein besseres Durchkommen zu ermöglichen.

Allmählich kamen wir zum Ausgang und wußten noch nicht, was uns dort erwartete. Aber da sahen wir schon aus der Dunkelheit Lichter auf uns zukommen. Es müßten die Ebenseer sein, die da kamen. Unsere Freude war groß, in der Gewißheit, daß der Siphon offen war und wir alle nach einer Zigarettenpause aus der Höhle kommen würden. Bis der letzte Mann durch den Wassertümpel kroch, verging einige Zeit. So erreichten wir nach 30 Stunden, müde, aber frohen Mutes, wieder das Tageslicht, und unser Abenteuer in der Hirlatzhöhle fand somit ein gutes Ende." (Schriftl. Mitt. von Franz Schimpelsberger)

Im Sommer 1952 fanden keine Begehungen statt. Erst nach Austrocknen des Siphons kam es zur nächsten Befahrung. Es war der 5. Oktober 1952, als Franz HAIM und Othmar SCHAUBERGER in das SCHLUFFLABYRINTH eindrangen und den OSTGANG, welcher bei der MITTERNACHTSHALLE abzweigt, erforschten. Einige Stunden Arbeit wurden dann noch für das Ausräumen beim EINGANGSSIPHON aufgewendet.

30 Stunden eingeschlossen Abenteuer in der Hierlatz-Höhle bei Hallstatt

WOCHEN-Echo

Folge 14   (V. b. b.)   S 1.50

Als einzige Zeitung Oesterreichs bringen wir heute einen packenden Bildbericht über die Expedition in der Hallstätter Hierlatz-Höhle, bei der die Forscher wegen eines Wassereinbruchs 30 Stunden eingeschlossen waren ● Das Wasser war bis an die Decke einer Felswanne knapp hinter dem Höhleneingang gedrungen und ließ die eingeschlossenen Forscher nicht mehr frei. Unser Reporter, der mit den Forschern die 30 Stunden in der Höhle zubrachte, hielt die packendsten Phasen der Expedition in Bildern fest. Auf diesem Bild sehen wir den Hallstätter Karl Pilz, der beim Einstieg durch das Eis gebrochen war und Hias Kirchschlager, Obmann des Hallstätter Höhlenvereines, die, im „Syphon" liegend, eben einem Forscher helfen, aus der gefährlichen Wanne zu kriechen.

Nähere Einzelheiten auf Seite 7.

Abb. 10:   Ausschnitt aus der Tageszeitung „Wochen-Echo"

An der dreitägigen Weihnachtsexpedition ab 27. Dez. 1952 beteiligte sich außer vielen Hallstättern auch Fridtjof BAUER. Neben Leiterntransport und Erkundung etlicher Seitenstrecken wurde auch erstmals der wissenschaftlichen Bearbeitung größere Beachtung geschenkt.

1953

Am 3. und 4. März 1953 gelang wieder ein beachtlicher Vorstoß in den Osten der Hirlatzhöhle. Hans MADLBERGER und Karl PILZ stellten in der BOHNERZHALLE eine hohe Leiter auf. Sie erreichten damit erstmals den TRICHTERGANG und drangen dann ohne

Schwierigkeiten bis in die großräumige BRÜCKENHALLE vor. So ergaben sich rund 600 m Neulandzuwachs. Die beiden Hallstätter wankten nach dieser anstrengenden und schlaflosen Tour derart erschöpft nach Hause, daß sie einander entlang des Weges durch das Echerntal stützen mußten.

Am 1. Juni machte sich Karl PILZ alleine auf den Anstieg zur Höhle, um den Weg abzustecken und stellenweise auszubessern.

In der Woche vom 13. bis 20. August 1953 konnte durch die Initiative von Walter GÜNTHER eine kleine Gruppe von Soldaten für einen Arbeitseinsatz gewonnen werden. Jeden Tag stiegen sechs Pioniere des Bundesheeres zur Höhle auf und wurden in den acht Tagesschichten von jeweils einem Höhlenforscher begleitet. Die Aufgabe der Soldaten bestand darin, den Eingangsbereich künstlich zu erweitern.

Zwischen dem 2. und 28. Oktober 1953 kam es zu insgesamt zehn Arbeitseinsätzen, die alle nur das Ziel hatten, den berüchtigten EINGANGSSIPHON endgültig trockenzulegen. Es wurde gesprengt, ausgeräumt und eine Holzrinne eingebaut. Aber trotz des intensiven Bemühens konnte keine ganzjährige Austrocknung erreicht werden.

Wie schon in den beiden Jahren zuvor fand auch Ende 1953 wieder eine „Weihnachtsexpedition" statt. Neun Forscher waren diesmal beteiligt, darunter auch erstmals Herbert W. FRANKE, der hauptsächlich fotografierte. Es gelangen die Erforschung des KARRENGANGES bei der BRÜCKENHALLE und der 17 m tiefe Abstieg an den Grund des RIESENSCHACHTES. Auch in der schlüpfrigen ENGEN KLAMM hinter der BACHSCHWINDE wurden einige Meter erkundet. Im SANDTUNNEL wurde endgültig das Zelt aufgestellt. Es sollte in den nächsten dreißig Jahren noch oftmals müden Forschern als Asyl dienen, bis es dann im Jahr 1983 endgültig zerfiel.

Im ZUBRINGER wurde der Teil von der WENDELHALLE bis zur KARL-PILZ-HALLE und im HAUPTSYSTEM (ALTER TEIL) der Bereich vom SCHOTTERTUNNEL (BLOCKTUNNEL) bis zum SANDTUNNEL - insgesamt 222 m vermessen. Mit Ende des Jahres 1953 waren in der Hirlatzhöhle rund 3,5 km Gänge erkundet, kartographiert jedoch erst 546 m.

1954

Im ganzen Jahr 1954 kam es zu keiner nennenswerten Tour in die Hirlatzhöhle, wohl aber zu Arbeitsfahrten und Fotoexkursionen. Selbst die obligatorische Weihnachtsexpedition fiel dieses Mal aus.

Man versuchte statt dessen vergeblich mehrmals im Sommer in der sogenannten „Höhle in der Niederen Gelben Wand" eine Verbindung zur Hirlatzhöhle zu finden. Dieses auch als „Hoffnungshöhle" (Kat. Nr.:1546/10) bezeichnete Karstobjekt befindet sich in sehr exponierter Lage oberhalb der Hirschaualm.

Im Sommer 1954 gab es im Salzkammergut extremes Hochwasser. Alle Riesenkarstquellen des Dachsteingebirges waren aktiv, und der Hallstätter See hatte bereits einen großen Teil des Ortes überschwemmt. Auf den Straßen fuhren statt der Autos nur mehr Boote. In dieser Ausnahmesituation konnte Karl PILZ seinen Vereinskameraden Georg LACKNER zu einer Hirlatzhöhlentour überreden. Letzterer erinnert sich:

„Wir waren bereits bis in das SCHLUFFLABYRINTH vorgedrungen, als ein gewaltiges Wasserrauschen hörbar wurde, und zwar so stark, daß wir glaubten, die ganze Höhle würde zittern und zusammenbrechen. Ich konnte Karl trotzdem nur mit Mühe überreden, das Unternehmen abzubrechen und sicherheitshalber den Rückweg anzutreten."

1955

Von 6. bis 9. Jänner 1955 erfolgte eine weitere gemeinsame Tour von Hallstätter Höhlenforschern, Mitgliedern des Landesvereines für Höhlenkunde in Oberösterreich und der Sektion Ebensee. Es nahm wiederum eine Frau daran teil, nämlich Anni MÜLLER aus Linz.

Wie schon im März 1951 verlief dieses dreitägige Unternehmen äußerst erfolgreich. Erklärtes Ziel war es, im Westteil des HAUPTSYSTEMS die 60 m hohe SCHACHTHALLE zu bezwingen. Es wurden tatsächlich etwa zwei Drittel der Wandhöhe frei erklettert. Ein Teil der sechzehnköpfigen Mannschaft vermaß unter Leitung von Othmar SCHAUBERGER den GRAUEN GANG und die vorderen Teile des SCHWARZEN GANGES.

Es spricht für den Ehrgeiz der Forscher, daß sie bereits 14 Tage später wieder in der Höhle unterwegs waren. Der etwas verkleinerten Mannschaft gelang es, die restlichen 20 m Höhenmeter der SCHACHTHALLE zu bezwingen. Wer diesen 60 m hohen Aufstieg kennt, kann der großartigen Leistung der Erstbegeher nur Respekt zollen!

Der Mut und die Beharrlichkeit der sechs teilnehmenden Forscher wurde belohnt. Nach einem kurzen Gangstück und der Querung eines 75 m tiefen Schachtes wurde die WESTLICHE SCHWARZE HALLE erstmals betreten.

Am 5. Februar 1955 waren Mitglieder der benachbarten Höhlensektion Ausseerland in der Höhle. Sechs Mann unter Führung ihres damaligen Obmannes Othmar SCHAUBERGER vermaßen das noch fehlende Teilstück von der MITTERNACHTSHALLE bis zum HAUPTSYSTEM.

1955 kann man rückblickend als Jahr gemeinschaftlicher Forschung mehrerer Vereine bezeichnen. Schon am 5. März 1955 war wieder ein Dutzend Linzer Forscher angereist. Man traf sich wie gewohnt im „Strandcafé", wo kurz darauf noch sechs Forscher aus Altaussee dazustießen. Verstärkt mit zwei Hallstättern, ging die nun zwanzigköpfige Mannschaft in die Höhle.

Alle Forscher bezwangen erneut den Aufstieg in der SCHACHTHALLE und entdeckten in der Folge einen 15 m-Abstieg, den SEETUNNEL. Dieser Punkt in 984 m Seehöhe war bis dahin zugleich der westlichste Bereich der Hirlatzhöhle. Der Ausstieg aus der Höhle erfolgte am 6. März.

Im Spätherbst des Jahres 1955 wurde von Mitgliedern des oö. Landesvereines der Eingangsteil durch Sprengung erweitert und erstmals eine wirksame Abflußrinne verlegt.

Leopold HÖLL und Karl PILZ bauten zwischen 24. November und 9. Dezember 1955 mehrere Leitern zwischen der MITTERNACHTSHALLE und dem Abstieg zum HAUPTSYSTEM ein (Abb. 24).

1956

Zwischen 6. und 8. Januar 1956 erfolgte die nächste Hirlatzfahrt [TROTZL 1956]. Ein zahlenmäßig starkes Team aus Linzern, Salzburgern und Hallstättern stieg am 6. Januar in die Höhle ein und kehrte nach 47-stündigem Aufenthalt an die Außenwelt zurück. Mit dabei waren auch zwei Ehefrauen von Linzer Forschern, nämlich Thilde SIEGL und Anni HOFREITHER.

Die zweiundzwanzig Personen marschierten ohne große Verzögerung bis zur Brückenhalle. Dann versuchte man erneut, durch die Enge Klamm eine Fortsetzung zu finden. Kurz davor war die mächtige Lehmwand angegraben worden, um entlang einer eventuell vorhandenen Störungslinie in größere Räume zu gelangen. Das Unternehmen mußte jedoch zwangsläufig an den ungeheuren Sedimentmassen am Ende des östlichen Hauptganges (Lehmtunnel) scheitern. Anschließend wurde noch der Bereich vom Sandtunnel (Zelt) bis zur Schwarzen Halle vermessen. Dabei kamen mit den ebenfalls vermessenen Gängen von der Schwarzen Halle bis zur Engen Klamm immerhin 847 m Länge zusammen! Die vermessene Gesamtlänge betrug nunmehr 1340 m.

Die Weihnachtstour vom 27. bis 30. Dezember 1956 stand unter dem Zeichen von umfangreichen Vermessungsarbeiten. Dreizehn Forscher aus Linz und Hallstatt teilten sich die Arbeit auf, welche im Westteil des HAUPTSYSTEMS begann. Unter Leitung von Othmar SCHAUBERGER und Erwin TROYER wurden sämtliche Gänge im Bereich des Schachtsees bis zur ersten Stufe der Bachklamm vermessen. Damit nicht genug, wurden auch im Osten verschiedene Reststrecken wie die Abzweigung in der Bohnerzhalle, der Niedere Gang und der Kulissengang dokumentarisch erfaßt. Das ergab insgesamt 2090 m, so daß nunmehr die Gesamtlänge auf 3430 m anstieg.

1957

Im Jahre 1957 war es eher still in der Hirlatzhöhle. Am 30./31. März 1957 versuchten wohl zum x-ten Mal ein paar Unentwegte die Abflußsituation im Eingangsbereich zu verbessern. Diesmal begann der Siphonsee bereits 14 m hinter dem Portal und ließ zwischen der dünnen Eisschicht und der Höhlendecke nur 1 cm Luftraum. So wurde vier Meter vom Eingang enfernt begonnen, das auf dem festen Felsboden aufliegende Material abzutragen. Zusätzlich wurde eine kleine Stützmauer errichtet, um ein neuerliches Abgleiten des Materials zu verhindern. Die Aktion war von Erfolg gekrönt, weil sich die Wasserlinie in kurzer Zeit um 32 cm senkte. Der Arbeitseinsatz dauerte 17 Stunden [TROTZL 1957].

Bemerkenswert ist der erste Alleingang des Linzers Otto KERSCHBAUMMAYR am 3. und 4. Juli 1957. Der drei Monate zuvor ausgeräumte Eingangssiphon war problemlos passierbar. Dafür stellte der Forscher erstmals fest, daß von der Trümmerhalle bis zur Riesenklamm ein kleiner Bach verläuft [KERSCHBAUMMAYR 1958].

Außer einer Exkursion während der Verbandstagung in Obertraun am 29./30. August 1957 ist nur noch eine Befahrung vom 27./28. Dezember 1957 bekannt. Othmar SCHAUBERGER und sechs weitere Personen, vorwiegend aus Hallstatt, vermaßen den Ostgang bei der Mitternachtshalle. Zwischen Mitternachtshalle und Gotischem Gang wurde eine Raumvermessung durchgeführt [TROYER 1957].

Die Statistik weist bis zum Jahresende 1957 insgesamt 36 Höhlenfahrten auf. Laut SCHAUBERGER wurden dabei rund 700 Stunden mit Forschung, Vermessung und Fotoarbeiten unter Tag zugebracht. Die vermessene Gesamtlänge betrug 3515 m.

1958

Wie zwei Jahre zuvor war zu Dreikönig auch diesmal ein Großaufgebot an Forschern in der Hirlatzhöhle vereint. Zwischen 4. und 6. Jänner 1958 arbeiteten neun Linzer und mehrere Hallstätter im Ostteil, wo der noch fehlende Südabschnitt des Wasserganges und der Karrengang einschließlich des 17-m-Abstieges im Riesenschacht vermessen wurden.

Vorhandene Spuren kündeten von einer früheren Schachtbefahrung. Luftzug konnte in diesem Teil nicht mehr festgestellt werden. Es wurden hier 265 m vermessen. Bemerkenswert erschien auch die Tatsache, daß der fast immer geschlossene OSTGANGSIPHON im ZUBRINGER ein Stück offen war und starke Wetterführung aufwies [TROTZL 1958].

Am 1./2. März 1958 erfolgte der erste Aufstieg vom RIESENKLAMMSEE zum OBERGANG. Ottokar KAI schreibt in seinem Tourenbuch:

Hirlatzfahrt 1.- 2. März 1958

Wieder einmal waren wir in Hallstatt bei Karl Pilz. Mit dem Frühzug kamen wir herein, und um 11Uhr 45 marschierten wir Richtung Höhle ab. Wir hatten herrliches Wetter, doch der knietiefe Schnee machte uns viel zu schaffen. Begleitet vom Donner abgehender Lawinen vom Plassen, spurten Fred, Otto und ich zum Höhleneingang hoch. Wir waren 8 Leute: Erwin, Otto, Kurt, Fred, Ernst, Wuz, Harry und ich. Um 14 Uhr gelangten wir gegenüber dem Portal an. Otto legte den tief verschneiten oberen Teil der Eisenleiter frei, und ich gab den anderen Freunden inzwischen Unterricht über das Verhalten in Neuschnee-Staublawinen. Wie gut dies war, erlebten wir beim Ausstieg nach der Höhlenbefahrung. Als wir alle beim Eingang beisammen waren, erfolgte die allgemeine Umziehaktion. Ich selbst steckte bereits im Schlufanzug und machte mich daher sofort über den „Bläser" her. In schwerer Arbeit am Bauch liegend, hackte ich diese bis auf 15 cm zugefrorene Engstelle mit dem Eisbeil in einer guten halben Stunde frei, und um 15 Uhr standen wir alle gemeinsam in der JAUSENHALLE.

Nun ging es über festes, trockenes Eis durch den schönen WENDELGANG zur KARL-PILZ-HALLE, wo wir unsere Steigeisen und Eispickel zurückließen. Weiter stiegen wir über die Leitern hinauf in das LEHMLABYRINTH bis zur MITTERNACHTSHALLE. Kurt und ich untersuchten sofort den hier abzweigenden OSTGANG, fanden aber den abschließenden Siphon bis auf einen kleinen, stark wetterführenden Spalt vollkommen zu. Gleich ging es wieder weiter, und um 18Uhr 45 standen wir beim KLAMMSEE, unserem heutigen Forschungsziel.

Nun begann das Arbeitsprogramm. Otto, Kurt, Fred und Harry gingen Richtung QUELLHALLE, um dort zu erkunden und zu vermessen, Erwin, Ernst, Wuz und ich blieben beim KLAMMSEE und mußten hier eine sehr schwierige und gefährliche Arbeit durchführen, die Erkletterung der mehr als 20 m hohen, senkrechten bis überhängenden „Seewand". Zuerst wurde eine stehende Holzleiter mit einem Seil-Flaschenzug fest in eine Felsspalte gezogen und verankert. Auf dieser 18 m hohen Leiter stehend, stemmten wir, uns abwechselnd, mit einem Steinbohrer und einem Handfäustel ein 8 cm tiefes Loch in den Fels. Nach $1^{1}/_{4}$ Stunden ununterbrochener Klopferei war das Loch so groß, daß wir einen vorbereiteten, gedrechselten Holzdübel mit einer treibenden Schraube hineinhämmern konnten. In eine Öse an der sehr großen Schraube wurde ein Karabiner gehängt und durch diesen ein Sicherungsseil geführt. Dieses Seil wurde zum Queren der überhängenden „Seewand" benötigt. Auf allgemeinen Beschluß war ich der Auserwählte, diese Sicherung „auszuprobieren" und die Querung der gesamten „Seewand" durchzuführen (Abb. 43).

Norbert LEUTNER

Nach einer kleinen Rastpause begann ich mit dieser ausgesprochen schwierigen und kraftraubenden Arbeit. Mit ausgewählter „Schlosserei" behangen, kletterte ich, durch das vorher fixierte Seil von oben und durch ein zweites Seil von der gegenüberliegenden Seeseite aus gesichert, über die senkrechte Wand hoch. Eine dritte Seilsicherung führte von einem Forscher direkt zu mir, so daß ich bei einem eventuellen Sturz nicht in den See fallen konnte, sondern, von drei Seiten fixiert, über dem Wasser zum Hängen gekommen wäre. Einige Kletterversuche mißlangen, doch als ich ganz tief und knapp ober der Wasseroberfläche mit der Kletterei begann, gelang es mir, eine weit überhängende Felskante zu erreichen. Hier steckte ich einen Haken mit einer Schlinge in ein kleines, bereits vorhandenes Loch und belastete den Haken auf Druck. Dadurch kam ich zu einer kleinwinzigen, gut fingernagelgroßen, aber festen Felsnase, über die ich eine zweite Schlinge legen konnte. Die Finger drohten zu bersten, doch ich krallte mich direkt in den Felsen hinein. Zwei oder dreimal glaubte ich aus der Wand zu stürzen, doch immer wieder fand ich, hoch über dem Wasser hängend, eine kleine Felsrippe zum Stehen oder ein Ritzchen zum Halten. Erwin war die ganze Zeit „meine Sonne", denn er saß die $1^1/_2$ Stunden, in denen ich die ca. 20 m hohe Seewand erkletterte, auf einem winzigen, schrägen Fleckchen mir gegenüber und leuchtete mit seiner Karbidlampe und Stirnlampe meine gesamte zu erkletternde Wand aus. Er konnte sich und ich durfte mich nicht allzuviel rühren, sonst hätten wir beide ein kühles Bad im tiefen, klaren KLAMMSEE genossen.

Nach dieser „Schinderei" kam ich ca. 20 m schräg oberhalb von meinen Kameraden auf einem kleinen Felsband zum Stehen. Nun war es mit der Kletterei aus. Ca. 15 m höher war als Fortsetzung das zu erreichende „Loch", aber eine glatte Platte ohne jeglichen Griff vereitelte den Weiterweg. Ich zog nun mit einer Repschnur 20 m Strickleiter herauf und machte mich nach deren Verankerung an zwei Haken über dieselbe auf den Weg nach unten, wo ich glücklich wieder ankam.

Nun begann Ernst mit seiner Arbeit. Er stieg zuerst die Strickleiter zum Felsband hoch und zog eine ca. 6 m hohe Leiter, die von mir und Erwin aus einem anderem Höhlenteil geholt worden war, nach. Diese Leiter stellte er oben auf dem Band auf, überwand so die große Platte und kam dann in schwerer Kletterei verhältnismäßig schnell zu dem Fortsetzungsloch hinauf. Nun zog er ein Drahtseil mit Steigschlaufen nach, und somit war der gesamte Aufstieg vom See bis zur oberen Fortsetzung überbrückt und gut gangbar. Der Weiterweg war somit gesichert.

Der Beginn des von Ernst erreichten Ganges war gleich ein $3^1/_2$ m langes und $1^1/_2$ m breites Wasserbecken, und nach weiteren 10 m erreichte er einen canyonartigen, wasserführenden Gang. Die Gangbreite war 2-5 m, die Höhe 10-20 m. Große Blöcke versperrten ihm dann den Weiterweg. Rechts führt anschließend der Gang weiter aufwärts, bis man nach ca. 50 m zu einem See kommt. 10 m darüber geht der Gang weiter.

Nach Abschluß dieser Arbeit kam Ernst um 7Uhr 30 wieder zurück. Nach einer Stunde Rast, Essen und Aufwärmen begann der gemeinsame Ausstieg, und um 10Uhr 45 waren wir wieder beim Portal. Es lag sehr viel Neuschnee, und auch bei unserem Ausstieg schneite es ganz dicht. Ununterbrochen gingen kleine Staublawinen ab und plötzlich rief ich: „Achtung, sehr große Lawine kommt auf uns zu". Gottseidank hatte ich vorher allen einen Vortrag über die Staublawinen gehalten, nun waren wir praktisch in einer mitten drinnen. Von ganz oben kam sie über die Hirlatzwand auf uns herab. Sie war gut 25 m breit und mehr als 40 m lang. Wuz erreichte sie auf der Leiter zum Höhlenportal, aber er hielt sich tapfer, verkeilte sich in den Leitersprossen und ließ die ganze Wucht über sich ergehen. Wir „verbissen" uns an Wurzelstöcken und Baumresten, die in der Rinne der Lawinenbahn lagen. Die Luft blieb uns allen fast weg, aber jeder hatte ein Tuch, einen Schal oder einen Anorak vor dem Mund, um nicht den Pulverschnee einatmen zu müssen, der in der Lunge geschmolzen wäre und zum Ersticken geführt hätte. Alles ging gut vorbei, wir rüttelten und schüttelten den Pulverschnee aus unserer Kleidung heraus und nahmen blitzartig Reißaus, um nicht noch einmal in den „Genuß" solch einer Naturgewalt zu kommen. Unsere Gesichter hatten eine gewisse bleiche Ähnlichkeit mit den jetzt wiederum ruhenden Schneemassen. Sicher wußten wir das nicht, vielleicht war auch ein wenig „Höhlenfarbe" der letzten Stunden dabei. Übermütig, aber müde ging es hinab ins Tal, und um 12Uhr waren wir wieder bei Karl Pilz. Um 14Uhr 40 verließen wir wieder Hallstatt; schöne, schwere und erfolgreiche Arbeit war Vergangenheit.

Vom 4. bis 6. April 1958 bearbeitete eine Dreiergruppe eine Kluftstrecke südwestlich der BRÜCKENHALLE. Vermessen wurden hier 90 m.

Mit Jahresende 1958 wies die Hirlatzhöhle eine vermessene Länge von 3870 m auf.

1959

Eine 23 Mann starke Gruppe - 14 Linzer, drei Hallstätter, fünf Gäste aus Wörgl bzw. Mallnitz und ein Fernsehreporter - bevölkerten zwischen 3. und 5. Jänner 1959 die Unterwelt des Hirlatz. Es sollten sowohl erste Filmaufnahmen gemacht als auch fehlende Vermessungen nachgeholt werden (Abb. 44). Weiters wurde mit Autoschläuchen ein Spezialfloß gebaut, worauf Holzleitern gelegt wurden. Mit diesem abenteuerlichen Gefährt versuchte man, in der WASSERKLAMM bei der QUELLHALLE vorwärts zu kommen. Der Erfolg war mäßig. Vermessen wurden bei dieser Tour der OBERGANG, ein Seitengang nördlich des Zelts (SANDTUNNEL) und der vordere Teil des WASSERSCHACHTES bei der BRÜCKENHALLE. Der Längenzuwachs von 366 m erhöht die vermessene Gesamtlänge der Höhle mit Ende des Jahres 1959 auf 4236 m [TROTZL 1959].

1960

Den Beginn eines neuen Jahrzehntes feierten einige Linzer Höhlenforscher auf ihre Art. In der Zeit zwischen Silvester 1959 und 3. Jänner 1960 wurde in einem gewaltigen Einsatz die mittlerweile ziemlich ramponierte Leiter in der TRÜMMERHALLE durch eine massive Stahlseilleiter ersetzt. Außerdem wurden unter der Leitung von Erwin TROYER umfangreiche Vermessungsarbeiten durchgeführt. So wurde das OBERE SCHLUFFLABYRINTH, die restliche Zubringerstrecke bis in das HAUPTSYSTEM und im HAUPTSYSTEM der ÖSTLICHE BLOCKTUNNEL bis zur RIESENKLAMM vermessen. Dabei soll nicht verschwiegen werden, daß gewisse Höhlenteile aus nicht mehr nachvollziehbaren Gründen doppelt dokumentiert wurden.

Durch diese 1212 m vermessener Gangstrecken wurde die Hirlatzhöhle endlich länger als 5 km und somit ganz offiziell in die Kategorie „Riesenhöhle" eingereiht! Die Höhle - nunmehr auf exakt 5449,68 m vermessen - war zugleich das siebentlängste Karstobjekt in Österreich [TROTZL 1960].

Am 13./14. Februar 1960 wurde durch eine fünfköpfige Gruppe mit Teilnehmern aus Linz und Großraming die restliche Strecke zwischen VIERTORHALLE und KARL-PILZ-HALLE vermessen.

Gegen Ende des Jahres 1960 kam es noch zu einer Grabung im OBEREN LEHMLABYRINTH und zum Abtransport von alten Leitern. Die Gesamtlänge der vermessenen Gänge betrug Ende des Jahres 1960 genau 5697 m.

1961

Bei der „Dreikönigstour" am 6. und 7. Jänner 1961 war eine 14 Mann starke Gruppe von Hallstätter und Linzer Höhlenforschern unterwegs. Insgesamt wurden 36 m schwere Leitern in die Höhle transportiert, welche man hauptsächlich im HAUPTSYSTEM aufstellte. Erstmals konnte beobachtet werden, daß der GRAUE GANG fallweise zum Siphon wird. Die Teilsanierung des Leiternaufstieges in der riesigen SCHACHTHALLE erwies sich als zeitraubende und auch gefährliche Arbeit. Zuvor hatte Hermann KIRCHMAYR auf einer 9 m hohen Leiter das Deckenloch in der KARL-PILZ-HALLE erreicht. Er konnte den anschließenden, sehr niedrigen Gang in Richtung Außenwelt etwa 30 m weit erforschen [TROTZL 1961].

Am 14. September 1961 wurden von zwei Linzern die Leitern beim Abstieg vom OBEREN SCHLUFFLABYRINTH ausgewechselt.

Am 29. und 30. Dezember 1961 erfolgte im Zuge einer Exkursion erneut ein Aufstieg in der SCHACHTHALLE. Die noch nicht gewechselten Leitern waren schon in bedenklichem Zustand. Fast zweiundzwanzig Jahre sollte nun kein Lichtschein mehr diesen Höhlenteil oberhalb der TRÜMMERHALLE erhellen.

Im Laufe des Jahres 1961 wurden noch weitere fünf Befahrungen durchgeführt, welche aber neben einigen Arbeiten im Eingangsbereich hauptsächlich Exkursionscharakter hatten.

1962

Am 12. und 19. Oktober sowie am 3. November 1962 wurde von Georg LACKNER, Karl PILZ und Vinzenz PRAMESBERGER das Gitter beim Eingang eingebaut. Die ganze Aktion nahm 60 Stunden in Anspruch, wobei sich im Laufe der zwei Wochen insgesamt acht Hallstätter Höhlenforscher daran beteiligten.

Im Jahr 1962 kam es noch zu einigen Exkursionen. Die Hirlatzhöhle war zu dieser Zeit auf rund 6 km Länge erforscht und großteils vermessen. Es fällt auf, daß von den Höhlenpionieren niemand mehr dabei war, da sie den großen körperlichen Anstrengungen nicht mehr gewachsen waren. Eine neue Forschergeneration hatte sich etabliert und war in die Fußstapfen ihrer Vorgänger getreten.

ERNST
Kameramann MÜHLBERGER AUSSEN-INNEN
PROBE-AUSSEN-INNEN METER 110 TRI n. PLUS-X Material
Story HÖHLENFORSCHER IM HIRLATZ
aufgenommen 3. 4. 5. I. 79 abgeliefert am
BEMERKUNGEN
anstrengend, aber schön!

Meine MEINUNG:

Ich filmte in AUSTRALIEN, NEUSEELAND, auf der ganzen Welt,
ich filmte rum, und filmte ohne Geld
und war mit der Kamera auch auf HAWAI
und jetzt auch im HIRLATZ mit dabei
Ich filmte in Kirchen, auf See, in BERLIN
und war jetzt mit in der HÖHLE drin
und sah die Arbeit mühsam und schwer,
ich anerkenne sie jetzt immer noch mehr,
denn hier wird, von Kameraden, von Mann zu Mann
volle und wertvolle Arbeit getan.

Ist's mir gelungen liebe Mannen,
Euch HÖHLENFORSCHER, auf die Filme zu bannen,
dann ist dies für meine Tradition,
der schönste und allerbeste Lohn!

In voller Anerkennung und
Herzlichkeit,

Euer Ernst Mühlberger

Abb. 11: Archivblatt von Ernst MÜHLBERGER über die ersten Filmaufnahmen in der Hirlatzhöhle

Es wäre ungerecht, jetzt einige Namen der „Alten" hervorzuheben. Denn jeder von ihnen gab innerhalb seiner Möglichkeiten sein Bestes. Die technische Ausrüstung bestand ja damals nur aus unförmigen Holz-, Metall- oder Strickleitern. Perlonseil, Bohrhaken, Abseilrollen oder Steigklemmen gab es noch nicht, genauso wenig wie Superschlaz, Daunenschlafsack oder Helmbeleuchtung. Die meisten der Pioniere waren übrigens immer schon überzeugt, daß „ihre" Hirlatzhöhle sich eines Tages als länger als die Mammuthöhle herausstellen sollte.

Einige der Hirlatzforscher der ersten Generation sind im Dachsteingebirge sozusagen verewigt. So gibt es eine KARL-PILZ-HALLE in der Hirlatzhöhle, einen „Schaubergerschacht" am Hirlatzplateau, eine „Matthias-Kirchschlager-Halle" in der Mittleren Brandgrabenhöhle, eine „Gustave-Abel-Halle" in der Schönberghöhle und ein nach Roman PILZ benanntes „Pilz-Labyrinth" in der Mammuthöhle.

Erinnerungen an Karl PILZ und Othmar SCHAUBERGER, zwei der bedeutendsten „Motoren" der Pionierphase der Hirlatzhöhlenforschung

Karl PILZ wurde am 29. Oktober 1901 in Hallstatt geboren. Er besuchte hier die Pflichtschule und im Anschluß daran die Fachschule für Holzbearbeitung. In der beginnenden Wirtschaftsrezession bekam er eine Stellung beim Straßenbauamt. Im Jahre 1930 heiratete er Helene Scheuchl. Die Ehe blieb kinderlos. Sein Ziel, ein eigenes Café zu eröffnen, konnte er wegen des 2. Weltkriegs vorläufig nicht erreichen. Die Kriegsjahre und die Gefangenschaft verbrachte er großteils in Norwegen.

Nach dem Krieg konnte er ein Lokal, das „Strand Café Pilz", in Hallstatt, Ortsteil Lahn, eröffnen. Der nunmehrige Cafébesitzer wurde im Bekanntenkreis nur mehr als „Strand-Karl" bezeichnet. Bereits im Jahre 1964 verstarb seine Frau. Sechs Jahre später verpachtete er das Lokal, kümmerte sich aber weiterhin um den Besitz. Als

Abb. 12: Karl PILZ

Pensionist war er noch in vielen Bereichen aktiv, bis er im Alter von 78 Jahren am 29. September 1979 im Krankenhaus Bad Ischl starb. Seine letzte Ruhestätte befindet sich am Hallstätter Friedhof rechts des Eingangs zum berühmten Beinhaus.

Hinter diesem Lebenslauf verbirgt sich das abwechslungsreiche Leben eines Mannes, welcher sich während eines großen Teils seines Lebens mit der Höhlenforschung, insbesondere im Dachsteingebiet, beschäftigt hat.

Schon in der frühen Jugend durchstreifte er vor allem die Gegend um das Hirlatzmassiv auf der Dachsteinnordseite. Bald kannte er jeden noch so abgelegenen Steig und viele Höhlen.

Er entdeckte im Jahre 1928 auch die mittlerweile unauffindbare „Bärenhöhle" in der Hohen Gelben Wand. Als Schüler verdingte er sich öfters als Träger zur Dachstein-Mammuthöhle. Während des Krieges war er längere Zeit mit Othmar SCHAUBERGER zusammen. Beide schmiedeten Pläne, einen Höhlenverein zu gründen. Dies wurde auch tatsächlich kurz nach Kriegsende verwirklicht. Im Jahre 1948 erfolgte in seinem Café die Gründung der Sektion Hallstatt-Obertraun des Landesvereines für Höhlenkunde in OÖ. Ein Jahr später entdeckte er zusammen mit zwei weiteren Kameraden die Hirlatzhöhle.

In der folgenden Zeit war Karl PILZ Initiator und treibende Kraft zahlreicher Touren in die Hirlatzhöhle, welche stets Expeditionscharakter hatten. Er war ein Mann der Tat, der zwar wenig niederschrieb, dafür aber oft nächtelang in seiner Werkstatt arbeitete, um Holzleitern für die Hirlatzhöhle anzufertigen. Ausgangs- und Rückkehrpunkt für alle Höhlentouren war stets sein Café. Man konnte sicher sein, dort stets offene Türen vorzufinden. Seine Frau war rund um die Uhr bemüht, eine warme Mahlzeit aufzutischen, auch wenn es gerade 3 Uhr früh war, ein Umstand, den die abgekämpften Forscher sehr zu schätzen wußten.

Im Jahre 1954 wurde er zum Obmann der Sektion gewählt und erst 1969 auf eigenen Wunsch im Alter von 67 Jahren von Norbert LEUTNER abgelöst. Karl PILZ war stets Mittelpunkt des Vereinsgeschehens und wurde 1970 von der Sektion mit der „Silbernen", 1977 mit der „Goldenen Fledermaus" ausgezeichnet. Weiters war er Ehrenmitglied und ab 1972 Ehrenobmann. Auch während seiner Zeit im Ruhestand beteiligte er sich aktiv am Vereinsgeschehen und war trotz eines Fußleidens bei etlichen Touren mit dabei.

Karl Pilz als Menschen zu beschreiben, kann von der Seite des Autors nur subjektiv erfolgen. Allgemein geschätzt wurden sein Humor, seine Freundlichkeit und sein leutseliges Wesen. Man konnte mit jedem Problem zu ihm kommen, stets versuchte er, eine für jeden zufriedenstellende Lösung zu finden. Der handwerklich und musisch begabte Mann verlor selten seine gute Laune und war aufgeschlossen und tolerant gegenüber allem Neuen. Bekannt war auch seine Tierliebe. Er hatte außerdem die Gabe, selbst die kompliziertesten Dinge in einfachen Worten verständlich zu machen.

Karl PILZ war ein idealistischer und nachdenklicher Mensch mit philosophischen Neigungen. Für eine Reihe von uns damals noch jungen Nachwuchsforschern war er ein väterlicher Freund, der unsere Naturbegeisterung in die richtigen Bahnen lenkte.

Vielleicht kann der abschließende Beitrag ein wenig den Charakter dieses außergewöhnlichen Menschen wiedergeben:

> „Es war im Jahre 1969. Gerhard, Ernst, Peter und ich waren zu einer Hirlatzhöhlentour aufgebrochen. Vereinbart wurde, daß wir uns am nächsten Tag um 17 Uhr mit Karl in einem Hallstätter Gasthaus treffen wollten. Die Tour verlief so erfolgreich, daß wir keinen Gedanken mehr an den vereinbarten Treffpunkt verschwendeten. Als wir genau 24 Stunden verspätet im Gasthaus eintrafen - saß da noch immer Karl PILZ und wartete auf uns! Die ganze Nacht hatte er schlaflos verbracht. Als er uns endlich sah, wußte er nicht, ob er uns umarmen oder eine runterhauen sollte. Die Sorge um uns hatte ihn schier erdrückt. Wir jungen Burschen haben damals nur gelacht und die Aufregung nicht verstanden..." (Tourenbericht von Norbert LEUTNER)

Karl Pilz hat über Jahrzehnte hinweg die Geschichte der Höhlenforschung auf der Dachsteinnordseite geschrieben und ist dabei selbst bescheiden im Hintergrund geblieben. Er war stets überzeugt, daß sich im Hirlatz ein riesiges Höhlensystem verbirgt. Er sprach auch oft davon, aus der Hirlatzhöhle ein Schauobjekt machen zu wollen, um vielen Menschen das Naturwunder zugänglich zu machen.

Heute erinnert in der KARL-PILZ-HALLE eine Gedenktafel aus Marmor an diesen herausragenden Höhlenforscher.

Othmar SCHAUBERGER

Wirkl. Hofrat Dipl. Ing. Dr. mont. h.c. Othmar SCHAUBERGER wurde am 11. Oktober 1901 in Salzburg geboren. Seine Schul- bzw. Berufsausbildung führte ihn bis zum Bergingenieur. Es folgte eine Diplomarbeit über Salzlagerstätten, die die Haselgebirgs-stratigraphie und Typologie zum Inhalt hatte. Nach mehrjähriger Wartezeit bekam er 1934 im Salzbergwerk Altaussee als „unselbständiger Arbeiter" einen Arbeitsplatz. Später führte ihn seine berufliche Laufbahn in die Tschechoslowakei, wo er bei seinem Onkel, der Direktor eines Kohlebergbaus war, arbeitete. Erst nach dem Zweiten Weltkrieg kam er in das Salzkammergut zurück, um die Arbeit bei der Saline wieder aufzunehmen. In der Folge hatte er den Posten eines Leiters der Forschungsstelle der Österreichischen Salinen und zuletzt auch jenen eines Direktors der Salinenverwaltung Bad Ischl inne. Seine wissenschaftliche Tätigkeit fand schließlich ihre akademische Anerkennung in der Verleihung der Würde eines „Doktors der montanistischen Wissenschaften h.c." der Motanuniversität Leoben.

Abb. 13: Othmar SCHAUBERGER

In seinem Maturajahr 1919 begann er mit einigen Kameraden die Höhlenforschung. Eine seiner ersten Touren war der 60-m-Abstieg mit Franz PERGAR und Josef POLLANSCHÜTZ in der Ebenseer Gassel-Tropfsteinhöhle. Das Staatsamt für Land- und Forstwirtschaft erteilte ihm 1920 den Auftrag zur Erkundung und Erforschung von phosphathältigen Höhlen im Salzkammergut, den er in den Jahren 1921 bis 1925 ausführte. 1921 wurde er Korrespondent der Bundeshöhlenkommission und Mitglied der Speläologischen Gesellschaft in Wien.

1936 gründete er mit gleichgesinnten Bergleuten die „Höhlenforschervereinigung Alt-Aussee", aus der 1950 die „Sektion Ausseerland des Landesvereines für Höhlenkunde in der Steiermark" hervorging. Dieser stand er bis 1969 als Obmann vor.

In seiner langen höhlenkundlichen Laufbahn erforschte er Höhlen in Salzburg - wo er auch Gustave ABEL kennenlernte -, im Dachstein, dem Toten Gebirge und - während des Krieges zur militärischen Höhlenerkundung abgestellt - sogar in Norwegen. Mehrere Tourenbücher zeugen daher von seiner langen, sehr aktiven Höhlenforscherlaufbahn.

1941 kam die Einberufung zum Militär, was ihn nach Norwegen führte. Dort lernte er seinen späteren Höhlenforscherkameraden, Karl PILZ aus Hallstatt kennen.

1948 hob er als Gründungsmitglied im „Strandcafé" den Hallstätter Höhlenverein mit Matthias KIRCHSCHLAGER als Obmann und ihm selber als Obmannstellvertreter aus der Taufe. Weiters nahm er 1949 an der Gründung des Verbandes österreichischen Höhlenforscher auf der Schönbergalm teil.

Forschungen führten SCHAUBERGER in den 50er Jahren immer wieder zu Vermessungstouren in die Hirlatzhöhle. Dabei entstanden die ersten Pläne dieser Höhle. Eine stattliche Reihe von Veröffentlichungen spiegelt die erfolgreiche Forschungsarbeit wider, und ein wesentlicher Anteil des Höhlenkatasters des Salzkammergutes basiert auf seinen Forschungsergebnissen [AUER 1976].

Aufgrund seiner umfangreichen Arbeit für die Höhlenforschung wurde ihm 1925 vom Hauptverband Deutscher Höhlenforscher, dem damals die deutschen und österreichischen Speläologen angehörten, der „Silberne Höhlenbär" verliehen. 1970 erhielt er die „Silberne Fledermaus" des Hallstätter Höhlenvereins. 1972 wurde ihm die Ehrenmitgliedschaft dieses Vereins und 1974 die der Sektion Ausseerland verliehen. 1986 wurde er vom Verband österreichischen Höhlenforscher mit dem „Goldenen Höhlenbären" geehrt. Er ist neben Gustave ABEL und Roman PILZ einer jener drei Höhlenforscher im Hallstätter Höhlenverein, denen diese Ehre zuteil wurde.

Am 26. Juli 1993 verstarb Othmar SCHAUBERGER 92jährig. Mit ihm verloren wir ein verdienstvolles Gründungsmitglied unseres Vereines. Viele oberösterreichische und steirische Höhlenforscherkameraden sowie Verbandsvertreter nahmen an der Beisetzung auf dem Bad Ischler Friedhof teil. Günter STUMMER würdigte im Namen aller Höhlenforscher seine Verdienste um die österreichische Höhlenforschung.

Abb. 15: Die neue Eisenleiter erleichterte den Zustieg zum Höhlenportal (Foto: K. TROTZL, 1952)

Abb. 14: 1949 wurde die erste Aufstiegsleiter zum Höhleneingang aufgestellt (Foto: O. SCHAUBERGER, 1949)

Abb. 16: Nach einer 19 stündigen Höhlenfahrt, v.l.n.r.: J. STRAUBINGER, R. PILZ,
F. SCHIMPELSBERGER, R. GINZINGER, F. VOCKENHUBER, M. KIRCH-
SCHLAGER, J. HUEMER, F. PILZ, A. KOPPENWALLNER, W. GÜNTHER
vorne: F. SEISER, K. PILZ, O. SCHAUBERGER (Foto: K.TROTZL, 1951)

Abb. 17: Biwak im Sandtunnel (Alter Teil)
Dritter v.l.: Walter GÜNTHER (Foto: H.W. FRANKE, 1953)

Abb. 18: Aufbruch zu einer Hirlatzhöhlentour im Winter 1954, v.l.n.r.: Karl PILZ, Horst SCHNETZINGER, Franz SCHAFELNER (Foto: F. POROD, 1954)

Abb. 19: Materialtransport von Hallstatt ins Echerntal, v.l.n.r.: Ernst STRAUSS, Franz SCHAFELNER, achter v.l.: Karl PILZ (Foto: E. TROYER, 1956)

Abb. 20: Karl TROTZL bei Lehmräumarbeiten vor dem Eingangssiphon
            (Foto: F. SCHAFELNER, 1955)

Abb. 21: In der Nähe der Mitternachtshalle
            (Foto: G. ABEL, 1951)

Abb. 22: Bei der Steinernen Orgel
(Foto: G. ABEL, 1951)

Abb. 23: Auf der Galerie in der Riesenklamm
Dritter v.l.: Karl PILZ (Foto: K. TROTZL, 1955)

Abb. 25: Höhlenfotografen an der Arbeit, rechts: Karl

Abb. 24: Ernst STRAUSS auf der Holzsprossenstrickleiter

Abb. 27: Leitereinbau am Grund der 60 m hohen Schachthalle (Foto: G. MARBACH, 1955)

Abb. 26: Aufstieg von der Trümmerhalle in den Grauen Gang (Foto: K. TROTZL, 1955)

Abb. 28: Biwak im Grauen Gang, v.l.n.r.: Ottokar KAI, Ernst HOFREITHER, Oswald MEINDL, Otto KERSCHBAUMMAYR, Anna HOFREITHER, Erwin TROYER, vorne rechts sitzend: Fritz FOSTL (Foto: K. TROTZL, 1955)

Abb. 29: Improvisierte Feldküche im Alten Teil, v.l.n.r.: Ernst HOFREITHER, unbekannt, Fritz FOSTL, Oswald MEINDL, Anna HOFREITHER, Otto KERSCHBAUMMAYR, Erwin TROYER, Ernst STRAUSS (Foto: K. TROTZL, 1955)

Forschungsgeschichte von 1963 bis 1983

1963

Die seit Ende 1960 mit 5697 m unveränderte Gesamtlänge der Hirlatzhöhle bildete für den Linzer Forschernachwuchs großen Anreiz zu neuen Initiativen. Es bot sich besonders ein am 2. März 1958 auf rund 120 m Länge erkundetes Gerinne an, das in der QUELLHALLE, unweit des SANDBIWAKS, vom Hauptgang nach Südosten abzweigt. Die Erstbeger hatten ihren Vorstoß in den anfangs recht engen Canyon bei einem breiten und gleichzeitig tiefen Wasserbecken - dem späteren DREIKÖNIGSSEE - abgebrochen. Dieser als WASSERKLAMM bezeichnete Höhlenteil war 1963 Ziel zweier Unternehmungen:

5./6. Jänner 1963: Vermessen wurde die 187 m lange Strecke zwischen DREIKÖNIGS- und LINZER SEE, ein Erkundungsvorstoß führte noch 100 m darüber hinaus bis zu einem tiefen Kolk, in die MINIKLAMM sowie den schmalen Seitencanyon beim SPREIZERSEE. Die erste Überquerung der insgesamt vier Seen erfolgte mittels Schlauchboot, die zwei letzten erwiesen sich dabei jedoch als watbar.

26./28. Dezember 1963: Die Vermessung vom LINZER SEE über SCHWARZE LACKE, SPIEGELSEE, SUPERCANYON bis zum LINZER SIPHON und Beginn der KRAMPUSKLUFT am 27. Dezember ergab 502 m. Nachfolgend erkundeten Erhard FRITSCH und Norbert LEUTNER noch die Gangstrecke KRAMPUSKLUFT - NORDSIPHON (ca. 280 m). Der LINZER SEE konnte durch Entfernen einer stauenden Blockbarriere fast völlig entleert werden. Bezüglich weiterer Fahrten in diesen Staubereich siehe die Jahre 1965, 1969, 1970, 1982 und 1986 bis 1988.

Am 28. Dezember wurde im Anschluß an die Vermessung von Othmar SCHAUBERGER (28. Dez. 1957) eine 82 m lange Fortsetzung jenseits des OSTGANGSIPHONS im ZUBRINGER aufgenommen, wobei die Teilnehmer den mit lehmigem Wasser gefüllten Sunk kurzerhand durchtauchten. 16 Jahre später erreichten drei Hallstätter Forscher den Umkehrpunkt auch aus der entgegengesetzten Richtung über die VIER GEBURTEN (obere Etage des SCHLUFFLABYRINTHS, siehe 1979 bis 1981).

Einschließlich des 13stündigen Aufenthaltes in der WASSERKLAMM wurden insgesamt 51 Stunden in der Höhle verbracht und 584 m Neuland kartiert. Die vermessene Länge der Hirlatzhöhle erhöhte sich 1963 um 771 m und kann mit 6468 m angegeben werden.

1964

Die einzige Fahrt des Jahres galt der WEIHNACHTSKLAMM, einer wasserführenden Verbindung des PARALLELSCHACHTES im Westteil mit dem OBERGANG bei der RIESENKLAMM (Ostteil). Die ersten 70 m dieses vom Schachtgrund (SCHACHTSEE) aus nach Südosten mäandrierenden Höhlenbaches hatte bereits Erwin TROYER am 28. Dezember 1956 erkundet und grob vermessen. Seine weitere Erforschung und bisher auch einzige Begehung erfolgte, fast auf den Tag genau, acht Jahre später am 26./27. Dezember 1964:

Während vier Forscher an der Sohle des PARALLELSCHACHTES in den ursprünglich einfach als BACHKLAMM bezeichneten Canyon einstiegen, wanderten die restlichen Teilnehmer zur RIESENKLAMM, weil wir - wie sich durch die Vermessung bestätigen sollte - bereits zu Recht einen Zusammenhang vermuteten. Ein unerwartetes Hindernis, der rund 40 m tiefe Abbruch zwischen WEIHNACHTSKLAMM und OBERGANG, vereitelte jedoch mangels ausreichender Leitern eine durchgehende Befahrung.

Die Aufnahme der von tiefen Wasseransammlungen unterbrochenen WEIHNACHTSKLAMM erbrachte zwischen ERNST-EDLINGER-SEE und der Abbruchkante zum OBERGANG 267 m Neuland bei nur 15 m Gefälle. Was wir vor Ort leider nicht wußten: Der Höhenunterschied vom SCHACHTSEE bis zum vermeintlich fixen Anschlußpunkt war 1956 aus unbekannten Gründen nur geschätzt worden. Die Angaben reichen von ca. 3,5 m bis gegen 8 m, so daß unsere Vermessung bis heute buchstäblich „in der Luft hängt".

Durch die Einbeziehung einer - wahrscheinlich etwas überschätzten - fiktiven Schachttiefe von 48 m erklärt sich der für 1964 angegebene Längenzuwachs von 315,5 m, wodurch die Gesamtlänge der Hirlatzhöhle auf 6783 m anstieg.

1965

9./11. April 1965: Die noch ausständige Vermessung der vorderen WASSERKLAMM (QUELLHALLE bis DREIKÖNIGSSEE) ergab 145 m Länge. Am Rückweg bemerkten wir dann im UNTEREN SCHLUFFLABYRINTH zwei noch nicht kartierte Abzweigungen östlich der Durchgangsroute: den von einer wassergefüllten Senke in zwei Teile getrennten SIPHONGANG. Als Ergebnis konnten 93 m notiert werden. Der im südlichen Abschnitt des SIPHONGANGES abzweigende VERBINDUNGSSCHLUF wurde bis zu einer kaminartigen Spalte begangen. Seine durchgehende Befahrung bis hinauf in die obere Etage des SCHLUFFLABYRINTHS erfolgte jedoch erst im April 1974 anläßlich der Vermessung.

1965 betrug der Längenzuwachs 238 m, der Gesamtstand erreichte somit 7022 m (551 Meßzüge). Dabei blieb es überraschenderweise mehr als viereinhalb Jahre lang, obwohl die im Dezember 1963 nur mehr flüchtig erkundeten und bis August 1986 tiefsten Teile der Hirlatzhöhle (KRAMPUSKLUFT, NORDSIPHON)[A] noch einer Vermessung harrten. Bemerkenswerte Forschungserfolge waren erst wieder im Dezember 1968 (Entdeckung des HALLSTÄTTER SCHLOTES) zu verzeichnen.

1966

Man beschränkte sich hauptsächlich auf die Erhaltung der Steiganlagen und den dafür notwendigen Material- und Leiterntransport. Es erfolgten keine Vermessungsarbeiten.

Ein zwischen 26. und 28. Jänner durchgeführter Grabungsversuch am Endpunkt des großräumigen Ostteils (LEHMTUNNEL, vor Einmündung der ENGEN KLAMM) scheiterte - wie kaum anders zu erwarten - an den ungeheuren Lehmmassen. Wie mein langjähriger Höhlenkamerad Norbert LEUTNER einmal erzählte, hat die ansonsten erfolglose Tour mit ihrer - aus heutiger Sicht - zweifellos heiteren Episode trotzdem für alle Teilnehmer eine lehrreiche Erkenntnis gebracht:

> „Fünf freie Tage standen vor der Tür, und die nahe Hirlatzhöhle lockte. Wir waren damals zu viert, hatten zwar viel Begeisterung, aber als Lehrlinge kaum Geld für zusätzliche Ausgaben. Woher die entsprechende Verpflegung nehmen? Aus Kostengründen kamen wir auf die glorreiche Idee mit den Kartoffeln! Pro Person und

---

[A] Am 15. August 1986 wurde im SCHACHT DER HOFFNUNG NACH MINUS 8 (SANDGRABEN, G27) erstmals eine größere Tiefe erreicht als beim NORDSIPHON.

Tag wurde ein Kilo kalkuliert, und in einer separaten Tour schleppten wir 20 kg der nahrhaften Erdknollen bis zum BIWAK II in der BRÜCKENHALLE.

Das böse Erwachen kam dann etwas später, bei besagter Grabungsfahrt. Als wir reichlich erschöpft von der Maulwurfsarbeit, aber in eitler Vorfreude auf ein lukullisches Mahl, unsere kleinen Esbitkocher in Betrieb setzten, mußten wir bald bekümmert feststellen, daß nicht eine einzige Kartoffel gewillt war, über dem müde dahinflackernden Flämmchen in einen genießbaren Zustand überzugehen.

Da uns schließlich angesichts der kaum zu bewältigenden Lehmmassen auch noch jeder Funke einer Hoffnung auf Erfolg abhanden gekommen war, wankten wir am dritten Tag ausgelaugt und hungrig der Außenwelt entgegen."

1967

Seit Beginn der Forschungen im Jahre 1949 war es keinem Besucher der Hirlatzhöhle erspart geblieben, sich gleich hinter dem Eingang mit einer winddurchtosten, je nach Jahreszeit von Wasser oder Eis erfüllten und nur wenig Luftraum freilassenden Engstelle auseinanderzusetzen. So mancher Forscher erreichte in diesen mehr als anderthalb Jahrzehnten bereits völlig durchnäßt die dahinterliegende JAUSENHALLE.

Trotz zahlreicher Drainageversuche und einer beachtlichen Eintiefung der Gangsohle im Portalbereich änderte sich nur wenig an den mißlichen Abflußverhältnissen. Besonders schlechte Erfahrungen mit dem berüchtigten EINGANGSSIPHON hatte bekanntlich eine Gruppe Ende März 1952 gemacht: Nach Ansteigen des Wassers völlig von der Außenwelt abgeschlossen, konnten die Teilnehmer erst durch mühsames Ausschöpfen aus ihrer unangenehmen Lage befreit werden.

Eine grundlegende Verbesserung der Situation trat erst am 25. November 1967 ein, als die Höhlendecke auf 7 m Länge abgesprengt werden konnte. Durch den anfallenden Schutt wurde der Sunk aufgefüllt, die Sohle kam um ca. 60 cm höher zu liegen. Nur wer den ursprünglichen Zustand mit seinen unvorhersehbaren Tücken noch selbst kennengelernt hat, wird die Beseitigung dieses Hindernisses entsprechend zu schätzen wissen! Der Bericht von Hermann KIRCHMAYR gibt Aufschluß über die näheren Umstände dieser denkwürdigen Aktion:

„...In knapp einer Stunde schleppten wir das 25 kg schwere Bohrgerät samt Zubehör sowie 14 Liter Benzin ins Portal hinauf. Zum Glück stand ausnahmsweise kein Wasser im Schluf, so daß wir, von der JAUSENHALLE her, unverzüglich mit der Arbeit beginnen konnten. Etwa 1,2 m über der Sohle wurde das erste Loch gebohrt, zwei Mann hielten mittels einer Latte den Bohrer auf entsprechender Höhe, zu dritt gaben wir ihm den entsprechenden Schub. Während wir für das erste Loch noch 45 Minuten benötigten, verringerte sich die Bohrzeit schließlich beim dritten bereits auf 20 Minuten.

Während der ersten Sprengung blieben Erhard und Hermann im Inneren der Höhle, wobei wir uns vorsichtshalber bis zum Beginn der WENDELGÄNGE zurückzogen. Trotzdem verlöschte die Druckwelle auch hier noch schlagartig alle Karbidlampen; durch den auswärtsgerichteten Luftstrom verzog sich der Rauch jedoch rasch ins Freie. Die draußen Gebliebenen berichteten von dichten, grauen Schwaden, die dem Portal entströmten. Der Steilhang vor der Höhle bebte noch in 150 m Entfernung!

Für die nächsten Löcher brauchten wir dann wieder etwas länger, der Bohrer ruhte dabei auf einem niedrigen Gerüst, angeschoben wurde mit den Füßen. Der letzte Schuß krachte um 17.30 Uhr, und nach den Aufräumungsarbeiten - der entstandene, überraschend feinkörnige Schutthaufen war bald eingeebnet - stolperten wir wieder schwer beladen im Schein der Stirnlampen zu unseren Fahrzeugen ins Echerntal hinunter."

1968

Anläßlich einer Befahrung zur Leiternreparatur im ZUBRINGER, Ende März 1968, berichteten die Teilnehmer von außergewöhnlich viel Eis. Über die Ergebnisse zoologischer Aufsammlungen scheint leider nichts bekannt geworden zu sein.

Bereits 1955 und 1956 war von Othmar SCHAUBERGER der SCHWARZE GANG im Ostteil auf rund 100 m Länge bis zu einem Schacht vermessen worden. Der erste Abstieg in diesen Canyon erfolgte im Juli 1968, wobei jedoch die in südlicher Richtung ansteigenden Steilstufen nicht erklommen werden konnten. Dies gelang erst bei einem neuerlichen Vorstoß vom 27./29. Dezember 1968, der dann zur Entdeckung des riesenhaften HALLSTÄTTER SCHLOTES führte.

Seine glatten Wände verlieren sich unausleuchtbar in der Finsternis, so daß lange Zeit jeder Ersteigungsversuch illusorisch erschien (erst 1992 wurde 61 m weit emporgeklettert). Die Forscher wandten sich daher einer westseitig in 6 m Höhe ansetzenden Öffnung zu und gelangten so in den eng benachbarten, nur etwas kleiner dimensionierten JAHNSCHLOT. Auch dieser erwies sich mit den damaligen Hilfsmitteln als unersteigbar. Am Rückweg durch den SCHWARZEN GANG wurde noch eine lagemäßig nicht näher bezeichnete „senkrechte, etwa 60 m hohe Spalte" erkundet, leider aber nicht vermessen (vergl. 12./13. April 1974).

1969

Am 22./23. Februar 1969 wurde in einem 24stündigen Einsatz der Zugang zum HALLSTÄTTER SCHLOT durch Einbau dreier Eisenleitern von 3, 5 und 15 m Länge entschärft.

Im Hinblick auf die für Dezember geplante Weiterarbeit in den untersten Teilen der WASSERKLAMM - es sollte u.a. der Höhenunterschied zwischen NORDSIPHON und den tagfernsten Teilen der Oberen Brandgrabenhöhle ermittelt werden - fand am 15. Juni 1969 zur Überprüfung der Niveaudifferenz eine Außenvermessung von der Oberen Brandgrabenhöhle (713 mNN) zur Hirlatzhöhle (866 mNN) statt[B].

Die errechnete Niveaudifferenz von 153 m bestätigte die bisherigen Angaben mit nur geringer Abweichung, was darauf schließen läßt, daß bereits in früheren Jahren Othmar SCHAUBERGER einen Polygonzug zur Lagebestimmung der Eingänge gelegt haben dürfte. In seinen sonst recht peniblen Aufzeichnungen konnte jedoch überraschenderweise darüber bisher nichts Konkretes gefunden werden. Sicher sind jedenfalls zahlreiche Aneroidmessungen, aus denen ein Mittelwert von 866 m Seehöhe für den Eingang der Hirlatzhöhle hervorging.

[B] Durch den Anschluß an das Landeskoordinatennetz (Theodolitenvermessung 1996) haben sich obige Angaben für die Eingangsseehöhen geringfügig verändert, nämlich auf 716 und 870 mNN. Der früher publizierte Wert von 899 mNN (Vermessung vom 25. August 1986) ist unrichtig.

Erhard FRITSCH

6./8. Dezember 1969: Sechs Jahre nach der letzten Neulandforschung in der Wasserklamm konnte in diesem Höhlenabschnitt wieder ein größerer Längenzuwachs verbucht werden: Es erfolgte die Vermessung der Miniklamm sowie der Strecke Krampuskluft - Nordsiphon. Als wichtigste Entdeckung galt der Geheimgang, der eine Umgehung des Spiegelsees bzw. des anschließenden 15 m-Abstieges ermöglicht; die aufgenommene Länge betrug 753 m.

Nach Auswertung der Meßdaten erwies sich der Nordsiphon, wie erwartet, als bisher tiefster Punkt der Hirlatzhöhle (718 mNN), getrennt durch knapp 500 m unbekannter Strecke vom Endbereich der Oberen Brandgrabenhöhle bei den Linzer Gängen (702 m)[C]. Wie heute durch Beobachtungen nachgewiesen (z. B. Gottfried BUCHEGGER, Peter SEETHALER, 4. August 1991), kann in Extremfällen ein Wasserrückstau vom Nordsiphon bis herauf zur Quellhalle in die Nähe von Biwak I („Zeltbiwak") reichen. Der Anstieg beträgt dabei rund 130 Höhenmeter!

29./31. Dezember 1969: Bereits ein Jahr nach ihrer Entdeckung wurde die Strecke Schwarzer Gang (1021 mNN) - Hallstätter Schlot (1041 mNN) - Jahnschlot (1050 mNN) am 30. Dezember mit 72,5 m Länge kartographiert, Restvermessungen folgten erst am 7. Jänner 1977 (Canyonabfluß unterhalb des Schwarzen Ganges) und am 29. Dezember 1992 (Aufstieg Hallstätter Schlot bis in 61 m Höhe).

Die seit 1965 mit 7022 m unveränderte Länge der Hirlatzhöhle erhöhte sich Ende 1969 um 825 m auf 7847 m. Der Höhenunterschied innerhalb des Systems stieg auf 336,5 m (+188,5 m, -148 m), wobei der bisher höchste Punkt im Karrengang (1050 m) durch die Kote 1054,5 beim Jahnschlot abgelöst wurde. Der tiefste hatte sich von bisher 741 mNN (Linzer Siphon, vermessen 1963) zum Nordsiphon auf 718 mNN verlagert, bezogen auf die damals gültige Eingangsseehöhe von 866 mNN. Wegen der erst Jahre später bekannt gewordenen Vermessung bis zum Jahnschlot war noch lange Zeit der ältere Wert mit 332 m (+184 m) in Gebrauch. Unter den längsten Höhlen Österreichs rangierte die Hirlatzhöhle zu dieser Zeit an achter Stelle.

Der bereits etwas aus der Mode gekommene Lagerplatz bei der Brückenhalle (Abzweigung Karrengang) wurde Ende 1969 durch die Errichtung von Biwak II neu belebt. Grund dafür waren die im Winter einsetzenden Ersteigungsversuche im nahen Riesenschacht (Riesenschlot): Ausgehend von einem Blockboden unterhalb der Karrengang-Mündung überwanden Mitglieder des Münchner Höhlenvereins eine 8 m hohe, nahezu senkrechte Stufe und sicherten sie mittels Bohrhaken.

1970

Anläßlich der Fertigstellung des letzten von insgesamt 18 Grundrißblättern Anfang Jänner 1970 erscheint es ohne Zweifel interessant, im Rückblick auf 20 Jahre Hirlatzhöhlenvermessung die Hintergründe der anfänglichen Schwierigkeiten bei der Planerstellung des ALTEN TEILS zu durchleuchten.

Woran es lange Zeit wirklich krankte, war die graphische Umsetzung zu einem detaillierten Höhlenplan, somit also das Fehlen eines engagierten Zeichners und Koordinators zur

---

[C] Aufgrund des Fehlerausgleichs in der EDV-gestützten Durchrechnung der Rundzüge im ALTEN TEIL und der geänderten Eingangshöhen gelten heute nachfolgende Werte: Nordsiphon 732 mNN; Wasserniveau der Oberen Brandgrabenhöhle 700 mNN, Höhenunterschied der Endsiphone demnach von 16 auf 32 m vergrößert. Die alte Berechnung der Horizontaldistanz zwischen diesen zwei Punkten (480 m) stimmt dagegen mit den jüngsten Koordinatenangaben gut überein.

Aufarbeitung der angesammelten Meßergebnisse. Probleme mit verschachtelten Rundzügen waren dagegen damals noch unbekannt, weder der topographische Blattschnitt noch elektronische Datenverwaltung oder „CAD-für-Höhlen" ein Thema.

Othmar SCHAUBERGER hatte sich in den Fünfzigerjahren zwar als emsiger Vermesser in der Hirlatzhöhle betätigt, aufgrund vielfältiger Berufsverpflichtungen mußte jedoch die aufwendige Anfertigung von großmaßstäbigen Teilplänen immer wieder hinausgeschoben werden. Auch sechs Jahre nach der Entdeckung existierte lediglich der bekannte Übersichtsplan 1:5000, obwohl in einer Auflistung SCHAUBERGERS vom 31. Dezember 1956 bereits 3,6 vermessene Höhlenkilometer addiert waren.

Ein weiteres Dilemma lag darin, daß - nachweislich - noch von vielen Abschnitten die Raumvermessung fehlte und bereits vorhandene Ergebnisse selbst für ernsthaft Interessierte kaum zugänglich in privater Schublade ruhten; vor allem der zweite Punkt galt nicht nur für die Hirlatzhöhle allein, sondern betraf nach oftmalig gemachter Erfahrung fast das gesamte Salzkammergut! Diese wenig förderliche Situation führte in den späteren Jahren notgedrungen überall zu zahllosen Neubearbeitungen, das Innere des Hirlatz nicht ausgenommen. So erklärt sich auch, daß die Vermessungs-Chronologie des ALTEN TEILS - ganz im Gegensatz zum kontinuierlichen Forschungsablauf - vielfach den Eindruck einer scheinbar jede Systematik entbehrenden Planaufnahme erweckt.

Es ist allein Erwin TROYERS tatkräftigem Einsatz zu verdanken, daß in der zweiten Hälfte der Fünfzigerjahre jene solide Vertrauensbasis zwischen den Generationen aufgebaut wurde, die letztendlich doch zu einer Übergabe der jahrelang brachliegenden Unterlagen führte. Ab Dezember 1956 durch eigene Vermessungen im Westteil und deren anschauliche Darstellung in Grund- und Aufriß 1:500 glaubwürdig profiliert, konnte er daraufhin die längst fällige Bearbeitung der übrigen Höhlenteile in Angriff nehmen.

Nach mühsamer Umrechnung einer Fülle von Meßdaten, die unter Verwendung von trigonometrischen Tafeln und des Rechenschiebers erfolgte, wurden, wie damals gar nicht anders denkbar, sowohl Azimut als auch verkürzte Länge von Hand aus aufgetragen. War der fertige Polygonzug endlich durch Raumformen und Sedimente ergänzt, konnte die Reinzeichnung des Entwurfs mittels Tuschefüller am Transparentpapier beginnen.

In dieser Weise wurden dann 1960 die Teilpläne 1, 4, 5, 10, 11 und 12 fertiggestellt, so daß von den bis 3. Jänner vermessenen 5450 Metern[D] zum Jahresende 3 km auf insgesamt sieben Plänen (inkl. Blatt 6, WESTTEIL) festgehalten waren.

[D] Alle im vorliegenden Beitrag bis 1970 genannten Zahlen halten sich grundsätzlich an die zu dieser Zeit noch auf jedem Teilplan vermerkten Originalmeßdaten. Die an gleicher Stelle angeführten Datumsangaben zeigten nur in wenigen Ausnahmefällen eine Abweichung von den Tourenberichten, die dann im Zweifelsfall als letzte Instanz herangezogen wurden. Differenzen zu anderweitig publizierten Ergebnissen waren jedoch oftmals nicht zu vermeiden! Die von Gottfried BUCHEGGER zur Verfügung gestellten EDV-Ausdrucke erwiesen sich insbesondere für den weiteren Zeitraum bis 1983 als unverzichtbare Basisinformation.

Erhard FRITSCH

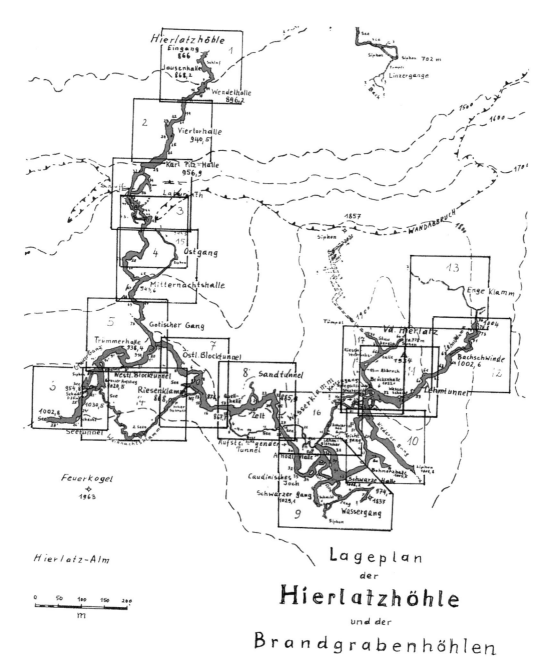

Abb. 30: Erste Teilplanübersicht der Hirlatzhöhle (1964)

Unter wesentlicher Mithilfe von Erhard FRITSCH folgten im April 1965 die Teilpläne 2, 3, 7, 8, 9 sowie 13 bis 17, womit nach Aufarbeitung sämtlicher Rückstände 7022 m an Höhlengängen in Form von Plänen 1:500 vorlagen. Das zuletzt erschienene Blatt 18 stellte den Abschnitt KRAMPUSKLUFT - NORDSIPHON dar und wurde der besseren Übersicht wegen mit Nr. 16 und 17 vereint. Im Jänner 1970 umfaßte dann das ganze Planwerk 7,85 km. Gleichzeitig besorgte Erhard FRITSCH dessen Ergänzung durch eine Gesamtübersicht 1:1000 in Grund- und Aufriß (projiziert auf eine Kombination von vier Vertikalebenen).

Die soeben gezogene Bilanz wäre sicherlich unvollständig, wollte man nicht auch der übrigen bis 1980 in der Hirlatzhöhle tätig gewesenen Vermesser und Zeichner sowie ihrer Leistungen gedenken: Auf Othmar SCHAUBERGER (2,7 km) und Erwin TROYER (2,4 km) - letzterer hatte zwischen Dezember 1956 und Februar 1960 meistens die Leitung der Meßtrupps inne - folgten ab 1963 Erhard FRITSCH (1,4 km) und Hermann KIRCHMAYR (0,7 km), wobei zuvor auch noch Ottokar KAI, Harald MESSERKLINGER und Karl TROTZL kleinere Beiträge hinzugefügt hatten.

In den Siebzigerjahren waren es Josef BRUCKENBERGER, Klaus DEUBNER, Norbert LEUTNER und Gerhard MAYR, die trotz allgemein stagnierender Fortschritte noch ein paar Neuforschungen verbuchen konnten und diese auch gleich zu Papier brachten. Details sind den weiteren Ausführungen zu entnehmen.

28./30. März 1970: Vermessung einer 128 m langen, nach Nordwesten verlaufenden Seitenstrecke (ENDSCHLUF) bei der STUFENFUGE kurz vor dem NORDSIPHON. Eine kleine Episode bei der Überquerung des DREIKÖNIGSSEES schildert Josef BRUCKENBERGER in seinem Bericht:

„Am Ostersonntag ging's vom versandeten Biwakzelt hinter der QUELLHALLE ab in die WASSERKLAMM, deren vorderer Teil - wir hatten alle Stiefel an - überraschend schnell hinter uns lag. Am ersten See wurde mein Schlauchboot aufgeblasen, Christl, Hermann und ich paddelten problemlos hinüber ans andere Ufer. Lois zog dann das leere Gefährt mit einer Lawinenschnur zurück, stieg ein, stieß sich ab und - peng - eine Schweißnaht platzte!

Rücklings kippte er in das eiskalte Höhlengewässer; zum Glück noch in Ufernähe, denn die Tiefe beträgt dort nur etwa ¾ Meter. So hatte Lois - wenn auch triefend naß - bald wieder Grund und der anfänglichen Schreckensstarre folgte ein befreiendes Lachen auf beiden Seiten. Da wir wußten, daß beim Biwak ein Boot deponiert war, konnte es nur einen Entschluß geben: Ab zum Zelt und neuerlich in die Klamm! Christl und Hermann blieben zurück, ich entledigte mich der Kleider, packte sie auf den Kopf und spreizte - eine sicher groteske Situation - bis zum Hals im Wasser durch den hier mehr als zwei Meter tiefen See!

Ausgestattet mit dem neuen Schlauchboot und inzwischen längst wieder trockengelegt, erlösten wir eine Stunde später die Wartenden aus ihrer Verbannung. Gemeinsam wurde die Tour fortgesetzt und ich möchte betonen, daß wir selten so viel Spaß hatten wie diesmal. Ein Sonderlob gebührt natürlich Christl, Hermanns Frau, die alle Widerwärtigkeiten tapfer und mit Geduld ertragen hat!"

Da 1970 keine weiteren Forschungen mehr stattfanden, erhöhte sich die Gesamtlänge der Hirlatzhöhle lediglich auf 7975 m. (Die nochmalige Vermessung des ENDSCHLUFS unter Einbeziehung einer neu entdeckten Fortsetzung - DORNRÖSCHENSCHLUF, ca. 70 m - erfolgte am 4./5. Jänner 1988 und erbrachte insgesamt 200 m. Zur Weiterforschung im oberen Teil des Staubereichs siehe auch 1982 und 1986 bis 1988.

30./31. Mai 1970: Erneuern der Leitern im Aufstieg BOHNERZHALLE - TRICHTERGANG und Ausräumungsarbeiten beim EINGANGSSIPHON; bemerkenswert erschien auch das für diese Jahreszeit noch relativ umfangreiche Eisvorkommen im ZUBRINGER.

Schon vor längerer Zeit war vom Landesverein für Höhlenkunde in Oberösterreich die Unterschutzstellung der Hirlatzhöhle beim Bundesdenkmalamt in Wien beantragt worden. Die Begehung zwecks Feststellung der Schutzwürdigkeit wurde vom zuständigen Referenten Hubert TRIMMEL am 27./28. Dezember 1970 in Begleitung von Ottokar KAI (Linz), Norbert LEUTNER, Gerhard MAYR (Hallstatt), Hermann TRIMMEL (Wien) sowie Karl TROTZL (Linz) durchgeführt und die Höhle während eines 15½stündigen Aufenthaltes zwischen TRÜMMERHALLE und ENGER KLAMM studiert (Abb. 55).

1971

Bereits drei Monate später erfolgte mit Bescheid des Bundesdenkmalamtes vom 25. März 1971, Zl. 2312/71, die Erklärung der Hirlatzhöhle zum Naturdenkmal.

Wegen der schon stark in Verfall begriffenen Steiganlagen mußten nun verstärkt Bemühungen zu ihrer Instandsetzung unternommen werden. Die Begehbarkeit der Höhle war zumindest in ihren Hauptteilen auch in Zukunft ohne besondere Hilfsmittel zu gewährleisten, ein Umstand, dem jedoch die alten Holzleitern in keiner Weise mehr gerecht werden konnten.

Überdies hatte man nie die Hoffnung ganz aufgegeben, irgendwann einmal doch noch das zweifellos vorhandene obere Stockwerk zu erreichen; und die damaligen Optimisten, allen voran Karl PILZ, Entdecker der Hirlatzhöhle, ruheloser Motor der frühen Erschließungsarbeiten und (seit 26. Februar 1972)[E] Ehrenobmann des Zweigvereins Hallstatt-Obertraun, sollten schließlich recht behalten, wie die großartigen Entdeckungen ab 1983/84 bewiesen haben.

Der Trend nach oben drückte sich in den folgenden Jahren in verstärktem Maße durch intensive Kletterversuche aus, zunächst vor allem im RIESENSCHLOT; ihre Dokumentation läßt jedoch leider sehr zu wünschen übrig. Bis 1983 war überdies auch kein bedeutenderes Anwachsen der Gesamtlänge mehr zu verzeichnen; Exkursionen, Reststreckenvermessungen und insbesondere Arbeitseinsätze zur Erneuerung der ramponierten Weganlagen prägten das Tätigkeitsbild dieser Zeit.

Das von Norbert LEUTNER am 29. Dezember 1971 in der JAUSENHALLE deponierte Höhlenbuch II (ein früheres scheint verschollen zu sein) vermittelt uns ein aufschlußreiches Bild von der Besucherfrequenz bis zum 16. Dezember 1978. Demnach wurden in diesen sieben Jahren siebzig Befahrungen der Hirlatzhöhle eingetragen, die jährliche Zahl der Unternehmungen schwankte zwischen sechs (1976) und vierzehn (1972).

[E] Vergl. LEUTNER [1988]: 23 sowie ANONYM [1972]

1972

Bei den Forschungen dieses Jahres waren überwiegend Mitglieder des Vereins für Höhlenkunde München tätig. Von insgesamt vierzehn registrierten Befahrungen entfielen sieben auf das Konto der deutschen Kameraden, wobei sich zwar an fünf Stellen Neuland erschloß, die Meßergebnisse aber nur gering ausfielen.

6. Februar 1972: Leiterntransport von Hallstatt bis in die KARL-PILZ-HALLE und Aufstellen derselben unterhalb des dortigen DECKENLOCHES. Die imprägnierten Holzleitern von je drei Metern Länge stammten aus dem Hallstätter Salzberg, die fünfzehn Stück waren kurz zuvor als Spende der Salinenverwaltung vorübergehend ans Tageslicht befördert worden.

11./14. Mai 1972: Peter JAHN und Jörg OBENDORF erkunden mit Hilfe der im Februar aufgerichteten 9 m-Leiter zunächst das DECKENLOCH in der KARL-PILZ-HALLE (nicht zu verwechseln mit jenem in der WENDELHALLE, das zur zweiten Tagöffnung führt!). Spuren der Erstbefahrung bis zur Engstelle (6./7. Jänner 1961) waren noch deutlich erkennbar. Nach Erweiterung des ca. zwei Meter langen, versandeten Schlufs AUSSCHNAUFER drangen die beiden noch bis zum zweiten „See" vor. Vermessung hat keine stattgefunden, lediglich eine Skizze ist vorhanden (siehe Sept. 1975 und Juni 1977).

Anschließend ging´s zur BRÜCKENHALLE und in den KARRENGANG (erstmals 1953 befahren, vermessen am 5. Jänner 1958, Neuaufnahme von 9.-10. Dezember 1972), der in die Vertikalzone des RIESENSCHACHTES (RIESENSCHLOT) mündet. In 12 m Tiefe wurde erstmals eine Fortsetzung begangen, die „unmittelbar westlich jenes Versturzblockes ansetzt, auf dem der Abstieg vom KARRENGANG endet." Zwischen ungewöhnlich korrodierten Wänden mit teilweise 15 cm dickem Lehmbelag (SCHLAZTOD und DORNRÖHRCHEN) gelangten die Forscher nach Abseilen über einen ca. 20 m hohen Abbruch wieder in bekanntes Gelände, das beim LEHMTRICHTER westlich der BRÜCKENHALLE vom Hauptgang abzweigt (vermessen durch Ottokar KAI am 6. April 1958, u. a. bis zu jenem Kluftschlot, durch den sich die beiden Deutschen, vom RIESENSCHACHT kommend, abseilten). Ein durchgehender Meßzug ist bis heute ausständig.

Der Versuch, im RIESENSCHLOT über den Umkehrpunkt vom Winter 1969 (8 m-Aufstieg) zu gelangen, scheiterte sowohl mangels Materials als auch wegen eines Wasserfalls.

Den Sommer über schleppten Hallstätter Forscher mehrere Leitern hinauf zum Eingang, Münchner Freunde transportierten sie weiter bis zur MITTERNACHTSHALLE.

7./8. Oktober 1972: Bei einem siebenstündigen Einsatz (ab Biwak II, BRÜCKENHALLE) wurde mit Hilfe von Kletterstangen eine Höhe von „etwa 25 m über dem Boden des Schlotes" erreicht (Bericht Jürgen BECKER), Peter JAHN nennt hingegen „eine Gesamthöhe von 45 m über der Schachtsohle", womit vermutlich der Blockboden 17 m unterhalb des KARRENGANGES gemeint ist (Abb. 59, 60).

18./19. November 1972: Transport von sieben Metalleitern zu je drei Meter Länge durch eine Hallstätter Mannschaft. Zwei Leitern wurden im SANDTUNNEL beim Zelt deponiert, die restlichen fünf gingen mit bis in die SCHWARZE HALLE.

9./10. Dezember 1972: Neuerlich Materialtransport, u. a. kamen zwei Leitern ans Ende des SCHWARZEN GANGES. Anschließend Nachvermessung des KARRENGANGES (124 m) durch Klaus DEUBNER und Peter JAHN. Hervorzuheben ist die wesentlich detailliertere Darstellung der Raumformen im Vergleich zur Planaufnahme aus dem Jahre 1958.

Erhard FRITSCH

27./29. Dezember 1972: Mit Hilfe von drei Kletterstangen - zusammen 9 m lang - erstiegen dieselben Teilnehmer beim Anmarsch durch den ZUBRINGER von der WENDELHALLE aus eine Deckenspalte. Die Vermessung der Fortsetzung ergab eine Länge von 54 m. Bei der Weiterforschung im Jahre 1980 kam es dann dahinter zur Entdeckung der zweiten Tagöffnung (vergl. auch März 1973).

Im Anschluß an die Arbeiten über der WENDELHALLE erkundeten die beiden eine steil ansteigende Abzweigung im ZUBRINGER-Hauptgang unweit des langen Leiternabstieges vom OBEREN SCHLUFFLABYRINTH. Ihre Vermessung am 29. Dezember erbrachte 47 m Neuland. Bemerkenswert erscheint zweifelsohne auch ihre Beobachtung, daß der fast immer geschlossene OSTGANGSIPHON bei der MITTERNACHTSHALLE 25 cm weit offen stand (vergl. 1963).

Seit März 1970 mit 7975 m unverändert geblieben, stieg die Gesamtlänge der Hirlatzhöhle 1972 aufgrund der durchgeführten Arbeiten um 101 m auf 8076 m.

1973

Es wurden insgesamt neun Fahrten im Höhlenbuch II registriert, ein Längenzuwachs war nicht zu verzeichnen.

3./4. Februar 1973: Trotz des schlechten Leiternzustandes beim Aufstieg in der TRÜMMERHALLE soll (erstmals seit 1964, Vermessung der WEIHNACHTSKLAMM) ein informativer Besuch im Westteil (GRAUER GANG und SCHACHTSEE) stattgefunden haben. Laut Eintragung im Höhlenbuch deponierten Wolfgang BIERMAIR, Peter JAHN und Peter PILZ Karbid und Lebensmittel für geplante zukünftige Forschungen. Die nächste nachweisliche Befahrung war jedoch erst wieder 1983 zu verzeichnen!

24. März 1973: Aufstellen einer Leiter zur Deckenspalte in der WENDELHALLE durch Gerhard MAYR und Rupert UNTERBERGER. Nach Erweiterung einer Engstelle galt eine Verbindung zur Außenwelt bereits als sicher (siehe 1980).

28. Juli 1973: Ein Versuch, den Siphon am Ende des Seitenganges nordöstlich der VIERTORHALLE abzulassen, zeitigte keinen Erfolg.

1974

Das Tourenbuch II vermerkt insgesamt zwölf Höhlenbefahrungen, es liegt jedoch nur ein einziger ausführlicher Bericht vor.

6./7. April 1974: Ausgehend vom südlichen SIPHONGANG wurde eine 61 m lange engräumige Verbindung zwischen unterer und oberer Etage des SCHLUFFLABYRINTHS vermessen. Erstmals am 11. April 1965 bis zur KAMINSPALTE erkundet, überwindet diese ohne Hilfsmittel befahrbare Strecke +15 m Höhenunterschied (Nachvermessung am 5. Jänner 1988, 59 m).

12./13. April 1974: „Nähe HALLSTÄTTER SCHLOT Deckenspalte (50 m) erstiegen" lautet ohne weiteren Kommentar die Eintragung im Fahrtenbuch. Möglicherweise handelt es sich um die gleiche Abzweigung im SCHWARZEN GANG, die bereits im Dezember 1968 befahren, aber bis heute nicht vermessen wurde.

14. Juni 1974: Beginn der Vorarbeiten zum Einbau einer Wettertür an der Engstelle vor der JAUSENHALLE. Das seit Aussprengung des EINGANGSSCHLUFS im November 1967 offenbar stark reduzierte Eiswachstum in den WENDELGÄNGEN sollte dadurch wieder verstärkt werden. Die weitere Erkundung des DECKENLOCHS in der WENDELHALLE (vergl. 27. Dezember 1972) scheiterte an einem unpassierbaren Siphon.

10. August 1974: Untersuchung einer „Fortsetzung beim Leiternaufstieg in der KARL-PILZ-HALLE; sie endet verschwemmt. Rechts davon steile Röhre nach 20 m unpassierbar." Mehr ist darüber nicht bekannt.

17. August 1974: „Holzleiterntransport von Hallstatt bis in die KARL-PILZ-HALLE und Aufstellen einer 9 m-Leiter zum DECKENLOCH."

18. September 1974: Aufsammlung von ca. 15 kg Gesteinsproben für die Geologische Bundesanstalt, Wien, wobei die Höhle von Gerhard SCHÄFFER unter Führung von Hermann KIRCHMAYR bis zur BACHSCHWINDE begangen wurde. Eine Auswertung liegt uns nicht vor.

Die seit 1972 gleichgebliebene Gesamtlänge der Hirlatzhöhle erhöhte sich 1974 durch die kleine Reststreckenvermessung zu Anfang April d. J. um 61 m auf 8137 m.

1975

In Summe sind zehn Befahrungen - vorwiegend Exkursionen - bekannt geworden, entsprechend dürftig fiel daher auch die Berichterstattung aus; nennenswerte Aktivitäten begannen überhaupt erst im Herbst. Die bereits 1970 einsetzende allmähliche Stagnation der Forschungstätigkeit brachte wie im Jahr zuvor nur einen minimalen Längenzuwachs: Mit Jahresende 1975 waren 8199 m auf den Plänen festgehalten, in der österreichischen Rangliste verblieb die Hirlatzhöhle - seit Jahren unverändert - weiterhin an achter Stelle.

4. September 1975: Vermessung von 62 m im DECKENLOCH der KARL-PILZ-HALLE bis zur ersten Engstelle (siehe Jänner 1961, Mai 1972 und Juni 1977).

10. November 1975: Karl GAISBERGER transportiert die von ihm angefertigte und durch den Höhlenwind automatisch regulierbare Wettertür[F] zum Eingangsportal. Der Einbau im Schluf vor der JAUSENHALLE erfolgte am 16. November 1975 in zweistündiger Arbeit.

1976

Das zwischen Dezember 1971 und Dezember 1978 in der JAUSENHALLE aufliegende Tourenbuch II verzeichnet für 1976 mit lediglich sechs Fahrten den Negativrekord an Höhlenbesuchen. Vermessungen fanden nicht statt.

Anläßlich einer Befahrung von 2./3. Jänner 1976 wurden hauptsächlich Sicherungsarbeiten an den Steiganlagen im ZUBRINGER durchgeführt. Versuche, den HALLSTÄTTER SCHLOT oder den benachbarten JAHNSCHLOT zu ersteigen, mußten ergebnislos abgebrochen werden. In der JAUSENHALLE erfolgte die Anbringung eines Minimum-Maximum-Thermometers.

Ebenfalls vornehmlich der Wegerhaltung dienten die Befahrungen am 27. Mai und 11. Dezember 1976: Zunächst Seilerneuerung in der WENDELHALLE und Erkundungen im ZUBRINGER (ohne nähere Angaben), im Dezember dann Transport der Leitern vom SCHWARZEN GANG in die BOHNERZHALLE und Einbau im Aufstieg zum TRICHTERGANG.

1977

Zwölf Befahrungen, einige Male sogar in mehreren Gruppen, sind den vorhandenen Quellen zu entnehmen. Der Längenzuwachs war gering, zum Endstand von 1975 konnte lediglich die

---

[F] Die Existenz einer Wettertür ist bereits aus der Anfangszeit der Hirlatzhöhlenforschung durch einen Bericht von Gustave ABEL bezeugt. Anläßlich seiner Höhlenbefahrung vom 26./27. Februar 1951 wird eine solche ausdrücklich genannt („Eine Wettertür bannt dann den kalten Luftstrom"). Nach den alten Plänen befand sich die „ehem. Wettertür" 20 m hinter dem Eingangsportal, noch vor der Erweiterung zur SCHMETTERLINGSKAMMER.

bereits korrigierte Summe von 88 m addiert werden, wodurch die Gesamtlänge von 8199 m auf 8287 m anstieg.

6./7. Jänner 1977: Bereits am 4. Jänner 1959 war jener vom WASSERSCHACHT ostwärts den LEHMTUNNEL zum Teil unterlagernde Bachlauf bis zu einem 11 m-Abstieg mit 120 m vermessen worden. 18 Jahre später erfolgte nun am 6. Jänner 1977 seine weitere Erkundung und ergab 63 m Neuland. Das nur mehr 20 m entfernte Ende beim TIGERSEE, unterhalb einer 8-m-Stufe, wurde jedoch erst am 4. Jänner 1992 erreicht. Nach Eliminierung der alten Anschlußmeßzüge aus dem Jahr 1959 kann für diesen engen Canyon eine Gesamtlänge von 180 m angegeben werden.

Der zweite Tag brachte lediglich 25 m Zuwachs, und zwar im Wasserabfluß des HALLSTÄTTER SCHLOTES. Er fällt vom (erstmals im Juli 1968 erreichten) 10 m tiefen Canyongrund am Ende des SCHWARZEN GANGES (1021 mNN) nochmals 11 m ab und wird dann in 1001 mNN unschliefbar eng (siehe auch Dezember 1968: Entdeckung HALLSTÄTTER SCHLOT, JAHNSCHLOT; Dezember 1969: Vermessung von 72,5 m bis zum JAHNSCHLOT; Jänner 1976: Ersteigungsversuch und Dezember 1992: Aufstieg im HALLSTÄTTER SCHLOT bis in 61 m Höhe). Südlich des SCHWARZEN GANGES sind somit einschließlich der Vertikale 160 Höhlenmeter bekannt.

23./24. April 1977: Drei deutsche Höhlenforscher vermerkten kurz und bündig: „Wegebau im RIESENSCHLOT für spätere Vorhaben, 20 Kilo Müll und alte Leitern aus der Höhle getragen." Nähere Angaben fehlen.

18. Juni 1977: Befahrung durch acht Mitglieder einer Nürnberger Forschergruppe. Einige Teilnehmer beschränkten sich auf den Versuch, im DECKENLOCH oberhalb der KARL-PILZ-HALLE vorwärtszukommen. Das Unternehmen endete laut eigener Bewertung „erfolglos"; man kam demnach sicherlich nicht über den Endpunkt vom Mai 1972 hinaus. Da seither keine weiteren Forschungen bekannt geworden sind, ist jene damals erkundete Fortsetzung zwischen Engstelle und zweitem Wassertümpel bis dato unvermessen.

6. August 1977: Anläßlich einer Besichtigungstour mit zwei Bamberger Gästen wurde die Leiter am Portalaufstieg neu befestigt und die Gittertür entrostet.

16./17. September 1977: Über die Ergebnisse der Tour - geplant war die Weiterforschung im RIESENSCHLOT - liegen von seiten der deutschen Kollegen leider keinerlei Informationen vor.

7./9. Oktober 1977: Neun Forscher aus Bayern, aufgeteilt in drei Gruppen, haben ihre Tätigkeit - abgesehen von umfangreichen Mülltransporten - wie folgt im Höhlenbuch II dokumentiert: „Zwischen BRÜCKENHALLE und hinten liegender Wasserstelle wurde der STANGENSCHLOT teilerstiegen. Seil hängengelassen. - Im RIESENSCHLOT ein neuer Aufstieg mit Kletterstangen begonnen. Ende noch nicht erreicht. - Der RIESENSCHLOT endet in einer sich verengenden Klamm, dann Deckenversturz. Anschließend gewaltig große Kluft, neue Schlote." Weitere Angaben fehlen.

10./11. Dezember 1977: Erneut waren drei Bayern „zum RIESENSCHACHT" unterwegs. Ergebnisse unbekannt.

1978

Bescheidene acht Höhlenbesuche waren datumsmäßig feststellbar, Vermessungen gab es keine. Der RIESENSCHACHT übte nach wie vor magische Anziehungskraft aus, wie den ansonst leider inhaltslosen Notizen über Fahrten am 21./22. Jänner, vom 17./19. März und zwischen 13. und 14. Mai 1978 zu entnehmen ist.

Mit einer Tour am 16. Dezember 1978 (Errichten von sieben Köderfallen, Aufsammlung verschiedener Höhlentiere, Temperaturmessungen, Anbringen eines Minimum-Maximum-Thermometers) enden die Aufzeichnungen im Höhlenbuch II, das fast auf den Tag genau sieben Jahre lang, seit 29. Dezember 1971, in der Jausenhalle deponiert war.

1979

Trotz beachtlicher 24 Höhlentouren fanden keine Vermessungsarbeiten statt. Etwa zu Jahresbeginn wurde das Höhlenbuch III in der Jausenhalle aufgelegt und verblieb hier bis zum 23. November 1985.

Nicht näher bezeichnete Arbeiten im Schlufflabyrinth (obere Etage, beim Kleinen Gotischen Gang) am 24. und 31. März sowie 21. April eröffneten die Forschungssaison 1979.

28. April - 1. Mai 1979: Im Riesenschacht den Münchner Aufstieg teilweise vermessen; Stangenschlot in der Brückenhalle nochmals erstiegen, Seile geborgen, Gesamthöhe 38 m, endet in unschliefbaren Spalten. (Die Vermessung des Münchner Aufstieges erfolgte schließlich neben einer Erkundung des Hallstätter Schlotes zwischen 27. und 29. Dezember 1990 durch Herbert und Ludwig HALLINGER.)

Am **6. und 12. Mai 1979** fanden sich erneut junge Forscher im Schlufflabyrinth ein und konstatierten „Neuland haufenweise".

12./13. Mai 1979: „Im Riesenschacht ca. 50 m (25 m Höhe) weitergekommen. Nach sehr engem, steilem Mäander Halle 8 x 5 m, ca. 15 m hoch, dann wieder Mäander 45 bis 60 Grad ansteigend, eng, keine Decke zu sehen, kein Ende erreicht."

22./23. Juni 1979: Schlufflabyrinth. „Nur ca. 100 m vermessen, saudreckig und naß."

23./24. Juni 1979: „Den Canyon (siehe 13. Mai 1979) weiter verfolgt, steigt noch 40 Höhenmeter bis zu einem Raum (2 x 8 m, 6 m hoch), in dem sich oben der Canyon fortsetzt und unten ein Schachtgang wegführt, in dem Wasserrauschen zu hören ist."

26. August 1979: Lutz GROOS und Tobias BOSSERT waren mit gasgefüllten Luftballons zwischen Sandbiwak und Brückenhalle unterwegs: „Nur der Gang zum Hallstätter Schlot weist Bewetterung Richtung Ausgang auf. Alle Decken- und Wandlöcher sowie Abzweigungen ohne Wind, ebenso ab Schwarzer Halle kein Luftzug Richtung Brückenhalle".

29. September 1979: Verbindung vom Oberen Schlufflabyrinth über die extremen Engstellen der Vier Geburten bis zum Ostgangsiphon nordöstlich der Mitternachtshalle hergestellt (siehe November 1980 und Mai, Juni 1981).

29. Dezember 1979: Zwei Linzer Forscher erkundeten in der Engen Klamm den Tropfschlot 20 m nordwestlich der Einmündung des Hauptbaches. Seine engräumigen Verzweigungen enden alle unschliefbar. Eine Skizze wurde angefertigt.

Erhard FRITSCH

1980

19 Touren, zum Teil in mehreren Gruppen wie etwa anläßlich der Verbandstagung in Obertraun, sind überliefert. Nur wenige dienten speziell der Neuforschung.

16./17. Februar 1980: MÜNCHNER AUFSTIEG im RIESENSCHACHT.

1. März 1980: Entdeckung einer zweiten, von außen unzugänglichen Tagöffnung durch Gottfried BUCHEGGER, Hans FALLNHAUSER, Günther LISSY und Peter SEETHALER anläßlich der Weiterforschung im WENDELHALLE-DECKENLOCH (vgl. Ende Dezember 1972 und Mai 1982). Dieser Eingang B liegt in 908 m Seehöhe, 38 m über dem altbekannten Hauptportal (870 mNN).

23. März 1980: Anschlußvermessung von 144,5 m bis zum neuen Eingang (vgl. 28. Dezember 1972, 54 m). Der teilweise von der JAUSENHALLE unterlagerte Gang vom WENDELHALLE-DECKENLOCH bis zum oberen Portal weist somit (nach Reduktion des alten Polygons auf 33,5 m) eine Gesamterstreckung von 178 m auf.

10./11. Mai 1980: RIESENSCHACHT.

24./26. Mai 1980: Forschungsfahrt RIESENSCHACHT und TRÜMMERHALLE.

26. Juli 1980: Arbeitstour als Vorbereitung der Verbandsexkursion am 29. August. Bei dieser Gelegenheit wurde in der KARL-PILZ-HALLE eine Gedenktafel für den im Vorjahr verstorbenen Entdecker der Hirlatzhöhle angebracht.

1. November 1980: Hinter den Engstellen der VIER GEBURTEN, die im oberen Stockwerk des SCHLUFFLABYRINTHES ansetzen, konnte eine weitere Fortsetzung entdeckt werden, der senkrecht aufsteigende HORRORSCHACHT. Die nachstehende Zusammenfassung der Fahrtenberichte von Gottfried BUCHEGGER und Günter LISSY (der dritte im Bund war Peter SEETHALER) dürfte den meisten Lesern eher als Abschreckung dienen (Abb. 63):

> „Unser Ziel war das OBERE SCHLUFFLABYRINTH, wo wir 1979 hinter den VIER GEBURTEN außer der Verbindung zum OSTGANGSIPHON (29. September 1979) auch noch einen engen Steilaufstieg, den LEHMSCHACHT, entdeckt hatten. Schon der Zugang in diese neuen Teile bietet einige Schikanen! Von den vier Engstellen bereitet vor allem die DRITTE GEBURT Schwierigkeiten: Zunächst auf drei Meter Länge ansteigend, knickt sie dann in qualvoller Enge rechtwinkelig ab, um sogleich wieder abwärts zu führen.
>
> Wenig später zweigt der rund 25 m hohe, leicht schräge LEHMSCHACHT ab, dessen Bezwingung, behindert durch den Materialtransport, größte Anstrengung erforderte und fast eine Stunde in Anspruch nahm. An seinem First gelangten wir dann durch ein enges Felsloch in die sogenannte DAMPFKAMMER, die uns als willkommener Rastplatz kurz zum Verschnaufen diente.
>
> Der folgende Canyon steigt leicht an und wird - knapp vor seinem Ende - über einem kleinen See nach oben hin verlassen. Vier Meter höher kann man seitlich zwar bereits die Sohle des nächsten Aufstieges (HORRORSCHACHT) erkennen, doch die schmale Spalte scheint zunächst unüberwindbar. Günter benötigte zum Durchzwängen immerhin fünfzehn Minuten harter Mühe, und trotz genauer Anweisungen gab es auch beim Nachkommen allerlei Probleme! Wir kletterten den Schlot noch etwa 10 m hinauf bis zu einer Stufe, mußten aber dort erkennen, daß der Weiterweg ohne Sicherung zu gefährlich sein würde.

Am Rückweg fanden wir im Boden der DAMPFKAMMER eine kleine Öffnung, die sich zwar zunächst geräumiger werdend, parallel zum LEHMSCHACHT in die Tiefe fortsetzt, dann aber leider von einem Versturz unterbrochen wird. Nach siebeneinhalb Stunden Aufenthalt erreichten schließlich alle Teilnehmer wohlbehalten, jedoch reichlich geschafft, um 18.30 Uhr das Eingangsportal."

15. November 1980: Der HORRORSCHACHT ist bezwungen! Gottfried BUCHEGGER schilderte die Befahrung:

„Am Grunde des Schlotes - er verdankt den Namen übrigens seinem außergewöhnlich engen Einstiegsloch - wurde angeseilt und auf dem uns schon vom letzten Mal bekannten Absatz, der gerade noch drei Personen Platz bietet, ein Standhaken gesetzt; die Fortsetzung hat einen Durchmesser von 1,2 mal 3 m! Zentimeter um Zentimeter arbeitete ich mich höher; erst zehn Meter über der Stufe gelang es, eine Zwischensicherung anzubringen, nach fünfzehn Metern folgte die zweite. Zwanzig Meter höher erreichte ich die Decke und konnte meine Kameraden nachsichern. Wir gelangten in einen kleinen Horizontalteil (LEHMSCHLUF), dessen vier Abzweigungen sich als verlehmt und so eng erwiesen, daß nur noch die Möglichkeit bestünde weiterzugraben." (gekürzt)

Der erreichte Endpunkt liegt etwa südöstlich der VIER GEBURTEN und 70 bis 80 m über deren Niveau, somit also auf beachtlichen 1050 mNN. Das entspricht (zweifelsohne zufällig) den bisherigen, räumlich jedoch weit entfernten Hochpunkten des ALTEN TEILS wie RIESENSCHACHT oder HALLSTÄTTER SCHLOT. Kartierung und Weiterforschung wurden auf einen späteren Zeitpunkt verschoben.

Die 1980 durchgeführte Vermessung Richtung Eingang B erhöhte die seit 1977 unveränderte Gesamtlänge der Hirlatzhöhle von 8287 m auf 8411 m. Sie war zu dieser Zeit die zehntlängste in Österreich. Der zählbare Neulandzuwachs betrug wegen der durch Doppelmessungen nötig gewordenen Reduktion lediglich 124 m.

1981

Von den 11 Befahrungen der Hirlatzhöhle gibt es nur wenig zu berichten: Nach einem Vorstoß im RIESENSCHACHT (21./22. März 1981) erfolgte am 24. Mai 1981 die 92 m lange Vermessung vom OBEREN SCHLUFFLABYRINTH durch die VIER GEBURTEN bis zum Anschlußpunkt im LEHMSCHOLLENSCHLUF, 82 m hinter dem OSTGANGSIPHON (vergl. 28. Dezember 1963 und 29. September 1979).

Am 18. Juni 1981 wurde das Befahrungsmaterial im HORRORSCHACHT ausgebaut, die Vermessung dieser im Vorjahr erschlossenen, nur schwierig ersteigbaren Schlotstrecke ist jedoch leider unterblieben; eine kleine Skizze gibt etwas Aufschluß.

29./30. August 1981: Das Tourenbuch III berichtet in gewohnter Kürze: „Bei der BRÜCKENHALLE Aufstieg zum Wasserfall erkundet. Müllabtransport vom Sandbiwak".

Die vermessene Gesamtlänge der Höhle stieg gegenüber 1980 nur geringfügig auf 8503 m. Bei diesem Stand blieb es dann bis zu den großen Entdeckungen im Winter 1983/84, wobei alle Längenangaben vor 1976, den alten Gepflogenheiten entsprechend, noch ohne Abzug für Raumvermessungs- oder Anschlußzüge zu verstehen sind.

Erst der vom Zweigverein Hallstatt-Obertraun vollzogene Umstieg auf elektronische Datenverwaltung, bedingt durch das enorme Anwachsen der Gesamtlänge seit 1984, brachte auch für den ALTEN TEIL eine vollständige Neuberechnung auf Koordinatenbasis mit sich.

Erhard FRITSCH

Die Reduktion der oben genannten Gesamtlänge aufgrund von mitgeschleppten Doppelmessungen (deren Beurteilung in Grenzfällen zweifelsohne stark dem subjektiven Empfinden des Bearbeiters unterliegt) wurde dabei selbstverständlich berücksichtigt.

Bei einem EDV-mäßigen Gesamtstand von 8930 m für den ALTEN TEIL im Jahre 1994 und einem Zuwachs in diesem Abschnitt um 796 m gegenüber 1981 bzw. 1986 (vornehmlich im CANYONLABYRINTH durch Gottfried BUCHEGGER) entspricht dieser Abzug einer Größenordnung von 369 m. Aus heutiger Sicht wäre somit die Gesamtlänge der Hirlatzhöhle Anfang der Achtzigerjahre mit 8134 m zu veranschlagen gewesen. Auf die seither durch Rundzugkorrekturen gleichfalls veränderten Höhenunterschiede wurde aus gegebenem Anlaß bereits 1969 hingewiesen.

1982

15 Fahrten sind im Tourenbuch III festgehalten. Davon dienten die folgenden Forschungseinsätzen:

Am **9./10. April 1982** kam es zu einer wichtigen Entdeckung im Bereich der seit März 1970 nicht mehr betretenen WASSERKLAMM: Das 420 m lange CANYONLABYRINTH (vermessen erst am 5. Jänner 1986, 10. Oktober 1987 und 5. Jänner 1988) ermöglicht seither eine Umgehung von DREIKÖNIGSSEE und KOLKSEE, so daß die dahinterliegenden Bereiche nunmehr ohne Schlauchboot zugänglich sind.

1./2. Mai 1982: „Aufstieg am Großen Wasserfall hinter Biwak II bis ca. 12 m Höhe mit Stangen erklettert" (BRÜCKENHALLE).

8. Mai 1982: Gottfried BUCHEGGER und Peter SEETHALER verfolgten vom oberen Ausgang ein unterschiedlich breites Felsband und entdeckten nach ca. 60 m ein bisher unbekanntes Portal. Die neue Höhle endet nach ca. 50 m verstürzt, mit Grabungen wurde begonnen.

13. Juni 1982: „Arbeit am Wasserfall, 6 m mit Stangen."

1. August 1982: Je zwei Mann waren am „Wegebau zum HALLSTÄTTER SCHLOT" und am Wasserfallaufstieg tätig.

4./5. Dezember 1982: Willy EGGER und Ludwig HALLINGER vollendeten den Aufstieg über den Wasserfall (WASSERSCHACHT) östlich der BRÜCKENHALLE. Der anschließende Canyon wurde bergauf verfolgt, ohne an ein Ende zu kommen. (Zwischen 7. und 9. Dezember 1984 erreichten Herbert HALLINGER und Gunnar ZIETEN diesen Canyon vom 1984 entdeckten OBEREN SYSTEM aus und stellten somit eine zweite Verbindung mit dem ALTEN TEIL her. Sie wurde eine Woche später, am 15./16. Dezember 1984, mit 514 m Länge vermessen).

28. Dezember 1982: „Wasserfall am BRÜCKENHALLEN-Biwak vermessen, Fortsetzung schwer, aber möglich."

1983

18 Touren wurden durchgeführt. Nach den sich über mehr als ein Jahrzehnt hinziehenden Versuchen, im Bereich RIESENSCHACHT (1969/70, 1972, 1977 bis März 1981; JÖRGSCHLOT-Vermessung am 28.12.91) oder durch den WASSERSCHACHT (August 1981 bis Dezember 1982) höherzukommen (siehe auch Dez. 1984, Abstieg!), verlagerte man die Bemühungen, ein oberes System zu finden, 1983 vom Osten (BRÜCKENHALLE) in den nur schwer zugänglichen Westteil.

In dem seit Beendigung der Erschließungsarbeiten (28. Dezember 1956) kaum mehr besuchten Bereich vermuteten die Forscher zu Recht noch ungenützte und aufgrund der wesentlich verbesserten Ausrüstung (Kletterstangen, Bohrhaken, Einseiltechnik) jetzt durchaus erfolgversprechende Möglichkeiten; ja sogar unvermessene, kleine Seitenstrecken waren noch vorhanden (im GRAUEN GANG beim periodischen Siphon, 5. Jänner 1988; SEETUNNEL-Unterlagerung, 19. Februar 1994). Wie stand es aber nun um die Beschaffenheit der alten Weganlagen?

Der im Winter 1960/61 erneuerte Aufstieg TRÜMMERHALLE - GRAUER GANG (erstmals bezwungen 27./29. Dezember 1951) konnte am 26. Dezember 1964 (Vermessung der WEIHNACHTSKLAMM) gefahrlos benützt werden. Später soll dann die aus massiven Vierkantsprossen und dicken Stahlseilen hergestellte, frei von oben herabhängende Leiter nur noch einmal, am 3./4. Februar 1973, trotz denkbar schlechten Zustandes erklommen worden sein.

Die letzte Befahrung der WESTLICHEN SCHWARZEN HALLE lag mehr als 21 Jahre zurück (Exkursion am 29./30. Dezember 1961), und schon damals war der 54 m hohe SCHACHTHALLEN-Aufstieg (Erstbegehung 22./23. Jänner 1955), trotz Teilsanierung im Jänner zuvor, als Ganzes gesehen in recht erbärmlicher Verfassung; auf den Holzsprossen der teilweise uralten, noch nicht ausgewechselten Einsatzleitern wucherten dicke Schimmelpilzkolonien, die rostzerfressenen Drahtseile machten einen wenig Vertrauen erweckenden Eindruck.

Ein erster Versuch im Westen wurde am 9./10. April 1983 gestartet, als die Brüder Herbert, Ludwig und Toni HALLINGER in der TRÜMMERHALLE darangingen, eine nahe der Decke vermutete Öffnung zu erklettern. Große Enttäuschung bereits eine Woche später, am 16./17. April 1983: Die erhoffte Fortsetzung erwies sich als blind.

Bei den nächsten Touren (im Höhlenbuch III sind der 30. April/1. Mai, ein Leiterntransport am 18./19. Juni und der 2. Juli 1983 vermerkt) konnten dann erstmals nach vielen Jahren wieder der GRAUE GANG und die WESTLICHE SCHWARZE HALLE erreicht werden. Die großteils völlig verwitterten Holz- und Drahtseilleitern des TRÜMMERHALLE- und SCHACHTHALLEN-Aufstieges wurden nun - im Zeitalter der Einseiltechnik - durch moderne Höhlenseile ersetzt.

Jenseits des 80 m tiefen PARALLELSCHACHTES war dort in ca. 20 m Höhe ein möglicher Gangansatz zu erkennen. Am 3./4. Dezember 1983 wurde der Abgrund in einer waghalsigen Aktion mittels Kletterstangen überquert; eine Woche später, von 10. bis 11. Dezember 1983, konnte der letzte Teil des Aufstieges in der Steilwand bewältigt werden. Es stellte sich bald heraus, daß der aufwendige Einsatz nicht umsonst gewesen war: Hinter der so schwer erkämpften, etwa 3 m breiten und 4 m hohen Öffnung drangen die Forscher in der Folge ca. 500 m weit vor, bis schließlich aus Lichtmangel der Rückzug angetreten werden mußte.

Das nächste Unternehmen ließ nicht lange auf sich warten, es ist mit 16./17. Dezember 1983 datiert. Bei der in zwei Gruppen durchgeführten Vermessung konnten die sechs Teilnehmer bis um 3.00 Uhr früh auf Anhieb 768 m Höhlenstrecke aufnehmen. Sie stiegen um 17.00 Uhr in die Hirlatzhöhle ein, bereits drei Stunden später lag die Schlüsselstelle zum Neuland, der PENDLER, hinter ihnen. Die Bewältigung dieser Schachtüberquerung war in den ersten Jahren immer mit beachtlicher Akrobatik verbunden: Am durchhängenden, über den 80 m tiefen Abgrund führenden Seil mußte zunächst ein ca. 15 m höher gelegenes Felsband auf der anderen Seite gewonnen werden (Abb. 89).

Erhard FRITSCH

Die Entdeckungen im Winter 1983/84 bildeten den Auftakt zu einer in dieser Form ungeahnten und bisher noch nie dagewesenen Erfolgsserie! Das wenig später, am 21. Jänner 1984 erschlossene OBERE SYSTEM - Traum aller je an der Hirlatzforschung intensiver beteiligt gewesenen Speläologen - ließ die Gesamtlänge in den nächsten beiden Jahren schlagartig jeweils um rund 17 km anwachsen. Ausgehend von einem Stand knapp über 8 km wurde die Hirlatzhöhle bereits 1986 zur längsten Höhle Österreichs und rangiert heute in der Weltrangliste an 15. Stelle.

Durchbruch in 70 km Neuland

Aufstieg von der Trümmerhalle ins Obere System

Wir versetzen uns zurück ins Jahr 1983. In der Hirlatzhöhle sind zirka 8 Kilometer vermessen und dokumentiert. Die Forschung ruht seit geraumer Zeit.

In der Vergangenheit wurde von einer Gruppe bayrischer Höhlenforscher um Jörg OBENDORF der RIESENSCHACHT (RIESENSCHLOT) bei der BRÜCKENHALLE erklettert. Ludwig HALLINGER und Willy EGGER finden in den folgenden Jahren einen engen Durchstieg nach oben in den JÖRGSCHLOT, in dem noch Fortsetzungen vorhanden sind. Tobi BOSSERT zeigt 1983 am MÜNCHNER AUFSTIEG sein Können mit Kletterstangen. Der MÜNCHNER AUFSTIEG mündet in enge, aufsteigende Schlufe, die in kleine Kammern führen. Ludwig und Herbert HALLINGER erklettern den STANGENSCHLOT am Weg zur BACHSCHWINDE, der nach zirka 35 Metern verblockt endet. Mittels Kletterstangen wird von Ludwig, Herbert und Willi der WASSERSCHACHT erklettert. Er mündet an der Decke der BRÜCKENHALLE in einen äußerst engen Canyon, der wasseraufwärts ein großes Stück weiterverfolgt wird. Eine durchgeführte Vermessung ist leider unbrauchbar. Dieser Aufstieg über den WASSERSCHACHT ist eine der zwei Verbindungen in das OBERE SYSTEM. Ohne Zweifel wäre auch von hier unten der Weg dorthin gefunden worden, wenn auch weitaus mühevoller als über den heutigen Normalweg, der über TRÜMMERHALLE, SCHACHTHALLE, PENDLER und ZWISCHENETAGE nach oben führt.

Nachdem seit einiger Zeit in der Höhle sozusagen eine „Schaffenspause" eingetreten ist, ist es nun an der Zeit, etwas Neues zu versuchen!

Aus Erzählungen wissen wir, daß es im Westen der Höhle noch größere, uns unbekannte Höhlenteile gibt. Jörg OBENDORF berichtet von einem Portal, das von den „alten Höhlenforscherkameraden" in einer Höhe von zirka 50 Metern über einem Abgrund ausgemacht wurde.

9./10. April 1983

Es beginnt die Vorbereitung zur Weiterforschung, die letztendlich zur Entdeckung der neuen Höhlenteile führt. Wir HALLINGER-Brüder, das sind Herbert, Ludwig und Toni, transportieren vier Kletterstangen von der BRÜCKENHALLE zur TRÜMMERHALLE.

15./16./17. April 1983

Ludwig und Herbert erklettern mit Kletterstangen einen Sims in der TRÜMMERHALLE, Toni assistiert von unten. Gitti WEBER und Willy EGGER ebnen das Biwak in der TRÜMMERHALLE. Im Alleingang bezwingt Peter SEETHALER, mit Selbstsicherung durch Prusikknoten gesichert, den Aufstieg zum GRAUEN GANG. Dies ist eine mutige Leistung. An der senkrecht hängenden Stahlseilleiter sind die Holzsprossen teilweise gänzlich verfault. Das parallel hängende Seil scheint alt und unzuverlässig. Keiner von uns weiß, wie sicher das obere Ende befestigt ist. Nun ist der Weiterweg für alle möglich und wird sofort erkundet. Doch bald wird unser Ansturm gebremst. Staunend stehen wir vor dem PLATTEN-SCHRÄGAUFSTIEG! Mit dem Licht unserer Karbidlampen können wir den Raum nicht ausleuchten! Scheinbar aus dem Nichts hängen dünne, alte, verrostete Stahlseilleitern herunter. Die Holzsprossen fehlen meist gänzlich. An der Felswand sind noch die Fragmente der alten Holzsteckleitern auszumachen, mit denen die „Alten" diese Steilstufe gemeistert haben. Hut ab vor den Höhlenforschern der alten Generation, die mit vergleichsweise bescheidener Ausrüstung solche Leistungen vollbracht haben! Ein Sicherungsseil hängen zu lassen, daran haben unsere Vorgänger leider nicht gedacht.

31. April /1. Mai 1983

Willy, Ludwig und Herbert steigen in die Höhle ein, mit dem Ziel, den Aufstieg über die verfallene Steiganlage zu schaffen. Dazu haben wir ein Vierzig-Meter-Bergseil und zwei spezielle Stahlseilklemmen im Gepäck. Ludwig ist heute der Mutigste! Unermeßlich vorsichtig steigt er über die letzten angefaulten Leitersprossen. Nun kommen die Stahlseilklemmen und Trittschlingen zum Einsatz. Mit Unbehagen registriere ich, daß Stahlseil und Klemmen nicht so recht zusammenpassen. Das Seil ist zu dick! Ludwig behilft sich, indem er mit dem Daumen das Seil am Herausspringen hindert und gleichzeitig das Klemmstück belastet. So hält die Klemme, und Ludwig steigt Stück für Stück höher. Gesichert wird von unten mit dem Bergseil. Die spärlichen Felshaken der Erstersteiger sind meist nur zum Teil eingeschlagen und müssen mit einer Reepschnur abgebunden werden. Zwischendurch legt Ludwig eine Schlinge um das Seil der Leiter, in der Hoffnung, es werde schon halten. Auf der letzten Länge ist das Stahlseil der Leiter nur noch vier Millimeter dick und stark verrostet. Nun greifen die Seilklemmen problemlos. Irgendwie kommt mir die ganze Aktion reichlich riskant vor. Nicht auszudenken, was alles passieren kann! Endlich ist Ludwig oben angelangt und meldet „Stand". Ich bin erleichtert und froh, daß alles planmäßig abgelaufen ist. Sofort bohrt Ludwig zur Sicherung einen Spitanker in die Felswand. Die unzweckmäßig ausgewählte Stelle zeigt mir, wie groß die Anspannung während seines Sechzig-Meter-Aufstiegs gewesen sein mag. Wir bauen ein Zwölf-Millimeter-Industrieseil ein. In Zukunft ist der Aufstieg sicher zu bewältigen. Nun betrachten wir das alte Stahlseil etwas genauer. Bestürzt stellen wir fest, daß das Seil an einigen Stellen fast zur Gänze durchgerostet ist! Zur Probe wird es an den fraglichen Stellen hin- und hergebogen. Es bricht bereits beim zweiten Biegeversuch! Offensichtlich hat das Stahlseil nur durch die Reibung an der Felswand der Belastung des Aufsteigens standgehalten! Wir besuchen den SEETUNNEL und sehen erstmals das Portal auf der anderen Wandseite. Der Rückweg und das Abseilen erscheint uns geradezu als Kleinigkeit.

Um den langen Zustieg in der Höhle zu erleichtern, wollen wir den Aufstieg zum OBEREN SCHLUFFLABYRINTH sichern. Wir schweißen zuhause eine Leiter nach Maß.

18./19. Juni 1983

Von Gitti, Ludwig, Rainer und Willy wird die Leiter in die Höhle getragen und eingebaut.

30./31. Juli 1983

Im Eingangsbereich wird ein Entwässerungsrohr eingegraben. Wegbauarbeiten sind unbedingt notwendig, um sinnvolles Weiterforschen zu ermöglichen.

Abb. 31: 1983 wurde der Pendler von Tobias BOSSERT mittels Kletterstangen erstmalig bezwungen (Zeichnung von Ferdinand WINTERAUER, 1997)

3./4. Dezember 1983

Tobias BOSSERT, Lydia EIGERT, Herbert und Ludwig HALLINGER und Hans MATSCHI gehen mit 4 Kletterstangen zum Wandloch über dem SEETUNNEL.

Von Fritz EIGERT, dem langjährigen Führer der Schellenberger Eishöhle, wissen wir, daß seine Tochter Lydia gerne eine Höhlentour unternehmen möchte. Sie wird eingeladen, als Treffpunkt am Samstagmorgen der Bahnhof in Obertraun vereinbart. Am Freitagabend beginnt die Anreise mit unserem Daimler Wohnmobil „Marke Eigenbau". Hans MATSCHI, ein Freund, ist mit dabei. Tobias BOSSERT steigt am Autobahnparkplatz Irschenberg bei uns zu. Mit 60 Pferdestärken, bei 4 Tonnen Gesamtgewicht nicht gerade übermotorisiert, schaukeln wir Richtung Hirlatzhöhle. Ungeduldig warten wir am Samstagmorgen auf das Eintreffen von Fräulein Eigert. Ich bin erstaunt, als sich kurz später eine junge, sportlich gekleidete Dame als Lydia EIGERT vorstellt. Diese Kleidung und Lackschuhe taugen allerdings nicht zum Höhlenforschen! Nun müssen erst noch Gummistiefel gekauft werden. Schlaz und Schleifsack werden ausgeborgt. Bald ist alles eingepackt, und die kleine Gruppe marschiert Richtung TRÜMMERHALLE. Hier wird biwakiert. Nun erfahre ich auch, warum Lydias Schleifsack so leicht ist. Sie hat nur einen kleinen, wattierten Schlafsack dabei. Lydia wird ihre kälteste Nacht nicht so schnell vergessen. Am nächsten Morgen beginnt gleich neben dem Biwak der schier endlose Aufstieg zum SEETUNNEL. Vom Biwak aus müssen das ganze Klettermaterial, Seile sowie vier Kletterstangen mit je drei Meter Länge transportiert werden. Es ist erstaunlich, wie gut unsere Neulinge den Seilaufstieg mit Seilklemmen meistern.

Bald hat die Gruppe den Einsatzort erreicht. Nun wird beratschlagt: entweder in die Klamm absteigen und an der gegenüberliegenden, überhängenden Wand hochschlossern, was bestimmt zwei Wochenenden dauern würde, oder die Stangen mit Muffen verbinden, an der Stangenspitze ein Seil befestigen und nun die Stange von unserem Absatz aus über die zirka acht Meter breite Klamm an die gegenüberliegende Wand lehnen, so daß an dem nach unten hängenden Seil hochgestiegen werden kann. Schnell sind wir einig und bereiten die Aktion vor. An der hinteren Wand wird so hoch wie möglich eine Seilbefestigung für einen Umlenkpunkt angebracht. Nun stellen wir mit vereinten Kräften die Stange senkrecht und verankern den Fußpunkt.

Es ist geplant, daß zwei Leute die Stange mit einem Seil langsam bis an die gegenüberliegende Wand ablassen. Damit die Stange nicht ausweichen kann, muß von rechts und links gesichert werden! Anfangs geht alles gut. Kurz bevor die andere Wandseite erreicht ist, wird die Belastung auf der linken Seite zu groß. Die zwölf Meter lange Kletterstange schwingt nun, am Stangenfuß und über den Umlenkpunkt in der Mitte fixiert, nach rechts auf mich zu. Krachend schlägt sie quer über meinen Oberschenkel hinweg gegen den Felsen. Ich kann nicht ausweichen! Zum einen hänge ich an meiner Sicherungsleine über dem Abgrund, zum anderen befindet sich unter mir der über hundert Meter tiefe Schacht Richtung WEIHNACHTSKLAMM. Durch einen glücklichen Umstand hänge ich in einer kleinen Nische und bekomme dadurch nicht die gesamte Wucht zu spüren. Glücklicherweise ist nichts gebrochen, der Bluterguß zu verschmerzen. Nachdem sich alle vom Schock erholt haben, probieren wir es ein zweites Mal. Diesmal klappt es auf Anhieb! Die Stange liegt an der anderen Wandseite auf einem Band in einer kleinen Nische. Das Seil reicht von der Stangenspitze bis in die Klamm.

Nun ist Tobias, unser Spezialist für Kletterstangen, am Zug. Zuerst belastet er das Seil, um die Konstruktion zu prüfen, und steigt dann vorsichtig nach oben. Wird die Konstruktion halten? Alle halten inne. Vor Spannung trauen wir uns kaum zu atmen! Oben angelangt, setzt

Tobi sofort einen Sicherungsspit in den Felsen. Es bedarf noch einiger Sicherungspunkte, bis Tobi auf dem Band steht. Danach hat uns Tobi erzählt, daß die Kletterstange an der Spitze nur etwa zehn Zentimeter auf dem Felsen auflag. Bei jeder Belastungsänderung rutschte die Stange ein Stück und drohte abzugleiten! Nun ist klar, warum Tobi an der Stangenspitze, zirka zwanzig Meter über der Klamm, so vorsichtig gearbeitet hat. Für dieses Wochenende ist Schluß. Alles wird abgebaut, wir verlassen die Höhle.

10./11. Dezember 1983

Seit der letzten Tour ist eine Woche vergangen. Dieses Wochenende sind Herbert, Ludwig, Rainer und Willy in der Höhle, um weiterzuforschen. Heute gilt es einen Quergang zum Portal zu finden. Ludwig hat sein Eisbeil mitgebracht. Mit einem Seil gesichert, verfolgt Ludwig ein Band nach rechts. Das Eisbeil ist dabei eine große Hilfe. Er benützt es wie beim Eisklettern als Haltepunkt oder schlägt damit Stufen in den Lehm. An einem kleinen Sporn endet das schmale Band. Dahinter folgt eine rutschige, griffarme Spreizstelle zu einem Stand. Wir kommen nach. Weiter klettert Ludwig in einem Bogen über verlehmte, rutschige Platten zum Portal. Oben angelangt, befreit er sich vom Sicherungsseil und spurtet los. Es vergehen einige Minuten, in denen wir nichts von Ludwig hören. Wir beginnen uns bereits Sorgen zu machen! Doch plötzlich ist er zurück und schreit mit mehrfachem Echo „Neuland, Neuland, Neuland!" Wir sind begeistert! Sofort kommen alle nach und stürmen los. Es gibt kein Halten! Wir erkunden die sogenannte ZWISCHENETAGE. Es ist ein unbeschreiblich schönes Gefühl, durch neugefundene Gänge und Hallen zu wandern, Boden zu betreten, den noch kein Mensch vorher betreten hat.

Bereits am folgenden Wochenende sind wir wieder dabei.

16./17. Dezember 1983

Um den Auf- und Abstieg in der Klamm zu sparen, befestigen wir das untere Seilende auf unserem Felsabsatz, der PENDLER ist erfunden!

Beim Aufsteigen geht man so vor: Das von oben kommende Seil wird in die Steigklemme eingehängt. Nun läßt man sich daran langsam hinausschwingen und steigt anschließend empor. Auf dem Rückweg geht es umgekehrt: Bis zum Knoten abseilen, mit beiden Händen kräftig am Seil, das am Absatz befestigt ist, ziehen. Hoffentlich reicht die Kraft, um auf den Felsabsatz zu kommen. Erschwerend kommt hinzu, daß das Seil naß und glitschig ist. Selbst den Besten ist dabei mitunter die Kraft ausgegangen. Sie wurden von den Kameraden „gerettet".

8. Januar 1984

Hans Joachim SCHWARZ betaucht den Siphon in der ZWISCHENETAGE. Ludwig, Herbert, Willy, Tobi und Peter helfen beim Materialschleppen. Zwischendurch erklettern Tobi und Herbert den ersten Schlot in der ZWISCHENETAGE. Teilweise benutzen wir Kletterstangen. Oft ist der Fels vom Wasser sauber gewaschen, das Klettern ein Vergnügen. Kleine Wandstufen wechseln ab mit schräg aufwärts ziehenden Röhren. Unvermittelt endet eine Röhre an großen Versturzblöcken. Starker Luftzug pfeift uns entgegen. Ich lege alles Überflüssige ab, nehme meine Karbidlampe in die Hand und zwänge mich zwischen die Felsblöcke. Aber so sehr ich mich auch anstrenge, es gibt kein Weiterkommen! Mit meiner Karbidlampe leuchte ich zwischen den Blöcken hindurch. Zu meinem Erstaunen kann ich keinen Widerschein der Lampe erkennen. Ohne Zweifel befindet sich hinter den Blöcken ein großer Raum. Bei der nächsten Tour wird von Siegfried GAMSJÄGER ein Felsblock beseitigt, er schildert dies nachstehend:

Sprengstoff als Hilfsmittel in der Höhlenforschung

Vorweg sei gesagt, daß Sprengungen beim Höhlenforschen grundsätzlich kein gebräuchliches Mittel sein sollen, um Neuland zu erschließen. Um den Höhlenforschern den sicheren Durchstieg durch Verstürze zu ermöglichen, sind natürlich Ausnahmen möglich. Dazu kommt der unwiderstehliche Reiz, eine verstürzte Höhlenpassage wieder begehbar zu machen, wenn dahinter ganz offensichtlich eine Fortsetzung zu erwarten ist.

Aus diesem Grunde wurde ich 1984 von Peter SEETHALER angesprochen, eine verstürzte Stelle im Bereich des heutigen SPRENGSTELLENBIWAKS mit einigen Sprengschüssen zu erweitern und damit einen Durchstieg zu ermöglichen.

Die besagte Stelle war labiles, über dem Kopf hängendes Blockwerk, zwischen dem eine heftige Bewetterung herrschte. Hinter den Blöcken war große Finsternis zu erahnen, und aus dem Widerhall eines Schreies konnte man auf einen größeren Raum schließen.

Für eine Sprengung war diese Stelle alles andere als einladend, da nicht abzusehen war, wie sich der Versturz nach der Sprengung verhalten würde und ob diese Stelle überhaupt noch einmal würde begangen werden können. Doch der Anmarsch war schon zu weit gewesen und die Hoffnung zu groß, und so machten wir den ersten „Aufleger".

Von einzelnen Sprengungen beim Höhlenausbau in der Mammuthöhle (Schauhöhle) kannte ich bereits das Phänomen, daß der Sprengschuß zuerst über die Erschütterung des Bodens und dann erst durch die Schallwellen wahrgenommen werden kann. Doch diesmal folgten dem Sprengschuß zwei weitere Erschütterungen, wie von einem Echo. Es war fast unheimlich, denn so etwas hatte ich nie zuvor wahrgenommen. Die weiteren drei Sprengungen verliefen dagegen normal.

Nach äußerst gefährlicher Ausräumarbeit, von der sich Peter SEETHALER in seiner Begeisterung nicht abhalten ließ, betraten wir die „neue Welt". Wir marschierten mehrere hundert Meter in eine Richtung, ohne ein Ende zu erreichen, und taten dies auch in die andere Richtung. Außer den üblichen Kopfschmerzen, die auf den Sprengrauch zurückzuführen waren, bemerkte Peter, daß er etwas wie Sand zwischen den Zähnen spürte. Beim genauen Betrachten der Deckenbrüche am Boden sahen wir, daß winzige Kristallnadeln von den frisch gebrochenen Gesteinsrändern abstanden, während auf der Decke keine frische Bruchstellen, aber schmale weiße Bänder zu bemerken waren. Und doch - der Nachdonner beim Sprengen, der Sand in der Luft und die feinen Kristallnadeln könnten ein Hinweis auf einen gewaltigen Deckensturz sein, dessen Zeugen wir geworden waren. Des Rätsels Lösung wird aber für immer verborgen bleiben (Abb. 91).

Und so kommt man heute, durch einen engen Spalt schlüpfend, in einen großen und mächtigen Gang, den Hauptgang des OBEREN SYSTEMS.

Forschungsgeschichte von 1984 bis 1998

Der dritte Teil der Erforschungsgeschichte der Hirlatzhöhle soll den sich mittlerweile über eineinhalb Dekaden erstreckenden Zeitraum beleuchten, in dem das Wissen um die tatsächliche Ausdehnung des überwiegend am Nordrand des Dachsteinmassivs verlaufenden Höhlensystems sich beinahe explosionsartig erweitert hat. Mehr als 85 km der weit verzweigten Höhle sind mittlerweile bekannt. Annähernd dreißigtausend Stunden wurden seit der 1983 erfolgten Entdeckung des Zuganges zu weiteren Teilen der Hirlatzhöhle bei den zumeist mehrtägigen Forschungs- und Vermessungsfahrten im Untergrund verbracht. Unermüdlich werden immer weitere Fortsetzungen im Inneren des Dachsteinmassivs gesucht und auch gefunden.

Die seit Beginn der achtziger Jahre ungemein intensivierte Forschungstätigkeit in der Hirlatzhöhle hängt mit der erfolgreichen Bewältigung des technisch überaus aufwendigen Zuganges zu den Fortsetzungen der Höhle zusammen. Diese waren - nicht zuletzt aufgrund der bis zu 1000 m mächtigen Gesteinsüberlagerung sowie der oftmals starken Wetterführung in der Höhle - schon seit längerem über den altbekannten Teilen vermutet worden. Kaum absehbar war nach den anfänglichen Vorstößen in die als ZWISCHENETAGE und OBERES SYSTEM bezeichneten Höhlenteile, wie rasch sich unsere Kenntnisse vom weiteren Verlauf dieses Höhlensystems vergrößern sollten und als wie weitläufig sich die Hirlatzhöhle herausstellen würde. Bemerkenswerterweise waren bereits die Linzer Höhlenforscher bei der 1955 erfolgten Bezwingung der SCHACHTHALLE auf dem richtigen Weg zu den erwähnten Hauptfortsetzungen der Hirlatzhöhle gewesen. Auch ein von den deutschen Höhlenforschern Tobias BOSSERT, Willy EGGER und den Gebrüdern HALLINGER in den achtziger Jahren bezwungener Schlot, der 20 m hohe WASSERSCHACHT, erwies sich letztlich als Verbindung zu den überlagernden Teilen.

Die erfolgreich über einen langen Zeitraum kontinuierlich betriebene Erforschung des Höhlensystems ist als Ergebnis der guten Zusammenarbeit zwischen einheimischen und deutschen Höhlenforschern zu sehen, die im Verlaufe zahlreicher Touren zu einer gut aufeinander eingespielten Mannschaft wurden. Durch die mitunter sehr hohe Anzahl von Teilnehmern an vielen Befahrungen konnte die Forschungstätigkeit zumeist von voneinander unabhängigen Dreiergruppen vorangetrieben werden, die sich sehr häufig nur am Beginn und am Ende einer Tour trafen. Ein wesentlicher, alle Forscher einender Grundsatz war, keinen Meter Neuland ohne Maßband zu betreten und dieses sofort zu vermessen. Diese Arbeitsweise stellte zum einen eine komplette Erfassung der Neuentdeckungen sicher und verhinderte zum anderen das zeitraubende, nervtötende Aufarbeiten von liegengelassenen „Altlasten" anderer Forschertrupps.

Die gewaltige Dimension der Hirlatzhöhlenforschung wurde in weiterer Folge durch den Einsatz der Höhlentauchergruppe um Michael MEYBERG um eine weitere Facette erweitert. MEYBERGS Taucheinsätze erbrachten erstaunliche Ergebnisse hinsichtlich der Länge der von ihm betauchten, häufig sehr tagfernen Siphone.

Wesentlich für die praktische Forschungsarbeit war der Einbau diverser den Zugang erleichternder Aufstiegshilfen. So wurden im Laufe der Zeit im Bereich ZUBRINGER die meisten der teilweise verwitterten Steighilfen, Leitern etc. ersetzt bzw. technisch perfektioniert, um auf dem ohnedies immer länger werdenden Weg in die „neuen" Teile nicht noch unnötig Zeit zu vergeuden. Trotz aller bestehenden Steighilfen bedarf es allerdings eines gehörigen Ausmaßes an Kondition, um etwa überhaupt erst in den FERNEN OSTEN zu gelangen. Hierzu ist zunächst der Weg vom Echerntal in den ZUBRINGER der Höhle, weiters der Anstieg in der SCHACHTHALLE und über die ZWISCHENETAGE bis auf 1220 mNN im OBEREN SYSTEM zu absolvieren, ehe man sich beispielsweise auf den Weg zum auf 1025 mNN gelegenen, vom Höhleneingang ca. sieben Kilometer entfernten WOLKENBIWAK macht, von wo aus es dann erst auf die Suche nach weiteren Fortsetzungen geht.

Dies erklärt, warum der Großteil der Forschungstouren in die 1983 neuentdeckten Teile kaum jemals weniger als drei Tage dauerte, manchmal aber auch vier und fünf Tage im Höhleninneren in Anspruch nahm. Der Begriff „Umkehr bei offener Finsternis" als Ausdruck für das auch nach unzähligen Expeditionen schier nicht enden wollende Neuland motivierte zahlreiche weitere Vorstöße in die Hirlatzhöhle. Ein Folge der raschen Erkundung immer neuer Teile war die aus praktischen Gründen notwendige oftmalige Verlegung der zumeist sehr spartanischen Biwaks, um den Weg ins Neuland zu verkürzen.

In diesem Beitrag soll versucht werden, die wesentlichen Schritte bei der Erforschung des Höhlensystems ab 1984 zu skizzieren.

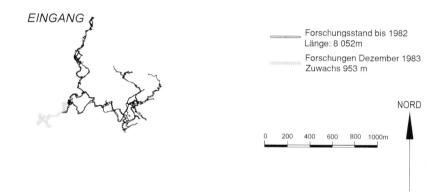

EINGANG

Forschungsstand bis 1982
Länge: 8 052m

Forschungen Dezember 1983
Zuwachs 953 m

NORD

0   200   400   600   800   1000m

Abb. 32: Forschungsstand 1983

1984

Kurz nach der Jahreswende werden weitere Abzweigungen in der ZWISCHENETAGE[A] erforscht. Hans-Joachim SCHWARZ durchtaucht den Siphon am Ende des Hauptganges. Ein von der ZWISCHENETAGE abzweigender, in mehreren Stufen immer weiter nach oben führender Gang kann mittels Kletterstangen bezwungen werden.

Bei einer Tour am 21./22.1. wird dem auf 1140 mNN bislang höchstgelegenen, verstürzten Teil des Höhlensystems ein Durchschlupf abgerungen, wodurch erst die großen Neuentdeckungen möglich werden. Von Siegfried GAMSJÄGER und Peter SEETHALER wird

---

[A] Bei Durchsicht diverser den Fortschritt der Forschungstätigkeit dokumentierender Jahresberichte und der Artikel in den Ausgaben der „Höhlenkundlichen Vereinsinformation" des Vereins für Höhlenkunde Hallstatt-Obertraun ist zu berücksichtigen, daß die heute üblichen Bezeichnungen gelegentlich von den ursprünglichen, im Laufe der Forschungen verwendeten abweichen können.

ein kilometerlanger, ohne technischen Aufwand zu befahrender Gang im OBEREN SYSTEM erkundet, der sich nach Passieren der Versturzzone nach beiden Richtungen öffnet.

Bereits am darauffolgenden Wochenende beginnt die Vermessung des angefahrenen Tunnels in den nordöstlichen und südwestlichen Hauptfortsetzungen, ohne daß es einer der beiden Gruppen gelingt, im OBEREN SYSTEM und im WESTEN ein Ende der Höhlengänge zu erreichen. Bei dieser Befahrung werden 3226 m an neuen Gangstrecken vermessen.

Ende Februar verfolgt eine neuerliche Großexpedition die weiteren, als bedeutend erscheinenden Fortsetzungen im OBEREN SYSTEM bis zu den ENDHALLEN. Im WESTEN gelangt man u.a. bis in die großräumige HALLE DES STAUNENS und weiter bis zum JALOT; auch das ASTERIXLABYRINTH wird entdeckt.

Nachdem der VERBINDUNGSGANG zum OBEREN SYSTEM mit Seilen versichert worden ist, werden im März der bei der LEHMBURG im WESTEN abzweigende, zu einem Siphon führende, 500 Meter lange Gang sowie diverse Nebenstrecken wie der GEISTERMANDLTUNNEL erforscht.

Im April wird mit dem als DARK HIGHWAY bezeichneten Tunnel ein periodisch aktiver Staubereich im WESTEN erforscht. An zwei bisherigen Abseilstellen im OBEREN SYSTEM werden Drahtseilleitern eingebaut.

In der zweiten Jahreshälfte erfolgen weitere Fahrten, in deren Verlauf 8000 Höhlenmeter vermessen werden.

Ende Juli werden im WESTEN zwei Fortsetzungen des DARK HIGHWAY vermessen, und der Seilabstieg im JALOT wird durchgeführt.

Im September erfolgt mittels Funkpeilung die Einmessung der Lage der HALLE DES STAUNENS.

Im November gelingt es, die Verbindung zwischen ZWÖLFERKOGELGANG und BRUSTMUSKELSCHLUF und weiter zur DREITORHALLE zu befahren; im Labyrinth zwischen WASSERSCHACHT und DREITORHALLE werden 883 m vermessen.

Noch vor Jahresende wird ein weiterer, Richtung Osten verlaufender, zumeist tunnelförmiger Gang entdeckt. Über 2 km weit wird der später als OSTZUBRINGER bezeichnete Höhlenteil vermessen, ehe man beim UMSTEIGER, einem großräumigen Quertunnel, anlangt und umkehrt. Bei derselben Tour wird der ZWÖLFERKOGELSCHACHT befahren und das vom BRUSTMUSKELSCHLUF Richtung SCHWABENLAND führende Labyrinth erkundet. Auch im OBEREN SYSTEM gelingen Entdeckungen: Über mehrere Schachtstufen erfolgt der Abstieg in den altbekannten WASSERSCHACHT nahe der BRÜCKENHALLE; diese 500 m lange Verbindung wird Mitte Dezember in einer 23-stündigen Tour vermessen, was in den engen Canyonstrecken bei einer durchschnittlichen Meßzuglänge von nicht einmal 4 m wahrlich kein Vergnügen ist.

Die intensive Bearbeitung der neuentdeckten Teile - fünfzehn mehrtägige Forschungsfahrten erfolgen alleine 1984 - läßt die dokumentierte Länge des Höhlensystems schlagartig auf 25.050 m anwachsen.

1985

Anfang des Jahres wird im OSTZUBRINGER das JÄNNERBIWAK zur weiteren Erforschung der östlichen Höhlenteile angelegt. Es gelingt in der Folge, weitere zwei Kilometer Gangstrecken zu erforschen und bis zum unter dem *Küfel* im MITTLEREN OSTEN gelegenen GROSSEN FRAGEZEICHEN vorzudringen.

Der Rest der Mannschaft widmet sich in der Zwischenzeit im OBEREN SYSTEM den zahlreich vorhandenen Fortsetzungen: Am Ende des ZWÖLFERKOGELGANGES wird ein 80 m tiefer Schacht befahren; andererseits wird in ca. 1350 mNN der bislang höchstgelegene Bereich der Höhle, der Zubringer zum SCHWABENLAND, angefahren. Bereits eine Woche später wird der im MITTLEREN OSTEN gelegene MÄRCHENGANG vermessen und die Hirlatzhöhle bis in den im *Rauher Kogel* gelegenen Teil, den FERNEN OSTEN, erkundet. Es werden immerhin 3,6 km an Gangstrecken dokumentiert. Schon am darauffolgenden Wochenende, vom 19. bis 22.1., bezieht eine Mannschaft Quartier im IDEALBIWAK im MITTLEREN OSTEN, um beim FERNOSTSTERN Gangstrecken zu bearbeiten. Durch die Vermessung des klammartigen LIEBLICHSTEN GANGES gelingt es, einen über drei Kilometer langen Rundzug zu schließen. Auch das TRANSIDEALBIWAK, ein südlich des IDEALBIWAKS gelegener 530 m langer Höhlenteil, wird vermessen.

Mitte Februar startet ein weiterer Vorstoß in den MITTLEREN und FERNEN OSTEN. Vom FASCHINGSBIWAK im MITTLEREN OSTEN ausgehend, werden in drei Gruppen die bisherigen Endpunkte erkundet. Es gelingt die Entdeckung einer großräumigen Fortsetzung, des NORDASTES, die aber nach ca. 350 m ebenso im Lehm „ertrinkt" wie ein parallel verlaufender Tunnel. Weiters werden der zum späteren ABSTURZSCHACHT führende Gang sowie das UNTERE BACHBETT bearbeitet.

Beim GROSSEN FRAGEZEICHEN werden Abzweigungen entdeckt, die in den UNTEREN OSTEN sowie in den DONNERBACH führen. Im MITTLEREN OSTEN wird der FALLWINDSCHLOT vermessen.

Ende März wird von zwei Gruppen im MITTLEREN OSTEN und im ASTERIXLABYRINTH im WESTEN weitergeforscht. Im ASTERIXLABYRINTH wird ein Gang ca. 500 m weit Richtung Süden bzw. Südosten verfolgt. Im MITTLEREN OSTEN werden Nebenstrecken vermessen, u.a. eine Abzweigung in der Nähe des ELEFANTENFRIEDHOFES.

Ende Juli führt man in dem im MITTLEREN OSTEN unter dem Schoßlahngang gelegenen Teil eine Funkpeilung durch. Eine zweite Gruppe befährt in der Zwischenzeit den 90 m tiefen Schacht in der Nähe des BRUSTMUSKELSCHLUFES.

Anfang November gelingt bei einer fünftägigen Tour neben der Entdeckung des KOLKODROMS, eines Seitenteiles des DARK HIGHWAY, und einem 50-m-Aufstieg in der HALLE DES STAUNENS auch die Entdeckung des sehr großräumigen SCHWABENLANDES.

Eine weitere Tour ins SCHWABENLAND führt zur Vermessung von 700 m Gangstrecken. Mitte Dezember kann die Erforschung des Schlotes beim GROßEN KNIE, des SPIRALGANGES und der vor der DREITORHALLE gelegenen Halle abgeschlossen werden. Bei einer weiteren viertägigen Tour gegen Ende des Jahres werden im ASTERIXLABYRINTH mehrere kleinräumige Höhlenteile auf einer Länge von 550 m vermessen.

Nach weiteren elf Fahrten weist die Hirlatzhöhle mit Jahresende 1985 eine dokumentierte Gesamtlänge von 41 646 m auf. Dies entspricht einem in der Geschichte der Erforschung dieser Höhle bisher einzigartigen „Längenzuwachs" von mehr als 17 km innerhalb eines einzigen Jahres!

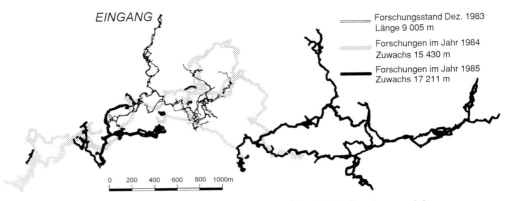

EINGANG

Forschungsstand Dez. 1983
Länge 9 005 m

Forschungen im Jahr 1984
Zuwachs 15 430 m

Forschungen im Jahr 1985
Zuwachs 17 211 m

0   200   400   600   800   1000m

Abb. 33:   1985 wurde der größte Längenzuwachs in der Hirlatzhöhlenforschung erzielt

1986

An den fünfzehn mehrtägigen Forschungsexpeditionen des Jahres 1986 beteiligen sich jeweils bis zu 10 Teilnehmer. Bei den Touren in die tagfernsten neuen Höhlenteile ist mittlerweile ein Zeitaufwand von mindestens vier Tagen unerläßlich. Fünf weitere Fahrten erfolgen in den ZUBRINGER, um die bestehenden Steiganlagen zu reparieren.

Am 5. Jänner werden 280 m eines bereits 1983 entdeckten kleinräumigen Labyrinthes in der zum NORDSIPHON führenden WASSERKLAMM vermessen. Ende Jänner beginnt, ausgehend vom JALOT, die Erforschung des WILDEN WESTENS. Die Vermessung der ersten 1000 m dieses Höhlenteiles führt bis in eine unter dem *Grünkogel* gelegene Versturzzone. Bei derselben Fahrt werden im DARK HIGHWAY ein 130 m langer Schluf und im ASTERIXLABYRINTH ein 50 m langer Gang vermessen.

Im Februar gelingt es, den vorher erwähnten Versturz zu passieren und weiter bis zum GRÜNKOGELSIPHON vorzudringen. Im März werden diese neuentdeckten Teile vermessen, und es wird nach möglichen Fortsetzungen Ausschau gehalten.

Im selben Monat wird auch das ASTERIXLABYRINTH weiter bearbeitet. Nach dem Abstieg in einen 20 m tiefen Canyon werden 250 m davon vermessen. Im Oktober wird eine enge Röhre auf dieselbe Länge dokumentiert und der erwähnte Canyon weiter bearbeitet.

Vier Forschungsfahrten haben den SANDGRABEN und die Fortsetzung beim GROSSEN FRAGEZEICHEN zum Ziel; diese stellt eine Verbindung zum DONNERBACH, einem aktiven Höhlenteil, her, der bis in 750 mNN erkundet wird. Die Erforschung des SANDGRABENS im Juli und im August führt bis in 695 mNN und weiter in Richtung GROSSES FRAGEZEICHEN.

Im Oktober werden offene Fortsetzungen im DONNERBACH und eine weitere Abzweigung im GROSSEN FRAGEZEICHEN bearbeitet und 1000 m an Gangstrecken dokumentiert. Zu Jahresende erfolgt eine weitere Tour in den DONNERGANG, wobei die RAUSCHENDE KLAMM und die KLEINE HOFFNUNG vermessen werden.

Im SCHWABENLAND werden in diesem Jahr die weiteren vertikalen Fortsetzungen bearbeitet. Mitte August wird ein Schlot nahe des UMSTANDSGANGES erklettert und der auf 1500 mNN gelegene, bislang höchste Punkt des Höhlensystems erreicht. Auch eine enge Canyon-Schachtkombination, eine Fortsetzung im MEXIKANER, wird verfolgt.

1987

Im Februar des Jahres 1987 beginnt die intensive Erforschung des UNTEREN OSTENS, der den MITTLEREN OSTEN unterlagernden Gänge und Tunnels, zu denen in den Bereichen KNOBELGANG, SANDGRABEN und GROSSES FRAGEZEICHEN Verbindungen nachgewiesen werden können. Beim 1986 erreichten Endpunkt, einer Abseilstelle im DONNERBACH, wird weitergeforscht und in schwarze Druckstollen vorgedrungen. Die mehr als 1000 vermessenen Höhlenmeter lassen die Gesamtlänge der Höhle auf über 50 km ansteigen.

Die Eintragung in Walter GREGERS Tourenbuch schildert anschaulich die erfolgreiche Bewältigung des gesteckten Zieles:

„Wir steigen am Freitag, den 13.2. in die Höhle ein mit dem Vorhaben, die Hirlatzhöhle über die ‚Schallmauer' von 50 km Gesamtlänge zu bringen. Der derzeitige Stand liegt bei 49,6 km. Forschungsziel ist das FRAGEZEICHEN im FERNEN OSTEN, genauer gesagt, der Bereich LEHMRÖHRENSYSTEM - DONNERGANG - HERZMUSCHELRÖHRE - RAUSCHENDE KLAMM - LEHMKLAMM und weiter den mir bekannten Teil vom 9. bis 12. Oktober 1986. Es sind sechs Abstiege und eine Seilquerung an einem See zu bewältigen. Wir haben ca. 100 m Seil mit, die wir restlos aufbrauchen. Es geht in einer Kluft (Klamm) immer tiefer, bis man auf eine Röhre mit Schlüssellochprofil trifft. In diese Röhre ist eine Klamm eingeschnitten, in der vermutlich das Wasser vom DONNERGANG abfließt. Hier findet man alles: Wasserfälle, Klettereien, Seen, Seilabstiege, es wird auch ein 10 m langer See, der STRIPSEE, - nackt und bis zum Bauch im Wasser - durchwatet. Anschließend teilt sich der Gang in einen wasserführenden und einen trockenen Teil, den wir noch vermessen. 50 m vor seinem Ende finden wir auf der rechten Seite in 5 bis 6 m Höhe eine Fortsetzung, die mit Seilhilfe zu erklettern wäre. Der wasserführende Teil wird von Willy noch ein Stück erkundet. Wir müssen wegen Karbidmangels umkehren und erreichen nach fast 17 Stunden Forschung müde das FRAGEZEICHENBIWAK. Vermessen wurden bei dieser 54 Stunden dauernden Tour ungefähr 1070 m, die 50-km-Grenze ist damit klar überschritten."

Im März erreicht eine Gruppe in einem abermals 17-stündigen Einsatz ab FRAGEZEICHENBIWAK die auf ca. 530 mNN im DONNERBACH gelegenen Siphone. Im LEHMRÖHRENLABYRINTH führt ein Schluf in weitere Fortsetzungen, von denen 500 m dokumentiert werden. Eine andere Gruppe bearbeitet in der Zwischenzeit einen in einen Canyon übergehenden Schlot nahe des SPRENGSTELLENBIWAKS, der - wie sich bei einer weiteren Befahrung herausstellen soll - eine Verbindung ins SCHWABENLAND darstellt und somit wiederum einen großen Rundzug in der Höhle schließt.

Im April werden offene Fortsetzungen im UNTEREN OSTEN bearbeitet, und eine Verbindung zum SANDGRABEN wird hergestellt. Auch die im März nachgewiesene Verbindung ins SCHWABENLAND wird planzeichnerisch dargestellt.

Im Oktober werden in einem Canyonlabyrinth unweit des NORDSIPHONES 160 m vermessen. Im November versucht man vergeblich, über einen im KNOBELGANG im MITTLEREN OSTEN gelegenen 50 m tiefen Schacht eine Verbindung in die unterlagernden Bereiche herzustellen. Nach der Ersteigung eines Schlotes bei der WETTERSCHEIDE im OSTZUBRINGER werden 150 m dokumentiert. Diese Fortsetzung wird bei einer Fahrt im Dezember abgeschlossen. Das Biwak wird anschließend in das GROSSE FRAGEZEICHEN verlegt und beim DURCHBLICK im

UNTEREN OSTEN wird weitergeforscht; im anschließenden NOBELGANG bzw. im LEHMSCHÜSSELNGANG werden 1540 m Gangstrecken vermessen.

Der Versuch, gegen Jahresende einen im GROSSEN FRAGEZEICHEN gelegenen See mittels Schlauchboot zu befahren, scheitert. Eine im MÄRCHENGANG stationierte Gruppe erreicht über einen Versturz im KNOBELGANG den NOBELGANG, womit ein weiterer, 5000 m langer Rundzug geschlossen werden kann. Einer dritten Gruppe gelingt es, beim ELEFANTENFRIEDHOF einen Aufstieg zu bezwingen und anschließend einen 500 m langen Horizontalteil zu erforschen. Die Länge der vermessenen Höhlenteile beträgt mit Jahresende 1987 55.580 m.

1988

In diesem Jahr werden vorwiegend Seitenteile und Verbindungsstücke in bereits bekannten Höhlenteilen entdeckt und aufgearbeitet.

Zu Jahresbeginn wird in der Nähe des NORDSIPHONS eine Schichtfuge auf 250 m Länge dokumentiert, im Februar werden beim GROSSEN FRAGEZEICHEN 160 m Gangstrecken vermessen. Ende Oktober versucht man, in den bislang östlichsten, im *Rauher Kogel* gelegenen Teilen Fortsetzungen zu finden; dabei entdeckt man das WAMPENBAD, eine 400 m lange Verbindung zwischen zwei Tunnels. Im November können im FERNEN OSTEN weitere 300 m erforscht werden. Im LIEBLICHSTEN GANG gelingt die Bezwingung zweier Schlote. Im Dezember werden im HARIBO-SCHACHT und im anschließenden Horizontalteil 350 m dokumentiert, wodurch die Gesamtlänge der bekannten Teile auf 58.622 m steigt.

1989

Eine Tour Anfang Jänner hat das im FERNEN OSTEN gelegene WOLKENBIWAK zum Ziel, von wo aus umfangreiche Erkundungen durchgeführt werden.

Zur selben Zeit ist eine andere Gruppe im WILDEN WESTEN unterwegs: Beim Anmarsch dahin wird im WESTEN das an das ASTERIXLABYRINTH anschließende OBELIXLABYRINTH entdeckt. In der Folge werden hinter dem GRÜNKOGELSEE gelegene Fortsetzungen, darunter ein fast 30 m breiter, 300 m langer Tunnel, bearbeitet.

Bei der Fahrt von 20. bis 22.1. werden im WILDEN WESTEN im Bereich ORGELHALLE und TROPFLOCHGANG weitere 811 m vermessen. Im Februar finden Vermessungstätigkeiten im OBELIXLABYRINTH statt, und es wird ein Aufstieg in der Nähe des MÄRCHENSEES durchgeführt. Im Verlaufe dieser Tour überschreitet die Gesamtlänge der Höhle die 60 000 m-Marke. Im März wird eine 250 m lange Fortsetzung im SINTERBODENGANG des WILDEN WESTEN bis an deren Ende erkundet und vermessen. Im selben Monat werden in der ORGELHALLE 70 m vermessen.

Nach den Forschungen im Westteil des Höhlensystems rückt nunmehr wieder der UNTERE OSTEN in den Mittelpunkt des Interesses. Noch im März wird das WANDAUGE im SIEBENSCHLÄFER erklommen und 300 m weit ins Neuland vorgedrungen. Diese als WANDAUGENLABYRINTH bezeichneten Teile werden Ende August und im Oktober weiter bearbeitet. Der Abstieg in den DONNERBACH schließt wieder einen mehrere Kilometer langen Rundgang. Gegen Jahresende können in einem nach Süden führenden, in der Nähe des LINKSWALZERS gelegenen Gang 400 m vermessen werden. Etwas mehr als 63 km sind somit dokumentiert.

1990

Zu Jahresbeginn wird hinter dem WANDAUGE eine vertikale Fortsetzung bezwungen, die in einen Druckstollen, die HÖLLE, führt. Ende Jänner werden die beiden beidseitig des hochwassergefährdeten DURCHBLICKSIPHONS gelegenen Biwaks auf 730 und 740 mNN bezogen und es wird weiter in der HÖLLE geforscht. Im Februar werden im LABYRINTH DER ENTSCHEIDUNG 1000 m vermessen, und beim LINKSWALZER wird ein Aufstieg bewältigt, der in einen anschließenden, 300 m langen Teil führt. Weitere Fahrten gegen Ende des Monats und im März dienen der Bearbeitung der Fortsetzungen im LABYRINTH DER ENTSCHEIDUNG. Im April werden in den ENDHALLEN Vermessungen durchgeführt. Bei zwei Fahrten zu Jahresende wird der HALLSTÄTTER SCHLOT erforscht und der MÜNCHNER AUFSTIEG dokumentiert. Im Staubereich des WILDEN WESTEN werden Wasserschlinger erkundet und dabei ca. 400 m Neuland begangen.

Nach acht Touren im Verlauf des Jahres erreicht die vermessene Länge der Hirlatzhöhle 67 602 m.

1991

Im Jänner wird ein beim DURCHBLICK im FERNEN OSTEN Richtung Westen abzweigender, schließlich in den MÄRCHENGANG mündender Gang erkundet. Ein in der Nähe gelegener Canyon wird auf 200 m Länge vermessen. Im Februar wird zum ersten Mal im WILDEN WESTEN biwakiert. Der unweit des GRÜNKOGELSIPHONS gelegene MEGALODONTENCANYON wird bis zu einem Siphon verfolgt und der AUFI-, ABI-, UMI-CANYON auf 150 m Länge dokumentiert. Im März und im Oktober führen zwei Befahrungen in die HÖLLE der Hirlatzhöhle, wobei eine 20 m hohe Kletterstelle bezwungen werden kann und die ARCTAPHAENOPSKLUFT entdeckt wird.

1992

In den Monaten Jänner bis März werden drei jeweils viertägige Forschungsfahrten in das HIRSCHAULABYRINTH, den tiefsten Höhlenteil, durchgeführt. Das unter der *Hirschaualm* in Richtung Norden führende, von Druckstollen, Klammen, unterirdischen Seen und Siphonen geprägte Gangsystem läßt die Forscher bis in das unmittelbare Hinterland der Riesenkarstquelle Kessel vordringen. Im Jänner wird, ausgehend von der HÖLLE, im WANDAUGENLABYRINTH der EISBEINSEE und der SEESAAL erforscht. Wie groß dabei der Forschungseifer ist, läßt sich anhand der folgenden Episode leicht erkennen: Gottfried BUCHEGGER entledigt sich vor Durchquerung des EISBEINSEES seines Gewandes und erkundet die weiteren 250 m bis zum SEESAAL und wieder retour bei 5,5°C im Adamskostüm!

Im Februar erfolgt in den beim SEESAAL abzweigenden Gängen die Vermessung des 70. km der Hirlatzhöhle.

Am 8. März wird - 12 Marschstunden und ca. 12 Meßkilometer vom Höhleneingang entfernt - der auf Wasserniveau des Kesselquelltopfes gelegene KESSELSIPHON im HIRSCHAULABYRINTH erreicht. Im SEESAAL beziehen die Forscher auf 610 mNN das bis datto tiefstgelegene Biwak.

Im April verunfallt David WALTER beim Aufstieg im ABSTURZSCHACHT im FERNEN OSTEN. Es gelingt ihm, unterstützt von Peter SEETHALER, trotz eines gebrochenen Knöchels und eines Bänderrisses, den Ausgang der Höhle aus eigener Kraft zu erreichen. Der ABSTURZSCHACHT wird im Oktober weiter bearbeitet.

1993

Vier mehrtägige Forschungstouren führen unter anderem in den MITTLEREN und FERNEN OSTEN.

Anfang Jänner forscht eine Gruppe nach im WOLKENBIWAK verbrachter Nacht im Bereich GROSSES FRAGEZEICHEN, wo ein 300 m langer Canyon vermessen wird. Eine zweite Mannschaft arbeitet sich im ABSTURZSCHACHT eine 20 m hohe Stufe empor und erkundet einen anschließenden Canyon bis zu einem weiteren Schlot.

Nach der Biwaknacht im DURCHBLICK vom 22.1. werden beim WANDAUGE ein Schluf und ein Canyon von 100 m Länge erforscht und vermessen. Im SANDGRABEN wird ein 22 m tiefer Schacht bezwungen und ein gegenüber der Abstiegstelle ansetzender Gang erforscht. Die Tour endet mit der Vermessung einiger weiterer Seitengänge.

Anfang November wird in den ENDHALLEN an der Erschließung eines Schlotes weitergearbeitet und anschließend ein 40 m langer Gang befahren, der sich allerdings als verstürzt herausstellt. Eine Befahrung im Dezember führt wiederum in die ENDHALLEN. Die Suche nach möglichen Fortsetzungen im von der DREITORHALLE zu den ENDHALLEN führenden Gang verläuft weitgehend ergebnislos, ebenso wie die Erkundung der Fortsetzung beim FRANKENSCHACHT.

1994

Die Forschungschronik verzeichnet für das Jahr 1994 vierzehn mehrtägige Touren. In diesem Jahr beginnt die intensive Zusammenarbeit der erfahrenen Hirlatzhöhlenforscher mit der Tauchergruppe um Bettina RINNE und Michael MEYBERG, die zuvor bereits erfolgreich Tauchvorstöße in den Karstquellen Kessel und Hirschbrunn sowie in der Koppenbrüllerhöhle durchgeführt haben. Der Transport der umfangreichen Ausrüstung der Tauchgruppe zu den zumeist sehr tagfern gelegenen Siphonen der Hirlatzhöhle bedarf eines großen personellen Einsatzes.

Der bereits vor der Entdeckung des OBEREN SYSTEMS von Hans-Joachim SCHWARZ betauchte, 25 Meter lange SCHWARZSIPHON wird Anfang Jänner wiederum erfolgreich durchtaucht und der Auftauchsee als ein unweit des ASTERIXLABYRINTHS gelegener Siphon identifiziert. In diesem Labyrinth werden auch Vermessungsarbeiten vorgenommen. Im Rahmen derselben Tour besichtigen die Taucher weitere Siphone im Westteil der Höhle. Am dritten Tag dieser Befahrung wird erstmals der Siphon am westlichen Ende des SEETUNNELS betaucht (Abb. 90).

Vom 14. bis 17.1. forscht man beim FERNOSTSTERN am Endpunkt eines mehrere hundert Meter langen Schlufes. Eine Woche später wird im ASTERIXLABYRINTH der Gang hinter dem SPEZIALSEE bis zu einem Abstieg erforscht, und im Bereich der ECHORÖHRE werden Fortsetzungen erkundet und vermessen.

Ein zweiter und dritter Tauchvorstoß erfolgen in den Monaten Februar und März im SEETUNNEL; dabei können Unterwasserstrecken auf einer Länge von 200 Meter bei einer maximalen Tauchtiefe von 37 Meter betaucht werden. Gänge beim PENDLER werden ebenfalls vermessen und zwei weitere Siphone im Bereich des SEETUNNELS entdeckt.

Im März erfolgt die erste von insgesamt vier Fahrten ins SCHWABENLAND, bei der u.a. die PLATTENKLUFT erforscht und insgesamt mehr als ein Kilometer an Wegstrecken dokumentiert werden kann.

Bei den weiteren Befahrungen des SCHWABENLANDES werden der HELDENSCHLUF und ein weiterer Seitengang vermessen. Bei einer Abzweigung im EXCENTRIQUESGANG gelangt man in die ENTRISCHE HALLE; ein 10-m-Aufstieg führt in einen ca. 100 m langen Gang.

Im August werden Materialbergungen im Bereich UMSTEIGER durchgeführt und das Forschungsmaterial ins SCHWABENLAND verlegt.

Bei einer Vorexpedition für einen weiteren Tauchgang wird am 8. Oktober Material bis in die HALLE DES STAUNENS transportiert.

An der darauffolgenden dreitägigen Expedition vom 21. bis 23. Oktober beteiligen sich insgesamt elf Höhlenforscher, die das umfangreiche Tauchmaterial in die Höhle transportieren. Ein 40-minütiger Tauchgang von MEYBERG führt zur Durchtauchung des 70 Meter langen und bis zu 8 Meter tiefen GRÜNKOGELSIPHONES. Zum Erstaunen des Tauchers setzen sich die Unterwasserstrecken in den von den trockenen Bereichen gewohnten großen Dimensionen fort. Der Umstand, daß sich hinter den Siphonen weitere wasserfreie Höhlenteile befinden, motiviert den Rest der Mannschaft erfolgreich zur Suche nach einer Umgehung der Unterwasserstrecke (Abb. 99, 100).

Im November wird im SCHWABENLAND ein Aufstieg in der QUERKLUFT durchgeführt, ohne daß sie ganz bewältigt wird. Ein weiterer Schlot wird erklommen und ein anschließender Gang vermessen.

Vom 8. bis 11. Dezember versuchen Gottfried BUCHEGGER, Peter SEETHALER und David WALTER eine Umgehung des GRÜNKOGELSIPHONES im WILDEN WESTEN zu finden. In der GRÜNKOGELHALLE gelingt in 2,5 Stunden ein 25-Meter-Aufstieg, in weiterer Folge werden 300 Meter Neuland vermessen. Die KLUFT wird bis an ihr Ende, einen Siphon, erkundet. In einem Schluf kann schließlich eine Fortsetzung gefunden werden, die in die SAHARA führt, in der sich die Hirlatzhöhle mit bis zu 60 Meter breiten Gängen fortsetzt.

Insgesamt werden bei dieser Tour 2 km Höhlengänge vermessen, wodurch die Gesamtlänge der Hirlatzhöhle 78 km übersteigt!

1995

Eine Arbeitstour Anfang Jänner dient dem Erstellen einer Seilquerung im Bereich des JALOTS, die künftig das langwierige Abseilen und Aufsteigen am Seil in diesem Höhlenteil erspart (Abb.98). Auch beim Abstieg in den Tunnel zur SAHARA wird eine Seilquerung eingerichtet. Im Jänner und im Februar erfolgen zwei Forschungsfahrten. Bei der ersten Fahrt wird versucht, im Bereich der SAHARA Fortsetzungen zu finden. Ein 50-m-Abstieg im SÜDWESTEN im Februar führt in die UNTERTISCHKATHEDRALE. In der Nähe des GRÜNKOGELSIPHONES wird der HÜBNERSCHLUF auf 130 m Länge vermessen. Seitengänge der SAHARA sowie Gänge im GRÜNKOGELQUERGANG werden auf über 1 km Länge dokumentiert. Im MEGALODONTENCANYON wird eine Umgehung des zweiten Wasserfalles gefunden. Am 11. März durchtaucht Michael MEYBERG im Rahmen einer Tagestour(!) den Siphon im SEETUNNEL! Mit einer Strecke von 370 Meter dürfte es sich dabei um den längsten betauchten Siphon Österreichs handeln.

1996

1996 erfolgen wieder Materialtransporte der Tauchergruppe in die Höhle. Bei einem Tauchvorstoß in der OASE, einem in der SAHARA, dem bislang westlichsten Teil des Höhlensystems, gelegenen Siphon, kann MEYBERG 300 Meter Gangstrecke unter Wasser vermessen. In den südöstlichen Höhlenteilen werden in der TIEFKARKLUFT im LABYRINTH

DER ENTSCHEIDUNG vier Seen, darunter der 60 m lange WINDSEE, mittels Neoprentauchanzügen überquert und anschließend weitere Fortsetzungen erkundet, ohne daß man an ein Ende gelangt wäre. Mit Jahresende sind nunmehr 81.175 m des ausgedehnten Höhlensystems bekannt.

1997

Bei einer viertägigen Fahrt mit Ziel TIEFKARKLUFT werden Anfang des Jahres 560 Höhlenmeter vermessen; im Rahmen dieser Befahrung führt eine beim WOLKENBIWAK beginnende 17-Stunden-Tour schließlich in das neu angelegte Biwak in der SÄULENHALLE. 14 Stunden davon werden in nassen Neoprenanzügen verbracht. Im östlichen Entwässerungssystem kann nunmehr ein aktives Gerinne auf 2,5 km Luftlinie von der TIEFKARKLUFT über den DONNERBACH und das HIRSCHAULABYRINTH bis zum Kessel verfolgt werden.

Bei einer zweiten Tour Anfang Februar wird - vorläufig allerdings vergeblich - versucht, eine Verbindung vom FRAGEZEICHEN in die im LABYRINTH DER ENTSCHEIDUNG gelegene SÄULENHALLE zu finden.

Eine dritte Befahrung Anfang März erfolgt zum ABSTURZSCHACHT im FERNEN OSTEN, in dem 40 m an Schlotstrecken bezwungen werden. Im UNTEREN BACHBETT werden Reststrecken dokumentiert.

Eine elfköpfige Expedition ist im November in der Höhle unterwegs. Ein Teil der Mannschaft gelangt nach im SPRENGSTELLENBIWAK verbrachter Nacht nach acht Stunden Gehzeit in das Biwak in der SÄULENHALLE. Am nächsten Tag werden bei einem sechzehn Stunden dauernden Vorstoß 360 m in einem Labyrinth vermessen und nach einem Abstieg im DONNERBACH die Hauptfortsetzung der Höhle ca. 250 m weit in Richtung Süden bis zum vorläufigen Umkehrpunkt - einem See - verfolgt.

Das zweite Team versucht in einem Deckenloch in der Nähe des FRAGEZEICHENBIWAKS auf mehreren Metern Länge eine Engstelle in einem verlehmten Gang zu erweitern, durch den man vermutlich in das LABYRINTH DER ENTSCHEIDUNG gelangt.

1998

Als die bislang „härtesten und anspruchsvollsten Hirlatzhöhlentouren" werden von den Teilnehmern die beiden neuerlichen Vorstöße in das Höhlensystem bezeichnet.

Vier Tage Höhlenaufenthalt zu Jahresbeginn und fünf Tage im März dienen dazu, in der TIEFKARKLUFT den DONNERBACH weiter zu verfolgen. Dieses in der kalten Jahreszeit eine minimale Schüttung von etwa 30 l/sec aufweisende Gerinne gilt als der Hauptwasserzubringer der beiden am Hallstätter See gelegenen Karstquellen Kessel und Hirschbrunn (Abb. 131, 132).

Der neuerliche Einsatz in Teilen der Hirlatzhöhle, die mittlerweile zehn bis elf Kilometer unterschiedlichster Wegstrecken vom Eingang entfernt sind, läßt die Extremisten unter den Höhlenforschern bis an die Grenze ihrer physischen Leistungsfähigkeit gehen. Im März werden vier Nächte in der Höhle in unterschiedlichen Biwaks im Schlafsack verbracht. Dazwischen liegen sich über den ganzen Tag erstreckende Touren in bisher unbetretenes „Neuland". Da sich dieses in beachtlicher Länge Richtung Süden ausdehnt, ist es nach der ersten Nacht notwendig, die gesamte Ausrüstung wasserdicht verpackt auf Luftmatratzen über die vier bis zu 60 m langen Seen zu transportieren. In dem anschließenden, versturzgeprägten Bereich weist die TIEFKARKLUFT Gangbreiten von bis zu 8 m und Raumhöhen bis ca. 15 m auf, wobei der Blick in Schlote mit bis zu 40 m Höhe fällt.

Der weitere Weg durch die Kluft führt in die GLEITSCHICHTHALLE und in das UNTERE TIEFKARLABYRINTH. Labyrinthartiger Gangverlauf, zahlreiche Rundgänge sowie die Notwendigkeit, sich im Canyon an kletterbarer Stelle spreizend fortzubewegen, kennzeichnen diesen Bereich. Ein röhrenförmiger Gang führt zur Abseilstelle in den mit Kristallen an den Wänden geschmückten KRISTALLPALAST. Auf einen weiteren See folgt ein 60-m-Aufstieg durch eine enge, senkrechte Klamm, durch die das mitgeführte Material mühsam stufenweise aufgezogen werden muß, ehe ein weiteres Biwak im OBEREN TIEFKARLABYRINTH bezogen wird. Ein Canyon, der HOCHDONNERBACH, wird bergauf verfolgt, bis er in einen Schlot mündet, der das weitere Vordringen verhindert.

Diese wasserführenden Teile des östlichen Entwässerungssystems erreichen 919 mNN; sie sind immerhin 2,7 km von den Quelltöpfen der Karstquellen Kessel und Hirschbrunn entfernt.

Ein in westlicher Richtung in der TIEFKARKLUFT erkundeter Höhlenast bietet unter Umständen die Möglichkeit, in bereits bekannte Teile zu gelangen, was einer enormen Weg- und Zeitersparnis gleichkommen würde.

Die dokumentierte Gesamtlänge des Höhlensystems beträgt im März 1998 bei Abschluß der Redaktionsarbeit 85 270 m.

Ausblick

Soweit der überaus erfreuliche Stand der Erforschung der Hirlatzhöhle. Es darf festgehalten werden, daß die derzeitigen Kenntnisse des Verlaufs und der gewaltigen Ausdehnung des Hirlatzhöhlensystems wohl kaum ohne den großartigen und idealistischen Einsatz aller Beteiligten zustande gekommen wäre. Für alle an weiteren Forschungseinsätzen Interessierten muß allerdings betont werden, daß die Entfernungen vom Höhleneingang zu den jeweiligen potentiellen Fortsetzungen in der Höhle den konditionellen Zustand des Forschers gehörig auf die Probe stellen.

So schwierig es auch ist, eine Prognose über zukünftige Forschungsergebnisse abzugeben, so darf doch der Hoffnung Ausdruck verliehen werden, daß weiterhin Expeditionen den Weg ins Innere des Dachsteins finden werden.

Geologie und Tektonik des Hirlatzstockes und dessen Umgebung

Geologisch-tektonischer Rahmen

Der Hirlatzstock - hier als Synonym für den Teil des Nordwestrandes des (morphologischen) Dachsteinplateaus, in dem die Hirlatzhöhle gelegen ist - gehört zur tektonischen Deckeneinheit der Dachstein-Decke. Dabei handelt es sich um eine Abfolge von vorherrschend triadischen Gesteinen mit z.T. fehlenden oder nur in Resten erhalten gebliebenen jurassischen Deckschichten eines weiter im Süden gelegenen Ablagerungsraumes, die im Zuge der durch die Kollision der afrikanischen mit der euro-asiatischen Kontinentalmasse hervorgerufenen Einengung der Tethys-Geosynklinale als weitgehend im Zusammenhang verbleibende Decke nach Norden transportiert wurde. Die Gesteine und Schichten wurden - bevorzugt entlang weicherer oder deformierbarer Schichtglieder, aber auch nach fazieller Ausbildung der permo-triadischen Sedimente getrennt - von ihrer primären Unterlage abgeschert, z.T. übereinandergestapelt und mit genereller Richtung nach Norden überschoben.

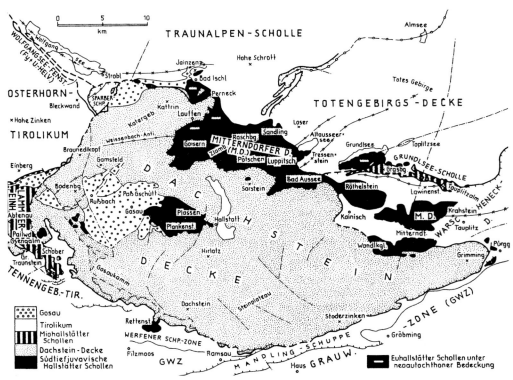

Abb. 34: Tektonische Karte des Dachsteinmassivs und seiner Umrahmung (aus TOLLMANN, 1985)

Als tektonische Einheit umfaßt die Dachsteindecke nicht nur das eigentliche Dachsteinplateau, sondern setzt sich auch über die Traun- und Hallstätter See-Furche in den Sarstein und im Nordwesten in die sog. Gamsfeld-Masse fort (s. Abb. 34). Im geologischen Profil (Abb. 35), vom Ennstal nach Norden, lagert die Dachsteindecke als sog. juvavisches Stockwerk über der tieferen tirolischen Deckeneinheit, die transgressiv mit den altpaläozoischen Schiefern der Grauwackenzone verbunden ist. Am Dachstein-Südrand (Südwände) sind es vor allem die sandig-schiefrigen Werfener Schichten der Unteren Trias, die durch intensive Verschuppung mehrere 100 m mächtig werden können. Zusammen mit hier i.allg. nur geringmächtigen Wettersteinkalken und -dolomiten werden sie als Werfener Schuppenzone und Mandling-Zug zu tektonischen Einheiten zusammengefaßt.

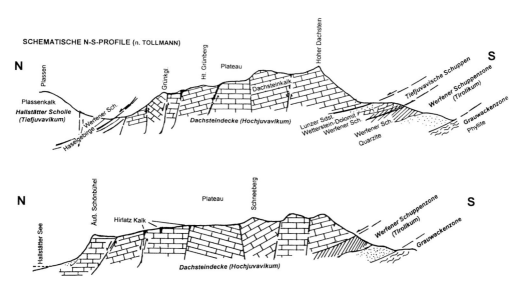

Abb. 35: Schematische Nord-Süd-Profile durch den Dachstein (nach TOLLMANN)

Diesen tektonisch sehr stark beanspruchten Gesteinen wurde die juvavische Dachsteindecke mit flach nach Norden einfallender Bahn überschoben. Das Alter dieser Bewegungen läßt sich aus den Lagerungsverhältnissen der Dachsteindecke in Bezug auf jüngere Sedimente (Gosausedimente, Oberkreide) näher bestimmen: So läßt in einigen Bereichen die transgressive Überlagerung durch die Gosausedimente auf eine vorgosauische - hier oberjurassische - Bewegungsphase schließen, während anderenorts die triadischen Gesteine über die Gosausedimente überschoben sind und die nachgosauische Wiederbelebung des Deckentransports belegen.

Über Lage und fazielle Untergliederung des ursprünglichen Ablagerungsraumes bestehen noch divergierende Ansichten. Es ist jedoch nachvollziehbar, daß die im Hirlatzbereich bis zu 1500 m mächtigen, gebankten Dachsteinkalke als starr reagierende Scholle sowohl durch gravitative Abgleitvorgänge wie auch als Ausweichbewegung gegen die alpine Einengungstektonik einen „en-bloc"-Ferntransport überstehen konnten. Demgegenüber haben sich die gleichaltrigen, aber lithologisch-faziell unterschiedlichen Gesteine benachbarter Ablagerungsräume - hier der tieferen Meeresbereiche, sog. Hallstätter Fazies - in einzelne, kleinräumige

Schollen aufgelöst, die, wie im Plassen, auf der Dachsteindecke lagern oder aber auch von ihr überfahren und eingekeilt wurden. Eine besondere Bedeutung kommt hierbei den Salz- und Salzton-Ablagerungen zu, die aufgrund ihres langzeitplastischen Verhaltens sowohl als Gleithorizont wie auch durch Ausweich- und Aufstiegstendenz (Diapir) fortdauernde Bewegungen ermöglichen.

Stratigraphie und Lithologie

Somit war das Dachsteinmassiv namensgebend sowohl für die tektonische Einheit der „Dachstein-Decke" als auch für die unter dem stratigraphisch-lithologischen Begriff „Dachsteinkalk" zusammengefaßten Ablagerungen. Während dieser Zeit (Trias, 245 - 204 Mio. a.b.p.) bestand im Raum der heutigen alpidischen Gebirge ein ozeanischer Gürtel (Tethys-Geosynklinale), in dem Tiefwasser-Ablagerungsräume (Hallstätter Fazies) im zentralen Bereich wie auch randliche Schelf- und Flachwasserablagerungen (Berchtesgadener Fazies) entstanden. Die Gesteinsabfolge der Dachsteindecke zeigt folgende Tabelle:

Schichtfolge der Dachstein-Decke

J U R A	Malm < 5 m	Radiolarit (nur lokal vorhanden)
	Dogger	Dachsteinkalk-Breccien (lokal)
	Lias	rote Hirlatzkalke und Spaltenfüllungen (nur in Resten erhalten)
T R I A S	Rhät < 1500 m	gebankter Dachsteinkalk mit lokal Dachstein Riffkalk
	Nor < 200 - 500 m	Hauptdolomit und dolomitisierter Dachsteinkalk
	Karn 0 - 20 m	Lunzer Schichten (Sandsteine, nur lokal vorhanden)
	Ladin < 500 m	Wettersteindolomit
	Anis	Gutensteiner Dolomit
	Skyth 0 - 200 m	Werfener Schichten, Sandsteine, Schiefer z.T. tektonisch reduziert
P E R M		Haselgebirge und Evaporite (Salzton, Salz, Gips, Anhydrit), z.T. reduziert bzw. durch Salztektonik akkumuliert

Der Gebirgsaufbau im betrachteten Gebiet wird fast ausschließlich durch die obertriadischen Dachsteinkalke bestimmt. Im Bereich des Hirlatz werden sie über 1500 m mächtig und sind repräsentativ für den Flachwasserbereich. Sie zeigen sich als deutlich geschichtete bis gebankte, karbonatische Lagunen- und Schelfablagerungen. An der Erdoberfläche hellgrau-weißlich, sind sie im frischen Abschlag bräunlich-beige. Verbreitet finden sich dezimetermächtige, bunte, zyklische Rhythmite mit Algenrasen, die im mm-Bereich untergliedert sind (Loferite). Ebenfalls zyklisch treten bis zu mehrere Meter mächtige, fossilreiche Bänke auf, in denen Megalodonten („Kuhtrittmuscheln") makroskopisch vorherrschen.

Bernd KRAUTHAUSEN mit Beitrag Peter HENNE

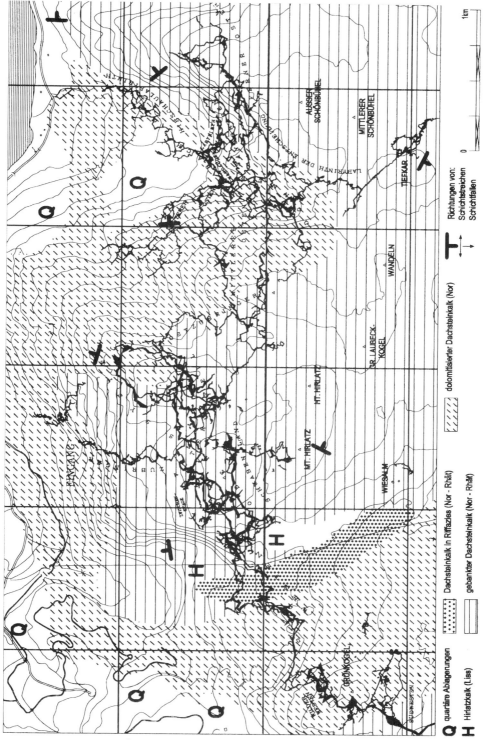

Abb. 36: Geologische Übersichtskarte Hirlatzbereich (nach TOLLMANN)

An den Lagunenrändern werden die gebankten Kalke vielfach von nur undeutlich geschichteten bis massigen, z.T. auch oolithischen Riffkalken vertreten (Gosaukamm). Ebenso finden sich neben schichtigen dolomitischen Zwischenlagen in den oben erwähnten Rhythmiten lokal auch ausgedehnte Gesteinsbereiche unterschiedlichen Dolomitisierungsgrades (s. Abb. 36).

Die große Mächtigkeit zeigt an, daß über den gesamten Ablagerungszeitraum gleichbleibende und anhaltende Absenkungstendenzen vorhanden waren. Diesen folgten erste Hebungstendenzen, verbunden mit einer starken Dehnungstektonik am Ende der Trias. Dadurch gelangten Teile der Dachsteinkalke an die Oberfläche bzw. in den Brandungsbereich, und es kam zu ersten Abtragungs- und Verkarstungserscheinungen. Im Wechsel mit erneuten Absenkungen und weiterer Sedimentation erfolgten sowohl Abtragungen der höheren Dachsteinkalkschichten wie auch Überlagerung durch rötlich-bunte Hirlatzkalke. Eine flächige Verbreitung der Hirlatzkalke wäre in Analogie zu anderen Bereichen der Nördlichen Kalkalpen zu vermuten; sie wäre dann aber im Dachstein durch späteren Abtrag entfernt worden. Lediglich im Hirlatzgebiet, wo aufgrund der Lagerungsverhältnisse und des nach Norden abgetreppten Blockversatzes die stratigraphisch höchsten Anteile der Dachsteinkalke anzutreffen sind, finden sich verbreitet die rötlichen Hirlatzkalk-Spaltenfüllungen. Besonders interessant sind hierbei solche Vorkommen, in denen die Spalten korrosiv erweitert sind bzw. auch als speläogenetisch wirksame Inhomogenitäten durch die später erfolgte Höhlenbildung erneut angefahren wurden.

Tektonik

Waren die Bewegungsabläufe in der Tethys-Geosynklinale ausschlaggebend für Mächtigkeit und fazielle Differenzierung der Ablagerungen, entstand bereits unmittelbar im Anschluß an die Sedimentationsphase in den konsolidierten Dachsteinkalken ein diagonales, aus der anhaltenden Einengungstendenz der Tethys-Geosynklinale resultierendes und NW-SE- bzw. NE-SW-orientiertes Kluftnetz (MOHR'sches System), belegt durch die Hirlatzkalk-Spaltenfüllungen. Spätere tektonische Bewegungen, darunter auch die seit dem Tertiär bestehende und bis heute fortdauernde Hebung des Alpenkörpers, reaktivierten wiederholt dieses Kluftnetz, entlang dem auch die nach Norden jeweils tiefer abgesenkten Teilblöcke der Dachsteindecke abgesenkt wurden.

Morphologisch fällt dieses System durch die Anlage linienhafter Tiefenzonen (Dolinenketten, Karstgassen) insbesondere im zentralen Plateaubereich im Gelände wie auch im Luftbild auf. Herren- und Bärengasse (HBS in Abb. 37) zeichnen in ihrem Verlauf die NW-SE-Komponente, die Störungssysteme zwischen Grünkogel und Tiergarten (GTS) sowie in der Fortsetzung nach Norden der Schoßlahngang (SLG), weiter im Osten Schönwies- (SWS) und Krippengasse (KGS), den NE-SW-Ast nach.

Weniger deutlich zeigt sich im zentralen Bereich das zweite Bruchsystem, das N-S bzw. E-W ausgerichtet ist (CLOOS'sches System), wo im Bereich Laubeck- und Zwölferkogel der N-S-Ast im Luftbild erkennbar wird. Erst am nördlichen Plateaurand finden sich verbreitet E-W-gerichtete Bruchstrukturen, insbesonders in den Bergspornen und Wänden von Zwölfer- und Rauher Kogel.

Entsprechend dem Bild einer treppenartig nach Norden abfallenden Zerlegung der Dachsteindecke in einzelne Teilblöcke zeigen sich die Lagerungsverhältnisse der Schichten uneinheitlich: Im zentralen Plateaubereich finden sich im allgemeinen flachlagernde oder

Bernd KRAUTHAUSEN mit Beitrag Peter HENNE

sogar leicht gegen Süden einfallende Schichten, während gegen den Gebirgsrand die Gesteinsschichten flach bis mittelsteil gegen Norden hin einfallen. Diese gegen Nord geneigten Trenn- (Schicht-)flächen verstärken die häufig zu beobachtenden Abriß- und Talzuschub-Vorgänge, von denen die Steilwände von Zwölfer- und Rauher Kogel geprägt sind.

Speläologie

Die geologischen Rahmenbedingungen für die Höhlenbildung -

a)   Verbreitung, Ausbildung und chemisch-mineralogische Eigenschaften
      verkarstungsfähiger Gesteine (Lithovarianz),

b)   Art und Ausbildung, Raumlage und Verschneidungsart speläogenetisch wirksamer
      Trennflächen (Tektonovarianz) -

wurden oben beschrieben. Mit Ausnahme jüngster Bewegungsabläufe, wie z.B. Bergzerreißungen und Talzuschubserscheinungen am eiszeitlich übersteilten Dachstein-Nordrand, variieren diese Bedingungen stark im Raum, jedoch kaum in der für den Prozeß der Höhlenbildung anzunehmenden Zeit.

Zeitlich-räumliche Schwankungen sind jedoch für die

c)   Klimavarianz (Wasserangebot, CO_2 und Temperatur) und die

d)   morphogenetische Varianz (Lage der Vorflut, hydraulische Parameter) anzunehmen.

In Bezug auf die Hirlatzhöhle können nur einige der o.a. Randbedingungen quantitativ näher bestimmt werden, während andere noch nicht untersucht wurden und daher nur qualitativ zu beschreiben sind. Allerdings erlaubt die umfangreiche forscherische und dokumentarische Arbeit der Höhlenforscher in diesem Teil des Dachsteinmassivs zunehmend Einblicke in den Gebirgsaufbau sowie in die dortigen rezenten oder in der Vergangenheit abgelaufenen hydrogeologischen und Verkarstungsprozesse.

Lithovarianzen im Bereich der Hirlatzhöhle

Aufgrund der im Hirlatz-Bereich anzunehmenden Mächtigkeit von über 1500 m liegt die gesamte Höhle in der karbonatischen Dachsteinkalk-Abfolge. Lithologisch ist hierbei zwischen den z.T. hochreinen Kalken und eingeschalteten dolomitischen Zwischenlagen oder auch den Hirlatz-Bereich umrahmenden dolomitisierten Dachsteinkalken (s. Geol. Karte, Abb. 36) zu unterscheiden.

TRIMMEL [1963] und HENNE et al. [1994] haben darauf hingewiesen, daß bei der Ausbildung von Schichtfugengängen ein- oder untergelagerte dolomitische Zwischenlagen, z.B. der Rhythmite, aufgrund der unterschiedlichen Korrosionsabläufe eine Rolle spielen können. Labyrinthische Schichtfugensysteme, oft auch einander überlagernd, sind an derartige zyklische Sedimente gebunden.

Tritt eine nachträgliche Umwandlung der Kalke („Dolomitisierung") ein, erfolgt durch die damit verbundene Volumensreduktion (bis zu 13%) eine Erhöhung der initialen Durchlässigkeit bzw. engständige Zerbrechung des Gesteins. Diese kann verstärkten Wasserdurchsatz und somit Beschleunigung der Verkarstungsvorgänge bewirken, steht aber der Ausbildung größerer und standfester Höhlengänge entgegen. Engräumige, aber intensiv verzweigte (labyrinthische) Höhlenteile finden sich bevorzugt in derartigen dolomitischeren Gesteinsbereichen.

Die weitgespannten Gewölbe, z.T. auch planen Deckenbereiche der „Riesentunnel" und „-hallen", wie sie für die Hirlatzhöhle typisch sind, werden hingegen von den tragfähigen, massigen Dachsteinkalkbänken gebildet. Besonders bei geringer Klüftigkeit der Bänke können „freitragende" Spannweiten von Dutzenden Metern auftreten. Auf der anderen Seite, bei Zerklüftung und/oder Überschreiten der Gebirgsfestigkeit, formen die bankigen Schichten die oft zimmergroßen Blöcke der Versturzbereiche.

Tektonovarianzen im Bereich der Hirlatzhöhle

Die Entwicklung und Anlage von Karsthöhlen hängt generell vom Vorhandensein speläogenetisch wirksamer Wasserwegsamkeiten („überkapillare Fugen") im Gestein ab. Derartige Inhomogenitäten sind im Hirlatzbereich durch das Kluftnetz und die je nach Lagerungsverhältnissen variierenden Schichtfugen vorgegeben, entlang denen die Hirlatzhöhle ausgerichtet ist.

Anhand einer Aktualisierung und Aufbereitung der von Tobias BOSSERT zusammengestellten Vermessungsdaten der Hirlatzhöhle (Stand: September 1996, 77.043 m) konnte von Peter HENNE [1994b] die Fortführung der statistischen Auswertung erfolgen. Demnach wird die Höhle von einem Gebirgsquader mit den Nord-Süd-Ausmaßen von rund 5 km, in Ost-West-Richtung von 2 km und in der vertikalen Achse von 1,1 km umschlossen; dies entspricht einem Gesamtvolumen von rd. 11 km³.

Gegenüber früheren statistischen Auswertungen [KRAUTHAUSEN 1989 und HENNE et al. 1994] haben sich durch die um 140% höheren Datenbestände keine Veränderungen ergeben. Die Gänge der Hirlatzhöhle (hier vereinfachend aus den Richtungsvisuren der Vermessungsdaten abgeleitet) lassen in ihrer Richtungsverteilung (Abb. 38) das bereits beschriebene diagonale NW-SE- bzw. NE-SW-Richtungsmuster - und untergeordnet auch die N-S-Komponente des CLOOS'schen Systems - erkennen.

In Abb. 37 (Luftbildlineamente und Hirlatzhöhle) sind die Beziehungen zwischen der Anlage der Hirlatzhöhle und dem im Luftbild erkennbaren Kluft- und Störungsnetz dargestellt. Hierdurch soll verdeutlicht werden, daß die Höhle in weiten Bereichen den auch an der Erdoberfläche erkennbaren Störungsmustern folgt. Gleichzeitig fällt bei Einbeziehung der Morphologie auf, daß die Höhle in ihrer Gesamtanlage den Gebirgsrand „nachzeichnet". Diese Übereinstimmung wird noch deutlicher, wenn man die Vermessungs- (= Gang-)richtungen mit den Richtungen des Dachstein-Nordrandes vergleicht (Abb. 38 und Abb. 39).

Es wird daher angenommen, daß das vorhandene Trennflächengefüge am Steilabfall des Gebirgsrandes durch Entlastungsvorgänge reaktiviert wurde. Die dadurch gegebene Dehnungs- oder Zerrungstendenz führte zu potentiell wasserwegsamen und damit speläogenetisch wirksamen Trennflächen, denen die Hirlatzhöhle in ihrer Anlage folgt. Hierbei bleibt die Höhle mit einer mittleren Tagferne von 300 bis 550 m (Schrägentfernung) in relativer Nähe zur Erdoberfläche.

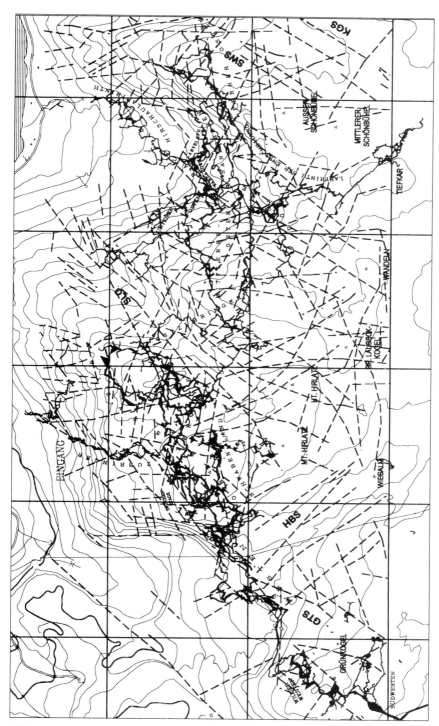

Abb. 37: Luftbildlineamente und Anlage der Hirlatzhöhle
Abkürzungen siehe Text auf Seite 130

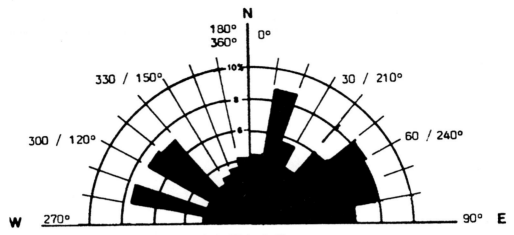

Abb. 38: Richtungen des Gangverlaufs der Hirlatzhöhle

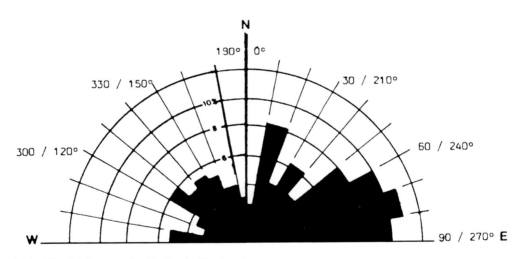

Abb. 39: Richtungen des Dachstein-Nordrandes

Bernd KRAUTHAUSEN mit Beitrag Peter HENNE

Klima- und morphogenetische Varianz

Die im Dachsteinplateau in ihren großen Zügen erhaltene, flachhügelige tertiäre Landoberfläche sowie ihre in Resten erhaltene fluviatile Überschüttung durch Kiese und Sande aus dem zentralalpinen Bereich („Augensteine") belegen, daß bis zu dieser Zeit eine von Süden nach Norden gerichtete Oberflächenentwässerung mit höchstens untergeordneter unterirdischer Komponente und Verkarstung bestand. Erst mit der En-bloc-Heraushebung des Alpenkörpers (ab Miozän) verlagerte sich - unter tropischen Klimabedingungen wahrscheinlich sehr rasch - die Entwässerung mit damit einhergehender Verkarstung in den Untergrund.

Seit diesem für die Hauptentwicklung der Hirlatzhöhle anzusetzenden Zeitrahmen haben die klimatischen Bedingungen, hier vor allem Temperatur und Wasserangebot, mehrfach gewechselt. Von besonderer Bedeutung waren Einflüsse der pleistozänen Vereisungen bzw. der zwischengeschalteten wärmeren Perioden in Bezug auf Wasserangebot und Landformung. Da Plateaubereich und Traunfurche vergletschert waren, standen insbesondere in den Abschmelzphasen große Wassermengen zur Verfügung, die korrosiv und erosiv, aber auch umlagernd und einschwemmend in Bezug auf in der Höhle oder an der Erdoberfläche befindliches Lockermaterial wirksam wurden. Daneben sind aber auch Zeiträume anzunehmen, in denen der Permafrost zumindest oberflächennah jegliche Wasserzufuhr unterband bzw. über Frostsprengung und -verwitterung eine Umformung von Höhlenteilen erfolgte.

Die Höhlenfauna des Hirlatzmassivs

Tief in seinem Inneren verborgen liegt das mehr als 85 Kilometer lange Labyrinth der Hirlatzhöhle. Mit einer Horizontaldistanz von 5 Kilometern erstreckt es sich vom Rauhen Kogel (1672 mNN) im Osten bis in die Gegend von Grünkogel (1914 mNN) und Gamskogel (2020 mNN) im Westen. Nach Südosten reicht die Höhle mit der TIEFKARKLUFT bis in die gleichnamige Senke westlich des Mittleren Schönbühels (1768 mNN), im zentralen Abschnitt enden die Labyrinthe unterhalb des Mittleren Hirlatz (1985 mNN) und des Zwölferkogels (1982 mNN). Details sind in den jeweiligen Fachbeiträgen und aus der Übersichtskarte ersichtlich.

In der Katastergruppe 1546 (Hirlatz), deren östliche Begrenzung vom Krippeneck über Krippenbrunn talwärts zum Miesenbach verläuft und im Südwesten ebenfalls vorwiegend den markierten Wanderwegen entlang von deutlich vorgezeichneten Störungslinien (Seichenklamm, Bärengasse, Herrengasse, Tiergarten, Tropfwand) folgt, sind zur Zeit 93 Höhlen registriert (siehe Höhlenverzeichnis). Die bedeutendsten darunter werden von Walter GREGER in einem separaten Beitrag besprochen.

Faunistische Angaben liegen lediglich von 17 Höhlen (18%) und zwei Stollen vor, die diesbezügliche Erforschung - nicht nur - des Hirlatzmassivs läßt somit trotz einiger bemerkenswerter Funde im allgemeinen noch recht zu wünschen übrig.

Jeder Höhlenforscher sollte sich der Tatsache bewußt werden, daß auch unscheinbare Reste von Insekten oder Kleinsäugern vielfach beträchtlichen Aussagewert haben können! Ein in seine Bestandteile zerfallener Tausendfüßer z.B. ist meist auch dann noch bestimmbar, wenn nur wenigstens die vorderen, kopfnahen Körperringe (mit den bei Männchen artcharakteristischen Gonopoden) erhalten geblieben sind und aufgesammelt wurden.

Das Untersuchungsgebiet

Im vorliegenden Beitrag wird ein Gebiet behandelt, das sich wie folgt umschreiben läßt: Gößlgraben (Gemeindegrenze Hallstatt-Obertraun) - Seewand (Rauher Kogel, 1672 mNN) - Äußerer Schönbühel (1763 mNN) - Schilcherhaus (1738 mNN) - Krippeneck - Oberfeld (1832 mNN) - Seichenklamm - Bärengasse (ca. 1820 mNN) - Ochsenwiesalm (1852 mNN) - Kar zwischen Nd. Ochsenkogel (2220 mNN) und Nd. Grünberg (2174 mNN) = Schladminger Loch - Grünkogel (1914 mNN) - Waldbach-Ursprung (948 mNN) - Echerntal - Hallstätter See (508 mNN).

Es umfaßt die Katastergruppe 1546 mit Ausnahme des östlichsten Teils, weil aus den Höhlen vom Winklerberg aufwärts (zwischen Seewand und Krippengasse bis zum Oberfeld) ohnehin nur spärliche und größtenteils vage Fundangaben vorliegen.

Um einige interessante Meldungen miteinbeziehen zu können, wurde das Untersuchungsgebiet sowohl nach Süden hin (Katastergruppe 1543) als auch gegen Südosten etwas ausgedehnt (bis zum Oberfeld). Die Zahl der insgesamt aufgrund von Tierfunden angeführten Karsterscheinungen erhöht sich dadurch um 9 auf 28.

Kleine Vergleichsstatistik

In den 28 Höhlen des genannten Gebietes (darunter die beiden Stollen), aus denen zoologische Funde bekannt wurden - die meisten (16) liegen zwischen 1690 und 1960 mNN - konnten bisher insgesamt 83 verschiedene Taxa bestimmt werden. Spitzenreiter ist die Obere Brandgrabenhöhle (1546/6) mit 22, gefolgt von der Hirlatzhöhle mit 13, der Oberfeldhöhle mit 11 und der Knochenspalte mit 8 Arten. Je 7 stammen aus der Hirlatz-Tropfsteinhöhle, dem Jägerschacht, Goldlochstollen und Rabenkeller.

Das größte Kontingent stellen mit 25 Arten die Säugetiere, 8 davon zählen zu den Fledermäusen. Fast ausnahmslos handelt es sich bei den Mammalia um Knochenfunde, darunter auch solche vom Braunbären. Mit 21 wenigstens bis zur Gattung bestimmten Taxa (insgesamt ebenfalls 25) folgen dann die Insekten: 11 (12) Arten werden allein durch Käfer repräsentiert, 4 (6) durch die Zweiflügler. An dritter Stelle rangieren die Spinnentiere 9 (11), gefolgt von den Tausendfüßern mit zumindest 5 Arten.

Auffällig ist die relativ niedrige Zahl von 13 Tierarten in Österreichs größter Höhle. Das mag zunächst verwundern, wurden doch z.B. in der Dachstein-Mammuthöhle und in der Koppenbrüllerhöhle jeweils an die 30 verschiedene Taxa festgestellt, in der eng benachbarten Oberen Brandgrabenhöhle sind es immerhin 22.

Lebensfeindliche Hirlatzhöhle?

Abgesehen von fehlenden Determinationen und der zweifellos noch völlig unzureichenden Untersuchung insbesondere der neuen, seit 1983 erforschten Labyrinthe, die in ihrer gewaltigen Ausdehnung den ALTEN TEIL um das Zehnfache übertreffen, wirkt sich wahrscheinlich gerade in letzterem die außergewöhnlich mächtige Gesteinsüberlagerung sehr negativ aus: Sie beträgt stellenweise bis zu 1000 Meter und übt offenbar eine derartig starke Filterwirkung aus, daß eindringendes Wasser nur mehr geringe Mengen an organischen Bestandteilen mitführt.

Das beschränkte Nahrungsangebot dürfte im konkreten Fall selbst für die sonst in Höhlen durchaus nicht seltenen Springschwänze (Collembola) kaum mehr ausreichend sein. Die Lebensmöglichkeiten räuberischer Arten, wie etwa der weißen, langbeinigen „Höhlenmilbe" *Troglocheles* (= *Rhagidia*), die im GOTISCHEN GANG im südlichen Teil des ZUBRINGERS gefunden wurde, beschränken sich dann zwangsläufig auf ein Minimum. Fressen und Gefressenwerden lösen einander auch im Höhlendunkel unaufhörlich ab.

Überreste von Dipteren (Zweiflüglern), die in noch tagferneren Abschnitten des ALTEN TEILS und neuerdings auch im OBEREN SYSTEM gefunden wurden, stammen wahrscheinlich von Tieren, die durch starke Luftströmungen von außen hierher verfrachtet worden sind. Larven- und Puppenfunde von *Trichocera maculipennis* an einem Fledermauskadaver beweisen einen vollständigen Entwicklungszyklus dieser Mückenart in der Höhle.

Aufgrund der relativ großen Trockenheit in vielen Teilen der Hirlatzhöhle erscheint es letztlich auch verständlich, daß sämtliche Beobachtungen des Höhlenlaufkäfers *Arctaphaenops* aus dem lediglich rund 200 m Felsüberdeckung aufweisenden Bereich unterhalb des Hirschau-Kessels stammen, der bei großen Niederschlagsmengen oder zu Zeiten der Schneeschmelze völlig überflutet wird.

Hirlatz- und Brandgrabenhöhle im Überblick

Bereits die erste Forschergeneration berichtete zwischen 1949 und 1960 des öfteren von fliegenden Fledermäusen im ZUBRINGER (EINGANG BIS BLOCKTUNNEL) der Hirlatzhöhle. Die früheste schriftliche Erwähnung von Höhlentieren scheint in einem Tourenbericht über die Befahrung am 29./30. 8. 1957 anläßlich der Verbandstagung auf, in dem P. SPERLING (LVH Salzburg) „Collembolen" sowie Überreste von „Dipteren" und - kaum glaubhaft - sogar von „Orthopteren", also Geradflüglern wie etwa Schrecken, erwähnt.

Angespornt durch gute Erfolge mit Köderfallen in anderen Dachsteinhöhlen, wurde diese Methode von Karl GAISBERGER ab 1976 auch im ALTEN TEIL mehrfach angewendet. Leider enthielten die Fallen aber nur wenige Zweiflüger (Diptera) sowie einige bis heute noch unbestimmte Springschwänze (Collembola) und Milben (Acari).

Knochen bzw. Mumien von Fledermäusen wurden im ALTEN TEIL von Karl GAISBERGER, in den neu erforschten Höhlenteilen von Walter GREGER aufgesammelt. Fünf Arten sind bisher nachgewiesen.

Ganz im Osten der Hirlatzhöhle, im Staubereich des HIRSCHAU- und WANDAUGENLABYRINTHS, haben ab 1990 David WALTER und Walter GREGER mehrfach Höhlenlaufkäfer bzw. deren Überreste angetroffen. Zwei aufgesammelte Exemplare konnten so einer fachlichen Bearbeitung zugeführt werden.

Die ersten Angaben über die Tierwelt der Oberen Brandgrabenhöhle stammen von Karl GAISBERGER aus dem Jahre 1964 (*Rhagidia* [heute *Troglocheles*], *Asellus*, *Niphargus*). An Fledermäusen wurden hier bisher drei Arten festgestellt.

Besondere zoologische Bedeutung erhielt die Obere Brandgrabenhöhle durch den Fund des blinden Tausendfüßers (Myriapoda/Diplopoda) **Typhloiulus seewaldi** (= *Alpityphlus seewaldi*), den Erna EICHBAUER am 31. Oktober 1981 im „Schichtfugengang" machte. Er war bis zu diesem Zeitpunkt nur von der bayrischen Seite des Untersberges (Hollerloch, Kat. Nr. 1339/27, 1620 mNN, südwestlich der Mittagscharte) bekannt. Eine weitere Diplopodenart, nämlich **Syngonopodium aceris**, köderte Karl Gaisberger im Jahre 1990, obwohl eigentlich eher das schon vom Dachsteingebiet bekannte *Syngonopodium cornutum* zu erwarten gewesen wäre.

Zusätzliches faunistisches Interesse gewann die Obere Brandgrabenhöhle am 29.11.1987 als erste oberösterreichische und zugleich zwölfte gesamtösterreichische Fundstelle einer **Eukoenenia**, eines Palpenläufers (Palpigradida).

Vielfältige Beziehungen

Wie bereits aus obigen Angaben (und der Faunenliste am Ende dieses Beitrages) ersichtlich, ist aus dem hier behandelten Teil des Dachsteins bisher zwar keine quantitativ sonderlich reichhaltige Tierwelt bekannt geworden, aber umso mehr verdienen einige Arten ob ihrer Seltenheit oder vielleicht besser ihres „Nur-schwer-habhaft-Werdens" unsere besondere Beachtung.

Dies sind vor allem die „echten Höhlenbewohner" oder **Troglobionten**, welche durch ihre perfekte Anpassung an das ewige Dunkel nur mehr in den unterirdischen Felsklüften überleben können. Die wichtigsten unter ihnen - natürlich nur den Hirlatz betreffend - wollen wir anschließend noch genauer präsentieren.

Erhard FRITSCH mit Beitrag Karl GAISBERGER

Vorerst soll aber das mögliche Verhältnis zwischen der Höhle und ihren Bewohnern verdeutlicht werden. Der Grad ihrer Bindung an das unterirdische Spaltenmilieu kann recht unterschiedlich sein.

Schon der Wiener Entomologe J. Rudolph SCHINER hat 1854 eine ökologische Wertung der Höhlentiere begründet. Man hat sie seither unzählige Male verändert, zu verbessern versucht oder auch nur verkompliziert. Statt der herkömmlichen Dreiteilung in Trogloxene, Troglophile und Troglobionte wird heute üblicherweise eine leicht abgewandelte vierteilige Skala bevorzugt. Die faszinierendste Gruppe, die **Troglobionten,** wurde bereits genannt.

Bei den **Eutrogloxenen** handelt es sich um Irrgäste, um Höhlenfremdlinge, die dem Speläo-Zoologen eigentlich am wenigsten bedeuten.

Subtroglophile Arten, wie etwa der oft massenhaft in Eingangsnähe anzutreffende Weberknecht *Amilenus aurantiacus*, die zwei „üblichen" Höhlenschmetterlinge *Scoliopteryx libatrix* und *Triphosa dubitata* oder die ebenfalls oft zu Hunderten auftretende Gemeine Stechmücke *(Culex pipiens)* haben genau festgelegte Beziehungen zum Biotop Höhle aufgebaut. Sie suchen nur in einer bestimmten Entwicklungsphase oder zu gewissen Jahreszeiten den unterirdischen Lebensraum auf.

Eutroglophile Arten etablieren beständige Populationen sowohl über als auch unter Tag, müssen aber in keinem Entwicklungsstadium oder zu keiner Jahreszeit ans Tageslicht, wobei ihre Vorliebe für die Finsternis auch bei der gleichen Art unterschiedlich ausgeprägt sein kann. Hierher zählen z.B. die allbekannte große „Höhlenspinne" *Meta menardi* und die blinde pigmentlose Landassel *Mesoniscus alpicola*, die in tiefen Lagen fast nur in Höhlen vorkommt, im Gebirge aber meist im Freien unter Steinen zu finden ist.

Grenzfälle und Übergänge sind natürlich wie immer in der Natur möglich, denn die Vielfalt der Lebensformen läßt sich kaum in ein starres Schema pressen. Allen herkömmlichen Klassifizierungsversuchen haftet jedenfalls ein grundlegender und scheinbar unausrottbarer Irrtum an: Sie wurden aus dem Blickwinkel des Menschen geschaffen, dem Tier ist es jedoch gleichgültig, ob es in einer nur wenige Millimeter messenden Felsritze lebt, sich dort ernähren und fortpflanzen kann, oder ob sich all seine Lebensvorgänge in einem Winkel einer Riesenspalte abspielen, die wir aus unserer Sicht eben als „Höhle" bezeichnen.

Da wir die Spaltenfauna jedoch nur in den dem Speläologen zugänglichen Bereichen finden können, erwecken die uns dort gelegentlich begegnenden Lebewesen den Eindruck, als ob es sich um ständige „Höhlenbewohner" handeln würde. Wären sie wirklich so selten, wie sie dort üblicherweise auftauchen, sie wären zweifellos schon längst ausgestorben! Wir kennen genügend epigäisch lebende Insekten, die mindestens ebenso rar zu sein scheinen, wie etwa ein *Arctaphaenops*; dies aber nur, weil wir durch ihre extrem verborgene oder spezialisierte Lebensweise gleichfalls kaum an sie herankommen.

Der Ausdruck „Höhlenfauna", so gängig und praktisch er vielfach sein mag, bezeichnet meines Erachtens etwas, das streng genommen nur in sehr beschränktem Ausmaß existent ist und eigentlich nur für (meist) größere „Nichtspaltenbewohner", vom Höhlenspanner bis hin zum südamerikanischen Höhlenvogel Guacharo, passend erscheint. Die von H. NEUHERZ [1979] geschaffenen Begriffe des Klasals mit dem unterirdischen Ökosystem des Klasums charakterisieren jene Bereiche, in denen sich unsere „echten Höhlentiere" normalerweise aufhalten, zweifelsohne bedeutend exakter als die etwas antiquierten Bezeichnungen trogloxen, troglophil und troglobiont es bisher vermochten.

Fast vergessene Funde

Noch zu Beginn unseres Jahrhunderts hielt man die Höhlen der Nordostalpen im Vergleich zu der zoologisch äußerst ergiebigen Unterwelt Sloweniens für bedeutungslos. Die Drau galt als Grenze, nördlich davon habe kein Höhlentier die Eiszeit überdauern können, lautete die verbreitete Lehrmeinung.

Viel zu wenig bekannt ist in diesem Zusammenhang die Tatsache, daß das erste nördlich der Drau gefundene troglobionte Höhlentier eigentlich schon im Mai 1865 in der Drachenhöhle bei Mixnitz festgestellt worden war. Nur, der Bedeutsamkeit ihres Fundes waren sich die Beteiligten, die beiden Grazer Entomologen F. GATTERER und K. ULRICH, damals noch nicht bewußt! Sie hatten die genannte Höhle aufgesucht, um nach Käfern Ausschau zu halten - vergeblich, wie wir aus ihrer köstlichen Schilderung wissen. 1867 berichteten sie in den „Mitteilungen des naturwissenschaftlichen Vereines für Steiermark" wenigstens über die anderen ihnen eher nebensächlich erscheinenden Funde. Hier lesen wir z.B.: „Nur *Campodea staphylinus* war ungleich zahlreicher vertreten. Bei einem daselbst ausgelegten Fleischköder fanden sich an 100 dieser zierlichen Tierchen."

Erst 1942 gelang J. VORNATSCHER der Nachweis, daß die *Campodea* (ein zu den Doppelschwänzen - Diplura - zählendes, flügelloses „Urinsekt") aus der Drachenhöhle in Wirklichkeit mit *Plusiocampa strouhali* aus dem Eggerloch bei Warmbad Villach ident ist. Die Zusammenhänge klarerweise noch nicht ahnend, wurde sie dort 1933 von H. STROUHAL praktisch wiederentdeckt und von F. SILVESTRI [1933] beschrieben [VORNATSCHER 1950a].

Seit der denkwürdigen Exkursion in die Drachenhöhle sind mittlerweile 130 Jahre vergangen, die Kenntnis der Campodeen hat zweifellos Fortschritte gemacht, aber bei der Determination ist noch immer Vorsicht geboten; die Systematik unserer höhlenbewohnenden *Plusiocampa*-Arten erscheint revisionsbedürftig!

Waren die Dipluren der beiden Grazer Käfersammler in erster Linie deren Interesselosigkeit an dieser Tiergruppe zum Opfer gefallen, so hat es den Anschein, als wollte man in den zwanziger Jahren, eingedenk der imaginären Draugrenze, die Funde zweier Palpenläufer aus den Nördlichen Kalkalpen zunächst überhaupt in Frage stellen. Der nächstgelegene Fundort einer *Koenenia* lag damals in den Basses Alpes im Südosten Frankreichs, ein bedenklicher Umstand, der möglicherweise dazu beigetragen hat, daß erst 1926 - also nach Veröffentlichung des Blindkäferfundes im Dachsteinmassiv - kurze Notizen darüber erschienen sind [WETTSTEIN-WESTERSHEIM 1926, WICHMANN 1926].

Es handelte sich dabei um eine *Koenenia* aus der Hirschenfallhöhle[A] im Schöfftaler Waldberg bei Göstling in Niederösterreich (Kat. Nr. 1823/5, 937 mNN, leg. H. E. WICHMANN, August 1923) und um ein weiteres Exemplar aus der Eisriesenwelt (Kat. Nr. 1511/24, 1641 mNN, leg. Poldi FUHRICH, Juli 1922, als solche identifiziert vom damaligen Wiener Spinnenfachmann Regierungsrat E. REIMOSER). Beide gingen leider noch vor der eingehenden wissenschaftlichen Bearbeitung verloren!

[A]WICHMANN [1926] hat als Fundort ursprünglich nur „Höhle in der Dürrensteingegend" angegeben. Weil die Herdengelhöhle mehrmals erwähnt wurde, vermutete man zunächst, WICHMANN habe dort auch seine *Koenenia* gesammelt. 1944 nannte WICHMANN in einem Gespräch mit VORNATSCHER die Poschenreitherhöhle als Fundstelle. Der Beschreibung WICHMANNS folgend, konnte VORNATSCHER jedoch nach 1946 klären, daß es sich aber nur um die in der Nähe liegende größere Hirschenfallhöhle gehandelt haben konnte (vgl. dazu auch K. MAIS [1971]).

Ein Meilenstein der Zoologie

Erst das Jahr 1924 brach schließlich den Bann, als der Linzer Franz POROD in der Koppenbrüllerhöhle bei Obertraun (Kat. Nr. 1549/1, 565 mNN) am 28. Dezember[B] den ersten blinden Höhlenkäfer der Nordalpen, „unseren" *Arctaphaenops angulipennis*, erbeuten konnte [MEIXNER, 1924/25, 1926]. Am 17. September 1932 erfolgte die Entdeckung einer weiteren Art, des *Arctaphaenops styriacus,* in der Bärenhöhle im Lugauer (Hartelsgraben, Ennstaler Alpen, Kat. Nr. 1714/1, 1230 mNN), beschrieben von Albert WINKLER [1933].

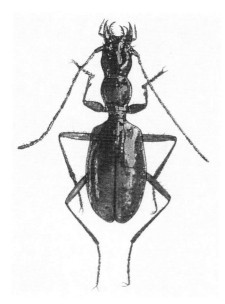

Abb. 40: Arctaphaenops angulipennis

Während im Laufe der Zeit doch einige Imagines (fertig entwickelte Käfer) zusammengetragen wurden (Dachstein-Rieseneishöhle: 1925, Überreste leg. H. E. WICHMANN, Ende Juli 1927, 1 M leg. Albert WINKLER, jeweils im „Iwandom"; weiters einige wenige Exemplare durch Wiener Koleopterologen im eisfreien Teil. Dachstein-Mammuthöhle: 1925 Reste in der Oedlhöhle, leg. H. E. WICHMANN; 10. September 1928 in der „Arkadenkluft" 1 M leg. Höhlenführer Rupert ESSL), blieb das Larvenstadium von *Arctaphaenops* rund 20 Jahre lang unbekannt.

Erst am 23. März 1946 fand der Wiener Zoologe Josef VORNATSCHER im „Dapragang" der Koppenbrüllerhöhle in einer seit etwa sechs Wochen aufgestellten Köderfalle eine Larve des Käfers [STROUHAL 1950]. In der gleichen Höhle entdeckte er am 24. Juli 1950 vier weitere Larven - ebenfalls an einem Köder. Nachdem J. VORNATSCHER im September 1949 in der „Simonyhalle" der neuerliche Köderfang eines *Arctaphaenops* gelungen war, erhöhte sich die Bilanz der damals seit 1924 offiziell bekannt gewordenen Tiere auf sage und schreibe vier (männliche) Exemplare!

Die Jahre 1965 (*A. ilmingi*), 1966 (*A. hartmannorum*), 1972 (*A. muellneri, A. nihilumalbi*), 1975 (*A. helgae*), 1983 (*A. gaisbergeri*), 1986 (*A. putzi*) und 1991 (*A. celinae*) brachten dann aus verschiedenen Höhlen eine wahre Flut von Neubeschreibungen, die sich meist nur auf einzelne (aber immerhin wenigstens überwiegend männliche) Individuen stützten. Von *A. hartmannorum* und *A. celinae* lagen jeweils nur ein Weibchen vor. Ohne die Variationsbreite zu kennen, wurden bis 1991 insgesamt 10 „Arten" aus der Taufe gehoben.

[B]Ein handschriftlicher Vermerk von H. HAMANN bei der Beschreibung in der Koleopterol. Rundschau, Bd. XI, 1924/25, S. 130 im Bibliotheksexemplar des OÖ Landesmuseums, Linz, (Signatur I 90.861) nennt jedoch einen anderen Tag: „Lt. POROD persönl. Mitteilg. am **26**. XII."

Nur wenige sind auserwählt

Erst Hermann DAFFNER setzte 1993 mit seiner Revision der *Arctaphaenops*-Arten einen ersten Schritt in die zweifellos einzuschlagende Richtung: Gestützt auf relativ reichhaltiges Material, das seit 1988 aufgrund systematischer Köderfänge durch Karl GAISBERGER (Altaussee) in Zusammenarbeit mit dem Entomologen Manfred KAHLEN (Hall i. Tirol) aufgesammelt worden war, kam es zu einer beachtlichen Artenreduktion. Der Ansicht DAFFNERS zufolge konnten nach Untersuchung des vorliegenden Materials, das meist von den typischen Fundorten stammte, nur mehr drei Arten und eine Unterart aufrecht erhalten werden:

1. ***A. angulipennis angulipennis*** (MEIXNER, 1925) mit den Synonymen *A. nihilumalbi* SCHMID 1972, *A. putzi* FISCHHUBER 1986, *A. celinae* GENEST 1991:

DACHSTEIN: *Koppenbrüllerhöhle* (1549/1, 565 mNN, locus typicus, 1924, 1949,1962,1963), *Dachstein-Rieseneishöhle* (1547/17, 1420 mNN, 1925, 1927, 1985), *Dachstein-Mammuthöhle* mit *Oedlhöhle* (1547/9, 1368 mNN, 1925, 1928), *Mörkhöhle* (1547/12, 1398 mNN, 1971), *Schönberghöhle* (1547/70, 1250 mNN, 1977), *Backofen* (1547/11, 1450 mNN, 1979), *Lämmermayrhöhle* (1547/3, 830 mNN, 1981), *Hirlatzhöhle* (1546/7, 870 mNN, 1990, 1991), *Goldlochstollen* (535 mNN, 1989-92), *Hirschbrunn-Quellstollen* (508,5 mNN).

SARSTEIN: *Kirchschlagerloch* (1611/6, 815 mNN, 1972), *Windloch* (1611/8, 925 mNN, 1977).

TOTES GEBIRGE (von W nach O): *Schwarzenbachloch* (1612/7, 990 mNN, 1988, 1990/91), *Höllenloch* (1612/1, 540 mNN, 1990), *Jagdhüttenhöhle* (1626/146, 1304 mNN, 1984), *Naglsteghöhle* (1626/5, 865 mNN, 1980), *Salzofenhöhle* (1624/31, 2005 mNN, 1972, locus typicus von *A. nihilumalbi*), *Bärenhöhle in der Weißen Wand* (1625/152, 2100 mNN, 1984), *Lieglloch* (1622/1, 1290 mNN, 1985), *Gamssulzenhöhle* (1637/3, 1300 mNN, 1986, 1991/92), *Kreidelucke* (1628/2, 580 mNN, 1990, 1992, locus typicus von *A. celinae*).

GRIMMING - Diemlerner Berg, Steiermark: *Schottloch am Liadeck* (1551/2, 1430 mNN, 1985, locus typicus von *A. putzi*), nach Mitt. von Karl GAISBERGER ist dieser Fundort zweifelhaft, das Tier dürfte aus der Naglsteghöhle (1626/5) stammen.

2. ***A. angulipennis styriacus*** [WINKLER 1933] mit den Synonymen *A. ilmingi* SCHMID 1965 und *A. hartmannorum* SCHMID 1966:

STEIERMARK: *Bärenhöhle im Lugauer*, Hartelsgraben (1714/1, 1230 mNN, 1932, 1936, 1990/91, locus typicus), *Lindnerhöhle im Lassingtal*, Wildalpen (1815/75, 830 mNN, 1990).

NIEDERÖSTERREICH: *Hochkarschacht* (1814/5, 1620 mNN, locus typicus von *A. hartmannorum*, 1966, 1989,1990); Dürrenstein: *Lechnerweidhöhle* (1815/32, 1380 mNN, locus typicus von *A. ilmingi*, 1964); *Ötscherhöhlensystem* (1816/6 mit *Taubenloch* [früher 1816/14], 1505 mNN, 1992); *Pfannloch* im Ötscher (1816/55, 1557 mNN, 1989, 1990); Türnitzer Alpen: *Rißberghöhle*, südöstlich Puchenstuben (1836/24, 1080 mNN, 1982), *Eisgrube,* südlich Schwarzenbach/Pielach (1836/50, 930 mNN, 1982), *Schoberberghöhle*, westlich Türnitz (1836/51, 1025 mNN, 1982).

3. ***A. muellneri*** SCHMID 1972 (syn. *A. helgae* SCHMID 1975):

Sengsengebirge: *Rettenbachhöhle*, 1651/1, 676 mNN, locus typicus, 1970.

Reichraminger Hintergebirge: *Arzmäuer-Tropfsteinhöhle*, 1655/6, 1150 mNN, 1974, locus typicus von *A. helgae*. Beide Oberösterreich.

4. **A. gaisbergeri** FISCHHUBER 1983:

Hochlecken-Großhöhle im westlichen Höllengebirge, Oberösterreich, 1567/29, 1520 mNN, 1983[C], locus typicus.

Gassel-Tropfsteinhöhle bei Ebensee, Oberösterr., 1618/3, 1225 mNN, 1992, 1993.

Wetterloch am Schafberg, Salzburg, 1531/2, 1506 mNN, 1993.

Aufgrund der geringen und vor allem wenig konstanten ektoskelettalen Unterschiede ist für eine Art-Differenzierung - wie auch bei vielen anderen Käferarten - in erster Linie die Untersuchung des Aedeagus, insbesondere aber die Gestalt seiner Kopulationslamelle (Ligula) erforderlich. Eine Zuordnung weiblicher Tiere kann daher - abhängig vom Fundort - nicht immer mit Sicherheit erfolgen. Die Männchen sind leicht an den ersten zwei verdickten Gliedern der Vordertarsen zu erkennen.

Verwandte im Westen

Systematisch steht das Genus *Arctaphaenops* zwei in den Westalpen vorkommenden Gattungen, nämlich **Agostinia** JEANNEL 1928 und **Trichaphaenops** JEANNEL 1916, äußerst nahe. Die Vertreter beider Gattungen sind mit 7 bis 8 mm Körperlänge etwas größer als unser *Arctaphaenops* (etwa 5,5 mm). Während bei *Agostinia* die Augen noch durch ein schmales helles Oval angedeutet sind, fehlen diese den beiden anderen Gattungen vollständig. *Trichaphaenops* besitzt seitlich am Kopf je drei lange Borsten, *Arctaphaenops* nur deren zwei.

Das Vorkommen der vier **Agostinia**-Arten (*A. launoi* GESTRO 1891, *A. raffaldiana* LEMAIRE 1981, *A. gaudini* JEANNEL 1952 und *A. gineti* JEANNEL 1955) ist auf die Höhlen der Htes. Alpes **(A. gaudini)** und Basses Alpes (**A. gineti** aus dem Gouffre du Caladaire, Haute Provence) in Frankreich bzw. auf die französisch-italienischen Seealpen beschränkt. Während hier **A. raffaldiana** nur auf der Westseite vorzukommen scheint, lebt **A. launoi** u. a. auch in der Grotta del Camosciere bei Certosa di Pesio südöstlich von Cuneo.

Die fünf beschriebenen **Trichaphaenops**-Arten wurden außer in Frankreich (Ain, Doubs, Gde. Chartreuse, Vercors, Royans) nur noch jenseits der Grenze auf Schweizer Gebiet in den Kantonen Vaud (Waadt) und Neuchâtel (Neuenburg) gefunden; die Verbreitung der Gattung reicht somit vom Jura bis in den Raum südwestlich von Grenoble.

Als erste Art wurde 1879 von L. BEDEL **Trichaphaenops gounellei** aus der schon seit dem 13. Jh. bekannten Grotte du Brudour im Forêt de Lente (westliches Vercors, Département Drôme), einer 5,9 km langen Wasserhöhle mit 200 m Niveaudifferenz, beschrieben. Durch das Vorkommen von *Trichaphaenops* in gelegentlich überfluteten Karsthohlräumen dokumentiert sich die enge Verwandtschaft mit *Arctaphaenops* nicht nur in morphologischer Hinsicht, sondern auch durch die ökologischen Ansprüche. Wahrscheinlich lediglich ein Synonym zu *T. gounellei* ist **T. crassicollis** JEANNEL 1949 aus dem zentralen Vercors.

Trichaphaenops obesus beschrieb ABEILLE 1886 aus der Grotte du Guiers vit in Saint-Même bei Saint-Pierre-d'Entremont (südlich von Chambery, Grande Chartreuse, Dép. Isère),

---

[C]Fragmente eines *Arctaphaenops* wurden bereits am 2. Oktober **1976** von E. FRITSCH im „Alten Teil" („Porzellanladen", ca. 430 m vom Eingang) auf Lehmboden unter einer schimmeligen Speckschwarte gefunden. Ein lebendes Exemplar fing H. KIRCHMAYR im Sommer **1977** in der „Endhalle" beim Höhlenbuch. Vergl. E. FRITSCH [1984]: Tierisches aus unseren Höhlen. - Mitteilungen des Landesvereins f. Höhlenkunde OÖ (Linz) 84: 3.

für **T. cerdonicus** ABEILLE 1903 wurde als Fundort Grotte de Cerdon, dans le Bugey, Jura, Dép. Ain, angegeben.

Zuletzt bleibt als jüngste anerkannte Art noch **T. sollaudi** JEANNEL 1916 aus der Grotte des Faux-Monnayeurs bei Mouthier-Haute-Pierre im Tal der Loue (südöstlich von Besançon) im Dép. Doubs (Juragebiet). Aufgrund weiterer Funde wurden nach dem 2. Weltkrieg sowohl von T. sollaudi als auch von T. gounellei mehrere Subspezies publiziert. Gleich drei *sollaudi*-Formen kennt man aus der Schweiz, eine davon lebt in den bekannten Grottes aux Fées bei Vallorbe südwestlich des Neuenburger Sees [CASALE u. LANEYRIE 1982].

Lebende Fossilien?

Vom *Trichaphaenops*-Areal durch 500 Kilometer Luftlinie getrennt, besiedelt die nahestehende Gattung **Arctaphaenops** nur die Höhlen des östlichen Teils der Nördlichen Kalkalpen. Nach unseren derzeitigen Kenntnissen reicht ihr Vorkommen vom Salzkammergut im Westen (Schafberg, bereits auf Salzburger Boden, 13° 26' östl. Länge) bis in die Gegend westlich von Türnitz (Schoberberg, 15° 25' östl. Länge, zugleich nördlichster Fundplatz) in Niederösterreich. Nur zwei Fundstellen liegen in der nördlichen Steiermark.

Die geringen morphologischen Unterschiede und ihre praktisch gleichen ökologischen Ansprüche - die genannten drei Genera sind ausgeprägt kaltstenotherm (auf einen durch enge Grenzen festgelegten, kalten Temperaturbereich angewiesen) und extrem hygrophil - lassen zweifellos auf eine gemeinsame phylogenetische Basis und ein ehemals zusammenhängendes Verbreitungsgebiet schließen.

Wahrscheinlich hat erst die vor rund 700 000 Jahren einsetzende Eiszeit jene Tiere, die wir heute als *Arctaphaenops* bezeichnen, auf ein kleines Ostalpenareal beschränkt und von den Verwandten in den Westalpen getrennt. Mit Ausnahme des Schafbergs (der schon hart an der oberösterreichischen Landesgrenze liegt) wurden bisher im Land Salzburg und weiter westwärts keine Funde bekannt. Hier dürften die Tiere tatsächlich den vernichtenden Einflüssen der Eiszeit zum Opfer gefallen sein. Diese unwirtliche Zeitepoche konnten selbst die hochspezialisierten, zweifelsohne sehr alten präglazialen Spaltenbewohner nur in den Klüften und Höhlen der „massifs de refuge" und in den marginalen Nunatakern des Ostalpenrandes überleben.

In der berechtigten Annahme, daß gerade die unterirdischen Lebensräume mit ihren auch über lange Zeiten konstanten Umweltbedingungen der Evolution entgegenwirken oder diese zumindest verlangsamen, erscheint es naheliegend, die Ursachen einer weiteren Differenzierung der Formen (ich spreche hier ausdrücklich nicht von Begriffen wie Art oder Unterart) ergründen zu wollen. Aber welche Zeiträume waren für die Evolution notwendig, um die zugegebenermaßen doch nur recht diffizilen Unterschiede hervorzubringen?

Leider wissen wir weder, zu welchem Zeitpunkt *Arctaphaenops*, der mit ziemlicher Sicherheit von Oberflächenformen abstammen dürfte, begonnen hat, in die unterirdische Welt einzudringen, noch kennen wir sein stammesgeschichtlich frühestes Auftreten. Wir wissen letztlich auch nicht, welche Veranlassung er dazu gehabt hat. War es einfach eine freie Nische im zunehmend verkarsteten Gebirgsraum, oder waren es irgendwelche für ihn lebensfeindliche Umwelteinflüsse?

Es soll an dieser Stelle nicht auf die zahllosen Hypothesen, unsere Troglobionten betreffend, eingegangen werden, es ist aber anzunehmen, daß diese hochspezialisierten Käfer bereits vor Beginn der eiszeitlichen Vergletscherung ihre Einwanderung in das unterirdische Milieu abgeschlossen hatten. Zu kurz erscheint die seither vergangene Zeit, als daß erst während oder gar nach den Kaltzeiten eine Anpassung erfolgt sein könnte.

Falls bereits tektonische Vorgänge gegen Ende der Kalkalpenfaltung durch Isolation einzelner Populationen für eine Aufspaltung gesorgt haben, wie M. KAHLEN [1992] aufgrund der heutigen Artaufteilung zu erkennen glaubt, so spräche dies ebenfalls für ein sehr hohes Alter. Bereits getrennte, durch klimatische Vorgänge vielleicht schon präadaptierte Formen könnten sich der durch zunehmende Verkarstung entstandenen Höhlen- und Spaltenwelt mehr oder weniger freiwillig bemächtigt haben.

Ein merkwürdiges Spinnentier

Noch viel seltener als der Höhlenlaufkäfer *Arctaphaenops* finden sich in der Unterwelt des Dachsteins die winzigen, nur rund 1,5 mm langen, pigment- und augenlosen **Palpenläufer** (Palpigradi, Palpigradida). Sie zählen wie Milben, Weberknechte, Skorpione, Pseudoskorpione, Webspinnen und einige andere, bei uns nicht vertretene, z.T. artenarme Ordnungen (Geißelskorpione/Uropygi, Geißelspinnen/Amblypygi, Walzenspinnen/Solifugae, Kapuzenspinnen/Ricinulei) zur Klasse der Spinnentiere (Arachnida).

Hat man das Glück, einen Palpigradiden unter dem Mikroskop betrachten zu können, so fallen sofort der etwa körperlange, ähnlich einem Schachtelhalm rundum bewimperte Schwanzfaden (vielgliedriges, leicht abbrechendes Flagellum) und die „Wespentaille" des Tieres auf, eine markante Einschnürung zwischen Cephalothorax (Kopfbruststück) und Abdomen.

Im Gegensatz zu den Insekten (drei Beinpaare) besitzen fast alle Spinnentiere vier Paar Laufbeine, so auch die Palpenläufer. Auf den ersten Blick scheinen hier allerdings deren fünf vorhanden zu sein, denn die an der Frontalseite des Kopfbruststückes beiderseits der Cheliceren (Kieferklauen) entspringenden Palpen (Taster), die bei den eigentlichen (Web-)Spinnen viel weniger ins Auge fallen, sind in diesem Fall stark verlängert. Seltsamerweise werden sie zusammen mit den drei letzten Beinpaaren zum Laufen benützt (Name Palpenläufer!), das dazwischen liegende, am längsten ausgebildete Extremitätenpaar arbeitet dagegen als Taster und pendelt fühlerartig hin und her.

Die Tiere besitzen - ebenso wie andere Zwergformen, Jugendstadien und Embryonen - ein ungewöhnlich umfangreiches Zentralnervensystem, das sich vom Pharynx (Schlund) bis zum 8. Abdominalsegment erstreckt. Als Sinnesorgane treten innervierte Haarbildungen auf, darunter die für Spinnentiere typischen Trichobothrien (besonders leicht bewegliche Sinneshaare).

Der Zartheit des Integuments und dem geringen Rauminhalt des Körpers entsprechend, fehlen die bei Spinnentieren üblichen Atemorgane (Tracheen oder Fächerlungen). Einige Formen (*Prokoenenia*) besitzen jedoch ausstülpbare Ventralsäcke am Hinterleib, die der Respiration dienen dürften. Kreislauforgane sind nicht vorhanden.

Über die Fortpflanzungsbiologie unserer Eukoenenien wissen wir so gut wie nichts! Einige Rätsel gibt auch die Ernährung auf: Da keine identifizierbaren Darminhalte zu finden sind, wäre an eine extraintestinale Verdauung (einleitende Verdauungsphase außerhalb des Körpers) zu denken. Durch ihren kaum zugänglichen Lebensraum entziehen sich die Tiere praktisch jeglicher direkten Beobachtung.

Die ersten Palpenläufer der Welt (einige Weibchen, die Männchen entdeckte erst F. SILVESTRI 1905) wurden 1885 von B. GRASSI und S. CALANDRUCCIO nach Funden bei Catania (Sizilien) unter dem Namen **Koenenia mirabilis** beschrieben und der gleichzeitig neu aufgestellten Spinnenordnung Microtelyphonida zugeordnet. Erst später setzte sich der 1888 von T. THORELL vorgeschlagene, sehr treffende Name Palpenläufer (Palpigradi, Palpigradida) durch. 1901 spaltete C. BÖRNER die Gattung in *Eukoenenia* s. str. mit fehlenden und *Prokoenenia* mit vorhandenen ventralen Abdominalsäcken.

Palpigraden sind besonders in den Tropen (Afrika, Madagaskar, Südostasien) verbreitet, finden sich aber auch in Mittel- und Südeuropa, Nordafrika sowie in Nord- (Texas, Kalifornien, Mexiko) und Südamerika (Chile, Paraguay). Bis 1922 waren nur 17 Arten bekannt, H. JANETSCHEK [1957], der auch eine umfangreiche Bibliographie bringt, nennt weltweit 35 Taxa; heute bewegt sich deren Zahl um die achtzig. Die Körperlänge der verschiedenen Arten liegt (ohne Flagellum gemessen) zwischen 0,6 und 2,8 mm.

Sofern es sich nicht um höhlenbewohnende Populationen handelt, leben Palpigraden meist unter tief eingebetteten Steinen, wo man sie eher an deren Unterseite als in den Bodenvertiefungen antrifft.

Zwölfmal in Österreich

Bei uns sind die Palpenläufer mit drei Arten vertreten, die z.T. noch subspezifisch unterteilt werden. Es handelt sich einerseits um **Eukoenenia spelaea**, die 1902 von P. de PEYERIMHOFF zunächst nach Stücken aus der Grotte de Saint-Vincent-de-Melan (Frankreich)[D] beschrieben wurde, und andererseits um **Eukoenenia austriaca**, welche H. J. HANSEN 1926 aufgrund von Funden in der Divaska jama bei Divaca[E] und im „Jagdloch von Oberskril"[F] (beide Slowenien) bekannt gemacht hat.

Als dritte Form gilt **Eukoenenia vágvoelgyii**, die - 1956 von SZALAY aus Höhlen im Raum Aggtelek (Ungarn)[G] beschrieben - später sowohl als Subspezies von *Eukoenenia austriaca* [DÓZSA-FARKAS u. LOKSA 1971] als auch von *E. spelaea* [CONDÉ 1972, CONDÉ u. NEUHERZ 1977] publiziert wurde. Dieser Umstand demonstriert anschaulich die Unsicherheit der Palpigraden-Systematik infolge der nur spärlich vorhandenen Belege.

Nach CONDÉ [1972] bewohnt der *spelaea-vágvoelgyii*-Komplex ein Gebiet nördlich des Alpenhauptkammes zwischen Frankreich und Ungarn, die Verbreitung der *austriaca*-Gruppe (südlich der Alpen beheimatet) reicht von der Lombardei über Kärnten, die Steiermark und Slowenien bis nach Rumänien (Südkarpaten). Am südöstlichen Alpenrand wäre demnach das Vorkommen aller drei Taxa denkbar. Unter diesen Gesichtspunkten verteilen sich die Arten wie folgt:

[D]Nördlich von Thoard, zwischen Sisteron und Digne-les-Baines, Basses Alpes.

[E]Ehemals Kronprinz-Rudolf-Grotte oder Grotta Umberto sotto Corona, 7 km OSO von Sezena.

[F]Laut JANETSCHEK [1957] ident mit der Lukova jama bei Shidovo; nach Hermann KRAUSS (Graz, u.a. auch k. k. Salinenarzt in Aussee) vielleicht gleichbedeutend mit einer damals im Dialekt als „Jodloch" bezeichneten Höhle. Der in seinen Schriften wenig glaubwürdige Breslauer Arzt Gustav JOSEPH (vergl. O. HAMANN [1896] und J. MÜLLER [1914]) bezeichnete sie auch als God jama, drei Wegstunden südlich von Gottschee (heute Kocevje, Slowenien) nahe der kroatischen Grenze. Bezüglich „Oberskril" und „Shidovo" siehe Skrilj bzw. Zdihovo im Slowenien-Atlas 1:50 000, Bl. 203.

[G] Freiheitshöhle bei Egerszög, Meteorhöhle bei Bódvaszilas, Fuchsloch der Baradla von Aggtelek.

Eukoenenia **spelaea** [PEYERIMHOFF 1902], Fundstellen von West nach Ost:

Weinstockstollen (Knappenlöcher) im Höttingberg bei Innsbruck, 900 mNN: 1 W leg. E. STÜBER 1. 6. 1948, auf Wasserpfütze treibend, zunächst von Hans STROUHAL als *Koenenia austriaca* bestimmt, nach CONDÉ [1972] *E. spelaea* **ssp. strouhali**.

Bodenfund im Kaisertal, Wilder Kaiser bei Kufstein, Tirol, 1265 mNN: Unter Stein, leg. Volker MAHNERT 21. 6. 1969, unbestimmbares juv. Ex.

Eisriesenwelt, Tennengebirge bei Werfen, Salzburg, Kat. Nr. 1511/24, 1641 mNN: Fundplatz ca. 1810 mNN („Kanonenröhren" im Satanslabyrinth, auf Wasserpfütze), leg. Poldi FUHRICH 1922, noch vor Bearbeitung in Verlust geraten.

Mönchsberg-Tropfsteinhöhle, Kat. Nr. 1352/1, 437 mNN, Stadt Salzburg, in eiszeitlichen Konglomeraten: 1 W leg. Karl MAIS 22. 12. 1970, nach CONDÉ [1972] wäre subspez. Abtrennung zu erwägen.

Obere Brandgrabenhöhle bei Hallstatt, Dachstein, Oberösterreich, Kat. Nr. 1546/6, 716 mNN: 1 Ex. leg. Erna EICHBAUER, E. FRITSCH am 29.11.1987, auf kleiner Wasserlacke im „Schichtfugengang" unterhalb Kontaktzone Hangschutt-Felswand, Felsüberdeckung 24 m, 55 m vom Eingang. Art-Bestimmung noch nicht überprüft.

Bodenfund im Erlauftal, Raum Hochrieß (rechts) und Schauboden (links der Erlauf) zwischen Wieselburg und Purgstall, Niederösterreich: 37 Ex. unter Steinen, leg. Franz RESSL 1978 bis 1981; 1983, 1989 und 1990 13 Ex.; 1993 24 Ex.; vorwiegend im April und September gesammelt. Die insgesamt mehr als 70 Ex. beweisen, daß *Eukoenenia* auch außerhalb von Höhlen im Lückensystem von Schotterkörpern günstige Lebensbedingungen findet (vergl. RESSL [1983, 1995]).

Hirschenfallhöhle, Kat. Nr. 1823/5, 937 mNN, Schöfftaler Waldberg SO-Hang, nordwestlich Gehöft Poschenreith zwischen Lunz und Göstling, Niederösterreich: Leg. H. E. WICHMANN Ende August 1923, vor Bearbeitung in Verlust geraten.

Hermannshöhle bei Kirchberg am Wechsel, Niederösterreich, Kat. Nr. 2871/7, 627-670 mNN: 1 W leg. M. HÄUSLER 25. 8. 1984, Oberfläche des Tropfwasserbeckens „Falscher Weihbrunnkessel".

Eukoenenia **austriaca** HANSEN, 1926:

Eggerloch bei Warmbad Villach, Kärnten, Kat. Nr. 3742/2, 565 mNN: 1 W leg. H. STROUHAL 4. 9. 1935 ca. 170 m vom Eingang entfernt am Boden. Vom Sammler 1936 als *Koenenia austriaca* **ssp. stinyi** beschrieben.

Drachenhöhle bei Mixnitz, Steiermark, Kat. Nr. 2839/1, 947 mNN: Köderfalle ca. 500 m vom Eingang, 1 W leg. Josef VORNATSCHER Sommer 1942, det. Carl-Friedrich ROEWER.

Lurhöhle bei Peggau, Steiermark, Kat. Nr. 2836/1, 420 mNN (Semriach 640 mNN): Ca. 1,2 km vom unteren Eingang Nähe Einmündung „Laurinsbach" in den „Schmelzbach", 1 W leg. J. VORNATSCHER Oktober 1943, det. C.-F. ROEWER; zwei spätere Funde nennt H. NEUHERZ [1975]: beim „Böcklinsbrunnen" auf Lehmhalde und im „Schmelzbach".

Raudnerhöhle bei Stiwoll zwischen Gratkorn und Voitsberg, Pleschgebiet, Steiermark, Kat. Nr. 2783/4: 1 adultes M zwischen 2. und 21. 5. 1975 in Äthylenglykol-Falle ca. 120 m vom Eingang, als *E. austriaca* **ssp. styriaca** beschrieben, 1 Larve indet. [CONDÉ u. NEUHERZ 1977]

Eukoenenia **vágvoelgyii** SZALAY, 1956:

Raudnerhöhle bei Stiwoll (siehe oben): 1 adultes W als *E. spelaea ssp. vágvoelgyii* beschrieben. [CONDÉ u. NEUHERZ, 1977]

Viele flinke Beine

Die Tausendfüßer, eine vielleicht paraphyletische Tiergruppe, die unter dem Namen **Myriapoda** mit den Insekten zu den Tracheata („Tracheen-Atmer") zusammengefaßt wird, lassen sich nach der Lage ihrer Geschlechtsöffnung in zwei große Gruppen unterteilen: Sie liegt bei den **CHILOPODA** im vorletzten Körpersegment, bei den **PROGONEATA**, zu denen **Symphyla**, **Pauropoda** und **Diplopoda** gehören, dagegen im Vorderkörper.

Spezielle Merkmale kennzeichnen die räuberischen **CHILOPODA** (Hundertfüßer) als einen entwicklungsgeschichtlich besonderen Seitenzweig. Die gar nicht so selten auch in Höhlen auftretenden, sehr beweglichen Tiere hat sicherlich jeder bereits in Gestalt eines Vertreters der **Lithobiomorpha** (15 Laufbeinpaare), des braunen, 3 bis 4 cm langen Steinkriechers, zu Gesicht bekommen.

Von den im südlichen Europa beheimateten **Scolopendromorpha** (21 Beinpaare) - bekannt durch die großen, giftigen Riesenläufer („Scolopender") - leben in Mitteleuropa nur drei kleine blinde und harmlose Arten der Gattung *Cryptops*.

Als dritte Chilopoden-Gruppe wird man schließlich des öfteren unter Steinen noch die schlanken, augenlosen **Geophilomorpha** oder Erdkriecher mit ihren bis über 100 Beinpaaren eiligst in einer kleinen Bodenritze verschwinden sehen.

Die bis ins westlichste Niederösterreich vordringenden, (sub)mediterranen **Scutigeromorpha** (Spinnenläufer), etwas abenteuerlich aussehende Geschöpfe mit 15 stark verlängerten Beinpaaren, sind in oberösterreichischen Höhlen dagegen nicht mehr zu erwarten.

PROGONEATA: Wohl nur dem Fachmann geläufig sind die zunächst hierher gehörigen winzigen blinden **Pauropoda** (Wenigfüßer, 9 oder 10 Beinpaare, max. 2 mm lange Tiere) und die **Symphyla** (Zwergfüßer, 12 Beinpaare, bis 8 mm lange augenlose Lebewesen).

Mit etwas mehr als 200 heimischen Arten und Unterarten (weltweit rund 10 000 in über 1700 Gattungen), davon fast 70 in Oberösterreich, stellen schließlich die **Diplopoda** oder Doppelfüßer die Hauptmasse der Progoneaten dar und sind daher auch am häufigsten in Höhlen vertreten (gegen 10 Arten in Höhlen und Stollen Oberösterreichs). Mit Ausnahme der vordersten und letzten besitzen sie auf allen Körperringen zwei Beinpaare (Name!).

Die systematische Gliederung der Diplopoden ist aufgrund der unterschiedlichen Auffassung ihrer Verwandtschaftsverhältnisse keineswegs einheitlich; wir wollen hier 6 Ordnungen unterscheiden: Polyxenida (Pinselfüßer), Glomerida (Stäbchen- oder Saftkugler), Polyzoniida (Saugfüßer), Iulida (Symphyognatha, Schnurfüßer), Chordeumatida (Ascospermophora, Samenfüßer) und schließlich die Polydesmida (Bandfüßer).

Mit Ausnahme der Polyxenida und der Glomerida, fehlen den Männchen aller übrigen Diplopoden-Gruppen am 7. Segment die Laufbeine. Sie sind zu den für die Begattung wichtigen **Gonopoden** umgewandelt - meist sehr kompliziert gebaute, zarte hyaline Gebilde, die bei der Kopula vorgepreßt werden. Sie bilden aufgrund ihres artkonstanten Aussehens gleichzeitig das wichtigste taxonomische Kriterium und ihre mikroskopische Untersuchung ist bei der großen habituellen Ähnlichkeit der Formen unverzichtbar. Weibliche Einzelexemplare und Jungtiere sind in der Regel nicht eindeutig zu identifizieren, in den letzten Jahren wurden

Erhard FRITSCH mit Beitrag Karl GAISBERGER

allerdings bei einigen Arten Versuche unternommen, auch Weibchen an Hand des Vulvenbildes zu bestimmen.

Im Hirlatzgebiet sind von den Diplopoden bisher Vertreter der Iulida (*Typhloiulus* = *Alpityphlus*), Chordeumatida (*Syngonopodium*) und Polydesmida (*Polydesmus*) gefunden worden.

Lauter „Blindgänger"

Als Sammelbegriff für viele blinde und fast ohne Ausnahme pigmentlose Iulinae (einer Unterfamilie der Iulidae, Ordnung Iulida) hat sich die Bezeichnung **Typhloiulini** eingebürgert. STRASSER [1962] führt in seiner Revision mehr als 30 Arten an, ihre Verbreitung erstreckt sich von den französischen Seealpen über das ehemalige Jugoslawien bis Rumänien und Bulgarien. Im südlichen Italien ist lediglich die Gattung *Buchneria* vertreten (südlichster Punkt ist Sizilien).

Zwischen den Bergamasker Alpen und dem krainisch-istrischen Karst finden wir praktisch ein geschlossenes Areal vor, eine weitere Massierung tritt im südöstlichen Dalmatien, in der Herzegowina sowie im Osten Montenegros auf. Hier leben nicht weniger als 7 Formen, die 5 verschiedenen (Unter)gattungen angehören. Das Schwergewicht des Typhloiulini-Vorkommens liegt also entschieden auf dem Balkan. Alle Arten müssen für dieses Gebiet als endemisch (nur in einem eng umgrenzten Raum vorkommend) gelten. Im Bereich der Südalpen bewohnen die Typhloiulini mit einer Reihe von Höhlenformen und einzelnen epigäischen (oberirdisch lebenden) Arten die Voralpen, ohne in das eigentliche Hochgebirge einzudringen.

Eine zoogeographische Überraschung

Weniger aufgrund der Höhenlage als vielmehr wegen des weit im Norden liegenden Fundpunktes war es eine tiergeographische Sensation, als Fritz SEEWALD am 24. Juli 1965 im Hollerloch (Kat. Nr. 1339/27, 1620 mNN) unweit der Mittagscharte auf der bayrischen Seite des Untersberges ein einzelnes Männchen einer neuen, bisher unbekannten Typhloiuline aus einer Barberfalle (eingegrabene Köderbecher mit Konservierungsflüssigkeit) bergen konnte. Näheres dazu siehe SEEWALD [1970], Beschreibung bei STRASSER [1967].

Mehr als 16 Jahre später gelang Erna EICHBAUER am 31. 10. 1981 in der Oberen Brandgrabenhöhle (Kat. Nr. 1546/6) ein weiterer Fund dieses seltenen Spaltenbewohners. Eine erste Untersuchung durch den Verfasser ergab bereits konkrete Hinweise auf *Alpityphlus*. Noch bevor am 29. 11. 1987 von Erhard FRITSCH fast an der gleichen Stelle ein zweites Männchen gefunden werden konnte - keines der beiden Exemplare war geködert -, hatten wir bereits mit J. P. MAURIÈS vom Nationalmuseum für Naturgeschichte in Paris Kontakt aufgenommen. Innerhalb von 14 Tagen lag das Bestimmungsergebnis (Datum vom 11. 6. 1987) vor: ...*"Il s'agit, comme vous le soupçionnez, d' un Typhloiulini, Typhloiulus seewaldi* STRASSER, 1967 (= *Alpityphlus seewaldi* STRASSER, 1967)" ...

J. P. MAURIÈS bemerkt in seinem Brief weiter: „Es handelt sich um den einzigen bekannten *Typhloiulus* aus Österreich, den nördlichsten Repräsentanten dieser Gattung. Das ist vielleicht einer der Gründe, die STRASSER 1967 veranlaßt haben mögen, für diese einzelne Art die Gattung *Alpityphlus* aufzustellen. Eine solche Vorgangsweise - bei STRASSER ungewöhnlich - entbehrt aus meiner Sicht jeglicher Grundlage. *Seewaldi* gehört ganz offensichtlich zur Artengruppe *ausugi+illyricus+maximus+montellensis*, das heißt in die Untergattung *Stygiulus* VERHOEFF, 1929" (Übersetzung).

Da sich das Hollerloch bereits auf deutschem Staatsgebiet befindet (vergl. Salzburger Höhlenbuch Bd. I, S. 87), handelt es sich bei der **Oberen Brandgrabenhöhle um den ersten österreichischen Fundort**, was bisher in keiner Publikation zum Ausdruck kam. Beide Tiere krochen auf dem fast sedimentlosen Boden des parallel mit der Hangneigung abfallenden „Schichtfugenganges", 55 bzw. 70 m NNO vom Eingang entfernt. Die Stelle liegt unterhalb der Kontaktzone Wandfuß - Hangschutt, die Überdeckung beträgt lt. Außenvermessung 24 und 15 m, wobei stellenweise Verstürze den „Schichtfugengang" nach Westen (Richtung Oberfläche) abschließen.

Der dritte Typhloiulus-Fund

Inzwischen sind im Warmwasserstollen am Hallstätter See an altem, herumliegendem Grubenholz sechs weitere Männchen und - erstmals - zwei Weibchen von *Typhloiulus* gesammelt worden (leg. Erhard FRITSCH, 27.8.1988; weitere noch nicht untersuchte Exemplare am 5. 1. 1997). Der Fundort, ein zwischen 1957 und 1970 angelegter 160 m langer Gang (der alte Stollen geriet um 1511 durch den Bau der Seeklause unter Wasser), durchörtert zuerst den Hangschutt und erreicht dann den anstehenden Dolomit des Ramsaugebirges.

Er beweist ähnlich wie der Goldlochstollen bei Hallstatt, in dem fallweise der blinde Höhlenkäfer *Arctaphaenops angulipennis* auftaucht, daß der eigentliche Lebensraum dieser Troglobionten das dem Menschen sonst unzugängliche Kleinkluftsystem ist. Nur wenn es durch vermehrten Wasserzufluß (Schneeschmelze, Starkregen) überschwemmt wird oder ein benachbarter, großer Höhlenraum entsprechende Nahrung bietet (wie im Warmwasserstollen), kann der Mensch - eher zufällig - ihrer habhaft werden.

Daß das unterirdische Spaltensystem - das Klasal [Neuherz 1979] - viel stärker belebt ist, als vielfach angenommen wird, kann man auch daraus schließen, daß z.B. in der Hochlecken-Großhöhle einmal die Reste von über dreißig *Arctaphaenops gaisbergeri* im Inneren einer leeren Bierflasche vorgefunden wurden.

Während die sehr beweglichen, räuberischen Höhlenkäfer nur sporadisch freilaufend beobachtet werden, fanden die überraschend zahlreich auftretenden, trägen *Typhloiulus seewaldi* im nassen, modrigen Stempelholz eine offenbar willkommene Nahrungsquelle und konnten sowohl 1988 als auch 1997 an der gleichen Stelle beobachtet werden.

Alphabetisches Verzeichnis der behandelten Höhlen

Bärenhöhle i. d. Gelben Wand 1546/14
Bierloch 1546/53
Brandgrabenhöhle, Mittlere 1546/11
Brandgrabenhöhle, Obere 1546/6
Eiskarhöhle 1543/91a-c
Gipfelblickschacht 1546/76
Goldloch-Halbhöhle 1546/44

Hoffnungshöhle 1546/10
Jägerschacht (Wiesalmhöhle) 1546/31
Knochenspalte am Oberfeld 1543/82
Kuhschädelloch 1546/71
Maulwurfshöhle 1543/67
Oberfeldhöhle 1543/52
Rabenkeller 1546/9

Goldlochstollen 1546/ ohne Nr.
Grubenloch 1543/73
Grünkogel-Bärenhöhle 1543/96
Happyloch 1543/74
Hirlatzalmhöhle 1546/19
Hirlatzhöhle 1546/7a,b
Hirlatz-Tropfsteinhöhle 1546/21a,b
Hirschbrunn-Quellstollen 1546/ ohne Nr.

Schachthöhle nördlich
Wiesberghaus 1543/41a,b
Sinterkeller 1546/60
Waldbacheckhöhle 1546/12
Waldbach-Ursprung 1543/1
Wiesalmhöhle: siehe Jägerschacht
Ziegenfalle 1546/72
Zwölferkogelhöhle 1546/51

Goldlochstollen und **Hirschbrunn-Quellstollen** wurden in der nachstehenden Faunenliste hinter der Goldloch-Halbhöhle (Kat. Nr. 1546/44) eingereiht.

Verwendete Abkürzungen

AV	Alpenvereinskarte 1:25 000
cf.	confer, vergleiche! (bei unsicherer Bestimmung)
coll., Coll.	Kollektion, Sammlung
det.	determinavit, determiniert, „bestimmt (von)"
Ex.	Exemplar
f.	forma
GL	Gesamtlänge (der Höhle)
Ind.	Individuum, Individuen; im Sinne von Exemplar verwendet
indet.	nicht bestimmt
juv.	juvenilis, noch nicht vollständig erwachsen, juvenil
leg.	legit bzw. legerunt (Plural), „gesammelt (von)"
LVH Linz	Landesverein für Höhlenkunde in OÖ, Linz
M	Männchen
NHM Wien	Naturhistorisches Museum Wien
ÖK	Österreichische Karte 1:50 000 (1:25 000)
sp., spec.	Species, Art; bei Angabe nach dem Gattungsnamen: „Nicht bis zur Art bestimmtes Exemplar"
ssp.	Subspecies, Unterart
s. str.	sensu stricto, in engerem Sinn
Vp.	Vermessungspunkt
W	Weibchen

Bei Säugetieren bedeutet die Angabe der Bestimmungsprotokoll-Nummer (z.B. H 85-79-1), daß die Determination von der Biospeläologischen Arbeitsgemeinschaft am Naturhistorischen Museum in Wien unter Leitung von Kurt BAUER und Friederike SPITZENBERGER durchgeführt wurde.

Die zoologische Nomenklatur

Jedem Organismus ist grundsätzlich durch eine zweigliedrige Namensgebung (binäre Nomenklatur) ein bestimmter Platz im zoologischen System zugeordnet. Dieses soll die entwicklungsgeschichtlichen Beziehungen der Tiere und Tiergruppen unter Beachtung von

Morphologie und Physiologie wiedergeben, gleichzeitig aber auch praktischen Bedürfnissen gerecht werden.

Den Beginn der modernen Klassifikation markiert die 1758 erschienene 10. Auflage der „Systema naturae" des schwedischen Naturforschers Carl von LINNÉ (1707-1778, latinisiert LINNAEUS), in der er auf 832 Seiten 4236 Tierarten beschrieben hat. Nach seinem Prinzip sind seither mehr als eine Million Species benannt worden.

Die wissenschaftlichen Namen stammen überwiegend aus der griechischen und lateinischen Sprache, maßgebend für den Gebrauch sind jedoch allein die Regeln des Lateins. Da die landessprachlichen Bezeichnungen oftmals regional sehr unterschiedlich sind (z.B. Zackeneule, Zimteule, Krebssuppe für den häufig in Höhlen anzutreffenden Schmetterling *Scoliopteryx libatrix*), von vielen niedrigeren Tierarten solche überhaupt nicht existieren oder nur für größere Gruppen gebraucht werden (etwa Springschwänze für Collembola, von denen es über 2000 Arten gibt), bilden die zoologischen Fachtermini die einzige, vor allem auch international verwendbare Verständigungsmöglichkeit.

Zuerst steht immer der **Gattungsname**, an zweiter Stelle die **Artbezeichnung**, fakultativ gefolgt vom (oftmals abgekürzten) **Namen des Autors** und dem **Jahr der Erstbenennung**. Letztere werden in runde Klammern eingeschlossen, wenn ein Taxon der Artgruppe (Art, Unterart) zunächst in einer bestimmten Gattung beschrieben und später in eine andere versetzt wurde. Um Irrtümer zu vermeiden, soll zwischen Gattungs- und Artbestandteil eines Binomen niemals ein Synonym oder ein anderer Ausdruck als die Untergattung (Subgenus) eingeschoben werden, vergl. *Asellus (Proasellus) cavaticus*.

Die Benennung von Unterarten geschieht nach der trinominalen (ternären) Nomenklatur, wobei der Subspecies-Name nach Genus und Species folgt. Ist der Unterartname gleichlautend mit dem Artnamen, so handelt es sich um die „typische" Unterart, die sog. Nominat-Form, wie z.B. *Arctaphaenops angulipennis angulipennis*.

Als „locus typicus" wird jener geographische Ort bezeichnet, an dem das Typusexemplar (Holotypus) einer neu beschriebenen Art (oder Unterart) gefunden wurde.

Unter der Bezeichnung Taxon (Plural: Taxa) versteht man Tiergruppen, die sich durch das konstante Auftreten bestimmter Merkmale von anderen Formen differenzieren lassen und daher als systematische Einheit wie z.B. Familie, Gattung oder Art zusammengefaßt bzw. benannt werden. Die Art als wichtigstes Taxon umfaßt die Gesamtheit aller jener Individuen, die in ihren Hauptcharakteren übereinstimmen und fertile (fruchtbare) Nachkommen erzeugen.

Die Höhlen des Untersuchungsgebietes mit den darin festgestellten Arten

Waldbach-Ursprung (Kat. Nr. 1543/1), 948 mNN

TURBELLARIA - STRUDELWÜRMER: Ord. TRICLADIDA

cf. **Dendrocoeliidae, Planariidae**: leg. E. FRITSCH, 26. 2. 1983. Die weiß gefärbte „Planarie" ging noch vor der Bestimmung verloren.

Ord. ISOPODA - ASSELN

Fam. Asellidae

Asellus (Proasellus) cavaticus LEYDIG, 1871, nec SCHIÖTDE 1871 - Höhlen-Wasserassel: 26. 3. 1983, leg. & det. E. FRITSCH.

Ord. COLEOPTERA - KÄFER

Fam. Staphylinidae - Kurzflügler

Lesteva sp.: 1 Weibchen am 26. 2. 1983, leg. & det. E. FRITSCH.

Ord. TRICHOPTERA - KÖCHERFLIEGEN

Fam. Limnephilidae

Acrophylax zerberus BRAUER, 1867: 1 M, 26. 3. 1983, leg. E. FRITSCH, det. H. MALICKY (Lunz), nach briefl. Mittlg. v. 12. 5. 1986 bisher nicht aus Höhlen bekannt.

Schachthöhle nördl. Wiesberghaus (Kat. Nr. 1543/41 a, b), 1825 mNN

30 m tiefe Höhle ca. 200 m nördlich der Schutzhütte. Einstiegsschacht -15 m.

Ord. ARTIODACTYLA - PAARHUFER:

Fam. Bovidae - Hornträger

Rupicapra rupicapra LINNÉ, 1758 - Gemse: Schädelfund, leg. E. FRITSCH, 1966.

Oberfeldhöhle (Kat. Nr. 1543/52), 1790 mNN

Vom südexponierten Eingang in Windungen über Ost und Südwest steil nach Norden abfallende Höhle 250 m ONO der Seilbahnstation Oberfeld. Auf den nur mäßig abfallenden, 40 m langen Eingangsteil folgt eine insgesamt 90 m tiefe Schachtzone. Kleinere Stufen führen bis zum unschliefbaren Ende bei -195 m. Starke Sinterbildung. Erforscht zwischen 1973 und 1984, 280 m Seil erforderlich.

DIPLOPODA - DOPPELFÜSSER: Ord. CHORDEUMATIDA

Fam. Attemsiidae

Syngonopodium cornutum VERHOEFF, 1929: 1 M, 1 W, 1 juv., leg. 17. 9. 1989, K. GAISBERGER, det. E. FRITSCH, 1990.

Ord. COLLEMBOLA - SPRINGSCHWÄNZE

Dunkel pigmentierte lebende Collembolen wurden am 4. 8. 1984 von E. FRITSCH im „Appendix" in 190 m Tiefe beobachtet.

Fam. Isotomidae

Isotomurus alticola (CARL, 1899): leg. K. GAISBERGER, 5. 8. 1979, det. Erhard CHRISTIAN; Lit.: Karl GAISBERGER (1983). Regional troglobiont.

Ord. DIPTERA - ZWEIFLÜGLER

Fam. Mycetophilidae (Fungivoridae) - Pilzmücken
>Im „Appendix" (Tiefe: -190 m) am 4. 8. 1984 von E. FRITSCH in großer Anzahl beobachtet.

Ord. PASSERIFORMES - SPERLINGSVÖGEL

>Indet., 2 Ind. leg. E. HEISSL, 14. 7. 1982, 10-15 m vom Eingang, H 1993-58/6.

Ord. INSECTIVORA - INSEKTENFRESSER

Fam. Soricidae - Spitzmäuse
>**Sorex** sp. - rotzähnige Spitzmaus-Art: Becken von 1 Ind., leg. Elisabeth HEISSL, 14. 7. 1982, 10-15 m vom Eingang, H 1993-58/1.

Fam. Talpidae - Maulwürfe
>**Talpa europaea** LINNÉ, 1758 - Maulwurf: 5 Ind. leg. Elisabeth HEISSL, 14. 7. 1982, 10-15 m vom Eingang, H 1993-58/2.

Ord. CHIROPTERA - FLEDERMÄUSE

Fam. Vespertilionidae - Glattnasen
>**Myotis mystacinus** (KUHL, 1819) - Kleine Bartfledermaus: 1 Ind. leg. E. FRITSCH, 4. 8. 1984, H 85-79-1; 1 Ind. leg. W. GADERMAYR, Uwe PASSAUER, Georg PESCHTA, 16. 7. 1982, im Abschnitt vor dem „Echoschacht", H 1993-54/1.

Ord. RODENTIA - NAGETIERE

Fam. Arvicolidae - Wühlmäuse
>**Clethrionomys glareolus** (SCHREBER, 1780) - Rötelmaus: 2 Ind. leg. Elisabeth HEISSL, 14. 7. 1982, 10-15 m vom Eingang, H 1993-58/3.

>**Microtus subterraneus** (de SELYS-LONGCHAMPS, 1836) - Kleinwühlmaus: 1 Ind. leg. Elisabeth HEISSL, 14. 7. 1982, 10-15 m vom Eingang, H 1993-58/4.

>**Microtus nivalis** (MARTINS, 1842) - Schneemaus: 1 Ind. leg. E. HEISSL, 14. 7. 1982, 10-15 m vom Eingang, H 1993-58/5.

Ord. LAGOMORPHA - HASENARTIGE

Fam. Leporidae - Hasen
>**Lepus timidus** LINNÉ, 1758 - Alpenschneehase: 1 Ind. leg. W. GADERMAYR, Uwe PASSAUER, Georg PESCHTA, 16. 7. 1982, im Abschnitt vor dem „Echoschacht", H 1993-54/2; Teilskelett, leg. Ernst GREGER, Ernst WÜTTINGER, etwa zwischen 1963 und 1967, H 96-13. Fundort: „Kleine Höhle nahe Lager Oberfeld, Dachstein, Kat. Nr. 1543/52 oder benachbart".

Ord. ARTIODACTYLA - PAARHUFER

Fam. Bovidae - Hornträger
>**Rupicapra rupicapra** (LINNÉ, 1758) - Gemse: Lit.: LEUTNER [1974].

Erhard FRITSCH mit Beitrag Karl GAISBERGER

Ovis orientalis (= ammon) aries LINNÉ, 1758 - Hausschaf: 1 Ind. leg. W. GADERMAYR, Uwe PASSAUER, Georg PESCHTA, 16. 7. 1982, im Abschnitt vor dem „Echoschacht", H 1993-54/3.

Maulwurfshöhle (Kat. Nr. 1543/67), 1960 mNN

1978/79 von britischen und 1986 von polnischen Speläologen erforschte und nur schwierig befahrbare Schachthöhle am Fuß der Ostwand des Niederen Grünbergs (2174 mNN). Extrem enger Eingangsteil („Gargantuagang"). Tiefe: 281 m.

Ord. TRICHOPTERA - KÖCHERFLIEGEN

Fam. Limnephilidae

Mesophylax impunctatus McLACHLAN, 1884: 1 W leg. E. FRITSCH, 29. 8. 1982 im „Gargantuagang", det. Hans MALICKY, 1986.

Ord. LEPIDOPTERA - SCHMETTERLINGE

Fam. Geometridae - Spanner

Triphosa dubitata (LINNÉ, 1758) - Höhlen-, Wegdorn- oder Kreuzdornspanner: leg. E. FRITSCH, 29. 8. 1982.

Grubenloch (Kat. Nr. 1543/73), 1899 mNN

29 m lange Höhle nordwestlich der Schmalzhöhe (alte ÖK: 1967 mNN, AV: 1964 mNN) südwestlich Wiesberghaus (1872 mNN).

Ord. COLEOPTERA - KÄFER

Fam. Staphylinidae - Kurzflügler

Lesteva sp.: 27. 9. 1980, 1 Ex. leg. & det. E. FRITSCH.

Ord. RODENTIA - NAGETIERE

Fam. Arvicolidae - Wühlmäuse

Microtus nivalis (MARTINS, 1842) - Schneemaus: 1 Ind. leg. E. EICHBAUER, E. FRITSCH, 27. 9. 1980, H 85-80-1.

Happyloch (Kat. Nr. 1543/74), 1939 mNN

562 m tiefe Schachthöhle (GL 789 m) 100 m südwestlich der Schmalzhöhe (alte ÖK: 1967 mNN, AV: 1964 mNN) am Zustieg ins Kar des Schladminger Lochs. Erforscht 1982, 1983 und 1985 vom LVH OÖ, 1986 durch polnische Expedition. Bis -150 m überlagern sich die Gänge entlang einer NO-SW verlaufenden Kluft. Unterhalb des folgenden 53-m-Schachtes in weit ausholenden Windungen zunächst nach SO, dann gegen W und zuletzt nach N abwärts führende, oftmals nasse Canyonstrecken. Alle Aufsammlungen durch E. FRITSCH, 28. 8. 1982, im eingangsnahen „Knochengang".

Ord. *CHIROPTERA* - *FLEDERMÄUSE*

Fam. Vespertilionidae - Glattnasen

Myotis daubentoni (KUHL, 1819) - Wasserfledermaus: 1 Ind. H 85-104-2.

Myotis mystacinus (KUHL, 1819) - Kleine Bartfledermaus: 3 Ind. H 85-104-1.

Plecotus auritus (LINNÉ, 1758) - Braunes Langohr: 1 Ind. H 85-104-3.

Ord. *LAGOMORPHA* - *HASENTIERE*

Fam. Leporidae - Hasen

Lepus timidus LINNÉ, 1758 - Schneehase: det E. FRITSCH.

Ord. *ARTIODACTYLA* - *PAARHUFER*

Fam. Bovidae - Hornträger

Ovis ammon f. aries LINNÉ, 1758 - Hausschaf: det. E. FRITSCH.

Knochenspalte am Oberfeld (Kat. Nr. 1543/82), 1800 mNN

Unauffälliger 5-m-Schacht 350 m nordöstlich der Kaserne Oberfeld; am Nordrand einer kleinen Erhebung im Osten des Haupteinganges (a) der Durchgangshöhle am Oberfeld (Kat. Nr. 1543/53 a-c, 1790 mNN). Nur durch Knochenfunde bedeutsam. Wo nicht anders angegeben, leg. Anton ACHLEITNER, Elisabeth HEISSL, Norbert LEUTNER (Ver. f. Höhlenkunde Hallstatt-Obertraun) und Walter WENZEL (Wien) am 13. oder 14. 7. 1982. - Anmerkung zur Fundsituation der September-Aufsammlung 1986 (Karl GAISBERGER, Elisabeth HEISSL, Norbert LEUTNER): Oberflächenfund (?). Ziemlich einheitlich schwarze Erdreste anhaftend; Nasenhöhlen der Hasen z.T. mit beim Trocknen deutlich schrumpfender und eckig brechender schwarzer Erde der lokalen Rendzina gefüllt.

Ord. *STYLOMMATOPHORA* - *LANDLUNGENSCHNECKEN*

Fam. Helicidae - Schnirkelschnecken

Causa holosericum (STUDER, 1820) - Genabelte Maskenschnecke: 1 Ex. vom September 1986 (Sammler siehe oben), H 1993-48/6.

Ord. *FALCONIFORMES* - *GREIFVÖGEL*

Knochen einer Habicht-, Adler- oder Falkenart: det. E. PUCHER.

Ord. *GALLIFORMES* - *HÜHNERVÖGEL*

Fam. Tetraonidae - Rauhfußhühner

Lagopus mutus (MONT.) - Alpenschneehuhn: 1 Ind. vom Sept. 1986, H 1993-48/4.

Tetrao (= Lyrurus) tetrix (LINNÉ) - Birkhuhn: H 83-41-3; 3 Ind. vom September 1986, H 1993-48/5.

Ord. LAGOMORPHA - HASENTIERE

Fam. Leporidae - Hasen

Lepus timidus LINNÉ, 1758 - Schneehase: 1 Schädel, H 85-48-1; 26 Ind. vom September 1986, H 1993-48/1; alle Belege in faunist./faunengesch. coll. der Säugetiersammlung des Naturhist. Museums Wien.

Ord. RODENTIA - NAGETIERE

Fam. Arviculidae - Wühlmäuse

Clethrionomys glareolus (SCHREBER, 1780) - Rötelmaus: 2 Ind. vom September 1986, H 1993-48/2, coll. Naturhistor. Mus. Wien.

Arvicola terrestris (LINNÉ, 1758) - Schermaus: 3 Individuen vom September 1986, H 1993-48/3, Belege in coll. des Naturhist. Mus. Wien.

Ord. ARTIODACTYLA - PAARHUFER

Fam. Bovidae - Hornträger

Ovis ammon f. aries LINNÉ, 1758 - Hausschaf: 2 Ind. leg. Peter SEETHALER am 12. 7. 1982, det. E. PUCHER, H 83-16-1. Vom größeren Ind. nur Radius (Speiche) und Tibia (Schienbein). Beim kleineren Ex. alle größeren postcranialen Knochen bis auf Humerus (Oberarmknochen) links und Radius links vorhanden, asymmetrische Ausbildung im Bereich des Os sacrum (Kreuzbeins); coll. NHM Wien.

Fam. Cervidae - Hirsche

Cervus elaphus LINNÉ, 1758 - Rot-, Edelhirsch: H 83-41-1 (Zahnanomalie an einer subfossilen, linken Mandibel [Unterkiefer]: Der 2. Prämolar ist vergrößert und um 180° Grad gedreht!). Lit.: PUCHER [1983].

Eiskarhöhle (Kat. Nr. 1543/91 a-c), 1761 mNN

749 m lange Höhle mit eingangsnahem, trockenem Horizontalteil, maximale Niveaudifferenz: 243 m (-238 m). 460 m OSO des Grünkogels (1914 mNN), erforscht von 2. - 15. 9. 1990. Im „Hauptgang" wurden von Elisabeth ACHLEITNER am 5. 9. 1990 Knochen von Kleinsäugern und mindestens zwei Fledermausarten sowie Überreste der nachstehend angeführten Laufkäfer (insges. 6 Ind.) aufgesammelt. Bestimmungsergebnisse zu den Knochen liegen nicht vor. In ca. 150 m Tiefe konnte eine „kleine schlafende Fledermausart" beobachtet werden. Lit.: SEETHALER [1990/91].

Ord. COLEOPTERA - KÄFER

Fam. Carabidae - Laufkäfer

Leistus nitidus DUFTSCHMID, 1812: det. Manfred KAHLEN. - Mittel- und Südeuropa, montan bis alpin, hochalpin unter Steinen, selten.

Nebria castanea BONELLI,1809/11: det. Manfred KAHLEN. - Mehrere Unterarten, montan bis alpin, Pyrenäen bis Südeuropa.

Nebria austriaca GANGLBAUER, 1889: det. Manfred KAHLEN. - Meist zusammen mit *N. castanea*, aber seltener, alpin bis hochalpin, Ostalpen westl. bis zum Brenner.

Ord. LEPIDOPTERA - SCHMETTERLINGE

Fam. Noctuidae - Eulen
Scoliopteryx libatrix (LINNÉ, 1758) - Zackeneule, Zimteule, Krebssuppe.

Fam. Geometridae - Spanner
Triphosa dubitata (LINNÉ, 1758) - Höhlen-, Wegdorn- oder Kreuzdornspanner.

Grünkogel-Bärenhöhle (Kat. Nr. 1543/96), 1715 mNN

364 m lange, trockene Horizontalhöhle 350 m nordöstlich des Grünkogels (1914 mNN). Überwiegender Verlauf: Ost - West. Erforscht am 1. und 3. 9. 1991. Nicht näher bestimmte „Mäuse-Skelette" und etwa 60 m vom Eingang entfernt ein „Bärennest", der mit Zweigen im weichen Sandboden angelegte Ruheplatz eines Braunbären. Die gleichen Hinterlassenschaften wurden auch in der Bärenresidenz (Kat. Nr. 1543/122) festgestellt. Der letzte Bär im Dachsteingebiet soll übrigens - lt. Salzkammergut-Zeitung/BISZ, Nr. 39 v. 26. 9. 1991, S. 3 - im Jahre 1821 erlegt worden sein. Lit.: SEETHALER [1992, 1992a].

Ord. CARNIVORA - RAUBTIERE

Fam Ursidae - Bären
Ursus arctos LINNÉ, 1758 - Braunbär: 2 obere Eckzähne eines Jungtieres.
Lit.: SEETHALER [1992].

Obere Brandgrabenhöhle (Kat. Nr. 1546/6), 716 mNN

Ord. PALPIGRADI - PALPENLÄUFER

Fam. Eukoeneniidae
Eukoenenia cf. **spelaea** (PEYERIMHOFF, 1902): 29. 11. 1987, leg. Erna EICHBAUER, E. FRITSCH, an der Oberfläche einer kleinen Wasserlacke im „Schichtfugengang", 55 m NNO vom Eingang, unterhalb der Kontaktzone Hangschutt - Felswand. Art-Bestimmung noch nicht überprüft.

Ord. ARANEAE - WEBSPINNEN

Fam. Araneidae - Radnetzspinnen
Araneus sp. (? *diadematus* CLERCK): 2 juv. M, leg. E. FRITSCH, 29. 11. 1987, in der eingangsnahen „Hannsengrotte".

Fam. Metidae - Herbstspinnen
Meta menardi (LATREILLE, 1804)

Metellina merianae (SCOPOLI, 1763) = **Meta merianae**

jeweils M und W, 29. 11. 1987, in der „Hannsengrotte", leg. &. det. E. FRITSCH.

Fam. Agelenidae - Trichternetzspinnen

Tegenaria sp. (? *ferruginea* PANZER, 1804), Winkelspinne: 1 stark beschädigtes W aus der „Hannsengrotte", 29. 11. 1987, leg. & det. E. FRITSCH.

Fam. *Linyphiidae* - Baldachin- und Zwergspinnen

leg. E. FRITSCH, 29. 11. 1987, genauere Determination nicht vorliegend.

Ord. OPILIONES - WEBERKNECHTE

Fam. Phalangiidae

Amilenus aurantiacus (SIMON, 1881): 2 M, 29. 11. 1987, in Eingangsnähe, leg. & det. E. FRITSCH.

Leiobunum limbatum L. KOCH, 1861: 1 M, 29. 11. 1987, leg. & det. E. FRITSCH.

Ord. ACARI - MILBEN

Fam. Rhagidiidae

Troglocheles strasseri (WILLMANN, 1932) = *Rhagidia strasseri*: leg. K. GAISBERGER, 12. 1. 1964, Lit.: STROUHAL u. VORNATSCHER [1975], GAISBERGER [1983]; leg. E. FRITSCH, 29. 11. 1987, „Schichtfugengang", an der Oberfläche einer kleinen Wasserlacke, eine weitere Milbenart ist bisher nicht determiniert worden.

Ord. ISOPODA - ASSELN

Fam. Asellidae

Asellus (Proasellus) cavaticus LEYDIG, 1871, nec SCHIÖDTE, 1871 - Höhlen-Wasserassel: leg. K. GAISBERGER, 12. 1. 1964, im tagfernen Teil des Hauptganges recht häufig. Lit. vergl. *Troglocheles*.

Ord. AMPHIPODA - FLOHKREBSE

Fam. Gammaridae

Niphargus tatrensis WRZESNIOWSKY, 1888 - Höhlenflohkrebs: leg. Karl GAISBERGER, 12. 1. 1964, 27. 3. 1966, im hinteren Teil des Hauptganges, det. Josef VORNATSCHER; leg. E. FRITSCH, 29. 11. 1987, am nördlichen (unteren) Ende des „Schichtfugenganges". Lit.: VORNATSCHER [1974], STROUHAL u. VORNATSCHER [1975], GAISBERGER [1976, 1983].

CHILOPODA - HUNDERTFÜSSER: Ord. LITHOBIOMORPHA

Fam. Lithobiidae - Steinkriecher

Lithobius sp. (? *lucifugus* L. KOCH, 1862): leg. K. GAISBERGER, 16. 9. 1990, 2 W, 1 stark beschädigtes M, det. E. FRITSCH.

DIPLOPODA - DOPPELFÜSSER: Ord. CHORDEUMATIDA

Fam. Attemsiidae

Syngonopodium aceris VERHOEFF, 1913: leg. K. GAISBERGER, 16. 9. 1990, 1 M, 4 W, 3 juv. Indiv. (1 M, 2 W), det. E. FRITSCH. Bei einem Weibchen ist das 5. Beinpaar linksseitig verkümmert.

DIPLOPODA - DOPPELFÜSSER: Ord. JULIDA

Fam. Julidae - Schnurfüßer

Typhloiulus seewaldi (STRASSER, 1967) = **Alpityphlus seewaldi**: leg. Erna EICHBAUER, 31. 10. 1981; leg. E. FRITSCH, 29. 11. 1987, jeweils 1 M im „Schichtfugengang", 55 bzw. 70 m NNO vom Eingang unterhalb der Kontaktzone Wandfuß - Hangschutt, Felsüberdeckung 24 bzw. 15 m; det. E. FRITSCH, überprüft J. P. MAURIES (Paris) 1987. Lit.: STRASSER [1967], FRITSCH [1993].

Ord. COLLEMBOLA - SPRINGSCHWÄNZE

Eine Artbestimmung der von K. GAISBERGER Anfang der Siebzigerjahre aufgesammelten und an J. VORNATSCHER weitergeleiteten Tiere liegt nicht vor. Lit.: AUER u. GAISBERGER [1978].

Ord. COLEOPTERA - KÄFER

Fam. Cholevidae (Catopidae)

Catops subfuscus KELLNER: leg. K. Gaisberger,16. 9. 1990 (11 Ex.), 31. 12. 1990, det. M. KAHLEN, 2 Ex. in coll. KAHLEN. - Höhlenfunde auch in Frankreich, der Schweiz, Italien, Belgien, Deutschland, Algerien.

Fam. Staphylinidae - Kurzflügler

Oxytelus complanatus ERICHSON, 1839: leg. K. Gaisberger, 16. 9. 1990, det. KAHLEN. Sehr häufiges Vorkommen bis über 2000 m Seehöhe.

Alaobia scapularis (SAHLBERG): 1 Ex. leg. K. GAISBERGER, 16. 9. 1990, det. M. KAHLEN, in coll. KAHLEN. - Selten, vorzugsweise an Baumschwämmen, mycetophil aber auch unter Steinen.

Fam. Cryptophagidae

Pteryngium crenatum (GYLLENHAL): 1 Ex. leg. K. GAISBERGER, det M. KAHLEN, coll. KAHLEN. - Sehr selten, in Berggegenden des mittleren und südlichen Zentraleuropas, an Baumschwämmen und trockenen, verpilzten Bäumen.

Ord. LEPIDOPTERA - SCHMETTERLINGE

Fam. Noctuidae - Eulen

Scoliopteryx libatrix (LINNÉ, 1758) - Zacken-, Zimteule, Krebssuppe: 12. 1. 1975, in der „Hannsengrotte" beob. Karl GAISBERGER.

Ord. INSECTIVORA - INSEKTENFRESSER

Fam. Soricidae - Spitzmäuse

Sorex alpinus SCHINZ, 1837 - Alpenspitzmaus: ein Schädelskelett am 29. 11. 1987 in der tagnahen „Hannsengrotte", leg. & det. E. FRITSCH.

Ord. CHIROPTERA - FLEDERMÄUSE

Fam. Rhinolophidae - Hufeisennasen

Rhinolophus hipposideros (BECHSTEIN, 1800) - Kleine Hufeisennase: 6 Indiv. beob. 31. 12.1967 (MAYER u. WIRTH [1968]; hier wurde wohl irrtümlich noch die historische Bezeichnung „Mittlere Brandgrabenhöhle" für die „Obere" verwendet. Von der heutigen „Mittleren Brandgrabenhöhle" (Kat. Nr. 1546/11) - erst am 25. 10. 1975 freigelegt - war damals nur der nischenförmige, nicht weiter ins Innere verfolgbare Eingang bekannt. Beob. von K. GAISBERGER, 12. 1. und 8. 2. 1975 (3 Ind.); 13. 2., 19. 2. und 6. 3. 1975 beob. von Siegfried GAMSJÄGER; 2. 3. 1976, 7. 1. 1977, 5. 2. 1978 und 6. 1. 1979 beob. von K. GAISBERGER; Lit.: STROUHAL u. VORNATSCHER [1975], AUER [1975, 1978], GAISBERGER [1976a, 1977].

Fam. Vespertilionidae - Glattnasen

Myotis myotis (BORKHAUSEN, 1797) - Großes Mausohr: beob. K. GAISBERGER, 7. 1. 1977, Ring. Nr. X 111003 (1 M). Lit.: GAISBERGER [1977], AUER [1978].

Barbastella barbastellus (SCHREBER, 1774) - Mopsfledermaus: 1 Indiv. beob. 31. 12. 1967 [MAYER & WIRTH 1968]; 8.2.1975, 5.2.1978 (Ring Nr. Z 86321), 7. 1. 1977 (Ring Nr. Z 86315, 1 M) und 6. 1. 1979 beob. von K. GAISBERGER. Lit.: STROUHAL u. VORNATSCHER [1975], GAISBERGER [1977], AUER [1978].

Hirlatzhöhle (Kat. Nr. 1546/7 a, b), 870 mNN

Ord. ARANEAE - WEBSPINNEN

Fam. Metidae - Herbstspinnen

Meta menardi (LATREILLE, 1804): Beobachtet von Karl GAISBERGER am 16. 11. 1975 in der Schmetterlingskammer knapp hinter dem Eingangsportal.

Ord. OPILIONES - WEBERKNECHTE

Fam. Phalangiidae

Amilenus aurantiacus (SIMON,1881): leg. Erhard FRITSCH, 30.11.1969, ZUBRINGER (Karl-Pilz-Halle); det. Erhard FRITSCH, 1986. Weberknechte wurden auch in der eingangsnahen Schmetterlingskammer, dem wärmsten Raum der Höhle (im Dezember 1977 +9 Grad C), von Karl GAISBERGER beobachtet.

Ord. ACARI - MILBEN

Fam. Rhagidiidae

Troglocheles (= Rhagidia) sp. *(? strasseri* WILLMANN, 1932*):* Beobachtet von Karl GAISBERGER am 13. 7. 1979 in einem wassergefüllten Kolk ca. 100 m vor dem Gotischen Gang (ZUBRINGER).

Ord. AMPHIPODA - FLOHKREBSE

Eine leider nicht genauer präzisierte Angabe von *Niphargus tatrensis* für die Hirlatzhöhle [VORNATSCHER 1974: 105] erscheint zwar durchaus möglich, dürfte aber auf einer Fundortverwechslung mit der Oberen Brandgrabenhöhle (1546/6) beruhen. Wir haben jedenfalls *Niphargus* in der Hirlatzhöhle bisher nirgends gefunden.

Ord. COLLEMBOLA - SPRINGSCHWÄNZE

leg. 29. 8. 1957 von P. SPERLING (Salzburg) in der Jausenhalle unter Brettern; zur Determination an H. JANETSCHEK übergeben; kein Ergebnis vorhanden. Auch die später von Karl GAISBERGER im Westlichen Blocktunnel (ALTER TEIL) aufgesammelten Collembolen sind bis heute nicht untersucht.

Ord. COLEOPTERA - KÄFER

Fam. Carabidae - Laufkäfer

Arctaphaenops angulipennis angulipennis (MEIXNER 1925) - Höhlenlaufkäfer: 1 M leg. Walter GREGER, 5.1.1990, WANDAUGENLABYRINTH (Hölle), det. Manfred KAHLEN, coll. DAFFNER, Eching (D); Reste eines W, leg. ?, 12. 1. 1991, det. M. KAHLEN; 1 W leg. W. GREGER, 23. 2. 1991, coll. M. KAHLEN, Landesmuseum Ferdinandeum Innsbruck. Lit.: GAISBERGER [1990], DAFFNER [1993].

Ord. LEPIDOPTERA - SCHMETTERLINGE

Fam. Noctuidae - Eulen

Scoliopteryx libatrix (LINNÉ, 1758) - Zackeneule, Zimteule, Krebssuppe

Fam. Geometridae - Spanner

Triphosa dubitata (LINNÉ, 1758) - Höhlen-, Wegdorn- od. Kreuzdornspanner:

Beide Arten beobachtet von Hermann KIRCHMAYR und Karl GAISBERGER am 16. 11. 1975 in der eingangsnahen Schmetterlingskammer.

Ord. DIPTERA - ZWEIFLÜGLER

Fam. Petauristidae (Trichoceridae) - Wintermücken

Petaurista maculipennis (MEIGEN, 1818) = **Trichocera maculipennis**: Adulte und Larven leg. Karl GAISBERGER, 16.12.1978, aus Falle in der Viertorhalle; det. R. LICHTENBERG. Lit.: GAISBERGER [1983].

Dipteren wurden auch in der Schmetterlingskammer beobachtet. Von P. SPERLING am 29. 8. 1957 bei der Engen Klamm „Flügel bzw. stark beschädigte Panzerreste von Dipteren" vorgefunden. Fritz SEEWALD berichtet 1965 von „Tipuliden" (Schnaken) in einem Wassertümpel (wahrscheinlich bei der Engen Klamm), Norbert LEUTNER nennt 1968 „Stechmücken".

Ord. INSECTIVORA - INSEKTENFRESSER

Fam. Soricidae - Spitzmäuse

Sorex sp. (? araneus LINNÉ, 1758) - Waldspitzmaus: leg. Karl GAISBERGER.

Ord. CHIROPTERA - FLEDERMÄUSE

Allgemeine Hinweise zu ihrem Vorkommen finden sich bereits bei Othmar SCHAUBERGER anläßlich der Befahrung am 3./4. 3. 1951: Fledermausleiche bei den „Bodenwannen" im Südwesten der Wendelhalle (nahe Vp. 18a). Auch aus der

Gangfortsetzung beim Deckenloch in der WENDELHALLE (zwischen Vp. 508 und 509) liegt eine nicht näher definierte Beobachtung vor.

Fam. Vespertilionidae (Glattnasen)

Myotis brandti (EVERSMANN, 1845) - Große Bartfledermaus: leg. Walter GREGER, 8.2.1986, 1 Ind. im SCHWABENLAND, H 1986-115-1.

Myotis mystacinus (KUHL, 1819) - Kleine Bartfledermaus: leg. Walter GREGER, 8.2.1986, 1 Ind. im SCHWABENLAND, H 1986-115-2.

Myotis myotis (BORKHAUSEN, 1797) - Großes Mausohr: leg. Walter GREGER, 8.2.1986, 1 Ind. SCHWABENLAND, H 1986-115-3.

Plecotus auritus (LINNÉ, 1758) - Braunes Langohr: 1 Ind. leg. Walter GREGER, 8.2.1986, SCHWABENLAND, H 1986-115-4; leg. Kurt SULZBACHER, März 1986, Schädel und Teilskelett, H 1987-3-1.

Barbastella barbastellus (SCHREBER, 1774) - Mopsfledermaus: Mumie, leg. Karl GAISBERGER, 16.11.1975, ZUBRINGER (WENDELHALLE), H 1977-2-1. Lit.: GAISBERGER [1977a], AUER [1978]. Von Peter SEETHALER auch in den hochgelegenen, seit Winter 1983/84 erforschten Höhlenteilen im Flug gesichtet.

Rabenkeller (Kat. Nr. 1546/9), 954 mNN

Weithin sichtbare, altbekannte Höhle mit riesigem Eingangsportal im Hintergrund des Hirschaukessels. Steil ansteigend, Länge 45 m.

Klasse NEMATODA - FADENWÜRMER

Ohne nähere Angaben. „Zahlreich in den üppigen Moosrasen", MORTON-GAMS [1925: 88].

Ord. STYLOMMATOPHORA - LANDLUNGENSCHNECKEN

Fam. Vitrinidae - Glasschnecken

Vitrina sp.: nach MORTON-GAMS [1925: 88].

Fam. Helicidae - Schnirkelschnecken

Arianta arbustorum (Linné, 1758) - Gefleckte Schnirkelschnecke. „Reichlich in der Talform. Alljährlich beträchtliche Verheerungen an den Blättern von *Adenostyles* (Alpendost)", nach MORTON-GAMS [1925: 88].

OLIGOCHAETA/WENIGBORSTER - Ord. Opisthopora

Fam. **Lumbricidae** - Regenwürmer: Ohne nähere Angaben. „Zahlreich in den üppigen Moosrasen", MORTON-GAMS [1925: 88].

Ord. OPILIONES - WEBERKNECHTE

ca. 150 Ex. beob. von K. GAISBERGER und K. PILZ, 21. 1. 1973. Ohne Artangabe.

Ord. HYMENOPTERA - HAUTFLÜGLER

Überfam. **Apoidea** - Bienen: 14. 7. 1921, auf *Lamiastrum galeobdolon* (Goldnessel), nach MORTON-GAMS [1925: 87].

Ord. DIPTERA - ZWEIFLÜGLER

Fam. Simuliidae (Melusinidae) - Kriebelmücken

Simulium sp.: ... „in rasch herabrinnendem Wasser (+11°C) reichlich *Melusina* sp.".... Nach MORTON-GAMS [1925: 88].

Fam. Tethinidae

Phytomyza minuscula GOUR: Fraßgänge der Fliegenmade in den meisten Blättern von *Thalictrum aquilegiifolium* (Akeleiblättrige Wiesenraute), det. KLIMESCH und Wilhelm MACK, nach MORTON [1956: 6].

Ord. PASSERIFORMES - SPERLINGSVÖGEL

Pyrrhocorax graculus (L.), Syn.: *Pyrrhocorax alpinus* - Alpendohle. MORTON-GAMS [1925: 87].

Hoffnungshöhle (Kat. Nr. 1546/10), 1045 mNN

480 m lange Höhle in der westlichen Begrenzungswand des Hirschaukessels. 1953 erstmals betreten. Zusammenhang mit der Hirlatzhöhle wahrscheinlich.

Ord. CHIROPTERA - FLEDERMÄUSE

Fam. Vespertilionidae - Glattnasen

Myotis mystacinus (KUHL, 1819) - Kleine Bartfledermaus: 20. 4. 1985, leg. Karl GAISBERGER, H 86-20-1.

Myotis myotis (BORKHAUSEN, 1797) - Großes Mausohr: 20. 4. 1985, leg. Karl GAISBERGER, H-86-20-2.

Mittlere Brandgrabenhöhle (Kat. Nr. 1546/11), 666 mNN

1979 freigelegte Höhle ca. 40 m oberhalb der Unteren Brandgrabenhöhle. Unschliefbare Rufverbindung zur Oberen Brandgrabenhöhle, mit der sie eine hydrologische Einheit bildet. Faunistische Angaben nach Gottfried BUCHEGGER [1981] und laut persönlicher Mitteilung.

Ord. ARANEAE - WEBSPINNEN

Fam. Metidae - Herbstspinnen

Meta menardi (LATREILLE, 1804) - Höhlenspinne.

Ord. OPILIONES - WEBERKNECHTE

Fam. Ischyropsalididae

Ischyropsalis sp. - Scherenkanker: pers. Mitt. von Gottfried BUCHEGGER.

Erhard FRITSCH mit Beitrag Karl GAISBERGER

Ord. COLLEMBOLA - SPRINGSCHWÄNZE

Keine näheren Angaben.

Ord. LEPIDOPTERA - SCHMETTERLINGE

Fam. Geometridae - Spanner

Triphosa dubitata (LINNÉ, 1758) - Höhlen-, Wegdorn- od. Kreuzdornspanner.

Ord. DIPTERA - ZWEIFLÜGLER

„Kleine Fliegen".

Waldbacheckhöhle (Kat. Nr. 1546/12), 1165 mNN

43 m geradlinig nach Süden führende, lange bekannte Höhle (alter Holztrog!) am Nordostrücken des Vorderen Hirlatz, ca. 1,5 Stunden von Hallstatt. Erforscht zwischen 1952 und 1986. 67 m weiter westlich liegt die Kluftfugenhöhle (1546/43).

Ord. CHIROPTERA - FLEDERMÄUSE

Fam. Vespertilionidae - Glattnasen

Myotis mystacinus (KUHL, 1819) - „Kleine Bartfledermaus" (?!) beob. 26. 10. 1984. Lit.: ACHLEITNER [1985].

Bärenhöhle in der Gelben Wand (Kat. Nr. 1546/14), ca. 1520 mNN

20 m lange Höhle, deren genaue Lage heute unbekannt ist. Entdeckt 1919 von Karl PILZ, nach dessen pers. Mitt. „unterhalb des Leiternanstieges zum Zwölferkogel auf einem Band nach links queren".

Ord. CARNIVORA - RAUBTIERE

Fam. Ursidae - Bären

Ursus arctos (LINNÉ, 1758) - Braunbär: Reste mehrerer Ind. in den Jahren 1920 und 1921 von Karl PILZ (Hallstatt) geborgen. Nach mündl. Mitt. kamen die Schädel zu Friedrich MORTON und sollen später während des Krieges in Deutschland verschollen sein. Ebenfalls nicht mehr auffindbar ist die angeblich aufgesammelte Begleitfauna. Lit.: GAISBERGER [1981].

Hirlatzalmhöhle (Kat. Nr. 1546/19), 1922 mNN

86 m lange Horizontalhöhle 120 m südöstlich der Hirlatzalm (ca. 1925 mNN lt. AV) am Nordhang des Mittleren Hirlatz. Eingang daher vermutlich 20 bis 30 m höher als angegeben. Erkundet 1969, erforscht 1985, 1986.

Ord. PASSERIFORMES - SPERLINGSVÖGEL

leg. Elisabeth HEISSL, 5. 9. 1986, ca. 30 m vom Eingang, juv., indet., H 1993-60/3.

Ord. INSECTIVORA - INSEKTENFRESSER

Fam. Talpidae - Maulwürfe

Talpa europaea (LINNÉ, 1758) - Europ. Maulwurf: leg. Elisabeth HEISSL, 5. 9. 1986, 2 Ind. ca. 30 m vom Eingang, H 1993-60/1.

Ord. CHIROPTERA - FLEDERMÄUSE

Fam. Vespertilionidae - Glattnasen

Myotis brandti (EVERSMANN, 1845) - Große Bartfledermaus: H 1993-60/2.

Myotis mystacinus (KUHL, 1819) - Kleine Bartfledermaus: H 1993-70.

Von beiden Arten jeweils 1 Ind. leg. Elisabeth HEISSL, 5. 9. 1986.

Hirlatz-Tropfsteinhöhle (Kat. Nr. 1546/21 a, b), 1863 mNN

118 m lange, nach SW führende, interessante Höhle südlich der Senke (Kote 1837, alte ÖK) zwischen Vorderem (1934 mNN) und Hinterem Hirlatz (1972 mNN). Tagschlot und Seitengang. Entdeckt 1953 von Walter UNTERBERGER, der im August 1985 in der Nähe der Höhle tödlich verunglückte. Erforscht 1985. Sämtliche Funde leg. Elisabeth HEISSL und Norbert LEUTNER, 28. 8. 1985.

Ord. INSECTIVORA - INSEKTENFRESSER

Fam. Talpidae - Maulwürfe

Talpa europaea (LINNÉ, 1758) - Europ. Maulwurf: H 86-131-1.

Fam. Soricidae - Spitzmäuse

Sorex araneus (LINNÉ, 1758) - Waldspitzmaus: H 86-131-3.

Sorex alpinus (SCHINZ, 1837) - Alpenspitzmaus: H 86-131-2.

Ord. CHIROPTERA - FLEDERMÄUSE

Fam. Vespertilionidae - Glattnasen

Eptesicus nilssoni (KEYSERL. & BLASIUS, 1839) - Nordfledermaus: H 86-131-4.

Ord. RODENTIA - NAGETIERE

Fam. Muridae - Echte Mäuse

Apodemus flavicollis (MELCHIOR, 1834) - Gelbhalsmaus: H 86-131-6.

Fam. Arvicolidae - Wühlmäuse

Microtus nivalis (MARTINS, 1842) - Schneemaus: H 86-131-7.

Ord. CARNIVORA - Raubtiere

Fam. Mustelidae - Marder

Mustela nivalis (LINNÉ, 1766) - Mauswiesel: H 86-131-5.

Erhard FRITSCH mit Beitrag Karl GAISBERGER

Jägerschacht, Wiesalmhöhle (Kat.Nr. 1546/31), 1691 mNN

585 m tiefer Schacht 90 m SO der südlichsten Wiesalmhütte. Ab 1986 von englischen Forschern bearbeitet. Mit Ausnahme von *Triphosa*, *Heleomyza* und *Rupicapra* alle Funde leg. Elisabeth HEISSL, 1. 9. 1986, ca. 90 m vom Eingang, det. K. BAUER, F. SPITZENBERGER, in Coll. NHM Wien.

Ord. LEPIDOPTERA - SCHMETTERLINGE

Fam. Geometridae - Spanner

Triphosa dubitata (LINNÉ, 1758) - Höhlen-, Wegdorn- oder Kreuzdornspanner: leg. E. FRITSCH, 28. 7. 90.

Ord. DIPTERA - ZWEIFLÜGLER

Fam. Heleomyzidae - Scheufliegen

Heleomyza sp.: leg. E. FRITSCH, 28. 7. 1990.

Ord. CHIROPTERA - FLEDERMÄUSE

Fam. Vespertilionidae - Glattnasen

Myotis mystacinus (KUHL, 1819) - Kleine Bartfledermaus: 3 Ind., H 1993-80/1.

Plecotus auritus (LINNÉ, 1758) - Braunes Langohr: 1 Ind., H 1993-80/2.

Ord. LAGOMORPHA - HASENTIERE

Fam. Leporidae - HASEN

Lepus timidus (LINNÉ, 1758) - Schneehase: Artbestimmung aufgrund der Fundsituation so gut wie sicher (nur ein rechter unterer Schneidezahn vorgelegen), nach der Verfärbung event. subfossil, H 1993-80/4.

Ord. RODENTIA - NAGETIERE

Fam. Sciuridae - Hörnchen

Sciurus vulgaris (LINNÉ, 1758) - Eichhörnchen: 1 Ind., H 1993-80/3.

Ord. ARTIODACTYLA - PAARHUFER

Fam. Bovidae - Hornträger

Rupicapra rupicapra (LINNÉ, 1758) - Gemse: leg. E. FRITSCH, 28. 9. 1990.

Goldloch-Halbhöhle (Kat. Nr. 1546/44), 565 mNN

Schon 1913 von L. LÄMMERMAYR botanisch untersuchte nasse Felsnische 30 m oberhalb des Goldlochstollens. Einige Felsritzungen.

Ord. AMPHIPODA - FLOHKREBSE

Fam. Gammaridae

Niphargus tatrensis (WRZESNIOWSKY, 1888) - Höhlenflohkrebs: beob. N. LEUTNER, 26. 5. 1973; 2 Ind. leg. K. GAISBERGER, 1974. Lit.: ANONYM [1974], GAISBERGER [1976, 1983].

Goldlochstollen (ohne Kat. Nr.), 535 mNN

54 m langer, anfangs nach Südwest, dann nach Süd abknickender Stollen ca. 170 m NW des Hirschbrunns am Beginn der Lawinengalerie. Alter und Zweck unbekannt.

Ord. ARANEAE - WEBSPINNEN

Keine näheren Angaben.

Ord. OPILIONES - WEBERKNECHTE

Fam. Phalangiidae
? ***Amilenus aurantiacus*** (SIMON, 1881): beob. 1983

DIPLOPODA - DOPPELFÜSSER: Ord. CORDEUMATIDA

Fam. Attemsiidae
? ***Syngonopodium*** sp.: beob. 1983.

DIPLOPODA - DOPPELFÜSSER: Ord. POLYDESMIDA

Fam. Polydesmidae
Polydesmus sp.: 1 juv. M (28 Beinpaare, 19 Körperringe, Länge 14 mm), 1 juv. W (27 Bp.,18 Kr, L 9 mm), leg. K. GAISBERGER, 23. 3. 1989, det. E. FRITSCH.

Ord. COLEOPTERA - KÄFER

Fam. Carabidae - Laufkäfer
Trechoblemus micros (HERBST, 1783): Lit.: GAISBERGER [1989], det. M. KAHLEN.

Arctaphaenops angulipennis angulipennis (MEIXNER, 1925): Zwischen Dezember 1988 und August 1992 insgesamt 20 Ind. leg. K. GAISBERGER, davon 10 in coll. M. KAHLEN, Landesmuseum Ferdinandeum Innsbruck, 8 in coll. H. DAFFNER (Eching, D) und 2 Ind. bei K. GAISBERGER (Altaussee): 15. 12.1988 - 23. 3. 1989 (1 M, 1 W), 3. 7. 1989 (1 W), 11. 1. 1990 (1 M, 1 W), 7. 6. 1990 (1 M), 27. 9. 1990 (1 W), 23. 12. 1990 (1 M, lt. Best. Prot. M. KAHLEN), 21. 3. 1991 (3 M), 11. 10. 1991 (5 M, 1 W), 8. 1. 1992 (1 M), 12. 5. 1992 (1 W), 18. 8. 1992 (1 M). Lit.: GAISBERGER [1989, 1990], DAFFNER [1993].

Ord. DIPTERA - ZWEIFLÜGLER

Nematocera: Mücken, ohne nähere Angaben.

Ord. CHIROPTERA - FLEDERMÄUSE

Fam. Rhinolophidae - Hufeisennasen

Rhinolophus hipposideros (BECHSTEIN, 1800) - Kleine Hufeisennase: 1 Ind. beob. 13. 4. 1968 im „Goldloch". [MAYER u. WIRTH 1969]

Hirschbrunn-Quellstollen (ohne Kat. Nr.), 508.5 mNN

5,5 m langer, niedriger Stollen im Hintergrund einer Felsnische des Hirschbrunn-Quellbezirks. Alter und Zweck unbekannt. Angeblich 1912 von Matthias KIRCHSCHLAGER entdeckt. Depotfund im Jahre 1611. Später römische Münze. Bei Hochwasser überflutet.

Ord. COLEOPTERA - KÄFER

Fam. Carabidae - Laufkäfer

Arctaphaenops angulipennis angulipennis (MEIXNER, 1925) - Höhlenlaufkäfer: lt. DAFFNER [1993], ohne weitere Angaben.

Zwölferkogelhöhle (Kat. Nr. 1546/51), 1740 mNN

18 m lange Höhle am Osthang des Zwölferkogels. Am 22. Feb. 1976 wurden von Siegfried GAMSJÄGER und Gerhard MAYR außer einer „seltsamen Haaransammlung" folgende Tiere festgestellt (unveröffentl. Archivbericht).

Ord. ARANEAE - WEBSPINNEN

Fam. Metidae - Herbstspinnen

Meta menardi (LATREILLE, 1804) - Höhlenspinne.

Ord. LEPIDOPTERA - SCHMETTERLINGE

Fam. Noctuidae - Eulen

Scoliopteryx libatrix (LINNÉ, 1758) - Zackeneule, Zimteule, Krebssuppe.

Fam. Geometridae - Spanner

Triphosa dubitata (LINNÉ, 1758) - Höhlen-, Wegdorn- oder Kreuzdornspanner.

Ord. CHIROPTERA - FLEDERMÄUSE

Fam. Vespertilionidae - Glattnasen

Barbastella barbastellus (SCHREBER, 1774) - Mopsfledermaus: 1 Schädel.

Bierloch (Kat. Nr. 1546/53), 685 mNN

26 m lange, ansteigende Höhle westlich des Gößlgrabens der AV-Karte. Der weglose Zugang beginnt ca. 250 m östlich der Straßenbrücke beim Kessel. Zuletzt 5 m hohe, grasige Felsstufe. Noch auf Hallstätter Gemeindegebiet.

Ord. ARANEAE - WEBSPINNEN

wie Zwölferkogelhöhle (1546/51).

Ord. *OPILIONES - WEBERKNECHTE*

? Amilenus aurantiacus.

Ord. *AMPHIPODA - FLOHKREBSE*

Fam. Gammaridae

Niphargus sp. (? tatrensis WRZESNIOWSKY, 1888) - Höhlenflohkrebs.

Ord. *COLLEMBOLA - SPRINGSCHWÄNZE*

Bisher keine weiteren Angaben.

Ord. *LEPIDOPTERA - SCHMETTERLINGE*

wie Zwölferkogelhöhle (1546/51).

Sinterkeller (Kat. Nr. 1546/60), ca. 1900 mNN

Im Steilhang OSO des Wandl Riedels (1954 mNN) der ÖK 96/3 = Kl. Laubeck-Kg. d. AV-Karte. 10 m lange, leicht abfallende Klufthöhle, schwer auffindbar (Latschen!).

Ord. *ISOPODA - ASSELN*

Fam. Mesoniscidae

Mesoniscus alpicola alpicola (HELLER, 1857) - Höhlenassel, Schneeassel: leg. K. GAISBERGER; 31. 8. 1988, det. E. FRITSCH. - Pigment- und augenlos, 6-8 mm lang, sowohl cavernicol (in Höhlen) als auch subterran (in Mikrokavernen z.B. unter Steinen). Weit auseinander liegendes (diskontinuierliches) Verbreitungsgebiet: Nördl. Kalkalpen zwischen Inn und Wien, im Südosten bis nördlich von Graz. Einzelfunde in der Nordlombardei südöstlich des Lago Maggiore. Aus Höhlen der Prov. Brescia (im Süden und Nordosten des Iseosees) wurde 1926 die Subspecies *valgannensis* BRIAN beschrieben. Eine zweite Art (*M. graniger* FRIVALDSKY, 1865) lebt in den Karpaten. Die Mesoniscidae zählen zu den ursprünglichsten Landassel-Familien und kommen sonst nirgendwo auf der Welt vor (Endemiten der Alpen bzw. Karpaten). Vermutlich Präglazialrelikt.

Kuhschädelloch (Kat. Nr. 1546/71), ca. 1740 mNN

Schwer auffindbarer, 15 m tiefer Schacht ca. 200 m südöstlich des Mittleren Schönbühels (1768 mNN), erforscht 1988 von Walter GREGER und David WALTER.

Ord. *ARTIODACTYLA - PAARHUFER*

Fam. Bovidae - Hornträger

Bos primigenius f. taurus (LINNÈ, 1758) - Hausrind: Abgestürztes Weidevieh.

Erhard FRITSCH mit Beitrag Karl GAISBERGER

Ziegenfalle (Kat. Nr. 1546/72), ca. 1700 mNN

Canyonartig abfallende Höhle von 10 m Länge im oberen Bereich der Seewand (Richtung Küfel). 1988 wurden seit Jahren abgängige und als gestohlen geltende Weidetiere verendet aufgefunden. Lit.: LEUTNER [1989b].

Ord. COLEOPTERA - KÄFER

Fam. Staphylinidae - Kurzflügler

Lesteva nivicola FAUVEL: 1 Ex. leg. K. GAISBERGER, 30. 8. 1988, det. KAHLEN. An Bachufern und auf nassem Lehm unter Steinen, sehr häufig, montan, zentrales und südliches Mitteleuropa.

Ord. ARTIODACTYLA - PAARHUFER

Fam. Bovidae - Hornträger

Capra aegagrus f. hircus LINNÉ, 1758 - Hausziege: 3 Ind.

Ovis ammon f. aries LINNÉ, 1758 - Hausschaf: 3 Ind.

Gipfelblickschacht (Kat. Nr. 1546/76), ca. 1900 mNN

14,5 m tiefer Schacht, unmittelbar nördlich der Kote 1903 (lt. AV-Karte im Osten der „Wandeln") gelegen. Achtung: Die „Wandeln" der ÖK 96 (1930 mNN) sind damit nicht ident, sie entsprechen dem Brenten-Kg.,1932 mNN, der AV). Lit.: LEUTNER [1989].

Ord. STYLOMMATOPHORA - LANDLUNGENSCHNECKEN

Fam. Clausiliidae - Schließmundschnecken

Nicht näher bestimmbarer Gehäuserest, leg. G. BUCHEGGER, 30. 9. 1988.

CHILOPODA - HUNDERTFÜSSER: - Ord. LITHOBIOMORPHA

Fam. Lithobiidae - Steinkriecher

Lithobius sp.: 1 stark beschädigtes W, leg. G. BUCHEGGER, 30. 9. 1988.

Ord. COLEOPTERA - KÄFER

Fam. Carabidae - Laufkäfer

Pterostichus jurinei (PANZER, 1805): 1 M leg. G. BUCHEGGER, 30. 9. 1988, det. E. FRITSCH. Subalpin bis alpin, gebietsweise nicht selten. Schweiz bis Rumänien.

Ord. ARTIODACTYLA - PAARHUFER

Fam. Bovidae - Hornträger

Rupicapra rupicapra (LINNÉ,1758) - Gemse: August/September 1988.

Systematisches Verzeichnis der festgestellten Taxa

TURBELLARIA - STRUDELWÜRMER
Ord. TRICLADIDA

cf. Dendrocoeliidae, Planariidae: Waldbach-Ursprung (1543/1).

NEMATODA - FADENWÜRMER

indet.: Rabenkeller (1546/9). MORTON-GAMS [1925]

OLIGOCHAETA - WENIGBORSTER

Ord. OPISTHOPORA

Fam. Lumbricidae - Regenwürmer: Rabenkeller (1546/9). MORTON-GAMS [1925].

GASTROPODA - SCHNECKEN

Ord. STYLOMMATOPHORA - LANDLUNGENSCHNECKEN

Vitrina sp. - Glasschnecke: Rabenkeller (1546/9), nach MORTON-GAMS [1925].

Fam. Clausiliidae - Schließmundschnecken: Gipfelblickschacht (1546/76).

Arianta arbustorum (LINNÉ, 1758) - Gefleckte Schnirkelschnecke: Rabenkeller (1546/9), nach MORTON-GAMS [1925].

Causa holosericum (STUDER, 1820) - Genabelte Maskenschnecke: Knochenspalte am Oberfeld (1543/82). ARACHNIDA - SPINNENTIERE

Ord. PALPIGRADIDA - PALPENLÄUFER

Eukoenenia cf. *spelaea* (PEYERIMHOFF, 1902): Troglobiont; Obere Brandgrabenhöhle (1546/6).

Ord. ARANEAE - WEBSPINNEN

Meta menardi (LATREILLE, 1804): Eutroglophil; Bierloch (1546/53), Obere u. Mittlere Brandgrabenhöhle (1546/6 und 11), Hirlatzhöhle (1546/7), Zwölferkogelhöhle (1546/51). Lit.: WICHMANN [1928].

Metellina merianae (SCOPOLI, 1763) = *Meta merianae*: Eutroglophil; Obere Brandgrabenhöhle (1546/6).

Araneus sp. (?*diadematus* CLERCK): Trogloxen; Obere Brandgrabenhöhle (1546/6).

Tegenaria sp. (?*ferruginea* PANZER, 1804) - Winkelspinne: Subtroglophil; Obere Brandgrabenhöhle (1546/6).

Fam. Linyphiidae - Baldachinspinnen: Obere Brandgrabenhöhle (1546/6).

Ord. OPILIONES - WEBERKNECHTE

Opiliones: Indet., Rabenkeller (1546/9).

Ischyropsalis sp. - Scherenkanker: Eutroglophil; Mittlere Brandgrabenhöhle (1546/11).

Amilenus aurantiacus (SIMON, 1881): Subtroglophil; Obere Brandgrabenhöhle (1546/6), ?Goldlochstollen, Hirlatzhöhle (1546/7), ?Bierloch (1546/53).

Leiobunum limbatum L. KOCH, 1861: Subtroglophil; Obere Brandgrabenhöhle (1546/6).

Ord. ACARI - MILBEN

Troglocheles strasseri (WILLMANN, 1932) = *Rhagidia strasseri*: Troglobiont; Ob. Brandgrabenh. (1546/6), ?Hirlatzhöhle (1546/7).

CRUSTACEA - KREBSTIERE

Ord. AMPHIPODA - FLOHKREBSE

Niphargus tatrensis WRZESNIOWSKY, 1888: Eutroglophil; ?Bierloch (1546/53), Obere Brandgrabenhöhle (1546/6), Goldloch-Halbhöhle (1546/44).

Ord. ISOPODA - ASSELN

Asellus (Proasellus) cavaticus LEYDIG, 1871 nec SCHIÖDTE, 1871 - Höhlen-Wasserassel: Stygobiont; Obere Brandgrabenhöhle (1546/6), Waldbach-Ursprung (1543/1).

Mesoniscus alpicola alpicola (HELLER, 1857) - Höhlenassel, Schneeassel: Eutroglophil; Sinterkeller (1546/60).

MYRIAPODA - TAUSENDFÜSSER

CHILOPODA - HUNDERTFÜSSER: Ord. LITHOBIOMORPHA

Lithobius sp. (?*lucifugus* L. KOCH, 1862): Eutroglophil; Ob. Brandgrabenh. (1546/6).

Lithobius sp.: Gipfelblickschacht (1546/76).

DIPLOPODA - DOPPELFÜSSER: Ord. CHORDEUMATIDA

Syngonopodium sp. : Eutroglophil/troglobiont; Goldlochstollen.

Syngonopodium aceris VERHOEFF, 1913: Eutroglophil/troglobiont; Obere Brandgrabenhöhle (1546/6).

Syngonopodium cornutum VERHOEFF, 1929: Eutroglophil/troglobiont; Oberfeldhöhle (1543/52).

DIPLOPODA - DOPPELFÜSSER: Ord. JULIDA

Typhloiulus seewaldi (STRASSER, 1967) = *Alpityphlus seewaldi*: Troglobiont; Ob. Brandgrabenh. (1546/6).

DIPLOPODA - DOPPELFÜSSER: Ord. POLYDESMIDA

Polydesmus sp.: Goldlochstollen.

INSECTA - INSEKTEN

Ord. COLLEMBOLA - SPRINGSCHWÄNZE

Nicht näher determinierte Collembola: Bierloch (1546/53), Obere und Mittlere Brandgrabenhöhle (1546/6 und 11), Hirlatzhöhle (1546/7).

Isotomurus alticola (CARL, 1899): Eutroglophil; Oberfeldhöhle (1543/52).

Ord. COLEOPTERA - KÄFER

Leistus nitidus DUFTSCHMID, 1812: Trogloxen. Eiskarhöhle (1543/91).

Nebria castanea BONELLI, 1809/11: Trogloxen/subtroglophil. Eiskarhöhle (1543/91).

Nebria austriaca GANGLBAUER, 1889: Trogloxen/subtroglophil. Eiskarhöhle (1543/91).

Trechoblemus micros (HERBST, 1783): Subtroglophil; Goldlochstollen.

Arctaphaenops angulipennis angulipennis (MEIXNER, 1925): Troglobiont; Hirlatzhöhle(1546/7), Goldlochstollen, Hirschbrunnstollen.

Pterostichus jurinei (PANZER, 1805): Trogloxen; Gipfelblickschacht (1546/76).

Catops subfuscus KELLNER: Eutroglophil; Obere Brandgrabenhöhle (1546/6).

Lesteva nivicola FAUVEL: Trogloxen/subtroglophil; Ziegenfalle (1546/72).

Lesteva sp.: Grubenloch (1543/73).

Oxytelus complanatus ERICHSON: Trogloxen; Obere Brandgrabenhöhle (1546/6).

Alaobia scapularis (SAHLBERG): Trogloxen; Obere Brandgrabenhöhle (1546/6).

Pteryngium crenatum (GYLLENHAL): Trogloxen; Obere Brandgrabenh. (1546/6).

Ord. HYMENOPTERA - HAUTFLÜGLER

Apoidea - Bienen: Indet., Rabenkeller (1546/9). MORTON-GAMS [1925].

Ord. TRICHOPTERA - KÖCHERFLIEGEN

Mesophylax impunctatus McLACHLAN, 1884: ?Subtroglophil; Maulwurfshöhle (1543/67).

Acrophylax zerberus BRAUER, 1867: ?Subtroglophil; Waldbach-Ursprung (1543/1).

Ord. LEPIDOPTERA - SCHMETTERLINGE

Triphosa dubitata (LINNÉ, 1758) - Höhlen-, Wegdorn- oder Kreuzdornspanner: Subtroglophil; Bierloch (1546/53), Mittlere Brandgrabenhöhle (1546/11), Eiskarhöhle (1543/91), Hirlatzhöhle (1546/7), Jägerschacht (1546/31), Maulwurfshöhle (1543/67), Zwölferkogelhöhle (1546/51). Lit.: BOUVET et alt. [1974], CHRISTIAN u. MOOG [1982]. Zur Fortpflanzungsbiologie vergl. JAKOBI u. MENNE [1990].

Scoliopteryx libatrix (LINNÉ, 1758) - Zackeneule, Zimteule, Krebssuppe: Subtroglophil; Bierloch (1546/53), Obere Brandgrabenhöhle (1546/6), Eiskarhöhle (1543/91), Hirlatzhöhle (1546/7), Zwölferkogelhöhle (1546/51). Lit.: WALDNER [1952], BOUVET et alt. [1974], CHRISTIAN u. MOOG [1982].

Ord. DIPTERA - ZWEIFLÜGLER

UOrd. Nematocera - Mücken: Mittlere Brandgrabenhöhle (1546/11), Goldlochstollen, Hirlatzhöhle (1546/7).

Petaurista maculipennis MEIGEN, 1818 = *Trichocera m.* - Wintermücken: Eutroglophil; Hirlatzhöhle (1546/7).

Simulium sp. = *Melusina* sp. - Kriebelmücke: Rabenkeller (1546/9). MORTON-GAMS [1925].

Fam. Mycetophilidae = Fungivoridae - Pilzmücken: Oberfeldhöhle (1543/52).

Heleomyza sp.: Jägerschacht (1546/31).

Phytomyza minuscula GOUR: Rabenkeller (1546/9). MORTON-GAMS [1925].

AVES - VÖGEL

Ord. FALCONIFORMES - GREIFVÖGEL

Nicht näher bestimmbare Falconiformes-Knochen (Falken-, Habicht- oder Adlerart): Knochenspalte am Oberfeld (1543/82).

Ord. GALLIFORMES - HÜHNERVÖGEL

Lagopus mutus (MONT.) - Alpenschneehuhn: Knochenspalte am Oberfeld (1543/82).

Tetrao (= *Lyrurus*) *tetrix* (L.) - Birkhuhn: Knochenspalte am Oberfeld (1543/82).

Ord. PASSERIFORMES - SPERLINGSVÖGEL

Nicht näher bestimmbare Passeriformes-Knochen: Oberfeldhöhle (1543/52) und Hirlatzalmhöhle (1546/19).

Erhard FRITSCH mit Beitrag Karl GAISBERGER

Pyrrhocorax graculus (L.) - Alpendohle: Rabenkeller (1546/9).

MAMMALIA - SÄUGETIERE

Ord. INSECTIVORA - INSEKTENFRESSER

Talpa europaea (LINNÉ, 1758) - Maulwurf: Oberfeldhöhle (1543/52), Hirlatzalmhöhle (1546/19), Hirlatz-Tropfsteinhöhle (1546/21).

Sorex sp. - rotzähnige Spitzmausart: Oberfeldhöhle (1543/52).

Sorex araneus (LINNÉ, 1758) - Waldspitzmaus: Obere Brandgrabenhöhle (1546/6), ?Hirlatzhöhle (1546/7), Hirlatz-Tropfsteinhöhle (1546/21).

Sorex alpinus (SCHINZ, 1837) - Alpenspitzmaus: Hirlatz-Tropfsteinhöhle (1546/21).

Ord. CHIROPTERA - FLEDERMÄUSE

Rhinolophus hipposideros (BECHSTEIN, 1800) - Kleine Hufeisennase: Obere Brandgrabenhöhle (1546/6), Goldlochstollen.

Myotis daubentoni (KUHL, 1819) - Wasserfledermaus: Happyloch (1543/74).

Myotis brandti (EVERSMANN, 1845) - Große Bartfledermaus: Hirlatzalmhöhle (1546/19), Hirlatzhöhle (1546/7).

Myotis mystacinus (KUHL, 1819) - Kleine Bartfledermaus: Happyloch (1543/74), Hirlatzalmhöhle (1546/19), Hirlatzhöhle (1546/7), Hoffnungshöhle (1546/10), Jägerschacht (1546/31), Oberfeldhöhle (1543/52), Waldbacheckhöhle (1546/12).

Myotis myotis (BORKHAUSEN, 1797) - Großes Mausohr: Obere Brandgrabenhöhle (1546/6), Hirlatzhöhle (1546/7), Hoffnungshöhle (1546/10).

Eptesicus nilssoni (KEYSERLING & BLASIUS, 1839) - Nordfledermaus: Hirlatz-Tropfsteinhöhle (1546/21).

Plecotus auritus (LINNÉ, 1758) - Braunes Langohr: Happyloch (1543/74), Hirlatzhöhle (1546/7), Jägerschacht (1546/31).

Barbastella barbastellus (SCHREBER, 1774) - Mopsfledermaus: Obere Brandgrabenhöhle (1546/6), Hirlatzhöhle (1546/7), Zwölferkogelhöhle (1546/51).

Ord. RODENTIA - NAGETIERE

Sciurus vulgaris LINNÉ, 1758 - Eichhörnchen: Jägerschacht (1546/31).

Clethrionomys glareolus (SCHREBER, 1780) - Rötelmaus: Oberfeldhöhle (1543/52), Knochenspalte am Oberfeld (1543/82).

Arvicola terrestris (LINNÉ, 1758) - Schermaus: Knochenspalte am Oberfeld (1543/82).

Microtus subterraneus (de SELYS-LONGCHAMPS, 1836) - Kleinwühlmaus: Oberfeldhöhle (1543/52).

Microtus nivalis (MARTINS, 1842) - Schneemaus: Grubenloch (1543/73), Hirlatz-Tropfsteinhöhle (1546/21), Oberfeldhöhle (1543/52).

Apodemus flavicollis (MELCHIOR, 1834): Hirlatz-Tropfsteinhöhle (1546/21).

Ord. CARNIVORA - RAUBTIERE

Ursus arctos LINNÉ, 1758 - Braunbär: Bärenhöhle in der Gelben Wand (1546/14), Grünkogel-Bärenhöhle (1543/96).

Mustela nivalis LINNÉ, 1766 - Mauswiesel: Hirlatz-Tropfsteinhöhle (1546/21).

Ord. LAGOMORPHA - HASENTIERE

Lepus timidus LINNÉ, 1758 - Schneehase: Happyloch (1543/74), Jägerschacht (1546/31), Knochenspalte am Oberfeld (1543/82), Oberfeldhöhle (1543/52).

Ord. ARTIODACTYLA - PAARHUFER

Bos primigenius f. taurus L. - Hausrind: Kuhschädelloch (1546/71).

Ovis orientalis (= ammon) f. aries L. - Hausschaf: Happyloch (1543/74), Knochenspalte am Oberfeld (1543/82), Oberfeldhöhle (1543/52), Ziegenfalle (1546/72).

Capra aegagrus f. hircus L. - Hausziege: Ziegenfalle (1546/72).

Rupicapra rupicapra (LINNÉ, 1758) - Gemse: Gipfelblickschacht (1546/76), Jägerschacht (1546/31), ?Oberfeldhöhle (1543/52), Schachthöhle nördlich Wiesberghaus (1543/41).

Cervus elaphus LINNÉ, 1758 - Edelhirsch: Knochenspalte am Oberfeld (1543/82).

Erhard FRITSCH mit Beitrag Karl GAISBERGER

Abb. 41: Rast am Riesenklammsee, v.l.n.r.: J. STRAUBINGER, unbek., F. FOSTL, J. HUEMER, F. BERGER, dahinter: E. POTREBUJES, O. MEINDL, dahinter: unbek., O. SCHAU-BERGER, dahinter v.r.n.l.: F. SCHIMPELSBERGER, unbek., E. STRAUSS, unbek.

Abb. 42: Nachricht für Karl Trotzl (Foto: E. TROYER, 1955)

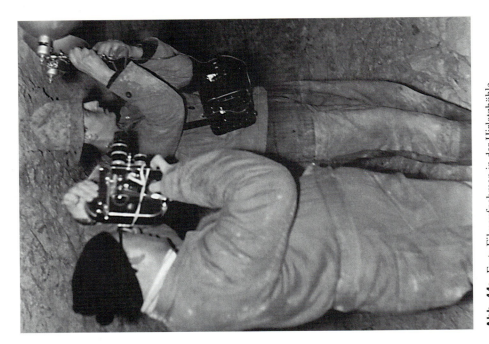

Abb. 44: Erste Filmaufnahmen in der Hirlatzhöhle
v.l.n.r.: Ernst MÜHLBERGER, unbekannt
(Foto: F. POROD, 1959)

Abb. 43: Aufstieg in der Klammseewand, v.l.n.r. Horst
SCHNETZINGER, Harald MESSERKLINGER
(Foto: F. SCHAFELNER, 1958)

Abb. 46: Im Großen Gotischen Gang
v.l.n.r.: Ottokar KAI, Brigitte TROTZL, Erwin
STUMMER (Foto: O. KAI, 1965)

Abb. 45: Im Zubringer
v.l.n.r.: Brigitte TROTZL, Ottokar KAI
(Foto: O. KAI, 1965)

Abb. 47: Rast in der Karl-Pilz-Halle
v.l.n.r.: Karl PILZ, Helene PILZ, Hermann KIRCHMAYR (1960)

Abb. 48: Ottokar KAI neben Lehmablagerungen in der Bachschwinde im Alten Teil
(Foto: O. KAI, 1965)

Abb. 49: In der nahen Oberen Brandgrabenhöhle wurde das Schlauchboot zur Erforschung eingesetzt, v.l.n.r.: Ingeborg KAI, Ottokar KAI (Foto: Dr. SCHERNHUBER, 1965)

Abb. 50: Zwei junge Höhlenforscher in der Oberen Brandgrabenhöhle v.l.n.r.: Karl GAISBERGER, Erhard FRITSCH (Foto: O. KAI, 1965)

Abb. 51: Günter STUMMER beim Badewandl im Zubringer
(Foto: O. KAI, 1965)

Abb. 52: Brigitte TROTZL in der Viertorhalle im Zubringer
(Foto: O. KAI, 1965)

182

Bildteil 2Bildteil 2

Abb. 53: Unterwegs im Oberen Schlufflabyrinth
v.l.n.r.: Erwin STUMMER, Brigitte TROTZL (Foto: O. KAI, 1965)

Abb. 54: Der Höhlendrache in der Brückenhalle
(Foto: K. TROTZL, 1955)

Abb. 55: Befahrung durch das Bundesdenkmalamt, v.l.n.r.: Karl TROTZL, Hermann TRIMMEL, Hubert TRIMMEL, Ottokar KAI, Gerhard MAYR (Foto: N. LEUTNER, 1970)

Abb. 56: Bei der Verleihung der Silbernen Fledermaus im „Strandcafè" Pilz in Hallstatt v.l.n.r.: K. PILZ, O. SCHAUBERGER, H. DEUBLER, R. PILZ, H. MADLBERGER, M. KIRCHSCHLAGER, vorne: G. LACKNER (Foto: N. LEUTNER, 1970)

Abb. 57: In der Loserhütte wurde 1976 der 75er von G. ABEL, F. HÜTTER, K. PILZ und O. SCHAUBERGER gefeiert, v.l.n.r.: Karl PILZ, Gustave ABEL, O. SCHAUBERGER, G. GRAF, F. HÜTTER (Foto: N. LEUTNER, 1976)

Abb. 58: Jahreshauptversammlung (ca. 1975) des Höhlenvereines Hallstatt-Obertraun im „Strandcafè" Pilz, v.l.n.r.: hinten: Ferdinand WINTERAUER, Alois SCHENNER, Norbert LEUTNER, Siegfried GAMSJÄGER, Gerhard MAYR

Abb. 59: Vorbereitung für den Kletterstangenaufstieg im Stangenschlot
v.l.n.r.: Ludwig HALLINGER, Wolfgang BIERMAIER (Foto: J. OBENDORF, 1977)

Abb. 60: Aufstieg in den Stangenschlot
v.l.n.r.: Herbert HALLINGER, Ludwig HALLINGER (Foto: J. OBENDORF, 1977)

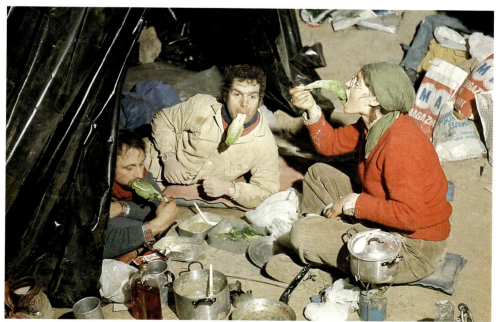

Abb. 61: Im Biwak II (Alter Teil), v.l.n.r.: Wolfgang SIRSCH, Tobias BOSSERT, Gunhild PREUSS (Foto: J. OBENDORF, 1974)

Abb. 62: Jörg OBENDORF bei der „Beschwörung der Höhlengeister" im Biwak II (Alter Teil) (Foto: ca. 1974)

Abb. 63: Gottfried BUCHEGGER in der Engstelle der Zweiten Geburt im Zubringer
(Foto: S. GAMSJÄGER, 1981)

Abb. 64: Günter LISSY am zweiten Eingang in die Hirlatzhöhle
(Foto: G. BUCHEGGER, 1982)

Die Lahn nächst Daalstast.

Abb. 65: „Die Lahn nächst Haalstadt" um 1790/1800. Tuschpinselzeichnung vermutlich von Matthäus BAUMGARTNER, oö. Landesmuseum, OA II 107/117

Abb. 66: „Hallstatt" 1649, Kupferstich aus M. MERIANS „Topographia provinciarum Austriacarum", oö. Landesmuseum, OA I 107/75

Abb. 67: „Ansicht des Hirschbrunnens und des Kessels nächst Haalstatt im o.ö. Salzkammergut", 1816. Aquar. Federzeichnung von Maria Susanna LAIMER, oö. Landesmuseum, OA II 107/56

Abb. 69: Walter GREGER in der Wendelhalle (Eismenge im Vergleich zum linken Bild) (Foto: A. MITTERHOFER, 1997)

Abb. 68: Starke Eisbildung in der Wendelhalle (Foto: F. POROD, 1954)

Das Erbe Friedrich Mortons

Einzelne Angaben über Höhlenpflanzen liegen bereits aus der ersten Hälfte des 18. Jahrhunderts vor. Der aus Cavalese (Trentino) gebürtige Arzt, Chemiker, Mineraloge, Entomologe und Botaniker Johann (Giovanni) Anton(io) SCOPOLI (1723-1788) beschrieb im Jahre 1772[A] auf Lichtmangel beruhende Veränderungen an Pilzen, die er in den Stollen Krains, im heutigen Slowenien, gefunden hatte. Das alte Österreich kann daher mit Recht auch als das Ursprungsland der Höhlenbotanik gelten.

1793 teilte Friedrich Heinrich Alexander Freiherr von HUMBOLDT (1769-1859) in einem Werk[B] seine Beobachtungen über holzzerstörende Pilze in den Bergwerken von Freiberg (Erzgebirge) mit. 1811 berichtete der deutsche Botaniker Georg Franz HOFFMANN (1761-1826) über absonderliche Pilzformen aus Bergwerksstollen des Schwarzwaldes[C] und 1853 schließlich erschien die Arbeit Aloys POKORNYS (1826-1886, Professor in Wien) „Über die unterirdische Flora in Karsthöhlen" (Abh. d. Zool.-Bot. Ges. Wien, 3). Interesse erweckten vor allem die durch das Höhlenleben bedingten morphologischen Veränderungen, so etwa die koralloide Ausbildung der Fruchtkörper bei den Porlingen („Baumschwamm"). Zu diesem Thema äußerte sich 1855 auch der 1806 in Paris geborene Alphonse Louis Pierre Pyrame de CANDOLLE[D] (gest. 1893 in Genf).

Deutschsprachige Forscher wie der steirische Arzt, Botaniker und Paläontologe Franz X. UNGER (1800-1870), der niederösterreichische Botaniker Anton Josef KERNER von Marilaun (1831-1898) sowie C. A. J. MILDE (1824-1871, Breslau) wandten sich in der Folge einzelnen, auf besondere Weise den lichtarmen Standorten angepaßten Moosen und Farnen zu. Andere, so die Schweden H. Wilhelm ARNELL (1848-1932, Moos-Spezialist), J. HULTING (1842-1929) und R. SERNANDER (1866-1944), begannen in dieser Richtung mit Untersuchungen größeren Umfanges. A. J. ZMUDA befaßte sich mit der Moosvegetation der Tatrahöhlen (1915/16). Die Arbeiten dieser und auch weiterer, hier nicht genannter Botaniker sind bei MORTON-GAMS [1925] nachzuschlagen.

[A] „Flora carniolica" (Krainer Flora), Viennae, 1760, 2. Aufl. 1772. - SCOPOLI wirkte u. a. längere Zeit als Arzt in Idrija und wurde zum Pionier der slowenischen Floristik. Der österreichische Botaniker N. J. v. JACQUIN (1727-1817) widmete ihm die Gattung *Scopolia* (das in Slowenien häufig vorkommende giftige Tollkraut, *Scopolia carniolica*, ein Nachtschattengewächs), der Deutsche D. H. HOPPE (1760-1846) setzte ihm mit *Scrophularia scopolii*, der Drüsen-Braunwurz, ein Denkmal. - Weitere Arbeiten: „Dissertationes ad scientiam naturalem pertinentes", Pragae. Sumptibus Wolfgangi GEULE, 1772. - „Plantae subterraneae descriptae et delineatae", 1772.

[B] „Flora Fribergensis specimen plantas cryptogamicas praesertim subterraneas exhibens", Berolini, apud H. Augusteum ROTTMANN, 1793 (Zitat nach MORTON-GAMS [1925]). Ein andernorts genannter Titel lautet: „Flora subterranea Fribergensis et aphorismi ex physiologica chemica plantarum", Berlin, 1793. Deutsche Übersetzung mit Zusätzen von Johann HEDWIG (1730-1799, Botaniker und Arzt in Leipzig, gebürtig aus Kronstadt in Siebenbürgen) 1794 in Leipzig erschienen. Die „Aphorismen" verstehen sich als erster Versuch einer Pflanzenphysiologie, behandeln also deren Lebensprozesse, so z.B. den Einfluß von Licht und Wärme.

[C] HOFFMANN, G. F. (1811): Vegetabilia in Hercyniae Subterraneis collecta iconibus descriptionibus et observationibus illustrata Auctore Norimbergae. Impr. Joan. Frid. Frauenholz.

[D] Alphonse Louis Pierre Pyrame de CANDOLLE war der Sohn des in Genf wirkenden Botanikers Augustin Pyramus de CANDOLLE (1778-1841). Das bedeutendste Werk von Alphonse de CANDOLLE erschien 1855 in Paris: „Géographie botanique raisonnée", 2 Bände.

Erst im 20. Jahrhundert schenkte man schließlich den grünen Pflanzen der Eingangsregion mit ihren im Vergleich zu den Pilzen weniger auffälligen Modifikationen größere Beachtung. Hier ist vor allem J. M. A. MAHEU (1873-1937)[E] zu nennen, der zwischen 1899 und 1935 über seine botanischen Untersuchungen in zahlreichen Höhlen Frankreichs, aber auch einiger Höhlen Amerikas und der Balearen publizierte. In eher allgemein gehaltenen Bemerkungen machte er bereits die Einflüsse von Licht und Feuchtigkeit für die Gestaltung der Höhlenpflanzen verantwortlich.

Mit dieser Frage beschäftigte sich auch lange Zeit der 1838 in Mähren bei Brünn geborene und später in Wien vornehmlich als Pflanzenphysiologe tätige Julius WIESNER (gest. 1916 in Wien). Im Laufe seiner Arbeiten brachte er erstmalig ein zumindest für den Anfang recht brauchbares Photometer zur Messung des Lichtgenusses der Höhlenpflanzen in Anwendung.

Es folgten 1910 bis 1916 die Untersuchungen Ludwig LÄMMERMAYRS in über 70 Höhlen der östlichen Alpenländer und des Elbesandsteingebirges, Helmut GAMS (1893-1976, Innsbruck) arbeitete etwa um die selbe Zeit in der Schweiz und in Oberbayern. 1915 begannen die Forschungen Friedrich MORTONS[F] in den Höhlen des Dachsteins.

Als mit Beginn unseres Jahrhunderts zahlreiche Schauhöhlen mit elektrischem Licht ausgestattet wurden, kam als neues Betätigungsfeld die Lampenflora hinzu. Von den immer zahlreicher werdenden Arbeiten, die sich mit Höhlenbotanik befaßten, seien nur K. DOBATS Untersuchungen der Kryptogamenvegetation im Bereich der Schwäbischen Alb und der Lampenflora deutscher Schauhöhlen genannt (1966,1977). In Österreich beschäftigt sich seit mehr als zwanzig Jahren Uwe PASSAUER mit dem vielfältigen Formenschatz der „Höhlenpilze".

Wie leben nun die aufgrund des Lichtmangels in ihren Stoffwechselreaktionen (Photosynthese) zweifellos benachteiligten grünen Pflanzen in den Höhleneingängen? Lassen wir darüber Friedrich MORTON [1968: 1] zu Wort kommen:

> „Als ich am 3. Dezember 1921 durch tiefen Schnee über den Boden der Hirschaualm zum Rabenkeller hinaufstieg, herrschte im Kar strenger Winter. Das Thermometer zeigte um 10.20 Uhr minus 3,4 Grad C und ein eisiger Wind strich über den gefrorenen Schnee. Das Portal der Höhle bot einen außerordentlich schönen Anblick: Mächtige Eiszapfen hingen drohend herab und die Moose unter dem Eingang waren mit Eis überzogen, aus dem Eiskeulen emporwuchsen. Bereits in 2 cm Tiefe hatte der Boden plus 0,2 Grad. Im unteren Teil der aus rotem Höhlenlehm gebildeten Halde hatte der Boden bereits plus 2,1 Grad und im obersten Haldenteil konnte ich im Lehm plus 3,6 Grad messen.
>
> Im übrigen bot sich hier ein prächtiger Anblick! Üppige Pflanzen von *Geranium robertianum* (Ruprechtskraut) standen in Blüte und die kräftigen Individuen von *Lamiastrum galeobdolon* (Goldnessel) hatten ihre dunkelgrünen Blätter nahezu senkrecht zum waagrecht einfallenden Licht gestellt. *Adoxa moschatellina* (Moschuskraut), das oft gerade in Höhlen zu finden ist, zeigte Wachstum der unterirdischen Triebe mit ihrer Endknospe. Draußen bitterer Winter, hier oben - geschützt von Wind, Frost und Schnee - ging das Leben weiter!"

[E] MAHEU, J. M. A. [1906]: Contribution à l'étude de la flore souterraine de France. - Ann. Sci. Nat., Bot. (Paris) 3 (9): 1-189,. Weitere Arbeiten bis 1912 siehe bei MORTON-GAMS [1925: 204-205].

[F] Ein Botaniker gleichen Namens war der amerikanische Farnspezialist C. V. MORTON (1905-1972).

Klimatisch günstige Höhlen ermöglichen den Pflanzen somit nicht nur die Verlängerung ihres Daseins, sie gestatten sogar ein winterliches Wachstum! Entscheidend über Sein oder Nichtsein ist jedoch das Licht. Am genügsamsten sind **Cyanobakterien** (Cyanophyta, „Blaualgen") und **Grünalgen** (Chlorophyta), von ersteren wurden verschiedene *Gloeocapsa*-Arten in der Dachstein-Rieseneishöhle noch bei $1/_{2000}$ des gesamten Tageslichtes gefunden.

Das Helligkeitsbedürfnis der **Moose** (Bryophyta) ist dagegen größer. Die Höhlenform des zu den Laubmoosen (Musci) zählenden Schiefbüchsenmooses *Taxiphyllum wissgrillii* (Synonym: *Isopterygium depressum*) fand sich bei $1/_{1380}$. Unter den Lebermoosen (Hepaticae) ist *Marchantia polymorpha*, das Brunnenlebermoos, am anspruchslosesten ($1/_{400}$), bei den **Farnpflanzen** oder Pteridophyta dagegen *Asplenium trichomanes* (Brauner Streifenfarn), der steril noch bei $1/_{1380}$ wächst und somit praktisch in einem Jugendzustand verharrt. Meist finden die Farne jedoch schon viel früher die Grenze ihres Vordringens.

In Schauhöhlen ermöglicht selbst nur stundenweise brennendes Kunstlicht Organismen wie Moosen, Farnprothallien (den Farn-„Vorkeimen") und Grünalgen ein bescheidenes Fortkommen (Lampenflora!), je höher dabei die Temperatur ist, desto geringer auch ihr Lichtbedürfnis.

Während **Pilze** (chlorophyllfreie, kohlenstoffheterotrophe/chemoorganoheterotrophe Lagerpflanzen) ihre Energie durch Oxydation von organischem Material (Holz, Speisereste, verendete Tiere) auch im lichtlosen Milieu gewinnen können, sind alle grünen Pflanzen (Algen, Moose, Farne, Samenpflanzen) wie auch Flechten[G], die durch eine Symbiose aus Pilzen und Algen gebildet werden, auf Photosynthese angewiesen. Dabei werden aus anorganischen Stoffen unter katalytischer Mitwirkung des Blattgrüns (Chlorophyll) und durch Ausnützung der Sonnenenergie organische Stoffe (Kohlenhydrate) aufgebaut.

Die meiste Energie benötigen natürlich die **Blütenpflanzen**; einem Keimling des in Höhlen häufig auftretenden *Geranium robertianum* (Ruprechtskraut) stand im Rabenkeller nur ein $1/_{1838}$ des gesamten Tageslichtes zur Verfügung. Besonders auffällig ist dann die Lichtwendigkeit der Assimilationsorgane zu beobachten: Die Pflanze stellt ihre Blätter so ein, daß sie senkrecht zur Richtung des am stärksten einfallenden Lichtes stehen.

Treiben die Pflanzen bleiche, zarte Stengel aus, ähnlich den Kartoffelknollen im Keller, so liegen sie besonders bei stark schräg einfallendem Licht manchmal schlaff und überlang, gleich einem Faden, dem Höhlenboden auf. Diese als Etiolement oder Vergeilung bezeichnete Erscheinung ist jedoch nicht so häufig, als man vielleicht vermuten würde. Eine natürliche Auslese läßt offenbar ausgesprochen etiolierte Formen nur selten aufkommen.

Eine wesentliche Rolle spielt selbstverständlich die Feuchtigkeit; sehr trockene Höhlen sind mehr oder weniger pflanzenleer, nasse Höhlen bilden geradezu ein Paradies für Algen, Moose und Farne. Mannigfaltig können sich schließlich auch die Einflüsse von Weide- oder Wildtieren auf die Pflanzenwelt auswirken: Die Kohlendioxid-Produktion aus dem Boden wird zwar durch die Düngung erhöht, was trotz geringer Lichtintensität zu einer Steigerung der Photosynthese führt, nachteilig wirkt sich jedoch die vermehrte Einwanderung von Nitratpflanzen aus. Manche vom Wild gern besuchte Felsnische ist z. B. oft mit Brennesseln derart überwuchert, daß die übrige Flora verdrängt wird.

[G] Flechten sind eigenständige pflanzliche Organismen, die systematisch dem Reich der Pilze eingegliedert werden (lichenisierte Pilze). Bei den Partnern handelt es sich zumeist um Ascomyceten (Schlauchpilze) sowie um Grünalgen oder Cyanobakterien („Blaualgen"), welch letztere als Assimilationsfarbstoffe tragende Zellen dienen.

Zweifellos ein nicht zu unterschätzendes Problem für den interessierten Systematiker bilden die bereits genannten Veränderungen und Deformationen der Höhlenpflanzen. Insbesondere die Sterilität der Kryptogamen, die den Hauptanteil der Höhlenpflanzen bilden, macht die Bestimmung von Moosen und Flechten meist sehr schwierig. So mag es vielleicht gar nicht verwundern, daß sich seit den Zeiten Ludwig LÄMMERMAYRS und Friedrich MORTONS kaum noch jemand wirklich eingehend mit der Speläobotanik in Oberösterreich beschäftigt hat.

Vor allem MORTON (geb. in Görz am 1. 11. 1890, gest. am 10. 7. 1969 in Hallstatt) schuf eine kaum mehr überblickbare Fülle von Arbeiten, die keinesfalls immer nur die Pflanzenkunde zum Thema hatten. Er war ein äußerst vielseitiger Wissenschafter, das Interessensspektrum umfaßte darüber hinaus auch die prähistorische Erforschung seines Heimatortes Hallstatt, außerdem Chemie und Hydrologie bis hin zur Zoologie. Eine Auswahl seiner höhlenbotanischen Abhandlungen - sie beziehen sich zumindest teilweise auf den Dachstein - ist im Literaturverzeichnis genannt.

Nachfolgend eine Liste der von MORTON in einigen Höhlen des Hirlatzstockes festgestellten Pflanzenarten. Nicht im Höhlenverzeichnis aufscheinende Kleinsthöhlen blieben dabei jedoch unberücksichtigt. Die einzelnen Taxa wurden getrennt nach ihrer Zugehörigkeit zu den Cyanobakterien („Blaualgen"), Pilzen, Flechten, Algen, Moosen, Farn- und Blütenpflanzen in alphabetischer Reihenfolge aufgelistet und die in vielen Fällen überholte Nomenklatur der neueren Literatur angepaßt; die alten von MORTON gebrauchten Namen sind jeweils als Synonyma beigefügt.

Rabenkeller (Kat. Nr. 1546/9), 954 mNN

CYANOBACTERIA (CYANOPHYTA) - „BLAUALGEN"

Lyngbya membranacea (Ord. Oscillatoriales, Fam. Oscillatoriaceae)

Fam. **Scytonemataceae** sp. (Ord. Nostocales)

MYCOPHYTA/ PILZE - Basidiomycetes/Ständerpilze

Ord. Uredinales - Rostpilze, Fam. Pucciniaceae

Puccinia alpina: auf *Rhodothamnus chamaecistus* - Zwerg-Alpenrose.

LICHENOPHYTA - FLECHTEN

Caloplaca sp. (Kl. Ascomycetes, Ord. Lecanorales, Fam. Caloplacaceae).

Gyalecta jenensis (Batsch) Zahlbr., **Syn.** *Gyalecta cupularis* (Hedwig) Schaerer. (Klasse Ascomycetes, Ord. Gyalectales, Fam. Gyalectaceae).

Lecanactis latebrarum (Ach.) Arnold, **Syn.** *Lepraria latebrarum* (Ach.) Ach. ex Sm. (Kl. Ascomycetes, Ord. Arthoniales, Fam. Lecanactidaceae).

Lecanora crenulata Hooker (Kl. Ascomycetes, Ord. Lecanorales, Fam. Lecanoraceae). Kuchenflechte.

Fam. **Lecideaceae** (Kl. Ascomycetes, Ord. Lecanorales).

Leproloma membranaceum (Dickson) Vainio, **Syn.** *Crocynia membranacea* (Dickson) Zahlbr., *Lepraria membranacea* (Dickson) Vainio, *Psoroma lanuginosum* Müll. Arg., bei MORTON: *Crozynea lanuginosa.*

Solorina saccata (L.) Ach., (Kl. Ascomycetes, Ord. Peltigerales, Familie Peltigeraceae).

PHYCOPHYTA/ ALGEN - Chlorophyta/Grünalgen

Trentepohlia aurea (L.) Martins, (Kl. Ulvophyceae, Ord. Trentepohliales).

BRYOPHYTA - MOOSE

Hepaticae - Lebermoose

Conocephalum conicum (L.) Lindb., **Syn.** *Fegatella conica* (L.) Underw., [MORTON 1956]. Bei MORTON auch *Conocephalus conicus*. - Marchantiales. Kegelkopfmoos.

Jungermannia atrovirens Dum., **Syn.** *Haplozia atrovirens, Solenostoma atrovirens* (Schl.) K. M. - Jungermanniales. Knospenmoos.

Leiocolea collaris (Nees) Schljak., **Syn.** *Lophozia muelleri* (Nees ex Lindenb.) Dum. - Jungermanniales. Glattkelchmoos. MORTON [1956].

Moerckia hibernica (Hook.) Gott., **Syn.** *Moerckia flotoviana* (Nees) Schiffn., bei MORTON [1956]: *Moerkia flotowiana*. - Metzgeriales.

Pedinophyllum interruptum (Nees) Kaal. - Jungermanniales. Flachblattmoos.

Pellia endiviifolia (Dicks.) Dum., **Syn.** *Pellia fabbroniana* Raddi - Metzgeriales. Beckenmoos.

Preissia quadrata (Scop.) Nees, **Syn.** *Preissia commutata* Nees - Marchantiales. Preiß-Moos.

Reboulia hemisphaerica (L.) Raddi - Marchantiales.

Riccardia pinguis (L.) S. F. Gray, **Syn.** *Aneura pinguis* (L.) Dum. - Metzgeriales. Ohnnervmoos.

Musci - Laubmoose

Barbula sp. - Pottiales. Bärtchenmoos.

Brachythecium sp. - Hypnales. Kurzbüchsenmoos.

Bryum pseudotriquetrum (Hedw.) Gaertn., Mey & Scherb., **Syn.** *Bryum ventricosum* Rehl. - Bryales. Birnmoos. [MORTON 1956].

Cirriphyllum cirrhosum (Schwaegr.) Grout - Hypnales. Spitzblattmoos.

Cratoneuron commutatum (Hedw.) Roth - Hypnales. Starknervmoos.

Cratoneuron commutatum var. falcatum (Brid.) Mönk. - Hypnales. Starknervmoos.

Ctenidium molluscum (Hedw.) Mitt. - Hypnales. Kamm-Moos.

Encalypta streptocarpa Hedw., **Syn.** *Encalypta contorta* Hoppe ex Lindb. - Encalyptales. Glockenhutmoos.

Eurhynchium praelongum (Hedw.) B.S.G., **Syn.** *Oxyrrhynchium praelongum* (Hedw.) Warnst. - Hypnales. Schönschnabelmoos.

Fissidens dubius P. Beauv., **Syn.** *Fissidens cristatus* Wils. ex Mitt. - Fissidentales. Spaltzahnmoos.

Leptobryum pyriforme (Hedw.) Wils. - Bryales. Seidenbirnmoos. [MORTON 1956].

Orthothecium rufescens (Brid.) B.S.G. - Hypnales. Geradbüchsenmoos.

Plagiomnium rostratum (Schrad.) Kop., **Syn.** *Mnium rostratum* Schrad. - Bryales. Sternmoos. MORTON [1956].

Pohlia wahlenbergii (Web. & Mohr) Andrews, **Syn.** *Mniobryum albicans* (Whlbg.) Limpr. - Bryales. Sternbirnmoos, Weißes Pohlmoos. [MORTON 1956].

Pseudoleskeella catenulata (Schrad.) Kindb. - Hypnales. Kettenmoos.

Rhizomnium punctatum (Hedw.) Kop., **Syn.** *Mnium punctatum* Hedw. - Bryales. Sternmoos.

Seligeria trifaria (Brid.) Lindb., **Syn.** *Seligeria tristicha* (Brid.) B.S.G. - Dicranales. Zwergmoos.

Tortella tortuosa (Hedw.) Limpr. - Pottiales. Spiralzahnmoos.

Tortula ruralis (Hedw.) Gärtn., Meyer & Scherb., **Syn.** *Syntrichia ruralis* (Hedw.) Web. & Mohr - Pottiales. Drehzahnmoos.

PTERIDOPHYTA - FARNPFLANZEN

Asplenium trichomanes L. - Brauner oder Schwarzstieliger Streifenfarn. Fam. Aspleniaceae, Streifenfarngewächse.

Asplenium viride Huds. - Grüner Streifenfarn. - Fam. Aspleniaceae.

Cystopteris fragilis (L.) Bernh. - Zerbrechlicher Blasenfarn. Bei MORTON: *Cystopteris fragilis f. anthriscifolia.* - Fam. Dryopteridaceae, Wurmfarngewächse.

DICOTYLEDONEAE - ZWEIKEIMBLÄTTRIGE

Adenostyles glabra (Miller) DC. - Kahler Alpendost. Fam. Asteraceae, Korbblütler.

Adoxa moschatellina L., Moschuskraut. Fam. Adoxaceae, Moschuskrautgewächse.

Aster bellidiastrum (L.) Scop. - Alpenmaßlieb. Fam. Asteraceae, Korbblütler.

Campanula cochleariifolia Lam. - Niedrige Glockenblume. Fam. Campanulaceae.

Chrysosplenium alternifolium L. - Wechselblättriges Milzkraut.
Fam. Saxifragaceae, Steinbrechgewächse.

Cotoneaster tomentosus (Ait.) Lindl. - Filz-Steinmispel. Fam. Rosaceae, Rosengewächse. Bei MORTON: *C. tomentosa.*

? *Crepis jacquinii* Tausch - Jacquin-Pippau. Fam. Asteraceae (Compositae), Korbblütler. [MORTON 1956].

Epilobium montanum L. - Bergweidenröschen. Fam. Onagraceae, Nachtkerzengewächse.

Erica carnea L. - Schneeheide. Fam. Ericaceae, Heidekrautgewächse.

Geranium robertianum L. - Ruprechtskraut. Fam. Geraniaceae, Storchschnabelgewächse.

Lamiastrum galeobdolon (L.) L. s. l., **Syn.** *Lamium luteum* (Huds.) Krock., Goldnessel. Fam. Lamiaceae (Labiatae), Lippenblütler.

Leontodon crispus Vill. - Krauses Milchkraut. Fam. Asteraceae, Korbblütler.

Pimpinella major (L.) Huds., **Syn.** *Pimpinella magna* - Große Bibernelle. Fam. Apiaceae (Umbelliferae), Doldenblütler.

Pinguicula alpina L. - Alpen-Fettkraut. Fam. Lentibulariaceae, Fettkrautgewächse.

Rhododendron hirsutum L. - Bewimperte Alpenrose. Fam. Ericaceae, Heidekrautgewächse.

Rhodothamnus chamaecistus (L.) Rchb. - Zwergalpenrose. Fam. Ericaceae, Heidekrautgewächse.

Saxifraga stellaris L. - Sternblütiger Steinbrech. Fam. Saxifragaceae, Steinbrechgewächse.

Silene pusilla W. et K., **Syn.** *Heliosperma quadrifidum* (L.) Rchb. - Kleiner Strahlensame. Fam. Caryophyllaceae, Nelkengewächse.

Sorbus aria (L.) Crantz - Echter Mehlbeerbaum. Fam. Rosaceae, Rosengewächse.

Thalictrum aquilegiifolium L. - Akeleiblättrige Wiesenraute. Fam. Ranunculaceae, Hahnenfußgewächse.

Valeriana saxatilis L. - Felsen-Baldrian. Fam. Valerianaceae, Baldriangewächse.

Viola biflora L. - Gelbes Bergveilchen. Fam. Violaceae, Veilchengewächse.

Goldloch-Halbhöhle (Kat. Nr. 1546/44), 565 mNN

CYANOBACTERIA (CYANOPHYTA) - „BLAUALGEN"

„Cyanophyceae": „Blaualgen" ohne nähere Angaben.

LICHENOPHYTA - FLECHTEN

Leproloma membranaceum (Dickson) Vainio, **Syn.** Crocynia membranacea (Dickson) Zahlbr., Lepraria membranacea (Dickson) Vainio, Psoroma lanuginosum Müll. Arg., bei MORTON: Crozynea lanuginosa.

BRYOPHYTA - MOOSE

Hepaticae - Lebermoose

Conocephalum conicum (L.) Lindb., bei MORTON: *Conocephalus conicus* - Marchantiales. Kegelkopfmoos.

Leiocolea collaris (Nees) Schljak., **Syn.** *Lophozia muelleri* (Nees ex Lindenb.) Dum., bei MORTON: *Lophezia mülleri* - Jungermanniales. Glattkelchmoos.

Pedinophyllum interruptum (Nees) Kaal. - Jungermanniales. Flachblattmoos.

Musci - Laubmoose

Cratoneuron commutatum (Hedw.) Roth, auch: *Cratoneurum c.* - Hypnales. Starknervmoos.

Encalypta streptocarpa Hedw., **Syn.** *Encalypta contorta* Hoppe ex Lindb. - Encalyptales. Glockenhutmoos.

Eurhynchium praelongum (Hedw.) B.S.G., **Syn.** *Oxyrrhynchium praelongum* (Hedw.) Warnst. - Hypnales. Schönschnabelmoos.

Fissidens adianthoides (L.) Hedw. - Fissidentales. Spaltzahnmoos..

Fissidens dubius P. Beauv., **Syn.** *Fissidens cristatus* Wils. ex Mitt. - Fissidentales. Spaltzahnmoos.

Orthothecium intricatum (Hartm.) B.S.G. - Hypnales. Geradbüchsenmoos.

Plagiomnium rostratum (Schrad.) Kop., **Syn.** *Mnium rostratum* Schrad. - Bryales. Sternmoos.

Rhynchostegium riparioides (Hedw.) Card., **Syn.** *Eurhynchium rusciforme* (Hedw.), bei Morton: *Oxyrrhynchium rusciforme* - Hypnales. Schnabeldeckelmoos.

Taxiphyllum wissgrillii (Garov.) Wijk & Marg., **Syn.** *Isopterygium depressum* (Brid.) Mitt., *Plagiothecium depressum* (Brid.) Spruce - Hypnales. Schiefbüchsenmoos.

PTERYDOPHYTA - FARNPFLANZEN

Asplenium trichomanes L. - Schwarzstieliger oder Brauner Streifenfarn. Fam Aspleniaceae, Streifenfarngewächse.

Asplenium viride Huds. - Grüner Streifenfarn. Fam. Aspleniaceae.

Cystopteris fragilis (L.) Bernh. - Zerbrechlicher Blasenfarn. Fam. Dryopteridaceae, Wurmfarngewächse.

Gymnocarpium robertianum (Hoffm.) Newm., **Syn.** *Nephrodium robertianum* - Ruprechtsfarn. Fam. Dryopteridaceae, Wurmfarngewächse.

DICOTYLEDONEAE - ZWEIKEIMBLÄTTRIGE

Adenostyles glabra (Miller) DC. - Kahler Alpendost. Fam. Asteraceae, Korbblütler.

Campanula cochleariifolia Lam. - Niedrige Glockenblume. Fam. Campanulaceae.

Campanula rotundifolia L. - Rundblättrige Glockenblume. Fam. Campanulaceae, Glockenblumengewächse.

Chaerophyllum hirsutum L., **Syn.** *Chaerophyllum cicutaria* Vill. - Wimper-Kälberkropf. Fam. Apiaceae (Umbelliferae), Doldenblütler.

Chrysosplenium alternifolium L. - Wechselblättriges Milzkraut. Fam. Saxifragaceae, Steinbrechgewächse.

Geranium robertianum L. - Ruprechtskraut. Fam. Geraniaceae, Storchschnabelgewächse.

Mycelis muralis (L.) Dumort., **Syn.** *Lactuca muralis* - Mauerlattich. Familie Asteraceae (Compositae), Korbblütler.

Valeriana saxatilis L. - Felsen-Baldrian. Fam. Valerianaceae, Baldriangewächse.

Goldlochstollen (ohne Kat. Nr.), 535 mNN

CYANOBACTERIA (CYANOPHYTA) - „BLAUALGEN"

Nostoc sp. (Ord. Nostocales, Fam. Nostocaceae) - Schleimling, Zittertang.

BRYOPHYTA - MOOSE

Hepaticae - Lebermoose

Conocephalum conicum (L.) Lindb., bei MORTON: *Conocephalus conicus* - Marchantiales. Kegelkopfmoos.

Musci - Laubmoose

Eurhynchium praelongum (Hedw.) B.S.G., **Syn.** *Oxyrrhynchium praelongum* (Hedw.) Warnst. - Hypnales. Schönschnabelmoos.

Fissidens sp. - Fissidentales. Spaltzahnmoos.

Pohlia wahlenbergii (Web. & Mohr) Andrews, **Syn.** *Mniobryum albicans* (Whlbg.) Limpr. - Bryales. Sternbirnmoos, Weißes Pohlmoos.

Rhynchostegium riparioides (Hedw.) Card., **Syn.** *Oxyrrhynchium rusciforme, Eurhynchium rusciforme* (Hedw.) - Hypnales. Schnabeldeckelmoos.

PTERIDOPHYTA - FARNPFLANZEN

Asplenium trichomanes L. - Schwarzstieliger oder Brauner Streifenfarn. Fam. Aspleniaceae, Streifenfarngewächse.

Asplenium viride Huds. - Grüner Streifenfarn. Fam. Aspleniaceae.

Cystopteris fragilis (L.) Bernh., bei MORTON: *Cyst. frag. f. dentata* - Zerbrechlicher Blasenfarn. Fam. Dryopteridaceae, Wurmfarngewächse.

Gymnocarpium robertianum (Hoffm.) Newm., **Syn.** *Nephrodium robertianum* - Ruprechtsfarn. Fam. Dryopteridaceae, Wurmfarngewächse.

DICOTYLEDONEAE - ZWEIKEIMBLÄTTRIGE

Cardamine amara L. - Bitteres Schaumkraut. Fam. Brassicaceae (Cruciferae), Kreuzblütler.

MONOCOTYLEDONEAE - EINKEIMBLÄTTRIGE

Poa trivialis L. - Gewöhnliches Rispengras. Fam. Poaceae, Süßgräser.

Die Hirlatzhöhle, eine temporäre Eishöhle

Einleitung

Die tagnahen Höhlenteile verwandeln sich von den Wintermonaten bis in den Frühsommer zu einer Eishöhle. Grundsätzlich beginnt die Vereisung kurz nach dem Eingang in der JAUSENHALLE und setzt sich bis in die 250 m vom Eingang entfernte KARL-PILZ-HALLE fort, anschließend bildet sich nur mehr vereinzelt bis zum Beginn des OBEREN SCHLUFFLABYRINTHS Eis.

Die Eisbildung hängt von der Wetterlage im Dachsteingebiet ab und ist ab Dezember möglich. Der Höhepunkt wird etwa im Februar/März erreicht. Die anschließende Degenerationsphase dauert bis Mai, im Einzelfall sogar bis Juni. Die Bewetterung und die Wasserzufuhr tragen natürlich auch ihren Teil bei.

Eine solche temporäre Eisbildung ist für diese relativ geringe Höhenlage (EINGANG 870 mNN; KARL-PILZ-HALLE 960 mNN) eher ungewöhnlich. Einen besonderen Einfluß auf das Höhlenklima und die Eisbildung haben auch die beiden an die Außenwelt führenden Deckenlöcher in der WENDELHALLE und der KARL-PILZ-HALLE.

Es wird hier versucht, Beobachtungen der letzten 50 Jahre, soweit es möglich ist, zusammenzufassen. Leider kann man wirklich auf nur sehr wenige konkrete Daten (z.B. Temperaturmessungen) zurückgreifen, der Rest beruht auf Beobachtungen der Forscher. Angemerkt sei noch, daß seit 1997 an verschiedenen Standorten der Höhle umfangreiche Temperaturmessungen mit elektronischen Thermometern angestellt werden.

Die dynamische Bewetterung der Höhle

Die Bewetterung ist abhängig von der Außentemperatur in der Umgebung der Eingänge. Ab einer Außentemperatur um 2°C wird die Luft beim Haupteingang angesaugt, erwärmt sich im Inneren auf ca. 3,5°C und steigt in höher gelegene Gänge und Schlote auf, um dort aus Tagöffnungen auszuströmen. Dieser Vorgang spielt sich umso schneller ab, je niedriger die Außentemperatur ist. Das hat zur Folge, daß bei erhöhter Geschwindigkeit der Bewetterung die eingangsnahen Höhlenteile und das Umgebungsgestein stärker und weiter in den Berg hinein abgekühlt werden. Ist bereits Höhleneis entstanden, kommt noch der sogenannte „Kühlschrankeffekt" dazu.

Wasserzufuhr während der Phase der Eisbildung

Ganzjährig sind in den meisten Höhlenteilen Sickerwasseraustritte aus Spalten und Klüften zu beobachten. Dabei handelt es sich zum überwiegenden Teil um Niederschlagswasser (Regen, Schnee) und zum geringeren Teil um Kondenswasser aus überlagernden Höhlenteilen. Bei genügender Abkühlung der tagnahen Höhlenteile kommt es zur Eisbildung.

Neben dem kristallklaren Bodeneis, das zum Teil auch Steighilfen völlig eineist, trifft man immer wieder Eisfiguren und Eisvorhänge an, deren Größe und Form sich von Jahr zu Jahr sehr stark verändert und die sich gelegentlich überhaupt nicht ausbilden. Besonders eindrucksvoll ist dabei die fast 6 m hohe Eissäule in der WENDELHALLE, deren Bodeneis in den WENDELGANG „abfließt".

Wie oben schon erwähnt, spielen obertägige Klimafaktoren wie Temperatur, Schneemenge und Regen eine bedeutende Rolle. So kommt es vor, daß in strengen Wintern (z.B. 1951,1966) am 300 m vom EINGANG entfernten Beginn des OBEREN SCHLUFFLABYRINTH noch Eis anzutreffen ist. Andererseits ist es bei sehr milden Wintern (z.B. 1987/88, 1988/89) möglich, daß fast keine Eisbildung auftritt.

Eisdegeneration

Diese Vorgänge funktionieren gerade umgekehrt wie bei der Eisentstehung (Bewetterung höhlenauswärts). Je höher die Außentemperaturen, umso schneller wird die wärmere Luft von höher gelegenen Tagöffnungen angesaugt. Sie kühlt sich ab, sinkt in die tiefer liegenden Höhlenteile und strömt manchmal mit so großer Geschwindigkeit aus, daß man beim Befahren der Engstelle nach dem Eingang kaum noch Luft bekommt.

Veränderungen am Eingangsschluf und Auswirkungen auf den Eishaushalt

In der Zeit der ersten Befahrungen existierte in der Engstelle ein Wassertümpel von 5 m Länge, der im Sommer kaum trocken überwunden werden konnte. In den Wintermonaten war diese Wasserfläche gefroren. Bei starkem Höhlenwind rutschten leichte Rucksäcke über die 5 m lange, glatte Eisfläche beinahe von selbst bis in die JAUSENHALLE.

Die am 25.11.1967 erfolgte Sprengung im EINGANGSSCHLUF hatte eine spürbare Veränderung des Höhlenklimas zur Folge. Durch die verstärkte Bewetterung im Winter kam es zu einem schnellen Anwachsen der Eismassen, die aber nach der „Wetterumkehr" durch den aus den eisfreien Höhlenteilen kommenden Luftzug schnell wieder abgebaut wurden. So konnte man nach dieser Sprengung in den Jahren 1968 bis 1970 eine ungewöhnlich starke Eisbildung beobachten. Durch eine nochmalige Erweiterung kam es zu einer Querschnittsvergrößerung von insgesamt 50%. Es war eine noch stärkere, aber kurzzeitige Eisbildung und eine sehr rasche Eisabschmelzung im Frühsommer zu erkennen. Außerdem konnten verschiedene kleine Eisbildungen zwischen KARL-PILZ-HALLE und OBEREM SCHLUFFLABYRINTH entstehen, wo vor der Engstellenerweiterung nie Eis angetroffen worden war.

Aus diesem Grund wurde eine vom Autor angefertigte Wettertüre am 16.11.1975 zusammen mit Rudolf UNTERBERGER und Ferdinand WINTERAUER im Eingangsschluf eingebaut, um wieder annähernd den ursprünglichen Zustand herzustellen. Diese war so konstruiert, daß die Türangeln an der Oberseite eines Rahmens befestigt waren und sie durch den Luftstrom selbsttätig aufgedrückt wurde. Mit einem Riegel war die Absperrung in eine Richtung möglich. Die Wettertüre wurde so eingestellt, daß sie nur nach innen aufging. Damit erreichte man, daß der aus der Höhle ausströmende Luftstrom in der Sommerphase stark verringert wurde. Mehrjährige Beobachtungen zeigten, daß dadurch das Höhleneis einen längeren Bestand hatte, sich vermehrter Eiszuwachs (Mächtigkeit) aber in Grenzen hielt. So konnte man am 6.6.1975 - genauso wie vor den Manipulationen im Eingangsschluf am 14.6.1966 - Eisreste antreffen. Theoretisch müßte eine umgekehrte Einstellung der Wettertüre über einen Jahreszyklus eine gegenteilige - also minimale - Vereisung bewirken.

Die Wettertüre wurde 1984 wieder ausgebaut, da die fortschreitende Rostbildung ihre Funktionstüchtigkeit stark beeinträchtigte.

Bei Beobachtung der Höhlenlufttemperatur mit fünf nicht geeichten Minimal-Maximal-Thermometern im Jahre 1976 konnten folgende Werte abgelesen werden:

Meßstelle	Minimal	Maximal
Jausenhalle	- 9,5°C	+ 4,5°C
Wendelhalle	- 6,5°C	+ 3,5°C
Karl-Pilz-Halle	- 2,5°C	+ 2,5°C
Blocktunnel	+ 2,0°C	+ 2,4°C
Biwak I (Zelt)	+ 2,3°C	+ 2,5°C

Temperaturmessungen von Gottfried Buchegger

Diese geben allerdings nur für die Dauer der Befahrung den Temperaturverlauf in Grad C an.

Wetterrichtung: S = Sommerphase
W = Winterphase

	27.12. 1987	04.01. 1988	06.01. 1989	20.01. 1989	03.03. 1989	17.03. 1990	10.01. 1991	25.10. 1991
Wetterrichtung		S	W	W	W	S	S	S
Außen	3,4	6,6	-0,4	-1,2		10,0	3,4	4,1
Jausenhalle	0,9	5,0	-0,3	0,6	1,2	2,0	0,6	2,9
Wendelhalle			-0,1	0,6			0,9	
Viertorhalle			0	0,9	0,4		1,5	2,4
Karl-Pilz-Halle	2,2	4,3	0,6	1,3	0,9		1,6	2,4
Mitternachtshalle			2,6	3	2,6	3,7	2,9	3,5
Trümmerhalle	4,1	5,5	3,3	3,4	3,5	4,1	3,5	
Pendler	4,2		3,8	3,8	3,5	4,1	4,0	4
Sprengstelle	4,3		3,7	3,7	3,6	4,1	3,7	3,9

Karl GAISBERGER

Hinweise zu den Sedimenten der Hirlatzhöhle

Allgemeines

Umfassendere Untersuchungen zu den Sedimenten der Hirlatzhöhle gibt es bislang noch nicht. Abgesehen von einigen - unveröffentlichten - Berichten finden sich lediglich zwei kurze Anmerkungen zum Thema bei SCHAUBERGER [1983].

Sedimentbeschreibungen

Zahllose Hinweise auf die verschiedensten Sedimente finden sich bei den Detailbeschreibungen der einzelnen Höhlenabschnitte im Rahmen dieses Beiheftes. Hier sollen indessen die Untersuchungen von Othmar SCHAUBERGER sowie ergänzende eigene Beobachungen kurz angeführt werden (Abb. 133, 134).

Nach einem Hinweis auf Sedimente aus dem Waldbach-Ursprung [SCHAUBERGER 1973], der mit der Hirlatzhöhle speläogenetisch in vermutlich engem Zusammenhang steht, beschrieb derselbe Autor verschiedene Sedimente aus dem (aus heutiger Sicht) ALTEN TEIL der Hirlatzhöhle [SCHAUBERGER 1983]. Daneben liegen vom selben Autor erarbeitete, unveröffentlichte Daten - vor allem Siebanalysen - aus verschiedenen Höhlen des Dachsteins und dessen Umfeld vor.

In jüngster Zeit konnte Sedimentmaterial aus dem Bereich SAHARA untersucht werden.

Othmar SCHAUBERGER bezeichnete als häufigstes Sediment der damals bekannten Höhlenteile den bräunlichgelben „Mehlsand", ein zum größten Teil aus Kalk bestehendes Sediment im Feinsand - Schluffbereich (< 0.1 mm). Der Autor betrachtete dieses Sediment als glaziale Bildung, etwa als Grundmoränenmaterial, das unschwer in die Höhle gelangen konnte.

Demgegenüber stellten die Sedimente aus dem tiefsten Abschnitt des Waldbach-Ursprunges ein wesentlich grobkörnigeres Sediment (mit einem Kornmaximum im Bereich um 1 mm) dar und führten reichlich allochthones Material, der Karbonatanteil lag bei nur rund 40 %. Der Autor sah darin, zusammen mit der Beobachtung, daß das nordwestliche Dachsteingebiet generell - im Vergleich zum östlicheren Gebiet um den Dachsteinhöhlenpark - weit ärmer an Augensteinvorkommen ist, eine Bestätigung der schon von Friedrich SIMONY vermuteten Bedeutung des Hallstätter Gletschers für die Anspeisung des Waldbach-Ursprungs.

Im Zuge der Höhlenexpeditionen der letzten Jahre wurden Sedimentproben im Bereich der SAHARA im Westteil des Höhlensystems durch Hallstätter Höhlenforscher entnommen. Die Untersuchungen erbrachten in einer Zusammenschau mit umgerechneten Daten von SCHAUBERGER [1983] folgende Ergebnisse: (siehe Abb. 70)

Die Proben aus den eingangsnäheren Bereichen (SCHLUFFLABYRINTH, BLOCKTUNNEL) sind durchaus mit jenen aus der Sahara zu vergleichen, die Unterschiede in der prozentuellen Zusammensetzung im Feinkornbereich sind optisch und auch sedimentologisch weniger relevant, als es die Zahlen vortäuschen.

Die Werte für die stabilen Isotope ^{13}C und ^{18}O wurden gemessen, um zu überprüfen, ob es sich bei dem Karbonatsand ausschließlich um Dachsteinkalk handelt oder auch Beimengungen zerstörter Höhlensinter vorliegen. Da aber alpine Kalksinterproben bei beiden

Parametern wesentlich negativere Werte annehmen (siehe dazu das angeführte Beispiel aus der Feuerkogel-Durchgangshöhle, Kat.Nr. 1546/20, die oberhalb des Mittelabschnittes der Hirlatzhöhle liegt) dürfte der Karbonatsand der SAHARA fast zur Gänze aus Dachsteinkalk-Zerreibsel bestehen. Der sehr geringfügige unlösliche Rückstand zeigt dabei gewisse Unterschiede zwischen den höher- und tiefer abgelagerten Sanden dieses Höhlenbereiches, bei letzteren dominieren Bohnerzreste.

Probe	Grob- und Mittelsand (%)	Fein-sand (%)	Schluff (%)	Farbe	Karbo-nat (%)	Unlös-lich (%)	Lösungs-rückstand	^{13}C $^o/_{oo}$ (PDB)	^{18}O $^o/_{oo}$ (PDB)
Sahara „oben"	32	49	9	hellgrau	96	4	80 % Quarz 20 % Rest	+1,96	−2,79
Sahara „unten"	3	80	17	mittelgrau	97	3	20 % Quarz 80 % Rest		
Schluff-labyrinth	7	70	23	bräunlich-gelb	z.g.T.				
Östl. Block-tunnel	7	31	62			"ge-ring"			
Tropfstein 1546/20								−9,90	−8,72
Dachstein-kalk (≈)				hellgrau				+2,00	−1,00

Abb. 70: Sandprobentabelle

Die Ergebnisse stehen somit im Einklang mit den eingangs angeführten Vorstellungen von SCHAUBERGER.

Peter SEETHALER, einer der besten Kenner der Höhle, unterscheidet im Großen in der Hirlatzhöhle 3 sedimentologisch differenzierte Bereiche, deren räumliche Verteilung aber im Einzelnen recht komplex ist:

Die inaktiven Bereiche

Das sind jene Gebiete, die vom Wasser auch bei höchstem Hochwasser nicht erreicht werden. Hier befinden sich Gänge und Tunnels mit vollständigen Lehmböden, die nur durch Tropfwasser und kleine Gerinne stellenweise in ihrer ursprünglichen Ablagerungsform verändert wurden. Diese Lehmböden können mehrere Meter mächtig werden und mehr oder weniger tiefe Trockenrisse aufweisen. Manchmal sind längs des Ganges verlaufende, sich von der Sohle abhebende Strömungslinien im abgelagerten Sediment vorhanden. Sehr häufig befindet sich entlang der Gangmitte im Lehmsediment eine Vertiefung. In den horizontalen Passagen sind die Lehmböden großteils eben. Versturzblöcke sind vom Lehm ganz oder teilweise überlagert. An Stellen, an denen Gerinne Vertiefungen in das Sediment eingearbeitet haben, sind millimeterfeine Ablagerungsschichten erkennbar. Abschnittweise ist der Lehm mit einer feinen, schwarzen Schicht überzogen. Die aktiven Canyons und Schächte in diesen höher gelegenen Bereichen weisen je nach Wasseraktivität mehr oder weniger starke Lehmsedimente auf. Größtenteils sind die Lehmböden trocken, in lokalen Abschnitten können sie auch sehr feucht bis morastig sein.

Die selten aktiven Bereiche

Sie folgen unterhalb der Gänge mit Lehmsediment. Seit der Entdeckung konnte noch kein Hochwasser nachgewiesen werden. Hier befinden sich Schotter, Bachkugeln, Sande, Lehmreste in strömungsarmen Bereichen, Versturzblöcke und abschnittsweise dünnes und schwarzes, an Sohle, Wänden und Decke haftendes Sediment. Eher selten sind auch beinahe unveränderte Lehmböden vorhanden. In diesen Teilen wurden ehemals, wie in den höher gelegenen Bereichen, Lehme abgelagert. Hochwasserereignisse haben diese Lehme großteils wieder entfernt (z.B. BLOCKTUNNEL und LIEBLICHSTER GANG bis SANDGRABEN).

Aktive Teile und Rückstauzonen

Das sind jene Gebiete, die auch heute noch vom Hochwasser erreicht werden und in diesem Falle abschnittsweise Staubereiche mit unterschiedlichen Fließgeschwindigkeiten bilden. Hier befinden sich Lehmreste in den strömungsarmen Bereichen, ansonsten sehr häufig zementartige, graue bis weißliche Sande, die in Raumerweiterungen große Flächen bilden. Verschiedene Ablagerungsmuster wie Dünen, Fließfacetten, Halden und Rutschungen sind vorhanden. Diese Feinsedimente werden bei jedem Hochwasser teilweise so umgelagert, daß man kaum noch Fußspuren findet. Engstellen, Druckröhren, Canyons, Klammen und Großräume, durch die das Wasser hinunterstürzt (z.B. ECHOKLUFT), enthalten indessen, bedingt durch Druck und Strömung, kein Feinsediment, sondern Versturzblöcke, gerundete und blankgeschliffene Steine und Schotter. An Wänden und Decke findet sich oft eine dünne, dunkle Sedimentschicht. Enge Druckröhren schließlich enthalten zumeist kein Sediment mehr bis auf wenige Steine in tiefen Kolken.

Die Übergänge von einem zum andern Sedimentbereich können fließend, manchmal aber auch abrupt erfolgen. Es gibt Teile, in denen Bereich 1 direkt an Bereich 3 angrenzt, manchmal ist aber Bereich 2 zwischengelagert. Auch wurden häufig in größeren Räumen zwei Sedimentbereiche festgestellt.

Sowohl im westlichen wie auch im östlichen Teil der Hirlatzhöhle können sämtliche drei Sedimentbereiche beobachtet werden.

Zusammenfassung und Ausblick

Die bisher untersuchten, vorwiegend feinsandigen Sedimente stellen ein relativ autochthones Material dar, das vermutlich zum größten Teil auf der Dachstein-Hochfläche vorwiegend während der Kaltzeiten des Quartärs durch die Gletschererosion gebildet wurde und subsequent mit Gletscherschmelzwässern in die Höhle gelangte. Hier erfolgte offensichtlich durch zahllose Umlagerungen in den Staubereichen der Höhle eine sehr gute Sortierung des Sedimentes. Erstaunlich bleibt, warum gerade die unverfestigten Feinsande, die im Vergleich zu den oftmals kompakten Lehmbänken und den gröberen Höhlensedimenten eine vergleichsweise sehr geringe Transportenergie erfordern, in der Höhle zurückgeblieben sind.

Eventuell könnte eine extensive dreidimensionale Beprobung und granulometrisch-sedimentgeologische Bearbeitung dieser Sedimente wertvolle Hinweise auf den Ablauf der Hochwasserereignisse in der jüngeren geologischen Vergangenheit der Hirlatzhöhle liefern.

Die Hirlatzhöhle als Fenster zu den karsthydrologischen Vorgängen im Inneren des Dachsteins

Der Dachstein wird zu Recht immer wieder als Beispiel für das typische hochalpine Karstmassiv angeführt. Er ist durch klare Tiefenlinien umgrenzbar, weist einen relativ einfachen geologischen Bau auf und hat in verschiedenen Höhenlagen und Vegetationsstufen weitläufige Karstflächen ausgebildet. Durch den Rückzug der Gletscher werden Flächen frei, die jahrtausendelang unter Eis begraben waren. In den verschiedenen Höhenstufen kann die Ausbildung unterschiedlicher Karstformen beobachtet werden, die Südhänge des Gebirges tragen zum Teil mächtige Schuttmäntel, während auf der Nordabdachung die Vegetation meist unmittelbar auf den Karstgesteinen mit entsprechend geringer Bodenbildung aufsitzt.

Die Fülle der hydrologischen Phänomene reicht von den Gletscherbächen mit ihren Wasserschwinden über eine Vielzahl von Lacken und Seen in allen Höhenlagen bis zu den imposanten Karstquellen. Die berühmte Spaltquelle am Hinteren Gosausee, die im Frühjahr den See auffüllt, nach Abklingen der Schneeschmelze aber zum Schlinger wird, durch den der See unterirdisch zu den Quellen im Gosautal, aber auch zum Waldbach-Ursprung entwässert wird, läßt die komplizierten karsthydrologischen Verhältnisse im Inneren des Gebirges erahnen.

Die ganz besondere Eigenheit des Dachsteins sind aber die vielen großen Höhlensysteme, die einen ausgezeichneten Blick in die unterirdische Karstentwicklung erlauben.

Einer der ersten großen Wissenschaftler, die den Dachstein in das Zentrum ihres Wirkens stellten, war Friedrich SIMONY. Neben einer reichen Sammlung von Skizzen und Aquarellen verdanken wir ihm eine Serie von hervorragenden Landschaftsfotografien aus den Jahren 1875 bis 1894!

Nach dem Ersten Weltkrieg bildete die Erforschung und Erschließung des Höhlenparks auf der Schönbergalm einen Schwerpunkt in der wissenschaftlichen Bearbeitung des Dachsteins. Das Speläologische Institut im Landwirtschaftsministerium unter der Leitung von Sektionschef Rudolf SAAR trat dabei bereits federführend in Erscheinung.

In den ersten Jahren nach dem Zweiten Weltkrieg arbeiteten Alfred MAYR und Roman MOSER im Rahmen geologischer Dissertationen im Dachsteingebiet. A. MAYR untersuchte Gletschereis und Quellen auf das Spektrum der Blütenpollen und Sporen und stellte so erste Zusammenhänge der Gletscherschwinden mit den Quellen fest.

Er war es auch, der auf den Gedanken kam, ortsfremde Sporen zur Verfolgung unterirdischer Wässer einzusetzen. Mit dieser Methode wies er als erster den bereits erwähnten Abfluß vom Hinteren Gosausee zum Waldbach-Ursprung im Echerntal nach. Damit hatte er die „Sporentriftmethode" entwickelt.

Ab dem Jahr 1953 beschäftigte sich Fridtjof BAUER im Rahmen des Karstforschungs-programmes des Speläologischen Institutes sehr intensiv mit dem Dachsteingebiet. Er errichtete am Oberfeld eine Karstforschungsstation und nahm unter anderem auch an Expeditionen in die Hirlatzhöhle teil. Fridtjof BAUER und Josef ZÖTL entwickelten die Sporentriftmethode weiter und führten bis 1960 eine Vielzahl von Einspeisungen mit verschieden gefärbten Sporen durch. Aus den Ergebnissen dieser pionierhaften Versuche entsprang das Bild der „radialstrahligen" Karstentwässerung. Erst Jahre später erkannte man, daß in der Sporentriftmethode bei Einspeisung, Probennahme und Aufbereitung im Labor eminente Verschleppungsgefahr gegeben ist und die Ergebnisse sehr kritisch betrachtet werden müssen.

Wiederholt auftretende bakterielle Verunreinigungen der Wasserversorgung von Hallstatt machten 1983 eine neuerliche Untersuchung der Abflußverhältnisse im Dachsteinmassiv notwendig. In den Jahren 1984 bis 1986 wurden von der Bundesanstalt für Wasserhaushalt von Karstgebieten (ab 1985 Abteilung des UBA) 19 Einspeisungen mit Fluoreszenzfarbstoffen durchgeführt. Natürlich herrschte auch seitens der Höhlenforscher großes Interesse daran, ob Höhlenbäche in der Hirlatzhöhle von Einspeisungen betroffen werden und welche Quellen in weiterer Folge von welchen Höhlenbächen gespeist würden.

1986 wurden von Hallstätter Höhlenforschern an 9 Höhlenbächen Aktivkohlen eingehängt und nach einigen Monaten bis auf eine tatsächlich wieder vorgefunden.

Beobachtungsstelle	Einhängedauer Aktivkohle	Markierungsstoff von Einspeisung	Abfluß zu Quelle
H 1 Grünkogelsiphon	29.3.-26.12.1986	Hallstätter Gletscher und/oder Simonyhütte	Waldbach-Ursprung
H 2 Grünkogelsee	29.3.1986	(Verlust)	
H 3 Jalot	29.3.-26.12.1986	negativ	-
H 4 Sprengstellenbiwak	6.7.-11.10.1986	negativ	-
H 5 Seetunnel	6.7.-28.12.1986	negativ	-
H 6 Wasserschacht am Weg z. Fernen Osten	6.7.-11.10.1986	negativ	-
H 7 Kreuz des Südens	6.7.-11.10.1986	negativ	-
H 8 Donnerbach	10.10.-26.12.1986	Schladminger Gletscher	Hirschbrunn, Kessel
H 9 Siphon im Großen Fragezeichen	6.7.-11.10.1986	negativ	-

Zwei der acht wiedergefundenen Aktivkohlesäckchen waren von Farbstoffdurchgängen betroffen. Die Kohle vom GRÜNKOGELSIPHON, dem damals westlichsten Punkt der Höhle, enthielt Rhodamin B. Dieser Farbstoff wurde 1984 am Hallstätter Gletscher und unterhalb der Simonyhütte eingespeist und war im Sommer 1986, während die Kohle im GRÜNKOGELSIPHON installiert war, im Waldbach-Ursprung noch immer nachweisbar. Der Zusammenhang Hallstätter Gletscher (Simonyhütte) - GRÜNKOGELSIPHON - Waldbach-Ursprung ist somit klar. Im Sommer 1986 wurde aber auch eine Uranin-Einspeisung in der Dachsteinsüdwandhöhle durchgeführt, die nach 3,5 Tagen zu einem Farbstoffdurchgang im Waldbach-Ursprung führte. Dieser Farbstoff war im GRÜNKOGELSIPHON nicht nachweisbar! Schade ist in diesem Zusammenhang, daß das Aktivkohlesäckchen vom GRÜNKOGELSEE (Säckchennummer H 2) nicht wiederaufgefunden werden konnte.

DAS WESTLICHE DACHSTEINMASSIV MIT ERGEBNISSEN VON MARKIERUNGSVERSUCHEN

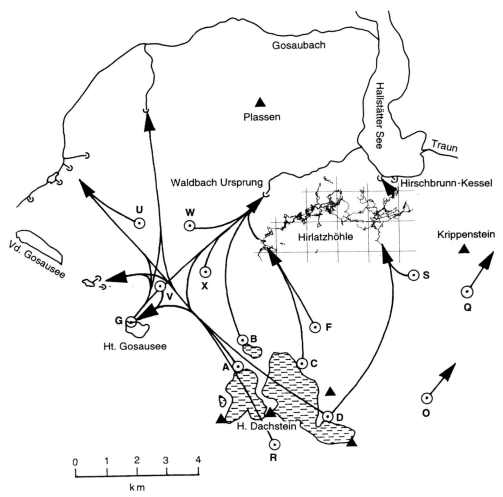

Einspeisungen: A - Gosaugletscher, B - Schneelochgl., C - Hallstätter Gl.,
D - Schladminger Gl., F - Simony Hütte, G - Ht. Gosausee,
O - Schneeberg Seelein, Q - Hirzkar Seelein,
R - Dachstein Südwandhöhle, S - Gjaidalm, U - Seekarwand,
V - Beim Kreuz, W - Radltal, X - Steirerloch.

Abb. 71: Das westliche Dachsteinmassiv mit Ergebnissen von Markierungsversuchen

Die zweite positive Aktivkohle war jene vom DONNERBACH im FERNEN OSTEN. Der dort nachgewiesene Farbstoff ARG war 1984 am Schladminger Gletscher eingespeist worden und kam nach 3-5 Tagen in den Quellen in Gosau und im Waldbach-Ursprung zum Wiederaustritt. Ein halbes Jahr später traten vereinzelt geringe Spuren dieses Farbstoffes im

Gerhard VÖLKL

Hirschbrunn auf. Sie wurden vorerst nicht als gesichertes Ergebnis gewertet. Der eindeutige Nachweis im DONNERBACH beweist nun zweierlei (siehe Abb. 112):

- Der Nachweis von ARG im Hirschbrunn kann als gesichert gelten.
- Der DONNERBACH bezieht auch Wasser vom Schladminger Gletscher und entwässert zum Hirschbrunn.

Letzteres war wohl jedem Höhlenforscher klar, aber der Nachweis der Verbindung ist zum Beispiel für die Behörde wichtig, da nun Kessel und Hirschbrunn als Teil der Hirlatzhöhle gelten können und daher so wie diese unter Schutz stehen.

Ende der achtziger Jahre war der FERNE OSTEN ein Brennpunkt der Hirlatzhöhlenforschung. Dabei wurde auch der Gedanke ventiliert, am DONNERBACH eine Abflußmeßstelle zu errichten. Bei einer Tour von Walter KLAPPACHER, Gerhard VÖLKL und den Gebrüdern Herbert und Ludwig HALLINGER wurden die Möglichkeiten dafür geprüft - und verworfen. Der Bau einer Meßstelle und vor allem die regelmäßige Betreuung und Stromversorgung ist bei diesem Anmarschweg nicht zu realisieren.

Im Jahr 1990 wurden noch interessante Markierungsversuche im Gebiet zwischen Hinterem Gosausee und Echerntal durchgeführt, an denen die Hallstätter Höhlenforscher tatkräftig mitwirkten. Um den komplizierten Umschaltmechanismus im Karstwasserkörper dieser Bereiche näher zu untersuchen, wurden Beim Kreuz, bei der Seekarwand, im Radltal und beim Steirerloch jeweils im Frühsommer und im Herbst dieselben Einspeisungsstellen beschickt. Auch in der Hirlatzhöhle wurden wieder Kohlen eingehängt, die aber durchwegs negative Ergebnisse brachten.

Aus den Markierungsversuchen lassen sich folgende Hauptabflußwege ableiten:

1. Von den Einspeisungen A, D, R und V fließt das Wasser unter den hydrologischen Bedingungen zur Zeit der Einspeisungen zu jenem Verteilersystem, welches das Wasser sowohl zum Hinteren Gosausee als auch zu den Quellen des Gosautales und zum Waldbach-Ursprung leitet.
2. Von den Einspeisungen B, W und X fließt das Wasser ausschließlich zum Waldbach.
3. Von der Einspeisung F und vermutlich auch C tritt das Wasser über den GRÜNKOGELSIPHON in die Hirlatzhöhle ein und fließt von dort dem Waldbach-Ursprung zu.
4. Von der Einspeisung S und in geringem Maße auch von D erfolgt der Abfluß zum Donnerbachsystem der Hirlatzhöhle und weiter zu Hirschbrunn und Kessel. Wesentlich an dieser Erkenntnis ist vor allem, daß daher auch der weite Bereich zwischen Schladminger Gletscher und Hirlatz über dieses System entwässert.
5. Da von den Einspeisungen O und Q der Abfluß zum *Koppenwinkel* und von U nur nach Gosau erfolgte, ist das für den Bereich der Hirlatzhöhle und Waldbach-Ursprung maßgebliche Einzugsgebiet gut abgrenzbar.

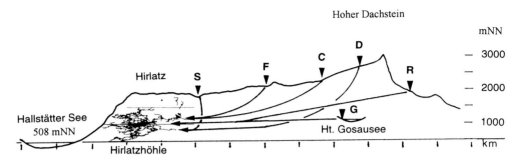

Abb. 72: Schnitt durch das Dachsteinmassiv

Es haben sich aber nun andere Aspekte der karsthydrologischen Beobachtung ergeben. Seit 1992 wird vom Hydrographischen Dienst in Österreich ein Quellmeßnetz aufgebaut. Eine der ersten errichteten Meßstellen in Oberösterreich war jene am Waldbach-Ursprung, eine weitere ist am Hirschbrunn eingerichtet. An diesen Meßstellen werden Schüttung, Temperatur, elektrische Leitfähigkeit und Trübung mittels Sonden und Datensammlern registriert. Nun können auch kurzfristige Reaktionen der Quellen auf Niederschlag und Schneeschmelze erfaßt werden. Zusammen mit den Beobachtungen der Wasserführungen und Wasserstände in der Höhle wird das ein sehr umfassendes Bild der Karstwasserverhältnisse ergeben.

Die Betrachtung der Hydrologie der österreichischen Riesenhöhlensysteme läßt meist den Schluß zu, daß die Hauptgangsysteme heute inaktiv sind, die rezente Karstentwässerung quert diese Systeme in Schächten und Schluchten und fließt in tieferen Etagen den Quellen an der Oberfläche zu.

Für die Hirlatzhöhle trifft das nur teilweise - und je weiter die Forschung fortschreitet, immer weniger - zu. Die querenden und unterlagernden Canyons sind zwar vorhanden, aber bei Hochwasser werden eine ganze Reihe von sonst trockenen Gängen überschwemmt, dienen als Rückstauräume und können Hochwässer in andere Richtungen ableiten.

Im Westteil der Höhle treten die Höhlenbäche in ca. 1100 mNN in die derzeit bekannten Höhlenräume ein, füllen im Bereich DARK HIGHWAY bei Hochwasser riesige Rückstauräume und fließen dem Quellbezirk Waldbach-Ursprung zu. Die höchsten ständig fließenden Quellaustritte liegen in 880 mNN, die höchsten beobachteten Übersprünge in ca. 1000 mNN.

Im ALTEN TEIL der Hirlatzhöhle treffen wir in ca. 1000 mNN auf das aktive Gerinne, das vermutlich durch enge Canyons über den Bereich der Brandgrabenhöhlen entwässert und bei Normalschüttung nicht an die Oberfläche kommt, sondern das Grundwasser im Echerntal speist.

Im Ostteil der Höhle tritt der DONNERBACH etwa in 800 mNN in die bekannten Teile ein, um in steilen Kaskaden bis auf das Niveau des Hallstätter Sees in ca. 500 mNN hinabzustürzen. Die Tauchvorstöße in Kessel und Hirschbrunn haben gezeigt, daß die Höhlengänge noch mindestens 60 m unter das Seeniveau reichen.

Die Rückstauräume in der Höhle bewirken zum Beispiel die bekannten „Ausbrüche" des Dürrenbaches. Der allmähliche Anstieg der Hochwasserwelle wird in den Stauräumen aufgefangen. Wenn sich die Rückstauräume schließlich aufgefüllt haben, sind die

Wassermassen schon stark angeschwollen und schießen nun über die Überlaufkante. Solche Wasserwalzen (Ausbrüche) können in der Höhle, aber auch außen, gefährliche Ausmaße annehmen. Im Sommer 1990 konnte ich bei einer Hochwassersituation vom Echerntal aus beobachten, wie der Dürrenbach bei der Steinernen Brücke bereits mit voller Wucht über diese hinwegspritzte, das Bachbett vor der Mündung in den Waldbach aber noch trocken war. Innerhalb einer Minute erreichte der Dürrenbach dann eine Schüttung von mehreren m³/s.

Mit ähnlichen Erscheinungen muß auch in manchen Höhlenteilen gerechnet werden. Hochwassersituationen in der Hirlatzhöhle sind daher extrem gefährlich.

Aus dem Volksmund und aus den Beobachtungen der Höhlenforscher lassen sich auch erstaunliche Parallelen zu den Begriffen der „Jährlichkeiten" in der Hydrologie ziehen. Darunter versteht man die statistisch berechnete Wahrscheinlichkeit des Auftretens einer bestimmten Hochwassermarke. In Gosau sagt man: „Alle fünf Jahre geht der Hintere Gosausee über." In Hallstatt heißt es zum Beispiel: „Alle sieben Jahre geht der Brandgraben." Diese Volksmeinungen decken sich durchaus mit meinen Beobachtungen in den Jahren 1983 bis 1990. Sogar ein hundertjähriges Ereignis ist beobachtet worden! Denn nur einmal in diesem Jahrhundert ist es zu einem Wasseraustritt aus dem Portal der Hirlatzhöhle gekommen.

Wir wissen also schon sehr viel über die Wasserläufe in der Hirlatzhöhle und die Karsthydrologie des Dachsteins. Dennoch werden mit jeder neuen Entdeckung oder Beobachtung neue Fragen aufgeworfen - der ganz normale Alltag in der wissenschaftlichen Forschung.

Zur Hydrochemie des Hirlatzgebietes

Zusammenfassung

Hydrochemische Untersuchungen im nordwestlichen Dachsteingebiet - dem Bereich zwischen Lahnfried- und Echerntal - ergaben eine deutle Differenzierung, wobei gegen Westen zu der Gehalt an gelösten Stoffen deutlich geringer wird. Diese großräumige Differenzierung korreliert mit einem abnehmenden Gehalt an Magnesium in den Wässern und spiegelt die geologische Variabilität des Dachsteinkalkes (bereichsweise geringfügige Dolomitisierungen im Osten) wider. Demgegenüber deutet die - weit kleinräumigere - hydrochemische Differenzierung innerhalb der Hirlatzhöhle eher auf Unterschiede in Boden und Bewuchs oberhalb der Höhle hin.

Aus dem Gehalt an gelösten Stoffen in den großen Quellen, die mit der Höhle in genetischem und hydrogeologischem Zusammenhang stehen, läßt sich unter Verwendung von Vergleichsdaten aus den Nördlichen Kalkalpen auf die mittlere Seehöhe des Einzugsgebietes schließen. Diese dürfte bei Hirschbrunn und Kessel allein aus hydrochemischer Sicht demnach etwa bei rund 2000 Metern und beim Waldbach-Ursprung bereits fast ausschließlich im Gletscherbereich liegen. Kessel und Hirschbrunn erscheinen hydrochemisch ähnlich, jedoch keinesfalls ident.

Der rechnerisch ermittelte unterirdische Abtrag im Dachsteingebiet harmoniert gut mit Literaturwerten und dürfte um 100 m^3 pro km^2 und Jahr betragen. Schätzungen des Kluftvolumens weisen auch im Bereich der Hirlatzhöhle auf die große Bedeutung der kleinen, unbefahrbaren Klüfte für den Gesamtabfluß hin.

Einleitung

Im Zeitraum von 1983 bis 1996 wurden unter Mithilfe von Höhlenforschern insgesamt 28 Wasserproben in der Hirlatzhöhle sowie eine große Zahl von Wasserproben - insgesamt rund 280 - in den Höhlen der Umgebung sowie an den großen Quellen gezogen und analysiert.

Dabei wurden ausschließlich die Hauptbestandteile, also Calcium, Magnesium, Hydrogencarbonat und Sulfat, berücksichtigt.

Hauptziel der Untersuchungen war, Aussagen über den Karstabtrag sowie über den hydrochemischen Zusammenhang der Tropfwässer mit den Quellwässern zu erarbeiten.

Hydrochemische Charakteristik

Da im gesamten Nordwestteil des Dachsteins, also dem Bereich vom Lahnfriedtal bis zum Waldbach, praktisch nur Dachsteinkalk als Karstgestein von Bedeutung ist, sind große Unterschiede im Kalk-Dolomitverhältnis der Quell- und Tropfwässer von vornherein eigentlich nicht zu erwarten. Hingegen sollte sich aufgrund der stark unterschiedlichen Höhenlage der Versickerungsbereiche der Niederschlagswässer und der Unterschiede bei Vegetation und Bodenbedeckung eine signifikante Differenzierung im Kalkgehalt der Wässer ergeben.

Bei einer Betrachtung dieser beiden Parameter in einem hydrochemischen Ost-West-Profil (Abbildung 73) zeigt sich in beiden Fällen ein deutlicher Gradient. Zum einen dürften im östlichen Abschnitt, also dem Gebiet vom Lahnfriedtal bis zum Schönberg, gelegentlich dolomitischere Bereiche im Dachsteinkalk auftreten, wogegen im Westen (Mammuthöhle - Hirlatzhöhle) reinere Kalke zu finden sind. Zum anderen nimmt der Gehalt an gelöstem Kalk von Osten nach Westen ab. Speläogenetisch bedeutet dies, daß die östlichen Bereiche zwar durch höhere Mg-Gehalte des Gesteins (infolge der daraus resultierenden ungünstigeren mechanischen Gesteinsparameter) bereichsweise zu Kleinbrüchigkeit neigen, was der Ausbildung befahrbarer Höhlenräume entgegenarbeitet, die höheren Gehalte an gelösten Stoffen aber - eine einheitliche Niederschlagsverteilung einmal vorausgesetzt - einen größeren unterirdischen Abtrag implizieren.

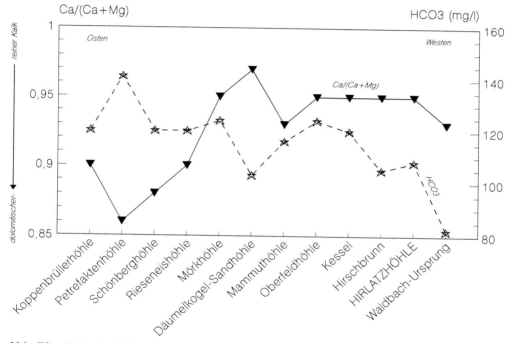

Abb. 73: Hydrochemisches Ost-West-Profil durch den nordwestlichen Dachsteinbereich (Mittelwerte!)

Innerhalb der Hirlatzhöhle, die in der Abbildung 73 nur in Form ihres Gesamt-Mittelwertes repräsentiert ist, ergibt sich indessen ein anderes Bild: Hier laufen die beiden Parameter nicht gegeneinander (wie in Abb. 73), sondern es zeigt sich, daß im Westteil der Höhle (WILDER WESTEN) geringe Mg-Gehalte Hand in Hand mit höheren Gehalten an gelöstem Karbonat gehen, im Ostteil (FERNER OSTEN) hingegen geringere Karbonatgehalte bei etwas erhöhtem Mg-Gehalt festzustellen waren (Abb. 74).

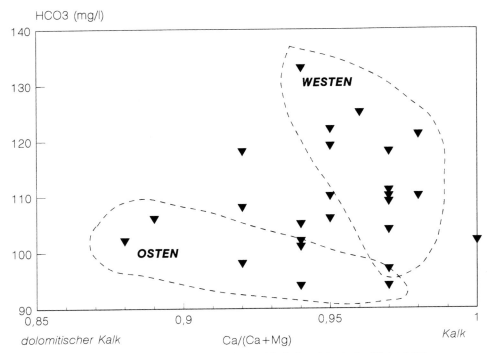

Abb. 74: Räumliche Verteilung der hydrochemischen Faziesbereiche in der Hirlatzhöhle (Einzelwerte)

Aus hydrochemischer Sicht erscheint der Westteil der Höhle als besonderes Hoffnungsgebiet der Speläologie, wenngleich auch die grandiosen Entdeckungen im Osten den teilweise dolomitisierten Dachsteinkalk als ausgezeichnetes Karstgestein ausweisen.

Hydrochemische Hinweise auf das Einzugsgebiet

Möglichkeiten, Hinweise auf das Einzugsgebiet der verschiedenen Tropf- und Quellwässer aus hydrochemischer Sicht zu erhalten, ergeben sich in erster Linie aus der Höhenabhängigkeit der Karbonatgehalte der Karstwässer [PAVUZA 1994] bzw. aus modellmäßigen Mischungsrechnungen bei Quellen, deren Einzugsgebiet naturgemäß oft verschiedenste Bereiche - sowohl was die Seehöhe als auch die geologischen Verhältnisse betrifft - umfaßt.

Bei einer Zusammenschau der Mittelwerte der Karbonatgehalte der Wässer aus dem nordwestlichen Dachsteingebiet (ausgedrückt durch den Gehalt an Hydrogencarbonat) zeigt sich die wenig überraschende Tatsache, daß die meisten Wässer aus deutlich höhergelegenen Einzugsgebieten stammen müssen. In Abbildung 75 ist die mittlere Kurve von über 1200 Einzelwerten aus dem kalkalpinen Raum eingetragen, wobei Dolomitwässer im allgemeinen oberhalb, Kalkwässer hingegen unterhalb der Kurve zu finden sind. So wird erkennbar, daß die meisten Wässer, auch jene aus der Hirlatzhöhle, aus hydrochemischer Sicht aus Seehöhen von rund 2000 m stammen müssen, jene des Waldbach-Ursprunges jedoch aus deutlich höheren Bereichen.

Rudolf PAVUZA

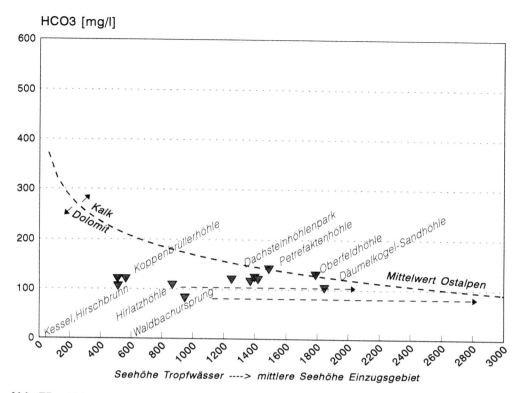

HCO3 [mg/l]

Seehöhe Tropfwässer ----> mittlere Seehöhe Einzugsgebiet

Abb. 75: Abhängigkeit der Tropf- bzw. Quellwässerhydrochemie von der Seehöhe im westlichen Dachsteingebiet, nach PAVUZA [1994, aktualisiert]

Es stellt sich schließlich auch die Frage, wieweit aus hydrochemischer Sicht Ähnlichkeiten zwischen Hirschbrunn und Kessel bestehen, da der Kessel als Überlauf des Hirschbrunns betrachtet wird [BUCHEGGER 1992]. Leider liegen infolge des recht selten überlaufenden Kessels nur wenige Vergleichswerte vor (Angaben in mg/l):

	30.6.1993		28.7.1993		30.8.1995		20.7.1996	
	H	**K**	**H**	**K**	**H**	**K**	**H**	**K**
Ca	34	40	36	36	43	48	37	38
Mg	1	<1	2	1	1	1	1	4
HCO₃	95	116	104	102	130	145	108	114
SO₄	11	5	12	10	5	5	8	17

Hydrochemische Einzelwerte von Kessel (K) und Hirschbrunn (H)

Aus diesen Daten wird ersichtlich, daß der Kessel dem Hirschbrunn wohl ähnlich ist, jedoch zeitweise auch deutliche Anteile von höher mineralisiertem und daher aus tiefergelegenen Einzugsbereichen stammendem Wasser enthält. Es könnten aber auch durchaus Anteile von Karstwässern aus tieferen Aquiferbereichen [vgl. PAVUZA 1989] vorliegen.

Beide Quellen weisen - im Gegensatz zum Waldbach-Ursprung - überraschend hohe Quelltemperaturen auf, die bereits von SIMONY [wiedergegeben in MORTON 1927] beobachtet wurden. So dürfte das Jahresmittel des Hirschbrunns bei rund 5,5°C liegen, beim Kessel wurden durch den Verfasser Werte gemessen, die noch um rund 1°C darüber lagen. Da die mittlere Jahresdurchschnittstemperatur im Einzugsgebiet sehr deutlich unter diesen Werten liegt (z.B.: Schönbergalpe, 1350 mNN: 3,4°C, Krippenstein, 2050 mNN: 0,2°C für 1985, aus dem Hydrographischen Jahrbuch 1985), könnte auch dies auf Quellzubringer aus tieferen Aquiferbereichen hindeuten.

Da von den Quellwässern, aber auch den Wässern im Inneren des Dachsteins zahlreiche hydrochemische Daten vorliegen, konnten modellmäßige „Mischungsrechnungen" mittels eines eigens entwickelten Programmes durchgeführt werden, das die optimale - mit dem geringsten Fehler behaftete - Mischung verschiedener Ausgangswässer für eine bestimmte Quelle auf iterativem Weg ermittelt.

Diese Simulationen ergeben für den Hirschbrunn eine Dominanz von Wässern vom Typus „Hirlatzhöhle" (83 %) mit gewissen Anteilen von Wässern vom Typus „Waldbach-Ursprung" (14 %) - den Wässern aus dem Gletscherbereich - und nur Spuren der Wasserfaziestypen, wie sie etwa im Bereich Oberfeld auftreten. Wenn beispielsweise vom Typus „Hirlatzhöhle" die Rede ist, so heißt dies allerdings noch keinesfalls, daß alle Wässer aus dem Bereich über der Hirlatzhöhle stammen, sondern lediglich aus einer Gegend, die hinsichtlich ihrer Boden- und Vegetationsverhältnisse - und damit vielfach in der Seehöhe - dem Hirlatzstock entspricht! Der Kessel ergibt hingegen bei der Rechnung geringere Mengen an Wässern vom Hirlatzhöhlentyp (41 %), die dann durchaus als Hirschbrunn-Überlauf interpretiert werden können, weist aber deutliche hydrochemische Ähnlichkeiten mit dem Bereich Oberfeld (57 %) auf und enthält praktisch kaum Wasser des Waldbachtyps.

Der Karstabtrag im Hirlatzgebiet

In der internationalen Karstliteratur, so etwa bei JENNINGS [1985], werden immer wieder Werte für den Karstabtrag angegeben. Dabei ist grundsätzlich zu unterscheiden zwischen jenen Werten, die beispielsweise mittels Kalkplättchen an der Oberfläche direkt ermittelt wurden, sowie jenen, die unter Verwendung geschätzter Werte für die Versickerung (Niederschlag minus Verdunstung) sowie der mittleren Mineralisation der betreffenden Karstwässer berechnet wurden.

Für österreichische Karstgebiete wurden ebenfalls bereits einige Werte durch den Verfasser [PAVUZA 1997 sowie unpublizierte Daten] geschätzt. Für den Bereich der Hirlatzhöhle liegen repräsentative Werte für den durchschnittlichen Gehalt an gelösten Stoffen vor (155 mg/l). Der Gehalt an gelösten Stoffen im Niederschlagswasser beträgt nach den Untersuchungen des Umweltbundesamtes [HERLICSKA, LORBEER et al. 1994] im Dachsteinbereich maximal wenige Milligramm pro Liter, kann also vernachlässigt werden. Niederschlags- und Temperaturwerte des Hydrographischen Dienstes liegen als Jahresmittel vom Krippenstein vor [HERLICSKA , LORBEER et al. 1994], sie betragen 1840 mm bzw. +0,4°C (Mittelwerte 1971-1980). Aus diesen Werten sowie den Daten aus dem „Hydrographischen Jahrbuch" läßt sich die reelle Evapotranspiration abschätzen. Dazu wurde ein speziell dafür entwickeltes Rechenprogramm eingesetzt, das auch die verschiedenen Bodentypen wenigstens ansatzweise berücksichtigt. Die Versickerungsrate sollte demnach im langjährigen

Durchschnitt im Bereich von 1300-1700 mm liegen. Dies würde im Jahresdurchschnitt einer Versickerung von rund 50 l/s pro Quadratkilometer im Dachsteinplateau entsprechen.

Die statistisch ermittelten Streubereiche dieser Werte wurden nun mittels einer dafür entwickelten Simulation in Abtragswerte umgerechnet, wobei sich ein Bereich von 80-120 m^3/km^2 und Jahr ergab. Dieses Resultat harmoniert gut mit den erwähnten Literaturwerten (Abbildung 76). In der Darstellung sind auch andere, selbst ermittelte Werte aus dem österreichischen Karst eingetragen, wobei sich hier die bei PAVUZA [1994] postulierte Nichtlinearität des Zusammenhanges von Versickerungsrate und Korrosionspotential im alpinen Raum abzeichnet, die unter anderem durch die abnehmende CO_2 - Produktion mit der Seehöhe begründet werden kann.

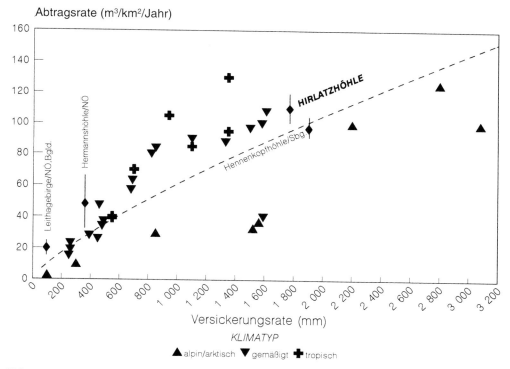

Abb. 76: Rechnerisch ermittelte Abtragsrate im Hirlatzgebiet sowie in einigen weiteren österreichischen Karstgebieten im Vergleich mit internationalen Werten, aus: JENNINGS [1985, modifiziert]

Der erhaltene Wert für die Abtragsrate verleitet zu - freilich unzulässigen - Berechnungen hinsichtlich des Alters der Hirlatzhöhle, noch dazu, wo bereits ein Hohlraumvolumen der derzeit bekannten Höhlenteile von rund 2,1 Millionen m^3 angegeben wird. Dieser Versuch ist aber alleine schon deshalb zum Scheitern verurteilt, da die in die Hirlatzhöhle eintretenden Wässer nur mehr einen geringen Teil ihrer ursprünglichen Lösungskapazitäten aufweisen, der überwiegende Teil der Kalklösung demnach in den Abschnitten oberhalb der Höhle und hier vor allem im Bereich knapp nach der Versickerung stattfindet. Hinweise auf diese rasche Aufmineralisation ergab auch ein Versuch des Autors im Steinernen Meer [PAVUZA 1994], wo mittels kohlensäurehältiger Wässer ein Niederschlagsereignis und seine Auswirkungen auf die Kalklösung in einer rund 20 m langen Karre modellmäßig untersucht wurde. Dabei stellte sich heraus, daß am Ende der Fließstrecke die Kalklösungskapazität bereits zum größten Teil verbraucht war und demnach für den effektiven unterirdischen Abtrag nur mehr relativ geringe Restlösungskapazitäten (einige wenige Prozente) zur Verfügung standen. Diese Beobachtung kann für die freien Felsflächen oberhalb der Hirlatzhöhle analog angewendet werden, für den bedeckten Karst - im Hirlatzgebiet sogar dominierend - mit seiner Retention im Bodenbereich ist vermutlich sogar ein noch stärkerer Verbrauch der Lösungskapazitäten im Boden und den bodennahen Bereichen des Gesteines anzunehmen.

Dies zeigt nun zweierlei: Zum einen, daß die hydrochemische Charakteristik dominant vom Versickerungsbereich und nicht den tieferen Abschnitten des Karstaquiferes beeinflußt wird, zum anderen, daß für die tiefergelegenen Bereiche, in denen im vorliegenden Fall die meisten Höhlenteile der Hirlatzhöhle liegen, gegenwärtig nur verhältnismäßig geringe Anteile an Lösungskapazität zur Verfügung stehen. Dies bedeutet im Hinblick auf die zur Verfügung stehenden Zeiträume aber nur scheinbar eine Einschränkung hinsichtlich des Höhlenbildungspotentials. Freilich, eine Berechnung eines hypothetischen Alters der Höhle wäre aus diesem Grunde mit dieser hydrochemischen Methode nicht möglich, selbst wenn das für die Berechnung ebenfalls erforderliche Hohlraumvolumen der nicht befahrbaren Kleinklüfte bekannt wäre.

Hydrogeologische Anmerkungen zur Hirlatzhöhle

Durch Beobachtungen der Höhlenforscher in der Hirlatzhöhle konnte die eindrucksvolle Funktion der Höhle als Hochwasserabflußbahn bzw. Rückstaubereich - als Kurzzeitspeicher - nachgewiesen werden.

Für den Hydrogeologen stellt sich nun die Frage nach jenen Hohlräumen, die für die Langzeitspeicherung zur Verfügung stehen, und auch die nach deren volumsmäßiger Größenordnung. Dafür stehen allerdings kaum aktuelle Daten zur Verfügung. Aus den Produktionstests von Kohlenwasserstoffbohrungen im alpinen Raum durch die OMV in der Vergangenheit zeichnen sich indessen Daten für das Gesamthohlraumvolumen von Karbonaten ab, die im Bereich von rund 1 % liegen. Diese Werte - gemessen im tiefen Karst - dürften für Karstmassive wie den Dachstein somit eher Mindestwerte darstellen.

Bezogen auf einen Kubus von 1 km^3 sind dies folglich mindestens 10 Millionen m^3. Stellt man diesen Wert dem angegebenen für das bisher - freilich auch nur sehr approximativ - bekannte Volumen der Hirlatzhöhle von 2,1 Millionen m^3 gegenüber (das Gesamtvolumen des die Höhle „umschließenden" Gesteinskörpers dürfte bei einer derzeitigen Grundfläche von rund 10 km^2 und einer mittleren Höhendifferenz von etwa 1000 m liegen, somit mindestens 10 km^3 betragen), erkennt man, daß die derzeit bekannten, befahrbaren Teile der Hirlatzhöhle einen erstaunlich geringen Teil des zu erwartenden Hohlraumvolumens ausmachen dürften.

Alleine diese grobe Abschätzung läßt die Bedeutung der unbefahrbaren „Kleinklüfte" für die Langzeitspeicherung des Karstwassers im Dachsteinmassiv erkennen. Die hydrologische Bedeutung der Hirlatzhöhle liegt überwiegend in der Kurzzeitspeicherung im Zuge von Niederschlägen.

Hydrographische Beobachtungen
in der Hirlatzhöhle

Im Zuge der Forschungen in der Hirlatzhöhle ist man in Bereiche vorgedrungen, in denen besonders interessante karsthydrologische Beobachtungen gemacht werden können. Große Abschnitte der Höhle liegen direkt auf Karstwasserniveau mit einer Gesteinsüberdeckung von bis zu 1200 Metern. Diese aktiven Teile befinden sich teils in sehr exponierter Lage, so liegt z.B. der südlichste Punkt der Hirlatzhöhle, der Siphon Oase, im SÜDWESTEN unter dem *Gamskogel,* 2400 Meter Luftlinie südlich der Riesenkarstquelle des Waldbach-Ursprungs, mit dem ein direkter Zusammenhang besteht.

Im Osten der Höhle befindet sich der südlichste Teil des LABYRINTHS DER ENTSCHEIDUNG 2650 m Luftlinie südlich der Riesenkarstquellen Kessel und Hirschbrunn. Auch hier ist ein direkter räumlicher und hydrologischer Zusammenhang gegeben. Diese beiden südlichsten Punkte der beiden großen Entwässerungssysteme der Hirlatzhöhle haben einen Abstand von 4 km Luftlinie zueinander. Dies bedeutet, daß die Hirlatzhöhle zum großen Teil als Hinterland zu den Karstquellen Waldbach-Ursprung, Dürrenbach-Ursprung, der Oberen und Unteren Brandgrabenhöhle, des Hirschbrunns und Kessels samt den jeweiligen umgebenden Quellbezirken fungiert.

Diese großen Strecken von den südlichsten wassererfüllten Bereichen der Hirlatzhöhle bis hin zu den Siphonen der jeweiligen Riesenkarstquelle entsprechen einem Karstwasserniveau, welches unter dem Plateau relativ horizontal verläuft und ab dem Plateaurand bis hin zu den Quellsiphonen sich in Canyons und Klammen mit stärkerem Gefälle bewegt. Auch ist festzustellen, daß das Karstwasserniveau im östlichen Entwässerungssystem tiefer gelegen ist als im westlichen. Das spiegelt sich auch in der Höhenlage der Karstquellen wider, die im Osten (Kessel, Hirschbrunn) auf Seeniveau liegt, im Westen (Waldbach-Ursprung) jedoch bis auf eine Höhe von 900 mNN ansteigt. Weiters ist festzustellen, daß sich hinter den jeweiligen Riesenkarstquellen großvolumige Rückstauzonen befinden.

Bezüglich der Rückstauzonen der Karstwässer ist zu unterscheiden zwischen solchen, die sich direkt hinter den Quellsiphonen befinden, und jenen südlich der Plateaukante. Die südlich gelegenen sind sicherlich die ausgedehnteren und beinhalten große Bereiche, in denen das Wasser auch in extremen Trockenzeiten vorhanden ist, wie etwa der Siphon OASE oder das Wasser in der TIEFKARKLUFT. Das langsame Ausfließen dieser ausgedehnten, Karstwasserbereiche sichert das Fließen der Quellen Waldbach-Ursprung und Hirschbrunn während des ganzen Jahres (siehe Abb. 141, 142).

Für die Höhlenforschung stellen diese wassererfüllten Karstwasserbereiche einen erheblichen Mehraufwand dar. Es gilt immer wieder Überführungen über überflutete Zonen zu finden, um die Erforschung der Höhle fortsetzen zu können.

Im Westen ist dies bei einer relativen kurzen Siphonstrecke, dem GRÜNKOGELSIPHON, bereits einmal gelungen. Der dahinter befindliche SÜDWESTEN endet zunächst ebenfalls an einem Siphon, der OASE.

Im Osten hat man mit dem LABYRINTH DER ENTSCHEIDUNG bereits eine weitläufige Umgehung des DONNERBACHSIPHONS gefunden. Dahinter bewegt man sich auf weiten Strecken knapp über dem Karstwasserniveau in Richtung Süden, direkt unterhalb des Dachsteinplateaus. Das Einzugsgebiet des Wassers reicht somit bis in dessen südlichen

Bereiche. Wenn die Umstände in der Höhle es erlauben, besteht hier sicherlich die Möglichkeit, weit Richtung Süden weiterzuforschen, wobei man vermutlich immer höher gelegene Karstwasserniveaus erreichen wird (siehe Abb. 131, 132).

Die einzelnen Karstwasserniveaus bestehen meistens aus Druckstollen verschiedener Größe, die Bereiche dazwischen hingegen aus Canyons und Klammen mit großteils deutlich erkennbaren Primäranlagen.

Durch die Vermessung der Hirlatzhöhle wurden nicht nur Gänge, sondern gleichzeitig auch die Wasserwege hinter den Karstquellen vermessen. Dadurch kann man heute exaktere Aussagen über die hydrologischen Zusammenhänge sämtlicher Karstquellen nördlich des Hirlatzhöhlensystems machen.

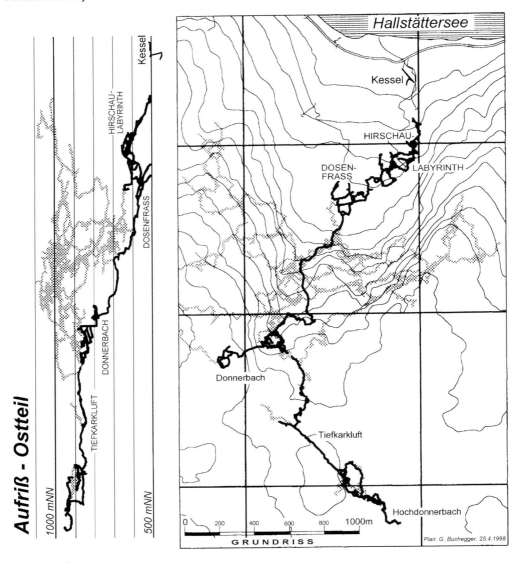

Abb. 77: Östliches Entwässerungssystem

Tauchen in der Hirlatzhöhle

Einleitung

Wassererfüllte Höhlengänge, Siphone, sind im allgemeinen ein schwer zu überwindendes Hindernis bei der Erforschung tagferner Teile großer Höhlen. Nur in wenigen Fällen entscheiden sich Höhlenforscher, komplette Tauchausrüstungen an diese Stellen zu transportieren. Der Aufwand ist groß, und die Möglichkeiten des Tauchers, Informationen über den Verlauf des Siphons und seiner trockenen Fortsetzung zu sammeln, sind sehr beschränkt.

Im Fall der Hirlatzhöhle weiß man aber, daß es sich bei den wassererfüllten Teilen um relativ kleinräumige, regional begrenzte, hängende Wasserreservoire handelt. Aus der Beobachtung der Entwässerung der Höhle läßt sich zudem vermuten, daß hinter einigen Siphonen großräumige Höhlensysteme zu erwarten sind. Deshalb können Tauchgänge, trotz des großen Aufwandes, für die weitere Erforschung nützlich sein. Auf sehr eindrückliche Weise wurde dieser Zusammenhang durch die Entdeckungsgeschichte der SAHARA belegt. Der GRÜNKOGELSIPHON im WILDEN WESTEN wurde durchtaucht und leitete dadurch eine gründliche und erfolgreiche Suche nach seiner Umgehung ein, in deren Folge die SAHARA entdeckt wurde (siehe Abb. 105, 106).

Kenntnisse über den Verlauf von Siphonen und deren Fortsetzungen geben Höhlenforschern Entscheidungshilfen für die Suche nach unbekannten Fortsetzungen, die bei guter Kenntnis der Höhle und etwas Glück zur Entdeckung neuer Höhlenteile führen können. Zudem liefern Tauchgänge für das Verständnis hydrologischer Zusammenhänge ergänzende Informationen.

Die Entwässerung der Hirlatzhöhle erfolgt durch zwei hydrologisch weitgehend unabhängige Bereiche, das westliche und das östliche Entwässerungssystem. Im folgenden werden die Siphone, deren Erforschung und die dabei verwendeten Tauchtechniken beschrieben. Die Reihenfolge der Beschreibung erfolgt jeweils entgegen der Abflußrichtung des Entwässerungssystems (Abb. 78).

Siphone des westlichen Entwässerungssystems

Das westliche Entwässerungssystem erstreckt sich vom Eingang der Hirlatzhöhle in südwestlicher Richtung bis hinter die OASE und ist eine treppenförmige Anordnung dreier großer Staubereiche. Alle Staubereiche besitzen einen zu jeder Jahreszeit aktiven Zufluß und Abfluß (siehe Funktionsschema). Bei Hochwasser dagegen wird mehr Wasser zugeführt, als abfließen kann, und der Wasserspiegel des Staubereichs steigt bis zu einer bestimmten Schwelle an. Wird diese Schwelle überschritten, überflutet er die jeweils nachfolgenden, tieferliegenden Höhlenteile. In dieser Phase werden auch die bei Normalwasserstand gespeicherten Wasservolumina ausgetauscht (Abb. 79).

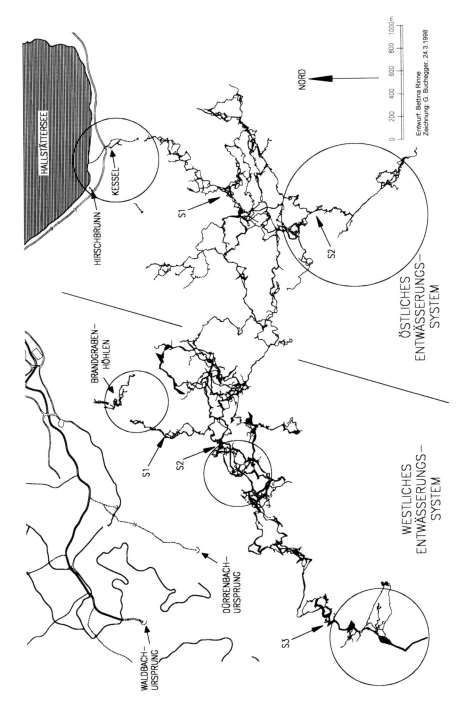

Abb. 78: Überblick über die Lage der Siphone in der Hirlatzhöhle

Michael MEYBERG, Bettina RINNE

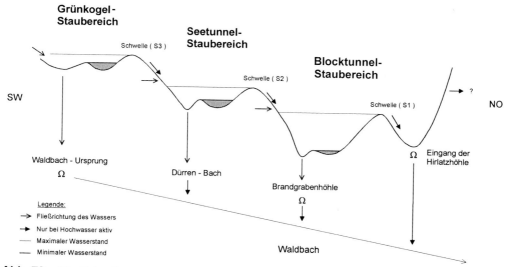

Westliches Entwässerungssystem der Hirlatzhöhle
vereinfachtes, hydrologisches Funktionsschema
Stand: 1997, M. Meyberg

Abb. 79: Westliches Entwässerungssystem der Hirlatzhöhle (Funktionsschema)

Siphone des Blocktunnel-Staubereichs

Die Schwelle des Blocktunnel-Staubereichs liegt im SCHLUFFLABYRINTH, einem an die KARL-PILZ-HALLE anschließenden Höhlenteil. Bei extremem Hochwasser, vermutlich seltener als einmal in hundert Jahren, staut sich das Wasser bis zu dieser Schwelle und fließt dann aus dem Eingang der Hirlatzhöhle.

In diesem Bereich gibt es nur einen großen, unter Wasser gelegenen Höhlenteil: die ganzjährig aktive Verbindung zwischen dem NORDSIPHON, dem Abfluß des Staubereichs, und der Brandgrabenhöhle. Im Endsiphon der Brandgrabenhöhle wurde schon mehrfach ohne großen Erfolg getaucht. Eine Erforschung und Vermessung der Verbindung zwischen Brandgraben- und Hirlatzhöhle ist am ehesten von der Brandgrabenhöhle aus möglich, da der NORDSIPHON nur durch eine lange, aktive Klamm zu erreichen ist.

Zu erwähnen ist hier auch der bei jeder Schneeschmelze und starkem Regen wassererfüllte GRAUE GANG zwischen der SCHACHT- und der TRÜMMERHALLE. Dieser Siphon ist dann maximal 50 m lang und 10 m tief. Bei unsicherem Wetter kann dadurch der Zugang in die Höhle versperrt werden.

Siphone des Seetunnel-Staubereichs

Die Siphone nahe der Schwelle des Seetunnel-Staubereichs, also direkt hinter dem Überlauf des SEETUNNELSIPHONS, können im Rahmen einer Tagestour erreicht und betaucht werden.

Der erste Tauchgang wurde dort 1984 von Hans-Joachim SCHWARZ durchgeführt. Er durchtauchte den etwa 20 m langen und 4 m tiefen Siphon in der ZWISCHENETAGE und erblickte somit als erster diejenigen Teile der Hirlatzhöhle, die in den WILDEN WESTEN und FERNEN OSTEN führen [SCHWARZ 1984, 1985, 1986b].

Erst 10 Jahre später wurden die nächsten Tauchgänge von Bettina RINNE durchgeführt. Sie durchtauchte den SCHWARZSIPHON ein zweites Mal, um ihn zu vermessen. Während derselben, dreitägigen Höhlentour wurde zum ersten Mal der SEETUNNELSIPHON betaucht. Sie benutzte dazu nochmals das bereits im SCHWARZSIPHON eingesetzte 2 x 4-Liter-Tauchgerät und erreichte eine Wassertiefe von 7 m. Da das Wasser nur eine Temperatur von 3°C hat und sie einen Neopren-Naßtauchanzug verwendete, mußte sie dort wegen zu starken Wärmeverlusts nach 20 m Tauchstrecke umkehren [RINNE u. MEYBERG 1995].

Einen Monat später, im Februar 1994, unternahm sie einen zweiten Tauchgang im SEETUNNELSIPHON; diesmal mit einem 2 x 7-Liter-Tauchgerät. Sie erreichte nach einer Tauchstrecke von 60 m eine Wassertiefe von 15 m. Der Gang ist dort etwa 6 m breit und 4 m hoch (siehe Abb. 90).

Der Verdacht begann sich zu erhärten, daß der SEETUNNELSIPHON zwar der tagnahste Siphon der Hirlatzhöhle, aber vom Tauchtechnischen her eine harte Nuß ist. Der Ehrgeiz der Tauchergruppe war jedenfalls erwacht, und im März 1994 wurde bereits der dritte Tauchgang, diesmal von Michael MEYBERG, durchgeführt. Er verwendete einen Neopren-Trockentauchanzug und ein 2 x 10-Liter-Tauchgerät. Nach einer Tauchstrecke von 200 m erreichte er eine Wassertiefe von 36 m. Dort mußte er ebenfalls, ohne eine Auftauchstelle gefunden zu haben, umkehren. Nach einer Stunde unter Wasser, inklusive 20 Minuten Dekompressionszeit, tauchte er an der Einstiegsstelle im SEETUNNEL wieder auf.

Jetzt war definitiv klar, daß der auf etwa 1000 mNN gelegene SEETUNNELSIPHON ein sehr hartnäckiges Hindernis darstellte. Bei einer Wassertemperatur von 3°C ist die Vereisungsgefahr der Lungenautomaten zu groß, um nur mit einem Tauchgerät, bestehend aus zwei getrennten Flaschen, weiter in den Siphon vorzudringen. Aus Sicherheitsgründen mußte deshalb ein erneuter Versuch mit wenigstens 3 getrennten Flaschen durchgeführt werden. Wegen des daraus resultierenden Gewichts beim Transport der Ausrüstung war die Verwendung von normalen Stahlflaschen nur noch schwer möglich. Da sowohl der Luftverbrauch des Tauchers als auch die Dekompressionszeiten durch eine geringere Wassertiefe stark reduziert werden können, wurde bei der weiteren Erforschung der minimale Wasserstand des SEETUNNELSIPHONS abgepaßt, der im Spätwinter bis zu zehn Meter tiefer liegen kann als im Dezember.

Diese Rahmenbedingungen verschoben den nächsten sinnvollen Tauchtermin auf März 1995. Michael MEYBERG tauchte mit einem 2 x 10-Liter-Tauchgerät auf dem Rücken und je einer 9-Liter-Tauchflasche an seinen Seiten. Um das Gewicht beim Transport bis zum Siphon zu reduzieren, bestanden diese aus mit Kohlenstoffasern umwickeltem Aluminium. Sie sind wesentlich leichter als Stahlflaschen und werden bevorzugt in der Luft- und Raumfahrt eingesetzt. Nach jeweils einer Tauchstrecke von hundert Metern deponierte er eine dieser Flaschen am Leitseil, um auf dem Rückweg zusätzliche Sicherheitsreserven an Atemluft zur Verfügung zu haben. Dadurch konnte die maximal mögliche Tauchstrecke vergrößert werden, und es gelang ihm, den SEETUNNELSIPHON zu durchtauchen. An der Auftauchstelle befestigte er die Sicherungsleine an einem Felsvorsprung, und auf dem Rückweg notierte er Richtung, Tiefe und die Distanz zwischen den Markierungen entlang der ausgelegten Leine. Der Siphon ist 340 Meter lang und bis zu 40 Meter tief. Der Tauchgang dauerte über zwei Stunden inklusive einer Dekompressionszeit von 25 Minuten. Nur mit einer extrem guten thermischen Isolation kann ein Taucher diese Zeit bei einer Wassertemperatur von 3°C unter Wasser verbringen.

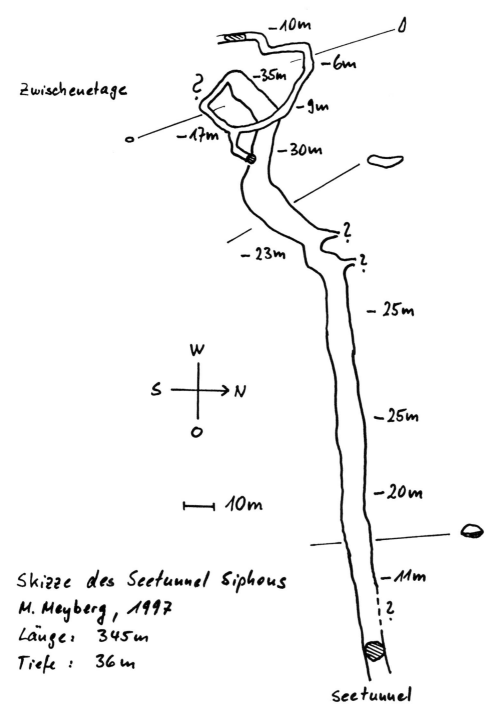

−10m

∂

Zwischenetage

−6m

−35m

?

−9m

−17m

−30m

o

−23m

?

?

−25m

W

S ─┼─→N

O

−25m

−20m

⊖

⊢─┤ 10m

−11m

Skizze des Seetunnel Siphons
M. Meyberg, 1997
Länge: 345m
Tiefe: 36m

?

Seetunnel

Abb. 80: Skizze des Seetunnelsiphons und benachbarter Höhlenteile

Nach der Auswertung der Vermessung wurde zum einen festgestellt, daß die Auftauchstelle an einem bisher unbekannten Ort in der ZWISCHENETAGE liegen mußte und daß zum anderen vermutlich der Hauptgang unter Wasser unbemerkt verlassen wurde und die Auftauchstelle einen kleineren Seitenarm des SEETUNNELSIPHONS darstellt. Es waren zwei weitere Touren nötig, um die Auftauchstelle hinter teilweise mit Wasser erfüllten Gängen zu finden und den Vermessungs-Rundzug zu vollenden. Folgendes wurde dabei festgestellt: Es gibt noch wenigstens drei bisher unbetaucht Siphone in der ZWISCHENETAGE, die in irgendeiner Weise mit dem SEETUNNEL zusammenhängen müssen; der SCHWARZSIPHON liegt nur wenige Meter über dem SEETUNNELSIPHON und ist hydrologisch nur durch einen Überlauf mit diesem verbunden.

Es bestand daher die Möglichkeit, daß durch einen der drei bisher unbekannten Siphone ein weiterer Teil des unter Wasser gelegenen Hauptgangs zugänglich ist und daß von dort aus eine mögliche Fortsetzung wesentlich einfacher erforscht werden kann als von der weiter entfernten Schwelle des SEETUNNELS aus. Im März 1997 wurde deshalb von Ralf HASLINGER derjenige Siphon betaucht, der in einem Unterwasserschacht von der ZWISCHENETAGE aus steil in die Tiefe führt. Tatsächlich fand er in einer Wassertiefe von 12 m das von Michael MEYBERG im SEETUNNELSIPHON verlegte Leitseil und oberhalb davon einen großen Gang, der die Fortsetzung des Hauptgangs sein könnte. Es ist daher sehr wahrscheinlich, daß der Verlauf des SEETUNNELSIPHONS noch nicht vollständig bekannt ist.

Außer den oben erwähnten gibt es noch weitere Siphone des Seetunnel-Staubereichs, die bisher nicht betaucht wurden. Sie liegen unterhalb des JALOTS, im teilweise aktiven Abfluß des Seetunnel-Staubereichs in Richtung Dürrenbach. Ein weiterer Siphon liegt direkt unterhalb des GRÜNKOGELBIWAKS. All diese Siphone sind glasklar, völlig frei von Sedimentablagerungen und zum Tauchen von ausreichender Größe.

Siphone des Grünkogel-Staubereichs

Im Gegensatz zu Tauchgängen im Seetunnel-Staubereich sind Tauchgänge im WILDEN WESTEN nicht mehr im Rahmen von Eintagestouren möglich. Das bedeutet, daß nicht nur die Tauchausrüstung, sondern auch noch Biwakmaterial für mehrere Tage zum Einsatzort transportiert werden muß. Kann jeder Teilnehmer zu seiner persönlichen Ausrüstung noch mindestens vier Kilogramm der Tauchausrüstung tragen, werden für eine kleine Standardausrüstung etwa zwölf Expeditionsteilnehmer benötigt.

Die erste, insgesamt dreitägige Tauchexpedition in den Grünkogel-Staubereich wurde im Herbst 1994 durchgeführt. Ihr Ziel war der GRÜNKOGELSIPHON, der bislang südlichste Punkt im WILDEN WESTEN. Es war bekannt, daß während der Schneeschmelze große Wassermengen durch diesen Siphon in die Hirlatzhöhle einströmen. Deshalb wurde vermutet, daß sich dahinter große Höhlenteile weiter in Richtung SÜDWESTEN fortsetzen.

Bereits zwei Wochen vor dem Tauchgang wurde ein Großteil der Ausrüstung, bestehend aus Tauchmaterial und Lebensmitteln, zum Biwak in der HALLE DES STAUNENS transportiert, um den Transport während der eigentlichen Expedition zu erleichtern. Außerdem wurden diejenigen Höhlenforscher, die bisher noch nie in der Hirlatzhöhle gewesen waren, mit dieser Tour auf die Eigenheiten der Höhle vorbereitet; eine Vorgehensweise, die sich bewährt hat.

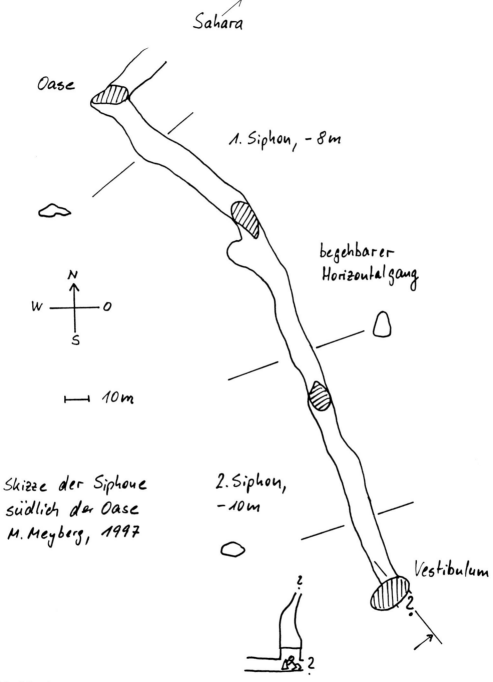

Sahara

Oase

1. Siphon, -8m

begehbarer Horizontalgang

N
W — O
S

⊢—⊣ 10m

Skizze der Siphone
südlich der Oase
M. Meyberg, 1997

2. Siphon,
-10m

Vestibulum

Abb. 81: Skizze der Höhlengänge hinter der Oase

In zwölf Stunden wurde dann am 21. Oktober die 58 kg schwere Tauchausrüstung von elf Höhlenforschern zum GRÜNKOGELBIWAK transportiert [KAISER u. MÜLLER 1995]. Sie war vollständig demontiert und bestand aus drei 4-Liter-Tauchflaschen mit Trage und Spanngurten, 3 Lungenautomaten mit Finimetern, 4 Lampen (2 x 50 Watt Handlampen, 2 batteriebetriebene Helmlampen), Akkutank (12 V, 7 Ah), Helm, Neopren-Trockentauchanzug mit integriertem Auftriebskörper, Flossen, Leitseilrolle, Seitenschneider, 2 Tauchcomputern, Kompaß, Notizblock mit Bleistiften, Isolationskleidung, 2 Taucherbrillen, 13 kg Blei mit Tragegurt, Neoprenhandschuhen, Neoprenkopfhaube, diversen Werkzeugen und Ersatzteilen (siehe Abb. 99, 100).

Am zweiten Tag wurde die Ausrüstung zusammengebaut und der GRÜNKOGELSIPHON durchtaucht. Er ist etwa 80 m lang und 8 m tief. Hinter dem Siphon setzt sich der Hauptgang in seiner gewohnten Größe, etwa 8 x 6 m, weiter fort und steigt leicht an [MEYBERG 1995].

Er ist nur ein kleiner Wasserspeicher, der, außer in der Schneeschmelze, nur ein unwesentlicher Wasserzubringer des Waldbach-Ursprungs ist. Im Verlauf seines Abflusses befindet sich am Ende des MEGALODONTENCANYONS ein weiterer sehr schöner Siphon.

Die Nachricht über die Fortsetzung des Hauptgangs hinter dem GRÜNKOGELSIPHON motivierte die Höhlenforscher zu einer gründlichen Suche nach einer möglichen Umgehung des Siphons. Sie hatten Glück und fanden in Folge ihrer Vermessungen die bisher größte Halle der Hirlatzhöhle, die SAHARA. Leider ist der Hauptgang an seinem südlichsten Punkt wieder durch einen Siphon, die OASE, versperrt.

Im Januar 1996 wurde eine zweite Expedition durchgeführt, um die OASE zu betauchen. Sowohl die Vorbereitungen als auch die Tauchausrüstung ähnelten denen der Expedition zum GRÜNKOGELSIPHON. Der Wasserstand war an seinem niedrigsten Punkt und die OASE glasklar. Unter Wasser setzt sich der gut 8 m breite und 6 m hohe Hauptgang in südöstlicher Richtung weiter fort. Nach einer Strecke von 80 m und einer Tiefe von 8 m taucht der Hauptgang wieder aus dem Wasser. Die Fortsetzung, eine große ausgelaugte Druckröhre, ist teilweise mit knöcheltiefem Wasser erfüllt und endet nach 75 m an einem weiteren Siphon, dem VESTIBÜL. Dieser wurde ebenfalls durchtaucht und führt nach etwa 90 m in eine Halle, deren Boden in einer Wassertiefe von 8 m mit großen Versturzblöcken bedeckt ist. Ihre Decke scheint sich in einer Höhe von etwa 20 m über dem Wasserspiegel in einem Schlot fortzusetzen. Die Wände dieses etwa 20 x 10 m großen Sees führen senkrecht in die Höhe. Für den Taucher gibt es keine Möglichkeit, aus dem Wasser zu steigen. Der Hauptgang setzt sich sehr wahrscheinlich hinter den Blöcken am Boden der Halle in südöstlicher Richtung weiter fort.

Unter den Höhlenforschern besteht die Meinung, daß die primäre Entwässerung zum Waldbach-Ursprung [MORTON 1930b, SCHAUBERGER 1973] noch nicht gefunden wurde und vermutlich hinter dem Grünkogel-Staubereich weiter in südwestlicher Richtung zu suchen ist. Wird in absehbarer Zeit keine Umgehungsmöglichkeit der Siphone gefunden, so wäre ein Tauchgang zur weiteren Erforschung des Hauptgangs eine mögliche Alternative.

Siphone des östlichen Entwässerungssystems

Das östliche Entwässerungssystem der Hirlatzhöhle fällt vom Donnerbach-Staubereich steil auf Seeniveau ab. Die im Hirschbrunn- und Kessel-Staubereich gespeicherten Wassermengen befinden sich auf dem Niveau des Hallstätter Sees.

Michael MEYBERG, Bettina RINNE

Bei normalem Wasserstand „gehen" nur die unteren Quellen des Hirschbrunns, die vom DONNERBACH gespeist werden. Bei Hochwasser wird zuerst der Hirschbrunn und dann der Kessel aktiv, ein sehr beeindruckendes Naturschauspiel [ACHLEITNER 1992, GAISBERGER 1989b, LEUTNER 1989a, MORTON 1927d, MORTON 1929a]. Diese Karstquellen sind gleichzeitig die wichtigsten Siphone der beiden Staubereiche.

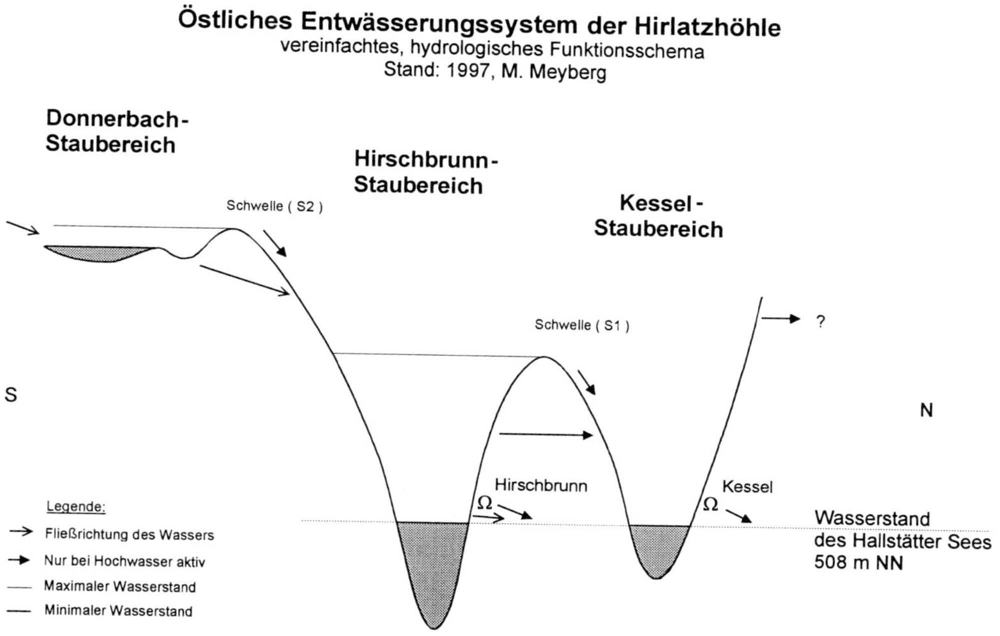

Abb. 82: Östliches Entwässerungssystem der Hirlatzhöhle (Funktionsschema)

In den Siphonen des östlichen Entwässerungsystems wurden von der Hirlatzhöhle aus bisher keine Tauchgänge durchgeführt, da sie die tagfernsten Siphone sind. Aus höhlenforscherischer Sicht bestand bisher auch noch nicht die Notwendigkeit von Tauchgängen. Die hydrologischen Zusammenhänge zwischen Hirschbrunn und Kessel und der Hirlatzhöhle sind weitgehend geklärt, und wegen des langen Anmarschweges sind Tauchversuche von den Quellen aus vorzuziehen. Die Siphone am Überlauf des Donnerbach-Staubereichs sind bisher erfolgreich umgangen worden. Bei der weiteren Erforschung des Donnerbach-Staubereichs in Richtung Süden sind allerdings Siphone als Hindernisse sehr wahrscheinlich.

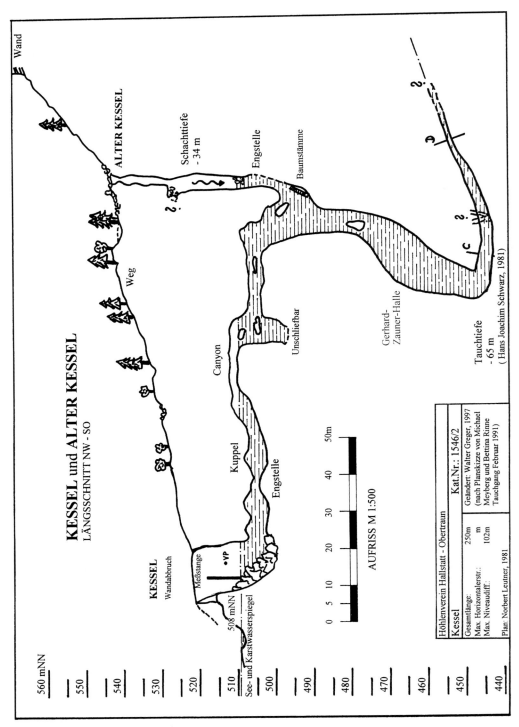

Abb. 83: Skizze des Kesselsiphons

Michael MEYBERG, Bettina RINNE

Der Kessel

Der Kessel-Staubereich entwässert erst dann via HIRSCHAULABYRINTH und Kesselsiphon in den Hallstätter See, wenn sich der Hirschbrunn-Staubereich bis zu seiner Schwelle (HÖLLE) angefüllt hat und überläuft [BUCHEGGER 1992]. Der Kessel ist also der Überlauf des Hirschbrunn. Der höhlenseitige Teil des Kesselsiphons wurde im März 1992 das erste und bisher einzige Mal erreicht (siehe Abb. 139, 140) [SEETHALER 1992].

Von außen her wurde die Riesenkarstquelle schon mehrfach betaucht [LEUTNER 1983]. Der erste Siphon des Kessels ist etwa 50 m lang und 6 m tief. Der Gang hat sich an der Kreuzung einer Schichtfuge mit einer Kluft entwickelt. Im Bereich des Canyons, also hinter der Auftauchstelle des ersten Siphons, ist dieser Gang verstürzt und nur durch die erweiterte Kluft oberhalb der Schichtfuge passierbar. Hinter dem Canyon beginnt der Kesselsiphon, der ebenfalls entlang dieser Kluft ausgerichtet ist. Nach einer Tauchstrecke von etwa 30 m erreicht man in einer Tiefe von 15 m den Unterwasserschacht. Die Verbindung zum Alten Kessel, einem etwa 35 m tiefen Schacht über dem Wasserspiegel des Siphons, ist durch hängende Versturzblöcke und Baumstämme unter Wasser teilweise blockiert.

Nach unten setzt sich der Schacht entlang der Kluft bis in eine Tiefe von 65 m fort. Der Boden des Schachtes ist mit großen Versturzblöcken und Geröll bedeckt. Dort wird die Kluft von einer Schichtfuge gekreuzt, welcher der nun wieder aufsteigende Gang in Richtung SSW folgt. Das 3 m hohe und 5 m breite elliptische Gangprofil wird im weiteren Verlauf immer flacher. Nach einer Tauchstrecke von 30 m hinter dem tiefsten Punkt besteht das Gangprofil nur mehr aus einer 1 m hohen und 5 m breiten Erweiterung dieser Schichtfuge. In einer Tiefe von 55 m gabelt sich hier der Gang in zwei Fortsetzungen, die beide entlang der Schichtfuge weiter aufsteigen [MEYBERG u. RINNE 1992].

Der Hirschbrunn

Der Hirschbrunn-Staubereich entwässert via DOSENFRASS und Hirschbrunn in den Hallstätter See. Es ist der primäre Abfluß des östlichen Entwässerungssystems analog zum Waldbach-Ursprung des westlichen Entwässerungssystems. Der Quelltopf des Hirschbrunns wurde 1970 infolge von Straßenbauarbeiten zwischen Hallstatt und Obertraun verschüttet und war bis zu seiner Wiederfreilegung 1983 gänzlich unzugänglich. Aber auch in der folgenden Zeit wurden in dieser Karstquelle keine Tauchgänge durchgeführt, da der Zugang zur Quellspalte am Grund des Quelltopfes durch große Felsblöcke versperrt war (Abb. 143, 144).

Im Sommer 1989 ergab eine Inspektion dieses am Boden des Quelltopfes frei hängenden Versturzes, daß er an einer Stelle gefahrlos passierbar ist. Allerdings mußte dafür der Wasserspiegel soweit abgesunken sein, daß der Taucher ohne Gerät durch den Versturz hindurch in die Quellspalte klettern konnte. Erst nachträglich wurde das Tauchgerät zum Taucher hinuntergelassen und unterhalb des Versturzes angelegt.

In den folgenden Jahren wurde der Gangverlauf des Hirschbrunns bis in eine Tiefe von 45 m erforscht [MEYBERG 1991]. Dabei zeigte sich, daß die Quellspalte entlang einer Kluft entstand und etwa 0,6 - 1 m breit ist. In den engeren Teilen der Spalte sind Versturzblöcke verkeilt, sodaß sie nur senkrecht nach unten befahrbar ist (siehe Abb. 143, 144).

Am Fuß der 9 m tiefen Quellspalte schließt eine nach Südwesten hin leicht abfallende horizontale Spalte an, die anfangs noch eine Höhe von 1,5 m erreicht. Stellenweise haben sich rundgeschliffene Felsblöcke zwischen Boden und Decke verkeilt.

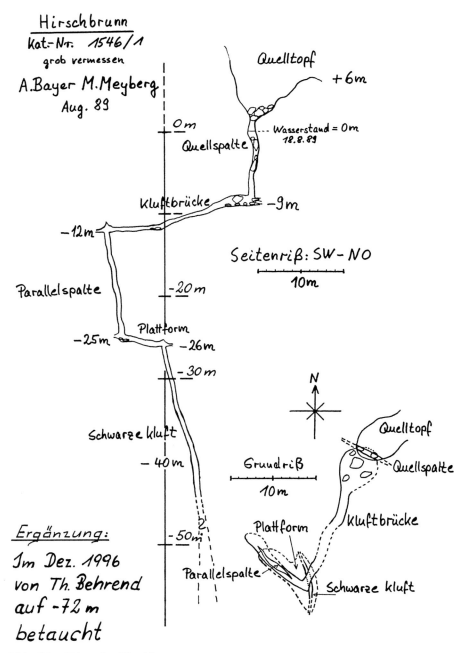

Abb. 84: Skizze des Hirschbrunns

Sonst befinden sich in den Gängen, wie auch im weiteren Verlauf der Quelle, keinerlei Ablagerungen, die der hohen Fließgeschwindigkeit des Wassers bei starker Schüttung standhalten könnten. Die hellgelben Felsflächen sind an Stellen, wo sie nicht von herumwirbelnden Steinen glattgeschliffen wurden, mit Fließfacetten verziert und leicht korrodiert. In diesem Bereich gibt es immer eine leichte Wasserströmung in Richtung Hallstätter See. Die Quellen unterhalb des Hirschbrunns werden vermutlich von diesem Wasser gespeist. Ein eindeutiger Nachweis dieses Fließweges wurde aber bisher noch nicht erbracht. Ihre Schüttung ist jedoch mit der am DONNERBACHSIPHON abfließenden Wassermenge vergleichbar.

Weiter im Berginneren verengt sich die Spalte bis auf eine Höhe von 0,5 m. Nur noch mit Mühe kann diese Stelle von einem Taucher passiert werden. Rechts und links ist ein schmaler Spalt weiter einsehbar. Nach etwa 16 Metern erreicht man schließlich eine weitere, parallel zur Quellspalte verlaufende, nach unten führende Fortsetzung. Sie ist über 4 m breit und nur in der Mitte weit genug, um in ihr hinabzusteigen. In dieser 0,6 - 0,8 m breiten Spalte geht es gegen die Strömung bis in eine Tiefe von 25 m senkrecht abwärts. Dann erreicht man die Plattform, eine entlang einer Schichtfuge verlaufende Spalte. Die Plattform hat ein leichtes Gefälle in westliche Richtung. Nach etwa 3 m klafft die „Schwarze Kluft", eine enge senkrechte Spalte im Felsboden, die bis in eine Tiefe von 45 m betaucht wurde. An dieser Stelle ist sie so eng, daß sie mit dem Tauchgerät auf dem Rücken nicht mehr passiert werden kann.

Im Dezember 1996 wurde die „Schwarze Kluft" von Thomas BEHREND bis in eine Tiefe von 72 m betaucht. Er verwendete bei seinen Tauchgängen ein künstliches Atemgasgemisch aus Helium, Stickstoff und Sauerstoff und passierte die Engstelle in 45 m Tiefe mit seitlich montierten Tauchflaschen. In größerer Tiefe wird die Spalte wieder breiter und erweitert sich in 70 m Tiefe zu einer Halle. Am Boden dieser Halle, in 75 m Wassertiefe, führt ein Schacht weiter in die Tiefe. Weitere Fortsetzungen befinden sich in Verlängerung der von WNW nach OSO verlaufenden Kluft (Schriftl. Mitt. von Thomas BEHREND 1997).

Siphone des Donnerbach-Staubereichs

Der ganzjährig aktive DONNERBACHSIPHON ist bei normalem Hochwasser der Überlauf des DONNERBACH-Staubereichs. Es handelt sich um jüngere Höhlenteile mit beeindruckenden Druckröhren von teilweise 8 x 6 Meter Querschnittsfläche. Der ältere Überlauf durch die SÄULENHALLE und den Siphon am FRAGEZEICHEN liegt einige Meter höher und ist heute nur noch bei extremem Hochwasser aktiv.

Sowohl der Siphon am FRAGEZEICHEN als auch der DONNERBACHSIPHON sind bereits umgangen worden, sodaß Tauchgänge in diesen Siphonen für das Verständnis der Entwässerung nicht unbedingt nötig sind. Es ist allerdings möglich, daß aufgrund des zu erwartenden immer geringer werdenden Gefälles in den südlichen Teilen des DONNERBACH-Staubereichs weitere Siphone die Erforschung des Hauptgangs behindern könnten.

Psychologische und technische Aspekte des Höhlentauchens

Wegen des großen Aufwandes ist ein Tauchgang in der Hirlatzhöhle nur unter Mithilfe einer Gruppe erfahrener Höhlenforscher möglich und nur dort sinnvoll, wo die weitere Erforschung durch die Ergebnisse des Tauchgangs wesentlich beeinflußt werden kann. Er muß deshalb sehr gut vorbereitet sein. Das betrifft sowohl die Auswahl der Trägergruppe, die optimal angepaßte Tauchausrüstung als auch den Trainingsstand und die Erfahrung des Höhlentauchers.

Längere Anmarschwege in der Hirlatzhöhle sind nur mit einem maximal 20 kg schweren Schleifsack pro Person möglich. Deshalb muß die Tauchausrüstung in ihre Einzelteile zerlegt und auf verschiedene Personen gleichmäßig verteilt werden. Als Träger sind nur Personen zu empfehlen, die bereits mehrmals in der Hirlatzhöhle waren, da bei dieser Traglast die tagfernen Teile nur durch eine effiziente Fortbewegung erreicht werden können.

Eine Kette ist nur so stark wie ihr schwächstes Glied. Dasselbe gilt für die Zusammenarbeit der Forschergruppe während einer mehrtägigen Expedition. Die Sicherheit der Teilnehmer steht über dem Forschungsziel der Expedition. Eine gute Gruppe besteht daher nicht aus Draufgängern, sondern aus recht unscheinbaren und gelassenen Zeitgenossen, die nichts aus der Ruhe zu bringen vermag. Diese Einstellung der Träger ist extrem wichtig für den Höhlentaucher, da dieser am Siphon sowieso schon stark belastet ist und ein zusätzlicher Erfolgsdruck zu schwerwiegenden Fehlentscheidungen während des Tauchgangs führen kann.

Es muß daher möglich sein, daß das gesamte Tauchmaterial von gutgelaunten Trägern wieder aus der Hirlatzhöhle hinaustransportiert wird, ohne daß überhaupt ein Tauchgang stattgefunden hat.

Das Dilemma des Höhlentauchers

Der Transport der Tauchmaterialien ist anstrengend und gefährlich. Es kann deshalb nur das Allernötigste mitgenommen werden. Eine Entscheidung darüber ist aber nur möglich, wenn man Tiefe, Länge und Beschaffenheit des Siphons schon kennt, was bei Neuforschung nicht der Fall ist. Es gibt aber einige Punkte, die klar sind: Zum Beispiel muß der Tauchanzug ein Trockentauchanzug sein, wenn möglich aus Neopren, da das Wasser nur eine Temperatur von etwa 3°C hat; auch darf die Sicherheit des Tauchers in keinem Moment gefährdet werden. Das bedingt wenigstens zwei getrennte Tauchgeräte und Instrumente zur Orientierung und Selbsthilfe wie Leitseil, Tiefenmesser, Kompaß, Licht, Ersatzteile und Werkzeuge.

Was aber nicht klar ist, ist die Frage, wie groß der Luftvorrat sein soll, der mitgeführt werden muß, um den Siphon zu durchtauchen. Das ist ein Glücksspiel, bei dem es sehr auf die Erfahrung der Höhlenforscher ankommt.

Das Dilemma des Höhlentauchers läßt sich vielleicht anhand folgender Schilderung nachvollziehen:

„Ich steckte den Kopf unter Wasser, um zu sehen, in welche Richtung der Gang führt. Aber da war kein Gang mehr. Das Wasser war glasklar, aber außer der Decke und dem steil abfallenden Boden war nichts zu sehen. Gähnende Leere, alles schwarz und keine Spur von Seitenwänden. Ich drehte mich um und brach zum Erstaunen meiner Mitstreiter in schallendes Gelächter aus. Es war wirklich zu komisch. Allein die Vorstellung, bei diesen Gangdimensionen mit einem so winzigen Tauchgerät auf dem Rücken einen Tauchversuch unternehmen zu wollen, erschien mir völlig absurd. Für einen Moment stand ich da wie der ‚Ochs vorm Berg' und fragte Peter, wohin ich denn tauchen soll. ‚Na immer geradeaus', meinte der. Ich mußte noch mehr lachen und tauchte ab - immer geradeaus" [MEYBERG 1995: 30].

Auch unter günstigsten Voraussetzungen ist die psychische Belastung des Höhlentauchers vor und während des Tauchgangs extrem. Hinzu kommt die körperliche Anstrengung vor und nach sowie die Konzentration während des Tauchgangs. Der Taucher wird entschädigt durch das Erlebnis, tief im Inneren des Dachsteinmassivs dahinzuschweben und im einmaligen Lichtspiel der Scheinwerfer die unendlichen Zeiträume zu erahnen, die nötig waren, um dieses Ereignis zu ermöglichen. Diese Eindrücke sind weder mit Worten noch mit Bildern vermittelbar; sie können nur erlebt werden.

Tauchen mit Mischgas in alpinen Höhlen

Da die weitere Erforschung von Kessel und Hirschbrunn aufgrund ihrer Tiefe von über 50 m nur durch die Verwendung von künstlichen Gasgemischen möglich ist, sollen im folgenden die wesentlichen Aspekte des Mischgastauchens dargestellt werden.

In den Nördlichen und Südlichen Kalkalpen sind Siphontiefen von über 100 m keine Seltenheit. Sicheres Tauchen mit Preßluft ist spätestens ab einer Wassertiefe von 50 m aufgrund der Vergiftungs- bzw. Narkoseerscheinungen von Sauerstoff und Stickstoff nicht mehr möglich. Um diese unerwünschten physiologischen Effekte einzuschränken, werden heliumhaltige Gasgemische verwendet (Trimix, Heliox). Diese Vorgehensweise wird nicht nur in der professionellen Taucherei, sondern auch in der Höhlentaucherei seit einigen Jahrzehnten angewendet.

Bei alpinen Höhlen kommt erschwerend hinzu, daß, je nach Einzugsgebiet und Höhenlage der Quellen, die Wassertemperaturen sehr niedrig sind und in einem Bereich zwischen 2 und 7°C liegen. Tauchtechnisch gesehen, können viele alpine Quellen daher durch folgende Faktorenkombination charakterisiert werden: große Siphontiefe, niedrige Wassertemperatur und schwierige Einsatzbedingungen.

Höhlentaucherisches Können und Erfahrung vorausgesetzt, ist die sichere und erfolgreiche Durchführung von Mischgastauchgängen deshalb in erster Linie von zwei Punkten abhängig: erstens von einer optimalen Organisation des Taucheinsatzes - von der Vorbereitung bis zur Durchführung - und zweitens von der Möglichkeit, die thermischen Verluste des Tauchers auf ein Minimum zu reduzieren.

Da Vorbereitungszeit und Materialaufwand bei einem Mischgastauchgang wesentlich größer sind als beim Tauchen mit Preßluft, ist es sinnvoll, ihn möglichst nutzbringend durchzuführen. Eine gründliche Vorbereitung spielt dabei eine entscheidende Rolle.

Eine Klärung der Fragen über die mögliche Art und Weise der Durchführung (z.B. die Größe des Tauchgerätes, die unter Umständen von den Gangdimensionen abhängt, das Auffinden von geeigneten Stellen für das Deponieren zusätzlicher Tauchflaschen oder die Möglichkeit der Begleitung durch Hilfstaucher) bestimmt letztlich den Aufwand, der für ein bestimmtes Ziel (Tauchtiefe, -strecke und -zeit) betrieben werden muß. Ist hier eine Entscheidung gefallen, kann mit der detaillierten Planung des Tauchgangs begonnen werden.

Um bei vorgegebener Tauchzeit die Grundzeit zu optimieren, können mit Hilfe von Tauchgangssimulationsprogrammen diejenigen Gaszusammensetzungen ermittelt werden, bei welchen die Dekompressionszeiten möglichst kurz sind.

Dieser Optimierungsprozeß setzt fundierte Kenntnisse der physiologischen Auswirkungen von Tauchgasen unter hyperbaren Bedingungen voraus, damit das Risiko einer Dekompressionskrankheit vom Taucher richtig eingeschätzt werden kann [BENNET u. ELLIOTT 1993]. Die üblichen Koeffizienten zur Berechnung des maximal tolerierbaren

Überdrucks in den Geweben müssen unter diesen Bedingungen wesentlich konservativer gewählt werden. Auch die Reihenfolge der verwendeten Gasgemische spielt aufgrund ihrer unterschiedlichen Diffusionsgeschwindigkeiten eine große Rolle. Zum Beispiel kann der Wechsel von Preßluft auf heliumhaltige Gemische auch bei gleichbleibender Tiefe wegen der gegensinnigen Diffusion der beiden Inertgase zu lebensbedrohlichen Situationen führen.

Die thermischen Verluste des Tauchers führen im allgemeinen zu einer Limitierung der Dekompressionszeit auf etwa 2 - 4 Stunden. Die daraus resultierende Grundzeit beschränkt die mögliche Reichweite des Tauchers. In leicht zu erreichenden Unterwasserhöhlen mit relativ großen Gangquerschnitten ist es deshalb sehr nützlich, durch die Verwendung von Scootern die Schwimmgeschwindigkeit des Tauchers bei gleichbleibend niedriger Atemfrequenz zu erhöhen. Dadurch können speziell beim Mischgastauchen die Vorstoßdistanzen wesentlich vergrößert werden.

Der Atemgasvorrat muß in alpinen Höhlen wesentlich großzügiger dimensioniert sein, als bei normalen Höhlentauchgängen üblich. Bei diesen Wassertemperaturen und Tiefen muß immer mit einem Vereisen der Lungenautomaten gerechnet werden, was große Verluste des mitgeführten Atemgasvorrats zur Folge hätte. Als generelle Richtlinie sollte mit einem Verlust der Hälfte aller vorhandenen Gasvorräte gerechnet werden. Die $^1/_4$-Regel als Gasverbrauchsgrenze für den Tauchvorstoß wird damit zur $^1/_8$-Regel, d.h., der Rückweg sollte bereits angetreten werden, wenn $^1/_8$ der mitgeführten Luftreserven verbraucht ist. Deshalb wird mindestens mit Dreifachgeräten oder mit Doppelgeräten und einer ausreichenden Menge an Depotflaschen getaucht. Tauchflaschen mit einem Volumen von zwanzig Litern ergeben sich bei größeren Tiefen zwangsläufig bei einer Berechnung der benötigten Gasmengen. Daß alle Tauchflaschen unabhängig und mit Druckmeßgeräten versehen sind, versteht sich von selbst.

Alle Abläufe des geplanten Tauchgangs werden, soweit möglich, im See trainiert: Transport von Depotflaschen, Verlegen von Leitseilen, Gaswechsel, Notfallübungen (z.B. Vereisen von Lungenautomaten), Dekompressionsablauf und die Zusammenarbeit der Taucher unter Wasser.

Spätestens hier sollte bei einer sorgfältigen Analyse der Übungsabläufe bemerkt werden, daß die hohen Anforderungen, die an den Vorstoßtaucher gestellt werden, zwar eine notwendige Bedingung darstellen, aber keineswegs ausreichend sind. In allen Notfallsituationen hängt das Leben und die Gesundheit des Tauchers auch von einer erfahrenen und gut zusammenarbeitenden Hilfsgruppe unter und über Wasser ab. Deshalb muß auch diese Zusammenarbeit für spezielle Notfallsituationen unbedingt geübt werden. Das schließt die Organisation von Transporten zur nächsten Druckkammer und die Kontaktaufnahme mit qualifizierten Fachärzten ein, die mit der Problematik von Dekompressionsunfällen bei Mischgastauchgängen vertraut sind. Auch die Einsatzbereitschaft von Kammer und Personal muß abgeklärt sein.

Im Verlauf des Trainings sollte an der Reduktion der thermischen Verluste des Tauchers gearbeitet werden. Wichtig ist dabei vor allem die schwierig zu isolierende Kopfpartie des Tauchers, über die wegen der guten Durchblutung sehr viel Wärme verloren geht. Während des über zweistündigen Tauchgangs im SEETUNNELSIPHON wurde sie zum Beispiel mit einer insgesamt 18 mm dicken Neoprenschicht isoliert. Während der Dekompression hat sich die Wärmezufuhr durch Trinken von heißem Tee als sehr nützlich erwiesen. Da die thermische Leitfähigkeit von Argon kleiner ist als die von Luft, ist es außerdem sinnvoll, in dieser Phase den Neoprentrockentauchanzug mit Argon anstatt mit Luft zu füllen. Ein großer Teil der

Körperwärme geht auch über die Atmung verloren, speziell bei Verwendung von heliumhaltigen Atemgasen in großer Tiefe (Helium hat eine wesentlich höhere thermische Leitfähigkeit als Stickstoff oder Sauerstoff). Dieser Wärmeverlust kann nur mit sehr aufwendigen Techniken zur Aufwärmung der Atemluft eingeschränkt werden, die deshalb bisher in der Höhlentaucherei nicht praktiziert wurden. Während der Dekompression kann durch den Einsatz von Sauerstoffkreislaufgeräten das durch den CO_2-Absorber aufgewärmte Gas geatmet werden. Dieses Vorgehen hat den zusätzlichen positiven Effekt, daß der Gasverbrauch erheblich reduziert werden kann.

Der Nutzen von Mischgastauchgängen für die Höhlenforschung, also die Vermessung der Unterwassergänge, die Dokumentation von Beobachtungen (Gesteinsformationen, Strömungen, Lebewesen), die Installation von Meßinstrumenten und Probenahmen, hängt zusammen mit der Aufenthaltsdauer des Tauchers in der Tiefe. Unter der Annahme, daß alle Höhlentaucher einen Anteil ihrer in einer bestimmten Tiefe verbrachten Zeit der Forschung widmen, kann die Tauchzeit als ein Maß für den höhlenforscherischen Nutzen herangezogen werden.

Bei der Auswertung von durchgeführten Höhlentauchgängen wird man erkennen, daß die mittlere Verweilzeit in einer bestimmten Tiefe mit der Tauchtiefe abnimmt und damit auch der oben beschriebene Nutzen für die Höhlenforschung.

Auf der anderen Seite nimmt das Risiko eines schweren gesundheitlichen Schadens (lebensbedrohliche Dekompressionsunfälle, Tod) mit der Tauchtiefe zu. Zum einen, weil die Tauchgänge im allgemeinen nicht mit den Mitteln der professionellen Taucherei durchgeführt werden können, zum anderen, weil man mit Hilfe der Mischgastaucherei in Tiefen vorstoßen kann, deren physiologische und psychologische Auswirkungen auf den Menschen noch nicht vollständig bekannt sind. Das ist speziell dann der Fall, wenn Dekompressionszeiten beim Mischgastauchen in Höhlen aus technischen Gründen auf ein Minimum reduziert oder andere Sicherheitsbereiche bis an ihre Grenze ausgereizt werden.

Die Anwendung dieser Technik kann also in einem Tiefenbereich zwischen 50 und 80 m durchaus sinnvoll sein. Bei größeren Tiefen dagegen wird der Nutzen des Tauchens für die Höhlenforschung immer fraglicher.

Folgenden Personen gilt für die Mithilfe bei den Tauchexpeditionen unser besonderer Dank: Tobias BOSSERT, Gottfried BUCHEGGER, Walter GREGER, Michael GRUBER, Herbert und Ludwig HALLINGER, Ralf HASLINGER, David HEUBI, Peter HÜBNER, Marcel HÜTTEMANN, Adrian KAISER, Regina KAISER, Matthias LEYK, Thilo MÜLLER, Jakob RAST, Rene SCHERRER, Kai SCHWEKENDIEK, Peter SEETHALER, Marguerite-Anne SIDLER-PFÄNDLER, Joachim STREIT-MAIER, Susanne ULBRICH, Elisabeth WALLNER, David WALTER und Helmut WILDLING.

Einblicke

Ein Höhle ist das Nichtvorhandensein von Fels in einem Felsen. Sie bietet für uns eine Möglichkeit, das Innere des Felsens zu besuchen. Das folgende Gedicht gewährt einen Einblick in die Natur des Felsens aus der Sicht eines mittelamerikanischen Ureinwohners.

Ich bin ein Felsen.

Ich habe Leben und Tod gesehen.

Ich habe Glück erfahren, Sorge und Schmerz.

Ich bin ein Felsenleben.

Ich bin ein Teil unserer Mutter, der Erde.

Ich habe ihr Herz an meinem schlagen gefühlt.

Ich habe ihren Schmerz gefühlt und ihre Freude.

Ich bin ein Felsenleben.

Ich bin ein Teil unseres Vaters,

des großen Geheimnisses.

Ich habe seinen Kummer gefühlt und seine Weisheit.

Ich habe seine Geschöpfe gesehen, meine Brüder,

die redenden Flüsse und Winde, die Bäume,

alles, was auf der Erde, alles, was im Himmel ist.

Ich bin mit den Sternen verwandt.

Ich kann sprechen, wenn du zu mir sprichst.

Ich werde zuhören, wenn du mit mir redest.

Ich kann dir helfen, wenn du Hilfe brauchst.

Aber verletze mich nicht,

denn ich kann fühlen wie du.

Ich habe Kraft zu heilen,

doch du wirst sie erst suchen müssen.

Vielleicht denkst du, ich bin nur ein Felsen,

der in der Stille daliegt auf feuchtem Grund.

Aber das bin ich nicht:

Ich bin ein Teil des Lebens, ich lebe,

und ich helfe denen, die mich achten.

Cesspooch, [XOKONOSCHTLETL 1996]

Michael MEYBERG, Bettina RINNE

Abb. 85: Norbert LEUTNER im Zubringer
(Foto: W. GREGER, 1996)

Abb. 86: Eiskeulenbildung im Zubringer
(Foto: W. GREGER, 1985)

Abb. 88: In der 60 m hohen Schachthalle (Foto: K. SULZBACHER, 1984)

Abb. 87: Tobias BOSSERT beim Seilaufstieg in der Trümmerhalle (Foto: G. BUCHEGGER, 1986)

Abb. 90: Bettina RINNE beim Tauchgang im Seetunnel
(Foto: W. GREGER, 1994)

Abb. 89: Klaus JÄGER am Pendler, 80 m über dem Boden
(Foto: G. BUCHEGGER, 1986)

Abb. 91: Martin HEGI im Sprengstellenversturz
(Foto: K. SULZBACHER, 1984)

Abb. 92: Im Sprengstellenbiwak
v.l.n.r.: Tobias BOSSERT, Ludwig HALLINGER, Hans Joachim SCHWARZ
vorne: Peter SEETHALER, Gottfried BUCHEGGER (Foto: K. SULZBACHER, 1984)

Abb. 93: Klaus JÄGER wenige Meter westlich des Sprengstellenbiwaks
(Foto: W. GREGER, 1985)

Abb. 94: Walter GREGER am Märchensee im Oberen System
(Foto: K. SULZBACHER, 1985)

Abb. 96: Klaus JÄGER auf dem Weg zur Halle des Staunens

Abb. 95: Lehmgebilde vor der Halle des Staunens

Abb. 98: Seilquergang am Jalot, v.l.n.r.: Michael MEYBERG, Peter SEETHALER, Kai SCHWEKENDIEK, David WALTER (Foto: G. BUCHEGGER, 1995)

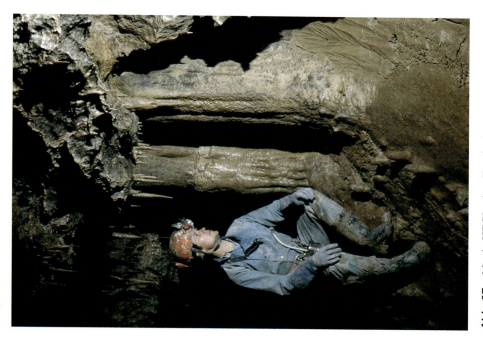

Abb. 97: Martin HEGI neben Tropfsteinen (Foto: K. SULZBACHER, 1984)

Abb. 99: Vorbereitung zum Tauchgang im Grünkogelsiphon
v.l.n.r.: Michael MEYBERG, Bettina RINNE (Foto: P. SEETHALER, 1994)

Abb. 100: Michael MEYBERG durchtaucht den Grünkogelsiphon
(Foto: P. SEETHALER, 1994)

Abb. 101: Tropflochgang im Wilden Westen
(Foto: G. BUCHEGGER, 1995)

Abb. 102: Im Sinterbodengang des Wilden Westens
(Foto: G. BUCHEGGER, 1989)

Abb. 103: Kuhtrittmuschel mit 51 cm Länge
(Foto: P. SEETHALER, 1989)

Abb. 104: Peter SEETHALER in Schluf mit ausgeprägten Wasserstandsmarken auf dem Weg zur
Untertischkathedrale (Foto: G. BUCHEGGER, 1996)

Abb. 105: Westliche Raumbegrenzung der Sahara, v.l.n.r.: David WALTER, Michael MEY-
BERG, Kai SCHWEKENDIEK, Peter SEETHALER (Foto: G. BUCHEGGER, 1995)

Abb. 106: Sahara, v.l.n.r.: Gottfried BUCHEGGER, Kai SCHWEKENDIEK, Michael
MEYBERG, David WALTER (Foto: P. SEETHALER, 1995)

Abb. 107: Östlich des Sprengstellenbiwaks
v.l.n.r.: Klaus JÄGER, Walter GREGER (Foto: G. BUCHEGGER, 1986)

Abb. 108: Walter GREGER beim Queren des Wasserschachtes im Oberen System
(Foto: G. BUCHEGGER, 1986)

Abb. 109: David WALTER im Oberen System
(Foto: P. SEETHALER, 1996)

Abb. 110: Peter SEETHALER am Tor zur Neuen Welt im Mittleren Osten
(Foto: W. GREGER, 1992)

Abb. 111: Klaus JÄGER bei Tropfsteinen im Zwölferkogelgang
(Foto: G. BUCHEGGER, 1986)

Abb. 112: Donnerbach
v.l.n.r.: Ludwig HALLINGER, Herbert HALLINGER (Foto: G. VÖLKL, 1987)

Abb. 113: Walter GREGER bei Trockenrissen im Märchengang
(Foto: G. BUCHEGGER, 1991)

Abb. 114: David WALTER beim Durchqueren des Eisbeinsees im Hirschaulabyrinth
(Foto: G. BUCHEGGER, 1992)

Abb. 116: Kluft im Unteren Tiefkarlabyrinth
v.l.n.r.: Peter HÜBNER, Gottfried BUCHEGGER
(Foto: P. SEETHALER, 1998)

Abb. 115: „Kleine Schikanen" im Donnergang
v.l.n.r.: H. u. L. HALLINGER, M. WAGNER,
K. SULZBACHER (Foto: G. BUCHEGGER, 1988)

Dokumentation der Hirlatzhöhle

Zusammenfassung

Es wird dargestellt, wie sich die Vermessung von Höhlen im Laufe der letzten Jahre verändert hat. Ziel der Vermessung ist die Erstellung von Kartenmaterial für verschiedene Anwendungen, z.B. zur Orientierung bei der Befahrung, für geologische Fragestellungen oder zu hydrologischen Zwecken. Zuerst wird auf den eigentlichen Vorgang der Vermessungsarbeit in der Höhle eingegangen, die Erhebung der Daten sowie deren Grenzen und Ungenauigkeiten. Im zweiten Schritt wird der Vorgang der Darstellung der Höhle in einem Plandokument, also die Auswertung der Daten diskutiert. Auf diesem Sektor hat sich in den letzten fünfzehn Jahren sehr viel verändert. Zu dieser Veränderung haben die großen Entdeckungen in der Hirlatzhöhle ab Ende 1983 entscheidend beigetragen. CAD-für-Höhlen, ein inzwischen weit verbreitetes Computerprogramm speziell zum Erstellen von Höhlenplänen, wurde ursprünglich entwickelt, weil es mit dem Anstieg der Neuentdeckungen in der Hirlatzhöhle unmöglich geworden war, deren Dokumentation mit den bisherigen Arbeitsmethoden fortlaufend aktuell zu halten. Die Mehrzahl der Plandokumente in diesem Buch wurde computergestützt erstellt, und es ist derzeit ein detaillierter Atlas der Hirlatzhöhle in Vorbereitung.

Warum eine Höhle überhaupt vermessen?

Der naheliegendste Grund für die Vermessung ist natürlich, daß sich der Höhlenforscher mit einem Höhlenplan leichter in der Höhle orientieren kann.

Erst durch einen genauen Höhlenplan erkennt man jedoch Zusammenhänge innerhalb der Höhle. Stößt man etwa am Ende zweier Gänge jeweils auf einen unüberwindlichen Versturz, so kann ein genauer Plan sehr schnell Auskunft darüber geben, ob es sich vielleicht um ein und denselben handelt. Außerdem kann man mit der genauen Lage der Gänge aus dem Vergleich mit geologischen Karten Rückschlüsse auf die Entstehungsgeschichte der Höhle selbst oder auch umgekehrt auf die Absenkung des Karstwasserspiegels und die Eintiefung der umgebenden Täler ziehen.

Bei den verschiedenen Anwendungen für den Höhlenplan kommt es auf unterschiedliche Dinge an. Zur Orientierung in der Höhle ist die Detailtreue des Plans von übergeordneter Bedeutung, während es ziemlich egal ist, ob die geographische Lage des gerade durchschrittenen Gangs genau der auf dem Plan entspricht. Andererseits kommt es bei der Zuordnung von Gängen der Höhle zu Bruchlinien an der Oberfläche gerade auf die genaue Lage an, während die lokalen Details des einzelnen Höhlenraums unwichtig sind.

Höhlenpläne für verschiedene Anwendungsgebiete müssen also unterschiedlich sein. Bei der Vermessung einer Höhle hat man alle möglichen Fragestellungen zu berücksichtigen, bzw. man muß sich vorab im klaren sein, für welchen Zweck man die Höhle vermessen will.

Eine Einführung in die Höhlenvermessung findet man bei GROSSENBACHER [1991]. Detailliertere Informationen zu dem gesamten Themenkomplex der Höhlendokumentation findet man in den Merkblättern zur Karst- und Höhlenkunde [STUMMER 1982, 1986, 1990], einen historischen Überblick bei STUMMER [1994].

Erheben der Daten in der Höhle

Die zwei Hauptforderungen, nämlich nach einer möglichst hohen Präzision der Lagebestimmung für wissenschaftliche Anwendungen und nach einer guten Detailtreue als Orientierungshilfe, finden beide ihren Niederschlag bei der Vermessungsarbeit in der Höhle. Einerseits werden einzelne Punkte entlang des Gangverlaufs genau eingemessen. Damit ist die Lage dieser Meßpunkte (und indirekt auch die Lage der Gänge, in denen sie sich befinden) untereinander und relativ zur Bergoberfläche bestimmt. Andererseits wird von den Details der Raumformen und Raumfüllungen an jedem Meßpunkt eine Handskizze angefertigt. Diese Skizze ist die Grundlage für den Detailreichtum jedes Höhlenplans, welcher zur Orientierung bei der Befahrung dient.

Die Meßpunkte bilden das tragende Skelett

Bei der Geodäsie (Feldvermessung) versucht man jeden Punkt direkt von bereits bekannten Punkten aus (den sogenannten trigonometrischen Punkten) zu erreichen, um den Meßfehler möglichst gering zu halten. Dies ist jedoch nur dann möglich, wenn direkter Sichtkontakt besteht. Das entsprechende Meßverfahren heißt Triangulation, weil man aus dem Meßpunkt und zwei trigonometrischen Punkten ein Dreieck bildet. Von diesem Dreieck ist eine Seite, nämlich die Strecke zwischen den trigonometrischen Punkten, sehr genau bekannt, weshalb man nur noch Winkelmessungen benötigt, um das ganze Dreieck berechnen zu können. Da man Winkel sehr genau messen kann, erreicht man mit der Triangulation eine sehr hohe Genauigkeit. Diese Art der Triangulation ist im linken Teil von Abb. 117 schematisch dargestellt. Am zu bestimmenden Punkt kann man natürlich nicht die beiden Dreieckswinkel bei den trigonometrischen Punkten messen. Will man die ganze Messung jedoch an diesem einen Punkt erledigen, muß man ersatzweise von dort aus die Winkel zwischen drei trigonometrischen Punkten messen.

Die Triangulation ist innerhalb von Höhlen nicht anwendbar, weil man dort keine direkte Sichtverbindung zu trigonometrischen Punkten hat. Allerdings ist es durchaus üblich, die Lage des Eingangs einer Höhle auf diese Art zu bestimmen.

Innerhalb der Höhle bleibt einem keine andere Wahl, als sich sequentiell, also Stück für Stück, durch die Gänge voranzuarbeiten. So ist zunächst der Eingang der einzige bekannte Punkt, und man muß nun die Lage des ersten Meßpunkts in der Höhle vom Eingangspunkt aus bestimmen. Im Gegensatz zur Triangulation ist dabei nur dieser eine einzige Punkt bekannt, so daß man kein Dreieck berechnen kann. Hier muß man den Richtungs- und den Neigungswinkel der Meßstrecke bestimmen und zusätzlich deren Länge. Diese Meßmethode heißt Tachymetrie.

Hat man erst einmal den ersten Meßpunkt innerhalb der Höhle vermessen, so wird dadurch auch aus diesem ein bekannter Punkt, und man kann nun von diesem aus zum zweiten Meßpunkt weitermessen. Das Aneinanderhängen mehrerer Einzelmessungen nennt man Polygonierung. Dieses Verfahren wird in der Feldvermessung nur dann angewandt, wenn unmittelbar keine trigonometrischen Punkte eingesehen werden können. Die Reihe der nacheinander vermessenen Punkte heißt Polygonzug, jeder Punkt darin Polygonpunkt und jede Meßstrecke dazwischen Polygonstrecke. Die Polygonierung ist im rechten Teil von Abbildung 117 schematisch dargestellt.

Tobias BOSSERT

Triangulation

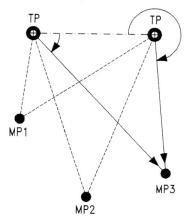

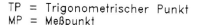

Polygonierung

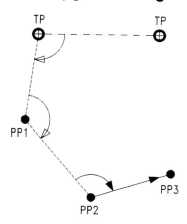

TP = Trigonometrischer Punkt
MP = Meßpunkt

TP = Trigonometrischer Punkt
PP = Polygonpunkt

Abb. 117: Unterschied zwischen Triangulation und Polygonierung

Bei der Triangulation wird jeder Meßpunkt eigenständig vermessen und hat damit auch etwa denselben Meßfehler. Bei der Polygonierung hingegen wird eine Polygonstrecke an die andere angehängt, dort kommt es zu einer Addition von Fehlern, zur sogenannten Fehlerfortpflanzung. Die Fehlerfortpflanzung ist in Abb. 118 schematisch dargestellt.

Jede einzelne Messung von einem Polygonpunkt zum nächsten weist für sich genommen schon einen gewissen Meßfehler auf. Aber die Lagebestimmung des jeweils vorigen Polygonpunkts ist ja ebenfalls bereits fehlerbehaftet. So kommt es, daß die Genauigkeit der Lagebestimmung eines Polygonpunkts um so geringer ist, je weiter hinten dieser im Polygonzug steht, d.h., über je mehr Polygonpunkte er angemessen werden mußte.

Theodolitvermessung

Bei der Feldvermessung wird mit hochgenauen Meßgeräten gearbeitet. Üblicherweise verwendet man dabei einen Theodolit (das ist ein Präzisionswinkelmesser mit einem Peilfernrohr auf einem Stativ, Abb. 119), womit horizontale Winkel mit einem Fehler kleiner als ± 0,01° gemessen werden können.

Mit dem Theodolit kann nie direkt eine Richtung, sondern immer nur der horizontale Winkel zwischen zwei Meßstrecken gemessen werden. Bei der Polygonierung mit einem Theodolit muß die Richtung der ersten Polygonstrecke aus der Eingangstriangulation berechnet werden. Da sich Winkel mit einem Theodolit aber sehr genau messen lassen, ist es nicht so schlimm, daß mit jedem weiteren Polygonpunkt ein zusätzlicher Meßfehler für den Richtungswinkel hinzukommt. Wenn man bei einem Polygonzug aus 1000 Strecken jede einzelne Winkelmessung auf ± 0,01° durchführt, dann beläuft sich der statistisch erwartete Fehler für die Richtung der letzten Polygonstrecke gerade mal auf ± 0,32°. Diese Aussage ist allerdings nur zutreffend, wenn die Fehler tatsächlich unsystematisch sind, es also gleich häufig zu große wie zu kleine Meßwerte gibt. Sollte der Meßfehler doch nicht rein zufällig sein, etwa weil alle Winkel im Mittel um 0,001° zu groß gemessen werden (dabei wäre also der systematische Fehler zehnmal kleiner als der statistische), so käme zu dem statistisch zu erwähnenden Gesamtfehler von ± 0,32° noch ein systematischer Fehler von 1° hinzu.

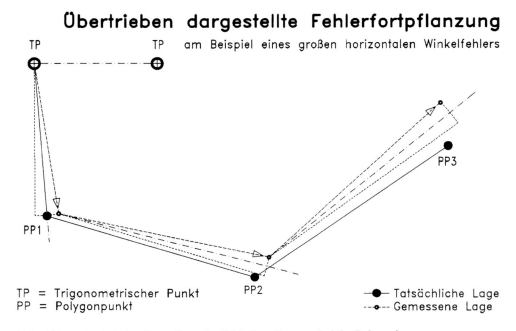

Übertrieben dargestellte Fehlerfortpflanzung

am Beispiel eines großen horizontalen Winkelfehlers

TP = Trigonometrischer Punkt
PP = Polygonpunkt

Abb. 118: Vereinfachte Darstellung der Fehlerfortpflanzung bei der Polygonierung

Je mehr Punkte ein Polygonzug aufweist, desto größer wird der Fehler bei der Bestimmung der Richtung der letzten Polygonstrecke. Damit sinkt aber mit zunehmender Anzahl der Polygonpunkte auch die Genauigkeit der Richtung des ganzen Polygonzugs, d.h. der Richtung vom Eingang zum letzten Polygonpunkt.

Für die Polygonierung benötigt man neben der Richtung der Polygonstrecken auch deren Neigungswinkel und Längen. Mit einem Theodolit kann man auch vertikale Winkel ermitteln, allerdings meist erheblich ungenauer als horizontale. Bei der Längenmessung erzielt man wiederum sehr hohe Genauigkeiten, und zwar unabhängig davon, ob man optisch mit Meßlatte oder mechanisch mit Maßband arbeitet.

Die bei der Polygonierung mit einem Theodolit insgesamt erzielbare Genauigkeit wäre ideal für die Höhlenvermessung. Leider ist ein Theodolit aber sehr teuer und dazu auch noch sehr empfindlich, so daß er für den rauhen Einsatz in der Höhle nicht geeignet ist. Darüber hinaus wäre seine Anwendung unter beengten Raumverhältnissen äußerst umständlich. Trotzdem werden Theodolite ab und zu auch in Höhlen eingesetzt, z.B. bei Vermessungen auf den Wegen von Schauhöhlen.

Beim Einsatz in der Höhlenforschung müssen die Meßgeräte für den Einsatz unter beengten Raumverhältnissen geeignet sein (Handhabung, Größe, Gewicht) und eine rauhe Behandlung sowie Schmutz aushalten können. Geräte, welche diese Anforderungen ausreichend erfüllen, haben eine erheblich geringere Genauigkeit. Wenn aber ein solch einfach zu bedienendes, robustes Gerät bereits bei jeder einzelnen Winkelmessung einen statistischen Fehler von z.B. ± 1° ergibt, dann wirkt sich die Fehlerfortpflanzung doch sehr schnell störend aus. In dem oben verwendeten Beispiel hätte dann die Richtung der 1000. Polygonstrecke bereits einen statistisch zu erwartenden Fehler von ± 32°. Sollte auch noch ein systematischer Fehler mit dabei sein, etwa weil der Winkelmesser im Mittel einen um 0,1° zu großen Winkel mißt (auch hier wieder sei der systematische Meßfehler zehnmal kleiner als der statistische), dann käme zu dem statistischen Fehler von ± 32° noch ein systematischer Fehler von 100° hinzu!

Abb. 119: Theodolit

In der Hirlatzhöhle wurden bis Mai 1997 bereits 7485 Polygonpunkte vermessen. Die entferntesten Punkte der Hirlatzhöhle erreicht man nur über mehr als 1000 Polygonpunkte. Damit wird sofort klar, daß eine Meßmethode, bei der die Richtung einer Strecke jeweils aus der Messung des Differenzwinkels zur vorherigen Strecke ermittelt wird, unter Höhlenbedingungen völlig unbrauchbar ist.

Bussolenvermessung

Eine Bussole ist ein hochwertiger Kompaß mit einer genauen Winkelskala und einer Peileinrichtung. Es gibt Bussolen mit einer 360°-Einteilung (sogenannte Altgrad) und solche mit 400° (Neugrad). Beide sind gebräuchlich, deshalb besteht eine Verwechslungsgefahr. Unter günstigen Voraussetzungen kann man mit einer Bussole Richtungen auf 1° genau bestimmen. Im rauhen Höhleneinsatz liegt der Fehler aber erfahrungsgemäß bei 3 bis 5°, auch wenn man eine in 1°-Schritten geteilte Skala auf einen Teilstrich genau abliest.

Der Vorteil einer Bussole bei der Polygonierung ist, daß der Richtungsfehler sich nicht aufsummiert, da ja die Richtung jeder einzelnen Polygonstrecke eigenständig für sich bestimmt wird und damit unabhängig vom Richtungsfehler aller anderen Polygonstrecken ist. Auch bei der letzten Strecke in einem Polygonzug ist die Richtungsmessung mit keiner größeren Ungenauigkeit behaftet als bei der ersten Strecke. Wenn die Fehler rein zufällig sind und mal in die eine, mal in die andere Richtung weisen, ist die Richtung eines ganzen Polygonzugs statistisch mit einem um so kleineren Fehler behaftet, je mehr Punkte der Polygonzug aufweist. Ist zum Beispiel jede Einzelmessung mit einer Unsicherheit von ± 5° behaftet, so erwartet man statistisch für einen im wesentlichen in einer Richtung verlaufenden Polygonzug aus 1000 Strecken nur noch eine mittlere Abweichung von ± 0,16°. Beträgt die mittlere Streckenlänge z.B. 10 m und die Luftlinienentfernung etwa 10 km, so entspricht dem ein zu erwartender Gesamtfehler von 27 m.

Bei einer Peilung gibt es jedoch neben dem zufälligen Ablesefehler möglicherweise auch noch einen ebenfalls zufälligen Versatzfehler, etwa weil sich das Peilgerät nur auf ± 10 cm genau am Meßpunkt befindet oder weil die angepeilte Lichtquelle ihrerseits nur auf ± 10 cm mit dem Meßpunkt übereinstimmt. Nach 1000 Messungen erwartet man jedoch, daß sich ein Versatzfehler von insgesamt ± 20 cm erst mit 6,40 m auswirken wird.

Sollte ein systematischer Gerätefehler mit im Spiel sein, etwa weil die Bussole im Mittel einen um 1° zu großen Richtungswinkel anzeigt, dann käme noch dieser systematische Fehler von 1° hinzu, bei 10 km Luftlinie wären das immerhin 170 m!

Wie bereits weiter oben ausgeführt, benötigt man bei der Tachymetrie neben der Richtung auch den Neigungswinkel und die Länge. Die gebräuchlichen Klinometer (Neigungsmesser) bestehen im Prinzip aus einer Peilvorrichtung mit einem Lot und einer Winkelskala. Bei Klinometern sind solche mit Altgrad- und solche mit Neugrad-Skala gebräuchlich. Die im rauhen Höhleneinsatz praktisch realisierbare Genauigkeit dürfte ähnlich wie bei den Bussolen in der Größenordnung von 3 bis 5° liegen. Auch hier gilt, daß der Neigungswinkel bei jeder Polygonstrecke für sich alleine bestimmt wird und daß es damit zu keiner Aufsummierung der Neigungswinkelfehler kommt, wohl aber zu einer Fehlerfortpflanzung in der Höhe. Der Neigungswinkel der letzten Polygonstrecke ist mit derselben Ungenauigkeit behaftet wie der der ersten Strecke. Auch hier gilt, daß der Gesamtneigungswinkel eines ganzen Polygonzugs statistisch mit einem um so kleineren Fehler behaftet ist, je mehr Punkte der Polygonzug aufweist.

Abb. 120: Handpeilgeräte

Hängezeug oder Handpeilgeräte

Erstaunlicherweise verwenden die Höhlenforscher nur selten die bewährten Vermessungsmethoden und -geräte des Bergbaus. Das ist um so erstaunlicher, wenn eine Höhle wie die Hirlatzhöhle in unmittelbarer Nachbarschaft zu einem Bergwerk liegt und es auch im Bergbau Beschäftigte unter den Höhlenforschern gibt. Dabei wäre das im Bergbau entwickelte Hängezeug, eine Kombination von einem pendelnd aufgehängten Kompaß und einem Neigungsmesser, durchaus geeignet. An Stelle einer Peilvorrichtung hat das Gerät zwei Aufhängungen, mit denen es in ein gespanntes Seil oder Maßband eingehängt werden

Tobias BOSSERT

kann. Ist das Seil zwischen zwei Polygonpunkten gespannt, so können direkt Richtung und Neigung der Polygonstrecke abgelesen werden.

Hängezeuge sind sehr robust und können in Höhlen gut eingesetzt werden. Die damit erzielbare Genauigkeit ist - verglichen mit den sonstigen in der Höhle verwendeten Geräten - gut. Die Handhabung ist allerdings umständlich und das Gewicht beachtlich. Die Verwendung von leichten Eigenbaugeräten, die dem Hängezeug funktional entsprechen, war in manchen Höhlenvereinen bereits seit etwa 1925 bis Ende der Sechzigerjahre üblich, und es werden auch heute noch bisweilen kleine Höhlen damit vermessen.

MESSGRUPPE: Lissy Günter, Scatheler Peter Greper Walter, Buleger Goth											HÖHLE: Hirloh	BLATT: 1
DATUM: 3.10.85.												
VON	BIS	LÄNGE	±	NEIG	RICHT	L	R	↑O	↓U	SEDIMENTE	PROFIL BEMERKUNG	
0	1	5,90	+	61	216	0,2	1	0,5	AUF-STIEG	Lehm	0 = letzter Punkt von Vorher
1	2	5,24	+	61	173	0,4	1,5	1,5	"	"	
2	3	7,96	+	42	39	±	0	0,4	1	"	
3	4	1,77	-	19	332	1	0	0,4	1	"	
4	5	4,60	+	2	288	0	0,8	1	0,3		
5	6	3,91	+	24	353	2,8	0	0	0,8		
6	7	2,75	-	20	320	0,3	0,3	0	0,4		
7	8	6,48	+	1	273	2	0,7	0,8	0,6		
8	9	3,00	+	47	177	8	2,5	4	3		
9	10	8,76	-	6	206	P	2,0	4	1	Lehm/Blöcke	

Abb. 121: Beispiel für während der Vermessung niedergeschriebene Daten

Schon früh wurden für die Vermessung von Höhlen auch Wanderkompasse verwendet, die zum Teil eine primitive Neigungsmessung erlauben. Diese Vermessungen sind jedoch mit recht großer Fehlerhaftigkeit behaftet, da diese Geräte unter Höhlenbedingungen nur ungenau abgelesen werden können. Im Laufe der letzten 20 Jahre haben sich Meßgeräte aus dem Segelsport und der Forstwirtschaft in der Höhlenforschung durchgesetzt. Dabei handelt es sich um zwei getrennte Handpeilgeräte, eine Bussole und einen Klinometer. Beide Peilgeräte erlauben eine Ablesung auf ± 1°, und der Hersteller spezifiziert sie mit einer Abweichung von ± $1/6°$. Vielfach wird daraus fälschlicherweise der Schluß gezogen, die gemessenen Werte hätten eine Genauigkeit von ± 1°. Wegen der Problematik der Handhabung solcher Peilgeräte unter Höhlenbedingungen ist der tatsächliche Meßfehler in der Praxis jedoch weit größer. Auch mit noch genauer ablesbaren Geräten würde die Genauigkeit übrigens nicht zunehmen, weil der Fehler nicht vom Gerät selbst kommt, sondern von der Unmöglichkeit, es unter den erschwerten Bedingungen korrekt zu handhaben.

Der entscheidende Vorteil der modernen Peilgeräte ist, daß sie sehr leicht und sehr einfach zu bedienen sind, weshalb sie eine zügige Vermessung ermöglichen. Dieser Vorteil wird durch etwas größere Meßfehler erkauft.

Seit 1983 die großen Entdeckungen in der Hirlatzhöhle gelangen, wird dort nur noch mit Handpeilgeräten der finnischen Marke Suunto vermessen (siehe Abb. 120).

In der Tabelle in Abb. 121 sind die ersten beiden Spalten für die Bezeichnung derjenigen Polygonpunkte vorgesehen, zwischen denen gemessen wurde. Danach folgen die eigentlichen Meßdaten für die Tachymetrie der Polygonstrecke: Länge, Neigung und Richtung der Strecke. Danach folgen vier weitere Spalten für die Abstände vom angemessenen Polygonpunkt zu den Raumbegrenzungen: ←(Linke Wand), →(Rechte Wand), ↑(Oben bis zur Decke) und ↓(Unten bis zur Sohle). Die vier letztgenannten Meßwerte werden nur relativ ungenau ermittelt, weil sie nicht für die Lagebestimmung des Polygonpunkts von Bedeutung sind. Diese Daten werden im Wesentlichen für drei völlig verschiedene Anwendungen benötigt:

–   Erstens helfen sie dem Zeichner bereits vor Ort in der Höhle, seine Handskizze einigermaßen maßstäblich anzulegen,

–   zweitens dienen sie dazu, ein Maß für den Gangquerschnitt zu ermitteln; nur wenn diese Daten vorliegen, kann das Hohlraumvolumen der Höhle annähernd berechnet werden, und

–   drittens können sie dazu verwendet werden, Übersichtspläne vollautomatisch vom PC erzeugen zu lassen.

Es gibt immer wieder Situationen, in denen man sich nicht recht entscheiden kann, was man in die Tabelle eintragen soll. Wenn etwa rechts gerade ein großer Gang abzweigt, soll man dann in der Spalte → dessen Länge eingeben oder die fiktive Breite, welche der Gang hätte, wenn gerade keine Abzweigung da wäre? Es ist also verzeihlich, wenn manchmal einfach nichts vermerkt wurde. Der Zeichner wird diese Ausnahmesituationen in seiner Handskizze sicherlich passend berücksichtigen.

Allerdings kann man für einen solchen Gangbereich dann keinen sinnvollen Gangquerschnitt berechnen. Auch stellt das automatische Erstellen von Übersichtsplänen hier ein gewisses Problem dar. Mit ein paar Vereinfachungen lassen sich diese Probleme aber entschärfen.

Im Gegensatz zur Darstellung bei HENNE [1994a] liegen in der Hirlatzhöhle immerhin bei knapp 86 % aller Meßpunkte die vier Raumangaben vollzählig vor und bei über 95 % mindestens jeweils eine Angabe aus ←→ und eine aus ↑↓. Abb. 122 zeigt die Häufigkeitsverteilung dieser Angaben bei der Hirlatzhöhlenvermessung.

Tobias BOSSERT

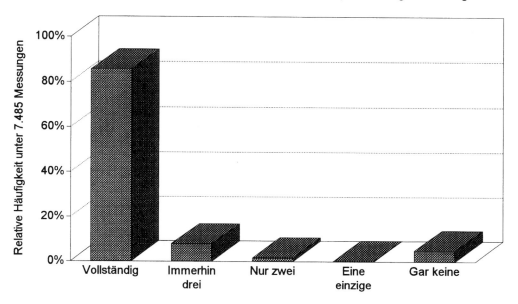

Vollständigkeit der Raumvermessung

Häufigkeit, daß alle, nur einige oder überhaupt keine Angaben vorliegen

Abb. 122: Häufigkeit der Raumangaben

Erst die Handskizze macht den Raum darstellbar

Es wäre viel zu zeitaufwendig, jedes Detail in einer Höhle durch Anschluß an einen Polygonpunkt regelrecht zu vermessen. Daß man einzelne Schottersteine einer Geröllhalde nicht einzeln einmißt, leuchtet sicher jedem ein, andererseits sollten auffällige Dinge wie etwa ein in Relation zum Gangquerschnitt dominierender Versturzblock durchaus aufgenommen werden. Irgendwo wird also die Grenze liegen zwischen den Objekten, deren Lage einzeln vermessen wird, und solchen, die nicht einzeln vermessen werden. Damit die Dinge, die nicht separat angemessen werden, nicht unberücksichtigt bleiben, nimmt man sie in einer Handskizze auf.

Die Handskizze wird allerdings auch für diejenigen Objekte benötigt, die separat eingemessen werden. Denn damit ist ja erst ihre genaue Lage, nicht jedoch ihre Form festgehalten.

Auch auf einer Handskizze können nicht alle Details originalgetreu dargestellt werden. Eine Schutthalde z.B. wird man immer abstrahieren und durch vereinfachte Signaturen darstellen. Aber es gibt auch Objekte, die man gar nicht objektiv richtig darstellen kann. Die Handskizze ist ein zweidimensionales Gebilde, sie kennt keine Tiefe. Der Höhlenraum und seine Raumfüllungen sind jedoch dreidimensional. Den dreidimensionalen Höhlenraum kann man für einen Grundrißplan auf sehr verschiedene Arten in nur zwei Dimensionen abbilden, etwa dadurch, daß man sich vorstellt, die Decke wegzunehmen und die dann freie Sicht auf die

Hohlraumsohle darzustellen. Was aber tun, wenn die „Decke" als solche gar nicht definierbar ist, etwa weil die Wand übereinander mehrere, verschieden große Einbuchtungen aufweist und jede Einbuchtung für sich ihre eigene „Decke" hat? Man kann auch ganz einfach den gedachten Schattenwurf des Ganges auf die Grundfläche darstellen. Damit wirkt dann aber der Gang auch riesig, wenn er nur in der Mitte schlufbar ist und sich links und rechts in Schichtfugen verliert.

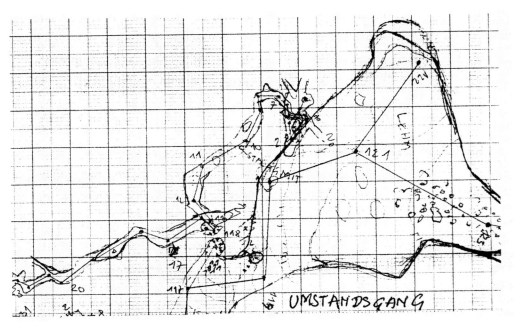

Abb. 123: Beispiel für eine während der Vermessung erstellte Skizze

Das Entscheidende bei der Handskizze sind zwei Dinge: Mit der Skizze in der Hand soll jeder beliebige andere Höhlenforscher erkennen können, daß es sich um den gerade befahrenen Raum handelt und wo er sich momentan im abgebildeten Raum befindet. Andererseits soll die Skizze alle Besonderheiten beinhalten, etwa Tropfstellen, Abbrüche, Sinterbildungen und Klüfte.

Die Handskizzen fallen von Person zu Person sehr unterschiedlich aus, einerseits was den Umfang der festgehaltenen Details angeht und andererseits aber auch, wie die Zeichnung zu interpretieren ist. Man kann eindeutig feststellen, daß es zu viele unbefriedigende Handskizzen gibt und daß der zeitraubendste Teil einer Vermessung das Erstellen der Handskizze ist.

Die Bedingungen, unter denen eine Handskizze entsteht

In der Hirlatzhöhlenforschung hat es sich seit 1984 eingebürgert, daß jeder neu entdeckte Gang sofort bei der Erstbefahrung vermessen wird: *Kein Meter Neuland ohne Maßband!* Zu oft hatte man erlebt, daß ein bereits bis zu seinem Ende erforschter Gang so lange nicht vermessen wurde, so lange es noch andere, „offene" Fortsetzungen gab. Einen solchen Gang aber später nachzuvermessen, macht nicht besonders viel Spaß.

Der Vorteil dieser Vorgehensweise ist, daß die Dokumentation quasi zwangsläufig immer auf dem neuesten Stand ist. Der Nachteil ist andererseits, daß man beim Vermessen immer unter einem (angenehmen) Zeitdruck steht. Schließlich möchte man ja doch so gerne wissen, wie es weitergeht. Unter Zeitdruck aber leidet vor allem die Qualität der Handskizzen. So gibt es in der Hirlatzhöhle Gänge, in denen eine Zweipersonengruppe an einem Tag über 2 km vermessen hat. Im Zuge der Ausarbeitung des Hirlatzhöhlenatlas wird man wohl nicht darum herumkommen, einige Passagen mit einem vorläufigen Plan nochmals aufzusuchen, um Details nachzutragen.

Noch bis 1988, zu der Zeit, als die großen Entdeckungen gemacht worden waren, war man davon ausgegangen, die Hirlatzhöhle wegen ihrer Größe nur im Maßstab 1:1000 zu dokumentieren. In diesem Maßstab aber braucht man bei weitem nicht so viele Details wie beispielsweise im Maßstab 1:500. In dieser Zeit ging man fälschlicherweise auch noch davon aus, es sei am klügsten, wenn man die Handskizze gleich im angestrebten Dokumentationsmaßstab anfertigen würde. Man kann sich vorstellen, wie damit Handskizzen von Schlufen aussahen!

Heute kann man sagen, daß man die Handskizze gar nicht groß genug anfertigen kann und daß man den Zeichner nicht unter Zeitdruck setzen darf. Vor allem aber sollte man nicht – wie in der Hirlatzhöhle – die jeweilige Meßstrecke so lang machen, wie gerade noch Sichtverbindung besteht. Nicht etwa, daß der Polygonzug dadurch ungenauer würde, das keinesfalls. Aber die Handskizze gerät zwangsläufig ins Hintertreffen, denn dann muß der Zeichner ja in einem Rutsch ein riesiges Gangstück zeichnen, dessen Details er doch von seinem Standort aus gar nicht alle auf einmal überblicken kann. In der Hirlatzhöhle gibt es eine nicht unterteilte Meßstrecke von 90 m (ECHOKLUFT K7 bis K8)! Abgesehen von dieser Ausnahme und einer weiteren 60-m-Strecke vor den ENDHALLEN (E17) sind aber ansonsten die Meßstreckenlängen auf die Länge des jeweils verwendeten Maßbandes begrenzt (zumeist 30 m). Aber auch 30-m-Meßstreckenlängen sind eigentlich ein Unding, weil der Zeichner auch davon noch hoffnungslos überfordert wird.

Wie genau ist eine Höhlenvermessung?

Solange sich bei einer Höhle keinerlei Gänge wieder treffen und solange keine zweite Tagöffnung gefunden ist, kann man über die Genauigkeit der Vermessung noch nicht viel aussagen. Allerdings kann man auf der Basis der grob bekannten Gerätefehler bereits erste Abschätzungen vornehmen. Aus der statistischen Verteilung der abgelesenen Werte kann man zusätzlich erkennen, wie sorgfältig die Ablesungen vorgenommen werden.

Großzügige Ablesung und statistischer Fehler

Es wurden alle 7485 Meßpunkte der Hirlatzhöhle, die bis zum Mai 1997 dokumentiert vorlagen, statistisch daraufhin untersucht, wie häufig „krumme" Werte notiert wurden und wie oft bereits bei der Ablesung deutlich gerundet wurde. Es sollte an sich jede Ziffer gleich häufig an der letzten abgelesenen Stelle auftreten, nämlich in 10% aller Fälle. Daß das in Wirklichkeit nicht so ist, verdeutlicht Abbildung 124.

Statistik der Vermessungsdaten der Hirlatzhöhle
Häufigkeit der abgelesenen Ziffern 0 bis 9 in der letzten Stelle

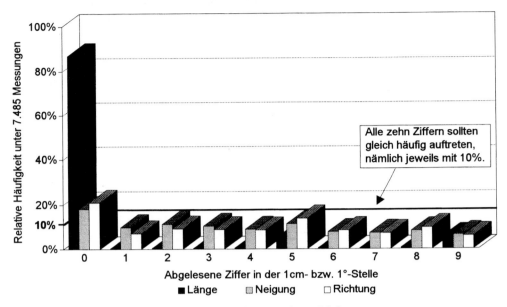

Abb. 124: Analyse der Ablesung anhand der dokumentierten Meßwerte

Was die Messung der Streckenlänge betrifft (der jeweils linke der drei Balken in Abb. 124), erkennt man ganz deutlich, daß fast durchwegs schon bei der Ablesung am Maßband auf volle 10 cm gerundet wurde. In etwa 85% aller Fälle wurde als Ziffer an der cm-Stelle eine Null notiert. Daraus kann man den Schluß ziehen, daß in aller Regel höchstens auf ± 5 cm genau gemessen wurde. Dies ist auch durchaus nachvollziehbar, sind doch die Meßpunktmarkierungen an der Höhlenwandung (z.B. gesprühte Farbkleckse) bereits oft ihrerseits von dieser Größenordnung. Bedenkt man, daß die Meßstrecken in der Hirlatzhöhle durchschnittlich länger als 10 m waren, so bleibt dieser Rundungsfehler im Mittel unter 0,5% der jeweiligen Meßstreckenlänge. Wenn man dazu noch berücksichtigt, daß diese Rundung zufällig erfolgt, d.h., es wird mal ein zu großer Wert notiert und mal ein zu kleiner, so erkennt man, daß dies fast keinen Einfluß auf die Genauigkeit der Höhlenvermessung hat: Nach einer Folge von 1000 Polygonpunkten und einer Gesamtstrecke von 10 km erwartet man alleine wegen der gerundeten Längenablesung allenfalls einen Fehler von 1,60 m. Zusätzlich zum Rundungsfehler gibt es noch einen Versatzfehler, weil die Meßpunktmarkierungen in der Höhle doch recht groß ausfallen. Dabei kommt es auf den Versatz an beiden Enden der Meßstrecke an. Wenn man hier einmal ganz großzügig von einem Versatzfehler von insgesamt ± 20 cm ausgeht, so erwartet man daraus nach 1000 Messungen einen Gesamtfehler von 6,40 m.

Bei den Neigungs- und Richtungswerten wurde erheblich weniger in der °-Stelle gerundet als bei der Längenmessung in der cm-Stelle, wie man an dem jeweils mittleren und rechten der drei Balken in Abb. 124 erkennt. Nur etwa bei jeder zehnten Winkelpeilung wurde auf volle

Tobias BOSSERT

Zehnerwerte gerundet. Der reine Ablesefehler sollte im Mittel also nicht wesentlich über ± 0,5° liegen. Wohlgemerkt, der reine Ablesefehler! Daß man durch unsachgemäße Handhabung ein Vielfaches dieses Fehlers machen kann, wird erst weiter unten diskutiert. Ein Winkelablesefehler von ± 1° bedeutet einen Fehler quer zur Peilrichtung von 1,7% der Meßstreckenlänge. Nach 1000 Meßpunkten und einer Gesamtstrecke von 10 km bliebe damit der statistisch zu erwartende Gesamtfehler unter 5,60 m. Auch hier kommt wieder wie bei der Längenmessung ein Versatzfehler von vielleicht 6,40 m hinzu.

Nach dieser Analyse der Ableseverhaltens könnte man hinsichtlich der Meßfehler optimistisch sein, verwendet man doch hochwertige Geräte, die vom Hersteller mit „engen" Toleranzen spezifiziert werden.

Die Realität sieht anders aus

In der Hirlatzhöhle wurden bis Mai 1997 insgesamt 85 Rundgänge vermessen.

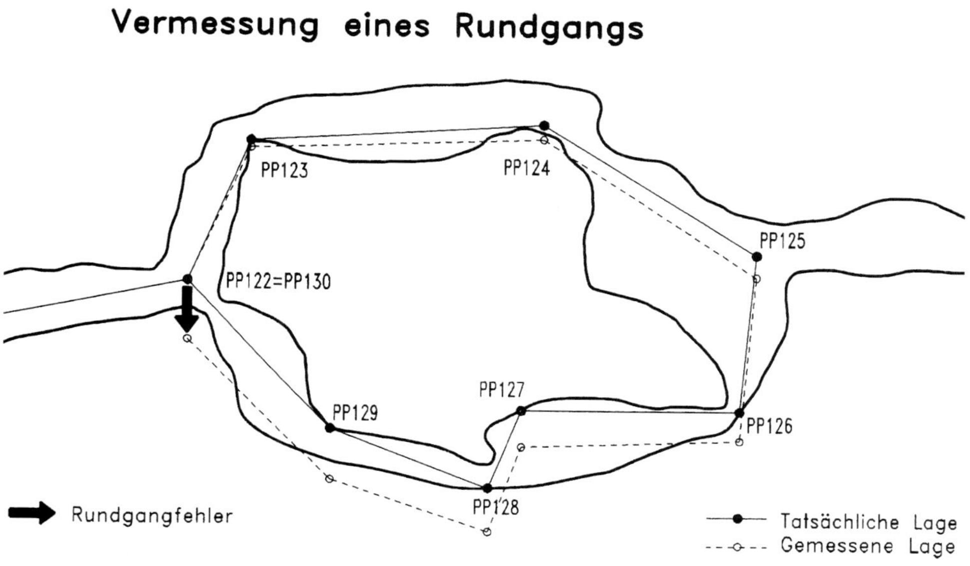

Abb. 125: Beispiel einer Rundgangvermessung

In der Höhlenforschung spricht man von einem Rundgang, wenn man einen Raum über zwei verschiedene Gänge erreichen kann. Bei der Vermessung schlägt sich das so nieder, daß der Polygonzug eine geschlossene Schleife bildet.

Stellen wir uns vor, daß wir die Höhle zuvor bis zu einer Gangabzweigung (PP 122 in Abb. 125) vermessen haben. Nun beginnen wir den linken Gang zu vermessen und gelangen nach einer gewissen Anzahl von Polygonpunkten durch den rechten Gang wieder zurück zum Raum, von dem aus wir gestartet sind. Wir wählen als Endpunkt unseres Polygonzugs (PP 130) den letzten Punkt, der bereits früher vermessen worden ist (PP 122). Damit steht fest, daß wir nun eine exakt geschlossene Schleife gemessen haben.

Wenn wir dann die Meßdaten auswerten, werden wir feststellen, daß der letzte Polygonpunkt rechnerisch keinesfalls mit dem Ausgangspunkt zusammenfällt. Die auftretende Abweichung, d.h. die rechnerische Entfernung zwischen Ausgangs- und Endpunkt, nennt man Rundgangfehler. Daß ein Rundgangfehler überhaupt auftritt, ist spätestens nach der Lektüre der vorangegangenen Kapitel nicht weiter verwunderlich, schließlich gibt es ja Meßfehler. Allerdings wird uns vielleicht die Größe der in der Praxis auftretenden Rundgangfehler doch überraschen.

Wenn sich Gänge nicht treffen, wo sie es eigentlich sollten

Nur zehn der 85 Rundgänge in der Hirlatzhöhle erstrecken sich über eine Ganglänge von mehr als 1 km. Der längste Rundgang hat eine Länge von etwas über 4 km. Sieben dieser Rundgänge weisen einen Rundgangfehler von mehr als 20 m auf. Der größte Rundgangfehler beträgt 50 m auf einer Länge von etwa 3,4 km. Diese Fehler sind erheblich größer, als man sie nach den Ausführungen der letzten Kapitel erwarten würde. Zu ähnlichen Erfahrungswerten kommt auch Günter STUMMER [1981].

Mit den statistischen Methoden der Fehlerfortpflanzung kann niemals ein genauer Fehler berechnet werden. Vielmehr lautet die Aussage immer: „Der Fehler ist wahrscheinlich kleiner als ...". Wenn nun der tatsächliche Fehler doch einmal größer ausfällt, so ist das noch lange kein Widerspruch dazu, es ist halt nur relativ unwahrscheinlich. Überschreitungen sollten nicht die Regel und große Überschreitungen extrem selten sein. Daß es unter zehn Rundgängen sieben Ausnahmen geben soll, die gleich auch noch um einen Faktor zwei bis fünf über dem erwarteten Fehler liegen, ist so unwahrscheinlich, daß man daraus schließen muß, daß hier noch andere Fehlerquellen mit im Spiel sind.

Funkpeilung zur HALLE DES STAUNENS

Im September 1984 wurde im westlichen Teil der Hirlatzhöhle eine Funkvermessung durchgeführt [BOSSERT 1985]. Dabei wurde ein magnetischer Längstwellen-Funksender mit einer Frequenz von 8192 Hz in der HALLE DES STAUNENS (Übersichtsplan J9) in Betrieb genommen. Gleichzeitig wurde das Magnetfeld an der Oberfläche im Bereich östlich der Tiergartenhütte vermessen. Bei dieser Messung ergab sich eine Abweichung zwischen Höhlenvermessung und Funkvermessung von etwa 70 m, wobei die Genauigkeit der Funkpeilung auf besser als ± 20 m geschätzt wird. Der Höhleneingang wurde mit geodätischen Mitteln eingemessen und darf hier deshalb als „fehlerfrei bestimmt" gelten. Damit bleibt für die Vermessung innerhalb der Höhle ein Fehler von mindestens 50 m. Auch dieser Fehler ist, bezogen auf die Länge des Polygonzugs vom Höhleneingang zur HALLE DES STAUNENS von unter 4,5 km und bei einer Luftlinienentfernung von knapp 1,9 km, viel größer, als man aufgrund der Statistik der zufälligen Fehler erwarten würde.

107m unter dem Hallstätter See

Aus den Vermessungsdaten berechnet sich die Höhe der tiefsten Stellen innerhalb der Höhle im Staubereich des Hallstätter Sees bei DOSENFRASS (F25) auf 401 m und KESSELSIPHON (D27) auf 412 m Seehöhe. Der Spiegel des Hallstätter Sees liegt aber auf 508 m Seehöhe. Auf Grund geologischer und hydrologischer Gegebenheiten können die nicht wassererfüllten Teile der Hirlatzhöhle nicht tiefer liegen als die Oberfläche des Hallstätter Sees. Die kürzeste Gangverbindung vom Eingang bis zum Kesselsiphon beträgt mehr als 10 km und die

Tobias BOSSERT

Luftlinienentfernung knapp 2,6 km. Der Höhenmeßfehler von mindestens 107 m ist damit viel größer als statistisch erwartet.

Anhand dieser Beispiele wird nun klar, daß es neben den zufälligen Fehlern andere Fehler geben muß, die einen größeren Einfluß auf die Gesamtgenauigkeit haben.

Systematische Fehler

Bisher wurde deutlich, daß die statistischen Fehler der Polygonierung mit Maßband, Bussole und Klinometer für die tatsächlich auftretenden Fehler von eher untergeordneter Bedeutung sind.

Anders verhält es sich, wenn das Maßband etwa wegen unsanfter Behandlung bereits um 1% gestreckt ist. Dann wird jede Streckenlänge um 1% kürzer abgelesen. Dieser Fehler ist systematisch, d.h., er wirkt immer in ein und dieselbe Richtung. Nach einer Gesamtlänge von 10 km könnte so ein Fehler von bis zu 100 m entstehen, in 2,6 km Entfernung immerhin 26 m!

Genauso fatal wirkt sich ein geflicktes Maßband aus, dessen Anfang aufgrund einer unsachgemäßen „Reparatur" (Knoten) um 10 cm zu kurz ist. In diesem Fall wird jede Streckenlänge um 10 cm zu lang abgelesen. Auch dieser Fehler ist systematisch, d.h., er wirkt immer in ein und dieselbe Richtung. Nach insgesamt 1000 Meßpunkten könnte dadurch ein ebenso großer Fehler entstehen wie im vorigen Beispiel!

Daß die Längenangaben sehr häufig auf ganze 10 cm gerundet werden, ist bekannt. Das ist auch nicht zu beanstanden, denn erstens sind die Meßpunktmarkierungen an der Höhlenwandung sowieso von dieser Größenordnung und zweitens trägt dieser Fehler – wenn er statistisch verteilt ist – praktisch nichts zum Gesamtfehler bei. Aber wenn das Runden schon erlaubt ist, dann besteht die Gefahr, daß häufiger auf- als abgerundet wird. Wird bei jeder einzelnen der 1000 Polygonmessungen auf volle 10 cm aufgerundet und nie abgerundet, so könnte daraus am Ende ein systematischer Fehler von 50 m entstehen.

Fazit: Es kommt nicht so sehr auf die Genauigkeit bei der einzelnen Längenablesung an, aber es ist von grundlegender Wichtigkeit, daß nicht dauernd Fehler in ein und derselben Richtung zugelassen werden. Wer immer die Schlaufe des Maßbands statt der Nullmarke verwendet, der produziert am Ende einen riesigen Gesamtfehler.

Im Gegensatz zum Maßband, wo man eigentlich bei entsprechender Sorgfalt nicht viel falsch machen kann, bieten Peilgeräte mannigfaltige Möglichkeiten, sie fehlerhaft einzusetzen. Besonders problematisch ist bei den gebräuchlichen Bussolen der Firma Suunto, daß man bei stark geneigten Strecken mit freiem Auge loten muß. Andererseits ist man bei den gebräuchlichen Klinometern der Firma Suunto bei flachen Visuren verleitet, die Winkelskala (°) mit der Steigungsskala (%) zu verwechseln. Inwieweit diese Fehler zumindest teilweise zufällig sind und sich damit statistisch verhalten, ist unbekannt. Es besteht jedoch die Gefahr, daß die Peilrichtungsmessung bei Gängen, die an schrägen Schichtfugen angelegt sind, immer zu Fehlern in ein und derselben Richtung verleiten. Entsprechend verhält es sich bei der Peilneigungsmessung in einem dauernd flach fallenden oder dauernd flach steigenden Gang.

Wie bei der Längenmessung kommt es auch hier ganz entscheidend darauf an, daß der systematische Fehler möglichst klein gehalten wird. Weist etwa ein Peilgerät eine Dejustierung von 1° auf (was sicherlich nicht viel ist), so könnte in 2,6 km Entfernung daraus bereits ein Fehler von bis zu 45 m resultieren!

Eine weitere Quelle für einen systematischen Fehler könnte sein, daß Meßpunkte z.B. häufiger an der rechten als an der linken Wand angebracht werden. Dann besteht die Gefahr, daß sich der Kompaß bei der Peilung immer 5 bis 10 cm zu weit links befindet. Entsprechendes gilt bei der Neigungsmessung für Boden oder Decke.

Eine bekannte Quelle für einen erheblichen systematischen Fehler stellen magnetische Teile in unmittelbarer Nähe zum Kompaß dar, z.B. Nickelbrille oder Helmlampe.

Fazit: Es kommt nicht so sehr auf die Genauigkeit bei der einzelnen Winkelablesung an, aber es ist von grundlegender Wichtigkeit, daß nicht dauernd Fehler in ein und derselben Richtung gemacht werden. Vor dem Einsatz einer Suunto-Bussole ist zu kontrollieren, ob sich deren Rosette auch tatsächlich horizontal einstellt, denn in der Höhle sind meist alle Wandungen schief, und man braucht die Rosette als Wasserwaage zum Loten bei steilen Visuren.

Arbeitsaufwand bei der Vermessung

Man kann sich leicht vorstellen, daß es einen gewaltigen Unterschied ausmacht, ob man in einem großen Gang während der Vermessung bequem stehen kann oder ob man dabei in einem nassen Schluf steckt. Dies wirkt sich einerseits auf die Qualität der Vermessung aus; man liest in einer Schlufpfütze badend die Peilgeräte eben doch nicht so genau ab und merkt sich die Einzelheiten für die Handskizze im Kopf, bis man das nächste Mal wieder einigermaßen aufrecht sitzen kann, oder man macht die Skizze eben nur ganz flüchtig. Dies wirkt sich andererseits natürlich auch auf die Geschwindigkeit der Vermessung aus; man kann in Schlufen keine so langen Entfernungen einsehen und muß die Polygonstrecken entsprechend kürzer wählen als in großen Gängen, womit man mehr Zeit braucht.

Abgesehen von Ausnahmen unter extrem günstigen oder extrem ungünstigen Bedingungen, schafft ein Meßteam so etwa drei bis zehn Meßpunkte pro Stunde. In großräumigen Gängen schafft man pro Stunde weniger Meßpunkte als in einem kleinräumigen Gang, weil der Zeichner mehr in die Handskizze einzutragen hat; dafür deckt dann aber auch eine Meßstrecke eine größere Ganglänge ab. In der Hirlatzhöhle liegen 90% aller gemessenen Längen zwischen 2 und 30 m. Die mittlere Meßstreckenlänge der 7485 Messungen in der Hirlatzhöhle beträgt 11 m. Wenn wir also annehmen, daß im Durchschnitt 50 m Ganglänge pro Stunde vermessen werden können (wenn man sich ausschließlich auf diese Aufgabe konzentrieren kann), so würde ein einzelnes Meßteam für die Vermessung der ganzen Hirlatzhöhle etwa 1600 Stunden benötigen. Da ein Meßteam meist aus drei Höhlenforschern besteht, kommen so 4800 Arbeitsstunden zusammen, was Firmen üblicherweise auch als 600 Manntage oder als 3 Mannjahre ausweisen würden. Mit der reinen Vermessungsarbeit ist es aber bei weitem nicht getan, man muß ja jeweils erst zu der Stelle gelangen, die es zu vermessen gilt. Berücksichtigt man diese Zeiten auch, so würde der Aufwand sogar auf ein Vielfaches steigen. Für die tatsächliche Vermessung der Hirlatzhöhle ist diese Rechnung im nachhinein so nicht direkt auszurechnen. „Kein Meter Neuland ohne Maßband!" heißt die Losung. So überlagerte sich bei der Hirlatzhöhlenvermessung immer der Aufwand für die Erforschung, den Wegebau, den Transport von Befahrungsmaterial usw. mit der eigentlichen Vermessungsarbeit.

Wie grob eine solche Abschätzung ist, kann man an zwei extremen Beispielen demonstrieren. Einerseits ist es einem Zweierteam in der Hirlatzhöhle einmal gelungen, in einem Rutsch zwischen zwei Biwaknächtigungen in nur 12 Stunden mehr als 2 km zu vermessen (MÄRCHENGANG, I19 bis D22). Andererseits wurde auch schon ein ganzes

---

Tobias BOSSERT

verlängertes Wochenende von einem Dreierteam aufgewandt, um 70 m zu dokumentieren (ORGELHALLE, K7).

Von den Meßdaten zum Höhlenplan

Von den Höhlenbefahrungen bringt man die Vermessungsunterlagen in zwei verschiedenen Ausprägungen mit: die als Zahlenwerte aufgeschriebenen Meßdaten sowie die Handskizzen. Auch bei der Aufbereitung dieser Daten geht man nun wieder in zwei Schritten vor. Man rekonstruiert auf dem Papier zuerst den Polygonzug anhand der Meßdaten und überträgt dann die Details aus den Handskizzen in diesen Lageplan. Allerdings wendet man dabei heute ganz andere Techniken an als früher.

Die Ersterstellung eines Plans

Das eigentliche Ziel der Höhlenvermessung ist immer ein Höhlenplan. So gesehen ist man verleitet, die vor Ort aufgezeichneten Meßdaten und die Handskizzen bloß als Mittel zum Zweck zu betrachten. Es gibt unzählige Höhlenpläne, zu denen keinerlei Original-aufzeichnungen mehr existieren. Von einigen Höhlen existieren zwar mehr oder weniger gute Grundrißpläne, aber es gibt keinen Zugriff mehr auf die Vermessungsdaten. In diesem Fall ist es unmöglich, die Meßdaten zu rekonstruieren. Zum einen weiß man ja nicht, wie genau der Plan gezeichnet wurde bzw. ob sich das Papier nicht inzwischen verzogen hat. Zum andern ist eben ein Grundriß nur zweidimensional und enthält keine Höhe, so daß man keine Informationen über die Neigungswinkel der Meßstrecken zurückgewinnen kann.

Aus heutiger Sicht stellen gerade die Originalaufzeichnungen den eigentlichen Wert einer Höhlenvermessung dar; sie sind das Basismaterial, aus dem man jederzeit wieder eine Plan rekonstruieren kann.

Von der Hirlatzhöhle liegen sämtliche Unterlagen über die derzeit (bis März 1998) vermessenen 85 km vor, auch über die ältesten Vermessungen aus den frühen fünfziger Jahren. Vielleicht hat sich hier eben doch die geographische und personelle Nähe zum Hallstätter Salzbergwerk ausgezahlt.

Früher: Mit Verkürzungstabellen, Lineal und Geodreieck

Der in der Höhle vermessene Polygonzug ist dreidimensional. Jede Polygonstrecke hat eine Länge, eine Neigung und eine Richtung. Wenn man daraus einen Grundriß konstruieren will, muß man die Längen entsprechend dem Neigungswinkel verkürzen. Rechnerisch geht dies nicht mit den Grundrechenarten, sondern nur mit Hilfe trigonometrischer Funktionen. Noch bis in die sechziger Jahre hatte jedoch kein Höhlenforscher Zugang zu einem elektronischen Rechner; diese gab es damals noch nicht für den privaten Gebrauch.

Im Ingenieurwesen, wo es oft auf hohe Genauigkeit ankommt, verwendete man damals umfangreiche Tabellen in Buchform, um trigonometrische Funktionen zu berechnen. Jeder Gymnasiast lernte damals, mit solchen Tabellen („Trigonometrische Tafeln" oder „Logarithmentafel") umzugehen. Für schnellere, aber ungenauere Berechnungen verwendete man den Rechenschieber.

Viele Höhlenforscher besaßen aber weder Tabellenbuch noch Rechenschieber. Deshalb waren vereinfachte Tabellen, sogenannte Verkürzungstabellen, für ganzzahlige Neigungswinkel gebräuchlich. Aber auch deren Gebrauch war umständlich, mußte man doch jedesmal den „schiefen" Tabellenwert von Hand mit der Meßstreckenlänge multiplizieren, um die verkürzte Länge für den Grundriß zu erhalten. Deshalb war es weit verbreitet, die verkürzte Länge zeichnerisch, das heißt mit Geodreieck und Lineal, zu ermitteln.

Die Konstruktion des Polygonzug-Grundrisses wurde auf dem Papier mit zeichnerischen Mitteln, d.h. auf einem Zeichenbrett (für die orthogonale Ausrichtung), mit Geodreieck und Lineal vorgenommen. Die ursprünglichen Detailpläne von ZUBRINGER (C15 - F14) und ALTER TEIL (G14 - F18) der Hirlatzhöhle im Maßstab 1:500 sind noch auf diese Art entstanden. In Abb. 126 ist ein Ausschnitt mit AUGUST-HÖDL-HALLE und SCHWARZE HALLE (F16) verkleinert auf 1:1000 wiedergegeben. Man erkennt die hohe Detailsorgfalt dieses Plans von Erhard FRITSCH und Erwin TROYER aus dem Jahr 1965.

Interessant ist der Umstand, daß es damals ja noch keine verkleinernden Fotokopierer gab, wie wir sie heute kennen. Es gab zwar bereits die technische Reprographie (Abfotografieren im professionellen Studio), diese extrem teure Technik konnten sich Höhlenvereine jedoch nicht leisten. Und trotzdem wurde der erste Lageplan der Hirlatzhöhle im Maßstab 1:5000 bereits 1957 von Othmar SCHAUBERGER erstellt und bis 1970 von Erhard FRITSCH nachgeführt. Ein enormer Arbeitsaufwand! Schließlich blieb einem doch eigentlich nichts anderes übrig, als den gesamten Plan neu aufzunehmen, wollte man nicht alles mit dem sehr ungenauen, mechanischen Storchschnabel übertragen. Wie sich heute nachweisen läßt, war die großflächige Lagegenauigkeit dieser alten Plangeneration jedoch nicht besonders groß.

Wir haben im vorangegangenen Kapitel dargestellt, daß schon die niedergeschriebenen Polygonmeßdaten relativ große Fehler aufweisen. Das Aneinanderfügen der einzelnen Polygonstrecken auf dem Papier mit zeichnerischen Mitteln ist jedoch seinerseits nicht unbedingt genau. Wenn man z.B. für eine Übersichtsdarstellung den Maßstab 1:1000 wählt und jeden Endpunkt einer Strecke auf 0,5 mm genau plaziert, so entspricht dem in der Wirklichkeit bereits ein Lagefehler von 0,5 m! In der Summe aller Fehlermöglichkeiten – ungenaue Verkürzung, Zeichenfehler größer als Strichstärke, Winkelbestimmung mit Zeichenbrett und Geodreieck, nicht verzugsfreies Papier – darf man davon ausgehen, daß die Fehler eines alten Höhlenplans sogar zum überwiegenden Teil von der Zeichnung kommen und nicht von der Vermessung. Liegen die Originaldaten heute noch vor, so kann man dieses Manko wieder beheben, andernfalls nicht.

Es wird sogar berichtet, daß Höhlenpläne teilweise ganz ohne Zeichenbrett und Geodreieck erstellt wurden: Dabei wurde der Tisch mitsamt dem Zeichenpapier eingeordnet, und die Richtungen wurden mit dem Marschkompaß festgelegt. *„Hoffentlich war kein Besteck in der Tischschublade".*

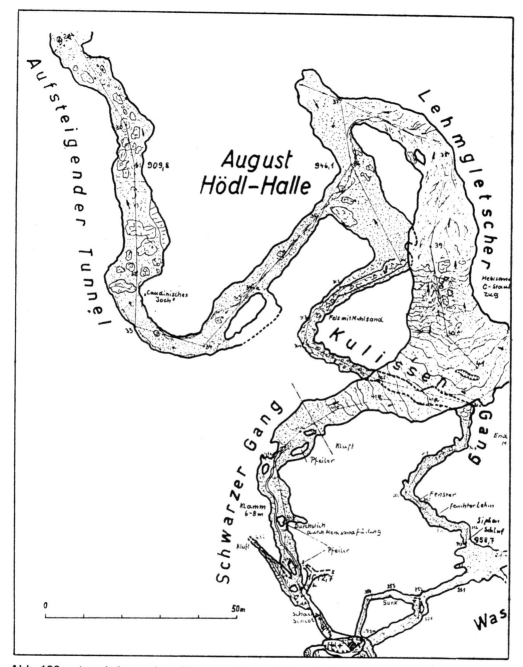

Abb. 126: Ausschnitt aus einem Plan von 1965, auf 50% verkleinert
Vergleiche dazu Abb. 128 (Seite 279)

Mit Taschenrechner und Millimeterpapier

Der große Nachteil der alten Höhlenpläne war, daß bei jeder einzelnen Meßstrecke ein gewisser zeichnerischer Fehler gemacht wurde, der sich dann auf alle weiteren Polygonstrecken auswirkte (Fehlerfortpflanzung).

Mit dem Aufkommen erschwinglicher Taschenrechner änderte sich diese Situation im Laufe der siebziger Jahre radikal. Nun gab es die Möglichkeit, die kartesischen Koordinaten (Rechtswert, Hochwert und Höhe) der einzelnen Meßpunkte praktisch fehlerfrei aus den Meßdaten zu berechnen. Damit konnte die zusätzliche Fehlerfortpflanzung bei der Planzeichnung vermieden werden, und der Gesamtfehler der Höhlenpläne wurde auf den eigentlichen Vermessungsfehler reduziert.

Fortan konstruierte man den Polygonzug-Grundriß auf Millimeterpapier, so daß kein Geodreieck mehr erforderlich war. Es spielte dann auch keine so große Rolle mehr, ob jeder einzelne Meßpunkt akkurat plaziert wurde, es hatte ja keine Auswirkungen mehr auf die Folgepunkte. Dem Auftauchen der Taschenrechner verdanken wir eine erhebliche Verbesserung der Lagegenauigkeit von Höhlenplänen.

Natürlich zeichnete niemand den eigentlichen Höhlenplan auf Millimeterpapier, das hätte nicht schön ausgesehen. Die Pläne wurden sowieso vorzugsweise auf Transparentpapier gezeichnet, damit man Lichtpausen davon anfertigen konnte. So stellte es auch kein Problem dar, den Polygonzug zu konstruieren, schließlich scheint ja auch ein unter das Transparent gelegtes Millimeterpapier durch.

Papier ist nicht verzugsfrei. Selbst wenn der Plan bei der Erstellung absolut maßhaltig gewesen sein sollte (was allerdings die Maßhaltigkeit des verwendeten Millimeterpapiers erfordert hätte), war er es später nicht mehr. Dies ist bei Verwendung von Papier nicht zu vermeiden. Unter anderem auch deshalb wurde auf den Plänen ein Gitterraster eingezeichnet. Dieser Raster verzieht sich mit, so daß man den Fehler erkennen und erforderlichenfalls berücksichtigen kann. Verzugsfreie Transparentfolien kamen erst Mitte der achziger Jahre zu erschwinglichen Preisen auf den Markt.

Da die ersten Taschenrechner noch nicht programmierbar waren, war der ganze Vorgang aber immer noch recht zeitaufwendig. Um die Arbeit zu vereinfachen und die Dokumentation zu vereinheitlichen, wurden von verschiedener Seite Musterformulare für die Auswertung und Archivierung der Meßdaten entwickelt, z.B. vom Verband österreichischer Höhlenforscher [STUMMER 1979]. Bei GROSSENBACHER [1991] wird die Anwendung eines ähnlichen Formulars ausführlich beschrieben.

Die ersten Pläne der im Dezember 1983 entdeckten ZWISCHENETAGE (H12 - G14) wurden noch unter Zuhilfenahme eines Taschenrechners (allerdings bereits eines beschränkt programmierbaren) und von Millimeterpapier erstellt.

Mit Homecomputer und Drucker

Das Aufkommen der Homecomputer in den Achzigerjahren brachte eine erhebliche Arbeitserleichterung bei der Planzeichnung. Nun mußte man nicht mehr jeden Rechenschritt einzeln durchführen und Zwischenergebnisse notieren. Durch die Programmierbarkeit dieser Geräte konnten die immer gleich wiederkehrenden Arbeitsschritte automatisiert werden, und es gab zusätzlich die Möglichkeit, die Eingabedaten und die Berechnungsergebnisse zu speichern.

Es wurden von vielen Höhlenforschergruppen und Einzelpersonen, in den USA auch von kommerziellen Softwarefirmen, Programme entwickelt, mit denen Eingabe, Speicherung und Auswertung der Polygonzug-Meßdaten sehr vereinfacht wird. Peter HENNE [1994b] gibt einen umfassenden Überblick über den Stand der verfügbaren Programme für die Höhlenvermessung.

HIRLATZHÖHLE   *Kataster:* **1546 / 7a,b**   **MAPPE086**   09.05.97

3.11.1985 G.Buchegger, Greger, Lissy, Seethaler: Schwabenland
14.2.1994, D. Walter, J. Aigner - Abzweigung VP 33 und 54a
14.8.94 Streit-Maier,W.D. Aufstieg vor Stalagtiten VP 9a

Anzahl	Mißweis.	Ganglänge	Gesamtlänge aller Mappen	Anschluß:	**MAPPE052**	bei Pkt:	**29**
142 Pkte	**0.3** °	**1839.2** m	**41.983** km (mit dieser)	Rechtswert	Hochwert	Höhe	
				472 444.97	**266 267.04**	**1364.93**	

Messung von bis	Knoten mit Mappe Pkt	Länge (m)	Neig. (°)	Richt. (°rwN)	li	re	ob	un	Rechtswert	Hochwert	Höhe	Korr. Nr.
Ansch 1		5.90	61	216	0.7	1.0	0.5	-	472 443.24	266 264.74	1370.09	50a
2		5.24	61	173	0.4	1.5	1.5	-	472 443.50	266 262.22	1374.67	50a
3		7.96	42	39	-	0.0	0.4	1.0	472 447.20	266 266.79	1380.00	50a
4		1.71	-19	332								
5		4.60	2	288								
6		3.91	24	353								
7		2.75	-20	320								
8		6.48	1	273								
9	> 9a	3.00	47	177								
10		8.76	-6	206								
11		13.54	-30	242								
12		8.90	-19	196								
13		6.91	-11	143								
14		2.68	62	222								
15		2.60	39	111								
16		5.90	78	320								
17		10.57	-1	236								
18		7.40	-7	290								
19		15.56	-7	239								
20		11.50	-24	232								
21	> 21a	3.65	2	299								
22		5.93	3	241								
23		3.75	40	294								
24		3.57	18	259								
25		3.20	8	252								
26		8.15	2	289								
27		11.50	23	318								
28		7.25	27	213								
29		11.20	33	151								
30		3.30	7	130								
31		19.55	21	104								
32		(18.70)	30	99								
33	212 >> +	(14.70)	4	193								
34		14.45	-7	296								
35		39.20	-6	263								
36	> 37	8.10	-3	258								
36a		(18.05)	13	332								
36 37		38.60	-22	279								

HIRLATZHÖHLE
Kataster: 1546 / 7a,b

Gesamtstatistik

Ausgabedatum:	09.05.97	
Eingangskoordinaten		
Rechtswert:	472 448.00	m
Hochwert:	267 266.00	m
Höhe:	870.00	mNN
Umfang der Vermessung		
Anzahl der Mappen:	231	
Anzahl der Meßpunkte:	7 485	
Größe der Höhle		
Gesamtganglänge:	81 936	m
Höhlenvolumen:	2 111 194	m³
Räumliche Ausdehnung		
Ost-Westerstreckung:	5 054	m
Nord-Süderstreckung:	2 574	m
Höhendifferenz:	1 009	m
relativ Eingang:	+647	m
relativ Eingang:	-362	m
Mittelwerte		
Meßstreckenlänge:	10.95	m
Gangquerschnittsfläche:	25.77	m²
Gangdurchmesser:	5.73	m

Abb. 127: Verkleinerte DIN A4-Datenausdrucke zur Archivierung

Diese Programme leisten teilweise wesentlich mehr als die bloße Vorbereitung der Zeichnung des Polygonzugs:

–   Mit fast allen diesen Programmen können übersichtliche Datenlisten ausgedruckt werden, so daß auch die nach wie vor unverzichtbare Archivierung auf Papier sichergestellt ist. Abb. 127 zeigt zwei verschiedene Datenausdrucke mit dem Programm CAD-für-Höhlen.

–   Mit einigen Programmen ist es möglich Rundgangfehler ausgleichen, d.h. eine gemessene Schleife zu schließen, indem bei allen beteiligten Polygonmessungen kleine Korrekturen angebracht werden.

–   Mit einigen Programmen kann man einen maßstäblichen Ausdruck des Polygonzugs auf Papier erstellen, den man dann statt des Millimeterpapiers bei der Reinzeichnung unter die Transparentfolie legen kann.

–   Mit einigen Programmen ist die Höhle am Bildschirm dreidimensional zu visualisieren. Sieht das Programm zusätzlich die Verwendung der Raumvermessungsdaten ($\leftarrow$, $\rightarrow$, $\uparrow$ und $\downarrow$) vor, so erhält man dabei eine ausgezeichnete räumliche Darstellung der Höhle.

Mit einer Ausnahme (seit 1991) unterstützen die Programme den Höhlenforscher bei der Erstellung detaillierter Höhlenpläne auch heute noch ausschließlich bei der Aufbereitung des Polygonzugs. Die Reinzeichnung eines detaillierten Plans erfolgt nach wie vor von Hand auf der Transparentfolie. Im Computer gespeichert sind nur die Meßdaten des Polygonzugs und eventuell die Raumvermessungsdaten.

Auch die Vermessungsdaten der Hirlatzhöhle wurden bis Anfang 1986 auf einem Homecomputer verarbeitet, das waren bis dahin immerhin schon über 43 km Gesamtganglänge. Bis dahin zeichnete der Autor die Pläne im Maßstab 1:1000 von Hand auf DIN A0 Transparentfolie.

Heute: Mit PC und Programmen der zweiten Generation

Bereits im Jahr 1986 stellte sich heraus, daß man fast alle Pläne der Hirlatzhöhle hätte neu zeichnen müssen, da wegen der neu entdeckten Rundgänge Korrekturen an den bereits ins reine gezeichneten Planteilen erforderlich geworden wären. Damals fiel der Entschluß, die Vorgehensweise bei der Planerstellung radikal zu reformieren. So wird in [BOSSERT 1988] bereits von Vorarbeiten zu dieser Umstellung berichtet, und bereits drei Jahre später wird CAD-für-Höhlen, ein komplettes Programmpaket für die vollständig computerisierte Planerstellung, vorgestellt [BOSSERT 1991]. Als Demonstrationsobjekt für einen ausschließlich auf dem PC im Maßstab 1:1000 erstellten Plan wurde ein Teil der Hirlatzhöhle anläßlich der Herausgabe der ersten Version von CAD-für-Höhlen 1991 bearbeitet. Einen Ausschnitt davon zeigt Abb. 128 es handelt sich um denselben Ausschnitt wie in Abb. 126. Der Plan wurde auf einem einfachen Laserdrucker mit 300 dpi ausgegeben. CAD-für-Höhlen ist eine sogenannte Freeware (kostenlos) und derzeit in der Version 3.0 verfügbar [BOSSERT 1997]. Allerdings benutzt es seinerseits die kommerziellen Programme Lotus 1-2-3 und AutoCAD R12, so daß diese gegebenenfalls angeschafft werden müssen.

Das Programm CAD-für-Höhlen hat heute den Stand erreicht, daß man damit einen detaillierten Höhlenplan in etwa derselben Zeit in etwa derselben Qualität erstellen kann wie von Hand. Dabei gehen einige Dinge, die von Hand besonders umständlich sind, z.B. Beschriftungsarbeiten, teilweise vollautomatisch vonstatten (Polygonzug, Meßpunktmarken und -beschriftungen, Raumhöhen- und Seehöhenangaben). Andererseits ist die Zeichnung der Raumkontur und der Details trotz aller Programmieranstrengungen immer noch langsamer als von Hand.

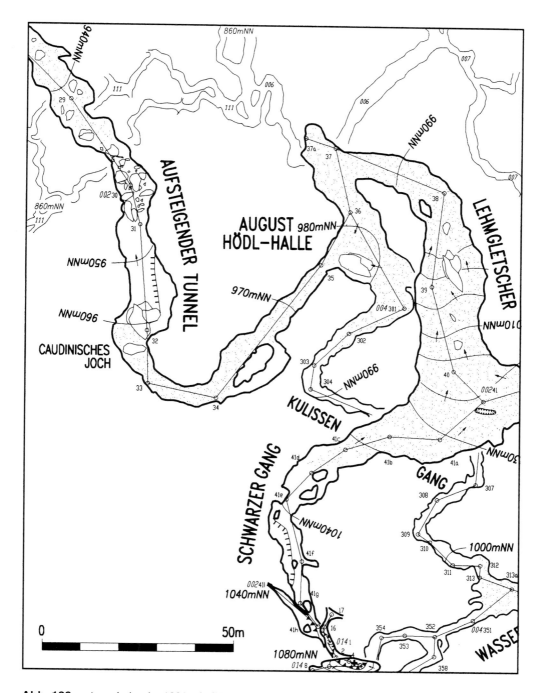

Abb. 128: Ausschnitt, der 1991 mit CAD-für-Höhlen im Maßstab 1:1000 erstellt wurde

Wenn sich Gänge treffen, im Plan aber eine Lücke bleibt

Die Problematik der Rundgangvermessung ist uns bereits in den vorangegangenen Kapiteln begegnet, dort allerdings unter dem Aspekt der Vermessungsfehler. Zum Ausgleich dieser Vermessungsfehler sehen ja auch einige der Computerprogramme die Möglichkeit des Fehlerausgleichs vor. Das ist schön und gut, wenn man noch nicht mit der Reinzeichnung begonnen hat. Das hilft einem aber herzlich wenig, wenn in eine Zeichnung schon Aberhunderte von Arbeitsstunden investiert wurden.

Früher die große Katastrophe: Den Plan neu zeichnen

Fast alle bekannten Programme lösen das Ausgleichsproblem mathematisch sauber und elegant. Dabei bleibt allerdings dann auch „kein Stein auf dem anderen", denn jede beteiligte Polygonmessung erhält die für sie individuell minimierte Korrektur, streng nach der Forderung, die Summe der Korrekturquadrate möglichst klein zu halten. Eine vereinfachte Darstellung des mathematisch korrekten Fehlerausgleichs findet man bei GROSSENBACHER [1994].

Wenn jede Polygonstrecke ihre individuellen Korrekturparameter erhält, dann bedeutet das auch, daß die jeweils dazugehörigen Zeichnungselemente des Plans (Raumbegrenzung, Formenlinien, Sedimente, Signaturen, Beschriftungen) entsprechend verformt und verschoben werden müßten. Wie soll man das machen auf dem Papier?

Alleine eine Verschiebung stellt schon ein fast unüberwindliches Hindernis dar. Man müßte den fertigen Plan zerschneiden und die Teilstücke wieder versetzt zusammenmontieren. Bei komplexen Höhlensystemen wie der Hirlatzhöhle mit ihren derzeit 85 in sich vernetzten Rundgängen ist daran wohl kaum zu denken. Und alle an den Rundgängen unmittelbar beteiligten Gänge (bei der Hirlatzhöhle mehr als 30 km) müßte man neu aufnehmen und ins reine zeichnen.

Wenn mehrere große Rundzüge in Folge entdeckt werden, ist vielleicht die komplette Neuzeichnung dann doch die einfachere Variante. Aber ob man damit wohl schon fertig sein würde, bis der nächste Rundgang gefunden ist?

Das war und ist bisher ein großes Dilemma. Einerseits gibt es theoretisch exakte Programme zum Ausgleich der Rundgangfehler, andererseits will man dann doch nicht alles nochmals neu zeichnen. Und so bleibt einem keine andere Wahl, als Kompromisse einzugehen. Es wird dann halt auf dem Papier doch nur das letzte, noch nicht ins reine gezeichnete Gangstück verzerrt, und die mathematisch exakt korrigierten Koordinatenwerte in den neuen Listen entsprechen eben nicht mehr genau den Koordinatenwerten im aktuellen Plandokument.

Heute normales Tagesgeschäft: Den Plan „verbiegen"

In CAD-für-Höhlen wurde ein pragmatischer Ausweg aus diesem Dilemma gewählt. Es wird auf die mathematisch „richtige" Ausgleichsmethode verzichtet und statt dessen abschnittsweise mit softwareseitig sehr einfach zu realisierenden Transformationen gearbeitet. Das bedeutet, daß jeweils größere zusammenhängende Gangabschnitte als Einheit betrachtet und ausschließlich den drei Operationen Verschieben, Drehen und Maßstabändern unterworfen werden. Da bei CAD-für-Höhlen der Plan als Ganzes, d.h. mitsamt allen Details, im Rechner vorliegt, können diese Operationen interaktiv am Bildschirm durchgeführt werden. Je größer man die Einheiten wählt, desto weniger Stücke sind es und um so weniger Arbeitsaufwand hat der Benutzer. Um so größer ist allerdings auch die Abweichung von der „reinen Lehre". Andersherum gilt: Würde man aus jeder einzelnen Polygonstrecke eine eigens zu behandelnde Einheit machen, so wäre das zwar sehr arbeitsintensiv, aber man käme genau zum selben Resultat wie die mathematisch exakte Ausgleichsmethode. Auf jeden Fall bleibt damit die Synchronität der Koordinaten in den Datenlisten und im Plandokument gewährleistet.

CAD-für-Höhlen hat heute den Stand erreicht, daß diese Korrekturarbeiten nur noch einen Bruchteil der Zeit erfordern, die man dafür bisher brauchte. Eine Neuzeichnung oder gar eine Neuaufnahme erübrigt sich gänzlich.

Unterschiedliche Anforderungen an einen Plan

Bisher war ausschließlich davon die Rede, einen Höhlenplan zu erstellen. Es gibt jedoch keine Form eines Höhlenplans, die für alle Fragestellungen geeignet ist.

Verschiedene Maßstäbe

Daß ein Lageplan in einer topographischen Karte 1:25 000 anders sein muß als ein Detailplan im Maßstab 1:500, das leuchtet sicher jedem ein. Aber auch zwei Ausgaben eines Detailplans in verschiedenen Maßstäben sind nicht identisch: Der kleinere Plan ist keinesfalls bloß eine Verkleinerung des größeren.

Wurde ein Plan beispielsweise für den Maßstab 1:500 optimiert, dann sind seine Beschriftungen der untersten Kategorie gerade so groß, daß man sie noch gut lesen kann (z.B. 1 mm hoch). Würde man diesen Plan nun auf 1:1000 verkleinern, so könnte man die dann ja nur noch 0,5 mm große Schrift nicht mehr lesen.

Auch wählt man die Größe bzw. Dichte einer Schraffur, z.B. die Punktung für Sand und Lehm, mit etwa 3 bis 4 Punkten pro mm^2 gerade so, daß es auf dem Papier gefällig aussieht. Das bedeutet, man wählt die Dichte nicht zu hoch, damit die Flächen nicht zu dunkel oder zu schwer erscheinen, andererseits aber auch nicht zu gering, damit sie nicht zu blaß oder hell aussehen. Würde man jetzt den Plan auf 50% verkleinern, dann käme das gewünschte Gleichgewicht durcheinander, und die Signatur würde viel zu dicht. Aus der Punktung mit 3 bis 4 Punkten pro mm^2 würde eine mit 12 bis 16, was entschieden zu dunkel und schwer wirkt.

Entsprechende Überlegungen gelten für fast alle gezeichneten Objekte und für deren Eigenschaften bis hin zur Strichstärke.

Je stärker der Maßstab geändert wird, desto mehr muß man die Details des Plans überarbeiten. Bei großen Maßstabsänderungen muß sich eventuell sogar am Detailreichtum etwas ändern; man bringt schließlich in einem Übersichtsplan nicht so viele Dinge unter wie in einem Detailplan.

CAD-für-Höhlen bietet spezielle Werkzeuge, mit denen teilweise automatisiert viele Objekte gleichzeitig und gleichartig verändert werden können.

Ein Kartenwerk als Atlas oder jedem Gang seinen eigenen Plan

Bis Ende der Siebzigerjahre war es üblich, jeweils gemeinsam in einen Plan zu zeichnen, was zusammengehört. Bei kleinen Höhlen ist das kein Problem, paßt doch der ganze Plan sowieso auf ein einziges Blatt. Bei großen Höhlen versuchte man, wenigsten alle befahrungstechnisch zusammengehörenden Gänge gemeinsam darzustellen. Je ausgedehnter ein durchgehender Gang ist, desto größer wird aber auch das erforderliche Planformat. Irgendwann stößt man mit dieser Strategie an die Grenzen handhabbarer Blattgrößen und muß dann den Plan eben doch zerstückeln und Zusammengehörendes auf mehreren Blättern eines Plans dokumentieren. Charakteristisch für dieses sogenannte TeilPLANsystem ist, daß nur diejenigen Gänge in einem Plan gemeinsam erscheinen, die befahrungstechnisch zusammenhängen. Von 1951 bis 1970 entstanden 18 Pläne der Hirlatzhöhle im Teilplansystem. Diese Pläne überlappen bzw. überlagern sich teilweise erheblich. So sind beispielsweise auf dem Teilplan Nr. 11 der Hirlatzhöhle aus dem Jahre 1965 die BRÜCKENHALLE und der RIESENSCHACHT (G16-G17) dokumentiert, während die direkt darunterliegende WASSERKLAMM nicht eingezeichnet ist. Diese ist alleine für sich in den Teilplänen Nr. 16-18 dokumentiert; dort fehlen wiederum die überlagernden Teile von BRÜCKENHALLE und RIESENSCHACHT.

Günter STUMMER führte Anfang der Achzigerjahre erfolgreich ein völlig neues System der Höhlendokumentation ein. Er übernahm das in der Kartographie gebräuchliche System, bei dem die einzelnen Blätter rein nach der geographischen Lage unterteilt sind. Dabei mußte er dieses sogenannte TeilBLATTsystem erst an die Besonderheiten der Höhlendokumentation anpassen. Bei Landkarten gibt es eine einzige Geländeoberfläche darzustellen, bei Höhlen hingegen manchmal mehrere Stockwerke übereinander. Charakteristisch für das Teilblattsystem ist, daß alle Gänge in einem Blatt gemeinsam erscheinen, die in diesem geographischen Ausschnitt liegen, unabhängig davon, ob sie befahrungstechnisch zusammenhängen oder nicht. Bei einem Grundriß handelt es sich um eine Draufsicht, wobei die obersten Gänge alles Darunterliegende verdecken. Wird von den überlagernden Gängen zu viel von den darunterliegenden verdeckt, so macht man eine Zweitausfertigung des Blatts, worin man dann die obersten Gänge wegläßt. Bei „mehrstöckigen" Höhlenteilen können so auch mehr als zwei Ausfertigungen nötig werden; alle Ausfertigungen eines Blatts zeigen aber immer ein und denselben Ausschnitt. Die Argumente von Günter STUMMER für dieses erweiterte Teilblattsystem sind auch heute noch überzeugend, und das erste in diesem System erstellte Kartenwerk, der Atlas der Dachstein-Mammuthöhle [STUMMER 1980], ist zum Standard für die moderne Höhlendokumentation geworden.

In der Folge der großen Neuentdeckungen seit 1984 wurde auch die Dokumentation der Hirlatzhöhle auf das Teilblattsystem umgestellt. Zunächst wurde bis 1986 weiterhin von Hand gezeichnet. Um die Nachteile des Teilblattsystems zu mildern, nämlich das Zerreißen der Gänge am rein geographisch orientierten Blattrand, wurde auf sehr großen Formaten (DIN A0) gezeichnet, und man ließ die Blätter etwas überlappen.

Durch die Umstellung auf eine vollständig computerisierte Planerstellung hat sich der ursprüngliche Widerspruch zwischen beiden Dokumentationssystemen (Teilplan und Teilblatt) aufgelöst: Mit einem in digitaler Form vorliegenden Plandokument kann man sowohl Pläne im Teilplansystem als auch im Teilblattsystem ausdrucken. Insbesondere ist das Einfügen oder Ausblenden einzelner Stockwerke sehr einfach möglich. Außerdem ist es leicht möglich, die Einzelblätter ähnlich wie bei Straßenatlanten soweit überlappen zu lassen, daß jeder Gang in seiner Breite auf einem Blatt zur Gänze dargestellt wird. Damit vermeidet man das noch bei STUMMER [1980] anzutreffende Zerstückeln von Hallen.

Von Gottfried BUCHEGGER [1995] wurde der erste Atlas einer Großhöhle veröffentlicht, in dem kein einziger Strich mehr von Hand gezeichnet worden war. Dieser Atlas der 9,2 km langen Schönberghöhle im Maßstab 1:1000 umfaßt 19 Seiten auf DIN A4. Auf derselben

Datenbasis entstand kurz darauf ein Atlas im Maßstab 1:500, der einen Umfang von 49 Seiten DIN A4 hat. [BUCHEGGER 1996]

Die Zeichnungsdatei zu diesem Atlas der Schönberghöhle im Maßstab 1:500 hat einen Umfang von etwa 6 MB. Für die Eingabe der Vermessungsdaten und die Ausarbeitung der Detailzeichnung waren insgesamt etwa 80 Arbeitsstunden am Computer erforderlich und für die Aufbereitung als Atlas 1:1000 und 1:500 jeweils weitere zehn.

Die Dokumentation der Schönberghöhle war der erste große Einsatz des Computerprogramms CAD-für-Höhlen. Die dabei gemachten Erfahrungen flossen in die Weiterentwicklung des Programms ein. Es kann davon ausgegangen werden, daß der erforderliche Arbeitsaufwand beim aktuellen Stand der Programmentwicklung nur noch etwa halb so hoch ist.

Die Ganglänge der Hirlatzhöhle ist fast zehnmal so groß wie die der Schönberghöhle. Auch die erforderliche Planfläche ist etwa zehnmal so groß. Die Schönberghöhle hat eine Ost-Westerstreckung von etwa 1,5 km und eine Nord-Süderstreckung von etwa 0,8 km, bei der Hirlatzhöhle sind es etwa 5,1 km und 2,6 km. Allerdings sind die Gänge der Hirlatzhöhle erheblich breiter als die der Schönberghöhle, weshalb pro Kilometer Gangstrecke mehr Details zu dokumentieren sind. Außerdem ist die Hirlatzhöhle an vielen Stellen mehrstöckig. Es wird angenommen, daß für die Erstellung des Plans aller bis Mai 1997 vermessenen Teile der Hirlatzhöhle (82 km) fast 1000 Arbeitsstunden vor dem Computer erforderlich sein werden. Ein Teil dieser Arbeitszeit wurde bereits aufgebracht. Es sind schon alle Vermessungsdaten eingegeben und mit CAD-für-Höhlen aufbereitet, so daß der Polygonzug insoweit fertig ist. Die Polygonzugmeßdaten und die daraus berechneten Polygon-zugkoordinaten sind in Dateien mit zusammen etwa 5 MB gespeichert. Die Zeichnungsdatei könnte am Ende einen Umfang von knapp 100 MB erreichen.

Vollautomatisierte Erzeugung von Übersichtsplänen

Für einen reinen Höhlenverlaufsplan interessieren die Details der Räumlichkeiten und der Raumfüllungen nicht. Solche Pläne kann man alleine auf der Basis der Polygonzugvermessung und der Raumvermessung erstellen, und zwar vollautomatisiert! So ist z.B. die gefaltete Planbeilage zu diesem Buch durch eine Zusammenfügung eines vollautomatisch erstellten Übersichtsgrundrisses der Hirlatzhöhle und eines digitalisierten Ausschnitts aus der ÖK 25V entstanden [BOSSERT 1988]. Es mußten nur noch die Höhlenteile eingefärbt und beschriftet werden.

In Bild 12 ist ein mit CAD-für-Höhlen vollautomatisch erstellter Übersichtsgrundriß und ein dazugehöriger Aufriß dargestellt. Der für einen Übersichtsplan bewußt zu groß gewählte Maßstab soll das „Konstruktionsprinzip" erkennbar machen.

Auch einige andere der bei HENNE [1994b] beschriebenen Programme können ähnliche Übersichtspläne vollautomatisch erzeugen.

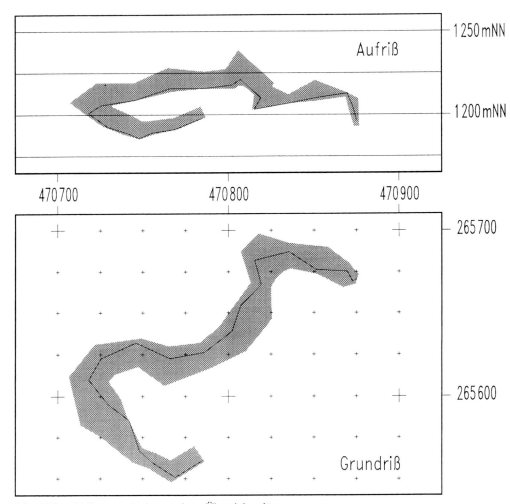

Abb. 129: Vollautomatisch generierte Übersichtspläne

Dreidimensionale Ansichten

Für die räumliche Vorstellung eines komplexen Höhlensystems benötigt man dreidimensionale Darstellungen. Bereits Anfang der Achzigerjahre hat HELLER [1983] mit seinem Großrechnerprogramm TOPOROBOT dreidimensionale Darstellungen ermöglicht. Inzwischen gibt es mehrere Programme, welche dies leisten. Allerdings bleiben einige bei sogenannten Drahtmodellen stehen, d.h., sie stellen den Gang nur durch den Polygonzug dar. So richtig anschaulich wird die Sache aber erst, wenn auch Gangbreite und -höhe berücksichtigt werden.

Abb. 130 zeigt eine mit CAD-für-Höhlen vollautomatisch erstellte, perspektivische Darstellung eines Gangs als Kastenprofil. Ein Rechteck ist gewiß keine gute Näherung für das reale

---

Gangprofil, aber bei großen Höhlen spielt diese Vereinfachung in Relation zu den Gesamtabmessungen keine Rolle. Der Maßstab wurde so gewählt, daß man auch hier wieder das „Konstruktionsprinzip" erkennen kann.

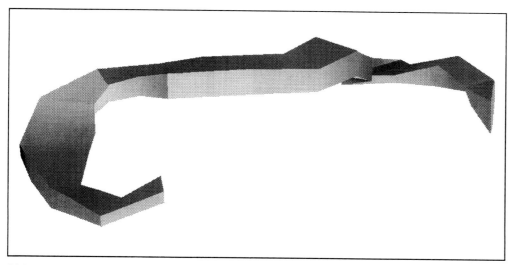

Abb. 130:   Vollautomatisch generierte 3D-Ansicht

Ausblick

Die Technik der Höhlendokumentation hat sich im Laufe der Zeit erheblich verändert. Es gibt keine Veranlassung zu glauben, es sei bereits das Ende der Entwicklung erreicht. Ganz im Gegenteil ist eher anzunehmen, daß sich die Technik sogar noch mit zunehmender Geschwindigkeit verändern wird. Die Entwicklung ist nur für einen sehr begrenzten Zeitraum vorauszusehen.

Zunächst werden irgendwann einmal Geräte für die Polygonzugvermessung zur Verfügung stehen, die einerseits keine Ablesung durch eine Person mehr erfordern (direkte Datenaufzeichnung) und die andererseits eine Fehlbedienung weitgehend ausschließen und damit die Meßfehler reduzieren. Daneben ist es vorstellbar, daß die Handskizzen durch automatisch auswertbare Videoaufnahmen ersetzt werden könnten.

Auf seiten der Plandokumente wird die Automatisierung fortschreiten. Gleichzeitig werden mehrere verschiedenartige Informationen vernetzt werden. Mit Hilfe moderner Datenbanksysteme könnte der Benutzer beispielsweise auf dem Bildschirm eine Stelle des Plans zeigen und würde dann alle mit dieser Stelle assoziierten Informationen erhalten: Temperatur, Luftzug, Sedimente, erforderliche Befahrungstechnik, nächstes Biwak, aber auch Tourenberichte, Fotos, Videos, Animationen ...

Mit dem Fortschritt der Technik wird für den außenstehenden Beobachter die Vorstellung von der Höhle immer plastischer werden. Eines bleibt aber wohl noch lange unersetzlich: Das überwältigende Erlebnis, einen Höhlenraum als erster zu betreten und für die Nachwelt zu dokumentieren!

Raumbeschreibungen

Einführung

Die Hirlatzhöhle ist zu groß, um ihre Räumlichkeiten unstrukturiert beschreiben zu können. Andererseits besteht die Höhle auch nicht aus ausreichend vielen, objektiv vorgegebenen, verschiedenartigen Höhlenteilen, so daß eine „natürliche" Gliederung ausscheidet. Sicherlich könnte man die Hirlatzhöhle in ein westliches und ein östliches Subsystem unterteilen, da die Gangsysteme unter dem *Grünkogel* bis zum *Vorderen Hirlatz* und diejenigen unter dem *Zwölferkogel* bis zum *Rauher Kogel* nur über einen einzigen, zwei Kilometer langen Gang mit relativ geringem Querschnitt, den OSTZUBRINGER, verbunden sind. Aber diese Untergliederung ist für eine übersichtliche Raumbeschreibung noch deutlich zu grob.

Untergliederung in Höhlenteile

Die Hirlatzhöhle wurde für die Raumbeschreibungen in 17 benannte Höhlenteile untergliedert. Dabei wurden soweit als möglich natürliche Abgrenzungsmerkmale herangezogen. Vorrangig wurde nach der geographischen Lage separiert. Liegen mehrere Etagen übereinander, so wurde versucht, diesen gegebenenfalls eigene Höhlenteile zuzuordnen. Beide Gesichtspunkte sind nicht völlig stringent umsetzbar, etwa weil durchgängige Hauptgänge über sehr große Distanzen existieren oder weil die Etagen mehrfach vernetzt sind und sogar ineinander übergehen. Schließlich spielt auch die befahrungstechnische Erreichbarkeit eine Rolle bei der Aufteilung, etwa weil ein Siphon ein extremes Befahrungshindernis in einem ansonsten durchgehenden Gang darstellt.

Namen der 17 Höhlenteile und anderer Räumlichkeiten

Die Mehrzahl der 17 Höhlenteilnamen sind umgangssprachlich beschreibend, z.B. der Name OBERES SYSTEM. Um hier eine sofort erkennbare Unterscheidung zwischen einer umgangssprachlichen Verwendung, etwa bei „darüber befindet sich noch ein weiteres oberes System" und dem eindeutigen, fest zugeordneten Höhlenteilnamen OBERES SYSTEM zu haben, werden die feststehenden Namen von Höhlenteilen durchgehend in GROSSBUCHSTABEN gedruckt.

Die 17 benannten Höhlenteile sind:

1.	ZUBRINGER	7.	SÜDWEST	13.	UNTERER OSTEN
2.	ALTER TEIL	8.	SCHWABENLAND	14.	WANDAUGENLABYRINTH
3.	ZWISCHENETAGE	9.	OSTZUBRINGER	15.	HIRSCHAULABYRINTH
4.	OBERES SYSTEM	10.	MITTLERER OSTEN	16.	DONNERBACH
5.	WESTEN	11.	FERNER OSTEN	17.	LABYRINTH DER
6.	WILDER WESTEN	12.	SANDGRABEN		ENTSCHEIDUNG

In der Hirlatzhöhle wurden hunderten Räumlichkeiten feste Namen zugeordnet. Auch von diesen Namen sind viele umgangssprachlich beschreibend und deshalb nicht von sich aus als feststehende Namen erkennbar. Um auch hier ein Erkennungsmerkmal zu haben, werden alle feststehenden Namen, die ihrerseits nicht zu den 17 Höhlenteilnamen gehören, in Kapitälchen gedruckt. Damit kann man z.B. sofort unterscheiden zwischen der Beschreibung

„dieser Parallelgang stellt für die Befahrung eine große Erleichterung dar", was ja für viele Gangteile zutreffen dürfte, und einer Benennung „die GROSSE ERLEICHTERUNG verkürzt die Gehzeit erheblich", womit genau eine einzige Stelle in der Höhle gemeint ist.

Struktur der Beschreibung

Jedem der 17 benannten Höhlenteile wurde ein eigenes Kapitel zugeordnet. Jedes Kapitel ist in sich gleichartig aufgebaut und gliedert sich in drei Teile.

Am Anfang steht eine graphische Lageübersicht des Höhlenteils. Dabei ist der betreffende Höhlenteil jeweils in einem Grundriß und einem Aufriß hervorgehoben.

Es folgt ein Teil mit der Überschrift *Übersicht*, in dem die wesentlichen Daten des Höhlenteils summarisch zusammengefaßt werden. Diese Übersicht gliedert sich ihrerseits stets in fünf Abschnitte:

Lage: Hier wird die geographische Lage des Höhlenteils relativ zur Geländeoberfläche angegeben. Die Namen, die in Bezug zur Lage der Höhle wichtig sind, und deren Schreibweise wurden der Karte Nr:14, Dachsteingruppe des Österreichischen Alpenvereins, Ausgabe 1992, sowie der Österreichischen Karte 25 V, Blatt 96, entnommen und durch *Kursivdruck* kenntlich gemacht. Die Angaben in Klammern beziehen sich auf den Raster des Übersichtsplans zu diesem Buch.

Zugang: Hier wird der Höhlenteil genannt, durch den man normalerweise zuletzt kommt, wenn man den beschriebenen Höhlenteil erreichen will. Gibt es mehrere Zustiegsmöglichkeiten, die über unterschiedliche Höhlenteile führen, werden diese ebenfalls aufgezählt. Wer den Standardzustieg vom Höhleneingang aus in Erfahrung bringen will, muß also jeweils anhand der zuerst genannten Zugangsvariante im entsprechenden Kapitel nachsehen usw., bis er zum ZUBRINGER, dem Höhlenteil mit dem Eingang, zurückkommt.

Höhenlage: In der ersten Zeile wird die Höhenlage des jeweils tiefsten und des jeweils höchsten Meßpunktes im Höhlenteil angegeben, gerundet auf volle zehn Meter, bezogen auf Normalnull (mNN).
Sofern es im jeweiligen Höhlenteil sinnvoll ist, ihn nach Haupt- und Nebengängen zu unterteilen, wird auch die Höhenlage der Hauptgänge alleine angegeben.

Größe: Erste Zeile: Ganglänge gerundet auf zehn Meter und prozentueller Anteil an der der ganzen Hirlatzhöhle.

Zweite Zeile: Vermessenes Gangvolumen, gerundet auf volle tausend Kubikmeter und prozentueller Anteil an dem der ganzen Hirlatzhöhle. Das Gangvolumen wurde vereinfacht als Meßzuglänge • (links + rechts) • (oben + unten) berechnet. Dabei bedeutet „links" den Abstand vom Meßpunkt zur linken Raumbegrenzung usw. Ein auf diese Art berechnetes Volumen ist nur bei Gängen mit rechteckigem Gangquerschnitt zutreffend. Bei der Mehrzahl der realen Gangprofile ist es zu groß. Andererseits fehlen bei der Hirlatzhöhle knapp 6% aller Raumbegrenzungsangaben, was das berechnete Gesamtvolumen wiederum als zu klein erscheinen läßt.

Dritte Zeile: Mittlerer Gangquerschnitt, berechnet als
Gangvolumen : Ganglänge

Vierte Zeile: Räumliche Erstreckung des Höhlenteils, gerundet auf volle zehn Meter.

Charakteristik: Hier wird eine Kurzübersicht über die prägenden Gangformen und -inhalte gegeben.

Es folgt ein Teil mit der Überschrift **Beschreibung**, in welchem die Gänge des Höhlenteils detailliert beschrieben werden. Dabei erfolgt die Darstellung meistens in der Reihenfolge, in der die Gänge auch befahren werden können, und zwar die Hauptgänge zuerst.

Die Entfernungsangaben sind generell ungefähre Angaben und der besseren Lesbarkeit wegen gerundet auf volle zehn Meter. Die Lageangaben in Klammern beziehen sich auf den Raster des Übersichtsplans, die Höhenangaben auf Normalnull (mNN) und sind auf volle zehn Meter gerundet.

Sofern es im jeweiligen Höhlenteil sinnvoll ist, ihn nach einem bzw. wenigen Hauptgängen und einem bzw. mehreren Nebengängen zu unterteilen, wird diese mögliche Unterteilung spezifiziert. Es werden dann die Ganglänge, das Gangvolumen und der mittlere Gangquerschnitt der Hauptgänge ohne Nebengänge erwähnt.

Relation zur Gesamthöhle

Um sich jeweils ein Bild von den Größenverhältnissen eines Höhlenteils machen zu können, hier die Daten der Gesamthöhle:

Lage: Die Höhle erstreckt sich von der Westflanke des *Grünkogels* (L5) im Westen bis unter die Ostflanke des *Rauher Kogels* (H30) im Osten. Der südlichste Punkt liegt unter dem Kamm zwischen *Gamskogel* und *Niederem Grünberg* (P5). Im östlichen Teil der Höhle reicht ein Gang nach Süden bis unter das *Tiefkar* (P27). Der Eingang am Fuße der Hirlatzwand stellt den nördlichsten Punkt der Höhle (C15) dar. Mit einem Gang reicht der östliche Teil der Höhle nach Norden bis unter den *Schoßlahngang* (D22), mit einem weiteren bis nahe zum *Kessel* (D27).

Höhenlage: 510 bis 1540 mNN.
Hauptgänge gibt es in mehreren Etagen, die insgesamt nach Osten hin leicht fallen. Die großräumigsten Hauptgänge der Hirlatzhöhle mit zusammen 20 km liegen zwischen 860 und 1470 mNN.

Größe: Ganglänge 85 270 m.
Gangvolumen 2 164 950 m³.
Mittlerer Gangquerschnitt 25,4 m².
Ost-West-Erstreckung 5050 m, Nord-Süd-Erstreckung 2570 m.

Die Höhle ist durch dominierende Hauptgänge charakterisiert. 8,2 km von ihnen, also gerade ein Zehntel der Gesamtganglänge der Hirlatzhöhle, beinhalten mehr als zwei Drittel des gesamten Höhlenvolumens. Die Hälfte aller Gangstrecken, das sind 40 590 m, beinhalten bereits fast 90% des Gesamtvolumens der Hirlatzhöhle.

Tobias BOSSERT

Abb. 131: Ludwig HALLINGER an der Seilquerung des ersten Sees der Säulenhalle
(Foto: G. BUCHEGGER, 1998)

Abb. 132: Forscher durchwaten den vierten See zwischen Säulenhalle und Tiefkarkluft, v.l.n.r.:
Ludwig HALLINGER, Peter SEETHALER (Foto: G. BUCHEGGER, 1998)

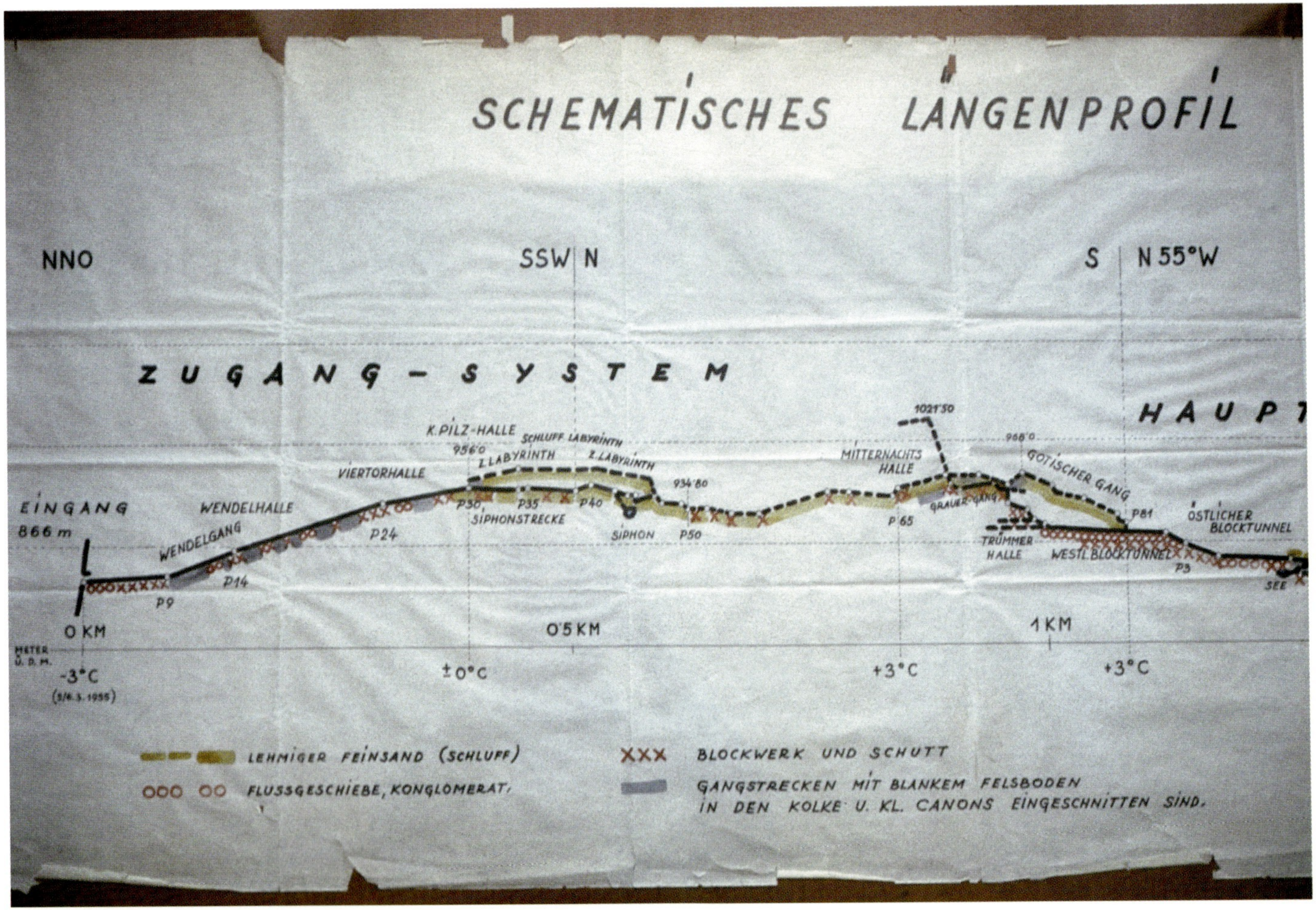

Abb. 122: Schematisches Längenprofil durch die Hirlatzhöhle (Zubringer, Alter Teil)

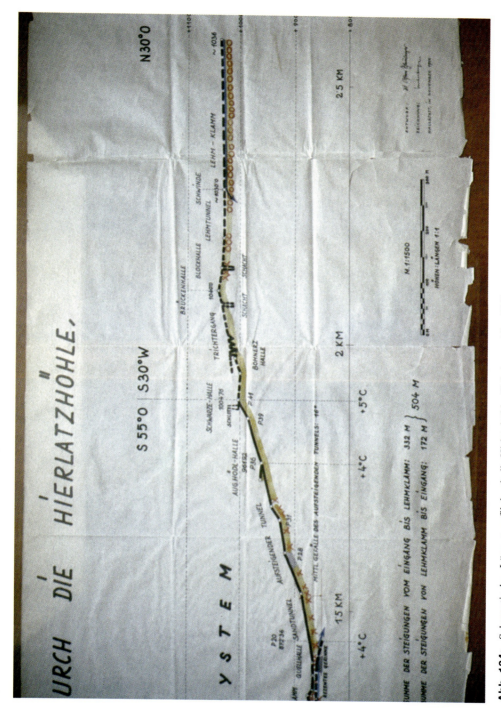

Abb. 134: Schematisches Längenprofil durch die Hirlatzhöhle (Zubringer, Alter Teil) Plan von Othmar SCHAUBERGER, 1955 (Foto: R. PAVUZA, 1998)

Abb. 135: Hallstatt mit dem Hirlatz im Hintergrund
(Foto: O. SCHAUBERGER)

Abb. 136: Blick auf Hallstatt mit dem Hirlatz, Zwölferkogel und Rauher Kogel
(Foto: N. LEUTNER, 1994)

Abb. 137: Nordwand des Hirlatzberges
(Foto: W. GREGER, 1997)

Abb. 138: Am Wanderweg von Hallstatt auf den Dachstein liegt das riesige Tiergartenloch
(Foto: W. GREGER, 1996)

Abb. 139: Das trockene Bachbett des Kessels
(Foto: W. GREGER, 1993)

Abb. 140: Kessel (Hochwasser Juli 1997)
(Foto: W. GREGER)

Abb. 141: Der Waldbach-Ursprung (Normalwasserstand)
(Foto: W. GREGER, 1997)

Abb. 142: Waldbach-Ursprung (Hochwasser 1991)
(Foto: G. VÖLKL)

Abb. 144: Hirschbrunn (Hochwasser 1995)

Abb. 143: Hirschbrunn (Normalwasserstand)

ZUBRINGER

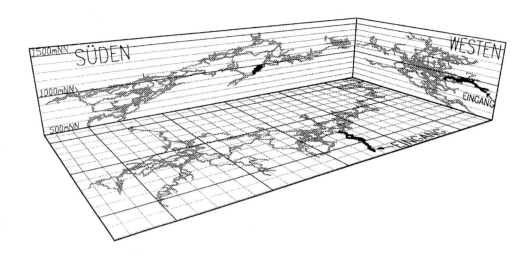

Übersicht

Lage: Zwischen Eingang (870 mNN) und ALTEM TEIL.

Zugang: Vom Simony-Denkmal im Echerntal bei Hallstatt südlich empor zum Fuß der Hirlatzwand (ca.1 Stunde).

Höhenlage: 870 bis 980 mNN.

Größe: Ganglänge 2290 m, das entspricht 2,6% der Höhle. Gangvolumen 21 000 m³, das entspricht 1,0% der Höhle. Mittlerer Gangquerschnitt 10,0 m². Ost-West-Erstreckung 160 m, Nord-Süd-Erstreckung 680 m.

Charakteristik: Mit temporärem Eisteil und zweiter Tagöffnung, einem Hauptgang von 1140 m Länge und mittlerer Größe, vorwiegend schichtgebunden (Linsen- und Rundprofile), unterbrochen durch ein zweistöckiges Labyrinth mit niedrigen Passagen mit bedeutendem Mehlsandvorkommen, wenige Großräume.

Beschreibung

Das in 10 m Wandhöhe liegende, ehemals fast kreisrunde Portal (C15, 870 mNN) ist über eine kurze Eisenleiter erreichbar. Den Zutritt ins Höhleninnere sichert ein versperrbares Gittertor. Zur Verbesserung der Abflußverhältnisse beim EINGANGSSIPHON - zu Pionierzeiten ein gefürchtetes Hindernis - wurde die Sohle im gesamten Portalbereich durch umfangreiche Grabungen und Gesteinsabsprengungen stark eingetieft (Abb. 14, 15, 20, 63, 64, 68, 69, 85, 86). Heute praktisch trockenliegend, leitet die sturmdurchtoste Engstelle problemlos in die 30 m vom Eingang entfernte, 12 x 12 m große JAUSENHALLE über (Höhlenbuch). Die anschließenden 300 bis 400 m verwandeln sich zwischen Dezember und April zu einer meist recht attraktiven Eishöhle, wobei - 70 m weiter - besonders die in schraubenförmiger Windung ansteigenden WENDELGÄNGE hervorzuheben sind (Abb. 45, 52). Ein 9 m hoher Aufstieg zum Deckenloch in der WENDELHALLE führt nach 180 m zur zweiten, von außen unzugänglichen Tagöffnung (908 mNN).

Vorbei an zahlreichen wassergefüllten Bodenkolken (Abb. 51) mit fallweise trügerischer Eisdecke erreicht man stetig ansteigend den trümmerbedeckten Boden der VIERTORHALLE und gleich darauf die langgestreckte, 10 m breite KARL-PILZ-HALLE (Abb. 47, D14, 961 mNN). 400 m im Inneren der Höhle ändert hier der ZUBRINGER plötzlich seinen Charakter: Es folgt das niedrige, in zwei Etagen übereinanderliegende SCHLUFFLABYRINTH (E14) mit ausgedehnten Ablagerungen eines mehr oder minder schluffigen Mehlsandes, oftmals fälschlich auch als Lehm bezeichnet[A]. Die beiden Horizonte hängen durch den 50 m langen VERBINDUNGSSCHLUF zusammen und umfassen jeweils rund 300 m. Das untere Labyrinth - einschließlich SIPHONGANG (90 m) nur geringfügig kürzer - ist zwar ohne Hilfsmittel befahrbar, besteht dafür aber nahezu gänzlich aus einer (bis zu 5 m breiten) Schluf- und Kriechstrecke auf teils sandig-nassem, teils blockigem Untergrund. Benützt wird daher üblicherweise nur mehr das bis zu 20 m höher verlaufende obere Stockwerk (Aufstieg 8 m), dessen Sohle, durch Grabungen tiefer gelegt, zumeist doch noch eine gebückte Fortbewegung erlaubt.

Südlich eines auffälligen Spitzbogenprofils in der oberen Etage (KLEINER GOTISCHER GANG) setzt – unweit deren höchster Stelle – eine ob ihrer Enge nur schwer schliefbare Verbindung an: Beginnend mit den VIER GEBURTEN, sind es bis zum OSTGANGSIPHON (E15, 941 mNN) rund 150 m. Ein trockenes Durchkommen in die 70 m entfernte MITTERNACHTSHALLE ist jedoch nicht möglich, denn der kleine Sickerwassertümpel läßt höchstens ein paar Zentimeter Luftraum frei. Sehr schwierig zu befahren ist auch die zweite Fortsetzung hinter den VIER GEBURTEN, der Aufstieg über LEHMSCHACHT und HORRORSCHACHT zum immer enger werdenden LEHMSCHLUF (E14).

Nach Vereinigung der beiden Stockwerke (Abstiegshöhe vom oberen: 18 m) und einer 5-m-Stufe folgt der nun wieder recht geräumige Hauptgang (4 bis 7 m breit, im Schnitt 2,5 m hoch) mäßig ab- und wieder ansteigend in einer Länge von 240 m vorwiegend den gegen Südosten einfallenden Gesteinsschichten. Nahe seiner tiefsten Stelle (923 mNN) sind zahlreiche Kolke, Erosionspfeiler sowie Wasserstandsmarken ausgebildet. Rund 70 m weiter stehen wir oben in der 6 m hohen MITTERNACHTSHALLE (F14, 945mNN), Blockwerk und tiefe Mehlsandablagerungen bedecken den Boden. Entlang der Schnittlinie jener vom abzweigenden OSTGANG nach Südwest ziehenden Kluft mit einer Schichtfuge ist anschließend der 35 m lange KREUZUNGSTUNNEL mit seinem eindrucksvollen, 8 m breiten Ellipsenprofil entstanden (956 m NN).

80 m südöstlich (943 mNN) gilt es dann den 16 m hohen, fast 50 Grad geneigten PLATTEN-SCHRÄGAUFSTIEG zu überwinden. Oben mündet er direkt in den fotogenen Spitzbogen einer 5 m hohen, sofort wieder steil nach Südost fallenden Kluft, die als GROSSER GOTISCHER GANG bezeichnet wird (Abb. 46). Unterbrochen von einer 8,5-m-Vertikalen, führt sie in die ABSTIEGSHALLE. Hier überquert man erstmals, vorbei an einem schrägen Verbindungsschacht, den 20 m tiefer durchziehenden BLOCKTUNNEL, dessen Sohle kurz danach über zwei knapp aufeinanderfolgende, jeweils 8 bis 9 m hohe Stufen direkt aus der Decke herab erreicht wird (Abb. 24, ALTER TEIL).

[A]Statt der von O. SCHAUBERGER - nach einem bodenkundlichen Terminus - geprägten Bezeichnung SCHLUFFLABYRINTH werden vielfach auch die Namen OBERES LEHM- bzw. SCHLUFLABYRINTH verwendet.

ALTER TEIL

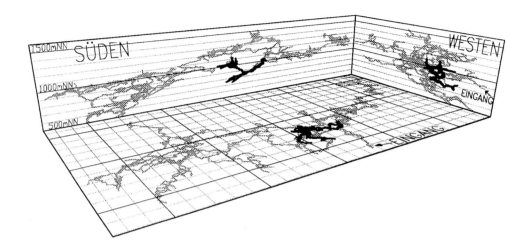

Übersicht

Lage:
: Erstreckt sich vom *Vorderen Hirlatz* nach Westen bis fast zum *Feuerkogel*. Südlich des ZUBRINGERS.
Überlagernder Höhlenteil: OBERES SYSTEM, verbunden durch ZWISCHENETAGE und WASSERSCHACHT.

Zugang:
: Nur durch den ZUBRINGER erreichbar.

Höhenlage:
: 730 bis 1110 mNN, Hauptgänge zwischen 860 und 1030 mNN.

Größe:
: Ganglänge 6640 m, das entspricht 8,2% der Höhle. Gangvolumen 135 000 m³, das entspricht 6,5% der Höhle. Mittlerer Gangquerschnitt 20,4 m². Ost-West-Erstreckung 880 m, Nord-Süd: 610 m (DORNRÖSCHENSCHLUF bis WASSERGANG).

Charakteristik:
: Im wesentlichen inaktiver, 2090 m langer Hauptgang zwischen SEETUNNEL und LEHMTUNNEL (Volumen 92 000 m³), Breiten und Höhen bis 10 m, Kastenprofil, Blockwerk und Sand, Versturzzone im Westen, mächtige Sedimentlager im Osten, fünf Schlote, wenige kurze Seitengänge. Ein aktiver Canyon führt Richtung Nord in großvolumige Staubereiche.

Beschreibung

Zur besseren Übersicht erfolgt eine Unterteilung in drei Abschnitte:
1. BLOCKTUNNEL bis LEHMTUNNEL (früher „Ostteil"), 3104 m.
2. BLOCKTUNNEL bis SEETUNNEL (ehemals „Westteil"), 843 m.
3. Aktiver Teil (WEIHNACHTSKLAMM, WASSERKLAMM, NORDSIPHON), 2694 m.

1. BLOCKTUNNEL bis LEHMTUNNEL

1.1. ÖSTLICHER BLOCKTUNNEL - RIESENKLAMM - BOHNERZHALLE (1733 m)

In einer Breite zwischen 5 und 10 m sowie einer Höhe von meist 10 m senkt sich der 195 m lange ÖSTLICHE BLOCKTUNNEL vom ZUBRINGER (F14, 908 mNN) in Hauptrichtung Südost hinunter zur RIESENKLAMM (G15, Sohle 859 mNN), wo er von einem Gerinne aus dem „Westteil" angeschnitten wird (SCHACHTSEE - WEIHNACHTSKLAMM - OBERGANG, siehe Punkt 3, Aktiver Teil).

Die bis 20° geneigte Tunnelstrecke ist von zahllosen großen Felsblöcken bedeckt, bemerkenswert sind überdies Kalkkonglomerate, die vereinzelt Augensteine (Quarzgerölle) enthalten und als Rest einer ehemaligen Ausfüllung sowohl an Deckensturzblöcken als auch - bis in 3 m Höhe - an den Seitenwänden kleben. Kleine Tümpel, lokale Anhäufungen zugerundeter Kalkgerölle und Sand weisen auf einen gelegentlichen Wasserlauf zwischen TRÜMMERHALLE -Versturz und RIESENKLAMM hin (Abb. 23, 41, 43).

In der eindrucksvollen, zwanzig Meter hohen RIESENKLAMM hat sich der als Wasserfall aus dem OBERGANG (siehe Punkt 3) herabstürzende Höhlenbach ein zehn Meter tiefes Gerinnne geschaffen, so daß zur Überwindung der Schlucht lediglich ein schmales, zwanzig Meter langes Band an der nordöstlichen Wand übrigbleibt. Kurz darauf folgt eine zweite Querung, und dreißig Meter weiter, in der QUELLHALLE (G15, 856 mNN), befinden wir uns am tiefsten Punkt zwischen ZUBRINGER und ENGER KLAMM oder 14 m unter Eingangsniveau.

Der seit der RIESENKLAMM zur Hälfte unter einem mächtigen Versturzboden verborgene Bachlauf fließt an dieser Stelle nach Süden in die WASSERKLAMM ab (G15, siehe Punkt 3). Die Hauptfortsetzung wird durch den 8 bis 12 m breiten, aber nur mehr vier Meter hohen, nach Nordosten ziehenden SANDTUNNEL gebildet, wo lange Jahre hindurch ein Zelt (Biwak 1 Abb. 17,29) als Stützpunkt diente (G15, G16, 863 mNN).

Das nächste Etappenziel, die BRÜCKENHALLE (G17), liegt zwar kaum 300 m Luftlinie weiter im Osten, der tatsächlich zurückzulegende Weg ist jedoch 760 m lang, wobei in einem großen Bogen über Süd 160 m in ständigem Anstieg zu überwinden sind.

Am Ende des 70 m langen SANDTUNNELs beginnt mit scharfem Rechtsknick, bei einer Vielzahl von Lehmbuckeln, der unter rund 20 Grad Richtung Südosten emporziehende, meist 6 bis 10 m breite und bis zu 10 m hohe AUFSTEIGENDE TUNNEL. Seine Sohle besteht aus blankem Fels, der zum Teil von Blockwerk und Lockersedimenten überdeckt ist. Nach 300 m, in der AUGUST-HÖDL-HALLE, zweigt südlich der vergleichsweise kleinräumige, 134 m lange KULISSENGANG ab: Erst ansteigend, dann fallend, mündet er in den Nordost-Südwest geneigten, insgesamt 220 m messenden WASSERGANG (H16, H17).

Von der AUGUST-HÖDL-HALLE gewinnt man hinter einer Krümmung den weiter aufwärts führenden LEHMGLETSCHER und 100 m danach die düstere, 10 m hohe SCHWARZE HALLE, deren Durchmesser sich auf 25 m beläuft. Ihr Name geht auf einen hauchdünnen, schwarzen Belag zurück, der gleichermaßen sowohl die verfestigten Mehlsande an der Sohle als auch die Felswände überzieht.

Durch den südlich abzweigenden SCHWARZEN GANG und einen anschließenden, schwierigen Canyon können der 190 m entfernte, riesige HALLSTÄTTER SCHLOT (erstiegen bis +61 m) und der kleinere, eng benachbarte JAHNSCHLOT erreicht werden.

Erhard FRITSCH

70 Meter nordöstlich der SCHWARZEN HALLE, getrennt durch eine flache Senke, öffnet sich die 15 x 20 m große BOHNERZHALLE. Ihre Sohle steigt steil nach Nordost an, daneben fällt eine kurze Abzweigung mit schwarzem Überzug zu einer Schwinde ab; am Südrand der Halle entspringt eine spärliche Quelle.

1.2. BOHNERZHALLE - BRÜCKENHALLE - ENGE KLAMM (1371 m)

Für den weiteren Höhlenverlauf ist zunächst eine markante Störungslinie verantwortlich, die erst in 10 m Höhe begehbare Dimensionen annimmt. Der Aufstieg führt zum nach Nordnordwest gerichteten TRICHTERGANG, dessen Ausfüllung in einer Länge von 50 m durch trichterförmige, bis zu 2 m tiefe Bodenlöcher unterbrochen ist.

Im leicht gewundenen S-GANG zweigt, in südöstliche Richtung fallend, der im Schnitt nur 1,4 m hohe, meist jedoch 5 bis 8 m breite NIEDERE GANG ab. Er endet nach knapp 200 m bei einem Tümpel mit auslaufendem Gerinne.

Vorbei an einem weiten LEHMTRICHTER zur Linken, an dessen Grund in 8 m Tiefe eine Kluft Richtung TRICHTERGANG zurückführt biegt nun der Hauptgang scharf nach rechts (Osten) um. Man betritt die 20 x 20 m messende, gegen 8 m hohe BRÜCKENHALLE mit dem Biwak II (Abb. 59-61, G17, 1027 mNN), zugleich die höchste Stelle im Hauptgang - ALTER TEIL.

Nordseitig setzt als Seitenstrecke der in zwei Stufen steil ansteigende, 125 m lange KARRENGANG an. Meist 3 bis 5 m breit und 5 bis 7 m hoch, tendiert er im allgemeinen nach Südwesten, um hinter einem heftig bewetterten Schluf, 17 m über der Blocksohle, im RIESENSCHACHT (auch Riesenschlot genannt) auszumünden (1066 mNN). Im gegenüberliegenden JÖRGSCHLOT wurde mit 1111 mNN der höchste Punkt im gesamten ALTEN TEIL erklommen (+55 m).

Vom WASSERSCHACHT, 20 m östlich der BRÜCKENHALLE, besteht einerseits die nur schwierig befahrbare, zweite Verbindung hinauf ins OBERE SYSTEM (SCHINDERCANYON), andererseits nimmt an seinem Grund ein enger, den ostwärts gerichteten Hauptgang (LEHMTUNNEL) unterlagernder Canyon von 180 m Länge seinen Ursprung. Vereinigt mit dem aus der ENGEN KLAMM zufließenden Bach, endet er am TIGERSEE-Siphon.

Die Sohle des noch 300 m langen, fast horizontal entwickelten Haupttunnels (6 bis 10 m breit, ca. 5 m hoch) besteht aus leicht verfestigten Mehlsanden, die von der Natur großteils zu einem vielgestaltigen Gebirgsrelief en miniature modelliert worden sind. Entlang eines heute längst trockenen Mäanders trifft man schließlich bei der BACHSCHWINDE erstmals auf den obgenannten, aus der Gegenrichtung (Ost) kommenden Wasserlauf (ENGE KLAMM), der ebenfalls zum 65 m entfernten TIGERSEE hinab entwässert.

Die Masse der Ablagerungen erfüllt den LEHMTUNNEL allmählich bis zur Decke, meist lassen die Firste nur mehr den tiefgründigen Weg in der bereits mehrere Meter tief eingegrabenen LEHMKLAMM frei. Ein rezenter Abbruch zeigt deutlich die feine Schichtung der hier bis zu 6 m mächtigen Ausfüllung. 60 m hinter der BACHSCHWINDE ist der Hauptgang endgültig durch Sedimente blockiert, lediglich die abzweigende ENGE KLAMM ermöglicht noch, vorbei am Bachursprung, ein zunehmend mühsameres Fortkommen: Nach ca. 250 m, im LEHMKANAL, erreicht man die Grenze der Schliefbarkeit (Abb. 48).

2. BLOCKTUNNEL bis SEETUNNEL

Ausgehend vom Abstieg aus dem ZUBRINGER (F14, 908 mNN) verläuft der WESTLICHE BLOCKTUNNEL mit Dimensionen von rund 8 x 8 m zunächst gegen Südwesten, um entlang der

STEINERNEN ORGEL, einer beachtenswerten Karrenwand, nach Nordwest umzubiegen. Felsblöcke und Geröll sind auf diesen 100 m dominierend, es wurden sogar Steinkugeln mit einem Durchmesser von 15 cm und mehr gefunden (Abb. 22).

Steil ansteigend leitet dann ein gewaltiger Versturz in die senkrecht aufstrebende TRÜMMERHALLE über (F14, 937 mNN). In 15 m Höhe setzt der 8 m breite GRAUE GANG (952 mNN) an, dessen nur mehr 2 bis 3 m hohes Rückstaubecken zu Zeiten großen Wasserandranges das weitere Vordringen vereitelt; eine Umgehung ist nicht möglich. Schutt und Blockwerk, von feinem Mehlsand überzogen, bedecken die Gangsohle (Abb. 26, 28, 87).

Ein loser Versturz bringt uns jenseits des Sunks hinauf zum Grund einer gewaltigen, aus zwei parallelen Schloten gebildeten Vertikalzone. Die zum Aufstieg benützte SCHACHTHALLE (G14, 967 mNN) und der PARALLELSCHACHT sind u.a. 54 m höher durch die WESTLICHE SCHWARZE HALLE (G14, 1024 mNN) verbunden. Ihr fast ebener Sandboden weist einen feinen, schwarzen Überzug auf und bricht bereits nach 30 m in den 80 m tiefen PARALLELSCHACHT ab. Den einzig möglichen Weiterweg bildete früher die leicht ansteigende, 16 m lange Traversierung der abschüssigen Plattenfluchten am östlichen Schachtrand mit einem unmittelbar folgenden 14 m-Abstieg in den SEETUNNEL (Abb. 27, 88).

Die heutige Bedeutung als Schlüsselstelle am Weg in die neuen, mehr als 70 km umfassenden Höhlenteile erlangte der PARALLELSCHACHT durch seine Überquerung (PENDLER) im Dezember 1983, wobei eine rund 15 m höher in der jenseitigen (westlichen) Wand sichtbare Öffnung erreicht werden konnte (siehe ZWISCHENETAGE).

Der südlich des PARALLELSCHACHTES, knapp 10 m tiefer als die WESTLICHE SCHWARZE HALLE, ansetzende, 100 m lange SEETUNNEL leitet anfänglich unter 25 Grad Neigung in Südsüdwest-Richtung. Auf halber Strecke biegt er nach Westen und taucht im abschließenden Siphon unter (G14, 993 mNN). Schwarze Schlammablagerungen beweisen einen möglichen Anstieg des Seespiegels um mehr als zwanzig Höhenmeter, also etwa bis zum genannten Gangknick. Die Raumhöhen schwanken zwischen 5 und 8 m, seine Breite erreicht maximal 10 m (Abb. 90).

3. Aktiver Teil

West- und Ostabschnitt des ALTEN TEILS sind durch ein aktives Gerinne verbunden, das auf 880 m Länge verfolgt werden kann und dabei bis zur MINIKLAMM 142 Höhenmeter überwindet. Großvolumige Staubereiche setzen sich bis 732 mNN fort. Seinen Ursprung nimmt der Höhlenbach im PARALLELSCHACHT, an dessen Grund sich Sickerwässer in einem flachen Becken, dem SCHACHTSEE (953 mNN), vereinen. Erreichbar ist er vom unteren Teil der SCHACHTHALLE (966 mNN) durch kurzen Aufstieg zu einem glattgewaschenen, 30 m langen KOLKGANG (972 mNN) und anschließendes, 16 m tiefes Abseilen zur Sohle des PARALLELSCHACHTES.

3.1. *WEIHNACHTSKLAMM - OBERGANG - RIESENKLAMM/QUELLHALLE (540 m bzw. 660 m bis QUELLHALLE)*

Das anfangs als BACHKLAMM bezeichnete Gerinne führt vom SCHACHTSEE mäßig fallend 70 m weit nach Südosten, wo unterhalb eines 4-m-Abbruches der beachtlich tiefe ERNST-EDLINGER-SEE den Beginn der WEIHNACHTSKLAMM markiert. Das 10 m lange Gewässer füllt den Grund der breiten, 10 m hohen Kluft vollständig aus, kann aber an der linken Wand, mehrere Meter über dem Wasserspiegel, umklettert werden. Gleich danach liegt am Fuß einer 3-m-Stufe der nächste Tümpel, in den Kolken des weiteren Gangverlaufes (2,5 m breit, 7 m hoch) wurden rein weiße Schotter abgelagert. Der Canyon erweitert sich dann an seiner Nordostseite auf 10 m Breite, ein mächtiger Felsblock teilt den Raum. Über kleinere Wasseransammlungen hinweg erreicht man nach 80 m in annähernd südlicher Richtung bei einem Gangknick auf Ost die bis zu 8 m breite und nur mehr 2 m hohe WARTEHALLE. An ihrem östlichen Ende steht der Forscher unvermittelt vor dem HIMMEL-ARSCH-UND-ZWIRN-SEE, der bei 15 m Länge die ganze Raumbreite von fünf und mehr Metern einnimmt; die Decke nähert sich bis auf 0,5 m der Wasseroberfläche. Ein Zufluß aus unbekannten Siphonregionen im Süden wäre unter Umständen denkbar.

Wer weiter vordringt, muß den düsteren See an seinem linken Rand in ¾ Meter tiefem Wasser durchwaten, denn in der Mitte erreicht er zumindest 1,5 m. Bereits vor dem niedrigsten Durchschlupf ist deutlicher Luftzug spürbar. Hinter einem zweiten, nur mehr 9 m langen Teich schneidet sich der Bach im folgenden, auf Nordost drehenden CANYONGANG allmählich immer stärker ein, und man bewegt sich zuletzt beachtlich hoch über dem unschliefbaren Sohlengerinne. Nach 65 m (267 m vom ERNST-EDLINGER-SEE) bremst jäh ein etwa 40 m tiefer Schachtabbruch (928 mNN) den Vormarsch.

Das Wasser ergießt sich in Kaskaden hinab in die gewaltig hohe Kluft des insgesamt 140 m langen, in zwei Äste gegabelten OBERGANGES (884 mNN). Der nördliche bricht 19 m senkrecht in den 1,7 m tiefen See der RIESENKLAMM ab, der Höhlenbach sucht jedoch seinen Weg durch den südlichen OBERGANG (Raumhöhe um 3 m) und stürzt als 20 m hoher Wasserfall direkt zum Grund der RIESENKLAMM. Teilweise tief unter den Blockmassen verborgen, fließt der Bach 120 m weit Richtung Südost zur QUELLHALLE, um dort den Hauptgang des ALTEN TEILS nach 120 m wieder zu verlassen.

3.2. QUELLHALLE - WASSERKLAMM/UMGEHUNGSGANG - MINIKLAMM (876 m)

Hier beginnt die oft kaum einen Meter breite, aber uneinsehbar hohe WASSERKLAMM. Anfangs führt sie recht eng nach Süden, bald aber Richtung Ost; meist bewegt man sich direkt im Sohlengerinne.

Typisch für die ganze WASSERKLAMM sind prachtvoll ausgewitterte Megalodonten, die stellenweise richtige Muschelbänke bilden. Vielfach finden wir auch schmale rote Bänder eingelagert, besonders vor dem DREIKÖNIGSSEE. Die Überquerung dieses 8 m langen und 2 m tiefen Wassers erfolgt mit Hilfe eines Schlauchbootes. Dahinter wird die Klamm streckenweise etwas breiter, die Firste erreichen dafür nur mehr 6 bis 10 m Höhe. Nach 45 m zwingt der 4 m lange und 2,4 m tiefe KOLKSEE erneut zum Gebrauch des Bootes.

8 m über dem DREIKÖNIGSSEE wurde ein auf 420 m Länge vermessenes System kleinräumiger Gänge und Röhren sowie bis zu 9 m hoher Canyons angefahren, das CANYONLABYRINTH. Im wesentlichen an Nordost-Südwest und Nordwest-Südost streichende Klüfte sowie sanft nach Südost geneigte Schichten gebunden, ermöglicht es im UMGEHUNGSGANG, den zwei genannten Seen südseitig auszuweichen. An einer scharfen, S-förmigen Krümmung trifft man dann beim 90 cm tiefen SPREIZERSEE wieder auf die WASSERKLAMM.

Ihre blockbedeckte Sohle leitet südöstlich weiter zum nahen, größtenteils abgelassenen LINZER SEE. Dahinter weitet sich der Canyon zu einer 4 m breiten Ellipse, der Bach ist mehrere Meter in die Sohle eingetieft. 40 m vom letzten Staubecken entfernt, verläßt er völlig unerwartet den Hauptgang Richtung Südost, um bereits nach 20 m seitlich in der 85 m langen Miniklamm (811 mNN) zu entschwinden. Deren Endpunkt liegt in 805 mNN (Siphon).

3.3. Von der Miniklamm über Geheimgang bzw. Spiegelsee zur Rasthalle (607 m)

35 m nördlich der Miniklamm zweigt gleich hinter einem flachen Gewässer (Schwarze Lacke) links (westlich) in drei Meter Höhe der Geheimgang ab. Als höchstgelegener Teil (maximal 824 mNN) wird er, von Extremsituationen abgesehen, nur mehr fallweise von lokalen Wassereintritten berührt. Seine Länge beträgt 200 m, die Dimensionen sind, verglichen mit dem Hauptgang (anfangs 5 bis 6 m breit, 2 m hoch, später schmäler und bis 12 m Höhe) eher gering, als einfache Umgehung des Schachtes beim Spiegelsee besitzt er jedoch trotz einer Schlufstelle große praktische Bedeutung.

Vom Geheimgang nordwärts folgt nach einem scharfen Richtungswechsel auf Ost die 70 m entfernte Harnischhalle mit ihrer markanten, glattgeschliffenen Firstfläche und einer steilen Blockstufe. Der Gang fällt weiterhin permanent nach Osten, taucht in eine 90 m lange, durch schwarze Schlammablagerungen erkennbare Rückstauzone und biegt erst 40 m vor dem Spiegelsee, einem 10 m langen Restwassertümpel, erneut nach Norden um. Die Decke senkt sich dabei von 6 m Höhe bei der Harnischhalle auf allmählich 1 m im Staubereich, dessen Länge rund 90 m beträgt (Breite im Schnitt bei 6 m). Raumbestimmend für den Bereich um die Harnischhalle ist eine unter ca. 20° ostwärts geneigte Schichtfuge.

Mit kurzem Gegenanstieg endet der Hochwasserbereich unvermittelt an der Oberkante eines 15 m tiefen Schachtes, der als Überlauf hinunter zur Riesenblockhalle bzw. zum schlüssellochförmig profilierten Supercanyon fungiert. Seine bis zu 7 m tief eingeschnittene, blankpolierte Erosionsrinne ist auch bei trockener Oberfläche überaus rutschig und weist besonders an steileren Stellen auffällig starken, perlmuttartigen Glanz auf, möglicherweise als Folge der extremen Scheuerwirkung durch mitgeführte Sande zu Zeiten stärkerer Hochwässer.

In der oberen, 5 bis 8 m breiten und bis zu 6 m hohen Etage des Supercanyons, die vom Sohlengerinne durch einen fast geschlossenen Versturzboden getrennt ist, mündet der bereits erwähnte Geheimgang und vereinigt sich in der Rasthalle mit dem Canyongrund.

3.4. Rasthalle/Linzer siphon - Krampuskluft - Nordsiphon (671 m)

Die Rückstauzone der Rasthalle (758 mNN) wird in nordöstlicher Richtung bereits nach 40 Schrägmetern durch den Linzersiphon (F17, 750 mNN) abgeschlossen. Den einzigen Weiterweg bildet ein 1,5 bis 2 m hoher und 4 bis 6 m breiter Gang, der von der Halle über meist blanken Fels, zuletzt unter 30 Grad, 60 Schrägmeter gegen Nordwesten bis auf 780 mNN ansteigt.

Nach einer wieder in den Hauptgang mündenden Seitenpassage mit 10 m² großem Wassertümpel beginnt - annähernd horizontal verlaufend - die 110 m geradlinig Richtung Nordwest ziehende Krampuskluft (Breite 2 bis 3 m, Höhe zwischen 4 und 7 m). Hochwasserrückstände in Form zahlreicher Wassertümpel und Geröllablagerungen wechseln mit glattem Felsboden.

Anfangs einer senkrecht stehenden Störungslinie folgend, geht sie schließlich in die steil nach Osten einfallende Stufenfuge über (F16, 775 mNN), wo in Hauptrichtung Nordwest eine 200 m lange, bewetterte Kriechstrecke (ENDSCHLUF, DORNRÖSCHENSCHLUF) abzweigt (E16, 819 mNN).

Unter zweimaliger scharfer Richtungsänderung steil abfallend und vorbei an drei Kolken (einer davon 2,4 m tief!), leitet die STUFENFUGE, zuletzt noch immer mehr als 20° ostwärts geneigt (Breite bis 18 m, Höhe um 2 m), zum 85 m entfernten NORDSIPHON (E17, 732 mNN). Als tiefste Stelle im ALTEN TEIL liegt er nur mehr 470 m vom Endpunkt der Oberen Brandgrabenhöhle (700 mNN) entfernt.

ZWISCHENETAGE

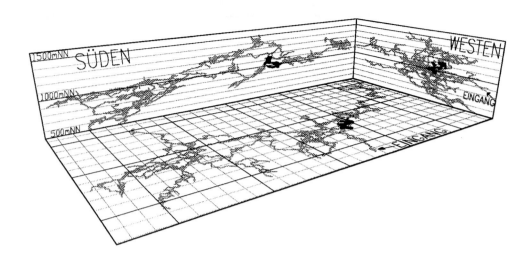

Übersicht

Lage:
Die ZWISCHENETAGE liegt unter dem *Feuerkogel* (G14 bis H12), lagemäßig höher als der ALTE TEIL und niederer als das OBERE SYSTEM und das SCHWABENLAND.

Zugang:
Über den ALTEN TEIL.

Höhenlage:
960 bis 1150 mNN.

Größe:
Ganglänge 2530 m, das entspricht 3,1% der Höhle.
Gangvolumen 34 000 m³, das entspricht 1,6% der Höhle.
Mittlerer Gangquerschnitt 13,5 m².
Ost-West-Erstreckung 330 m, Nord-Süd-Erstreckung 330 m.

Charakteristik:
Tunnelartiger Hauptgang mit Siphon am westlichen Ende. Unterlagernde, kleinräumige, aktive Druckstollen mit mehreren Siphonen und Verbindung zum SEETUNNEL. Drei nach oben führende Fortsetzungen. Große Teile des Tunnels und sämtliche unterlagernden Druckstollen können bei Hochwasser geflutet werden. Höchstwasserstandsmarke ist die Schwelle im SEETUNNEL.
Als Sediment findet man Sand- und Lehmreste in den Staubereichen, in den hochwasserfreien Bereichen Lehmböden und gelegentlich Versturzblöcke. In den nach oben führenden Fortsetzungen befinden sich Tropfsteine und Sinterformen.

Beschreibung

Ausgehend vom PENDLER (G14, 1050 mNN), der Schlüsselstelle für die Neuforschungen, gelangt man in die ZWISCHENETAGE. Am oberen Ende des PENDLERS öffnet sich nach Bewältigung des Querganges ein Portal von 4 m Breite und 5 m Höhe. Nach wenigen Metern erreicht man über Blockwerkboden die BROTZEITHALLE, von der aus eine Abzweigung zum VERBINDUNGSGANG und die Fortsetzung in den Horizontalteil der ZWISCHENETAGE führen.

Letztere führt zuerst über Blockwerk und anschließend über Lehmböden in westliche Richtung, bis man nach 200 m zur ersten größeren Abzweigung kommt. An der südlichen Raumbegrenzung führt der VERBINDUNGSGANG als kluftgebundener, kletterbarer Aufstieg in mehreren Stufen mit kurzen horizontalen Unterbrechungen 80 m nach oben bis auf wenige Meter an das OBERE SYSTEM heran. Reicher Tropfsteinschmuck ziert diesen Teil. Folgt man dem Hauptgang der ZWISCHENETAGE weiter, gelangt man in einen aktiven Teil, dessen Höchstwasserstandsmarke von der Überlaufschwelle des SEETUNNELS bestimmt wird. Eine Abzweigung an der nördlichen Raumbegrenzung führt in tiefer gelegene, kleinräumige, aktive Gänge mit mehreren Seen und Siphonen, von denen einer die Auftauchstelle des SEETUNNELSIPHONS darstellt. Der Unterwasserbereich ist in diesem Höhlenteil noch wenig erforscht, und es ist anzunehmen, daß alle Siphone miteinander und mit dem SEETUNNEL in Verbindung stehen.

Im Hauptgang 50 m weiter westlich zweigt südseitig ein kleinräumiger Seitengang ab, der sich nach wenigen Metern in zwei noch kleinere Gänge teilt. Der nach Südosten weisende endet nach 30 m unschliefbar, der andere führt über einen See zu einer steil nach unten führenden Kluft und in weiterer Folge zu einem Siphon. Weiter Richtung Westen steigt der Hauptgang leicht an, um dann nach einer markanten Biegung steil abzufallen, bis er schließlich in den 20 m langen und 4 m tiefen SCHWARZSIPHON eintaucht, der die direkte Verbindung zum WESTEN bildet. Kurz vor dem SCHWARZSIPHON bestehen zwei Verbindungen zum darunterliegenden Siphonsystem, das mit dem SEETUNNEL in Verbindung steht. Ein Großteil der ZWISCHENETAGE wird bei Hochwasser geflutet und dient dem von Westen kommenden Wasser als Durchflußstrecke zur Schwelle des SEETUNNELS. Durch die Wasserundurchläßigkeit der unterlagernden Gesteinsschichten gibt es in diesem Bereich keine Abflüsse, sondern ein weitläufiges Siphonsystem.

Der von der BROTZEITHALLE nach oben führende, kleinräumige VERBINDUNGSGANG verläuft in mehreren Stufen bis zur SPRENGSTELLE. Im unteren Bereich zweigt der HARIBO-SCHACHT, ein ebenfalls in mehreren Stufen bis an den Höhlenteil OBERES SYSTEM heranreichender Seitenteil, ab. Im gesamten VERBINDUNGSGANG befinden sich fossile Sinterformen. An einer Stelle ergießt sich bei Hochwasser ein Wasserfall von der Decke, der ein trockenes Passieren unmöglich macht. Durch den Deckenversturz gelangt man bei der SPRENGSTELLE in den Höhlenteil OBERES SYSTEM (Abb. 89, 91).

OBERES SYSTEM

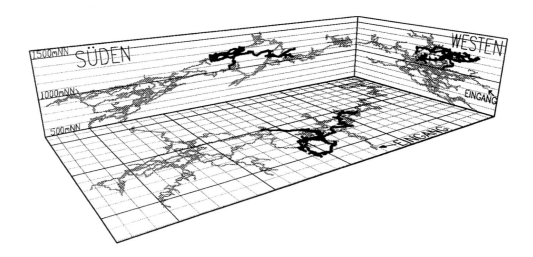

Übersicht

Lage:
Der Höhlenteil unterlagert den *Vorderen Hirlatz* und den *Feuerkogel*. Von der Mitte dieses Bereiches (H16) führt ein Gang nach Südost bis unterhalb des *Zwölferkogels*. Höhenmäßig liegen die Teile zwischen ALTEM TEIL und westlichem SCHWABENLAND.

Zugang:
Der Höhlenteil kann über die ZWISCHENETAGE erreicht werden.

Höhenlage:
1030 bis 1330 mNN.
Hauptgänge zwischen 1040 und 1300 mNN.

Größe:
Ganglänge 9950 m, das entspricht 12,3% der Höhle.
Gangvolumen 281 000 m³, das entspricht 13,4% der Höhle.
Mittlerer Gangquerschnitt 28,2 m².
Ost-West-Erstreckung 1550 m, Nord-Süd-Erstreckung 1080 m.

Charakteristik:
Großräumiger, schichtgebundener, kastenförmiger Hauptgang mit 6 bis 15 m Breite und 4 bis 12 m Höhe, der ab der Abzweigung zum ZWÖLFERKOGELGANG in ein kleiner werdendes System mit Rundgängen und Fortsetzungen, mit zum Teil mächtigen Lehmschichten, führt. Vor der DREITORHALLE liegt ein großer Versturzbereich. Ausgeprägten Korallensinter und Tropfsteingebilde findet man beim MÄRCHENSEE und der SCHATZKAMMER.

Beschreibung

Ausgehend von der SPRENGSTELLE (G13, 1140 mNN) führt der Tunnel leicht abfallend Richtung Westsüdwest. Achtzig Meter nach dem SPRENGSTELLENBIWAK zweigt der

SCHLUFTRAUM (H14, 1130 mNN) mit 60 m Länge und nach weiteren 30 m der KLUFTTRAUM (H13, 1110 mNN) mit 120 m Länge ab (Abb. 92-94).

Nach weiteren 200 m erreicht man den MÄRCHENSEE (H13, 1110 mNN). Ein kleines Gerinne bildet im Lehmboden einen See, an dessen flacherem Ufer sich ein Streifen aus weißer Bergmilch abgelagert hat. Von hier führt ein vierzig Meter hoher Schlot ins SCHWABENLAND (H12-H15, G12-J12, H15-J15). In der nächsten Raumerweiterung trifft man auf zahlreiche mit weißer Bergmilch überzogene Tropfsteine und Korallensinter an den abgestuften Bankungen.

Der nächste markante Punkt ist der MINICANYON, ein von einem kleinen Gerinne eingeschnittener Miniaturcanyon mit dem LEHMSUMPF (I12, 1190 mNN), einer Senke im Lehmboden, in der das Wasser 30 bis 50 cm tief steht. In diesem Bereich befindet sich auch eine sehr ausgeprägte Laugdecke.

Der Gang steigt leicht bergan bis zur Abzweigung GEISTERMANDLTUNNEL (I12, 1110 mNN). Der 340 m lange, leicht aufwärts führende, lehmbedeckte Tunnel endet bei einer Tropfstelle, mit Lehmpyramiden verlehmt. Er erhielt seinen Namen von einem länglichen Stein, welcher, nachdem er von der Decke gefallen war, wie eine Figur stehend im Lehm steckengeblieben ist.

Der 110 m lange BABYSCHLUF (I12, 1100 mNN), 80 m nach der letztgenannten Abzweigung, führt in das ASTERIXLABYRINTH im WESTEN.

Der Hauptgang führt westwärts zu einem 10 m tiefen Abstieg in eine große Halle. Hier ändert sich der Charakter des Ganges. Am Boden befinden sich mächtige, lehmüberzogene Versturzblöcke und verschiedene Sinterformen. 970 m nach der Sprengstelle erreicht man den canyonförmigen Einschnitt, durch den man in den WESTEN absteigen kann.

Wieder ausgehend von der SPRENGSTELLE, steigt der Gang mäßig steil in der Gegenrichtung nach Norden bis zum GROSSEN KNIE (G13, 1190 mNN) an. Nach einem 90°-Knick steigt man über zwei Blöcke auf einen Lehmsattel hinauf, in dessen Mitte sich ein kleines Gerinne eingeschnitten hat. Der Gang führt weiter leicht fallend nach zwei Kletterstufen zum TROCKENSUNK (G14, 1150 mNN), um auf der anderen Seite wieder anzusteigen bis zu einer markanten stehenden Harnischplatte (G15, 1230 mNN). Auf den letzten 100 m befinden sich an der Decke zwei unbefahrene Kluftfortsetzungen. Der anschließende Horizontalteil ist von einer dünnen, schwarzen Lehmschicht, die an manchen Stellen vom Tropfwasser wieder weggewaschen wurde, überzogen. Darunter befindet sich ein unterlagernder Parallelgang, der an der Unterseite eines kletterbaren 10-m-Abstieges wieder herausführt. Der leicht abwärtsführende Weiterweg ist bis zur Abzweigung zum WASSERSCHACHT (F16, 1220 mNN) fast zur Gänze mit Lehm bedeckt (Abb. 107-109).

Folgt man der nordöstlichen, 3 bis 5 m breiten und 1 bis 5 m hohen, bis zu 25° steilen, lehmbedeckten Fortsetzung, erreicht man nach knapp 200 m und einer 270°-Schleife die Abzweigung zum ZWÖLFERKOGELGANG (F16, 1260 mNN). In die Mitte dieses Bereiches hat das Gerinne zum WASSERSCHACHT einen engen Canyon von 40 m Länge eingeschnitten. Nahe des Canyons finden sich zwei 6 und 10 m tiefe Schächte, welche mit Seilhilfe bzw. rechter Hand umgangen werden (Abb. 111).

Der an der rechten Raumbegrenzung befindliche markante Block in der Hauptfortsetzung ist auf beiden Seiten umgehbar. Bis zum WILLYSCHLOT (F16, 1290 mNN) steigt der 4 bis 7 m breite und 1 bis 4 m hohe, lehmbedeckte Gangteil stetig an. Der WILLYSCHLOT hat einen Durchmesser von 6 bis 8 m, ist sehr brüchig und noch nicht befahren. Einschließlich zweier

Rundgänge beträgt die Ganglänge 420 m. Der Weiterweg führt über mehrere Versturzblöcke und Bruchmaterial in einen 4 bis 6 m breiten und 1 bis 3 m hohen lehmigen Gang, der nach 200 m in eine Halle (F16) mündet. Die nach Südwest gerichtete, 10 bis 16 m breite und 2 bis 5 m hohe Abzweigung ist nach 140 m verlehmt. Der östliche, schichtgebundene Gang verjüngt sich nach der Halle auf 8 bis 10 m Breite und 1 bis 2 m Höhe. Nach weiteren 250 m erreicht man die beiden ENDHALLEN (D18, E18, 1230 mNN), die miteinander durch einen kurzen Schluf verbunden sind. Die östliche Halle endet in einem Versturz mit einem kleinräumigen, bewetterten Schluf und einem bodennahen Durchschluf zu einem Schachtaufstieg, der in eine Druckröhre mit 2 bis 5 m Durchmesser führt. Die Fortsetzung hat 190 m Länge und endet in einem blankgewaschenen, bewetterten Versturz.

Von der Abzweigung zum ZWÖLFERKOGELGANG führt der 3 bis 5 m breite und 2 bis 4 m hohe, schichtgebundene, leicht ansteigende Gang nach Südwest. Ein kurzer Rundgang mit einer kleinen Tropfsteingalerie in der Gangmitte und ein Gangteil mit ausgeprägten Fließfacetten sind Kleinformen in diesem Bereich. Die Ganglänge bis zur nächsten Abzweigung beträgt fast 500 m, wobei der Gang ab der zweiten Hälfte nach Südost abwärts führt.

Bei einem lehmüberzogenen Block mit Gipskristallen führt die Abzweigung zum BRUSTMUSKELSCHLUF (H16 1240 mNN) in westlicher Richtung weiter. Der 6 bis 10 m breite und 2 bis 5 m hohe Gang steigt über zwei „Wendeln" mit Kletterstellen und Querung durch eine Röhre mit 1 bis 2 m Durchmesser bis zum BRUSTMUSKELSCHLUF (H16, 1310 mNN) stetig an. Die Gänge sind teilweise mit einer schwarzen Lehmschicht überzogen.

Beim BRUSTMUSKELSCHLUF handelt es sich um eine Engstelle mit 2 bis 3 m Breite, 0,2 bis 0,3 m Höhe und 8 m Länge.

Der hintere Teil des ZWÖLFERKOGELGANGES hat 4 bis 7 m Breite und 1 bis 3 m Höhe bei einer Länge von über 600 m. Am Ende des Ganges befindet sich die ENDKLUMPSENQUERUNG zum LEHMBATZSCHACHT (I19, 1250 mNN). Der Schacht hat einen Durchmesser von 3 bis 5 m und wurde bis auf 100 m Tiefe befahren.

Ausgehend von der Abzweigung zum WASSERSCHACHT, führt der 2 bis 5 m breite und 2 bis 4 m hohe, leicht fallende Gang nach 120 m zum WASSERSCHACHT (F17, 1190 mNN). Der maximal 1 l/s wasserführende, 20 m tiefe Schacht mündet in den LEGERCANYON (F17, G17 1220 bis 1040 mNN). Schließlich bildet der 515 m lange Canyon nach minus 180 Höhenmetern die Verbindung OBERES SYSTEM – ALTER TEIL. Der sehr feuchte Canyon hat eine Breite von 0,3 bis 3 m und eine Höhe von 2 bis 6 m. Der große Rundgang ALTER TEIL – ZWISCHENETAGE – OBERES SYSTEM und über den LEGERCANYON zurück hat mehr als 3 km Länge.

Quert man den WASSERSCHACHT im nördlichen Deckenbereich, erreicht man eine Fortsetzung nach Osten. Der 3 m breite und 5 m hohe, schichtgebundene Gang steigt nach dem WASSERSCHACHTBIWAK kastenförmig bis zur Abzweigung zum 160 m langen SCHOKOLADENGANG (G17, 1190 mNN) an. Unmittelbar vor dem SCHOKOLADENGANG befindet sich im Deckenbereich ein Versturz mit einer 1 bis 4 m breiten und 0,5 bis 3 m hohen, 180 m langen Fortsetzung. Parallel dazu gibt es eine Umgehung mit 106 m Länge. Die Hauptfortsetzung führt zur SCHATZKAMMER (G17, 1200 mNN) mit ihrem schönen Sinter- und Tropfsteinschmuck und weiter zum 3 m breiten, 1 m hohen und 50 m langen NOUGATGANG (F18, 1190 mNN). Nach einer Raumerweiterung von 5 m Breite und 8 m Höhe steigt man in eine Verjüngung von 1 bis 2 m Breite und 1 m Höhe, vorbei an einer Wasserstelle, bis zur Abzweigung in die SCHOKOFABRIK (F18, 1170 mNN).

Nach weiteren 50 m im Hauptgang erreicht man den Einstieg zu einem kleinräumigen Versturz, der MÜNDUNG ALLER WELT (F18, 1180 mNN). Der mit Lehm und Blockwerk erfüllte, leicht ansteigende, 2 bis 4 m breite und 0,5 bis 1 m hohe Gang nimmt nach 40 m dreieckiges Profil an. Der Weiterweg führt bei leichter Kletterei durch etwas größere, feuchte Gangteile. Der nächste, 0,5 m breite und 0,7 m hohe Durchstieg führt zu einem Aufstieg mit Seilhilfe. Weiter steigt der Schluf über eine „Wendel" bis zum Ausstieg in die DREITORHALLE (F18, 1220 mNN).

Von der DREITORHALLE folgt man dem 4 bis 8 m breiten und 2 bis 6 m hohen, fast 30° steilen, lehmbedeckten, schichtgebundenen Gang in westlicher Richtung. Nach 50 m erreicht man eine Abzweigung, deren nördliche Fortsetzung nach 250 m unter den Bereich der ENDHALLEN führt. Eine Verbindung konnte noch nicht nachgewiesen werden. Die südliche Abzweigung mit einer Breite von 4 bis 8 m und einer Höhe von 1 bis 2 m führt bis zu einem 90°-Knick. Dem Gang nach Westen folgend, erreicht man eine Halle (G17). Eine bodennahe Fortsetzung ist nach 60 m verlehmt. Der Hauptgang führt zur 25 bis 30° steilen, 80 m langen LEHMRUTSCHE (G17, 1270 mNN). Nach einer Senke folgt der leichte Anstieg zum GATSCHBATZSCHACHT (G16, 1300 mNN). Unmittelbar davor befindet sich an der rechten Raumbegrenzung ein 60 m langer Schluf. Der GATSCHBATZSCHACHT wurde auf 90 m Tiefe und in einer Länge von 160 m vermessen. Die Schlotfortsetzung ist noch offen. Weiter führt der Gang in südliche Richtung nach 180 m zum BRUSTMUSKELSCHLUF (H16, 1310 mNN).

WESTEN

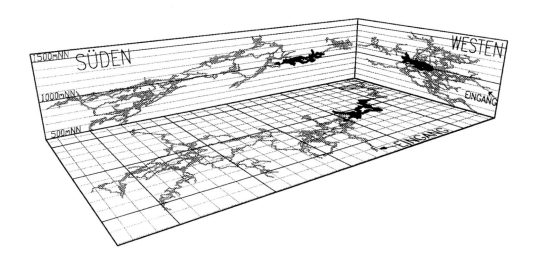

Übersicht

Lage: Der WESTEN erstreckt sich unter dem *Hochdürren* (I10) westlich des *Feuerkogels* (H12 bis J12) bis zur *Tiergartenhütte* (K8) südlich der *Dürrenbachquelle*.

Zugang: Über das OBERE SYSTEM.

Höhenlage: 940 bis 1160 mNN.
Hauptgänge zwischen 960 und 1080 mNN.

Größe: Ganglänge 7530 m, das entspricht 9,3% der Höhle.
Gangvolumen 219 000 m³, das entspricht 10,4% der Höhle.
Mittlerer Gangquerschnitt 29,0 m².
Ost-West-Erstreckung 870 m, Nord-Süd-Erstreckung 610 m.

Charakteristik: Hauptgänge vom SCHWARZSIPHON bis zum JALOT und DARK HIGHWAY tunnelartig. Einige Hallen, z.B. die HALLE DES STAUNENS, und mehrere kleinräumige Seitenteile, z.B. das ASTERIXLABYRINTH. Bei Hochwasser wird ein Großteil des WESTENS geflutet und bildet den Rückstaubereich der Dürrenbachquelle.
Als Sediment befinden sich häufig Versturzblöcke in Verbindung mit Lehmresten und Sandflächen in den Staubereichen und Lehm in den hochwasserfreien Zonen. Einige aktive Druckstollen, z.B. die WASSERGÄNGE unter der HALLE DES STAUNENS, weisen außer gerundetem Schotter keine Sedimente auf. Einige Gänge werden von Siphonen unterbrochen, stellenweise trifft man auf Tropfsteine und Sinterbildungen.

Beschreibung

Ab dem GROSSEN PFEILER (H11, 1030 mNN) führt ein großräumiger Tunnel ost- und westwärts. Hier befinden sich Versturzblöcke und Reste ehemaliger Lehmablagerungen, umgeben von feinem Sand. Eine in Bergmilch ausgebildete, rezente Höchstwasserstands-marke wird von der Überlaufschwelle des SEETUNNELS gebildet; sie stimmt auch mit der Sedimentgrenze zwischen Lehmboden und Blockwerk überein.

Folgt man diesem Tunnel Richtung Osten, kommt man nach 300 m zum SCHWARZSIPHON (H12, 1000 mNN), der die direkte Fortsetzung zur ZWISCHENETAGE bildet. Auf dem Weg zum SCHWARZSIPHON kommt man an einigen Abzweigungen vorbei. Diese führen ins ASTERIX-und ins OBELIXLABYRINTH (I11, I12) und zu DAGOBERT DUCKS GELDSPEICHER (J11, 995 mNN).

Das ASTERIXLABYRINTH ist mit über 3 km Gesamtlänge der ausgedehnteste dieser Seitenteile. Über mehrere Eingänge kommt man in ein Labyrinth kleinräumiger Gänge. Einer davon führt einen halben Kilometer Richtung Südost und endet bei einem Schlot. Da dieser Teil gut bewettert ist und sich direkt unter dem südwestlichsten Ende des SCHWABENLANDES befindet, vermuten wir hier eine Verbindung. Zum überlagernden Höhlenteil OBERES SYSTEM führt ein Schluf. Die anderen Gänge im ASTERIXLABYRINTH enden entweder zu eng, verlehmt, verstürzt oder bei Siphonen. Bis auf wenige höher gelegene Teile wird auch das ASTERIXLABYRINTH bei Hochwasser geflutet. Die nach unten führenden Gänge und Schlufe dienen dem Wasser als Abfluß.

Das OBELIXLABYRINTH befindet sich nördlich des Hauptganges beim Abschnitt GROSSER PFEILER (H11). Es hat ebenfalls mehrere Eingänge und ist sehr kleinräumig bei einer Gesamtlänge von etwas über 300 m. An mehreren Stellen des Labyrinths wird die Decke von den Versturzblöcken, die die Sohle des Hauptganges bedecken, gebildet. Die nach unten führenden Schlufe dienen auch hier bei Flutung als Abfluß.

Die großräumige Abzweigung zu DAGOBERT DUCKS GELDSPEICHER endet verstürzt und versandet und wird bei Hochwasser geflutet.

Wo sich OBERES SYSTEM und GROSSER PFEILER treffen, befindet sich im Deckenbereich eine Fortsetzung. Ein 4 bis 5 m breiter Gang führt südlich des Hauptganges 300 m weit Richtung Südwesten und endet dann bei einem Siphon. Am gegenüberliegenden Ende des Siphons befindet sich ein Gang, der weiter nach Westen führt und dort wieder in den Hauptgang einmündet.

Weiter Richtung Westen kommt man in die RIESENBLOCKHALLE (H11, 1030 mNN), an deren westlichem Ende sich die östliche Abzweigung in den DARK HIGHWAY befindet. An dieser Stelle führt ein Gang vom ASTERIXLABYRINTH bis auf wenige Meter an den Hauptgang heran, ein Durchkommen ist aber nicht möglich.

Weiter westwärts nimmt der Hauptgang klammartigen Charakter an. An der Gangsohle befinden sich flächige Sandablagerungen mit Fließmustern. Anschließend steigt man über Blockwerk in die Halle (I10), von der aus die bereits erwähnte Abzweigung zum Siphon führt. Über einen Seilabstieg in diesem Seitenteil kommt man in die KONGLOMERATHALLE. Meterhohe Konglomeratwände versperren den Weiterweg (Abb. 96).

Im Hauptgang, weiter Richtung Westen gehend, durchquert man eine Kluft, um anschließend in die als SCHWARZER LEHMSUNK bezeichnete Senke abzusteigen. Diese füllt sich bei Hochwasser und versperrt den Weiter- bzw. Rückweg. Gespeist wird sie von einem Bach, der von Westen her über steil abfallende Versturzblöcke herunterfließt.

Anschließend durchwandert man ein horizontales Bachbett mit Sand- und Lehmablagerungen, bis man schließlich wieder über Versturzblöcke zu einer Raumerweiterung kommt. Tunnelartige Abzweigungen befinden sich links und rechts des Hauptganges. Man hat nun jenen Bereich (I9, J9) erreicht, in dem sich die westlichen Eingänge in den DARK HIGHWAY befinden. Durch Versturzblöcke und eine anschließende Blockhalle, den HINKELSTEINBRUCH, gelangt man bis zum Einstieg in das KOLKODROM (I9, 970 mNN).

Das KOLKODROM beginnt kurz bevor man die letzte Steilstufe in den Horizontalteil des DARK HIGHWAY absteigt. Es besteht aus einem Labyrinth kleinräumiger, blankgewaschener Druckröhren von insgesamt 200 m Länge. Viele Kolke, zum Teil mit Wasser gefüllt, charakterisieren diese Gänge. Bei Hochwasser wirkt dieser Bereich vermutlich als westlicher Wasserzubringer zum DARK HIGHWAY.

Steigt man anschließend ganz in den DARK HIGHWAY (I9, 970 mNN) ab, so kommt man in einen ausgeprägten Horizontaltunnel von 8 bis 10 m Breite. Schwarz überzogene, pyramidenartige Lehmformationen, die von Flächen mit feinem, weißem Sand umgeben sind, prägen die Bodenlandschaft. Die Wände und Decken sind mit feinem, schwarzem Sediment überzogen. Dieser Tunnel führt über eine Länge von einem Kilometer wieder zurück in östliche Richtung, bis man hinter einem Versturzblock im Bereich der RIESENBLOCKHALLE in den Hauptgang hinaufsteigt. Im DARK HIGHWAY befinden sich ein nördlicher Rundgang (H9) und einige kleinräumige Abzweigungen, welche dem Hochwasser als Zu- bzw. Abflüsse dienen. Der gesamte DARK HIGHWAY wird bei Hochwasser geflutet und bildet einen riesigen Staubereich direkt hinter der Riesenkarstquelle des Dürrenbachs.

Von den westlichen Einstiegen in den DARK HIGHWAY weiter nach Westen vordringend, kommt man zur LEHMBURG (J9, 1035 mNN). Hier sind in strömungsarmen Bereichen gebirgsartige Formationen ehemaliger schichtweise abgelagerter, lehmiger Sedimente erhalten geblieben. Die verschiedenen, teilweise nur millimeterdicken Schichten sind von unterschiedlicher Farbe, wobei sich Bankungen von etwa einem halben Meter Dicke mit einem gewissen Ablagerungsmuster bis zu fünfmal übereinander wiederholen können (Abb. 95).

Direkt bei der LEHMBURG befindet sich die Abzweigung in die WASSERGÄNGE. Blankgewaschene Druckstollen mit 4 bis 5 m Durchmesser führen in westliche Richtung. Je weiter man in die WASSERGÄNGE vordringt, um so mehr Seen und Verzweigungen tauchen auf. Das Ende der Gänge bilden Siphone, wobei sich der westlichste etwa unterhalb des JALOTS befindet. Die WASSERGÄNGE dienen dem Hochwasser als Abfluß.

Folgt man von der LEHMBURG aus weiter dem Hauptgang, gelangt man bald zu einem steil aufwärts führenden Gang, der zu einem Versturz führt. Dieser Versturz stellt den Durchstieg in die HALLE DES STAUNENS (J9, 1060 mNN) dar. Der Gang öffnet sich hier zu einem Großraum mit 80 m Länge, 35 m Breite und etwa 30 bis 40 m Höhe. Über eine schräge, lehmbedeckte Schutthalde kommt man zu einem sinterüberzogenen Aufstieg. Der Hauptgang führt weiter in westliche Richtung, ein Gang verläuft wieder zurück nach Osten. Da dieser Teil auch bei Hochwasser nicht überflutet wird, findet man hier mächtige Lehmablagerungen.

Im ostwärts führenden Gang befindet sich ein Biwakplatz auf ebenem Lehmboden. An mehreren Tropfstellen findet man schöne Sinter- und Tropfsteinformationen. Nach 300 m endet der Gang in einem unschliefbaren Versturz, zum darunter liegenden Hauptgang bestehen drei Schachtverbindungen (Abb. 97).

Peter SEETHALER

Der erbohrte Aufstieg am oberen Ende der Schutthalde in der HALLE DES STAUNENS erreicht an der Decke eine Höhe von 70 m. Oben gelangt man durch einen kleinen Durchstieg in einen Kluftraum mit leichter Wetterführung, der aber in 15 m Höhe mit Klemmblöcken verlegt ist.

Westwärts der HALLE DES STAUNENS befindet sich ein großer Versturz, der überklettert werden kann. Die anschließende Halle hat in der Mitte einen großen Kessel, der nur über einen schmalen Quergang zu umgehen ist. Eine Abzweigung in Deckenhöhe führt in eine weitere Halle mit Lehmboden ohne horizontale Fortsetzung.

In westlicher Richtung trifft man im Hauptgang auf die nächste Versturzbarriere. Ein Durchschlupf, umgeben von mehreren verkitteten, kopfgroßen Kugelsteinen, führt in jene Kluft, in deren weiterem Verlauf sich das JALOT (J8, 1065 mNN) befindet, bei dem der WESTEN in den Höhlenteil WILDER WESTEN mündet.

WILDER WESTEN

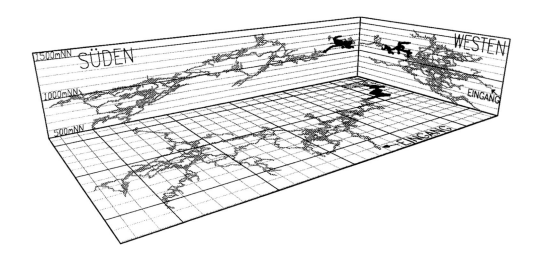

Übersicht

Lage: Vom JALOT unterhalb der *Tiergartenhütte* (K8) bis zum GRÜNKOGELSIPHON direkt unter dem *Grünkogel* (M5, M6).

Zugang: Über den WESTEN beim JALOT.

Höhenlage: 1070 bis 1310 mNN.
Hauptgänge zwischen 1070 und 1220 mNN.

Größe: Ganglänge 3990 m, das entspricht 4,9% der Höhle.
Gangvolumen 162 000 m³, das entspricht 7,7% der Höhle.
Mittlerer Gangquerschnitt 40,7 m².
Ost-West-Erstreckung 680 m, Nord-Süd-Erstreckung 620 m.

Charakteristik: Sehr großräumige kluft-, klamm- und tunnelartige Hauptgänge mit wenigen kleinräumigen Seitenteilen wie z.B. dem MEGALODONTENCANYON. Zwei der größten Hallen der Hirlatzhöhle, die ECHOKLUFT und die GRÜNKOGELHALLE, findet man hier.
Bei Hochwasser wird der Bereich WILDER WESTEN großteils geflutet oder von Wasser durchflossen. Der Rückstaubereich entwässert über den MEGALODONTENCANYON zur Riesenkarstquelle des Waldbach-Ursprungs.
Als Sediment befinden sich häufig Versturzblöcke in Verbindung mit Lehmresten und Sandflächen in den Staubereichen, Lehm in den hochwasserfreien Zonen. Zwischen JALOT und GRÜNKOGELBIWAK trifft man auf einige Verstürze. Die aktiven kleinräumigen Druckstollen und Canyons weisen kaum Sedimente auf. Einige Gänge werden von Siphonen unterbrochen. Die ORGELHALLE besitzt einen schönen Tropfsteinteil.

Beschreibung

Das JALOT ist ein 10 m tiefer Kessel, der an einem Seilquergang überwunden werden kann. Auf der Sohle des JALOTS befinden sich große, blanke Kugelsteine. Bei Wasserführung stürzt ein Wasserfall von der westlichen Seite her in das JALOT und verschwindet in den unterlagernden WASSERGÄNGEN. Nur bei extremem Hochwasser könnte es möglich sein, daß sich das JALOT gänzlich füllt und übergeht. In diesem Fall gelangt das Wasser maximal bis in die Halle mit dem großen Kessel, wo es dann seinen Weg in die WASSERGÄNGE findet. Das JALOT befindet sich wenige Meter nördlich der *Tiergartenhütte*.

Der WESTEN hat somit den gesamten *Hochdürren* durchquert und führt als WILDER WESTEN weiter direkt unter den *Grünkogel*. WILDER WESTEN wurde dieser Teil deshalb genannt, weil ab dem JALOT bis zum Biwak unter dem *Grünkogel* nur ein Hauptgang bekannt ist, den bei Hochwasser gewaltige Wassermengen durchfließen. Eine darüberliegende Primäranlage wurde bereits erforscht.

Vom JALOT kommt man nach wenigen Metern in die ECHOKLUFT (J7, J8, 1065 bis 1139 mNN). Die bestehende Kluftanlage setzt sich fort und erweitert sich zu einer gewaltigen Halle mit über 100 m Länge, bis zu 20 m Breite und 50 m Höhe. Da sich auf der Sohle keinerlei Feinsediment, sondern nur blankgewaschene Felsblöcke befinden, ergeben alle Geräusche ein Echo von 8 bis 10 Sekunden (Abb. 98).

Hat man die teilweise steil aufragenden, hochglanzpolierten Felsblöcke der ECHOKLUFT erklettert, kommt man in einen annähernd horizontalen Tunnel. Versturzblöcke und einige Versturzbarrieren prägen den Raumcharakter auf einer Länge von 700 bis 800 m. Immer wieder muß man unter haushohen Verstürzen durchsteigen, bis der Gang schließlich klammartigen Charakter annimmt. Im Deckenbereich befinden sich einige Durchbrüche in die vermutete Primäranlage, in manchen Senken findet man schwarze Staubereichs-ablagerungen und ein wenig feinen, hellen Sand. Stellenweise liegen bis zu einem Meter dicke, fossile Sinterplatten und Tropfsteine am Boden. Im gesamten Bereich wurden bisher noch keine Abzweigungen gefunden. Im klammartigen Teil des Ganges ergießen sich zwei kleine Wasserfälle aus der Decke und verschwinden in engen Mäandern.

Nach weiteren 50 m erreicht man den GRÜNKOGELSEE, wo in einer Senke der Klamm das Wasser auf einer Länge von 20 m stehenbleibt. Über einen Damm aus Steinen kann man den See mit Stiefeln leicht überqueren. Am gegenüberliegenden Ufer klettert man über blanke Versturzblöcke aus der Klamm direkt in den GRÜNKOGELVERSTURZ.

Drei Forschungsexpeditionen waren notwendig, um durch diesen Versturz zu finden. Die Schlüsselstelle ist eine schräge, blankgeschliffene Harnischplatte, die aufgrund ihrer Glätte sehr schwer zu erklettern ist und in einen unscheinbaren Spalt zwischen den Versturzblöcken führt. Oberhalb des Versturzes gelangt man in einen riesigen Tunnel mit einer Naturbrücke. Etwa 150 m weiter befindet sich das GRÜNKOGELBIWAK (L6). Es wurde auf einer natürlichen Erhebung aus sandigem Sediment angelegt, wo bis zu zehn Personen biwakieren können. Das Wasser kann bei Hochstand zwar bis auf wenige Meter an das Biwak heranreichen, überflutet wurde es bisher allerdings noch nie. Es dient als zentraler Ausgangspunkt für Forschungen im Bereich WILDER WESTEN und SÜDWESTEN. Von hier aus kann man auch die tagfernsten Teile in etwa zwei Stunden erreichen.

Östlich des GRÜNKOGELBIWAKS gelangt man über ein aufwärts führendes, lehmbedecktes Felsband in den TROPFLOCHGANG (K6, K7, 1210 mNN). Der Eingang in den 15 bis 20 m breiten TROPFLOCHGANG befindet sich oberhalb des GRÜNKOGELVERSTURZES. Der Gang hat eine Länge von 300 m und endet verlehmt. Mächtige Lehmablagerungen mit vielen Tropflöchern charakterisieren die Bodenlandschaft. Der TROPFLOCHGANG dürfte die Primäranlage zu dem periodisch aktiven, tieferliegenden Höhlenteil sein und wird heute nicht mehr vom Hochwasser erreicht (Abb. 101).

Geht man vom Ausstieg aus dem GRÜNKOGELVERSTURZ über die lehmbedeckten Versturzblöcke 50 m Richtung Osten, so kommt man zu einem stark versinterten, lehmigen Aufstieg. Oben folgt ein niederer, 8 m breiter Gang mit Lehmboden. Der Tropfsteinschmuck während des Aufstieges und auch in dem sich fortsetzenden Gang ist beachtlich. In einer kleinen Seitennische befindet sich der DACHSTEINKÖNIG (L6, 1223 mNN), ein fossiler Stalagmit mit 2,5 m Höhe und einem Durchmesser von 60 bis 80 cm in klassischer Form, wie er im Dachstein seinesgleichen sucht.

Nach wenigen Metern erreicht man die BUMSSTELLE, wo ein zu enger, bewetterter Durchschlupf künstlich erweitert werden mußte. Durch diesen gelangt man in einen Raum mit sehr vielen, schlanken Stalaktiten und über eine weitere Engstelle in die ORGELHALLE (K7, 1050 mNN). Von dieser führt ein Schacht in Stufen 50 m tiefer zu einem Siphon. Vorbei an der TROPFSTEINORGEL in der ORGELHALLE kommt man über einen leicht ansteigenden Gang in den wohl schönsten Tropfsteinteil der Hirlatzhöhle. Gut begehbare Gänge wechseln mit Engstellen. Am Ende (K6, 1305 mNN) ist der Gang zu eng, um noch weiterzukommen, auch die anfänglich vorhandene Wetterführung ist hier nicht mehr feststellbar. Tropfsteine, Wand- und Bodenversinterungen gibt es in den verschiedensten Variationen. Die überwiegend fossilen Sinterformen sind teilweise schon wieder im Abbau begriffen. Man kann aber eine recht gute Vorstellung davon erhalten, welch reichen Tropfsteinschmuck die Hirlatzhöhle in früheren Zeiten hatte. Der gesamte Teil wird vom Wasser auch bei starker Aktivität nicht mehr erreicht.

Zwischen GRÜNKOGELVERSTURZ und GRÜNKOGELBIWAK befindet sich noch ein kleiner, aber sehr interessanter Seitenteil. Über mehrere kletterbare Stufen kann man vom Hauptgang aus etwa 80 m tief absteigen, bis der Gang in einen Siphon eintaucht (K6, 1096 mNN). Viele blankgewaschene Kolke und an Klüften und Schichtfugen angelegte Druckstollen charakterisieren diesen Teil. Bei Hochwasser dient der Gang als Wasserschwinde.

Südöstlich des GRÜNKOGELBIWAKS erreicht man im Hauptgang nach 40 bis 50 m die Überlaufschwelle, welche die Stauhöhe des Wassers für die westlich gelegenen Höhlenteile bestimmt. Hier vereinigen sich Primär- und Sekundäranlage zu einem großen, periodisch aktiven Staubereich von 10 bis 15 m Breite. Anhand der großen, hellen Sandflächen, der mit schwarzem Sediment überzogenen Höhlenwände und des Fehlens der Fußspuren der vorangegangenen Expeditionen kann man die starke Aktivität dieses Teils erkennen. Nach 200 m erreicht man den tiefsten Punkt des Tunnels, von dem aus der MEGALODONTENCANYON (L5, 1130 mNN) in die Tiefe führt. Bei beginnender Aktivität entspringen auf halber Strecke links und rechts kleine Bäche aus der Schichtfuge und entwässern nach Westen über den MEGALODONTENCANYON (Abb. 103).

Der Staubereich zwischen Überlaufschwelle und MEGALODONTENCANYON bestimmt auch die Aktivität der Karstquellen Waldbach- und Dürrenbach-Ursprung. Kann die anfallende Wassermenge vom MEGALADONTENCANYON bewältigt werden, so ist nur der Waldbach-Ursprung tätig. Bei noch stärkerer Aktivität wird das Hochwasser aufgestaut, bis es an der Überlaufschwelle überfließt und über den DARK HIGHWAY die Dürrenbachquelle speist.

Der MEGALODONTENCANYON ist ein System von mehreren Canyons mit einer Gesamtlänge von 800 m und einer Niveaudifferenz von 59 m. Die Canyons vereinen sich auf etwa halber

Strecke zu einer Klamm, die an ihrem tiefsten Punkt in einen Siphon mündet. Der Hauptcanyon ist immer aktiv, da in etwa 20 m Tiefe der Überlauf des GRÜNKOGELSIPHONS (M5, 1115 mNN) in Form eines Wasserfalls herunterstürzt. Das Wasser fließt in der nach Nordwesten führenden Klamm bis in den Siphon, um dann, wie bereits nachgewiesen wurde, beim Waldbach-Ursprung wieder auszutreten. Da im MEGALODONTENCANYON zwei Wasserfälle herunterstürzen, ist eine Begehung nur bei absolutem Niedrigwasser empfehlenswert.

Seinen Namen hat der MEGALODONTENCANYON von den vielen versteinerten Muschelschalen (Megalodonten), Schneckenhäusern und Korallen, die aus den Wänden des Canyons herausragen. Die Lösungskraft des Wassers greift die härteren Versteinerungen kaum an, der sie umgebende Dachsteinkalk wird jedoch gelöst. Das führt soweit, daß einzelne Megalodonten nur mehr mit einer kleinen Fläche an der Wand haften, bis sie schließlich herunterfallen und im Canyon weggespült werden.

Geht man im Hauptgang weiter, kommt man in die GRÜNKOGELHALLE (M6, 1145 mNN) mit 50 m Durchmesser. Auch hier befindet sich typisches Staubereichssediment. Helle Sandflächen und dunkle Überzüge auf Steinen und Wänden prägen den Charakter. In der Decke ist ein Portal sichtbar. Weiter Richtung Südwesten gelangt man über helle Sanddünen mit schönen Fließfacetten an der Oberfläche in jene Halle, von der aus man einerseits zum GRÜNKOGELSIPHON (M5, M6) absteigen, andererseits zum Portal der SIPHONÜBERFÜHRUNG aufsteigen kann. Auch die Einstiege (M5) zum Höhlenteil KLEINES JALOT und zum HÜBNERSCHLUF, einem engen, scharfkantigen Teil mit dunklem, schmierigem Staubereichsediment an den Wänden, zweigen hier ab (Abb. 99, 100).

Der 170 m lange HÜBNERSCHLUF führt bis nahe an den MEGALODONTENCANYON heran und dürfte bei der Entwässerung mit diesem in direktem Zusammenhang stehen.

Will man zum GRÜNKOGELSIPHON absteigen, muß man am tiefsten Punkt der Halle durch einen Versturz aus gerundeten Felsblöcken hinunterklettern. Dieser Versturz wirkt durch seine Verjüngung als Druckdüse, durch die das Wasser von unten mit sehr großem Druck nach oben gepreßt wird. Sämtliche Versturzblöcke und Wände sind stark abgeschliffen, und es befindet sich keinerlei Feinsediment in diesem Bereich. Unter dem Versturz kommt man nach wenigen Metern zum GRÜNKOGELSIPHON. Hinter dem 70 m langen und 8 m tiefen Siphon setzt sich der Gang tunnelartig fort.

Geht man in der Halle über die steile Versturzhalde hinauf, verläßt man den Staubereich. Lehmige Ablagerungen bedecken hier den Boden. Eine ausgeprägte Kluftanlage beherrscht den Raum. Von einem kleinen Lehmsattel führt die Kluft kleinräumig und leicht abfallend Richtung Nordosten zum KLEINEN JALOT (M5, 1170 mNN). In diesem Bereich befinden sich glatte Harnischflächen mit einer Fläche von mehreren Quadratmetern. Ein 10 m tiefer Schacht heißt KLEINES JALOT. Ein Gerinne ergießt sich aus einem gegenüberliegenden Spalt.

Ebenfalls von der Halle aus führt ein 25 m hoher Seilaufstieg zu einer Kluftfortsetzung in Deckennähe. Es handelt sich um die SIPHONÜBERFÜHRUNG über den GRÜNKOGELSIPHON, gleichzeitig beginnt hier der SÜDWESTEN.

SÜDWESTEN

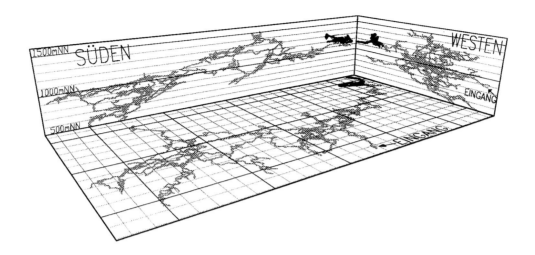

Übersicht

Lage:	Der SÜDWESTEN liegt unter dem Bereich *Grünkogel* bis *Gamskogel* (M6, N7, O5) und wird vom Grünkogel-Windschacht (N7) überlagert.
Zugang:	Nur über den Höhlenteil WILDER WESTEN erreichbar.
Höhenlage:	1130 bis 1320 mNN.
	Schwerpunkt zwischen 1130 und 1210 mNN.
Größe:	Ganglänge 3170 m, das entspricht 3,9% der Höhle.
	Gangvolumen 359 000 m³, das entspricht 17,1% der Höhle.
	Mittlerer Gangquerschnitt 113,3 m².
	Ost-West-Erstreckung 620 m, Nord-Süd-Erstreckung 590 m.
Charakteristik:	Sehr großräumiger Hauptgang mit kleinräumigeren, ausgedehnten Seitenteilen. Im SÜDWESTEN liegt die SAHARA, die größte Halle der Hirlatzhöhle bzw. des gesamten Dachsteinmassivs. Bei Hochwasser wird ein Großteil des SÜDWESTENS geflutet, nur der höhergelegene Seitenteil wird vom Wasser nicht erreicht.
	Als Sedimente findet man Versturzblöcke und viel feinen, hellen Sand im Staubereich. Im höhergelegenen Seitenteil befindet sich Lehm. Der Hauptgang und einige Seitengänge werden von Siphonen unterbrochen. In der SAHARA existiert eine großräumige, vertikale Schlotfortsetzung.

Beschreibung

Ein ausgeprägter Kluftgang von 1,5 bis 2 m Breite und 3 bis 5 m Höhe führt vom höchsten Punkt des Seilaufstiegs 500 m mit annähernd konstanter Neigung und Richtung nach Ostsüdost, bis er in einem Siphon endet (M6, M7, N7, 1195 mNN). Starke Wetterführung macht sich nach wenigen Metern bemerkbar. Schöne Harnischflächen und Bergmilchvorkommen zieren die Wände. Folgt man der Kluft jedoch nur etwa 100 m, so kann man in ein Bodenloch absteigen, wo die Siphonüberführung von der Kluftanlage abzweigt (M6, 1185 mNN). Der steil nach unten führende Gang verengt sich nach wenigen Metern zu einem Schluf. Anschließend folgt die nächste Kluft, die aber bald in einen gut begehbaren Druckstollen führt. Nach 100 m mündet dieser Stollen als Deckenloch in einen geräumigen Tunnel. Richtung Nordosten führt der Tunnel über steile Blockhalden abwärts zur Auftauchstelle am Grünkogelsiphon. Ein kleines Gerinne speist den Siphon von Westen, die Wassermenge entspricht bei normaler Aktivität jener, welche über den Megalodontencanyon abfließt.

Gleich unterhalb jener Stelle, wo die Siphonüberführung in den Tunnel mündet, zweigt ein Seitengang in Richtung Ostsüdost ab (N6). Nach einem Abstieg von 8 m führt ein 150 m langer, 2 bis 3 m breiter und 1,5 bis 2,5 m hoher Gang mit Sandboden zu einem Siphon. Im sandigen Bodensediment sind facettenartige Ablagerungsmuster zu beobachten.

Geht man im Hauptgang weiter Richtung Südwesten, öffnet er sich nach 40 m zu einem gewaltigen Höhlenraum, der Sahara (N5, 1190 mNN). Mit normaler Karbid-Helmlampe sind die Dimensionen des Raumes nur zu erahnen. Die Halle ist 150 m lang und bis zu 70 m breit. Die Höhe konnte bisher nur geschätzt werden, da sich im vorderen Bereich der Halle ein riesiger Schlot befindet, sie dürfte aber 100 m leicht erreichen. Der Boden der Sahara steigt von der südöstlichen zur nordwestlichen Seite an und besteht in den tieferliegenden Bereichen aus grobem Blockwerk, in den höher gelegenen Teilen aus großen Flächen mit hellem, feinem Sand. Der Sand weist Ablagerungsmuster auf, die denen in einer Sandwüste ähneln. Fließfacetten, kleine Rutschungen und Dünen, die sich von einer Bodenerhebung zur anderen spannen, sind zu beobachten (Abb. 105, 106).

An ihrer breitesten Stelle hat die Sahara ostseitig eine Abzweigung in einen Seitenteil. Das Portal in 5 m Höhe setzt sich in einem druckstollenartigen Lauggang mit 2 bis 3 m Breite und 2 bis 5 m Höhe horizontal nach Osten fort (N5 bis N8). An der Sohle des Ganges befindet sich feiner Sand, an den Wandabsätzen bäumchenförmiger Korallensinter. Einige Naturbrücken finden sich in diesem Bereich. Nach 100 m gabelt sich der Gang bei einer markanten Tropfstelle in eine steil nach oben führende Kluft und einen horizontalen, 1 m breiten und 4 bis 5 m hohen Teil.

Dieser schmale Gang führt anfangs Richtung Norden und entwickelt sich nach 80 m zu einem Druckstollen mit Sandboden von 3 bis 4 m Breite und 4 bis 5 m Höhe. Die Hauptrichtung ändert sich auf Ost, und nach 200 m steigt man in eine Halle ab. In dieser befindet sich eine Naturbrücke, aber keine geräumige Fortsetzung. Zwischen den Versturzblöcken am Boden der Halle kann man zum Einstieg in einen engen Canyon hinabklettern. Nach kurzer Canyonstrecke kommen zwei Abstiege und schließlich ein Siphon.

Folgt man bei der Gabelung dem steil nach oben führenden Kluftgang, so gelangt man nach 40 m zu einer 8 m hohen Kletterstelle, dem Seilwurfaufstieg. Oben führt ein lehmiger Druckstollen mit 2 m Breite und 1 bis 2 m Höhe horizontal weiter Richtung Südosten. Der Gang wird zunehmend kleiner. Eine Wasserstandsmarke, die hier im Fels als eine mehrere Zentimeter tiefe Kerbe ausgebildet ist, ist sehr bemerkenswert, da sie heute vom Hochwasser nicht mehr erreicht werden kann und deshalb fossilen Ursprungs sein muß. Es wäre interessant, nachzumessen, ob diese Marke noch horizontal verläuft (Abb. 104).

Die nächsten 50 m ist der Gang nur 30 bis 50 cm hoch, wobei der Lehmboden immer feuchter wird. Der anschließende, aufrecht begehbare Watschelgang führt zur Sohle eines

12 m hohen Aufstieges. Im weiterführenden, schlammigen Gang erreicht man nach wenigen Metern zwei weitere Aufstiege. Der daran anschließende Gang wird nach 25 m schlufartig, ist leicht bewettert und weist feuchten Lehmboden auf.

Nach 200 m, wobei sich der Charakter nicht mehr ändert, erreicht man den Einstieg zur UNTERTISCHKATHEDRALE (N7, N8), den mit 1300 mNN höchstgelegenen Punkt im SÜDWESTEN. Ein 50 m tiefer Seilabstieg führt aus einem Deckenloch zur Sohle dieser riesigen Halle. Der Raum ist durch eine Versturzbarriere in eine tiefer gelegene und eine höher gelegene Hälfte geteilt. In der Decke befinden sich mehrere Schlote, aus denen Tropfwasser fällt. Am nördlichen Ende des Raumes wurde ein 30 m hoher Schrägaufstieg erklettert. Die UNTERTISCHKATHEDRALE ist der derzeit östlichste Teil des SÜDWESTENS und liegt 300 m unter den tiefsten Endpunkten von Eiskarhöhle und Grünkogel-Windschacht.

Von der SAHARA führt ein 15 bis 20 m breiter Tunnel Richtung Südwesten steil abwärts zur OASE (O5, 1140 mNN), einem Siphon. Dieser ist, wie festgestellt werden konnte, Niveauschwankungen von 8 bis 10 m ausgesetzt. Bei Niedrigwasser gibt er einen kleinräumigen Seitenteil frei. Der Siphon setzt sich noch 200 m weit fort, wobei nach 70 m eine kurze Strecke über Wasser zurückgelegt werden muß. Die betauchte Strecke endet in einem Schlotraum mit See und Unterwasserversturz. Die gesamte Siphonstrecke dreht Richtung Südsüdost und zeigt somit direkt auf den zentralen Bereich des Dachsteinmassivs. Bei Hochwasser werden - von der OASE ausgehend - sämtliche anschließenden Höhlenteile geflutet.

Peter SEETHALER

SCHWABENLAND

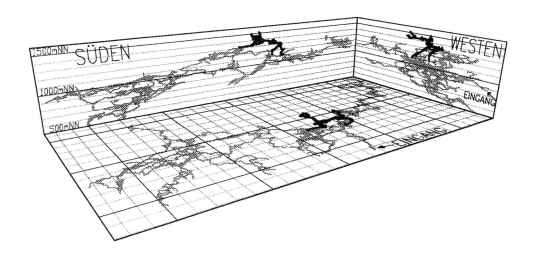

Übersicht

Lage:
Der Höhlenteil unterlagert den *Feuerkogel*, ein nach Süden gerichteter Gang führt unter die *Hirlatzalm* bis zum *Mittleren Hirlatz*.

Zugang:
Der Höhlenteil kann über das OBERE SYSTEM beim BRUSTMUSKELSCHLUF und bei der Abzweigung in der Nähe des MÄRCHENSEES erreicht werden.

Höhenlage:
1100 bis 1520 mNN.
Hauptgänge zwischen 1120 und 1470 mNN.

Größe:
Ganglänge 5540 m, das entspricht 6,8% der Höhle.
Gangvolumen 213 000 m³, das entspricht 10,1% der Höhle.
Mittlerer Gangquerschnitt 38,3 m².
Ost-West-Erstreckung 820 m, Nord-Süd-Erstreckung 690 m.

Charakteristik:
Großräumige, schichtgebundene Hauptgänge mit bis zu 15 m Breite und 10 m Höhe mit vielen Nebengängen. Viele Hallen, Schächte und Schlote, oft durch kurze Schlufstrecken miteinander verbunden. Im kleinräumigen, kluftgebundenen Zustiegsteil sind kurze Gangstrecken als Druckröhren ausgebildet. Die Gänge sind teilweise mit mächtigen, eingetrockneten Lehmplatten bedeckt. Der UMSTANDSGANG weist ausgedehntes Block- und Bruchmaterial, das mit einer dünnen Lehmschicht überzogen ist, auf. Die Schacht-Schlotkombinationen werden von Gerinnen durchflossen. In der WASSERBURG, dem BRÜCKENSCHACHT und im Zustiegsteil sind reicher Sinter- und Tropfsteinschmuck vorhanden.

Beschreibung

Der Zustieg zu den großräumigen Gangteilen führt vom BRUSTMUSKELSCHLUF (F16, 1310 mNN) über einen 4 bis 8 m breiten und 1 bis 3 m hohen, mit Lehmplatten bedeckten Horizontalteil von 250 m Länge. Anschließend folgt eine kluftgebundene Röhre mit 1 bis 2 m Durchmesser, die mehrere Kletterstellen aufweist. In diesem Bereich befinden sich viele Abzweigungen, die längste mit über 200 m Gesamtlänge und einer noch offenen, nassen Schlot-Schachtfortsetzung. Zwischen Biwakwasserstelle und Ausstieg zu den großen Räumen befindet sich an der Decke reicher Tropfsteinschmuck. Die Gesamtlänge des Zustiegteiles beträgt 1100 m.

Nachdem man aus der Schichtfuge ausgestiegen ist, findet man an der rechten Raumbegrenzung das SCHWABENLANDBIWAK (H14). Der Hauptgang weist eine Breite von 8 bis 15 m und eine Höhe von 6 bis 10 m auf und ist großteils mit Lehmplatten bedeckt. Fünfzig Meter östlich des Biwaks befindet sich der 10 bis 60 m breite und 6 bis 15 m hohe UMSTANDSGANG (H15, 1410 bis 1440 mNN). Der anfangs leicht fallende, lehmbedeckte Gang, an dessen unteren Ende sich ein Schlot befindet, steigt mit einer immer steiler werdenden Raumsohle bis zum LEHMBATZAUFSTIEG (H15, 1500 mNN) 90 Höhenmeter an. In diesem Bereich befinden sich lehmüberzogene Blöcke und verfestigtes Bruchmaterial.

Oberhalb des Biwaks führt ein leicht ansteigender Gang von 2 bis 4 m Breite und 0,5 bis 2 m Höhe mit einer Gesamtlänge von 125 m in nordwestliche Richtung.

Geht man vom Biwak nach Westen, dann erreicht man nach 100 m die Abzweigung zu einem Rundgang von 2 bis 3 m Breite und 0,5 bis 1,5 m Höhe zur Biwakwasserstelle.

Nach weiteren 150 m Richtung Westen befindet sich eine großräumige Abzweigung nach Südwest, die nach 80 m verlehmt ist. Ein 30° steiler Lehmabstieg führt nach 50 m in eine Halle mit einem Schlot und einem noch unbefahrenen Kluftaufstieg. Die WASSERBURG (H13, 1320 mNN), deren Name von der ganzjährigen Schüttung des Schlotes kommt, hat am Boden einen Sinterschuttkegel von 2 m Höhe und vereinzelte, mit weißer Bergmilch überzogene Tropfsteine.

Folgt man dem Hauptgang weiter nach Westen, dann erreicht man nach 100 m eine namenlose Halle mit dem GORBATSCHOFF-STEP (I12, 1290 mNN), dem Abstieg in das *Küfel* (I12, 1200 mNN). Die weiterführende, südlich gerichtete Gangröhre mit 8 bis 10 m Durchmesser fällt mit über 30° Gefälle bis auf 1110 mNN ab. Am unteren Ende teilt sich die Röhre in mehrere kleine Gänge. Ein noch nicht vermessener, stark bewetterter Schacht, der BLÄSER (J12, 1100 mNN), führt vermutlich in das ASTERIXLABYRINTH im WESTEN.

Auf halber Strecke des letztgenannten Gangteiles befindet sich in westlicher Richtung ein 1 bis 2 m breiter und 2 bis 6 m hoher, 50 m langer Seitencanyon (I12, 1200 mNN), der in eine großräumige, steil ansteigende, offene Fortsetzung mündet.

Die Abzweigung zum MEXIKANER (H12, 1310 mNN) befindet sich zwischen WASSERBURG und GORBATSCHOFF-STEP. Nach einem kurzen, engen Abstieg erweitert sich die Raumbreite auf 8 bis 10 m bei einer Höhe von 1 bis 2 m. Nach 30 m erreicht man einen Durchstieg mit 1 m Durchmesser, am Boden befinden sich eingetrocknete Lehmplatten und an der Seite Korallensinter. Die folgende Fortsetzung führt in einen Gang von 5 bis 10 m Breite und 1 bis 5 m Höhe mit einer Laugdecke. Im lehmbedeckten Boden hat das Gravitationsgerinne einen 0,5 bis 4 m tiefen Canyon eingeschnitten. Nach einem Mittelpfeiler ändert sich das Profil auf 6 bis 10 m Höhe bis zu den DOPPELSCHLOTEN (H12, 1300 mNN). Dazwischen liegt die Abzweigung zum MÄRCHENSEE (H12, 1300 mNN). Nach den DOPPELSCHLOTEN führt ein

David WALTER

Durchstieg in das 8 bis 15 m breite, 3 bis 8 m hohe und 80 m lange MAUSOLEUM (G13, 1320 mNN). Der Name stammt von den hier gefundenen Fledermausskeletten. Der lehmbedeckte Boden weist zahlreiche Lehmbäumchen und Tropflöcher auf. Kleine Tropfsteingalerien zieren den Deckenbereich.

Nach dem nächsten LEHMSCHLUF öffnet sich eine 20 m breite und 30 m lange Halle, der DOM DER GELASSENHEIT (G13, 1320 mNN). Die geschätzte Höhe beträgt mindestens 60 m. Der Boden ist mit Lehmplatten und bei der Tropfwasserstelle mit Bruchmaterial bedeckt. Hat man lehmbedeckte Versturzblöcke passiert, endet der Gang in einem Schlot.

Die Abzweigung zum MÄRCHENSEE führt über eine 20 m tiefe Schachtstufe in einen 1 bis 2 m breiten, 420 m langen, unterlagernden Canyon. Über viele Schachtstufen, die letzte davon über 40 m messend und an den Stufen breiter werdend, gelangt man zum MÄRCHENSEE im OBEREN SYSTEM. Der Rundgang weist eine Länge von 4,2 km auf.

Zwischen Biwak und UMSTANDSGANG, oberhalb einer 25-m-Schachtstufe, zweigt ein 2 bis 3 m breiter und 2 bis 4 m hoher, schichtgebundener Gang nach Süden ab. Nach 50 m folgt ein Halle, das HALBE FUSSBALLFELD (I15, 1430 mNN) mit 10 bis 16 m Breite und 4 bis 8 m Höhe. Der anschließende, 3 bis 5 m breite und 0,5 bis 2 m hohe Gang führt nach 40 m zur QUERKLUFT (I14, 1430 mNN), die bis plus 30 m vermessen wurde, und nach weiteren 50 m zur PLATTENKLUFT (I14, 1430 mNN). Letztgenannte hat eine Breite von 5 m, eine Höhe von 6 bis 8 m und eine Länge von 100 m bei einem Niveauunterschied von 2 m.

Anschließend erreicht man die 35ER-HALLE (J15, 1430 mNN) mit drei Abzweigungen. Die Canyonfortsetzung in Bodennähe wurde noch nicht vermessen. Nach einem 32° steilen, lehmbedeckten Sinteraufstieg gelangt man über einen Deckenschluf zur nächsten Halle mit einer Schacht-Schlotkombination und einem Gerinne. Ein kurzer Schluf nach Süden führt in einen 6 bis 10 m breiten und 6 bis 8 m hohen, stetig steigenden Gang, der nach 40 m den BRÜCKENSCHACHT (J14, 1470 mNN) erreicht. Der Name kommt von der in 10 m Höhe liegenden Naturbrücke des aufsteigenden Schlotes. Aus einem engen Seitencanyon kommt das Gerinne des Schachtes, welcher Sinter- und Tropfsteinschmuck aufweist. Folgt man dem lehmbedeckten Gang weiter, dann erreicht man die mit 1515 mNN höchstgelegenen Gangteile der Hirlatzhöhle. Unmittelbar davor befindet sich in westlicher Richtung eine noch nicht vermessene, 40° steile Fortsetzung.

Ausgehend von der 35ER-HALLE führt eine Abzweigung in einen 2 bis 4 m breiten und 0,5 bis 3 m hohen, lehmbedeckten, anfangs leicht fallenden Gang. Nach 140 m ändert er seine Richtung um 180° und steigt leicht an. Knapp vor seinem verlehmten Endpunkt befindet sich in Kopfhöhe ein 25 cm langer Excentriques mit versintertem Lehmsockel, welcher bei ehemals höherer Lehmfüllung des Ganges entstanden ist. Zwanzig Meter vor der 180°-Schleife liegt im Deckenbereich eine Abzweigung nach Südwest. Die mäandernde Fortsetzung führt nach 60 m in eine Halle mit 15 m Durchmesser und 18 m Höhe und nach weiteren 60 m über einen kletterbaren Aufstieg in die ENTRISCHE HALLE (J14, 1435 mNN). Die Halle hat eine Breite von 15 m und eine Höhe von etwa 20 m und am nördlichen Ende eine Schacht-Schlotkombination.

OSTZUBRINGER

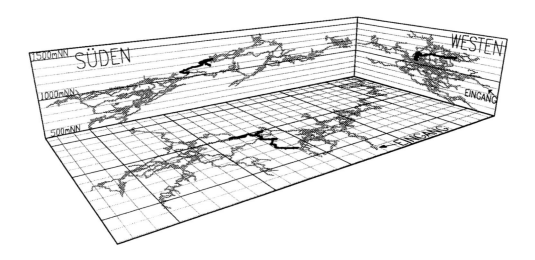

Übersicht

Lage:
: Der Höhlenteil erstreckt sich von der Nordostflanke des *Vorderen Hirlatz* bis unter den *Zwölferkogel* und dient als Verbindungsgang zwischen OBEREM SYSTEM und MITTLEREM OSTEN.

Zugang:
: Über OBERES SYSTEM (DREITORHALLE).

Höhenlage:
: 1060 bis 1220 mNN.

Größe:
: Ganglänge 2430 m, das entspricht 3,0% der Höhle.
Gangvolumen 25 000 m³, das entspricht 1,2% der Höhle.
Mittlerer Gangquerschnitt 10,1 m².
Ost-West-Erstreckung 520 m, Nord-Süd-Erstreckung 730 m.

Charakteristik:
: Der schichtgebundene, im Bereich der WETTERSCHEIDE kurzfristig kluftgebundene Hauptgang weist eine Breite von bis zu 12 m und eine Höhe von bis zu 6 m auf und hat nur wenige (3) Abzweigungen. Der Gang ist großteils lehmbedeckt mit abgerundeten Karren, vereinzelt finden sich Tropfsteine, Bergmilch und Wasserstellen.

Beschreibung

Nach der DREITORHALLE (F18, 1220 mNN), einem Raum mit 12 m Durchmesser und einer Höhe von 6 m, folgt der FRANKENSPREIZER (F18, 1220 mNN), ein Schacht mit 2 mal 2 m Querschnitt und 10 m Tiefe. Eine darunterliegende Fortsetzung endet nach 49 m. Weiter nach Südost folgt man leicht abwärts einem anfangs mäandernden, schichtgebundenen, 4 bis 7 m breiten und 2 bis 4 m hohen Tunnel mit wenig Lehm und vereinzelten Trockenrissen. Stellenweise fehlt der Lehm komplett, an einigen Stellen sind Gravitationsgerinne eingeschnitten. Der Gang wird zunehmend größer und erreicht eine

Breite von 10 bis 12 m und bis zu 6 m Höhe. An der linken Raumbegrenzung folgt der WASSERSCHLOT (G19, 1185 mNN) mit 3 m Durchmesser. Aus einem engen Deckenmäander kommt ein Wasserfall, dessen Schüttung nur bei starken Regenfällen 1 l/s übersteigt. Anschließend verläuft der Hauptgang weitgehend horizontal, 5 bis 6 m breit und 3 bis 4 m hoch. An einigen Stellen mit größeren Lehmablagerungen und Trockenrissen verringert sich die Raumhöhe auf nur 1 m. Am KREUZ DES SÜDENS (H19, 1200 mNN) kann eine 8 m hohe Wandstufe über eine Querkluft umgangen werden.

Nach einer kurzen Schlufstrecke bleibt das 450 m lange Kastenprofil bis zur WETTERSCHEIDE (I19, 1150 mNN) erhalten. Der kluftgebundene Höhlenteil hat seinen Namen von der im Winter vom Hauptgang her auf beiden Seiten aufsteigenden Wetterführung. Die in diesem Bereich befindlichen Schlote lassen auf weitere Fortsetzungen schließen. Eine stark verjüngte, abwärts führende Abzweigung endet unschliefbar nach 360 m Länge.

Der dreieckige, 3 bis 4 m breite und 1,5 bis 3 m hohe Hauptgang weist trockenes Lehmsediment und schichtgebundene Kriechstrecken von nur 0,5 bis 1 m Höhe auf. In diesem Teil befindet sich der EREMIT (I19, 1150 mNN), ein 80 cm langer Stalaktit. Es folgt eine markante, 10 m breite Halle, die TROPFWASSERKLUMPSEN (I20, 1140 mNN). In der Mitte der Halle ist das bis zu 3 m mächtige Lehmsediment zur Gänze weggewaschen. Ein 2 m breites, 2 bis 4 m hohes Schlüssellochprofil mit dünnem Lehmsediment und Wasserrauschen prägt den Gangteil, in dem sich die noch nicht vermessene ECHORÖHRE (I20, 1135 mNN) befindet. Es folgt ein schichtgebundener, 3 bis 4 m breiter und 1 bis 2 m hoher Gang mit wenig Sediment, manchmal eben, dann wieder leicht abwärts führend, zweimal die Richtung um 180° wechselnd, an einer Stelle Stalaktiten aufweisend. Nach der zweiten 180°-Wende folgt eine etwas steilere, 6 bis 7 m breite und 1 bis 2 m hohe Schichtfuge mit dem HALSABSCHNEIDER (J21, 1075 mNN), einer Verjüngung in Kopfhöhe. Vom letzten kurzen Schluf, bei dem Gipskristalle gefunden wurden, kann der Gang zum UMSTEIGER (I20, 1050 mNN) in gebückter Haltung bewältigt werden.

MITTLERER OSTEN

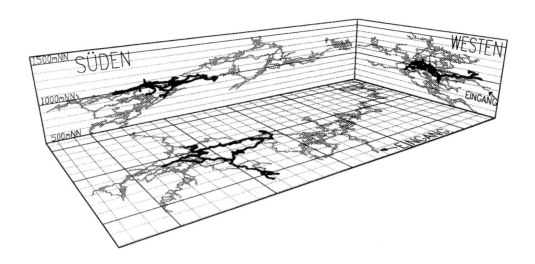

Übersicht

Lage:
Der Höhlenteil markiert den westlichsten Teil des ausgedehnten, eigenständigen Höhlensubsystems unter *Zwölferkogel* und *Rauher Kogel*. Der Höhlenteil selbst reicht vom *Zwölferkogel* (J18) bis unter das *Küfel* (J26). Nach Norden erstreckt er sich bis unter den *Schoßlahngang* (D22).

Zugang:
Der Höhlenteil kann nur über den OSTZUBRINGER erreicht werden.

Höhenlage:
820 bis 1130 mNN.
Hauptgänge zwischen 950 und 1050 mNN.

Größe:
Ganglänge 9200 m, das entspricht 11,3% der Höhle.
Gangvolumen 202 000 m³, das entspricht 9,6% der Höhle.
Mittlerer Gangquerschnitt 22,0 m².
Ost-West-Erstreckung 1530 m, Nord-Süd-Erstreckung 1330 m.

Charakteristik:
Hauptgänge über lange Strecken mit großen Gangquerschnitten, abschnittsweise bis zu 10 m breite Gänge oder bis zu 15 m hohe Kastenprofile, teilweise mehrere Etagen (I23, I25). Untergeordnete Labyrinthe verbinden die Hauptgänge (I23 bis H23 und H21 bis H22) bzw. schließen diese (D21 bis E22 und I18 bis J18) ab. Wenige Schlote und Schächte. Wenige Versturzbereiche. Meist trockener Lehm, bisweilen sandig bis splittartig, Bachbette teils blank, teils mit Schotter oder mit Brekzien.

Beschreibung

Der einzige Zustieg führt zum UMSTEIGER (I20, 1070 mNN), einem Sattelpunkt in dem vom OSTZUBRINGER angeschnittenen Gang. Zu beiden Seiten hin fällt dieser Gang steil ab. Nach Westen hin, d.h. nach links (man erreicht den UMSTEIGER nach einer Schleife von Süden!), fällt der 2 bis 3 m breite und bis zu 6 m hohe Gang zunächst mit 5 bis 15 Grad auf sandigem Boden ab, um schließlich nach 300 m in zwei kleinen Stufen (Seil erforderlich) auf einen seinerseits flach nach Westen abfallenden, 8 m breiten und 3 m hohen Gang mit aktivem Gerinne zu stoßen (I19, 980 mNN). Diese Stelle trägt den Namen IDEALBIWAK, weil dies einer der idyllischsten Biwakplätze überhaupt ist: Feinster Sand und fast in Armreichweite fließendes Wasser! Der angeschnittene Gang endet gerinneabwärts (westlich) nach 150 m in einem Siphon (H18, 970 mNN). Kurz vor dem Siphon zweigt nach Süden das deutlich bewetterte, sich in Schloten, Schlufen und einem schachtartigen Canyon verlierende Labyrinth TRANSIDEALBIWAK ab (J18, 930 bis 970 mNN).

Ab dem IDEALBIWAK heißt der Gang MÄRCHENGANG. In östlicher Richtung erreicht man nach 300 m den Ursprung des Gerinnes, eine Tropfstelle. Nach weiteren 200 m gelangt man zu einem 6 m hohen, nach Nordnordwest ausgerichteten Kluftraum (H21, 1020 mNN) mit Bodenversturz. Nach zwei kleinen, nicht ohne Seil zu bewältigenden Stufen setzt sich der MÄRCHENGANG mit einem Querschnitt von 3 bis 5 m Breite und 4 bis 6 m Höhe zunächst 300 m Richtung Nordost und dann weitere 500 m Richtung Norden fort. Die Stufen lassen sich durch das enge Labyrinth GROSSE ERLEICHTERUNG umgehen (H21 bis H22, 920 bis 990 mNN).

200 m nach der zweiten Stufe erreicht man am tiefsten Punkt des MÄRCHENGANGS (G22, 900 mNN) eine rechts (östlich) steil in Stufen nach unten führende Abzweigung, den KNOBELGANG (G23, 820 mNN). Dieser stellt eine Verbindung zu dem unterlagernden Höhlenteil UNTERER OSTEN dar. Knapp 180 m weiter zweigt rechts (östlich) steil nach oben ein Gang mit Namen LIEBLICHSTER GANG ab.

An dieser Stelle ändert der MÄRCHENGANG seinen Charakter. Nach der Abzweigung ist starker Luftzug zu spüren. Es folgt ein kurzes, schönes, in den Lehm etwa einen Meter eingefressenes, kaum wasserführendes Bachbett. Danach setzt ein schwach ansteigender Gang mit 3 bis 5 m Breite und ebensolcher Höhe mit nur stellenweise und dann auch nur von geringen Sandablagerungen und wenigen Steinen bedecktem Boden an.

Das Ende des MÄRCHENGANGS (E22, 1030 mNN) ist gekennzeichnet durch den Übergang in ein lehmiges Labyrinth. Der nördlichste Zweig des Labyrinths endet in einem verlehmten Rückstaubereich (D22, 1000 mNN). Dem starken Luftzug durch mehrere enge Schlüfe folgend, erreicht man den stark wasserführenden FALLWINDSCHLOT (D21, 1090 mNN).

Auch nach rechts (Osten) setzt sich der Gang vom UMSTEIGER aus (I20, 1070 mNN) über etwa 1600 m Distanz großräumig fort. Der 8 bis 10 m breite und 4 bis 6 m hohe Gang fällt zunächst über eine Kletterstelle (Handseil) steil ab. Wenige Meter bevor der Gang wieder fast horizontal wird (1020 mNN), tritt ein nur bei starken Regenfällen aktives Gerinne in den Gang ein. In diesem Bereich sind fast alle Sedimente ausgewaschen. Der anschließend fast horizontale Gang weist mächtige Lehmablagerungen auf, in die das Gravitationsgerinne eingeschnitten ist.

Knapp 100 m nach dem UMSTEIGER erreicht man das FEINKIESWERK (I21, 1010 mNN), eine an einer Gangverengung gebildete Sanddüne von 3 m Breite, 1 m Höhe und 20 m Länge. Das Besondere ist die saubere Sortierung der Korngröße, obenauf liegt die Körnung 2 bis 4 mm.

Der Gang scheint nach weiteren 100 m in einem 8 m breiten und ebenso hohen Raum mit einer großen Sanddüne linker Hand zu enden. Ursprünglich war der Gang bis auf einen wenige Zentimeter hohen Schlitz tatsächlich verschlossen. Die im weichen Sand aufgegrabene Engstelle heißt deshalb TOR ZUR NEUEN WELT (Abb. 110, I22, 1030 mNN).

Es folgt ein markantes, stehendes Profil, 4 bis 5 m breit, 8 bis 12 m hoch, mit Blöcken oder harten Lehmablagerungen mit Trockenrissen. Nach 200 m liegen einige bis zu 10 m lange Versturzblöcke. Unmittelbar darauf folgt im ELEFANTENFRIEDHOF (I23, 1040 mNN) die Abzweigung Richtung GROSSES FRAGEZEICHEN (J23, 900 mNN) und zur DUSCHZELLE (H23, 1120 mNN).

Danach führt der Gang für etwa 100 m nordwärts und verjüngt sich dabei allmählich auf 4 m Breite und 2 bis 3 m Höhe. Hier findet man Trockenrisse von über 6 m Tiefe im Lehm. Nach weiteren 150 m, wobei sich der Gang auf 3 m Breite und 2 m Höhe verengt, liegt das WOLKENBIWAK (I24, 1020 mNN). Der Name WOLKENBIWAK erinnert daran, daß eine von viel zu großen und schweren Rucksäcken (sog. Wolken) völlig entkräftete Gruppe Schwaben nicht mehr in der Lage war, sich noch bis zum 150 m weiter gelegenen FASCHINGSBIWAK (I24, 1020 mNN) zu schleppen.

Unmittelbar nach dem WOLKENBIWAK folgt eine 8 m breite Schlothalle mit großem, verlehmtem Bodenversturz. An ihrem östlichen Ende liegt GUNNARS LIEBLINGSSCHACHT (I24, 960 mNN), der sich auch nach oben in mehreren großen Schloten fortsetzt. Einer davon ist bis in 40 m Höhe erschlossert, dort jedoch noch nicht zu Ende.

Nach der Schlothalle ändert sich der Gangcharakter. Es folgt ein durch große Verstürze mit mächtiger Lehmschicht erfüllter, bis zu 7 m breiter Kluftgang. Die Lehmschicht ist stellenweise durch Tropfwasser abgetragen. Dies führt dazu, daß man über Schwellen hinweg und durch Kessel hindurch klettern muß und daß es abwechselnd unten im Versturz und dann wieder oben auf einem Lehmboden weitergeht. Auf einem solchen liegt das FASCHINGSBIWAK. Nach Überwindung der letzten Versturzzone erreicht man eine Abzweigung, genannt LIEBLICHSTER GANG (I25, 1000 mNN), der zum MÄRCHENGANG führt. Ab hier ist der Kluftgang weitgehend freigeräumt und weist am Boden sehr schön gerundeten Schotter in einem malerischen, 2 bis 3 m breiten Bachbett auf. Stellenweise ist der Gang bis über 15 m hoch, teils weist er mehrere befahrbare Etagen auf. Etwa 200 m nach der Abzweigung LIEBLICHSTER GANG wird der FERNOSTSTERN (H26, 980 mNN) erreicht, ein Raum mit 10 m Höhe, 20 m Länge und 7 m Breite.

Die Fortsetzungen des Ganges im BACHBETT an der Sohle des Raumes und in einem 2 m breiten und ebenso hohen Portal oberhalb einer 5 m hohen Lehmwand gehören bereits zu dem FERNER OSTEN genannten Höhlenteil.

Der LIEBLICHSTE GANG ist, wie der Name vermuten läßt, außergewöhnlich schön. Es handelt sich um ein 350 m langes, mit rundgewaschenen Steinkugeln, Brekzien und weißen Ablagerungen geschmücktes, nach Nordwesten ansteigendes Bachbett, das bis zu einer 6 m breiten, 50 m langen und über 10 m hohen Klufthalle reicht. Diese HALLE DER KRISTALLE (H24, 1030 mNN) ist bis zu einem einheitlichen Horizont mit größtenteils bereits wieder korrodierten, teilweise aber noch scharfkantigen, bis zu 4 cm langen Kristallen besetzt. Der Bodenversturz, den man vom Bachbett kommend durchsteigen muß, besteht aus rundgewaschenen Steinkugeln von bis zu 3 m Durchmesser. Am Ende der Halle folgen mehrere Schlote, von denen einer über die DUSCHZELLE (H23, 1120 mNN) zum ELEFANTENFRIEDHOF (I23, 1040 mNN) führt. Nach einem leicht abfallenden Gang erreicht man nach weiteren 150 m den LEUCHTKUGELSCHLOT (H23, 1030 mNN), dessen später erklommenes, baldiges Ende man trotz Einsatz von Leuchtkugeln nicht hatte einsehen können. Über eine 8 m tiefe Stufe (Seil) und einen riesigen, steil abfallenden, durchwegs 6 bis 10 m breiten und 4 bis 8 m hohen Gang erreicht man nach weiteren 300 m den MÄRCHENGANG (G22, 920 mNN). Dieses Gangstück ist mit einem mittleren Gangquerschnitt von 51 m² das mächtigste im MITTLEREN OSTEN.

Der ELEFANTENFRIEDHOF (I23, 1040 mNN) besteht aus zwei 40 bis 90 cm hohen, 6 m breiten, schichtgebundenen Gängen, an deren Sohle reliefartig ausgelaugter Fels mit Lehmablagerungen an Elefantenknochen erinnert. Nach Durchschliefen des ELEFANTENFRIEDHOFS gelangt man zunächst in einen Schlotraum, den Zustieg zur DUSCHZELLE. Durch ein wegen seiner Rutschigkeit als steil empfundenes Gangstück erreicht man nach 60 m den SCHOKOSEE, eine Gangerweiterung auf 10 m Breite mit feuchtem Lehm und feinen Trockenrissen. Von dort erreicht man über einen leicht ansteigenden, 2 m breiten und 3 m hohen Gang das obere Ende eines Tunnels: das GROSSE FRAGEZEICHEN. Die Form dieses mächtigen, nach Norden in großen Schwüngen stark abfallenden Ganges drängt einem diesen Namen geradezu auf.

Beginnend mit 15 m Breite und 10 m Höhe, fällt dieser Tunnel mit einer Neigung von 25 bis 30 Grad nach Süden ab. Der deutlich an einer Kluft-Schichtkreuzung entstandene Gang verjüngt sich wieder auf 10 bis 12 m Breite und 6 bis 7 m Höhe und weist lockeres, sandiges Sediment von nicht allzu großer Mächtigkeit auf. Am GROSSEN FRAGEZEICHEN verzweigt er sich an seinem Ende bei einem Querschnitt von 8 m Breite und 4 m Höhe in zwei Fortsetzungen (J23, 900 mNN). Diese gehören zu den zwei Höhlenteilen DONNERBACH und UNTERER OSTEN.

Den Höhlenteil MITTLERER OSTEN kann man in wenige Hauptgänge und untergeordnete Nebengänge unterteilen. Der fast durchgehend großräumige Gang vom nördlichen Ende des MÄRCHENGANGS über den UMSTEIGER zum FERNOSTSTERN plus LIEBLICHSTER GANG plus GROSSES FRAGEZEICHEN stellen die Hauptgänge dar. Ihre Ganglänge beträgt zusammen 5430 m und ihr Gangvolumen 145 000 m³. Daraus errechnet sich ein mittlerer Gangquerschnitt von 26,6 m².

FERNER OSTEN

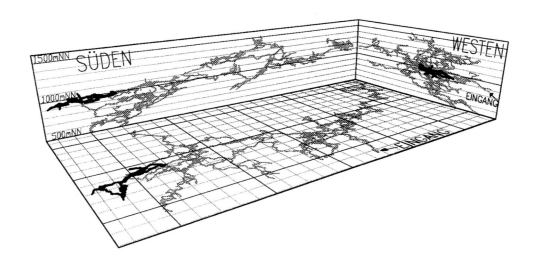

Übersicht

Lage:
: Der Höhlenteil markiert den östlichsten Teil des ausgedehnten, eigenständigen Höhlensubsystems unter *Zwölferkogel* und *Rauher Kogel*. Der Höhlenteil selbst reicht vom *Küfel* (I26) bis unter die Ostflanke des *Rauher Kogel* (G30). Nach Norden erstreckt er sich bis unter die *Seewand* (F29).

Zugang:
: Der Höhlenteil kann direkt über den Höhlenteil MITTLERER OSTEN oder auch sehr umständlich über den SANDGRABEN erreicht werden.

Höhenlage:
: 890 bis 1060 mNN.
Hauptgänge zwischen 940 und 990 mNN.

Größe:
: Ganglänge 5520 m, das entspricht 6,8% der Höhle.
Gangvolumen 88 000 m³, das entspricht 4,2% der Höhle.
Mittlerer Gangquerschnitt 15,9 m².
Ost-West-Erstreckung 830 m, Nord-Süd-Erstreckung 630 m.

Charakterisik:
: Hauptgänge mit stark wechselnden Gangquerschnitten, nur selten mehr als 6 m breit oder 4 m hoch. Hauptgang streckenweise von Bachbett unterlagert (I26-H28). Kleinräumige, zugelehmte Labyrinthe am östlichsten (G30) und nördlichsten Ende (G28-F29), die untereinander über einen langen Schlufgang verbunden sind. Überwiegend mächtige, oft feuchte, teilweise den Gang verengende Lehmschichten.

Beschreibung

Der direkteste Zustieg führt über den MITTLEREN OSTEN zum FERNOSTSTERN (H26, 980 mNN). Von dort aus kann man den Höhlenteil FERNER OSTEN über zwei Gänge betreten. An der Sohle setzt sich der Hauptgang des MITTLEREN OSTENS als nunmehr deutlich kleineres, anfangs 1 bis 3 m breites und 3 bis 5 m hohes BACHBETT fort. Auf den ersten 100 m wechseln sehr schöne Sinterbildungen und Kaskaden einander ab. Danach verringert sich der Gangquerschnitt auf etwa die Hälfte, und es weisen Reste von Sinterböden in 0,5 bis 1,2 m Höhe sowie Schotterbänke und Konglomerate auf eine ehemals mächtige Sedimentschicht hin. Nach insgesamt 300 m Gangstrecke stürzt der Bach 10 m tief in einen Schacht (H27, 950 mNN). An dieser Stelle gabelt sich der Gang. Weiter nach Osten umgeht ein mäandernder Schluf die Stufe, und man kann dem Bach noch weitere 150 m folgen, bis er im Kies versickert (H27, 910 mNN). Auch eine Abzweigung 50 m vor der Schwinde versinkt nach 120 m im Lehm.

Oberhalb der Schachtstufe steigt der Gang zunächst 50 m in Richtung Süden an, um sich dort abermals zu gabeln. Eine ohne technische Hilfsmittel nicht zu überwindende Stufe führt hinauf zum oberen Hauptgang des FERNEN OSTENS (I27, 990 mNN). Außerdem setzt sich der nun 3 bis 5 m breite und 2 bis 3 m hohe, lehmige Gang 200 m Richtung Osten fort. Dort trifft man auf einen deutlich größeren Gang (H28, 930 mNN). Dieser Gang fällt nach rechts (Süden) mit 15° ab und scheint nach 40 m abrupt in einem Querraum zu enden. Jedoch setzt am linken Ende (Osten) ein schmaler, steil abfallender Canyon an, der Zustieg zum SANDGRABEN (H28, 910 mNN).

Nach oben hin (Nordosten) vereinigt sich der nun 6 bis 8 m breite und 4 bis 5 m hohe Gang nach 140 m wieder mit dem oberen Hauptgang (H28, 950 mNN).

Diesen Punkt kann man ebenfalls über den oberen Hauptgang erreichen, der vom FERNOSTSTERN oberhalb einer 5 m hohen, ohne Hilfsmittel besteigbaren Lehmwand abzweigt. Der Hauptgang führt zunächst 150 m nach Südosten, um dann über eine Horizontaldistanz von 450 m nach Nordosten zu verlaufen. Dabei wechselt der Gangquerschnitt stark. Auf den ersten 300 m hat der Gang eine Breite von 3 bis 6 m und eine Höhe von 2 bis 4 m. Unmittelbar nach Richtungswechsel setzt rechter Hand nach Südwesten das LABYRINTH DER ENTSCHEIDUNG (I26, 970 mNN) an. Nach weiteren 150 m beginnt rechts (Südosten) HARRYS BUTTERBROT (I27, 990 mNN), ein mit feuchtem Lehm ausgekleideter Schluf, der nach 250 m in eine 20 m tiefe, 3 bis 4 m breite Kluft abbricht (I27, 970 mNN). Nur 40 m nach der Abzweigung zu HARRYS BUTTERBROT zweigt links (nördlich) der Verbindungsgang zum BACHBETT ab. Dieser 2 m breite und 4 m hohe Gang bricht nach 80 m in eine ohne Hilfsmittel nicht begehbare, 4 m tiefe Stufe ab.

Der Hauptgang wird nun für eine Strecke von 100 m deutlich enger, an einer Stelle sogar zum flachen Schluf. 200 m nach der Abzweigung des Verbindungsgangs bricht der Gang unvermittelt mit einer 10-m-Stufe ab, danach fällt er in einem Bogen weitere 20 m steil ab. Da der Gang dabei eine Drehung um 360° macht, bekam er den Namen LINKSWALZER (H28, 990 bis 960 mNN). Nach oben setzt sich die Stufe als Schlot fort (H28, 1060 mNN).

60 m nach dem LINKSWALZER vereinigt sich der Gang mit dem vom BACHBETT kommenden. Er ist nun 5 bis 8 m breit und ebenso hoch. Nach weiteren 80 m macht der Gang einen fast rechtwinkligen Knick und verläuft danach deutlich ansteigend, aber auch deutlich kleiner nach Norden. Genau beim Knick (H28, 960 mNN) zweigt durch einen großen Versturz ein Labyrinth nach Osten ab. Dieses Labyrinth mit stark wechselnden Gangquerschnitten erreicht den östlichsten Punkt der Höhle (G30, 890 mNN). Inmitten dieses Labyrinths liegt der schwach wasserführende ABSTURZSCHACHT (H29, 950 mNN).

Nach Norden erreicht der Hauptgang 150 m nach dem Knick eine große, verlehmte Versturzzone (G28, 990 mNN), an die sich nördlich ein stark verlehmtes Labyrinth anschließt. Die beiden mächtigsten Gänge dieses Labyrinths haben Breiten von 2 bis 6 m und Höhen von 0,5 bis 3 m. Alle nördlichen Äste enden verlehmt, der nördlichste Punkt (F29, 930 mNN) ist nur noch etwa 250 m von der *Seewand* entfernt. Von einem der beiden Hauptgänge dieses Labyrinths zweigt ein langer, schlufiger Gang ab (G28, 950 mNN), der nach 400 m auf das Labyrinth östlich des Knicks, und zwar in unmittelbarer Nähe des ABSTURZSCHACHTES trifft. Wegen der unangenehmen Pfütze mitten in einem nur 50 cm hohen Schluf trägt dieser Gang den Namen WAMPENBAD.

Den Höhlenteil FERNER OSTEN kann man in einen Hauptgang und untergeordnete Nebengänge unterteilen. Dieser Hauptgang ist die Fortsetzung des Hauptgangs im Höhlenteil MITTLERER OSTEN und reicht vom FERNOSTSTERN bis unter den *Rauher Kogel*. Er hat eine Ganglänge von 1140 m und ein Gangvolumen von 28 000 m³. Daraus errechnet sich ein mittlerer Gangquerschnitt von 24,4 m².

SANDGRABEN

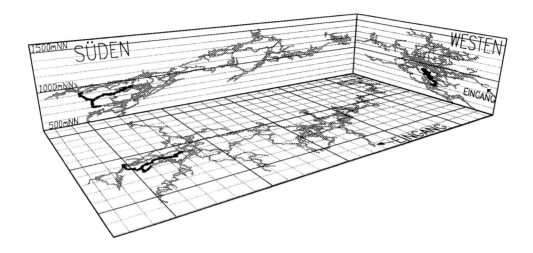

Übersicht

Lage: Der Höhlenteil liegt südlich der *Hirschaualm* zwischen *Küfel* und *Rauher Kogel*. Lage- und höhenmäßig zwischen WANDAUGENLABYRINTH und FERNEN OSTEN.

Zugang: Über MITTLEREN OSTEN nähe SIEBENSCHLÄFER (I24) oder über FERNEN OSTEN (I28).

Höhenlage: 700 bis 910 mNN.

Größe: Ganglänge 1860 m, das entspricht 2,3% der Höhle.
Gangvolumen 33 000 m³, das entspricht 1,6% der Höhle.
Mittlerer Gangquerschnitt 17,8 m².
Ost-West-Erstreckung 670 m, Nord-Süd-Erstreckung 280 m.

Charakteristik: Im östlichen Teil ausgeprägte, aktive Klamm mit feinem Sand und kleinem Gerinne, sowie einige Schachtabstiege. Im westlichen Teil (URGÄNGE) Druckstollen mit Lehmsediment.

Beschreibung

Vor dem Eingang zum SANDGRABEN im Höhlenteil FERNER OSTEN (I28, 916 mNN) befindet sich ein 3 bis 4 m breiter, 10 bis 12 m langer Raum mit einer markanten Schotterbank. Bis zu einer Wasserstandsmarke 5 m oberhalb der Gangsohle sind alle Lehmsedimente weggespült.

Der SANDGRABEN verläuft zunächst Richtung Osten, dann Richtung Norden als 0,5 bis 0,7 m breiter, 6 m hoher Canyon, welcher einen Bachlauf und Schottersedimente aufweist (I28). Am First sind einige enge Druckröhren ausgebildet. Nach 110 m Ganglänge ist man bereits 36 Höhenmeter abgestiegen. Hier beginnen die für den SANDGRABEN namensgebenden

Sedimente: gleichmäßig feiner, gewaschener Sand mit einer Körnung von ca. 3 mm Durchmesser. Die nächsten 130 m sind fast horizontal, anfangs nur 1 m, dann 3 bis 4 m hoch und durchschnittlich 2,5 m breit.

Die darauffolgende 2,5 m breite, 7 m hohe Klamm führt auf den nächsten 240 m 73 m tiefer in nordwestliche Richtung zum SCHACHT DER HOFFNUNG (H27, 799 mNN). Das ist ein nach Norden führender, wieder etwas geräumigerer Höhlenteil mit einigen Blockhallen von teils über 10 m Breite und 5 bis 8 m Höhe. Auf 200 m Ganglänge überwindet man hier über zahlreiche Abstiege 100 Höhenmeter. Von einem markanten Knick Richtung Südwesten (G27, 698 mNN) führt eine fast horizontale, 4 bis 6 m breite, 0,5 bis 2 m hohe Schichtfuge 160 m weit zu einem Siphon. Die gegenüberliegende Seite stellt laut Vermessung den Siphon am östlichsten Endpunkt im WANDAUGENLABYRINTH dar. Das bereits eingangs erwähnte Gerinne läßt sich ab dem LIEBLICHSTEN GANG (MITTLERER OSTEN) über das BACHBETT (FERNER OSTEN) durch den SANDGRABEN und das WANDAUGENLABYRINTH verfolgen und fließt dann vermutlich im Bereich KNEIPPGANG in den DONNERBACH.

Ab dem SCHACHT DER HOFFNUNG Richtung Westsüdwest ändert der Höhlenteil seinen Charakter. Lehmerfüllte, 2 bis 4 m breite und 1 bis 3 m hohe Gänge führen nach 200 m zu der um 45 m höher gelegenen BLOCKHALLE (H26, 844 mNN). Von dort verlaufen die URGÄNGE anfangs 270 m weit auf einem konstanten Niveau bei gleichbleibendem Querschnitt Richtung Westen und steigen auf den nächsten 220 m wieder um 50 m an. Die Raumhöhe erweitert sich auf 3 bis 5 m. Die Abzweigung TERAZZOSCHLUF endet nach 92 m unschliefbar.

Die restlichen 200 m bis zum Zusammenschluß mit dem UNTEREN OSTEN (H24, 904 mNN) verlaufen wieder annähernd horizontal in einem klammartigen, 1,5 bis 3 m breiten und 3 bis 5 m hohen Gang mit Lehmsediment.

Gottfried BUCHEGGER

UNTERER OSTEN

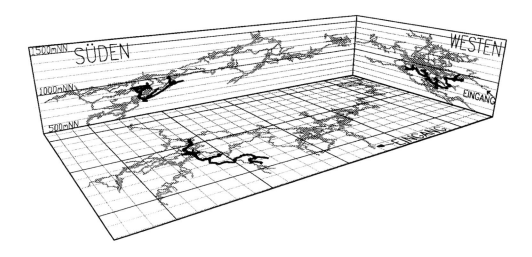

Übersicht

Lage:
: Der Teil liegt höhenmäßig zwischen DONNERGANG und MITTLEREM OSTEN. Die südlichen Teile liegen unterhalb der Störungszone des *Küfels*. Der mittlere Bereich erstreckt sich nordöstlich des *Zwölferkogels*, der Nordwesten reicht fast bis unter den *Schoßlahngang*.

Zugang:
: Drei Zugangsmöglichkeiten über den MITTLEREN OSTEN durch FRAGEZEICHEN (J23), KNOBELGANG (G23) oder MÄRCHENGANG (E22). Zwei weitere Wege über SANDGRABEN und WANDAUGENLABYRINTH sind wegen der langen Wegstrecke nur von theoretischer Bedeutung.

Höhenlage:
: 770 bis 880 mNN.

Größe:
: Ganglänge 4910 m, das entspricht 6,0% der Höhle.
Gangvolumen 57 000 m³, das entspricht 2,7% der Höhle.
Mittlerer Gangquerschnitt 11,6 m².
Ost-West-Erstreckung 740 m, Nord-Süd-Erstreckung 1050 m.

Charakteristik:
: In den höher gelegenen südlichen Teilen kleinräumig, labyrinthische Gänge mit teilweisem Schlüssellochprofil und vorwiegend trockenem, hartem Lehm. Im mittleren Bereich hauptsächlich große Kastenprofile mit Blöcken und lockeren Sanden. Im nordwestlichen Teil wieder kleinräumige, vorwiegend schichtgebundene Gänge mit Trockenrissen an der Lehmsohle. Der westlichste Teil beinhaltet einen nach Süden entwässernden Canyon.

Beschreibung

Ausgangspunkt MITTLERER OSTEN – GROSSES FRAGEZEICHEN (J23, 908 mNN): Ein Gang verläuft mit ca. 3 m Durchmesser in nördliche Richtung vorerst abwärts und verzweigt sich nach 60 m unter einem 6 m tiefen Abstieg zu einem Labyrinth.

Nach Osten führt eine kleine Fortsetzung zur LEHMKLAMM und zum DONNERGANG. Zwei weitere Abzweigungen münden in die 80 m hohe LEHMKLAMM, wobei die Primäranlage 120 m weit verfolgt wurde. Als größte Raumerweiterung ist hier die 10 m breite ABWURFHALLE zu erwähnen. An einigen Stellen öffnet sich die Sohle, und man hört vermutlich das Wasser der RAUSCHENDEN KLAMM aus der Tiefe. Einige Abzweigungen enden unschliefbar im Lehm. Der Hauptgang nach dem oben genannten Abstieg führt zunächst 360 m nach Norden und dann nach Nordosten zu einer um 32 m höher gelegenen Abzweigung. Der 2 bis 3 m breite und 2 bis 2,5 m hohe Gang weist zumeist Schlüssellochprofil und nicht allzu mächtigen, harten Lehmüberzug auf.

Von hier verlaufen zwei jeweils 115 m lange Gänge nach Norden. Der westliche Weg führt über einen 15 m tiefen Schacht mit Sprühregen und 45° steile, 2 bis 3 m breite und 1 bis 1,5 m hohe Schichtfugengänge zu der 57 m tiefer gelegenen Einmündung in den östlichen Weg (860 mNN). Diese sogenannte QUETSCHE ist der viel engere, wegen seiner Trockenheit aber bevorzugte Weg. Anfangs noch ca. 1 m hoch, bildet dann eine 30 m lange, 46° steile Schichtfuge mit einer Höhe von nur 50 cm beim Rückweg den anstrengendsten Teil. Im unteren Bereich sind die Stollen annähernd rund mit 1 m Durchmesser und teilweise sedimentlos. Die nächsten 215 m sind meist 1 bis 2 m hohe, 2 bis 3 m breite, schichtgebundene Gänge und beinhalten Lehm sowie vereinzelt Schotter.

Nach einer Raumerweiterung auf 8 m Breite und 6 m Höhe (I24, 832 mNN) zweigt ein mit mächtigem Lehmsediment gefüllter Tunnel zuerst nach Westen ab, dann eine Schleife bildend wieder nach Osten und schließt nach 390 m den Rundgang zum SANDGRABEN (H24, 905 mNN). Bei einer Raumbreite von 3 bis 6 m schwankt die Raumhöhe zwischen 1 und 8 m. Knapp vor dem Zusammenschluß führt eine 200 m lange Abzweigung nach Westen. Der 1 bis 2 m breite und 1,5 bis 3 m hohe Gang quert einen wasserführenden Schacht und endet schließlich unschliefbar. Das Wasser fließt vermutlich in den 170 m tiefer gelegenen SANDSCHACHT[A].

Von der oben erwähnten Raumerweiterung führt ein großräumiger Tunnel mit Rechteckprofil nach Norden zum SIEBENSCHLÄFER, einem, ca. 15 m breiten und bis 20 m hohen Gangteil mit der Abzweigung in das WANDAUGENLABYRINTH. Beeindruckend an diesem Raum ist die mit feinem Sand gleichmäßig bedeckte Sohle. An der Wand ist zu erkennen, daß die Sedimentschicht schon um 5 m mächtiger war und wieder abgetragen wurde. Im weiter abwärts verlaufenden Gang ist zunehmend Schutt abgelagert. An einer Kluftanlage mit Tropfstelle knickt der Gang nach Westen, und man erreicht den DURCHBLICK (G23, 726 mNN), einen Versturz, durch den die Entdecker bei der Erstbefahrung einen großräumigen Gang einsehen, jedoch aus Zeitmangel nicht mehr bezwingen konnten. Ein Schluf kurz vor dem DURCHBLICK verwandelt sich sogar im Winter bei nur leichtem Tauwetter in einen Siphon, weshalb beiderseits der Engstelle ein Biwak angelegt wurde. Der kleinräumige Abfluß läßt sich 150 m weit verfolgen und endet auch in einem Siphon (G23, 703 mNN). Vom DURCHBLICK führt der großräumige NOBELGANG 270 m Richtung Westen zu

---

[A] siehe Raumbeschreibung WANDAUGENLABYRINTH

Gottfried BUCHEGGER

der um 105 m höher gelegenen Verbindung zum KNOBELGANG[B] (G23, 843 mNN). Der 4 bis 6 m breite und 3 bis 8 m hohe, meist 30° steile Gang beinhaltet mächtige Lehmschichten, zum Teil mit Tropflöchern. An einigen Stellen ist ein teilweise verstürzter Canyon eingeschnitten, der Wasserlauf an seiner Sohle speist den Siphon beim DURCHBLICK.

Vom DURCHBLICK führt ein etwas kleinerer Teil (VERBORGENER GANG) 215 m fast horizontal nach Nordnordost. An einer verlehmten Stelle, welche durch einen engen Schluf umgangen werden kann (G24, 730 mNN), ändert der Gang seine Richtung nach Westen. Der 1090 m lange LEHMSCHÜSSELNGANG steigt bei fast gleichbleibendem Querschnitt von 1,5 bis 3 m Breite und 1 bis 2 m Höhe bis zu einer Gabelung 167 m an (F21, 897 mNN). Das typische Sediment ist trockener Lehmboden mit Trockenrissen, wobei die oberste dünne Schicht vom Boden abgelöste, flache Schüsseln bildet. An einigen Stellen sind Gipskristalle ausgebildet. Im ganzen Verlauf des Ganges ist Bewetterung spürbar.

Von der Weggabelung führt ein fast waagrechter, 140 m langer, nur 0,7 bis 1,5 m hoher Gang nach Nordwesten zum BRAUSESCHACHT (E21, 907 mNN), einem Raum, an dessen Decke ein wasserführender Mäander eingeschnitten ist. Eine an der Sohle beginnende Schichtfuge ist unschliefbar.

Der zweite Gang von der oben beschriebenen Weggabelung an führt im Charakter des LEHMSCHÜSSELNGANGS 160 m horizontal nach Osten, ändert dann seine Richtung, steigt nach Norden steil an und mündet nach einigen Kletterstellen in den MÄRCHENGANG (E22, 980 mNN). Hier kann man geschichteten Lehm beobachten, Reste einer ehemaligen Raumfüllung.

Knapp nach der Weggabelung zweigt durch einen engen Schluf ein Canyon Richtung Nordwesten ab (E22, E21). Der 0,5 bis 1,5 m breite und 5 bis 10 m hohe Canyon steigt bei einer Länge von 260 m nur 15 m an. Er ist leicht bewettert, die Entwässerung erfolgt Richtung Südost.

[B] siehe Raumbeschreibung MITTLERER OSTEN

WANDAUGENLABYRINTH

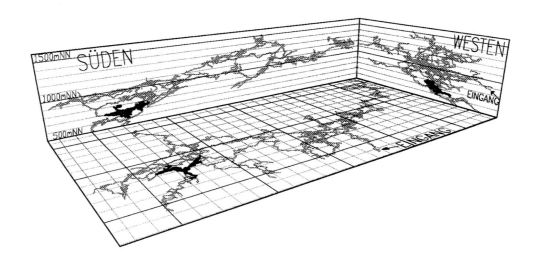

Übersicht

Lage:
Der vorwiegend West-Ost verlaufende Höhlenteil liegt südlich der *Hirschaualm* zwischen *Gelber Wand* und *Seewand*. Ein nach Norden verlaufender Druckstollen reicht bis unter das Kar der *Hirschaualm*. Das WANDAUGENLABYRINTH liegt östlich des UNTEREN OSTENS und nördlich des SANDGRABENS.

Zugang:
Einfachster Zugang über UNTEREN OSTEN. Davor im Höhlenteil MITTLERER OSTEN entweder über GROSSES FRAGEZEICHEN und QUETSCHE oder über IDEALBIWAK und KNOBELGANG zum SIEBENSCHLÄFER, in welchem sich das namensgebende Wandauge befindet. Befahrungstechnisch ungünstiger ist der Zugang über den DONNERBACH.

Höhenlage:
770 bis 880 mNN.

Größe:
Ganglänge 4910 m, das entspricht 6,0% der Höhle.
Gangvolumen 57 000 m³, das entspricht 2,7% der Höhle.
Mittlerer Gangquerschnitt 11,6 m².
Ost-West-Erstreckung 740 m, Nord-Süd-Erstreckung 1050 m.

Charakteristik:
Vorwiegend geräumige Druckstollen mit wenig sandigem Sediment. Im östlichen Bereich (H26) teilweise blank gewaschen mit Gravitationsgerinnen. Im tiefer liegenden nördlichen Bereich (G25) dünnes, schwarzes Stausediment. Im südöstlichen Teil hohe Kluftanlage mit Verbindung in den darunterliegenden KNEIPPGANG.

Beschreibung

Namensgebend ist eine 4 x 5 m große Abzweigung vom Siebenschläfer[A] (H24, 777 mNN) in 7 m Höhe. Der anfangs schichtgebundene Gang führt nach 80 m zu einem an einer Kluft angelegten, 15 m tiefen Schacht.

Richtung Südwest zweigt ein 3 x 3 m großer Gang ab. Er entwickelt sich zu einem 1,5 m breiten, 6 m hohen Mäander, der nach 210 m zum ca. 40 m hohen Sandschacht (H24) führt. Bei einer kluftgebundenen Abzweigung nach unten erreicht man nach 40 m Kletterei eine Schachtstufe, die vermutlich zum Kneippgang führt. Eine weitere, 220 m lange Abzweigung Richtung Osten bildet die Umgehung einer Schachtquerung.

Der Hauptgang ist konstant ca. 4 m hoch, 4 bis 6 m breit und führt, oft seine Richtung ändernd, einige Rundgänge bildend, nach Osten. Diese Druckstollen beinhalten kaum mächtige Sedimentschichten. Die höher gelegenen Gänge weisen teilweise Lehmsedimente auf, die tieferliegenden Sande und vereinzelt Konglomerate. Im Osten wird das Labyrinth durch einen Siphon begrenzt (H27, 696 mNN). Der Vermessung nach dürfte der Siphon ident mit dem nach dem Schacht der Hoffnung[B] im SANDGRABEN sein. Die kürzeste Wegstrecke zwischen Siebenschläfer und dem Siphon beträgt 1090 m. Ein 300 m langer, nach Süden bis auf 797 mNN steigender Seitenteil (H26) weist einen durchschnittlichen Gangquerschnitt von 2 mal 1,5 m auf und beinhaltet feuchtes, lehmiges Sediment.

Im nördlichsten Teil des Hauptganges zweigt nach unten die Hölle (G25) ab. Über zwei Schachtstufen erreicht man mit dünner, schwarzer Sedimentschicht überzogene Druckstollen, 4 m breit und 3 m hoch. Eine enge Abzweigung bildet die Verbindung mit dem Kneippgang[C]. Eine Umgehung der Schachtstufen weist stehendes, 6 m hohes, 2 m breites Kastenprofil auf. Zwei kleinere Seitengänge führen zurück unter den Hauptgang. Ein enger Canyon Richtung Südosten stellt das Bindeglied der Entwässerung zwischen Schacht der Hoffnung und Kneippgang dar.[D]

Ein anschließender 350 m langer, 4 m breiter und 3 m hoher Tunnel (G25, F25) bildet einen Rückstaubereich. Regelmäßig weggewaschene Fußspuren beweisen die periodischen Überflutungen. An der Sohle kleinere Kolke, kaum Steine. Ein 20 m hoher Schlot bildet die Schwelle, über die periodische Hochwässer in die 3 m breite, 6 m hohe und 160 m lange Arctaphaenopskluft (F25, F26) fließen.

[A]siehe Raumbeschreibung UNTERER OSTEN

[B]siehe Raumbeschreibung SANDGRABEN

[C]siehe Raumbeschreibung WANDAUGENLABYRINTH

[D] siehe Raumbeschreibung SANDGRABEN

HIRSCHAULABYRINTH

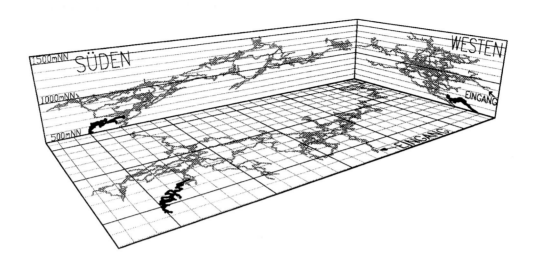

Übersicht

Lage: Das im Nordosten der Höhle gelegene Labyrinth erstreckt sich unterhalb der *Hirschaualm* bis fast zum Kessel (Kat. Nr. 1546/001).

Zugang: Über die HÖLLE im WANDAUGENLABYRINTH.

Höhenlage: 510 bis 760 mNN.

Größe: Ganglänge 2970 m, das entspricht 3,7% der Höhle.
Gangvolumen 27 000 m³, das entspricht 1,3% der Höhle.
Mittlerer Gangquerschnitt 9,1 m².
Ost-West-Erstreckung 470 m, Nord-Süd-Erstreckung 510 m.

Charakteristik: Fast ausschließlich schichtgebundene, blankgewaschene, fast sedimentlose Druckstollen mit Seen und Siphonen. Hauptgang 4 bis 6 m breit, 3 bis 4 m hoch, Rundgänge schichtgebunden, 2 bis 3 m breit und 1 bis 2 m hoch. Nur vereinzelt Steine, Schotter und Brekzien. Der gesamte Höhlenteil ist periodisch wasserführend.

Beschreibung

Nach einem 20 m hohen Seilaufstieg in der HÖLLE[A] beginnt die ARCTAPHAENOPSKLUFT (F25, F26, 640 mNN). Diese erstreckt sich 150 m in östliche Richtung und beinhaltet mit schwarzem Schlier überzogenes Blockwerk. Hier und in der HÖLLE wurden blinde Höhlenlaufkäfer (Arctaphaenops) gefunden.

Nach einem 18 m tiefen Schacht beginnen die charakteristischen 5 m breiten, 3 m hohen, fast sedimentlosen schichtgebundenen Druckstollen. Eine 2,5 mal 2,5 m große Abzweigung

---

[A]siehe Raumbeschreibung WANDAUGENLABYRINTH

vom 60 m langen EISBEINSEE (F26, 603 mNN) führt nach 150 m zu einem 35 m tiefer gelegenen Siphon. Dieser dürfte mit einem der Siphone im Nordosten des KNEIPPGANGS ident sein. Bemerkenswert in diesem Gang ist ein 6 m tiefer Kolk mit einem Durchmesser von etwa 1,5 m (Abb. 114).

Die gegenüberliegende Seite eines 4 m breiten Siphons nördlich des EISBEINSEES ist nicht bekannt. In dem 180 m langen Gangteil zwischen EISBEINSEE und SEESAAL (E26, 610 mNN) ist eine 10 cm breite Einlagerung von Hirlatzkalken zu beobachten. Ein Gerinne quillt aus einer Schichtfuge und mündet in den zuletzt beschriebenen Siphon. Vom SEESAAL führt eine 45° steile, 5 m breite und 3 m hohe Schichtfuge in ein 30 m höher gelegenes, kleinräumiges Labyrinth. Vereinzelte Versinterungen, mächtige Megalodontenbänke und kleinere Gerinne prägen diesen Teil. Eine Fortsetzung nach Norden endet in einem Siphon, eine weitere Abzweigung bildet einen Rundgang zurück zum SEESAAL. Hinter dem SENSIBLE SEE (E27, 602 mNN), einem periodischen Siphon, welcher eine Umgehung aufweist, führt ein Gang mit stehendem Profil, 3 m breit und 6 m hoch, nach Osten. In dem anfangs durch zwei Klüfte geprägten, dann als Druckstollen ausgebildeten Gang mit mehreren Seen und vereinzelten Blöcken ist deutliche Bewetterung spürbar.

Ein nur 1,5 m hoher, 2 m breiter Gang mit einzelnen Stausedimenten und verhärteten Lehmresten bildet einen 290 m langen Rundgang bis fast zum SEESAAL zurück. Der Hauptgang nimmt schichtgebundenen Charakter an, ändert seine Richtung nach Norden und weist zahlreiche niedere Seitengänge auf. Die vom fließenden Wasser bizarr geformten Gänge weisen darauf hin, daß dieser Teil zwar von großen Wassermengen durchflossen wird, die jedoch nicht unter Druck aufgestaut werden. Den nördlichen Abschluß im HIRSCHAULABYRINTH bilden 3 Siphone (D28, 507 mNN). Diese weisen vermutlich den gleichen Wasserspiegel wie der am Hallstätter See gelegene Kessel (C27) auf.

DONNERBACH

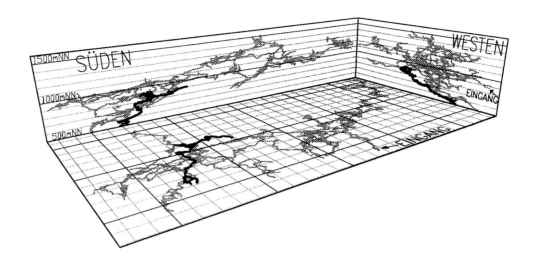

Übersicht

Lage: Das am tiefsten im Osten der Höhle gelegene System verläuft hauptsächlich östlich des *Zwölferkogels* in nordsüdlicher Richtung unterhalb des *Küfels*. Eine Abzweigung nach Westen reicht bis unter den Gipfel des *Zwölferkogels* (J20).

Zugang: Über GROSSES FRAGEZEICHEN (MITTLERER OSTEN), LEHMSYSTEM (UNTERER OSTEN) oder durch die HÖLLE (WANDAUGENLABYRINTH).

Höhenlage: 510 bis 920 mNN.

Größe: Ganglänge 5180 m, das entspricht 6,4% der Höhle.
Gangvolumen 114 000 m³, das entspricht 5,4% der Höhle.
Mittlerer Gangquerschnitt 22,0 m².
Ost-West-Erstreckung 1020 m, Nord-Süd-Erstreckung 1090 m.

Charakteristik: Im südwestlichen Teil (K21, J21) als kleinräumiger, großteils verlehmter Canyon. In den höher gelegenen Teilen im Bereich des FRAGEZEICHENBIWAKS (J23, K24) Gänge mit 2,5 bis 4 m Durchmesser mit wenig Lehm und Sandsedimenten, darunter periodisch aktive kluft- als auch schichtgebundene Gänge. Aktiver, vorwiegend kluftgebundenener Hauptentwässerungsast mit Querschnitten von bis zu 10 m Breite und über 30 m Höhe vom DONNERGANG (K22) bis zu dem 1300 m Luftlinie entfernten DOSENFRASS (F25).

Beschreibung

Ausgangspunkt GROSSES FRAGEZEICHEN: Der Gang ist anfangs ca. 5 m breit, bis 4 m hoch und teilt sich nach 40 m zu einem Rundgang. Ein Gang mit rund 4 m Durchmesser, an einer deutlichen Schicht-Kluftfuge angelegt, wird durch eine Abstiegsstelle unterbrochen und führt durch einen anschließenden, nur ca. 1 m hohen, schichtgebundenen Gang nach 170 m zu einem 3 bis 4 m breiten und 6 bis 7 m hohen Raum. Von einem Quergang im Deckenbereich (Balkon), führt ein bis 4 m breiter, schichtgebundener, 185 m langer Gang zuerst leicht ansteigend bis zu einem Sattel und dann wieder abwärts Richtung GROSSES FRAGEZEICHEN zurück.

Südlich des Balkons befindet sich das FRAGEZEICHENBIWAK (K24, 896 mNN) in einem 4 m hohen Gang. Dieser mündet in einen ca. 6 m breiten und 5 bis 7 m hohen, blankgewaschenen Stollen, welcher einerseits zu einem Siphon und andererseits zum DONNERGANG führt. Hinter dem Siphon befindet sich laut Vermessung die SÄULENHALLE. Der Siphon steigt bei extremem Hochwasser 15 m an und entwässert dann Richtung DONNERGANG. Der mit dünner Sandschicht überzogene Gang vom Siphon zur Schwelle weist auf einen Staubereich hin. Einige Seen und Siphone zwischen FRAGEZEICHENBIWAK und DONNERGANG füllen sich bei Hochwasser und es dauert einige Monate, bis sie wieder begehbar sind. In diesem Bereich gibt es nur geringe Mengen an Feinschotter und Sand in den bis zu 1,5 m tiefen Kolken, ansonsten ist der Fels blank gewaschen und weist auffallend dichte, schmale Fließfacetten auf. In den Klüften ist oft eine ca. 1 cm dicke Kalzitschicht eingelagert. Über einige Kletterstellen und zuletzt einen 8 m hohen Kluftabstieg erreicht man nach 240 m den DONNERGANG.

Der 2,5 bis 3 m hohe und 5 bis 6 m breite, schichtgebundene Druckstollen steigt zu Beginn leicht an und beinhaltet in diesem Bereich feines Stausediment. Im folgenden, fallenden Bereich ist er völlig blankgewaschen, wodurch es hier stark hallt. Ein Stollen mit 4 m Durchmesser und vielen, teils mit Sand gefüllten Kolken führt in einen 25 m höher gelegenen, kluftgebundenen Raum. Von hier kann man einerseits in die 80 m tiefe LEHMKLAMM absteigen oder andererseits durch eine kleinräumige Verbindung das LEHMSYSTEM erreichen. Eine weitere Abzweigung vom DONNERGANG bildet die HERZMUSCHELRÖHRE, ein Stollen von 1 bis 1,5 m Durchmesser mit vielen eingelagerten Megalodonten. Man erreicht nun die RAUSCHENDE KLAMM, ein tiefes Gravitationsgerinne, in dem man nach mehreren Abstiegsstellen schließlich auf zwei Wegen zur 40 m tiefer gelegenen Sohle der LEHMKLAMM gelangt. Dieser Seitenteil weist 412 m Ganglänge auf.

Der DONNERGANG ändert seine Richtung nach Westen. Sein ca. 1 m breites Gravitationsgerinne ist in 5 bis 6 Metern Tiefe großteils verstürzt. Man hört das laute „Donnern" des darunter fließenden Wassers. Nach ca. 120 m geht der Canyon wieder in einen Druckstollen über. An dieser Stelle wurden Wasserschüttungen von ca. 20 bis 4000 l/s geschätzt. Versuche mit ausgelegten Papierstücken beweisen, daß dieser Gang bei Hochwasser komplett mit Wasser gefüllt sein kann. Konglomerate, Versteinerungen und Hirlatzkalke sind im darauffolgenden Gangteil zu beobachten. Es folgen einige Seen, Siphone und drei Rundgänge. Der Gang hat wieder Canyonprofil, das Wasser tritt aus einem Siphon (K22, 860 mNN) in den Höhlenraum ein. Dieser ganze Bereich ist völlig blankgewaschen, was nicht verwunderlich ist, wenn man bedenkt, daß sich das Wasser hinter diesem Siphon in der TIEFKARKLUFT 40 m aufstaut und dann den DONNERBACH mit einer Schüttung von vermutlich über 10 m³/s durchfließt (Abb. 112, 115).

In nordwestlicher Richtung setzt sich die 410 m lange KLEINE HOFFNUNG nach einer schwierigen Kletterstelle als kleinräumiger, lehmiger Gang fort. Über längere Strecken wechseln Lehmböden und ausgehöhlte Bodenmäander ab. Am Endpunkt der Erforschung (J21, 899 mNN) hat der „Gang" nur mehr einen Durchmesser von ca. 0,5 m.

Die Fortsetzung der LEHMKLAMM nach dem bereits erwähnten 80 m tiefen Abstieg ist ein 2 bis 4 m breiter, 4 bis 7 m hoher, fast horizontaler Gang, welcher anfangs einen riesigen Versturz beinhaltet (J24, 800 mNN). Die zuerst 220 m nach Nordosten und dann weitere 220 m nach Ostsüdost verlaufenden Gänge weisen Klamm- oder Schlüssellochprofile auf, die Sedimente bestehen meist aus Versturzblöcken. Der nächste, 160 m lange Abschnitt beginnt mit einem 20 m tiefen Abstieg in eine riesige Halle, deren Zwischendecke aus Versturzblöcken besteht. Die Klamm, die in nördliche Richtung führt, weist eine Breite von ca. 6 m und eine Höhe von stellenweise über 35 m(!) auf. An einer Stelle muß man sich von einem Versturzblock 25 m tief abseilen, um die Sohle zu erreichen.

Der anschließende KNEIPPGANG (I24) beeindruckt durch seine Seenlandschaft und die dazwischen abgelagerten Schotterbänke. Nach Abstiegen von 20 und 25 m quert man den SCHRECKSEE (H24, 612 mNN) auf einem schmalen Felsband, ca. 8 m über der Wasseroberfläche. Der 3 bis 5 m breite und 6 bis 12 m hohe Gang wird vom Wasser aus dem DONNERBACH durchflossen und ist nur im Winter bei extremer Trockenheit befahrbar. Neben dem STRIPSEE eignen sich noch einige kleinere Kletterstufen im bodennahen Canyonbereich hervorragend zum Kneippen. Eine ENGE KLAMMABZWEIGUNG stellt eine Verbindung zur HÖLLE dar[A]. 810 m nach Beginn des KNEIPPGANGS zweigt ein Druckstollen mit ca. 5 m Durchmesser in nordöstliche Richtung ab und führt nach 190 m zu einem Siphon (F26, 563 mNN). Ein blinder Seitenast knapp vor diesem Siphon weist schwarzes Stausediment auf.

Der blankgewaschene Hauptgang, der in Richtung Norden führt, ist 3 bis 5 m breit, 6 bis 8 m hoch und führt nach 240 m ebenfalls zu einem Siphon. Eine Abzweigung nach Südosten, der schichtgebundene, ca. 3 m breite und 1 m hohe, 115 m lange DOSENFRASS, nimmt den Hauptwasserlauf auf und mündet auch in einen Siphon (F26, 506 mNN).

[A] siehe Raumbeschreibung WANDAUGENLABYRINTH

Gottfried BUCHEGGER

LABYRINTH DER ENTSCHEIDUNG

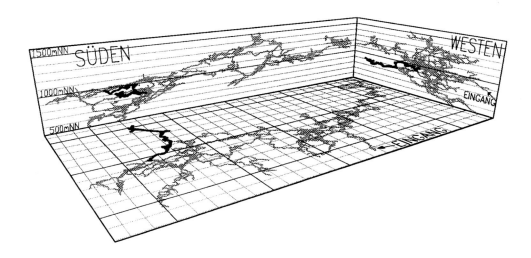

Übersicht

Lage:
: Der Höhlenteil beschreibt einen Bogen, beginnend nördlich des *Äußeren Schönbühels* (I26), westlich desselben vorbei bis unter das *Tiefkar* (N25). Im östlichen Teil der Hirlatzhöhle ist dies der südlichste Bereich.

Zugang:
: Einzige Zugangsmöglichkeit über den FERNEN OSTEN.

Höhenlage:
: 990 bis 840 mNN.

Größe:
: Ganglänge 6284 m, das entspricht 7,4% der Höhle.
Gangvolumen 122 600 m³, das entspricht 5,7% der Höhle.
Mittlerer Gangquerschnitt 19,5 m².
Ost-West-Erstreckung 790 m, Nord-Süd-Erstreckung 1330 m.

Charakteristik:
: Im nördlich gelegenen Teil primärer schichtgebundener Druckstollen von bis zu 6 m Gangbreite mit sehr unterschiedlich tief eingeschnittenem Gravitationsgerinne und wenig Lehmablagerungen. Im Mittelteil (L24) Druckstollen, 6 bis 8 m Durchmesser, Sandablagerungen und zahlreiche Seen. Großräumige Kluft mit Harnischflächen im südöstlichen Bereich (TIEFKARKLUFT).

Beschreibung

Der Einstieg in das LABYRINTH DER ENTSCHEIDUNG befindet sich im Höhlenteil FERNER OSTEN, etwa 210 m südöstlich des FERNOSTSTERNS als ca. 100 mal 60 cm große Linse an der linken Gangseite (I26, 970 mNN). Ein an der Sohle mit Blockwerk und wenig feuchtem Lehm bedeckter Stollen mit ca. 2 m Durchmesser mündet nach 35 m in einen 3,5 m breiten, 4 m hohen, auf 955 mNN gelegenen Raum. Die 3,5 m breite und 2,5 m hohe, schichtgebundene Fortsetzung Richtung Süden beinhaltet ein Gravitationsgerinne mit einem

Wasserlauf und einigen Tümpeln. Flache Schichtfugen mit Schotter wechseln mit steileren, sedimentlosen Gangteilen, unterbrochen von markanten Kolken, bis man nach 150 m einen 3 mal 6 m großen, 4 m hohen Raum (912 mNN) erreicht. Hier lagern Schottersedimente auf Bankungen bis 2 m über der Sohle. Der Wasserlauf ist kaum noch aktiv, dies beweisen erhaltene Fußspuren, auch nach Jahren mit starkem Hochwasser.

Hier ändert der Gang auffällig seinen Charakter. Richtung Westen steigt er auf den nächsten 200 m 63 Höhenmeter an. Die Hauptcharakteristik des Ganges bilden eine bis 6 m breite, 1 bis 2 m hohe Schichtfuge als Primäranlage und ein sehr enges, teilweise verstürztes Gravitationsgerinne. Die Schichtfuge weist wenig trockenen Lehm auf, an der Sohle sind Kolke ausgebildet. Immer wieder folgen kleine Rundgänge, zwischendurch Kriechstrecken mit nur 1 m Ganghöhe.

Die nächsten 200 m Richtung Südwesten verlaufen fast horizontal. Dann gelangt man in ein kleines Labyrinth, hier ändert der Gang einige Male seine Richtung (J25). Das Gravitationsgerinne ist stellenweise 1 m breit und nur $1/_2$ m tief. Teilweise treten mächtigere Lehmablagerungen mit bis zu 50 cm tiefen Trockenrissen auf.

Nach einem Richtung Westnordwest verlaufenden Teil ändert sich die Hauptrichtung wieder nach Südsüdwest. Die nächsten 400 m Gangstrecke liegen im Bereich von 993 bis 951 mNN (K24). Die Gänge sind durchschnittlich 2 bis 3 m hoch, an der Sohle sind Lehmablagerungen von bis zu 30 cm Höhe, bei den geneigten Gängen stellenweise ein unauffälliges Rinnsal, einzelne Kolke und Wasserpfützen.

Der 72 m tiefe Abstieg in die SÄULENHALLE ist an eine Nordwest-Südost verlaufende Kluft angelegt. Der Raumquerschnitt beträgt oben ca. 2 mal 4 m, bei einer Stufe auf minus 30 m 2,5 mal 8 m und an der Sohle ca. 7 mal 15 m. Die Kluft weist oben ein bis zu ca. 5 m tiefes, enges Gravitationsgerinne auf, welches in 50 m Tiefe in den immer größer werdenden Schachtraum mündet. Dieser beinhaltet an der Sohle Versturzblöcke und einen unergiebigen Wasserfall in der Raummitte.

Ein Gang nach Norden führt über einen See und endet schließlich in einem Siphon. Der Vermessung und dem Charakter nach zu schließen, ist der Siphon mit jenem südöstlich des FRAGEZEICHENBIWAKS[A] ident. Richtung Süden beinhaltet der ca. 8 m breite und 6 m hohe Gang hauptsächlich feinen, grauen Sand. Die SÄULENHALLE (L24, 875 mNN) ist ein schichtgebundener, 1,5 bis 2,5 m hoher, bis zu 12 m breiter Raum, in dem viele Säulen mit Durchmessern zwischen 50 und 150 cm stehen geblieben sind. An der westlichen Raumseite befindet sich ein See in einem ca. 4 m tiefen Einschnitt. Der graue, teilweise mit schwarzem Schlier durchsetzte, feine Sand weist auf eine Rückstauzone hin. Der südlich der Halle gelegene See mit ca. 6 m Durchmesser ist bis zu 3 m tief und setzt sich im Gang Richtung Südosten fort (Abb. 131, 132).

Die nächsten 300 m sind Druckstollen von 6 bis 7 m Durchmesser und weisen einige kleinere, in sich verschachtelte Rundgänge auf. Die ersten 70 m sind mit dünnem Sand überzogen, die nächsten 130 m von einem aktiven, nach Süden führenden Gerinne blankgewaschen, und darauf folgen auf 40 m Länge mächtige Sandablagerungen. Nach dem 60 m langen WINDSEE (L24, 844 mNN), einem Raum mit mehreren Siphonen, erreicht man nach einer Kletterstelle eine 10 mal 15 m große Halle. Vom Beginn des LABYRINTHS DER ENTSCHEIDUNG bis hierher ist in der Winterphase starke Bewetterung spürbar.

[A] siehe Raumbeschreibung DONNERBACH

Richtung Westen zweigen zwei Gänge ab. Ein Weg führt zu einer aktiven, ca. 2 m breiten Klamm mit einer Primäranlage von über 3 m Breite. Ungefähr 6 m unter der Sohle der Primäranlage steht das aufgestaute Wasser, dessen Tiefe selbst mit Halogenlicht nicht erkennbar ist. Es dürfte sich hier um den Rückstaubereich eines bekannten Siphons handeln, durch welchen das Wasser in den DONNERBACH strömt. Hier kann das Wasser bis zu der 44 m höher gelegenen Schwelle beim FRAGEZEICHENBIWAK ansteigen.

Von der vorher beschriebenen Halle führt die beeindruckende TIEFKARKLUFT (M24, M24, N25) 400 m Richtung Südosten. Die durchschnittlich 5 bis 8 m breite und 8 bis 12 m hohe Kluft wird von drei mächtigen, über 40 m hohen Schloten und zwei Verstürzen unterbrochen. Charakteristisch sind große, meist fast senkrecht stehende Harnischflächen, von denen eine bemerkenswerterweise wiederum an einer Schichtfuge verschoben ist. Durch das Blockwerk an der Sohle kann man an verschiedenen Stellen das in der Kluft gestaute Wasser erreichen, zur Überwindung einer Stelle ist eine 12 m lange Fahrt mit einer Luftmatratze notwendig. Die Gesamtraumhöhe beträgt in den Versturzbereichen bis zu 30 m.

Es folgt ein Labyrinth mit kleineren Stollen, Canyons und Schloten. Gänge, welche mehr als 50 Höhenmeter über dem Wasser liegen (890 mNN), beinhalten bereits wieder Lehm. Die großräumigen Gänge in südöstlicher Richtung sind das erklärte Ziel aktueller Neuforschungen (Abb. 116).

Kurzchronik und Statistik

Aus Platzgründen konnten in diese Chronik, die immerhin fast 50 Jahre intensiver Forschungstätigkeit in der Hirlatzhöhle umfaßt, nur Touren aufgenommen werden, die der Erforschung und Vermessung des Höhlensystems dienten. Sämtliche andere Befahrungen wie zum Beispiel Arbeitsfahrten zum Wegebau oder touristische Höhlenfahrten wurden an anderer Stelle ebenfalls erfaßt und statistisch ausgewertet.

Die folgenden Seiten enthalten Informationen bezüglich des Datums, der Dauer, der Teilnehmer und der befahrenen Höhlenteile sowie der Anzahl der gegebenenfalls dokumentierten Höhlenmeter.

1927 ZUBRINGER:
Erkundung des Einganges bis zu Siphon
J. Höll, M. Kirchschlager, K. Mitterhauser

09.07.1949 ZUBRINGER:
Befahrung bis zum Eingangssiphon
M. Kirchschlager, K. Pilz, O. Schauberger, L. Unterberger, F. Vockenhuber

26.11.1949 ZUBRINGER:
Erstbefahrung; rd. 300 m Neuland erkundet
K. Pilz, G. Lackner, F. Vockenhuber, *4:30 Std.*

03.12.1949 ZUBRINGER:
Schlufflabyrinth; der Gotische Gang wird erreicht
M. Kirchschlager, G. Lackner, H. Madlberger, K. Pilz, O. Schauberger, H. Urstöger, F. Vockenhuber, *9:30 Std.*

12.11.1950 ZUBRINGER:
Oberes Schlufflabyrinth (= Oberes Lehmlabyrinth)
L. Höll, K. Pilz, O. Schauberger, L. Unterberger, *7:30 Std.*

16.12.1950 bis **17.12.1950** ZUBRINGER, ALTER TEIL:
Trümmerhalle, Riesenklamm
W. Günther, M. Kirchschlager, G. Lackner, J. Madlberger, Franz Pilz, Friedl Pilz, K. Pilz, J. Straubinger, F. Vockenhuber, *17:00 Std.*

05.01.1951 bis **06.01.1951** ALTER TEIL:
Abstieg in Riesenklamm, Sandtunnel
A. Ernest, W. Günther, Franz Pilz, K. Pilz, J. Schreier, J. Straubinger, *24:00 Std.*

17.02.1951 ZUBRINGER:
Montage der Wettertüre, Räumarbeiten im Eingangsschluf, Schmetterlingskammer
W. Günther, F. Pilz, K. Pilz

26.02.1951 bis **27.02.1951** ALTER TEIL:
Kulissengang
G. Abel, W. Günther, F. Pilz, *18:00 Std.*

03.03.1951 bis **04.03.1951** ZUBRINGER:
Vermessung ab Karl-Pilz-Halle durch Unteres Schlufflabyrinth; Arbeiten im Oberen Schlufflabyrinth

F. Fostl, R. Ginzinger, W. Günther, S. Huemer, M. Kirchschlager, A. Koppenwallner, O. Meindl, F. Pilz, K. Pilz, R. Pilz, O. Schauberger, F. Schimpelsberger, F. Seiser, J. Straubinger, K. Trotzl, F. Vockenhuber, *19:00 Std., 221 m*

25.04.1951 bis **26.04.1951** ALTER TEIL:
Aufstieg in der Trümmerhalle, Fortsetzung im Östl. Blocktunnel

W. Günther, P. Posch, J. Straubinger, F. Vockenhuber, *18:00 Std.*

06.05.1951 ZUBRINGER:
Vermessung im Eingangsbereich

J. Straubinger, F. Vockenhuber

06.10.1951 ZUBRINGER, ALTER TEIL:
Vermessung von Eingang bis Wendelhalle, Zelttransport bis Blocktunnel

F. Hönigsberger, M. Kirchschlager, J. Madlberger, F. Pilz, O. Schauberger, J. Straubinger, *9:00 Std., 102 m*

27.12.1951 bis **29.12.1951** ALTER TEIL:
Aufstieg in der Trümmerhalle, Schachthalle

W. Günther, J. Madlberger, K. Pilz, J. Straubinger, F. Vockenhuber, *49:00 Std.*

29.03.1952 bis **30.03.1952** ALTER TEIL:
Schachthalle, Wasserklamm, Wassereinschluß im Eingangsbereich

W. Günther, J. Janovits, M. Kirchschlager, G. Lackner, J. Madlberger, Friedl Pilz, K. Pilz, E. Potrebujes, P. Posch, F. Schimpelsberger, J. Straubinger, F. Vockenhuber, Mitglieder von Ebensee und Sierning, *24:00 Std.*

05.10.1952 ZUBRINGER:
Ostgang, Nördl. Abschnitt Siphongang im Unteren Schlufflabyrinth

F. Haim, O. Schauberger, *6:30 Std.*

27.12.1952 bis **28.12.1952**
Erkundung von Seitenstrecken, Leiterntransport

K. Bauer, J. Günther, W. Günther, J. Madlberger, F. Pilz, K. Pilz, O. Schauberger, J. Staudinger, J. Straubinger, F. Vockenhuber, *23:00 Std.*

03.03.1953 bis **04.03.1953** ALTER TEIL:
Trichtergang, Brückenhalle

J. Madlberger, K. Pilz

27.12.1953 bis **29.12.1953** ALTER TEIL, ZUBRINGER:
Karrengang, Riesenschacht, Enge Klamm, Zelttransport von Blocktunnel zum Sandtunnel, Vermessung Wendelgang und Riesenklamm bis Zelt (VP. 20)

H.W. Franke, W. Günther, W. Kaiser, J. Madlberger, F. Pilz, K. Pilz, O. Schauberger, K. Seywald, J. Straubinger, *222 m*

06.01.1955 bis **09.01.1955** ALTER TEIL:
Schachthalle, Westl. Blocktunnel, Grauer Gang, Schwarze Halle
J. Dutsch, F. Fostl, E. Hofreither, H. Huemer, O. Kerschbaummayr, G. Marbach,
O. Meindl, A. Müller, F. Pilz, K. Pilz, F. Schafelner, O. Schauberger, J. Straubinger,
E. Strauß, E. Troyer, K. Trotzl, **70:00 Std., 292 m**

22.01.1955 bis **23.01.1955** ALTER TEIL:
Schachthalle, Westl. Schwarze Halle
E. Hofreither, F. Fostl, G. Marbach, O. Meindl, K. Pilz, O. Schauberger, **32:00 Std.**

05.03.1955 bis **06.03.1955** ALTER TEIL:
Seetunnel, Vermessung Zelt bis Schwarze Halle
J. Dutsch, F. Fostl, E. Hofreither, J. Höll, G. Marbach, K. Pilz, O. Kerschbaummayr,
O. Meindl, A. Müller, O. Schauberger, E. Strauß, K. Trotzl, 6 Forscher der Sektion
Ausseerland, **26:00 Std., 503 m**

06.01.1956 bis **08.01.1956** ALTER TEIL:
Vermessung Schwarze Halle bis Enge Klamm
G. Abel, F. Berger, H. Dunzinger, A. Hofreither, E. Hofreither, O. Kai,
O. Kerschbaummayer, P. Matzalik, J. Kaiser, O. Schauberger, J. Siegl, M. Siegl,
J. Straubinger, K. Trotzl, E. Troyer, F. Vockenhuber, J. Zauner, **47:00 Std., 847 m**

27.12.1956 bis **30.12.1956** ALTER TEIL:
Vermessung Kulissengang, Wassergang, Bohnerzhalle, Niederer Gang,
Schachthalle bis Seetunnel, Bachklamm
K. Bär, E. Hofreither, O. Kerschbaummayr, P. Matzalik, F. Porod, F. Schafelner,
O. Schauberger, P. Simonsberger, J. Straubinger, E. Strauß, E. Strondl, K. Trotzl,
E. Troyer, **70:00 Std., 1243 m**

27.12.1957 bis **28.12.1957** ZUBRINGER:
Vermessung Ostgang
N. Faber, J. Höll jun., L. Höll, R. Kolb, P. Madlberger, O. Schauberger,
15:00 Std., 85 m

04.01.1958 bis **06.01.1958** ALTER TEIL:
Wassergang, Karrengang
K. Gruber, A. Hinterberger, O. Kerschbaummayr, P. Matzalik, H. Messerklinger,
F. Schafelner, F. Schernhuber, H. Schnetzinger, E. Strauß, K. Trotzl, F. Vockenhuber,
46:30 Std., 265 m

01.03.1958 bis **02.03.1958** ALTER TEIL:
Aufstieg vom Riesenklammsee bis Obergang, Erkundung der Wasserklamm
A. Hinterberger, E. Hofreither, O. Kai, O. Kerschbaummayr, H. Messerklinger,
K. Schneider, H. Schnetzinger, E. Troyer, **21:00 Std.**

04.04.1958 bis **06.04.1958** ALTER TEIL:
Kluftstrecke westl. der Brückenhalle
I. Kai, O. Kai, K. Schneider, **48:00 Std., 90 m**

07.12.1958 ALTER TEIL:
Riesenklamm
H. Messerklinger, E. Troyer

03.01.1959 bis 05.01.1959 ALTER TEIL:
Vermessung Obergang, Bachlauf unterhalb Lehmtunnel
A. Aufschnaiter, F. Aufschnaiter, M. Aufschnaiter, W. Aufschnaiter, K. Gruber, Frau
Günther, W. Günther, A. Hinterberger, E. Hofreither, O. Kerschbaummayr,
F. Lerchbaumer, H. Messerklinger, E. Mühlberger, K. Pilz, F. Porod, F. Schafelner,
F. Schernhuber H. Schnetzinger, J. Siegl, H. E. Strauß, K. Trotzl, O. Trotzl, E. Troyer,
49:00 Std., 366 m

31.12.1959 bis 03.01.1960 ZUBRINGER, ALTER TEIL:
Wendelhalle, Schlufflabyrinth, Östl. Blocktunnel bis Riesenklamm
E. Hofreither, O. Kerschbaummayr, H. Messerklinger, O. Schauberger,
F. Schernhuber, K. Schneider, E. Strauß, K. Trotzl, E. Troyer, W. Tschirk, *1213 m*

13.02.1960 bis 14.02.1960 ZUBRINGER:
Vermessung Viertorhalle und Karl-Pilz-Halle
E. Hofreither, F. Mosböck, W. Mosböck, F. Schafelner, E. Troyer, *17:45 Std., 247 m*

26.11.1960 ZUBRINGER:
Grabung im Oberen Schlufflabyrinth
H. Kirchmayr, G. Mayr, K. Pilz, F. Scheuchl, *8:00 Std.*

06.01.1961 bis 07.01.1961 ZUBRINGER, ALTER TEIL:
Leiterntransport in die Schachthalle, Deckenloch in Karl-Pilz-Halle, Vermessung
Quellhalle bis Riesenklamm
E. Hofreither, I. Kai, O. Kai, O. Kerschbaummayr, H. Kirchmayr, H. Messerklinger,
K. Pilz, H. Schafelner, O. Schauberger, H. Schneider, K. Schneider, H. Stützner,
K. Trotzl, E. Troyer, *18:30 Std.*

05.01.1963 bis 06.01.1963 ALTER TEIL:
Vermessung Dreikönigssee bis Linzer See, Miniklamm
I. Berger, W. Berger, E. Fritsch, H. Planer, H. Kirchmayr, O. Kerschbaummayr,
J. Punkenhofer, *20:00 Std., 187 m*

26.12.1963 bis 28.12.1963 ALTER TEIL:
Vermessung Linzer See bis Krampuskluft u. Lehmschollenschluf, Erkundung
Nordsiphon
J. Freudenthaler, E. Fritsch, H. Kirchmayr, N. Leutner, H. Planer, *51:00 Std., 584 m*

26.12.1964 bis 27.12.1964 ALTER TEIL:
Vermessung Schachtsee bis Weihnachtsklamm
E. Edlinger, E. Fritsch, W. Huemer, N. Leutner, G. Mayr, P. Pilz, F. Scheuchl,
J. Schreier, *24:00 Std., 315,5 m*

10.04.1965 bis 11.04.1965 ALTER TEIL:
Vermessung Wasserklamm bis Dreikönigssee, Siphongang im
Unt. Schlufflabyrinth
E. Fritsch, W. Retschitzegger, *18:00 Std., 238 m*

26.01.1966 bis 28.01.1966 ALTER TEIL:
Grabung im Lehmtunnel
E. Edlinger, K. Gaisberger, N. Leutner, P. Pilz, *48:00 Std.*

Juli, 1968 ALTER TEIL:
Canyonabstieg am Ende des Schwarzen Ganges
P. Pilz, 2 Amerikaner

27.12.1968 bis **29.12.1968** ALTER TEIL:
Hallstätter Schlot, Jahnschlot
P. Jahn, N. Leutner, G. Mayr, *45:00 Std.*

06.12.1969 bis **08.12.1969** ALTER TEIL:
Vermessung Miniklamm, Krampuskluft bis Nordsiphon, Geheimgang
J. Bruckenberger, E. Fritsch, H. Planer, *42:00 Std., 753 m*

29.12.1969 bis **31.12.1969** ALTER TEIL:
Vermessung Schwarzer Gang bis Jahnschlot
N. Leutner, G. Mayr, P. Pilz, *72 m*

Ende 1969 ALTER TEIL:
Riesenschacht
P. Jahn, J. Obendorf, P. Pilz, K. Schüttel, J. Straupe

28.03.1970 bis **30.03.1970** ALTER TEIL:
Endschluf bei Krampuskluft
J. Bruckenberger, A. Lindenbauer, Ch. Rachlinger, H. Rachlinger, *40:00 Std., 128 m*

11.05.1972 bis **14.05.1972** ALTER TEIL:
Deckenloch in Karl-Pilz-Halle, Riesenschacht
P. Jahn, J. Obendorf, *70:30 Std.*

07.10.1972 bis **08.10.1972** ALTER TEIL:
Riesenschacht
J. Becker, P. Jahn, J. Obendorf, G. Preuß, *26:00 Std.*

09.12.1972 bis **10.12.1972** ALTER TEIL:
Leiterntransport in den Schwarzen Gang, Neuvermessung des Karrenganges
Ch. Deubner, K. Deubner, P. Jahn, *32:00 Std., 124 m*

27.12.1972 bis **29.12.1972** ALTER TEIL:
Vermessung Deckenloch in Wendelhalle, Brückenhalle, Abzweigung im Zubringer
K. Deubner, P. Jahn, J. Obendorf, G. Preuß, *49:00 Std., 101 m*

24.03.1973 ALTER TEIL:
Deckenloch in Wendelhalle
G. Mayr, R. Unterberger, *6:00 Std.*

27.10.1973 ZUBRINGER:
Viertorhalle
W. Hiebl, K. Weiß, R. Weiß, *6:00 Std.*

06.04.1974 bis **07.04.1974** ZUBRINGER:
Verbindung der beiden Etagen des Schlufflabyrinths
W. Dunzendorfer, E. Fritsch, P. Kleinfelder, H. Planer, W. Sturmayr, J. Völlenkle, *25:30 Std., 61 m*

12.04.1974 bis **13.04.1974** ALTER TEIL:
Deckenspalte nahe Hallstätter Schlot
W. Biermeier, T. Bossert, J. Obendorf, G. Preuß, *28:15 Std.*

10.08.1974 ZUBRINGER:
Abzweigungen in Karl-Pilz-Halle
W. Edlinger, G. Mayr, R. Unterberger, G. Wagner, *5:15 Std.*

04.09.1975 ZUBRINGER, ALTER TEIL:
Deckenloch in Karl-Pilz-Halle vermessen, Befahrung bis Schwarze Halle
S. Gamsjäger, N. Leutner, *10:30 Std., 62 m*

02.01.1976 bis **03.01.1976** ZUBRINGER, ALTER TEIL:
Einbau von Seilverankerung bzw. Eisenleiter in Wendelhalle bzw. nach
Gotischem Gang; Versuch, Hallstätter Schlot zu ersteigen
K. Gaisberger, G. Mayr, F. Winterauer, *13:15 Std.*

06.01.1977 bis **07.01.1977** ALTER TEIL:
Canyon unterhalb Lehmtunnel, Canyon am Ende d. Schwarzen Ganges,
Reparatur des Zeltes im Sandtunnel
R. Bengesser, W. Fasl, K. Gaisberger, S. Gamsjäger, St. Höll, G. Mayr, Ch. Pfandl,
27:30 Std., 88 m

18.06.1977 ZUBRINGER:
Deckenloch in Karl-Pilz-Halle
K. Danzig, G. Fasian, P. Jung, G. Lorenz, M. Lorenz, W. Lorenz, G. Reinelt,
H. Stenzel, *8:00 Std.*

16.09.1977 bis **18.09.1977** ALTER TEIL:
Teilaufstieg im Riesenschacht
T. Bossert, H. Hallinger, L. Hallinger, G. Kumschier, J. Obendorf, *46:15 Std.*

07.10.1977 bis **09.10.1977** ALTER TEIL:
Riesenschacht, Stangenschlot
A. Bauer, W. Biermeier, T. Bossert, K. Cramer, H. Hallinger, L. Hallinger, P. Jahn,
A. Lucic, J. Obendorf, *45:00 Std.*

10.12.1977 bis **11.12.1977** ALTER TEIL:
Riesenschacht
T. Bossert, H. Hallinger, L. Hallinger, *26:00 Std.*

21.01.1978 bis **22.01.1978** ALTER TEIL:
Riesenschacht
W. Biermeier, T. Bossert, Anton Hallinger, H. Hallinger, L. Hallinger, *30:30 Std.*

17.03.1978 bis **19.03.1978** ALTER TEIL:
Riesenschacht
W. Biermeier, T. Bossert, P. Jahn, J. Obendorf

13.05.1978 bis **14.05.1978** ALTER TEIL:
Stangenschlot, Verbindung zw. Biwak II und Wasserstelle
W. Biermeier, T. Bossert, L. Groos, H. Hallinger, L. Hallinger, J. Obendorf, J. Riegel,
17:00 Std.

16.12.1978 ZUBRINGER:
Seitengang im Oberen Schlufflabyrinth
R. Bengesser, G. Buchegger, K. Gaisberger, N. Leutner, *6:40 Std.*

24.03.1979 ZUBRINGER:
Schlufflabyrinth
G. Buchegger, G. Lissy, P. Seethaler, *4:30 Std.*

31.03.1979 ZUBRINGER:
Schlufflabyrinth
K. Aigner, G. Buchegger, *4:30 Std.*

21.04.1979 ALTER TEIL:
Schacht im Schlufflabyrinth
K. Aigner, G. Buchegger, P. Osterberger, Ch. Reichhart, P. Seethaler, *9:30 Std.*

28.04.1979 bis **01.05.1979** ALTER TEIL:
Münchner Aufstieg, Stangenschlot
H. Hallinger, L. Hallinger, M. Wieland, *70:00 Std.*

06.05.1979 ZUBRINGER:
Schlufflabyrinth
G. Buchegger, G. Lissy, P. Seethaler, *5:30 Std.*

12.05.1979 bis **13.05.1979** ALTER TEIL:
Weiterforschung im Riesenschacht
T. Bossert, W. Egger, L. Groos, Andrea Hallinger, Alexandra Hallinger, H. Hallinger, L. Hallinger, R. Hallinger, T. Hallinger, E. Lemberger, O. Schickel, *27:00 Std.*

23.06.1979 bis **24.06.1979** ALTER TEIL:
Riesenschacht
T. Bossert, H. Hallinger, L. Hallinger, *25:00 Std.*

29.09.1979 ZUBRINGER:
Verbindung Oberes Schlufflabyrinth - Vier Geburten - Ostgang
G. Buchegger, G. Lissy, P. Seethaler, *8:15 Std.*

16.02.1980 bis **17.02.1980** ALTER TEIL:
Riesenschacht: Münchner Aufstieg
T. Bossert, W. Egger, Alexandra Hallinger, H. Hallinger, L. Hallinger, M. Kipp, M. Strößenreuther, *32:20 Std.*

01.03.1980 ZUBRINGER:
Deckenloch in Wendelhalle: Eingang B entdeckt
G. Buchegger, H. Fallnhauser, G. Lissy, P. Seethaler, *11:30 Std.*

23.03.1980 ZUBRINGER:
Vermessung Deckenloch
G. Buchegger, G. Mayr, P. Seethaler, *4:00 Std., 124 m*

10.05.1980 bis **11.05.1980** ALTER TEIL:
Riesenschlot: Münchner Aufstieg bis Endhalle
W. Biermeier, T. Bossert, H. Hallinger, *24:00 Std.*

24.05.1980 bis 26.05.1980 ALTER TEIL:
Riesenschlot, Trümmerhalle
F. Fessl, K. Lindner, J. Obendorf, 1 Teilnehmer, *48:00 Std.*

15.11.1980 ZUBRINGER:
Horrorschacht erstiegen
G. Buchegger, G. Lissy, P. Seethaler, *8:15 Std.*

21.03.1981 bis 22.03.1981 ALTER TEIL:
Deckenkolk gegenüber Wasserschacht
W. Biermeier, W. Egger, H. Hallinger, L. Hallinger, *24:40 Std.*

24.05.1981 ZUBRINGER:
Verbindung Vier Geburten - Ostgang
G. Buchegger, S. Gamsjäger, P. Seethaler, *11:00 Std., 92 m*

18.06.1981 ZUBRINGER:
Horrorschacht (Materialausbau)
A. Achleitner, G. Buchegger, P. Seethaler, *10:15 Std.*

29.08.1981 bis 30.08.1981 ALTER TEIL:
Aufstieg zum Wasserfall in der Brückenhalle erkundet
W. Egger, H. Hallinger, G. Kallenbach, H. Ring, M. Strößenreuther, B. Weber,
27:00 Std.

09.04.1982 bis 10.04.1982 ALTER TEIL:
Umgehung Dreikönigssee Richtung Nordsiphon
G. Buchegger, H. Buchsteiner, P. Seethaler, G. Lissy, G. Streit-Maier, *11:05 Std.*

01.05.1982 bis 02.05.1982 ALTER TEIL:
Brückenhalle: Wasserfallaufstieg
W. Egger, L. Groos, H. Hallinger, L. Hallinger, H. Hernberger, G. Weber, *24:08 Std.*

08.05.1982 ZUBRINGER:
Beim Oberen Ausgang neue Höhle entdeckt
G. Buchegger, P. Seethaler, *6:00 Std.*

28.07.1982 ZUBRINGER:
Oberer Ausgang, neue Höhle
G. Lissy, P. Seethaler, G. Streit-Maier, *4:00 Std.*

13.06.1982 ALTER TEIL:
Wasserschacht-Aufstieg
T. Bossert, L. Hallinger, *6:00 Std.*

04.12.1982 bis 05.12.1982 ALTER TEIL:
Wasserfallaufstieg in Brückenhalle, Schindercanyon
W. Egger, L. Groos, H. Hallinger, L. Hallinger, M. Kilimann, J. Müller, R. Pleier,
M. Schmitz, H. Vonderthann, *18:35 Std.*

11.12.1982 ALTER TEIL:
Canyonlabyrinth (= Umgehung Dreikönigssee)
G. Buchegger, P. Seethaler, K. Sulzbacher, *7:30 Std.*

28.12.1982 bis **29.12.1982** ALTER TEIL:
Schindercanyon oberhalb Wasserschacht
G. Buchegger, L. Groos, H. Hallinger, L. Hallinger, *21:10 Std.*

16.03.1983 bis **17.03.1983** ALTER TEIL:
Grauer Gang
P. Seethaler, H. Hallinger, L. Hallinger, *24:00 Std.*

09.04.1983 bis **10.04.1983** ALTER TEIL:
Brückenhalle, Trümmerhalle
H. Hallinger, L. Hallinger, Toni Hallinger, *22:45 Std.*

16.04.1983 bis **17.04.1983** ALTER TEIL:
Trümmerhalle, Seetunnel
W. Egger, H. Hallinger, L. Hallinger, Toni Hallinger, P. Seethaler, B. Weber,
23:30 Std.

03.12.1983 bis **04.12.1983** ZWISCHENETAGE:
Überquerung des Parallelschachtes (Pendler)
T. Bossert, L. Eigert, H. Hallinger, L. Hallinger, H. Matschi, *21:00 Std.*

10.12.1983 bis **11.12.1983** ZWISCHENETAGE:
ca. 500 m Neuland in Zwischenetage
W. Egger, H. Hallinger, L. Hallinger, R. Kraus, *29:00 Std.*

16.12.1983 bis **17.12.1983** ZWISCHENETAGE:
Brotzeithalle, Schwarzsiphon
T. Bossert, W. Egger, L. Groos, H. Hallinger, L. Hallinger, P. Seethaler,
11:00 Std., 768 m

06.01.1984 bis **07.01.1984** ZWISCHENETAGE:
Nebenstrecken Zwischenetage
T. Bossert, W. Egger, H. Hallinger, L. Hallinger, H.-J. Schwarz, P. Seethaler,
21:15 Std., 318 m

21.01.1984 bis **22.01.1984** OBERES SYSTEM:
Sprengstelle, Hauptgang erkundet
S. Gamsjäger, P. Seethaler, *21:00 Std.*

28.01.1984 bis **29.01.1984** OBERES SYSTEM:
Lehmburg, Wasserschacht
T. Bossert, W. Egger, L. Groos, L. Hallinger, H. Matschi, P. Seethaler,
16:15 Std., 3226 m

24.02.1984 bis **26.02.1984** OBERES SYSTEM:
Halle des Staunens, Endhallen, Schwarzsiphon
T. Bossert, G. Buchegger, H. Hallinger, L. Hallinger, T. Hallinger, G. Mayr,
H.-J. Schwarz, P. Seethaler, K. Sulzbacher, *38:20 Std., 2224 m*

24.03.1984 bis **25.03.1984** WESTEN:
Bereich HDS, Geistermandltunnel
T. Bossert, W. Egger, H. Hallinger, L. Hallinger, P. Seethaler, *26:45 Std., 1053 m*

13.04.1984 bis **15.04.1984** WESTEN:
Dark Highway
A. Achleitner, G. Buchegger, G. Lissy, P. Seethaler, *42:00 Std., 1147 m*

26.05.1984 ALTER TEIL:
Grauer Gang (Siphon)
W. Biermaier, T. Bossert, H. Hallinger, L. Hallinger, P. Seethaler, *2:55 Std.*

27.07.1984 bis **29.07.1984** WESTEN:
Dark Highway, unter Jalot
G. Buchegger, W. Greger, P. Seethaler, *24:30 Std., 104 m*

10.09.1984 bis **11.09.1984** WESTEN:
Funkpeilung
G. Buchegger, P. Seethaler, *24:40 Std.*

19.09.1984 bis **22.09.1984** OBERES SYSTEM:
Erkundungen Richtung Wasserschacht
M. Bäntele, E. Donner, G. Lissy, *65:10 Std.*

01.11.1984 bis **04.11.1984** OBERES SYSTEM:
Zwölferkogelgang, Schatzkammer, Schokogang, Aufstieg bis Brustmuskelschluf,
Schindercanyon vom Oberen System
T. Bossert, J. Buchner, W. Egger, W. Egel, W. Greger, H. Hallinger, L. Hallinger,
M. Hegi, I. Heuschkel, R. Kraus, P. Seethaler, G. Zieten, *65:30 Std., 2906 m*

16.11.1984 bis **18.11.1984** OBERES SYSTEM:
Brustmuskel bis Dreitorhalle
W. Biermeier, T. Bossert, H. Hallinger, L. Hallinger, *48:00 Std., 1420 m*

07.12.1984 bis **09.12.1984** OBERES SYSTEM, OSTZUBRINGER,
SCHWABENLAND:
Brustmuskel Richtung Schwabenland, Ostzubringer
T. Bossert, G. Buchegger, W. Egger, H. Hallinger, L. Hallinger, H.-J. Schwarz,
P. Seethaler, M. Strößenreuther, K. Sulzbacher, G. Zieten, *43:00 Std., 2646 m*

15.12.1984 bis **16.12.1984** OBERES SYSTEM:
Legercanyon, Panierschluf, Schindercanyon
G. Buchegger, S. Gamsjäger, G. Mayr, *31:00 Std., 514 m*

04.01.1985 bis **07.01.1985** MITTLERER OSTEN:
Umsteiger, Fragezeichen
G. Buchegger, H.-J. Schwarz, *78:00 Std., 2100 m*

04.01.1985 bis **06.01.1985** OBERES SYSTEM, SCHWABENLAND:
Labyrinth Richtung Schwabenland, Lehmbatzschacht
Peter Becker, T. Bossert, H. Hallinger, L. Hallinger, P. Seethaler, *39:20 Std., 395 m*

11.01.1985 bis **13.01.1985** MITTLERER OSTEN, FERNER OSTEN:
Idealbiwak, Märchengang, Fernoststern, Linkswalzer, Große Erleichterung
G. Buchegger, W. Egger, H. Hallinger, L. Hallinger, G. Zieten, *48:45 Std., 3400 m*

19.01.1985 bis **22.01.1985** MITTLERER OSTEN:
Große Erleichterung, Transidealbiwak, Lieblichster Gang, Knobelgang, Ende des Märchengangs, Parallelgang überm Fernoststern
T. Bossert, H. Hallinger, L. Hallinger, *71:00 Std., 2500 m*

16.02.1985 bis **19.02.1985** FERNER OSTEN, MITTLERER OSTEN, UNTERER OSTEN:
Unteres Bachbett, östlichster Ferner Osten, Nordende, Fragezeichenbiwak, Lehmlabyrinth, Fallwindschlot
T. Bossert, G. Buchegger, W. Greger, H. Hallinger, L. Hallinger, H.-J. Schwarz, P. Seethaler, *72:35 Std., 3800 m*

29.03.1985 bis **01.04.1985** MITTLERER OSTEN:
über dem Elefantenfriedhof, Schluf Schluf Schluf, Transidealbiwak
T. Bossert, W. Egger, H. Hallinger, L. Hallinger, *68:30 Std., 840 m*

29.03.1985 bis **30.03.1985** WESTEN:
Asterixlabyrinth
G. Buchegger, P. Seethaler, *25:30 Std., 680 m*

01.11.1985 bis **05.11.1985** WESTEN, OBERES SYSTEM, SCHWABENLAND:
Umstandsgang, HDS,
T. Bossert, G. Buchegger, W. Egger, W. Greger, M. Kipp, J. Linz, G. Lissy, H.-J. Schwarz, P. Seethaler, G. Zieten, *91:00 Std., 2200 m*

21.11.1985 bis **24.11.1985** SCHWABENLAND:
Mexikaner, Mausoleum, Aufstieg Umstandsgang
T. Bossert, G. Buchegger, W. Egger, G. Mayr, G. Zieten, *69:45 Std., 620 m*

14.12.1985 bis **16.12.1985** OBERES SYSTEM:
Schlot am Knie, Spiralgang
H. Hallinger, L. Hallinger, *48:00 Std., 183 m*

24.12.1985 bis **29.12.1985** OBERES SYSTEM:
Asterixlabyrinth
B. Bier, P. Preßlein, G. Zieten, *122:00 Std., 530 m*

05.01.1986 ALTER TEIL:
Canyonlabyrinth (Umgehung Dreikönigssee)
G. Buchegger, E. Donner, *9:00 Std., 283 m*

30.01.1986 bis **02.02.1986** WESTEN, WILDER WESTEN:
Reste im Dark Highway, Jalot bis Grünkogelsee
E. Donner, W. Greger, *67:00 Std., 183 m*

31.01.1986 bis **02.02.1986** WESTEN, WILDER WESTEN:
Reste im Dark Highway, Jalot bis Grünkogelsee
P. Becker, H. Hallinger, L. Hallinger, T. Hallinger, J. Linz, P. Seethaler, F. Wernz, G. Zieten, *43:30 Std., 894 m*

22.02.1986 bis 23.02.1986 WESTEN, WILDER WESTEN:
Asterix, Schlote im Wilden Westen
P. Becker, T. Bossert, G. Buchegger, W. Egger, H. Hallinger, L. Hallinger,
35:55 Std., 254 m

08.03.1986 bis 09.03.1986 WILDER WESTEN:
Grünkogelsee bis Grünkogelsiphon, Kleines Jalot
T. Bossert, G. Buchegger, H. Hallinger, L. Hallinger, H.-J. Schwarz,
28:30 Std., 704 m

02.07.1986 ALTER TEIL:
Umgehung d. Siphons im Grauen Gang
P. Seethaler, *2:00 Std.*

04.07.1986 bis 07.07.1986 SANDGRABEN:
Schacht der Hoffnung
P. Becker, H. Hallinger, L. Hallinger, *70:00 Std., 700 m*

15.08.1986 bis 18.08.1986 SANDGRABEN:
Schacht der Hoffnung nach minus acht
W. Egger, H. Hallinger, L. Hallinger, R. Hallinger, *72:15 Std., 1865 m*

15.08.1986 bis 17.08.1986 SCHWABENLAND:
Schlot im Umstandsgang, Canyon im Mexikaner
T. Bossert, G. Buchegger, E. Donner, S. Hoffmann, K. Jäger, G. Zieten,
44:15 Std., 96 m

09.10.1986 bis 12.10.1986 WESTEN:
Asterix
E. Donner, G. Lissy, P. Seethaler, *70:50 Std., 411 m*

09.10.1986 bis 12.10.1986 DONNERBACH:
Lehmklamm, Donnergang, Siphonrunde 1 und 2, Wasserspeier am Donnergang
W. Greger, H. Hallinger, L. Hallinger, *72:00 Std., 1085 m*

19.11.1986 bis 23.11.1986 SCHWABENLAND:
Lehmpatzaufstieg im Schwabenland, Canyon unter der Wasserburg
G. Baumann, B. Baier, W. Büchner, Ch. Lieberth, S. Hoffmann, M. Strößenreuther,
G. Zieten, *95:15 Std., 224 m*

05.12.1986 bis 07.12.1986 OBERES SYSTEM:
Erkundungen im Zwölferkogelgang und Richtung Schwabenland
G. Buchegger, W. Greger, K. Jäger, *41:20 Std.*

25.12.1986 bis 28.12.1986 DONNERBACH:
Kleine Hoffnung, Herzmuschelröhre, Rauschende Klamm, Siphonrunde 3
G. Buchegger, H. Hallinger, L. Hallinger, *65:45 Std., 1014 m*

13.02.1987 bis 15.02.1987 DONNERBACH:
Schrecksee, Stripsee
T. Bossert, W. Egger, W. Greger L. Hallinger, *54:00 Std., 1147 m*

13.03.1987 bis **16.03.1987** DONNERBACH, UNTERER OSTEN:
Dosenfraß, Quetsche, Siebenschläfer
G. Buchegger, H. Hallinger, L. Hallinger, P. Seethaler, *69:45 Std., 1219 m*

13.03.1987 bis **15.03.1987** OBERES SYSTEM:
Aufstieg beim Märchensee Richtung Schwabenland
T. Bossert, G. Zieten, *40:00 Std.*

17.04.1987 bis **20.04.1987** UNTERER OSTEN:
Verbindung zum Sandgraben, Reststrecken im Lehmsystem
G. Buchegger, W. Greger, H. Hallinger, L. Hallinger, *66:15 Std., 994 m*

19.04.1987 bis **23.04.1987** SCHWABENLAND:
B. Baier, G. Zieten, *92:30 Std.*

20.04.1987 bis **24.04.1987** OBERES SYSTEM, SCHWABENLAND:
Verbindung vom Märchensee zu Schwabenland
T. Bossert, D. Gebauer, *92:30 Std.*

09.05.1987 OBERES SYSTEM:
Verbindung Märchensee - Mexikaner vermessen
T. Bossert, G. Buchegger, L. Eigert, *8:00 Std., 97 m*

10.10.1987 ALTER TEIL:
Canyonlabyrinth oberhalb Dreikönigssee
G. Buchegger, L. Eigert, P. Seethaler, *7:35 Std., 68 m*

18.11.1987 bis **22.11.1987** OSTZUBRINGER, UNTERER OSTEN:
Wetterscheide, Schacht im Knobelgang
T. Bossert, G. Buchegger, W. Egger, S. Hoffmann, Ch. Liebert, P. Seethaler,
82:00 Std., 206 m

05.12.1987 bis **08.12.1987** OSTZUBRINGER, UNTERER OSTEN:
Wetterscheide, Nobelgang, Verbogener Tunnel
G. Buchegger, E. Donner, W. Greger, L. Hallinger, G. Lissy, P. Seethaler, D. Walter,
73:00 Std., 1705 m

27.12.1987 bis **30.12.1987** OBERES SYSTEM, UNTERER OSTEN:
Abzweigung vor der Schatzkammer, Verbindung Knobelgang - Nobelgang,
Brauseschacht
G. Buchegger, H. Hallinger, L. Hallinger, R. Hallinger, *74:00 Std., 660 m*

27.12.1987 bis **30.12.1987** MITTLERER OSTEN:
Gunnars Lieblingsschacht, Verbindung Elefantenfriedhof zum Lieblichsten Gang,
Duschzelle überm Elefantenfriedhof
G. Bäumler, T. Bossert, D. Gebauer, W. Spahlinger, *78:30 Std., 653 m*

04.01.1988 bis **05.01.1988** ALTER TEIL:
Neuvermessung Verbindung Oberes - Unteres Schlufflabyrinth; Seitenast im
Grauen Gang; Dornröschenschluf beim Nordsiphon; Canyonlabyrinth
G. Buchegger, L. Hallinger, H.-J. Schwarz, *29:23 Std., 147 m*

12.02.1988 bis 15.02.1988 MITTLERER OSTEN:
Moskitostiege überm Wolkenbiwak
A. Abele, G. Bäumler, T. Bossert, D. Gebauer, *72:30 Std., 160 m*

29.10.1988 bis 31.10.1988 SANDGRABEN:
Terazzoschluf bei den Urgängen
G. Buchegger, H. Hallinger, L. Hallinger, K. Sulzbacher, M. Wagner,
49:00 Std., 92 m

29.10.1988 bis 01.11.1988 FERNER OSTEN:
Henkel beim Nordknick, Schluf am linken Finger, Rundgang zum Deckenloch im
Fallenden Tunnel, Wampenbad, Verbindung Fallender Tunnel - Absturzschacht
T. Bossert, P. Seethaler, D. Walter, *72:05 Std., 801 m*

16.11.1988 bis 20.11.1988 MITTLERER OSTEN, FERNER OSTEN:
Rundgang im Fernen Osten, Aufstieg Leuchtkugelschlot
G. Buchegger, L. Hallinger, P. Seethaler, *91:05 Std., 390 m*

16.12.1988 bis 18.12.1988 ZWISCHENETAGE:
Haribo-Schacht
W. Appelt, W. Egger, S. Hoffmann, M. Julius, J. Krieg, M. Schmidt, Th. Schmidt,
G. Zieten, *39:45 Std., 276 m*

05.01.1989 bis 08.01.1989 MITTLERER OSTEN:
Fallwindschlot
G. Bäumler, T. Bossert, U. Eisner, *65:45 Std., 181 m*

06.01.1989 bis 08.01.1989 WILDER WESTEN:
Erkundungen im Wilden Westen, Tropflochgang, König Dachstein
G. Buchegger, P. Seethaler, W. Lichtenegger, *50:00 Std.*

20.01.1989 bis 22.01.1989 WILDER WESTEN:
Orgelhalle, Überfluß, Tropflochgang
G. Bäumler, T. Bossert, G. Buchegger, D. Gebauer, *39:15 Std., 816 m*

04.02.1989 bis 05.02.1989 OBERES SYSTEM, WESTEN:
Abzweigung hinter Märchensee, Asterix
G. Buchegger, L. Eigert, K. Jäger, L. Hallinger, P. Seethaler, *27:15 Std., 440 m*

03.03.1989 bis 05.03.1989 WILDER WESTEN:
Sinterbodengang, Zipf, Bodenloch in der Orgelhalle
G. Buchegger, P. Seethaler, *36:30 Std., 278 m*

17.03.1989 bis 19.03.1989 WILDER WESTEN:
Bodenloch in der Orgelhalle
G. Bäumler, T. Bossert, G. Buchegger, H. Hallinger, H. Kirsamer, D. Walter,
36:30 Std., 70 m

24.03.1989 bis 26.03.1989 WANDAUGENLABYRINTH:
Aufstieg zum Wandauge, Vermessung bis Labyrinth, Abstinenzhalle
L. Hallinger, M. Wagner, *51:15 Std., 440 m*

31.08.1989 bis **03.09.1989** WANDAUGENLABYRINTH:
Wandauge, Querung des Schachtes, Rundgang
G. Buchegger, L. Hallinger, *72:30 Std., 1050 m*

26.10.1989 bis **29.10.1989** WANDAUGENLABYRINTH:
Wandauge, Siphon, Hölle
G. Buchegger, P. Seethaler, D. Walter, *72:00 Std., 1244 m*

28.10.1989 bis **31.10.1989** WANDAUGENLABYRINTH:
Sandschacht hinterm Wandauge
J. Buchner, W. Egger, H. Hallinger, L. Hallinger, M. Wagner, *68:45 Std., 227 m*

27.12.1989 bis **30.12.1989** MITTLERER OSTEN, FERNER OSTEN:
Moskitostiege, Gang nahe Fernoststern, Harrys Butterbrot
G. Bäumler, T. Bossert, H. Kirsamer, U. Scherzer, *75:00 Std., 400 m*

03.01.1990 bis **06.01.1990** WANDAUGENLABYRINTH:
Nebenstrecken hinterm Wandauge, Hölle
G. Buchegger, W. Greger, D. Walter, *69:00 Std., 1035 m*

27.01.1990 bis **30.01.1990** UNTERER OSTEN, WANDAUGENLABYRINTH:
Abzweigung vom Durchblickbiwak, Hölle, Verbindung zum Donnerbach
G. Buchegger, W. Greger, P. Ludwig, P. Seethaler, D. Walter, *71:45 Std., 965 m*

03.02.1990 bis **06.02.1990** FERNER OSTEN, LABYRINTH DER ENTSCHEIDUNG:
Schlote hinterm Linkswalzer, Labyrinth der Entscheidung
H. André, G. Bäumler, T. Bossert, S. Buchsot, H. Hallinger,, *72:00 Std., 1051 m*

24.02.1990 bis **26.02.1990** LABYRINTH DER ENTSCHEIDUNG:
Labyrinth der Entscheidung bis Abstieg zur Säulenhalle
H. Hallinger, L. Hallinger, *47:05 Std., 400 m*

17.03.1990 bis **20.03.1990** FERNER OSTEN, LABYRINTH DER ENTSCHEIDUNG:
Abstieg zur Säulenhalle, Schlot beim Linkswalzer, Verbindung vom Linkswalzer
zu unterem Bachbett
T. Bossert, G. Buchegger, H. Hallinger, L. Hallinger, D. Walter, *69:40 Std., 979 m*

18.04.1990 bis **20.04.1990** OBERES SYSTEM:
Schluf in den Endhallen
G. Bossert, T. Bossert, H. Dinter, M. Dinter, D. Manesberger, *50:30 Std., 66 m*

27.12.1990 bis **29.12.1990** ALTER TEIL:
Münchner Aufstieg, Hallstätter Schlot
H. Hallinger, L. Hallinger, *50:50 Std.*

28.12.1990 bis **30.12.1990** WILDER WESTEN:
Megalodonten-Canyon
W. Lichtenegger, P. Seethaler, *40:40 Std.*

04.01.1991 bis **06.01.1991** OBERES SYSTEM:
Sprengstelle
G. Bäumler, H. Kirsamer, N. Löffelhardt, *48:15 Std.*

10.01.1991 bis 13.01.1991 UNTERER OSTEN:
Verbindung vom Verbogenen Gang zum Märchengang, Canyon zwischen
Verbogenem Gang und Märchengang, Kleinzeug im Nobelgang
G. Buchegger, W. Greger, K. Jäger, D. Walter, *72:00 Std., 557 m*

21.02.1991 bis 23.02.1991 WANDAUGENLABYRINTH:
Aufstieg in der Hölle wegen falschem Dübel nicht bezwungen
G. Buchegger, W. Greger, D. Walter, *48:30 Std.*

22.02.1991 bis 24.02.1991 WILDER WESTEN:
Megalodontencanyon
H. André, G. Bäumler, P. Seethaler, K. Sulzbacher, *47:25 Std., 695 m*

25.10.1991 bis 27.10.1991 WANDAUGENLABYRINTH:
Aufstieg von der Hölle zur Arctaphaenopskluft
G. Buchegger, D. Walter, *44:20 Std.*

28.12.1991 ALTER TEIL:
Jörgschlot, *93 m*

29.12.1991 bis 31.12.1991 OBERES SYSTEM:
Endhallen
H. Hallinger, L. Hallinger, *46:00 Std., 30 m*

03.01.1992 bis 06.01.1992 HIRSCHAULABYRINTH:
Eisbeinsee, Seesaal, Tropfwasserkluft
G. Buchegger, D. Walter, *71:45 Std., 824 m*

01.02.1992 bis 04.02.1992 HIRSCHAULABYRINTH:
Rundzug Seesaal bis Tropfwasserkluft
H. Hallinger, L. Hallinger, M. Wagner, D. Walter, *67:00 Std., 497 m*

28.02.1992 bis 02.03.1992 HIRSCHAULABYRINTH:
Sensiblesee bis Kessel, Hirschaulabyrinth
G. Buchegger, P. Seethaler, D. Walter, *68:30 Std., 1645 m*

27.03.1992 bis 29.03.1992 FERNER OSTEN:
Absturzschacht
P. Seethaler, D. Walter, *51:15 Std.*

27.03.1992 bis 29.03.1992 OBERES SYSTEM:
Bereich Wasserschacht
G. Bäumler, Ch. Harlacher, R. Hoss, H. Kirsamer, U. Krüger, N. Löffelhardt,
Th. Müller, *43:00 Std., 45 m*

24.10.1992 bis 26.10.1992 FERNER OSTEN:
Absturzschacht
W. Greger, P. Seethaler, D. Walter, *47:00 Std.*

28.12.1992 bis 31.12.1992 WESTEN:
Schluf von der Lehmburg zum Hinkelsteinbruch, Schlufabzweigung südlich der
HDS
G. Bäumler, R. Frank, R. Hoss, H. Kirsamer, *64:30 Std., 95 m*

28.12.1992 bis 30.12.1992 ALTER TEIL:
Hallstätter Schlot
H. Hallinger, L. Hallinger, *44:40 Std., 62 m*

03.01.1993 bis 06.01.1993 FERNER OSTEN, DONNERBACH:
Abzweigung bei der großen Weggabelung im Fernen Osten, Schluf im Nordast,
Erzwingung des Absturzschachtes, Primäranlage Donnergang
G. Buchegger, M. Graf, L. Hallinger, L. Haselgruber, P. Seethaler, D. Walter,
71:25 Std., 300 m

22.01.1993 bis 24.01.1993 UNTERER OSTEN:
Rundgang hinterm Wandauge zur Abstinenzhalle, Abzweigung zwischen
Siebenschläfer und Urgänge (Schachtquerung)
G. Buchegger, W. Greger D. Walter, *42:20 Std., 230 m*

30.10.1993 bis 01.11.1993 OBERES SYSTEM:
Aufstieg in den Endhallen
J. Aigner, L. Hallinger, E. Schweiger, D. Walter, *40:45 Std., 190 m*

05.12.1993 bis 07.12.1993 OBERES SYSTEM:
Suche nach Fortsetzungen im Bereich Endhallen und zwischen
Brustmuskelschluf und Dreitorhalle
H. Hallinger, L. Hallinger, E. Schweiger, D. Walter, *44:20 Std.*

06.01.1994 bis 09.01.1994 ZWISCHENETAGE, WESTEN:
Bettina Rinne durchtaucht den Schwarzsiphon, Abzweigung vorm Schwarzsiphon
links, Vermessung im Asterixlabyrinth, Besichtigung HDS, Wassergänge unter
der HDS, Dark Highway, Tauchversuch im Seetunnel
G. Buchegger, A. Kaiser, M. Meyberg, B. Rinne, P. Seethaler, M. Siedler, D. Walter,
75:55 Std., 506 m

14.01.1994 bis 17.01.1994 FERNER OSTEN:
Harrys Butterbrot
G. Bäumler, H. Kirsamer, K. Kuschela, Th. Müller, *69:45 Std.*

21.01.1994 bis 22.01.1994 ZWISCHENETAGE, OBERES SYSTEM:
2 Meßzüge vorm Schwarzsiphon links, Echoröhre, Klufttraum, Schluftraum (beim
Sprengstellenbiwak)
J. Aigner, D. Walter, *31:45 Std., 241 m*

11.02.1994 bis 13.02.1994 SCHWABENLAND:
Reststrecken am Weg zum Schwabenland
J. Aigner, D. Walter, *50:40 Std., 377 m*

19.02.1994 ALTER TEIL, ZWISCHENETAGE:
Tauchgang im Seetunnel, Abzweigung im Seetunnel, Abzweigung im
Verbindungsgang zur Sprengstelle
G. Buchegger, W. Greger, M. Gruber, A. Kaiser, R. Kaiser, M. Meyberg, B. Rinne,
R. Scherrer, K. Schwekendiek, P. Seethaler, J. Streit-Maier, M. Siedler, H. Wildling,
8:45 Std., 167 m

11.03.1994 bis 13.03.1994 SCHWABENLAND:
Schwabenland Richtung Süden
P. Seethaler, D. Walter, *50:40 Std., 1007 m*

19.03.1994 bis 21.03.1994 SCHWABENLAND:
Abzweigung Richtung Entrische Halle, Heldenschluf
G. Buchegger, L. Hallinger, D. Walter, *48:50 Std., 150 m*

19.03.1994 ALTER TEIL:
Tauchgang im Seetunnel
A. Kaiser, R. Kaiser, M. Meyberg, J. Rast, B. Rinne, R. Scherrer, K. Schwekendiek, *9:20 Std.*

25.03.1994 bis 28.03.1994 SCHWABENLAND:
Entrische Halle
R. Kaiser, K. Schwekendiek, P. Seethaler, J. Streit-Maier, *75:25 Std., 166 m*

26.03.1994 bis 28.03.1994 SCHWABENLAND:
Seitengang in Biwaknähe
H. Hallinger, L. Hallinger, E. Schweiger, *48:30 Std.*

21.10.1994 bis 23.10.1994 WILDER WESTEN:
Tauchgang Grünkogelsiphon, Gang unterm Grünkogelbiwak
M. Gruber, P. Hübner, M. Hüttmann, R. Kaiser, M. Leyk, M. Meyberg, Th. Müller, B. Rinne, K. Schwekendiek, P. Seethaler, D. Walter, *52:30 Std., 277 m*

31.10.1994 bis 01.11.1994 OBERES SYSTEM:
Babyschluf
B. Hallinger, H. Hallinger, T. Hallinger, J. Hierat, *26:40 Std., 111 m*

19.11.1994 bis 21.11.1994 SCHWABENLAND:
Gang oberhalb Biwak im Schwabenland
J. Aigner, J. Streit-Maier, D. Walter, *47:00 Std., 250 m*

08.12.1994 bis 11.12.1994 SÜDWESTEN:
Umgehung Grünkogelsiphon, Sahara, Oase
G. Buchegger, P. Seethaler, D. Walter, *73:00 Std., 2006 m*

03.01.1995 bis 06.01.1995 WILDER WESTEN, SÜDWESTEN:
Hübnerschluf, Abzweigung am Ende der Grünkogelsiphon-Umgehung
T. Bossert, L. Hallinger, R. Kaiser, E. Schweiger, K. Schwekendiek, D. Walter, *67:10 Std., 380 m*

20.01.1995 bis 23.01.1995 SÜDWESTEN:
Richtung Untertischkathedrale
G. Buchegger, M. Meyberg, K. Schwekendiek, P. Seethaler, D. Walter, *68:20 Std., 366 m*

24.02.1995 bis 27.02.1995 SÜDWESTEN:
Untertischkathedrale, Rest im Hübnerschluf, Schokosiphon
G. Buchegger, M. Gruber, R. Kaiser, Th. Müller, K. Schwekendiek, P. Seethaler, J. Streit-Maier, D. Walter, *66:30 Std., 325 m*

11.03.1995 ALTER TEIL:
Seetunnelsiphon durchtaucht
P. Hübner, R. Kaiser, M. Meyberg, K. Schwekendiek, R. Scherrer, S. Ulbrich,
10:10 Std., 360 m

26.12.1995 bis **28.12.1995** FERNER OSTEN:
Harrys Butterbrot
G. Bäumler, R. Hoss, R. Kalmbach, U. Kalmbach, *51:15 Std., 62 m*

29.12.1995 bis **31.12.1995** OBERES SYSTEM, WESTEN:
Sprengstelle, Dark Highway
R. Kaiser, F. Blattner, M. Meyberg, K. Schwekendiek, P. Seethaler, *46:42 Std.*

20.01.1996 bis **22.01.1996** SÜDWESTEN:
Untertischkathedrale, Abstieg zu einem Siphon östlich der Sahara
G. Buchegger, M. Meyberg, K. Schwekendiek, P. Seethaler, D. Walter,
57:00 Std., 360 m

20.01.1996 WESTEN:
Wassergang in der Zwischenetage, Flaschentransport in die HDS
F. Gruner, R. Haslinger, P. Hübner, R. Kaiser, Th. Müller, R. Winkler,
10:00 Std., 88,5 m

17.02.1996 bis **19.02.1996** SÜDWESTEN:
Tauchtour Oase
A. Achleitner, G. Buchegger, W. Greger, R. Haslinger, P. Hübner, U. Kröger,
M. Meyberg, Th. Müller, R. Scherrer, P. Seethaler, *54:30 Std., 251 m*

23.02.1996 bis **26.02.1996** LABYRINTH DER ENTSCHEIDUNG:
Erkundung Säulenhalle bis Windsee
G. Buchegger, P. Hübner, M. Meyberg, D. Walter, *72:00 Std.*

08.03.1996 bis **10.03.1996** LABYRINTH DER ENTSCHEIDUNG:
Säulenhalle, Zwischenetage
G. Buchegger, P. Seethaler, D. Walter, *47:50 Std., 1100 m*

27.12.1996 bis **29.12.1996** SCHWABENLAND:
Mexikaner, Umstandsgang
P. Hübner, D. Walter, *45:15 Std.*

03.01.1997 bis **06.01.1997** LABYRINTH DER ENTSCHEIDUNG:
Tiefkarkluft
G. Buchegger, P. Seethaler, *73:15 Std., 640 m*

31.01.1997 bis **02.02.1997** DONNERBACH:
Abwurfhalle, Aufstieg bei Fragezeichensiphon
G. Buchegger, P. Seethaler, *40:30 Std., 121 m*

01.03.1997 ZWISCHENETAGE:
Tauchgang, Verbindung Zwischenetage mit Seetunnel
G. Faulhaber, R. Haslinger, M. Hüttemann, M. Meyberg, T. Müller, B. Rinne,
R. Scherrer, *10:00 Std.*

07.03.1997 bis **09.03.1997** FERNER OSTEN:
Absturzschacht
G. Buchegger, P. Seethaler, D. Walter, *50:45 Std., 160 m*

19.11.1997 bis **23.11.1997** LABYRINTH DER ENTSCHEIDUNG:
Tiefkarkluft
G. Buchegger, P. Hübner, P. Seethaler, D. Walter, *84:30 Std., 360 m*

20.11.1997 bis **23.11.1997** DONNERBACH:
Fragezeichenbiwak, Grabung bei Siphon
G. Bäumler, M. Meyberg, T. Müller, B. Rinne, Th. Stolz, *65:00 Std.*

21.11.1997 bis **23.11.1997** DONNERBACH:
Fragezeichenbiwak, Grabung bei Siphon
H. Hallinger, L. Hallinger, *49:10 Std.*

02.01.1998 bis **05.01.1998** DONNERBACH:
Fragezeichenbiwak, Grabung bei Siphon
I. Bauer, M. Hüttemann, *80:00 Std.*

03.01.1998 bis **06.01.1998** LABYRINTH DER ENTSCHEIDUNG:
Oberes Tiefkarlabyrinth
G. Buchegger, L. Hallinger, P. Hübner, P. Seethaler, *65:45 Std., 750 m*

03.01.1998 bis **06.01.1998** DONNERBACH:
Fragezeichenbiwak, Grabung bei Siphon
B. Hallinger, H. Hallinger, M. Meyberg, T. Müller, B. Rinne, *64:00 Std.*

03.01.1998 bis **06.01.1998** FERNER OSTEN:
Harrys Butterbrot
G. Bäumler, F. Bossert, G. Bossert, T. Bossert, R. Frank, R. Hoss, S. Scherzer,
69:00 Std., 48 m

06.03.1998 bis **10.03.1998** LABYRINTH DER ENTSCHEIDUNG:
Oberes Tiefkarlabyrinth, Hochdonnerbach
G. Buchegger, L. Hallinger, P. Seethaler, *93:00 Std., 1878 m*

Statistik

Der statistische Teil dieser Dokumentation versucht die Fahrten, die im Laufe von beinahe fünf Jahrzehnten in der Hirlatzhöhle unternommen wurden, auszuwerten.

Die Daten der frühen Befahrungen in den ersten beiden Jahrzehnten der Hirlatzhöhlenforschung konnten anhand von Fahrtenberichten und Tourenbüchern weitgehend eruiert werden. Seit den Siebzigerjahren liegen im Eingangsteil der Höhle Tourenbücher auf, in denen die Teilnehmer von Befahrungen Angaben bezüglich ihres Namens, des Datums und der Dauer der Tour sowie deren Zweck machen. Diese großteils lückenlosen Aufzeichnungen ermöglichen eine statistische Auswertung.

In den Jahren 1949 bis 1998 haben bisher 799 Personen die Hirlatzhöhle besucht. Es wurden 585 Befahrungen registriert, wobei von den Teilnehmern insgesamt 65.705 Stunden unter

Tage verbracht wurden. Dies entspricht einem Zeitraum von 2738 Tagen oder 7,5 Jahren. Die „Spitzenreiter" unter den Höhlenforschern, Gottfried BUCHEGGER und Ludwig HALLINGER, bringen es dabei auf stolze 3760 bzw. 3756 unterirdisch verbrachte Stunden, was einem Zeitraum von immerhin jeweils 157 Tagen entspricht.

Darstellung der pro Jahr in der Höhle verbrachten Tage

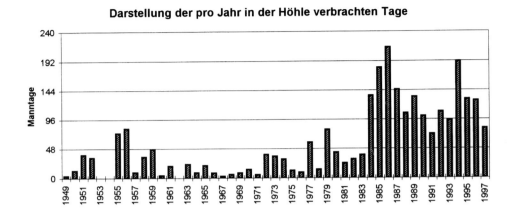

Auf die Kategorien „Forschung und Vermessung" entfallen in knapp 50 Jahren 43.812 Stunden, „touristische Befahrung" 18.731 Stunden und „Arbeitseinsatz" 3.161 Stunden.

Verteilung der unter Tage verbrachten Stunden (1949 - 1998)

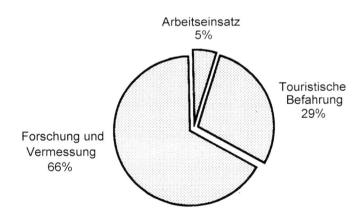

Nachstehend sind die bisherigen Besucher der Hirlatzhöhle alphabetisch angeführt. Es scheinen alle Personen auf, die in den Höhlenbüchern leserlich eingetragen sind bzw. Tourenberichte abgeliefert haben.

A

G. Abel, A. Abele, A. Achleitner, E. Achleitner, H. Achleitner, H. Ahamer, E. Aichinger, J. Aigner, K. Aigner, M. Aigner jun., M. Aigner sen., N. Almhofer, H. André, W. Angerer, W. Appelt, A. Auer, A. Aufschnaiter, F. Aufschnaiter, M. Aufschnaiter, W. Aufschnaiter, M. Außerwöger

B

G. Bachauer, H. J. Bacher, B. Baier, P. Ballreich, M. Bäntele, K. Bär, A. Bauer, M. Bauer, G. Baumann, G. Bäumler, K. Bayer, J. Becker, P. Becker, E. Bednarik, R. Bengesser, P. Bennet, T. Berend, F. Berger, I. Berger, W. Berger, R. Bernreutner, B. Bier, W. Biermeier, G. Birk, R. Bittner, W. Bittner, R. Blake, F. Blattner, Blechschmidt, P. Bodirsky, L. Bogh, F. Bossert, G. Bossert, T. Bossert, R. Bramberger, Ch. Brandstätter, A. Brazewelt, L. Brazier, Ch. Breidt, L. Breidt, H. Brenninger, K. Brenninger, R. Brenninger, Th. Bretl, F. Brinich, U. Brock, M. Bromme, J. Bruckenberger, A. Bruckschlögl, U. Brühwasser, A. Brunner, Christian Buchegger, Christoph Buchegger, G. Buchegger, H. Bucher, J. Buchner, W. Büchner, S. Buchsot, H. Buchsteiner, M. Bulva, S. Bunk, U. Burkamp

C

M. Casagrande, A. Cavaille, W. Chimani, M. Chowanetz, M. Coon, K. Cramer

D

J. Danner, K. Danzig, W. Daubal, J. Demmel, H. Deppe, Ch. Deubner, K. Deubner, H. Dinter, M. Dinter, P. Dittmer, B. Dold, Ch. Dold, S. Dold, V. Dold, E. Donner, W. Dunzendorfer, H. Dunzinger, Ch. Dusl, E. Dusl, Gabriel Dusl, Gerhard Dusl, J. Dutsch

E

B. Eberwein, K.-H. Ecker, R. Ed, E. Eder, E. Edlinger, H. Edlinger, W. Edlinger, W. Egel, W. Egger, L. Ehrhardt, E. Eichbauer, B. Eidson, L. Eigert, M. Eigl, U. Eisner, F. Elmer, O. Epple, R. Erlmoser, A. Ernest, H. Ernst

F

N. Faber A. Falkensteiner, H. Fallnhauser, G. Fasian, W. Fasl, G. Faulhaber, G. Fellinger, K. Fellinger, G. Feserberger, F. Fessl, R. Feuerstein, A. Finkes, E. Fischer, L. Fischer, S. Flohberger, F. Fostl, R. Frank, H.W. Franke, P. Fratzl, J. Freudenthaler, U. Friedrich, E. Fritsch, G. Frömming, A. Frudo, T. Fürtig, W. Fürtig

G

L. Gabler, W. Gadermayr, K. Gaisberger, J. Gaisberger sen., H. Galas, L. Gamsjäger, M. Gamsjäger, S. Gamsjäger, F. Gassner, J. Gatringer, F. J. Gattermayr, D. Gebauer, K. Gebhard, R. Ginzinger, S. Glans, S. Glaser, P. Glatz, R. Glück, Th. Glück, U. Glück, P. Golser, Michael Gottfried, B. Götze, G. Grabner, B. Graf, G. Graf, H. Graf, M. Graf, W. Gratzer, E. Greger, R. Greger, W. Greger, F. Grill, J. Grill, Ch. Grillesberger, M. Gröbner, L. Groos, K. Gruber, M. Gruber, N. Gruber, J. Gruber, E. Gschnaiter, G. Gschwantner, J. Gschwantner, G. Gucker, J. Günther, W. Günther

H

L. Habringer, S. Haendle, B. Haft, P. Hager, F. Haider, H. Haider, F. Haim, Anton Hallinger, Alexandra Hallinger, Andrea Hallinger, Anian Hallinger, B. Hallinger, Corinna Hallinger, H. Hallinger, L. Hallinger, R. Hallinger, Tobias Hallinger, M. Hammel, S. Händle, J. Hardley, Ch. Harlacher, N. Harvey, L. Haselgruber, S. Hasitschka, L. Haslhuber, R. Haslinger, F. Hauder, W. Haukwitz, A. Hausotter, K. Haykoset, Th. Hazod, M. Hegi, G. Heilinger, B. Heimhuber, S. Heimhuber, E. Hein, B. Heineter, Ch. Heineter, J. Heinisch, F. Heinrich, W. Heinze, K. Heinze-Bauer, L. Heiss, R. Helm, H. Hemetsberger, J. Henschel, K. Herbst, H. Hernberger, E. Herold, I. Heuschkel, W. Hiebl, J. Hierat, A. Hinterberger, Ch. Hirt, B. Hochgatterer, K-H. Hochschorner, M. Hoffmann, S. Hoffmann, A. Hofreither, E. Hofreither, J. Hohmann, Alfred Höll, Andreas Höll, J. Höll, L. Höll, St. Höll, A. Höll, J. Höll jun., V. Holzinger, F. Hönigsberger, I. Horner, J. Hörzinger, R. Hoss, R. Hruby, A. Huber, H. Huber, J. Huberth, P. Hübner, H. Huemer, S. Huemer, W. Huemer, N. Humer, M. Hüttemann, F. Hütter

I

A. Idam, F. Idam, V. Idam

J

P. Jahn, K. Jäger, H. Jaklitsch, F. Jani, J. Janovits, F.J. Jansen, W. Jetzinger, A. Johanik, R. Jost, M. Julius, P. Jung

K

Ch. Kadlec, E. Kahl, I. Kai, O. Kai, L. Kain, A. Kaiser, J. Kaiser, R. Kaiser, W. Kaiser, G. Kallenbach, R. Kalmbach, U. Kalmbach, R. Kals, H. Kalteis, S. Kapfinger, Th. Kaserer, G. Kellerer, M. Kemptner, R. Kepplinger, H. Kern, K. Kern, E. Kerntke, S. Kerschbaum, Th. Kerschbaumer, O. Kerschbaummayer, Th. Kieneswenger, R. Kienzl, M. Kilimann, M. Kipp, H. Kirchmayr, M. Kirchschlager, R. Kirchschlager, H. Kirsamer, P. Kitzmüller, W. Klappacher, S. Kleffner, P. Kleinfelder, G. Klim, W. Klim, J. Kloiber, K. Kloiber, A. Knappel, J. Kneidinger, G. Knezicek, E. Knezicek, H. Knoll, P. Knoll, Ch. Kogler, R. Kolb, E. König, W. Königreich, S. Konrad, W. Kopetka, A. Koppenwallner, B. Köppen, K. Körber, W. Körber, R. Kraus, B. Krauthausen, A. Kraxenberger, M. Kraxenberger, R. Kreindl, Ch. Kremsmair, H. Kreuzhuber, R. Kreuzwiesner, J. Krieg, U. Kröger, J. Krolik, U. Krüger, M. Kubinger, G. Kumschier, K. Kuschela

L

G. Lackner, F. Laimbach, P. Lamerer, G. Lammer, H. Lammer, A. Landsteiner, M. Lang, K. Lanzl, M. Lanzl, A. Lebetis, P. Leichter, E. Lemberger, R. Lemmer, A. Lengauer, K. Lepic, F. Lerchbaumer, N. Leutner, M. Leyk, H. Lichtenegger, S. Lichtenegger, W. Lichtenegger, Ch. Lieberth, H. Lieberth, A. Liedl, G. Limberger, G. Limberger, H. Limberger, J. Limberger, A. Lindenbauer, F. Lindenmayr, R. Lindlgruber, K. Lindner, F. Linortner, G. Lissy, N. Löffelhardt, G. Loh, G. Lorenz, W. Lorenz, Ch. Lott, A. Lucic, P. Ludwig

M

J. Madlberger, P. Madlberger, M. Maier, G. Maier, P. Majevsky, R. Mandl, P. Mandlberger, D. Manesberger, G. Marbach, B. Maringer, M. Mascha, R. Mascha, H. Matschi, P. Matzalik, G. Mayr, G. Mayrhofer, H. Mayrhofer, J. McCord, S. McElroy, F. Meiberger, O. Meindl, M. Merkl, H. Messerklinger, M. Meyberg, R. Miedl, K. Miniberger, G. Mitterbauer, K. Mitterhauser, E. Mitterhofer, K. Mitterhofer, R. Mitterhofer, H. Mitterlehner, E. Mitterndorfer, A. Morocutti jun., A. Morocutti sen., F. Mosböck, W. Mosböck, P. Mück, E. Mühlberger, W. Mulde, M. Müllegger, A. Müller, B. Müller, H. Müller, J. Müller, Th. Müller

N

K. Nebel, E. Neubert, D. Neuenhaus, G. Neuhauser, R. Neumair, A. Neumann, R. Neuweger, R. Nickel, R. Nickol, S. Niedermeier, H. Novak, E. Nowak, J. Nussbaumer, J. Nutz

O

F. Obendorf, J. Obendorf, H. Ober, J. Ober, Th. Obernberger, H. Ofner, R. Ortner, P. Osterberger

P

H. Paal, A. Parzefall, F. Parzefall, M. Parzefall, O. Paszkiewicz, R. Pavuza, H. Pedergnana, B. Percht, L. Perkmann, H. Pernold, A. Petrochilos, Ch. Pfandl, J. Pichler, Ch. Pilka, K. Pilka, A. Pilz, F. Pilz, Friedl Pilz, H. Pilz, K. Pilz, P. Pilz, R. Pilz, S. Pilz, E. Pitzer, H. Planer, R. Pleier, H. Pohl, Y. Pohl, P. Pointner, F. Porod, H.P. Posch, E. Potrebujes, V. Pramesberger, H. Prandstätter, Ch. Preimesberger, P. Preßlein, G. Preuß, K. Prielinger, J. Punkenhofer, B. Pusterer, H. Pusterer

Q

R. Quell

R

H. Raab, Ch. Rachlinger, H. Rachlinger, J. Rast, M. Rastinger, F. Razocha, M. Rechberger, Ch. Reichhart, G. Reinelt, G. Reisinger, H. Reiter, M. Reitsamer, W. Repis, F. Resch, W. Retschitzegger, P. Richter, J. Riegel, W. Rindler, H. Ring, B. Rinne, E. Ritzer, M. Roberts, J. Rohrbacher, R. Romich, R. Rosenauer, P. Rothbauer, G. Rouge, P. Rouge, M. Rubey, S. Rücker, P. Rusnak, Ph. Rust, K. Ryback

S

J. Sadleder, H. Sailer, M. Salomon, B. Sauer, F. Schafelner, H. Schafelner, G. Schäffer, M. Schafheutle, A. Schähle, J. Scharf, P. Scharf, O. Schauberger, R. Schaudy, R. Schepers, E. Scherer, F. Schernhuber, R. Scherrer, U. Scherzer, F. Scheuchl, M. Scheuermann, K. Scheutz, R. Scheutz, G. Schicho, O. Schickel, A. Schiendorfer, W. Schietz, F. Schimpelsberger, C. Schindler, K. Schindler, G. Schirmer, B. Schmid, L. Schmid, M. Schmid, N. Schmid, A. Schmidt, Th. Schmidt, W. Schmidt, J. Schmittner, H. Schmitz, M. Schmitz, O. Schmitz, H. Schmutzhardt, R. Schneeweiß, Ch. Schneider, H. Schneider, K. Schneider, H. Schnetzinger, Ch. Schnöll, A. Schnupp, E. Schnupp, H. Schöfegger, P. Schöffer, H. Schönmann, J. Schreier, E. Schrempf, B. Schropp, M. Schropp, K. Schüttel,

Ch. Schwarz, F. Schwarz, H.-J. Schwarz, W. Schwarz, F. Schwarzl, G. Schwarzl, R. Schwarzl, E. Schweiger, H. Schweiger, M. Schweiger, E. Schweitzer, K. Schwekendiek, U. Schwekendiek, M. Seebacher, B. Seethaler, Ines Seethaler, Inge Seethaler, P. Seethaler, B. Seethaler sen., F. Seewald, J. Segl, K. Segl, W. Seib, H.-J. Seidenbusch, Th. Seidl, E. Seirer, F. Seiser, A. Semmelrath, G. Semmelrath, P. Senercaks, K. Seywald, M. Siedler, J. Sieghart, H. Siegl, J. Siegl, M. Siegl, K. Sießmeier, M. Sievers, H. Signitzer, P. Simonsberger, J. Smith, K. Sommer, G. Sosotzki, W. Spahlinger, R. Sperber, R. Spernbauer, R. Spitzbart, E. Stadler, K. Stadlmann, M. Stadlmann, E. Stadlmayer, Th. Standhartinger, G. Staudigl, J. Staudinger, M. Steinberger, J. Steindl, H. Steiner, R. Stelzer, H. Stenzel, R. Stephan, H. Stocker, H. Stockreiter, H. Stoffele, Th. Stolz, E. Straka, D. Strasser, O. Strasser, W. Straßing, J. Straubinger, J. Straucher, J. Straupe, E. Strauß, H. E. Strauß, A. Streicher, G. Streit-Maier, J. Streit-Maier, E. Strondl, M. Strößenreuther, G. Stuchlik, E. Stummer, G. Stummer, R. Stummer, W. Sturmayr, H. Stützner, G. Sulzbacher, H. Sulzbacher, I. Sulzbacher, K. Sulzbacher

T

Ch. Thaler, H. Thaler, S. Thaler, M. Thalhammer, M. Thallinger, H. Tiefenbacher, H. Traindl, R. Treisch, Hermann Trimmel, Hubert Trimmel, F. Trinker, D. Tritscher, Ch. Trojan, B. Trotzl, K. Trotzl, O. Trotzl, E. Troyer, W. Tschirk, S. Tzschabran

U

S. Ulbrich, L. Unterberger, R. Unterberger, H. Urstöger

V

S. Vegh, F. Vischer, F. Vockenhuber, H. Voge, N. Völkeder, B. Völkl, G. Völkl, M. Völkl, J. Völlenkle, H. Vonderthann

W

A. Wagner, B. Wagner, Ch. Wagner, E. Wagner, G. Wagner, H. Wagner, K. Wagner, M. Wagner, G. Walch, W. Walcher, A. Wallner, J. Wallner, D. Walter, G. Wäntig, M. Wäntig, R. Wäntig, B. Weber, G. Weber, H. Weber, L. Weber, M. Weber, S. Weber, J. Weichenberger, W. Weichenrieder, O. Weidinger, A. Weinberger, F. Weinberger, Robert Weinberger, Rosa Weinberger, F. Weingraber, G. Weis, Kurt Weiß, R. Weiß, H. Weißböck, M. Wenzl, F. Wernz, J. Westhauser, J. Weyden, A. Widerin, A. Wieder, M. Wieland, Ch. Wiesinger, F. Wiesinger, G. Wiesinger, N. Wiesinger, P. Wiesinger, H. Wildling, L. Wildling, H. Wilk, R. Wimmer, F. Wimmer, K. Wimmer, M. Wimmer, R. Winkler, H. Winter, F. Winterauer, K. Wirobal, R. Wittberger, H. Witzelsteiner, P. Wolf, S. Wolf, G. Wolfram, S. Wolfram, W. Wührer, F. Würflinger, J. Würflinger, H. Wutta, R. Wutta

Z

J. Zauner, E. Zawadil, B. Zeitz, Ch. Zelenka, H. Zellner, G. Zeppetzauer, M. Zeppetzauer, Th. Zerlnuth, G. Zientek, G. Zieten, R. Zihlarz, J. Zimmermann, H. Zwittkovits

Autoren und Mitarbeiter

Wie schon im Vorwort festgehalten wurde, ist Höhlenforschen nur als Teamarbeit möglich. So wie in der Höhle Personen unterschiedlichen Alters, unterschiedlicher Ausbildung und unterschiedlicher Lebenserfahrung an einer „gemeinsamen Sache" zusammenarbeiten, ist dies auch bei der Erstellung einer so umfangreichen Monographie erforderlich. Um diesen Umstand besonders deutlich hervorzuheben, hat sich die Redaktion entschlossen, ein kurzes „Lebensprofil" der Autoren und Mitarbeiter anzuschließen.

BOSSERT Tobias, Diplomphysiker (geb. 13. 12. 1948 in Stuttgart)

Nach dem Abitur absolvierte er das Studium der Physik an den Universitäten Tübingen und Bonn, das er 1975 mit einer Arbeit auf dem Gebiet der Atomphysik abschloß. Von 1975 bis 1976 arbeitete er als Physik- und Mathematiklehrer an einer Realschule. Seit 1976 ist er Mitarbeiter am Institut für Rundfunktechnik in München und beschäftigt sich beruflich mit der Ausbreitung elektromagnetischer Wellen, der Rundfunkversorgung und den Gefahren leistungsstarker Sender. Innerbetrieblich ist er seit 1984 auch Betriebsrat, davon 10 Jahre Betriebsratsvorsitzender.

Seit dem Jahre 1965 ist er in der Höhlenforschung tätig und Mitglied im Verband der deutschen Höhlen- und Karstforscher, im Verein für Höhlenkunde Schellenberg und im Verein für Höhlenkunde Hallstatt-Obertraun. Seit den siebziger Jahren ist er bei den Neuforschungen in der Hirlatzhöhle dabei, entwickelte das System CAD-für-Höhlen, beschäftigte sich mit Funkpeilung von der Höhle zur Oberfläche und mit theoretischen Aspekten der Höhlenvermessung.

Anschrift: Tobias BOSSERT, Neptunweg 4, D-85609 Aschheim

BUCHEGGER Gottfried (geb. am 15. 9. 1962 in Pack)

Nach der Volks- und Hauptschule absolvierte er die Holzfachschule in Hallstatt und legte die Meisterprüfung im Tischlerhandwerk ab. Als Mitglied des Vereins für Höhlenkunde Hallstatt-Obertraun nahm er an zahlreichen Forschungsfahrten in die Mittlere Brandgrabenhöhle, den Däumelkogelschacht und die Schönberghöhle teil. Seit 1980 steht er an der „Forschungsfront" der Hirlatzhöhlenforschung als eine der treibenden Kräfte. Er ist Katasterführer des Vereins für Höhlenkunde Hallstatt-Obertraun und beschäftigt sich intensiv mit der Weiterentwicklung des Programmes CAD-für-Höhlen.

Anschrift: Gottfried BUCHEGGER, Grünes Dorf 26,
A-4491 Niederneukirchen

FRITSCH Erhard (geb. am 21. 10. 1942 in Linz)

Er legte am Realgymnasium die Matura ab und ist als kaufmännischer Angestellter tätig. Seit 1961 ist er Mitglied des Landesvereins für Höhlenkunde in Oberösterreich und stand diesem zuerst als Tourenwart und bis heute als langjähriger Katasterwart zur Verfügung. Speläologisches Hauptarbeitsgebiet ist vorwiegend Oberösterreich (unter anderem die Hirlatzhöhle), das Ennstal und das Tote Gebirge mit den Schwerpunkten Vermessung, Dokumentation und Speläozoologie. In den letzten Jahren unternahm er zahlreiche Forschungsfahrten nach Asien, Nord- und Ostafrika sowie Südamerika.

Anschrift: Erhard FRITSCH, Herrenstraße 54, A-4020 Linz

GAISBERGER Karl (geb. am 17. 12. 1944 in Altaussee)

Nach der Volksschule ließ er sich zum Maurer ausbilden und war zuletzt bis zu seiner Pensionierung als angelernter Webmeister beschäftigt. Seine intensive höhlenkundliche Tätigkeit erstreckt sich vor allem auf die Höhlen des Salzkammergutes (Dachstein, Totes Gebirge). Bis etwa 1970 lag der Schwerpunkt auf der Beteiligung an paläontologischen Grabungen (Salzofenhöhle, Schlenkendurchgangshöhle, Schoberwiesbärenhöhle), danach galt sein besonderes Interesse der Aufsammlung von wirbellosen Höhlentieren, von denen einige nach ihm benannt sind. Von 1976 bis 1981 war er stellvertretender Leiter der Höhlenrettung im Verein für Höhlenkunde Hallstatt-Obertraun, derzeit betreut er die wissenschaftliche Arbeitsgemeinschaft dieses Vereines.

Anschrift: Karl GAISBERGER, Salzbergstraße 29, A-8992 Altaussee

GAMSJÄGER Siegfried, Ing. (geb. am 26. 9. 1947 in Gosau)

Er absolvierte nach der Volksschule die Försterschule und die Handelsakademie, legte 1974 die Höhlenführerprüfung ab und wurde als „speläologischer Quereinsteiger" 1974 zuerst Betriebsleiter der Dachsteinhöhlen, ab 1994 deren Geschäftsführer, eine Tätigkeit, für die er sich nicht zuletzt durch die Absolvierung eines Universitätslehrganges für Tourismusmanagement qualifizierte. Mit der Übernahme der Arbeiten in der Dachstein-Höhlenverwaltung vertiefte er sich in die Probleme der Höhlenforschung, nahm an zahlreichen Expeditionen in die Dachstein-Mammuthöhle und die Schönberghöhle teil und war die treibende Kraft für die Errichtung eines Höhlenmuseums auf der Schönbergalm. Seit 1990 ist er Vizepräsident des Verbandes österreichischer Höhlenforscher und Leiter der Fachsektion „Schauhöhlen".

Anschrift: Siegfried GAMSJÄGER, A-4824 Gosau 671

GREGER Walter (geb. am 2. 3. 1958 in Gosau)

Eine Maschinenschlosserlehre bei den Österreichischen Bundesbahnen folgte der Volks- und Hauptschule; dort ist er als Triebfahrzeugführer eingesetzt. 1987 legte er die Höhlenführerprüfung ab. Im Verein für Höhlenkunde Hallstatt-Obertraun fungiert er als Materialwart, betreut die Bücherei und das Archiv und war unter anderem Einsatzstellenleiter-Stellvertreter bzw. Einsatzleiter der Höhlenrettung, über deren Entwicklung er auch eine Dokumentation veröffentlichte. Sein höhlenkundlicher Schwerpunkt liegt vor allem im Dachsteingebiet und hier insbesondere bei den Forschungen in der Hirlatzhöhle.

Anschrift: Walter GREGER, Schottweg 14, A-4030 Linz

HALLINGER Herbert (geb. am 10. 6. 1953 in Tegernsee, Deutschland)

Auf die Volksschule folgte eine Ausbildung zum KFZ-Mechaniker, die er mit der Meisterprüfung abschloß. Bei den meisten großen Entdeckungen der Hirlatzhöhlenforschung ab 1983 war er dabei und profilierte sich vor allem als Erschließer, Vermesser, Wegebauer und Schacht- und Schlotspezialist.

Anschrift: Herbert HALLINGER, St. Johannserstraße 90, D-83707 Bad Wiessee

HENNE Peter (geb. am 20. 10. 1942 in Wuppertal, Deutschland)

Nach Abschluß der Mittelschule absolvierte er das Studium der Physik und ist als wissenschaftlicher Angestellter am Forschungszentrum Informatik in St. Augustin (Deutschland) tätig. In Österreich liegt sein speläologischer Forschungsschwerpunkt in der Dachstein-Mammuthöhle. Er beschäftigt sich vorwiegend mit Modellen zur Höhlengenese und war hinsichtlich des Einsatzes der Computertechnologie in der Höhlendokumentation ein Mann der „ersten Stunde". Weiters beschäftigt er sich mit der statistischen Auswertung von Höhlenmeßdaten und der Physik und Chemie des Sinters.

Anschrift: Peter HENNE, Feldstraße 20, D-56305 Döttesfeld-Breitscheid

KAI Ottokar, Ing. (geb. am 5. 3. 1932 in Linz)

Nach der Pflichtschule besuchte er die Höhere Bundeslehr- und Versuchsanstalt für Gartenbau in Wien und war aufgrund zusätzlicher Qualifikationen in führender Stellung im Gartenamt der Stadt Linz tätig. Als Mitglied des Landesvereins für Höhlenkunde in Oberösterreich seit 1956 stand er diesem als Tourenleiter, Materialwart, Kassierstellvertreter und Kassier sowie derzeit als Rechnungsprüfer zur Verfügung. Als exzellenter Befahrungs- und Vermessungstechniker widmete er sich vor allem der Erkundung, Erforschung und Vermessung sowie der fotografischen Dokumentation der Höhlen Oberösterreichs.

Anschrift: Ottokar KAI, Diestlergutstraße 11, A-4020 Linz

KRAUTHAUSEN Bernd, Diplomgeologe
(geb. am 13.2.1944 in Colmar, Frankreich)

Nach der Schul- und Gymnasialzeit in Hagen und Büsum - wo er sich bereits mit höhlenkundlichen Fragen im Sauerland beschäftigte - begann er das Geologiestudium in Wien, wo er auch dem Landesverein für Höhlenkunde in Wien und Niederösterreich beitrat. In diesem Zeitraum nahm er an zahlreichen Expeditionen in die Dachstein-Mammuthöhle teil, die bis heute noch einen seiner speläologischen Forschungsschwerpunkte darstellt. Sein Studium setzte er schließlich an der Technischen Universität in Karlsruhe fort, wo er es bei V. Maurin mit einem Thema über karsthydrogeologische Untersuchungen im Toten Gebirge (Warscheneck) abschloß. Sein Berufsweg führte ihn schließlich nach Nord- und Westafrika, in den letzten Jahren auch nach Laos, wo er zahlreiche Wasserversorgungsprojekte leitete. Seit 1990 leitet er zusammen mit seinem Partner das geologische Büro Hydrosond in Südwestdeutschland, hält Vorlesungen am Lehrstuhl für Angewandte Geologie der Technischen Universität Karlsruhe, unter anderem auch über „Karst- und Höhlenkunde", und war auch als Präsident der Speläologischen Föderation der Europäischen Gemeinschaft fünf Jahre lang tätig. Seit vielen Jahren ist er Mitglied des Vereins für Höhlenkunde Hallstatt-Obertraun, wodurch er seine enge Verbundenheit mit den Forschungen im Dachstein und in der Hirlatzhöhle dokumentiert.

Anschrift: Bernd KRAUTHAUSEN, Ludwigstraße 1, D-76768 Berg

LEUTNER Norbert (geb. am 11. 7. 1946 in Hallstatt)

Der Realschule schloß er eine kaufmännische Lehre an, arbeitete schließlich als Maschinenschlosser, als Schiffszahlmeister und Schauhöhlenführer und ist aufgrund erworbener Zusatz-qualifikationen seit 1969 als Programmierer und Software-entwickler tätig. 1966 legte er die Höhlenführerprüfung ab und erwarb sich die entsprechende Qualifikation als Berg- und Höhlenretter. Von 1968 bis 1980 war er Obmann und Katasterführer des Vereins für Höhlenkunde Hallstatt-Obertraun. Der Schwerpunkt seiner höhlenkundlichen Arbeiten liegt im Gebiet des Dachsteins, wo er zahlreiche Höhlen bearbeitete und sich vor allem um Auffindung und Erhaltung historischen Materials bemüht.

Anschrift: Norbert LEUTNER, v. Eichendorffstraße 6, D-85570 Markt Schwaben

MAIS Karl, Dr. (geb. am 26. 1. 1940 in Wien)

Nach dem Schulbesuch in Wien nahm er das Studium der Biowissenschaften an der Universität Wien mit den Schwerpunkten Zoologie, Ökologie und Bodenbiologie sowie dem Nebenfach Anthropologie auf und schloß es mit einem Beitrag zur Biologie einiger Collembolenarten ab.

1970 trat er in die damalige Abteilung für Höhlenschutz am Bundesdenkmalamt ein und wurde 1979 an das Naturhistorische Museum Wien, in das neugeschaffene „Institut für Höhlen-forschung" (jetzt Karst- und höhlenkundliche Abteilung), überstellt. 1990 wurde er Direktor dieser Abteilung.

Ab 1960 war er Mitarbeiter bei Höhlengrabungen in der Steiermark und Salzburg unter K. Ehrenberg, und seit 1961 wirkte er an unterschiedlichsten Arbeiten des damaligen „Speläologischen Institutes" unter F. Bauer mit. Er ist Mitglied der Landesvereine für Höhlenkunde in Wien und Niederösterreich bzw. Salzburg. 1965 legte er die staatliche Höhlenführerprüfung ab. Karl Mais nahm an zahlreichen Verbandsexpeditionen und Schulungsveranstaltungen teil. Er arbeitet bei UIS-Kommissionen und Exkursionen, Kursen, Seminaren und Symposien mit. Aktuelle Forschungsschwerpunkte sind vor allem Beobachtungsprogramme zur Klima- und Eisentwicklung in alpinen Höhlen und Studien zur Geschichte der Höhlenforschung.

Anschrift: Karst- und höhlenkundliche Abteilung des Naturhistorischen Museums in Wien, Museumsplatz 1/10, A-1070 WIEN

MEYBERG Michael, Dr. (geb. am 16. 7. 1960 in Flörsheim, Deutschland)

Er begann nach dem Abitur in Dillenburg sein Physikstudium in Gießen und Heidelberg und ist seit 1990 in der Schweiz wohnhaft. Seit 1985 beschäftigt er sich intensiv mit Höhlentauchen mit den Schwerpunkten „Postsiphonforschung" und Mischgastauchen und blickt auf zahlreiche Einsätze in Österreich, Deutschland, Frankreich, Tschechien und in der Schweiz zurück. Er ist Mitglied der höhlenkundlichen Verbände Österreichs, Deutschlands und der Schweiz sowie Mitglied der Schweizer Höhlentauchrettung und hat unter anderem gerade in der Hirlatzhöhle schöne Taucherfolge zu verzeichnen.

Anschrift: Michael MEYBERG, Kindhauserstraße 18,
CH-8307 Bisikon

PAVUZA Rudolf, Ing. Dr. (geb. am 3. 4. 1955 in Wien)

Auf die Absolvierung der Volksschule und der Unterstufe der allgemeinbildenden höheren Schule folgte eine Ausbildung an der Höheren technischen Lehranstalt (Studienrichtung Chemie), anschließend studierte er vorerst Betriebsinformatik an der Technischen Universität Wien und schließlich Geologie an der Universität Wien. Er beendete 1982 sein Studium mit einer Dissertation über ein karsthydrogeologisches Thema und legte 1987 die Höhlenführerprüfung ab. Nach Tätigkeiten als Mitarbeiter von Zivilingenieurbüros, bei der Österreichischen Mineralöl-verwaltung und im Rahmen eines Akademikertrainings bei der Karst- und höhlenkundlichen Abteilung trat er schließlich 1991 in die letztgenannte Institution ein. Hauptarbeitsgebiete sind Karsthydrogeologie, Höhlenklima, Höhlensedimente, Karstkartierung, angewandte Meßtechnik in Höhlen für die Speläotherapie sowie Hydrochemie der Höhlenwässer. Er ist stellvertretender Generalsekretär und Umweltschutzreferent des Verbandes österreichischer Höhlenforscher sowie Leiter der Fachsektion „Karsthydrogeologie" des Verbandes, in deren Rahmen die Karstverbreitungs- und Karstgefährdungskarten erstellt werden.

Anschrift: Karst- und höhlenkundliche Abteilung des Naturhistorischen Museums in Wien,
Museumsplatz 1/10, A-1070 WIEN

POHL Harald (geb. am 31. 7. 1943 in Großarl)

Er erhielt nach der Volksschule in Werfen und der Hauptschule in Bischofshofen Ausbildungen in Rundfunk- und Fernsehtechnik, Nachrichtentechnik und Volkswirtschaft und ist heute in führender Position in der Privatwirtschaft tätig. Als Mitglied des Höhlenvereins Hallstatt-Obertraun war er mit verschiedensten Vorstandsfunktionen betraut und Mentor des ersten Vereinsheimes in Gosaumühle. Er ist Vorsitzender des Vereins zur Förderung der Höhlenkunde in Österreich („Gustave-Abel-Vermächtnis") und bemüht sich als Schwiegersohn von Gustave Abel um die Erhaltung und Aufarbeitung von dessen Vermächtnis.

Anschrift: Harald POHL, Roland Rußweg 7, A-5302 Henndorf

PRAMESBERGER Siegfried Johann (geb. am 10. 7. 1932 in Obertraun)

Nach Absolvierung der Schulpflicht besuchte er die Bundesfachschule Hallstatt für Tischler und trat schließlich bei den Österreichischen Bundesbahnen ein, wo er als Stellwerksmeister bis zu seiner Pensionierung tätig war. 1964 legte er die Höhlenführerprüfung ab. Zahlreiche Lichtbildervorträge und heimatkundliche Veröffentlichungen sind ihm zu verdanken.

Anschrift: Siegfried PRAMESBERGER, Obertraun 205,
             A-4831 Obertraun

RINNE Bettina, Diplombiologin (geb. am 25. 1. 1960 in Hannover, Deutschland)

Auf das Abitur in Grossburgwedel folgte die Ausbildung zur medizinischen Präparatorin, und sie begann 1983 an der Universität Heidelberg das Studium der Biologie. Seit 1997 ist sie wissenschaftliche Angestellte der Eidgenössischen Anstalt für Wasserversorgung, Abwasserreinigung und Gewässerschutz und Dissertantin der Eidgenössischen Technischen Hochschule in Zürich. Sie ist Mitglied der höhlenkundlichen Verbände in Deutschland, Österreich und der Schweiz und der Schweizerischen Höhlentauchrettung. Seit 1985 ist sie Höhlentaucherin und nahm an zahlreichen Projekten in Österreich, Deutschland, der Schweiz, Frankreich und Tschechien teil. In Österreich ist vor allem ihre Mitwirkung bei Taucheinsätzen in der Koppenbrüllerhöhle und in der Hirlatzhöhle hervorzuheben.

Anschrift: Bettina RINNE, Kindhauserstraße 18, CH-8307 Bisikon

SCHIMPELSBERGER Franz (geb. am 16. 7. 1921 in Linz)

Nach dem Besuch der Volks-, Haupt- und Berufsschule prägten ihn die Ereignisse des Zweiten Weltkrieges mit der Teilnahme am Frankreich- und Rußlandfeldzug. 1945 wurde er aus der Gefangenschaft entlassen. Nach dem Krieg gründete er einen höhlenkundlichen Verein in Sierning, dessen Obmann und Ehrenobmann er war. Schließlich wurde er auch Mitglied des Landesvereins für Höhlenkunde in Oberösterreich und unternahm mit den Linzer Höhlenforschern zahlreiche Fahrten in oberösterreichische Höhlen.

Anschrift: Franz SCHIMPELSBERGER, Schönau 24,
A-4180 Zwettl/Rodl

SEETHALER Peter (geb. am 21. 5. 1960 in Hallstatt)

Er besuchte die Volksschule in Hallstatt, die Hauptschule in Bad Goisern und die Bundesfachschule für Holzbearbeitung in Hallstatt - Fachrichtung Bildhauerei - und schloß anschließend die Rauchfangkehrerlehre mit der Meisterprüfung ab. Seit 1990 ist er selbständiger Bezirksrauchfangkehrer im Gebiet Hallstatt-Obertraun. Im Höhlenverein Hallstatt-Obertraun als Forschungsleiter tätig, nahm er seit 1979 an zahlreichen Entdeckungen und Erforschungen, vorwiegend im Dachsteingebiet, teil. An den Neuforschungen in der Hirlatzhöhle beteiligte er sich an vielen extremen Fahrten. Peter Seethaler zählt heute zu den besten Kennern dieses Höhlensystems.

Anschrift: Peter SEETHALER, Dr. Löckerstraße 179, A-4822 Bad Goisern

STUMMER Günter (geb. am 2. 3. 1945 in Ebensee)

Auf Absolvierung der Volksschule in Ebensee folgte der Besuch des Bundesrealgymnasiums in Gmunden. Nach Studien an der Universität für Bodenkultur (Kulturtechnik) und der Universität Wien (Geographie) trat er 1973 in die damalige Abteilung für Höhlenschutz des Bundesdenkmalamtes ein und wurde 1979 an das Naturhistorische Museum Wien in das neugeschaffene „Institut für Höhlenforschung" (jetzt Karst- und höhlenkundliche Abteilung) überstellt, in dem er auch jetzt noch tätig ist. Seit 1959 ist er Mitglied des Vereins für Höhlenkunde Ebensee, seit 1964 des Landesvereins für Höhlenkunde in Wien und Niederösterreich und Ehrenmitglied des Vereins für Höhlenkunde Hallstatt-Obertraun. 1965 legt er die Höhlenführerprüfung ab und ist seit 1978 Generalsekretär des Verbandes österreichischer Höhlenforscher. Er ist als österreichischer Vertreter bei der UIS und der EU-Föderation sowie in UIS-Kommissionen tätig und ist Prüfungskommissär der staatlichen Höhlenführerprüfung. Seine höhlenkundlichen Schwerpunkte liegen in den Gebieten Dachstein, Totes Gebirge, Gesäuse und den Niederösterreichischen Kalkalpen. Die fachlichen Schwerpunkte liegen auf den Gebieten der Höhlendokumentation (Weiterentwicklung des Höhlenverzeichnisses, Höhlenatlanten), der Karstkartierung und beim höhlenkundlichen Schulungswesen.

Anschrift: Karst- und höhlenkundliche Abteilung des Naturhistorischen Museums in Wien, Museumsplatz 1/10, A-1070 WIEN

SULZBACHER Kurt, Mag. (geb. am 27. 12. 1958 in Bad Ischl)

Nach dem Volksschulbesuch absolvierte er die allgemeinbildende höhere Schule in Bad Ischl und studierte anschließend an der Universität Salzburg. Mit höhlenkundlichen Hausarbeiten über die Dachstein-Mammuthöhle und Schauhöhlen in England und Wales schloß er das Studium in den Lehramtsfächern Anglistik und Geographie/Wirtschaftskunde ab. Seit 1986 unterrichtet er am Bundesrealgymnasium Landwiedstraße in Linz. Als Ferialpraktikant war er von 1977 bis 1982 als Höhlenführer in den Dachsteinhöhlen tätig, 1980 legte er die Höhlenführerprüfung ab und wurde Mitglied der oberösterreichischen Höhlenschutzwache. Speläologischer Forschungsschwerpunkt ist der Dachstein (Dachstein-Mammuthöhle, Däumelkogelschacht, Schönberghöhle und Hirlatzhöhle). Seit 1983 ist er Obmann des Vereins für Höhlenkunde Hallstatt-Obertraun und arbeitet derzeit an einer schauhöhlengeographischen Dissertation an der Universität Salzburg.

Anschrift: Kurt SULZBACHER, Karl-Renner-Straße 12/4/14, A-4040 Linz

TRIMMEL Hubert, tit. ao. Univ. Prof. Mag. Dr. (geb. am 12. 10. 1924 in Wien)

Er widmete sich nach der 1942 in Wien abgelegten Reifeprüfung ab 1945 dem Studium an der Universität Wien, das er 1949 mit dem Lehramt für Naturgeschichte und Geographie und 1950 mit dem Doktorat in Physischer Geographie mit Nebenfach Geologie abschloß. 1973 habilitierte er sich für das Gesamtgebiet der Geographie an der Universität Salzburg. Neben seiner Lehrtätigkeit am Bundesrealgymnasium Wien XVIII war er vorerst teilbeschäftigter Mitarbeiter im Bundesdenkmalamt, schließlich ab 1966 Leiter der Abteilung für Höhlenschutz dieser Behörde. Von 1979 war er vorerst Leiter des neugeschaffenen „Institutes für Höhlenforschung", ab 1989 bis zu seiner Pensionierung Direktor der daraus hervorgegangenen Karst- und höhlenkundlichen Abteilung des Naturhistorischen Museums Wien. Von 1969 bis 1989 war er Generalsekretär, von 1989 bis 1993 Präsident, seither ist er Ehrenpräsident der Internationalen Union für Speläologie. Seit 1967 ist er Lektor an der Universität Wien, weiters ist er langjähriges Mitglied des Landesvereins für Höhlenkunde in Wien und Niederösterreich, Vorstandsmitglied des Verbandes österreichischer Höhlenforscher seit dessen Gründung im Jahr 1949, langjähriges Mitglied der Prüfungskommission für die Höhlenführerprüfung und Ehrenmitglied zahlreicher in- und ausländischer speläologischer Organisationen.

Anschrift: Hubert TRIMMEL, Draschestraße 77, A-1232 Wien

VÖLKL Gerhard, Dr. (geb. am 25. 3. 1943 in Wien)

Nach der Realschule in Kufstein und Salzburg besuchte er vorerst die Universität für Bodenkultur, um schließlich an der Universität Wien sein Studium mit dem Lehramt für Geographie und Naturgeschichte und einer Dissertation über karsthydrographische Untersuchungen in den Leoganger Steinbergen abzuschließen. Seit dem Jahre 1966 ist er Mitarbeiter am Speläologischen Institut (später Bundesanstalt für Wasserhaushalt von Karstgebieten). In diesem über zwanzigjährigen Zeitraum war er hauptsächlich mit der Durchführung von Markierungsversuchen in ganz Österreich befaßt.

Seit 1959 ist er im Salzburger Höhlenverein tätig und nahm an den großen Entdeckungen in der Gruberhornhöhle, im Lamprechtsofens und in der Bergerhöhle teil. 1990 begann seine Tätigkeit am Hydrographischen Zentralbüro des Bundesministeriums für Land- und Forstwirtschaft.

Anschrift: Gerhard VÖLKL, Klausengasse 24/7, A-2331 Vösendorf

WALTER David (geb. am 1. 3. 1960 in Steyr)

Nach der Volks- und Hauptschule absolvierte er eine Maschinenschlosserlehre bei den Österreichischen Bundesbahnen und ist derzeit als Triebfahrzeugführer eingesetzt. Als Mitglied des Vereins für Höhlenkunde Hallstatt-Obertraun nahm er aktiv an den Forschungen in den entferntesten Teilen der Hirlatzhöhle teil. Seit 1992 ist er auch Einsatzstellenleiter der Höhlenrettung des Vereins.

Anschrift: David WALTER, Lahrndorferstraße 108, A-4451 Garsten

WINTERAUER Ferdinand (geb. am 10. 9. 1933 in Bad Goisern)

Er erlernte nach der Volksschule das Handwerk des Drechslers, wurde Waldfacharbeiter und arbeitete von 1957 bis zu seiner Pensionierung als Berufshöhlenführer in den Dachsteinhöhlen. 1961 legte er die Höhlenführerprüfung ab, seit 1968 ist er geprüfter Berg- und Schiführer. Er führte zahlreiche Forschungsfahrten im Dachstein durch, unter anderem war er an der Ersterforschung der Schönberghöhle beteiligt. Seinem besonderen handwerklichen und künstlerischen Geschick verdankt das heute im Museum auf der Schönbergalm zu bewundernde Modell der Dachstein-Mammuthöhle seine Existenz. In besonderem Maße widmete er sich dem Aufbau der Höhlenrettung des Vereins für Höhlenkunde Hallstatt-Obertraun.

Anschrift: Ferdinand WINTERAUER, Reitern 25, A-4823 Steeg am Hallstätter See

Literaturverzeichnis

ACHLEITNER, A. (1985): Waldbacheckhöhle (1546/12) wiederentdeckt.- Höhlenkundliche Vereinsinformation des Zweigvereins Hallstatt-Obertraun (Hallstatt) 12 (1): 9-10

ACHLEITNER, A. (1992): Quell- u. Wasserbeobachtungen im inneren Salzkammergut anläßlich der Hochwassersituation im August 1991.- Höhlenkundliche Vereinsinformation (Hallstatt) 18 (1): 31-37

ACHLEITNER, A. (1995): Forschungen in den Feuerkogelwestwandhöhlen.- Höhlenkundliche Vereinsinformation (Hallstatt) 20: 5

ACHLEITNER, A. u. PAVUZA, R. (1989): Fließen größere Mengen Karstwasser unterirdisch in den Hallstättersee?- Höhlenkundliche Vereinsinformation (Hallstatt) 16 (1): 42-55

ANONYM (1911a): Erster österreichischer Speläologenkongreß in Hallstatt.- Mitteilungen für Höhlenkunde (Graz) 4 (3): 15-17

ANONYM (1911b): Verhandlungen über die große Eishöhle bei Obertraun im oberösterreichischen Landtage.- Mitteilungen für Höhlenkunde Graz 4 (1): 1-4, 1 Taf.

ANONYM (1972): Höhlenforscher tagten.- OÖ. Nachrichten (Linz) vom 9. März.

ANONYM (1974): Forschungsergebnisse 1973.- Höhlenkundliche Vereinsinformation (Hallstatt) 1 (1): 11-12

ARNBERGER, E. (1961): Zur Tektonik der Dachstein-Mammuthöhle.- Akten des Dritten Internationalen Kongresses für Speläologie, Band A: 7

AUER, A. (1975): Weitere Fledermausbeobachtungen seit 1967.- Mitteilungen der Sektion Ausseerland (Altaussee) 13 (4): 46-47

AUER, A. (1976): Othmar Schauberger - 75 Jahre.- Die Höhle (Wien) 27 (3): 127-130

AUER, A. (1978): Fledermausknochenfunde und Fledermausbeobachtungen seit 1975.- Mitteilungen der Sektion Ausseerland (Altaussee) 16 (Biospeläolog. Sonderheft): 1-3

AUER, A. u. GAISBERGER, K. (1978): Weitere Aufsammlungen von Kleintieren in Höhlen des Salzkammergutes.- Mitt. der Sektion Ausseerland (Altaussee) 16 (Biospeläolog. Sonderheft): 11-15

BAEDEKER, K. (1908): Südbayern, Tirol und Salzburg usw., Handbuch für Reisende.- (Leipzig) Dreiunddreißigste Auflage, 664 S.

BAUER, F. (1989): Die unterirdischen Abflußverhältnisse im Dachsteingebiet und ihre Bedeutung für den Karstwasserschutz.- Report UBA-89-28 (Umweltbundesamt), (Wien), 73 S., 8 Beilagen

BAUMGARTNER, A. (1832): Trigonometrisch bestimmte Höhen von Österreich, Steiermark, Tirol u.s.w. aus den Protokollen der Gen.-Direction der k. k. Katastral-Landesvermessung.- (Wien)

BENNET, P. u. ELLIOTT, D. (1993): The Physiology and Medicine of Diving.- W.B. Saunders (London)

BERGER, F. (1941/42): Dr. Konrad Schiffmann.- Der Heimatgau (Linz) 3 (Neue Folge): 114 - 128

BERNLEITHNER, E. (1969): Die Entwicklung der Kartographie in Österreich.- Berichte zur Deutschen Landeskunde 22: 191 - 224

BIESE, W. (1933): Über Höhlenbildung. II.Teil. Entstehung von Kalkhöhlen.- Abh. d. Preuß. Geol. Landesanstalt (Berlin) N.F. 146, 170 S., 20 Taf.

BOCK, H., LAHNER, G. u. GAUNERSDORFER, G. (1913): Höhlen im Dachstein und ihre Bedeutung für die Geologie, Karsthydrographie und die Theorie über die Entstehung des Höhleneises. Dem Andenken weiland Professor Friedrich SIMONYS gewidmet von den Verfassern.- (Graz) Verein für Höhlenkunde in Österreich, 151 S.

BOSSERT, T. (1985): Funkpeilung in der Hirlatzhöhle.- Höhlenkundliche Vereinsinformation (Hallstatt) 12 (1): 22-30

BOSSERT, T. (1988): Erstellen eines Höhlenplans - gestern, heute - ?morgen?.- Höhlenkundliche Vereinsinformation (Hallstatt) 15 (1): 37-49

BOSSERT, T. (1991): CAD-für-Höhlen.- Handbuch zur ersten Version des gleichnamigen Programms (Kirchheim)

BOSSERT, T. (1994): Hinweis und Richtigstellung zum Beitrag von Peter HENNE („Untersuchungen zur Höhlenbildung am Dachstein-Nordrand aus den Vermessungsdaten") im Heft 2/1994 der Zeitschrift „Die Höhle": 39-47).- Die Höhle (Wien) 45 (4): 146

BOSSERT, T. (1997): CAD-für-Höhlen Version 3.0.- Handbücher zum gleichnamigen Programm (Aschheim)

BOUVET, Y., TURQUIN, M. J., BORNARD, C, DESVIGNES, S. u. NOTTEGHEM, P. (1974): Quelques aspects de l'écologie et de la biologie de *Triphosa* et *Scoliopteryx* Lépidoptères cavernicoles.- Ann. Spéleol. 29: 229-236

BUCHEGGER, G. (1981): Der Zusammenhang der Mittleren und der Oberen Brandgrabenhöhle.- Höhlenkundliche Vereinsinformation (Hallstatt) 8 (1/2): o.p.

BUCHEGGER, G. (1981): Die Mittlere Brandgrabenhöhle (Kat. Nr.1546/xx).- Höhlenkundliche Vereinsinformation (Hallstatt) 8 (1/2): o.p.

BUCHEGGER, G. (1992): Neue Erkenntnisse aus dem Hinterland der Hallstätter Riesenkarstquellen.- Höhlenkundliche Vereinsinformation (Hallstatt) 18 (1): 60-62

BUCHEGGER, G. (1995): Schönberghöhle, Atlas, Maßstab 1:1000.- Höhlenverein Hallstatt-Obertraun (Hallstatt), 19 S.

BUCHEGGER, G. (1996): Schönberghöhle, Atlas, Maßstab 1:500.- Höhlenverein Hallstatt-Obertraun (Hallstatt), 49 S.

CASALE, A. u. LANEYRIE, R. (1982): Trechodinae et Trechinae du monde. Tableau des sous-familles, tribus, séries phylétiques, genres, et catalogue général des espéces.- Mémoires de Biospeologie, Tome 9. 226 S. Moulis.

CHRISTIAN, E. (1997): Die wirbellosen Tiere der Hermannshöhle bei Kirchberg am Wechsel, Niederösterreich.- In: HARTMANN, H. u. W. u. MRKOS, H.: Die Hermannshöhle in Niederösterreich.- Wissensch. Beiheft zur Zeitschr. Die Höhle (Wien) 50: 205-224

CHRISTIAN, E. u. MOOG, O. (1982): Zur Frage der ökologischen Klassifikation der Cavernicolen am Beispiel der Höhlenschmetterlinge Österreichs.- Zool. Anz. (Jena) 208 (5/6): 382-392

COLEMAN, D. C. u. FRY, B. (1991): Carbon Isotope Techniques.- Academic Press (San Diego-New York...), 274 S.

COMMENDA, H. (1891): Materialien zur landeskundlichen Bibliographie Oberösterreichs.- (Linz) Separatabdruck des 43. - 49. Jahr.-Ber. d. Mus. Francisco - Carolinum (1885 - 1891), 790 S.

CONDÉ, B. (1972): Les Palpigrades cavernicoles d'Autriche.- Revue Suisse de Zool. (Genève) 79: 147-158

CONDÉ, B. u. NEUHERZ, H. (1977): Palpigrades de la grotte de Raudner, près de Stiwoll (Kat. Nr. 2783/04) dans le paléozoique de Graz, Styrie, Autriche.- Revue Suisse de Zool. (Genève), Tome 84, Fasc. 4: 799-806

DAFFNER, H. (1993): Die Arten der Gattung *Arctaphaenops* MEIXNER, 1925 (Coleoptera: Carabidae).- Koleopterolog. Rundschau (Wien) 63: 1-18

DEPINY, A. (1932): Oberösterreichisches Sagenbuch.- Verlag R. Pirngruber (Linz), 481 S.

DICKSON, J.A.D. u. COLEMAN, M. L. (1980): Changes in isotope carbon and oxygen isotope composition during limestone diagenesis.- Sedimentology 27: 107-118

DOBAT, K. (1969): In memoriam Regierungsrat Dr. Friedrich Morton.- Die Höhle (Wien) 20 (4): 132-141

DÖRFLINGER, J. (1983): Oberösterreich im Kartenbild.- In: Tausend Jahre Oberösterreich (Ausstellungskatalog, Beitragsteil).- (Linz)

DÖRFLINGER, J. (1984 - 1988): Die österreichische Kartographie im 18. und zu Beginn des 19. Jahrhunderts unter besonderer Berücksichtigung der Privatkartographie zwischen 1780 und 1820.- 2 Bde. - Öst. Akad. d. Wiss., Phil.-Hist. Kl., Sitzungsber. 427, 515. Bd.1: Österreichische Karten des 18. Jahrhunderts., Bd. 2: Österreichische Karten des frühen 19. Jahrhunderts.

DÖRFLINGER, J., WAGNER, R. u. WAWRIK, F. (1977): Descriptio Austriae. Österreich und seine Nachbarn im Kartenbild von der Spätantike bis ins 19. Jahrhundert.- (Wien)

DÓZSA-FARKAS, K. u. LOKSA, J. (1971): Die systematische Stellung der Palpigraden-Art Eukoenenia austriaca vagvoelgyii (SZALAY, 1956) und die bisher bekanntgewordenen Fundorte aus Ungarn.- Opusc. Zool. Budapest 10 (2): 253-261

FISCHHUBER, M. (1983): Arctaphaenops gaisbergeri n. sp., ein neuer Höhlenkäfer aus Oberösterreich (Col., Trechinae).- Die Höhle (Wien) 34 (3): 105-108

FRANKE, H.W. (1975): Bemerkungen zur Höhlenbildung in den Dachsteinhöhlen.- Die Höhle (Wien) 26 (2/3): 64-66

FRANKE, H.W. u. ILMING, H. (1963): Beobachtungen in der Dachstein-Mammuthöhle.- Die Höhle (Wien) 14 (2): 36

FRITSCH, E. (1974): Die Entwicklung der Höhlenforschung in Oberösterr. 1. Teil.- Mitt. d. Landesver. f. Höhlenkunde OÖ (Linz), 20 (2): 13-18

FRITSCH, E. (1982): Die Konglomerathöhle im Hirzkar (Dachstein. Oberösterreich).- Die Höhle (Wien) 33 (4): 121-127

FRITSCH, E. (1992a): Bemerkenswerte Höhlentierfunde aus Oberösterreich in den Jahren 1981 - 1990.- Mitt. d. Landesvereins für Höhlenk. in OÖ. (Linz) 38, Gesamtfolge 97: 5-10

GAISBERGER, K. (1976): Fledermausbeobachtungen im oberösterreichischen und steirischen Salzkammergut.- Myotis (Bonn) 14: 58

GAISBERGER, K. (1976): Über einige Brunnenkrebs-Funde in Höhlen des Toten Gebirges und Dachsteines.- Mitt. d. Sekt. Ausseerland (Altaussee) 14 (1): 4

GAISBERGER, K. (1977a): Fledermausbeobachtungen.- Höhlenkundliche Vereinsinformation (Hallstatt) 4 (1): 16-17

GAISBERGER, K. (1977b): Kleinsäuger Bestimmung.- Höhlenkundl. Vereinsinformation (Hallstatt) 4 (1): 15

GAISBERGER, K. (1981): Die bisherigen Nachweise des Braunbären in Höhlen des Dachsteingebietes.- Mitt. der Sekt. Ausseerland (Bad Mitterndorf) 19 (1): 9

GAISBERGER, K. (1983): Die bisher in Höhlen des Dachsteinstockes nachgewiesenen rezenten wirbellosen Tiere.- Die Höhle (Wien) 34 (1): 10-14

GAISBERGER, K. (1986): Die bisherige Erforschung der wirbellosen Tierwelt in den Höhlen des Dachsteingebietes. Forschungsstand 1. 5. 1986.- Mitt. des Vereines für Höhlenkunde in Obersteier (Bad Mitterndorf) 5 (2): 59-61

GAISBERGER, K. (1989a): Der Goldlochstollen bei Hallstatt - eine neue Arctaphaenops-Fundstelle.- Höhlenkundliche Vereinsinformation (Hallstatt) 16 (1): 21

GAISBERGER, K. (1989b): Der Hirschbrunn „geht"!- Höhlenkundliche Vereinsinformation (Hallstatt) 16 (1): 19-20

GAISBERGER, K. (1990): Arctaphaenops in der Hirlatzhöhle.- Die Höhle (Wien) 41 (2): 55

GAMSJÄGER, S. (1980): Die Schönberghöhle - Zubringer zu einem größeren Höhlensystem?- Die Höhle (Wien) 31 (2): 81-84

GANSS, O., KÜMEL, F. u. SPENGLER, E. (1954): Erläuterungen zur geologischen Karte der Dachsteingruppe.- Wissenschaftliche Alpenvereinshefte, Universitätsverlag Wagner (Innsbruck) 15, 82 S., 6 Tafeln, geolog. Karte 1:25.000.

GREGER, W. (1992): Forschungen 1949 bis 1992 in der Hirlatzhöhle bei Hallstatt (Oberösterrreich).- Die Höhle (Wien) 43 (2): 33-39

GROSSENBACHER, Y. (1991): Topographie Souterraine.- Société Suisse te Spéléogie, (Neuchâtel) Cours 4 SSS Nr.4, 105 S.

HAMANN, O. (1896): Europäische Höhlenfauna.- (Jena), 295 S., 5 Tafeln.

HANSEN, H.-J. (1926): Biospeologica 53. Palpigradi (deuxième série).- Archives de Zoologie expérimentale et générale, Tome 65: 167-180, Taf. 2 u. 3.

HELLER, M. (1983): Toporobot, Höhlenkartographie mit Hilfe des Computers.- Stalactite 33 (1): 9-27

HENNE, P. (1994a): Untersuchungen zur Höhlenbildung am Dachstein-Nordrand aus den Vermessungsdaten.- Die Höhle (Wien) 45 (2): 39-47

HENNE, P. (1994b): EDV in der Höhlenforschung - Beginn, Stand, Zukunft!- Merkblätter zur Karst- und Höhlenkunde (Wien) 4. Lieferung: 7-11

HENNE, P. u. KRAUTHAUSEN, B. (1989): Observation of tectonic parameters from computations of Cave-Survey-Data.- Akten 10. UIS Congress 1989, Ungarn, III: 724-727

HENNE, P., KRAUTHAUSEN, B. u. STUMMER, G. (1994): Höhlen im Dachstein. Derzeitiger Forschungsstand, Anlage der Riesenhöhlensysteme am Dachstein-Nordrand und Bewertung der unterirdischen Abflußverhältnisse.- Die Höhle (Wien), 45 (2): 48-67

HERLICSKA, H. u. Lorbeer, G. (1994): Pilotprojekt „Karstwasser Dachstein", Band 1: Karstwasserqualität.- Umweltbundesamt, Monographien (Wien) 41, 234 S.

HOERNES, M. (1892): Die Urgeschichte des Menschen nach dem heutigen Stande der Wissenschaft.- Verlag A. Hartleben (Wien), 672 S.

HOFFMANN, A. (1952): Wirtschaftsgeschichte des Landes Oberösterreich.- (Linz) 1

HOFREITHER, E. (1958): Hierlatzfahrt am 1. und 2. März 1958.- Mitteilungen des Landesvereins für Höhlenkunde in Oberösterreich (Linz) 4 (2): 11-12

ILMING, H. (1984): Kessel und Hirschbrunn-Quellbezirk bei Hallstatt (Oberösterreich) in einer Darstellung aus dem 17. Jahrhundert.- Die Höhle (Wien) 35 (1): 9

JAKOBI, K. u. MENNE, B. (1990): Beobachtungen zur Fortpflanzungsbiologie von Triphosa dubitata L. (Kreuzdornspanner).- Die Höhle (Wien) 41 (2): 42-45

JANETSCHEK, H. (1957): Das seltsamste Tier Tirols. Palpenläufer (Arachn., Palpigradida)- In: Schlern-Schrift 158 (Kufsteiner Buch Bd. 3): 192-214. Festschrift zum 50jährigen Bestand der Kufsteiner Mittelschule, 1 Tabelle. Univ. Verlag Innsbruck

JENNINGS, J.N. (1985): Karst Geomorphology.- Basil Blackwell (Oxford), 293 S., 91 Abb.

KAEMMEL, O. (1879): Die Anfänge deutschen Lebens in Österreich bis zum Ausgange der Karolingerzeit.- (Leipzig). Mit Skizzen zur kelt.-röm. Vorgeschichte, 331 S.

KAHLEN, M. (1992): Neue Aspekte in der Erforschung der Höhlenkäfergattung Arctaphaenops (Coleoptera, Carabidae, Trechinae).- In: Festschrift 40 Jahre Landesverein für Höhlenkunde Tirol (Wörgl), 71 S. (ohne Paginierung).

KAISER, R. u. MÜLLER, Th. (1995): Der Tauchgang im „Grünkogelsiphon" - Teil 1.- Höhlenkundliche Vereinsinformation (Hallstatt) 20: 25-29

KANZLER, G.J. (1881): Geschichte des Marktes und Curortes Ischl sammt Umgebung von den ältesten Zeiten bis zur Gegenwart.- Selbstverlag (Ischl): 419 kleinform. S., mit vier Ortsansichten

KERSCHBAUMMAYR, O. (1958): Begehung der Hirlatzhöhle.- Mitteilungen des Landesvereins für Höhlenkunde in Oberösterreich (Linz) 4 (1): 5-7

KIRCHSCHLAGER, M. (1974): Der Hirschbrunnstollen.- Höhlenkundliche Vereinsinformation (Hallstatt) 1: 9

KLEYLE, F.J. (1814): Rückerinnerungen an eine Reise in Österreich und Steyermark im Jahre 1810.- C. F. Beck (Wien)

KRACKOWIZER, F. (1898-1901): Geschichte der Stadt Gmunden in Ober-Österreich. - Bd. 1 (1898), XXXII + 485 S.; Bd. 2 (1899), VI + 567 S.; Bd. 3 (1900), VIII + 506 S.; Bd. 4 als Anhang (1901): Häuser-Chronik der Stadt Gmunden, 342 S., 1 Faltplan. - Herausg. Stadtgem. Gmunden, Comm.-Verl. Emil Mänhardt.

KRANZMAYER, E. (1968): Die Bergnamen Österreichs.- Schriftenreihe des Vereines „Muttersprache" (Wien) 2 (Beiheft zu 1/1968 der „Wiener Sprachblätter") 2. Aufl., 22 S.

KRAUS, F. (1894): Höhlenkunde. Wege und Zweck der Erforschung unterirdischer Räume. Mit Berücksichtigung der geographischen, geologischen, physikalischen, anthropologischen und technischen Verhältnisse.- Gerold (Wien) 155 Abb., 3 Karten, 3 Pläne, 308 S.

KRAUTHAUSEN, B. (1989a): Speläologische Grundmuster in einem Nordalpinen Karststock (Dachstein, Österreich).- Akten 10. UIS Congress 1989, Ungarn, III: 761

KRAUTHAUSEN, B. (1989b): Höhlen und Tektonik am Nordrand des Dachsteins zwischen Echerntal und Hageneck.- Oberrhein. geol. Abh. (Stuttgart) 35: 37-48

KRECZI, H. (1947): Kepler, Holzwurm und die oberösterreichische Landkarte.- Beiträge zur Linzer Stadtgeschichte (Linz) 1: 15-21

KRETSCHMER, I., DÖRFLINGER, J. u. WAWRIK, F. (1986): Lexikon zur Geschichte der Kartographie. Von den Anfängen bis zum Ersten Weltkrieg.- 2 Bde. (1040 S., 172 Abb., 16 Farbtaf.) = Bd. C1, C2 der zehnbändigen Enzyklopädie „Die Kartographie und ihre Randgebiete" (1975 - 1989), herausgeg. v. Erik Arnberger, Verlag F. Deuticke, Wien.

KYRLE, G. (1923): Grundriß der Theoretischen Speläologie. (mit besonderer Berücksichtigung der Ostalpinen Karsthöhlen).- (Wien) Bd. 1

LÄMMERMAYR, L. (1914): Die grüne Pflanzenwelt der Höhlen. I. Teil (Fortsetzung).- Denkschr. Akad. d. Wissensch. mathem.-naturwiss. Klasse (Wien) 90: 125-153

LEHR, R. (1971): Der Kampf um den Dachstein.- Verlag J. Wimmer (Linz), 131 S.

LEUTNER, N. (1974): Höhle am Oberfeld, Kat. Nr. 1543/52, Tourenbericht (1) vom 14. 7. 1973.- Höhlenkundliche Vereinsinformation (Hallstatt) 1 (1): 13-15

LEUTNER, N. (1976): Das Tiergartenloch.- Höhlenkundliche Vereinsinformation (Hallstatt) 3 (2): 18-20

LEUTNER, N. (1983): Kessel und Hirschbrunn-Quellbezirk am Nordfuß des Dachsteinstockes (Oberösterreich) - Überblick und neue Forschungsergebnisse.- Die Höhle (Wien) 34 (3): 100-105

LEUTNER, N. [1988]: Unsere Vereinsgeschichte 3. Teil.- Höhlenk. Vereinsinf. Hallstatt-Obertraun (Hallstatt) 15 (1): 23-28

LEUTNER, N. (1989a): In Memoriam Gustave ABEL.- Höhlenkundliche Vereinsinformation (Hallstatt) 16 (1): 7-10

LEUTNER, N. (1989b): Der Hirschbrunn.- Höhlenkundliche Vereinsinformation (Hallstatt) 16 (1): 17-18

LEUTNER, N. (1989c): Forschungswoche 1988.- Höhlenkundl. Vereinsinformation (Hallstatt) 16 (1): 23-32

MAIER, F. (1994): Die Waldvegetation an der Dachstein-Nordabdachung (Oberösterreich) - Pflanzen-soziologie, Floristik, Naturschutz.- Stapfia (Botan. Arbeitsgemeinschaft am OÖ Landesmuseum Linz) (Linz) 35, 1 Karte, 117 S.

MAIS, K. (1971): Ein neuer Palpigradenfund in Österreich.- Die Höhle (Wien) 22 (2): 62-71

MAIS, K. (1984): Das Konzept von Gustave ABEL für ein Höhlenverzeichnis aus dem Jahre 1934 - ein Schritt zum „Österreichischen Höhlenverzeichnis".- Wiss. Beihefte z. Zeitschrift Die Höhle (Wien) 31: 44-45; = Akten des int. Symp. zur Geschichte der Höhlenforschung in Österreich, Wien 1979.

MAIS, K. (1997): Friedrich SIMONY (1813-1896), his Contributions to Karst and Cave Science.- International Symposion ALCADI-96, Postojna, SLO; Acta Carsologica - Krasoslovni zbornik (Ljubljana) 26 (2): 119-137

MANDL, F. (1996): Das östliche Dachsteinplateau. 4000 Jahre Geschichte der hochalpinen Weide- und Almwirtschaft.- Mitteilungen der ANISA (Gröbming) 17 (2/3)

MANDL, G.W. (1984): Zur Tektonik der westlichen Dachsteindecke und ihres Hallstätter Rahmens.- Mitt. österr. geol.Ges. 77

MANDL, G.W. (1987): Das Kalkalpine Stockwerk der Dachsteinregion.- In: Arbeitstagung der Geol. B.-A. 1987, Bl. 127 - Schladming

MARKS, A. (1955): Sonderausstellung Oberösterreich im Kartenbild (Katalog des OÖ. Landesmuseum, Nr. 25).- (Linz).

MARKS, A. (1966): Oberösterreich in alten Ansichten. Siedlung und Landschaft in 340 Bildern vom späten Mittelalter bis zur Mitte des 19. Jahrhunderts.- Herausg. OÖ. Landesmuseum. Landesverlag Linz.

MAURIN, V. u. ZÖTL, J. (1959): Die Untersuchung der Zusammenhänge unterirdischer Wässer mit besondererer Berücksichtigung der Karstverhältnisse.- Steir. Beitr. Hydrogeologie (Graz) N.F. 10/11

MAURIN, V. u. ZÖTL, J. (1960): Sporentriftversuch im Dachsteingebiet.- Beiträge zur alpinen Karstforschung 12

MAYER, A. u. WIRTH, J. (1968): Über Fledermausbeobachtungen in österreichischen Höhlen im Jahre 1967.- Die Höhle (Wien) 19 (3): 87-91

MEIXNER, J. (1924/25): Trechus (Arctaphaenops nov. subgen.) angulipennis n. sp., ein Höhlenlaufkäfer aus dem Dachsteinmassiv.- Koleopt. Rundschau (Wien) 11: 130-136

MEIXNER, J.(1926): Der erste Höhlenlaufkäfer aus den Nordalpen.- Jahrb. d. OÖ. Musealvereins (Linz) 81: 361-363

MEYBERG, M. (1991): Tauchvorstoß im Hirschbrunn.- Höhlenkundliche Vereinsinformation (Hallstatt) 17 (1): 23-25

MEYBERG, M. (1995): Der Tauchgang im Grünkogel Siphon - Teil 2.- Höhlenkundliche Vereinsinformation (Hallstatt) 20: 29-31

MEYBERG, M. u. RINNE, B. (1992): Kessel und Hirschbrunn bei Hallstatt - Zusammenfassung neuer Forschungsergebnisse.- Die Höhle (Wien) 43 (1): 18-25

MEYBERG, M. u. RINNE, B. (1995): Tauchgänge in der Hirlatzhöhle.- Höhlenkundliche Vereinsinformation (Hallstatt) 20: 21-24

MIKLOSICH, Fr. v. (1852-75): Grammatik der slavischen Sprachen.

MIKLOSICH, Fr. v. (1886): Etymologisches Wörterbuch der slavischen Sprachen.

MORTON, F. (1921): Aus Deutschösterreichs Gauen.- (Wien): 113

MORTON, F. (1924): Beiträge zur Höhlenflora von Oberösterreich.- 80. Jahresber. d. OÖ. Musealvereines f. d. Jahre 1922 und 1923 (Linz): 297-302

MORTON, F. (1926): Neue Beiträge zur Höhlenflora von Oberösterreich.- Jahrb. d. OÖ. Musealvereines (Linz) 81: 377-380

MORTON, F. (1927a): Der Sauerstoffgehalt einiger Quellen des Hallstätter Gebietes.- Archiv für Hydrobiologie (Plön) 18: 65-70

MORTON, F. (1927b): Das Tiergartenloch.- Mitt. über Höhlen- u. Karstforschung (Berlin) Jg. 1927 (2): 59-62

MORTON, F. (1927c): Der Hirschbrunn-Quellenbezirk.- Mitt. über Höhlen- und Karstforschung (Berlin) Jg. 1927 (4): 125-130

MORTON, F. (1927d): Die Hirschbrunnenhöhle bei Hallstatt.- Mitt. über Höhlen- u. Karstforschung (Berlin) Jg. 1927 (2): 62-63

MORTON, F. (1928a): Die Auffindung zweier stark etiolierter Höhlenpflanzen.- Speläologisches Jahrbuch (Wien) 7/9 (1926/28): 43-44

MORTON, F. (1928b): Die Tiergartenhöhle.- Speläologisches Jahrbuch (Wien) 7/9 (1926/28): 88-89

MORTON, F. (1928c): Weitere Beiträge zur Kenntnis der Dachsteinhöhlenflora.- Mitt. üb. Höhlen- u. Karstforschung (Berlin) Jg. 1928 (3): 81-84

MORTON, F. (1929a): Beobachtungen über Temperatur und Wasserführung der Hirschbrunn-Quellen bei Hallstatt.- Archiv für Hydrobiologie (Plön) 20: 88-92

MORTON, F. (1929b): Köhbrunnen und Lotungen im Hallstätter See im Winter 1929.- Archiv für Hydrobiologie (Plön) 20: 704-705

MORTON, F. (1930a): Der Kessel bei Hallstatt.- Archiv für Hydrobiologie (Plön) 21: 127-130, 1 Bildtafel, 1 Präzisionskarte vom Kessel (Taf. VII, VIII).

MORTON, F. (1930b): Der Waldbachursprung.- Archiv für Hydrobiologie (Plön) 21: 731-733

MORTON, F. (1941a): Quellen in Hallstatt und ihre Pflanzengesellschaften. Erste Mitteilung.- Archiv für Hydrobiologie Stuttgart) 38: 98-105

MORTON, F. (1941b): Quellen... Zweite Mitteilung. Quellen im Koppenwinkel westlich der Koppenlacke.- Archiv f. Hydrobiologie (Stuttgart) 38: 454-458

MORTON, F. (1944): Quellen... Dritte Mitteilung. Quellen im Echerntale und am Nordfuße des Hagenecks.- Archiv für Hydrobiologie (Stuttgart) 39: 353-361

MORTON, F. (1947): Vorarbeiten zu einer Pflanzengeographie des Salzkammergutes V. Dachsteingebirge: Alpine Pflanzengesellschaften auf Kalkschutt... .- Ersch. als Nr. 72 der Arbeiten aus der botan. Station in Hallstatt, 23 S.

MORTON, F. (1949): Quellen in Hallstatt und ihre Pflanzengesellschaften. Vierte Mitteilung.- Archiv für Hydrobiologie (Stuttgart) XLII: 369-373

MORTON, F. (1953): Eine hallstattzeitliche Bergspitzen-Sonnenuhr in Hallstatt.- In: Hallstatt und die Hallstattzeit, 4000 Jahre Salzkultur, Musealverein Hallstatt (Hallstatt): 89-91

MORTON, F. (1954): Hallstatt, die letzten hundertfünfzig Jahre des Bergmannsortes.- Musealverein Hallstatt (Hallstatt): 176 S

MORTON, F. (1956): Der Rabenkeller und der Hirschbrunnquellbezirk bei Hallstatt.- Die Höhle (Wien) 7 (1): 1-14

MORTON, F. (1962): Quellen und Riesenquellen am Nordfuße des Dachsteingebirges.- Die Pyramide, Naturw. Zeitschr. Innsbr. 10 (3): 123-125

MORTON, F. (1963): Die „Köhbrunnen" des Hallstätter Sees.- Die Pyramide, Naturwiss. Zeitschr. Innsbruck 11 (2): 70-72

MORTON, F. (1965): Der Goldlochstollen bei Hallstatt (Oberösterreich).- Die Höhle (Wien) 16 (4): 96-99

MORTON, F. (1967a): Die Besiedelung des Brandbachbettes und der Mariedler-Schutthalde im Echerntal (Hallstatt).- Jahrb. d. OÖ Musealvereins 112/I (Abhandlungen) (Linz): 253-268

MORTON, F. (1967b): Die Hirschbrunnenhöhle und der Goldlochstollen.- Jahrb. d. OÖ Musealvereins 112/I (Abhandlg.): 269-275, mit Plan des Hirschbrunn-Quellbereichs u. Bildtaf. XV. Linz. - (Das Erscheinungsjahr der auf S. 269 zitierten Arbeit SIMONYS in der „Österr. Revue", Wien, lautet richtig 1865, 3. Jg., Bd. I).

MORTON, F. (1968a): Höhlenpflanzen - Sieger des Lebens.- Apollo, Nachrichtenblatt der Naturkundl. Station der Stadt Linz (Linz): 1-3

MORTON, F. (1968b): Kessel und Höllenloch. Periodische Riesenquellen des Salzkammergutes. - OÖ. Heimatblätter (Linz) 22 (3/4): 43-44 (Die Katasternummer des Kessels in der Fußnote auf S. 43 ist auf 1546/2 zu korrigieren, der auf S. 44 genannte Taucher heißt richtig Gustav Papacek).

MORTON, F. (1969): Über eine Höhlenform von Cystopteris fragilis (L.) Bernh. aus der Mörkhöhle (Dachstein) und einer Adoxa aus dem Goldlochstollen (bei Hallstatt).- Die Höhle (Wien) 20 (2): 48-50

MORTON, F. u. GAMS, H. (1925): Höhlenpflanzen.- Speläolog. Monographien (Wien) 5, 10 Bildtafeln: 227 S.

MÜLLER, J. (1914): Beiträge zur Kenntnis der Höhlenfauna der Ostalpen und der Balkanhalbinsel.- Denkschriften der Akad. d. Wiss., mathemat.-naturwiss. Klasse (Wien) 90: 1-124

MÜLLER, T. (1995): Forschungswoche 1995 - oder Sommer und Winter auf dem Hirlatz.- Höhlenkundliche Vereinsinformation (Hallstatt) 20: 9-11

MUNKE, G. W. (1830): Handbuch der Naturlehre. Bd. II.- (Heidelberg)

MUSEALVEREIN HALLSTATT (1990): Friedrich Morton - Gedenkschrift zum 100. Geburtstag.- (Hallstatt) 65 S.

NEUHERZ, H. (1975): Die Landfauna der Lurgrotte (Teil I).- Sitzungsber. d. Österr. Akad. d. Wiss., mathem.-naturwiss. Klasse, Abt. 1 (Wien) 183 (Jg.1974) (1-10): 159-285, 10 Abb., 12 Tab., 3 Karten

NEUHERZ, H. (1979): Das Klasum - ein unterirdisches Ökosystem.- In: Höhlenforschung in Österreich. Veröffentl. aus dem Naturhistor. Museum Wien (Wien) N.F. 17: 71-76

NISCHER, E. (1925): Österreichische Kartographen.- 14 Bilder. - Die Landkarte (Herausg. Dr. Karl Peucker), Österr. Bundesverlag (Wien), 192 S.

OBERHUMMER, E. u. WIESER, F.v. (1906): Wolfgang Lazius. Karten der österreichischen Lande und des Königreichs Ungarn aus den Jahren 1545 - 1563.- Herausgeg. im Auftrag der k. k. Geograph. Gesellschaft in Wien zur Feier ihres fünfzigjährigen Bestandes. (Innsbruck)

PAVUZA, R. (1994): Das Karstwasser - Einfluß, Parameter und Bedeutung der Karsthydrogeologie bei speläologischen Fragestellungen.- in STUMMER, G. (Red.): Merkblätter z. Karst- u. Höhlenkunde. 4. Lieferung (Wien) Verband österr. Höhlenforscher: 39-49

PAVUZA, R. (1995): Fossile Sinterbildung in der Feuerkogel-Durchgangshöhle - ein erster Bericht.- Höhlenkundliche Vereinsinformation (Hallstatt) 20: 14

PAVUZA, R. (1997): Hydrogeologische Aspekte der Hermannshöhle bei Kirchberg am Wechsel.- In: Hartmann, H. u. W. u. MRKOS, H. (Red.) 1997: Die Hermannshöhle in Niederösterreich.- Wiss. Beihefte zur Zeitschrift „Die Höhle" (Wien), 50: 146-166

PEYERIMHOFF, P. de (1902): Decouverte en France du genre Kaenenia (Arachn., Palpigradi).- Bull. de la Soc. Entomol. de France: 280-283, fig.1-11. (Im Titel heißt es tatsächlich Kaenenia anstatt Koenenia).

PFARR, T., u. STUMMER, G. (1988): Die längsten und tiefsten Höhlen Österreichs.- Wissenschaftliche Beihefte zur Zeitschrift Die Höhle (Wien) 35: 84

PFEFFER, F. (1947): Zur Erschließungsgeschichte des Dachsteingebietes.- Oberösterr. Heimatblätter (Linz) 1 (3): 193-208, 2 Bildtafeln

PILZ, R. u. TRIMMEL, H. (1960): Aus der Chronik der Dachsteinhöhlen.- Die Höhle (Wien) 11 (3): 66-69

PLÖCHINGER, B. (1980): Die Nördlichen Kalkalpen.- In: OBERHAUSER, R. (Hrsg.): Der geologische Aufbau Österreichs. Springer (Wien-New York): 218-262

POPELKA, F. (1923): Über Bergnamen im Dachsteingebirge.- Blätter für Heimatkunde (Graz) 1 (5/6): 7-9

POTOCKA, F. u. STADLER, F. (1989): Leo Pronners Beschreibungen des Ausseer Salzwesens (1595). S., 16 Bilds. (25 Abb.).- Leobener Grüne Hefte, N.F. 9, Herausgeg. vom Montanhistor. Verein für Österr. (Leoben), Verlag d. Verbandes d. wissensch. Gesellschaften Österreichs (Wien), 110 S.

PRILLINGER, E. (1978): Die Statt Gemund am Draunsee sampt der umbligenden Gelegenheit.- Kulturzeitschrift Oberösterreich (Linz) 28 (1): 45-54

PUCHER, E. (1983): Eine seltene Zahnanomalie an einer subfossilen Mandibel von Cervus elaphus L.- Zeitschr. f. Jagdwissenschaften 29 (4), Verlag Paul Parey (Hamburg und Berlin): 248-250

RADA, M.M. (1955): Die Siedlungsnamen des Salzkammergutes in Oberösterreich und Steiermark.- Phil. Diss., 377 S., 10 Karten 1:250 000 und eine Übersichtskarte. - (Wien). (OÖLArchiv Linz, Sign. J 122/6).

REISENBICHLER, M. (1926): Heimatlieb. Sagen und Erzählungen aus Hallstatt.- R. Pirngruber (Linz), 63 S.

RESSL, F. (1983): Der Wärmeinselbereich Schauboden-Hochrieß- In.: Naturkunde des Bezirkes Scheibbs. Die Tierwelt, Bd. 2, 584 S. Herausgeber: Naturkundl. Arbeitsgemeinsch. d. Bez. Scheibbs, Verlag R. u. F. Radinger: 112-116

RESSL, F. (1995): Ordnung Palpigradi: Tasterläufer.- In: Naturkunde des Bezirkes Scheibbs. Tierwelt (3): 23 -29, Botanische Arbeitsgemeinschaft am Biologiezentrum/OÖ. Landesmuseum, J.-W.-Klein-Str. 73, A-4040 Linz

RINNE, B. u. MEYBERG, M. (1995): Tauchgänge in der Hirlatzhöhle.- Höhlenkundliche Vereinsinformation (Hallstatt) 20: 21-24

ROITHINGER, G. (1996): Ein Leben für den Dachstein - Die Vegetation ausgewählter Dachstein-Almen (Oberösterreich) und ihre Veränderung nach Auflassung.- Katalog zur Simonyausstellung (Linz) 103: 165-168

SAAR, R. (1921): Übersichtsplan der Höhlen auf der Schönbergalm.- Beilage in KYRLE, G. 1923: Grundriß der Theoretischen Speläologie.- Spel. Monographien (Wien)

SAAR R. (1956): Eishöhlen, ein meteorologisch-geophysikalisches Phänomen. Geografiska Annaler (Stockholm) 38 (1)

SATTERLEY, A. K., MARSHALL, J. D. u. FAIRCHILD, I. D. (1994): Diagenesis of an Upper Triassic reef complex, Wilde Kirche, Northern Calcareous Alps, Austria.- Sedimentology (1994) 41: 935-950

SCHAUBERGER, O. (1950): Eine neue Großhöhle im Dachstein.- Die Höhle (Wien) 1 (1): 5-6

SCHAUBERGER, O. (1952): Ein Pumpversuch im Kessel.- Die Höhle (Wien) 3 (3/4): 67

SCHAUBERGER, O. (1957): Die Hirlatzhöhle bei Hallstatt (Oberösterreich).- Die Höhle (Wien) 8 (3): 65-67

SCHAUBERGER, O. (1973): Die Waldbach-Ursprunghöhle im Dachsteingebiet (Oberösterreich).- Die Höhle (Wien) 24 (2): 78-83

SCHAUBERGER, O. (1983): Geologische und morphologische Beobachtungen in der Hierlatzhöhle (Dachstein).- Schriftenreihe Heimatmuseum „Ausseerland" 4, 16 S.

SCHAUBERGER, O., TRIMMEL, H. (1953): Das österreichische Höhlenverzeichnis.- Die Höhle (Wien) 3 (3/4): 33-36

SCHIFFMANN, K. (1922): Das Land ob der Enns. Eine altbaierische Landschaft in den Namen ihrer Siedlungen, Berge, Flüsse und Seen.- R. Oldenbourg-Verlag (München und Berlin), 248 S.

SCHIFFMANN, K. (1935 - 40): Historisches Ortsnamen-Lexikon des Landes Oberösterreich. Bd. 1 (1935): A - J, 531 S., Bd. 2 (1935): K-Z, 598 S., Bd. 3 (1940): Ergänzungsband, 556 S.

SCHLAGER, W. (1970): Das Zusammenwirken von Sedimentation und Bruchtektonik in den triadischen Hallstätterkalken der Ostalpen.- Geol. Rdsch. 59

SCHLOSSAR, A. (1908/09): G. M. Vischer, der österreichische Kartograph und Topograph.- Zeitschrift f. Bücherfreunde 12: 339 - 357

SCHMID, M. E. (1972): Weitere Arctaphaenops-Funde aus Oberösterreich (A. angulipennis MEIXNER, A. muellneri n. sp. - Col., Trechinae).- Die Höhle (Wien) 23 (3): 95-100

SCHMIDL, A. A. (1842): Das Kaiserthum Österreich. Bd. I.- Werdmüller (Stuttgart)

SCHRAML, C. (1932 - 36): Studien zur Geschichte des österr. Salinenwesens. Bd. 1 (1932): Das oberösterr. Salinenwesen vom Beginne des 16. bis zur Mitte des 18. Jahrhunderts, XIV+535 S.; Bd. 2 (1934): Das oberösterr. Salinenwesen von 1750 bis zur Zeit nach den Franzosenkriegen; Bd. 3 (1936): Das oberösterreichische Salinenwesen von 1818 bis zum Ende des Salzamtes im Jahre 1850. XI+585 S., 22 Abbildungen. - Verlag der Generaldirektion der österr. Salinen (Wien)

SCHULTES, J. A. (1809): Reisen durch Oberösterreich in den Jahren 1794, 1795, 1802, 1803, 1804 und 1808.- J.G. Cotta (Tübingen) 1. Teil. 244 p. 1 Karte und 5 Kupfer. 2. Teil. 200 p. 15 Kupfer: 99-101

SCHWARZ, H. J. (1984): Tourenbericht vom 6.-7.1.84.- Höhlenkundliche Vereinsinformation (Hallstatt) 11 (1): 4

SCHWARZ, H. J. (1985): Höhlentauchen in Hallstatt.- Höhlenkundliche Vereinsinformation (Hallstatt) 12 (1): 17-20

SCHWARZ, H. J. (1986a): Höhlentauchen (Teil 2).- Höhlenkundl. Vereinsinformation (Hallstatt) 13 (1): 27-32

SCHWARZ, H. J. (1986b): Forschungsaktivitäten in der Hirlatzhöhle 1991 und 1992.- Höhlenkundliche Vereinsinformation (Hallstatt) 18 (1): 24-30

SEETHALER, P. (1984): Hirlatzhöhlenforschung 1983/84.- Höhlenkundliche Vereinsinformation (Hallstatt) 11 (1): 2-10

SEETHALER, P. (1985): Die Hirlatzforschung in der zweiten Jahreshälfte 1984.- Höhlenkundliche Vereinsinformation (Hallstatt) 12 (1): 4-6

SEETHALER, P. (1986): Hirlatzforschung 1985.- Höhlenkundliche Vereinsinformation (Hallstatt) 13 (1): 3-12

SEETHALER, P. (1987): Hirlatzforschung 1986.- Höhlenkundliche Vereinsinformation (Hallstatt) 14 (1): 2-9

SEETHALER, P. (1988): Hirlatzforschung 1987.- Höhlenkundliche Vereinsinformation (Hallstatt) 15 (1): 3-7

SEETHALER, P. (1989): Hirlatzhöhlenforschung 1988.- Höhlenkundliche Vereinsinformation (Hallstatt) 16 (1): 59-60.

SEETHALER, P. (1990/91): Hirlatzhöhlenforschung 1989/90.- Höhlenkundliche Vereinsinformation (Hallstatt) 17 (1): 41-45

SEETHALER, P. (1991): Forschungswoche 1990.- Höhlenkundl. Vereinsinformation (Hallstatt) 17 (1): 18-23

SEETHALER, P. (1992a): Forschungsaktivitäten in der Hirlatzhöhle 1991 und 1992. - Höhlenkundliche Vereinsinformation (Hallstatt) 18 (1): 24-30

SEETHALER, P. (1992b): Forschungswoche 1991.- Höhlenkundliche Vereinsinformation (Hallstatt) 18 (1): 41-43

SEETHALER, P. (1992c): Forschungswoche 1992.- Höhlenkundliche Vereinsinformation (Hallstatt) 18 (1): 43-48

SEETHALER, P. (1995): Die Forschungen in der Hirlatzhöhle (Kat.Nr. 1546/7) in den Jahren 1993 bis 1995.- Höhlenkundl. Vereinsinformation (Hallstatt) 20: 37-44

SEETHALER, P. (1997): Sedimente Hirlatzhöhle.- Unveröff. Manuskript, Archiv Zweigverein für Höhlenkunde Hallstatt-Obertraun, 2 S.

SEEWALD, F. (1970): Ein tiergeographisch überraschender Neufund aus einer Untersberg-Höhle (Alpityphlus seewaldi STRASSER 1967, Diplopoda Symphyognatha).- Die Höhle (Wien) 21 (2): 75-80

SENONER, A. (1850): Zusammenstellung der bisher gemachten Höhenmessungen in den Kronländern Oesterreich ob und unter der Enns und Salzburg.- Jahrb. d. k. k. geolog. Reichsanstalt (Wien) I (3): 522-551

SILVESTRI, F. (1933): Beschreibung einer neuen cavernicolen Plusiocampa-Art (Campodeidae).- Mitteilungen über Höhlen- und Karstforschung (Zeitschr. d. Hauptverbandes Deutscher Höhlenforscher) (Berlin) 3: 30-33

SIMONY, F. (1850): Bericht über die Arbeiten der Sektion V.- Jahrb. d. k. k. geolog. Reichsanstalt (Wien) 1 (4): 651-657

SIMONY, F. (1865): Ueber Kalkalpenquellen.- Oesterreichische Revue (Wien) 3 (1): 185-195

SIMONY, F. (1889 - 1895): Das Dachsteingebiet. Ein geographisches Charakterbild aus den österreichischen Nordalpen.- Verlag Hölzel (Wien), 152 S., 132 Bildtaf., 1. Lief. 1889; 2. Lief. 1893; 3. Lief. 1894, Schluß 1895.

SPETA, F. u. AUBRECHT, G. (Red.) (1996): Ein Leben für den Dachstein. Friedrich SIMONY - zum 100. Todestag.- Stapfia = Kataloge des oö Landesmuseums (Linz) NF 103, 359 S.

STEINER, J. (1820): Der Reisegefährte durch die Österr. Schweiz oder das ob der ennsische Salzkammergut.- Verlag Fink (Linz)

STRASSER, K. (1962): Die Typhloiulini (Diplopoda Symphyognatha).- Atti del Museo Civico di Storia Naturale di Trieste, Vol. 23, Fasc. 1 (1): 1-77

STRASSER, K. (1967): Ein Typhloiuline aus den Nördlichen Kalkalpen.- Berichte des Naturw.-Med. Vereins Innsbruck 55: 145-153

STRASSMAYR, E. (1923): Georg Matthäus Vischer, sein Lebenswerk und seine Beziehungen zu Oberösterreich.- (Linz)

STROUHAL, H. (1936): Eine Kärntner Höhlen-*Koenenia* (Arachnoidea-Palpigradi).- Zool. Anzeiger 115 (7/8): 161-168

STROUHAL, H. (1950): Die Larve des *Trichaphaenops* (*Arctaphaenops*) *angulipennis* Meixn. (Coleoptera, Carabidae).- Annalen d. Naturhist. Mus. Wien (Wien) 57: 305-313

STROUHAL, H. u. VORNATSCHER, J. (1975): Katalog der rezenten Höhlentiere Österreichs.- Wissensch. Beiheft 24 zur Zeitschr. Die Höhle, 142 S., (Sonderdruck aus: Ann. Naturhist. Mus. Wien 79: 401-542).

STUMMER, G. (1979): Die Meßprotokoll-Formblätter des Verbands österreichischer Höhlenforscher.- Verbandsnachrichten (Wien) 30: 3-4

STUMMER, G. (Gesamtredaktion, 1980), Atlas der Dachstein-Mammuthöhle 1 : 1000. Wissenschaftliche Beihefte zur Zeitschrift Die Höhle (Wien) 32, 100 S. Verband österreichischer Höhlenforscher.

STUMMER, G. (1981): Tatsächliche Genauigkeit bei Bussolenvermessungen in Höhlen am Beispiel der Dachstein-Mammuthöhle. - Die Höhle 32 (3): 72-74

STUMMER, G. (1982): Blätter zur Höhlendokumentation.- Merkblätter zur Karst- und Höhlenkunde (Wien), 1. Lieferung (1982): D1-D17

STUMMER, G. (1986): Blätter zur Höhlendokumentation.- Merkblätter zur Karst- und Höhlenkunde (Wien), 2. Lieferung: D18-D28b

STUMMER, G. (1990): Blätter zur Höhlendokumentation.- Merkblätter zur Karst- und Höhlenkunde (Wien), 3. Lieferung: D29-D45

STUMMER, G. (1994): Der Höhlenplan - Darstellung des Untergrundes - einst, jetzt und ... .- Merkblätter zur Karst und Höhlenkunde (Wien), 4. Lieferung: 51-63

STUMMER, G. (1994): SPELDOK-2, Exkursionsführer Dachstein.- (Wien), 59 S.

SZALAY, L. (1956): Der erste Fund von Palpigraden in Ungarn.- Ann. hist. nat. Mus. nation. Hung. (s. nova) 7: 439-442

TOLLMANN, A. (1976): Der Bau der Nördlichen Kalkalpen, orogene Stellung und regionale Tektonik.- Monographie der Nördlichen Kalkalpen 3, Deuticke-Verlag (Wien)

TOLLMANN, A. (1985): Geologie von Österreich, Bd. 2.- Deuticke-Verlag (Wien)

TRIMMEL, H. (1960): Der Dachsteinpark als Zentrum speläologischer Forschung.- Die Höhle (Wien) 11 (3): 70-73

TRIMMEL, H. (Red.) (1961): Gebirgsgruppengliederung für das Österreichische Höhlenverzeichnis (Arbeitsgebiet des Verbandes österreichischer Höhlenforscher) und für das Höhlenverzeichnis der Bayerischen Alpen (Arbeitsgebiet des Vereines für Höhlenkunde in München e.V.).- Karte 1:500.000.- Herausgegeben vom Verband österr. Höhlenforscher (Wien, 1961), 1 Kartenblatt 1:500.000; Nachträge 1963.

TRIMMEL, H. (Red.) (1962): Gebirgsgruppengliederung für das österreichische Höhlenverzeichnis (Arbeitsgebiet des Verbandes österreichischer Höhlenforscher) und für das Höhlenverzeichnis der Bayerischen Alpen (Arbeitsgebiet des Vereines für Höhlenkunde in München e.V.).- (Wien), unpaginiert.

TRIMMEL, H. (1963): Die Neubearbeitungen der Dachstein-Mammuthöhle und einige Beobachtungen über schichtgebundene Höhlenräume (mit einem Höhlenplan).- Akten des Dritten Internationalen Kongresses für Speläologie (Wien) Bd. 2: 235-239

TRIMMEL, H. (h.t.) (1976): Gustave ABEL - 75 Jahre.- Die Höhle (Wien) 27 (4): 156-158

TRIMMEL, H. (1980): Ergebnisse und künftige Schwerpunkte wissenschaftlicher Forschung im Dachsteinhöhlenpark.- Die Höhle (Wien) 31 (2): 62-71

TROTZL, K. (1956): Tourenberichte.- Mitteilungen des Landesvereins für Höhlenkunde in Oberöstereich (Linz) 2 (1): 3-4

TROTZL, K. (1957): Hierlatzfahrt 30.-31.3.1957.- Mitteilungen des Landesvereins für Höhlenkunde in Oberösterreich (Linz) 3 (2): 8-9

TROTZL, K. (1958): Hierlatzfahrt vom 4.-6. Jänner 1958.- Mitteilungen des Landesvereins für Höhlenkunde in Oberösterreich (Linz) 4 (2): 10-11

TROTZL, K. (1959): Hierlatzfahrt 3.-5. Jänner 1959.- Die Höhle (Wien) 5 (1): 6-8

TROTZL, K. (1960): Hierlatzfahrt 31.12.1959-3.1.1960.- Mitteilungen des Landesvereins für Höhlenkunde in Oberösterreich (Linz) 6 (2): 5-6

TROTZL, K. (1961): Dreikönigsfahrt in die Hierlatzhöhle.- Mitteilungen des Landesvereins für Höhlenkunde in Oberösterreich (Linz) 7 (3): 2-3

TROYER, E. (1957): Bericht von der Befahrung der Hierlatzhöhle vom 27.-30. Dez.1956.- Mitteilungen des Landesvereins für Höhlenkunde in Oberösterreich (Linz) 3 (2): 5-8

URSTÖGER, H.J. (1984): Hallstatt-Chronik.- Musealverein Hallstatt (Hallstatt), 264 S.

URSTÖGER, H.J. (1994): Hallstatt-Chronik.- Musealverein Hallstatt (Hallstatt), 572 S.

VORNATSCHER, J. (1946): Koenenia austriaca (Palpigradi) in den nördlichen Ostalpen.- Speläolog. Mitteilungen (Wien) 1(1): 7-10

VORNATSCHER, J. (1950a): Arctaphaenops angulipennis Meixner. Der voreiszeitliche Höhlenlaufkäfer Oberösterreichs. Funde und Forschungen 1924-1949.- Jahrb. des OÖ Musealvereins (Linz) 95: 351-355

VORNATSCHER, J. (1950b): Der erste Fund eines echten Höhlentieres nördlich der Drau.- Die Höhle (Wien) 1 (1): 6-8

VORNATSCHER, J. (1974): Niphargus tatrensis in der Dachstein-Mammuthöhle nachgewiesen.- Die Höhle (Wien) 25 (3): 104-105

WALDNER, F. (1952): Das Vorkommen der Zackeneule (Scoliopteryx libatrix L.) in Höhlen.- Zeitschr. Wiener Entomolog. Ges. (Wien) 37: 176-182, Taf. 25.

WAWRIK, F. u. ZEILINGER, E. (1989): Austria picta. Österreich auf alten Karten und Ansichten. Handbuch und Katalog zur Ausstellung der Kartensammlung der Österr. Nationalbibliothek.- Akad. Druck- und Verlagsanst. Graz, 414 S.

WEIDMANN, F. C. (1841): Ausflüge und Wanderungen durch Österreich, Obersteyermark und einen Teil Ungarns.- Verlag Gerold (Wien), XX+307 S.

WETTSTEIN-WESTERSHEIM, O. (1926): VII. Zoologische Beobachtungen.- In: Die Eisriesenwelt im Tennengebirge (Salzburg).- Spel. Monogr. (Wien) 6: 124-126

WICHMANN, H. E. (1926): Untersuchungen über die Fauna der Höhlen. II. Echte Höhlentiere in den Nordostalpen.- Zool. Anzeiger 67: 250-252

WINKLER, A. (1933): Eine zweite Höhlenlaufkäferart aus den Nordalpen: Arctaphaenops styriacus sp. n.- Koleopterologische Rundschau (Wien) 19: 237-240, 1 Tafel, 2 Textabb. Herausg.: Zool.-botan. Ges.

XOKONOSCHTLETL, G. (1996): Was der Wind uns singt.- Mosaik Verlag

ZAHN, J.v. (1893): Ortsnamenbuch der Steiermark im Mittelalter.- (Wien), 584 S.

Abbildungsverzeichnis

Index

Höhlen im Dachstein
Eine Reise ins Innere der Erde!

Riesen-Eishöhle: 1. Mai - 15. (26.) Okt.; Wanderschuhe,
Führung 1 Stunde, Auffahrt mit der Dachsteinbahn oder zu Fuß in 2 Stunden

Mammuthöhle und Höhlenvision:
Mitte Mai - 15. Okt. Wanderschuhe, Führung 1 Stunde, Zugang wie Riesen-Eishöhle

Koppenbrüllerhöhle:
1. Mai - 30. Sept. die Familienhöhle, Führung 1 Stunde
zum Teil auch im Winter geöffnet

Große Führung: Mammuthöhle Alter Teil
Einen Tag in das Innerste der Mammuthöhle
bis max. 9 Personen *

Höhlentrekking (für Gruppen):
Mammuthöhle, Verfallene Burg
Sonderführung abseits der Führungswege,
für 10 - 20 Pers. *

Natura 2000
Eine exklusive Exkursion in die Karstlandschaft
und die Höhlen des Dachsteins!*

Kleine Abenteuerführung:
Koppenbrüllerhöhle
2 Stunden, DAS Höhlenerlebnis für Schüler!*

ÖBf
Österreichische
Bundesforste AG

Schwarzmooskogl-Eishöhle
Größter Eisdom Europas! Nur für geübte Bergwanderer, Max 9 Personen *

*) Spezielle Höhlenausrüstung wird beigestellt,
Anmeldung erforderlich ++43 (0)6131/362